世界历史常识
全知道

文若愚◎编著

中国华侨出版社

北京

图书在版编目 (CIP) 数据

世界历史常识全知道 / 文若愚编著 . —北京：中国华侨出版社，2014.10
（2019.9 重印）

ISBN 978-7-5113-4955-2

Ⅰ .①世… Ⅱ .①文… Ⅲ .①世界史—通俗读物 Ⅳ .① K109

中国版本图书馆 CIP 数据核字（2014）第 236416 号

世界历史常识全知道

编　　著：	文若愚
责任编辑：	芝　兰
封面设计：	韩立强
文字编辑：	朱立春
美术编辑：	李丹丹

经　　销：新华书店

开　　本：720mm×1020mm　1/16　印张：33　字数：720 千字

印　　刷：北京鑫海达印刷有限公司

版　　次：2015 年 1 月第 1 版　　2019 年 9 月第 3 次印刷

书　　号：ISBN 978-7-5113-4955-2

定　　价：68.00 元

中国华侨出版社　北京市朝阳区静安里 26 号通成达大厦 3 层　邮编：100028

法律顾问：陈鹰律师事务所

发 行 部：（010）58815874　　　传　真：（010）58815857

网　　址：www.oveaschin.com　　E-mail：oveaschin@sina.com

如果发现印装质量问题，影响阅读，请与印刷厂联系调换。

前　言

历史是国家和人类的传记，也是一本深刻的教科书。读史使人明智，因为历史不仅是知识中很有价值的一部分，而且打通了通向诸多学科的门径，为许多学科领域提供了材料。古罗马政治家西塞罗说："一个不懂自己生前的历史的人，永远是个孩子。"历史是进化的，但历史也会重演，它不但是往古的印记，更是当代的借鉴，后世的教训。

古人记述历史的范围受限于他们当时所能认知的世界，这可以印证为什么同样具有悠久历史的美洲直到 15 世纪末才被欧洲人"发现"并被称为"新大陆"。在科技高度发达的当代，世界正越来越像一个大村庄，每个角落都有可能一下成为全球瞩目的焦点，各个国家或民族每时每刻都在发生着政治、经济、文化等各方面的合作、交流与对抗。面对此种形势，如果缺乏必要的世界历史常识，对国际间的风云变幻就难以从根源上获得深层次的理解和判断，对国际政治、经济大势则更难以看清。世界上任何一个国家和民族都是世界历史体系中的一部分，对我们每一个人来说，只有了解了世界历史的进程和风貌，掌握了人类社会发展各阶段的重大变迁，放眼世界，胸怀全球，才能在国际一体化的发展环境中，正确看待和解决面临的各种社会现象和社会问题，理解当今各民族深层次的精神追求和行为准则，融入时代的潮流。

对世界历史的讲述不同于我们熟知的本国历史，因为人类从来都是分为不同的种族、民族，以及无数的群体，在漫长的过去，他们各自独立、分散地生活在世界的不同地区，创造了各具特色的文明，从而使得世界历史错综复杂、头绪繁多。如何在有限的篇幅中既能再现人类历史的整体进程，囊括世界多元文化，又能科学取舍，将重要的、必须了解的重大事件、风云人物、辉煌成就、灿烂文化等内容有机提炼出来，让普通读者一书在手，轻松掌握世界历史常识，进而把握人类历史发展的内在规律，是本书编者努力的方向之一。

本书参考著名历史学家周谷城先生主编《世界通史》时遵循的"写世界历史应该诸区并立，重视各个地区的相互交往、相互渗透、相互竞争，但又不排斥某一时期以某一区域为重点"的理念，以时间为经，将世界历史分为"古代社会（上）""古代社会（下）""近代史（上）""近代史（下）""现代史""当代史"六大部分。在每一部分中，以对重点区域、重点国家的讲述为纬，既相互穿插，又相对完整独立；以政治、经济、军事方面的内容为主，也兼及文化与科技。全书内容基本以简短词条的形式呈现，并配以 200 余幅内容涵盖面广、表现形式多样的图片，浓缩历史知识，囊括历史精华，很适合随时翻阅，以充实和提高自己。

美国是怎样一步步发展成为称霸世界的超级大国的？英、法、德、意等欧洲主要资本主义国家各自走过了怎样的发展历程，彼此在民族、经济、语言、文化等方面存在着怎样的历史渊源及千丝万缕的联系和差别？古代曾经的文化繁盛区域今天的发展状况如何？非洲和拉美整体上的相对落后是怎样造成的？世界的政治、经济、文化重心经历了怎样的数次转移，又会有怎样的发展趋势？……《君主论》的作者、文艺复兴时期的著名学者马基雅维利说："人性既然不变，而且各地相同，那么历史——对人类以往活动的记录——便能帮助人们预测未来，对比现实。"按照他所提出的从人性出发的研究历史的方法，对于前面所列举的诸如此类的问题，相信在阅读本书后，再加以思考和分析，定会得出独到的见解。

目 录

第二章
古代史（下）

第三章
近代史（上）

目录

目录

第四章
近代史（下）

目录

第五章
现代史

目录

第六章
当代史

· 第一章 ·

古代史

（上）

亚非文明古国

两河流域

底格里斯河和幼发拉底河流域是人类文明发祥地之一。古希腊人称这一地区为"美索不达米亚"，意即两河之间的土地。这一地区的文明被称为美索不达米亚文明。

两河发源于土耳其境内，流经伊拉克后进入波斯湾。两河流域大致以今日的巴格达城为界线，分为南北两部分。它的北部为亚述，南部为巴比伦。巴比伦也划分为阿卡德和苏美尔两部分。苏美尔人是两河流域南部的主要居民，公元前5000年左右，他们结成氏族公社，主要从事农业，还饲养绵羊、猪、牛、驴等牲畜。公元前3000年左右起，苏美尔人先后建立起一些奴隶制城邦国家，著名的有乌尔、拉尔萨、乌玛等。不久，从叙利亚草原迁来一支游牧部落阿卡德人，他们在国王萨尔贡带领下，在苏美尔城邦的北面，也建立起阿卡德等奴隶制城邦。

在以后几百年时间里，苏美尔人和阿卡德人不断打仗，两河流域南部时而统一，时而分裂，直到汉谟拉比时，古巴比伦王国才真正统一了两河流域。

苏美尔人

幼发拉底河和底格里斯河下游平原的南部在古代被称为苏美尔，大约在公元前4000年，苏美尔人就生活在这里，并逐渐形成较大规模的村落。由于水利灌溉的发达、长途贸易的进行和农牧业的分工，这里的社会文明得以发展起来。

公元前3200年左右，苏美尔人发明了文字，至此人类有文字记载的历史开始。此时，车辆也被发明出来，历史学家们把轮子的发明和应用作为苏美尔文明时代的象征。

公元前3000年时，苏美尔人在金银工艺品、铜器和青铜器的制作方面都达到很高的工艺水平。在这段时期，灌溉设施、土木工程等技术也有了明显进步。除此之外，苏美尔人还发明了太阳历。公元前3000年左右，苏美尔人在

苏美尔大事年表

公元前3500年，苏美尔人迈入文明的门槛。

公元前3000年，两河流域出现一系列城邦国家。

公元前24世纪，萨尔贡统一两河流域，建立阿卡德王国。

公元前2113年，乌尔纳木驱走库提人，建立乌尔第三王朝。

公元前18世纪，汉谟拉比统一两河流域，建立巴比伦王国。

两河流域的南部建立了一系列城邦国家。公元前 2900 年以后，苏美尔人进入奴隶制城邦的全盛时期。这一时期，苏美尔地区城邦林立，每个城市连同周围的一些农村公社就是一个国家。这些城邦国家以神庙为中心，有自己的国王，城里有王宫建筑，也有城墙。苏美尔人建立的这些城邦国家是目前世界上公认的最早的城市。苏美尔各城邦之间为了争夺土地、财富和奴隶，进行了旷日持久的战争，但始终没有建立起统一的苏美尔政权。公元前 2320 年左右，阿卡德城邦的萨尔贡国王带领军队征服了整个苏美尔地区。在 2130 年前后，苏美尔人重新获得了独立。

乌尔一座陵墓中的黄金短剑及剑鞘

苏美尔人是技艺精湛的金属制品的制作者，他们制作的金器、银器和铜器极其精美。

萨尔贡的征服

苏美尔人建立的各个城邦如乌尔、拉格什、乌鲁克、乌玛等，为了争夺霸权、奴隶和财富，混战不止，大大地消耗了自身的实力，这为萨尔贡的统一创造了条件。

萨尔贡是阿卡德人，出生于阿卡德人建立的基什城邦附近，是一个私生子。他刚出生不久就被狠心的母亲装在芦苇篮子里，用沥青封好篮子口，丢弃在幼发拉底河里。庆幸的是，萨尔贡没有被淹死，他被来河边取水的宫廷园丁阿基救了起来，收为养子。萨尔贡在养父的抚养下长大成人，并继承了养父的职业。他技艺高超，多才多艺，后来又做了基什国王的厨师。他利用接触国王的机会，处处留心，熟悉了军政事务。基什是阿卡德地区最强大的城邦，不断对外发动战争，成了阿卡德地区的霸主。

当时，苏美尔地区最大的城邦是乌玛。乌玛军队在他们的英勇善战的卢伽尔（国王）扎吉西的率领下，南征北战，基本上统一了苏美尔地区，只剩下拉格什和北部阿卡德地区的基什还没有屈服，仍然在顽强抵抗。为了彻底统一两河流域，卢伽尔扎吉西决心征服这两个城邦。

面对强悍的乌玛军队，基什的贵族们惊慌失措，被打得大败，人民对国王失去信心，国家危在旦夕。公元前 2371 年，萨尔贡乘机发动武装起义，当上了基什国王。萨尔贡即位后，组建起世界上第一支 5400 人的常备军，牢牢掌握了军权。由于根基尚未稳固，他仍沿用基什国号。后来，他新建了阿卡德城（今伊拉克首都巴格达附近），并迁都该城，改国号为阿卡德。

拉格什是当时苏美尔地区一个很强大的城邦，包括奴隶在内有 15 万人。拉格什的军队以步兵为主，分为重装步兵和轻装步兵。军队的基本编制为队，每队有 20 ~ 30 人，按公民的职业编组命名，比如农人队、牧人队等。

这时，卢伽尔扎吉西正率领乌玛、乌鲁克两个城邦的联军与拉格什激战，双方血战多日，战场上尸骨如山。拉格什军队中的不少队只剩下了几个人，被迫将各种

苏美尔地区主要人物
萨尔贡（约公元前 2371 ~ 前 2316 年），阿卡德国王，第一次统一两河流域。 　　乌尔纳木（约公元前 2113 ~ 前 2096 年），乌尔王，驱走库提人，建立乌尔第三王朝，颁布世界上第一部法典——《乌尔纳木法典》。 　　汉谟拉比（约公元前 1792 ~ 前 1750 年），统一两河流域，建立起巴比伦王国，颁布《汉谟拉比法典》。

职业的人混编成队继续作战。

　　被拉格什拖住的卢伽尔扎吉西无力对付萨尔贡，只好派使者前去和萨尔贡谈判。雄心勃勃的萨尔贡当然不会屈服，所以谈判破裂，萨尔贡立即率领军队挥师南下进攻扎吉西。

　　这时，扎吉西率领的联军已经攻克了拉格什，但拉格什人并没有屈服，仍然在进行着顽强的巷战。听说谈判破裂，扎吉西马上率领大军离开拉格什，北上迎击萨尔贡。卢伽尔扎吉西率领 50 个苏美尔城邦的联军，有一两万人，与萨尔贡的 5000军队展开决战。萨尔贡虽然在兵力上处于劣势，但军队武器装备精良，士兵训练有素，战斗力很强，而且军队指挥统一，以逸待劳。反观卢伽尔扎吉西的军队，虽然人数众多，但指挥不统一，成分复杂，素质参差不齐，主力又在拉格什征战多日，没有得到充分的休息和补充，已成疲惫之师。而且拉格什人并未屈服，扎吉西是腹背受敌。在战争中，萨尔贡显示出杰出的军事才能，以少胜多，大败苏美尔联军。他用套狗的绳子拴在被俘虏的卢伽尔扎吉西的脖子上，把他牵到神庙里，当作献给恩利尔神的祭品活活烧死。

　　战胜卢伽尔扎吉西后，萨尔贡乘胜进攻，率领军队继续南下，深入苏美尔各地，经过 34 次战争，先后战胜了拉格什、乌尔、乌鲁克等城邦，征服了苏美尔，第一次统一了两河流域，建立了强大的阿卡德王国。接着，他又东征西讨，征服了埃兰（今伊朗库齐斯坦一带）、小亚细亚东部、叙利亚、阿拉伯半岛东岸等地，自称"天下四方之王"或"大地之王"。

　　萨尔贡在征服了苏美尔后，几乎全盘接受了苏美尔的楔形文字和宗教。他以 10日行程范围作为 1 个行政区，派王族子弟和归顺的苏美尔贵族担任总督。他统一了度量衡，大力兴修水利，建立了庞大的灌溉网络，大力发展商业，使阿卡德王国成为当时世界上最富强的国家。

　　萨尔贡对苏美尔人的征服是有记载的历史上第一次游牧民族对定居的农业文明的征服。在此后的 4000 多年里，类似的征服在世界各地还发生了许多次，古代史的很大一部分就是由这些入侵构成的。

古巴比伦王国

　　古代两河流域重要的奴隶制国家。由阿摩列依人始建于公元前 1894 年左右，苏穆阿布姆为第一代王。初期为弱小国家，在各国争霸中依附于其他强国。公元前

1758年在第六代王汉谟拉比时期，统一两河流域，建立起中央集权的奴隶制国家，成为当时西亚最强大的国家。两河流域在古巴比伦统治下，农业、手工业和商业较前期有所进步，乌尔第三王朝时流行的王室奴隶制大地产消失，私有奴隶制发展明显，以阶级关系为基础的等级关系十分突出，出现了一部内容较完备的汉谟拉比法典。汉谟拉比去世后，古巴比伦王国衰落，内外矛盾激化。公元前1595年，古巴比伦王国被赫梯王国所灭，但其都城巴比伦长期成为西亚的重要政治、经济、文化中心，在历史上占有重要位置。

汉谟拉比法典

它是古巴比伦王国国王汉谟拉比当政时制定的成文法典，因刻在一块黑色玄武岩石柱上，又称"石柱法"。旨在保护奴隶主阶级的政治权力与经济利益，全面调整自由民之间的关系，巩固现存秩序。法典包括序言、正文、结尾三部分。序言与结尾充满美化汉谟拉比的言辞，结尾还强调法典原则的不可改变性。正文包括282条法律，涵盖诉讼程序、财产关系、继承、转让、借贷、婚姻等内容。法典表明古巴比伦社会存在奴隶主、奴隶、小生产者三个基本阶级，此外还存在与阶级关系不尽一致的等级关系。自由民之间分为有权者和半有权者两个等级。法典对债务奴隶制和高利贷有所抑制，限制对小生产者过分的掠夺，以免动摇兵源和税源。法典对奴隶制予以严格保护，体现了法典的性质。法典的制定标志着古西亚法律制度的进步和国家制度的成熟。

《汉谟拉比法典》石柱的顶部浮雕
此为汉谟拉比向坐在御座上的最高法官、太阳神沙马什祷告的情景。这位虔诚的国王在他的49个法柱序言中宣称自己是"诸王之王""明慧的智者"和"无敌的战士"。站着的汉谟拉比表现得很谦卑。

军事强国亚述

两河流域北部底格里斯河中游地区的奴隶制帝国。原是亚述城附近的一个小地区，后来崛起为强国，统治范围从巴勒斯坦延伸到土耳其。亚述可能是在公元前3000年出现的，后来势力才慢慢强大。公元前9世纪是其全盛时期，当时在亚述纳西拔二世的统领下，远征到地中海地区。公元前745～前626年左右，亚述帝国征服了以色列、大马士革、巴比伦和撒马利亚等地。后来的伟大君主包括提革拉—帕拉萨三世、萨尔贡二世、辛那赫里布和亚述巴尼拔。亚述人不仅以残忍和勇敢闻名，还是巨大工程的建筑者，相传亚述巴尼拔在尼尼微的宫廷建得十分豪华。在艺术上，亚述人最有名的是石浅浮雕。公元前626～前612年间亚述帝国被征服，当时的米底亚和巴比伦尼亚（加尔底亚）的国王摧毁了尼尼微城。

新巴比伦王国

古代西亚两河流域奴隶制国家。公元前 630 年，居住在两河流域南部的迦勒底人那波帕拉萨趁新亚述内乱之机，逐渐取得对巴比伦尼亚的控制权。公元前 626 年自立为巴比伦王，建新巴比伦王国。公元前 612 年攻陷尼尼微，灭亚述帝国。公元前 586 年灭犹太王国，将犹太的国王、王公贵族及普通民众俘至巴比伦尼亚，此即所谓"巴比伦之囚"。在尼布甲尼撒二世统治时期，王国处于极盛阶段，奴隶制经济有较大发展。奴隶广泛用于经济生活的各个领域。大奴隶主阶级分为军事贵族和商人僧侣两大集团。僧侣集团势力强大，首都巴比伦城的马尔杜克神庙僧侣在诸城神庙中居领导地位，在政治生活中有举足轻重的地位。公元前 539 年，波斯王居鲁士二世攻入巴比伦尼亚，神庙僧侣迎居鲁士入巴比伦城，新巴比伦王国遂亡。

波斯帝国

古代伊朗以波斯人为中心形成的帝国。公元前 558 年，在居鲁士二世领导下，波斯人发动起义，于公元前 550 年推翻米底王国，建立了奴隶制波斯王国。巩固了在伊朗高原的统治后，居鲁士发动了对外侵略战争。公元前 539 年占领两河流域，公元前 525 年并吞埃及。经过扩张，波斯帝国最后成为一个东起印度河，西到小亚细亚沿岸，北起中亚，南达埃及的地跨亚、非、欧三洲的奴隶制帝国。大流士一世期间为巩固政权，在政治、经济、军事方面进行了一系列改革，对波斯帝国统治的延续起了重要作用。公元前 5 世纪，在希波战争中，波斯惨遭失败，从此帝国走向衰落。公元前 330 年，波斯帝国被马其顿王亚历山大所灭。波斯人的宗教富有特色，广泛流行于中亚一带，并一度传入中国。

居鲁士大帝

公元前 7 世纪左右，在今天伊朗高原西部生活着两个部落，北部为米底，南部为波斯。公元前 612 年，米底和新巴比伦联军，灭亡了残暴的亚述帝国。从此，米底统治了伊朗和亚述，成为西亚的一个强国，波斯人也臣服于它。

一天，米底国王阿斯提阿格斯做了一个梦，梦见女儿曼丹妮的后代成为亚洲的统治者。于是阿斯提阿格斯没有把女儿嫁给米底贵族，而把她嫁给一个温顺老实的波斯贵族冈比西斯。他认为这样一来就可以高枕无忧了。

曼丹妮怀孕后，阿斯提阿格斯又做了一个梦，梦见一根巨大的葡萄藤从女儿的肚子里长出来，覆盖了整个亚洲。他找来一个僧侣，要他解梦。僧侣说，曼丹妮的后代必将统治亚洲。阿斯提阿格斯非常害怕，下令孩子一出生就立即处死。

不久，曼丹妮生下一个男孩，就是居鲁士。阿斯提阿格斯命令大臣哈尔帕哥斯把孩子带到宫外处死。哈尔帕哥斯不忍心，就把孩子给了一个牧民，让他来执行。牧民的孩子一出生就死了，于是他的妻子就偷梁换柱，瞒过了哈尔帕哥斯，收养了居鲁士。

居鲁士长到 10 岁的时候，一次和村里的孩子玩游戏，孩子们推举他为"国王"，一个没落贵族的孩子不服，居鲁士就命令"卫兵"鞭打他，后来事情闹大了，连国王都亲自过问，结果发现了居鲁士的身份。阿斯提阿格斯把僧侣找来，僧侣说居鲁士已经在游戏中当了"国王"，就不会在现实中再当国王了。居鲁士因此得以回到波斯，回到了亲生父母的身边。由于哈尔帕哥斯没有完成任务，阿斯提阿格斯非常生气，就下令杀死他的儿子。从此，哈尔帕哥斯对阿斯提阿格斯怀恨在心。

公元前 559 年，居鲁士统一了波斯的 10 个部落，成为波斯人的首领。哈尔帕哥斯就秘密联络居鲁士，密谋灭亡米底，为子报仇。

公元前 553 年，居鲁士决定起兵反抗米底。为了让波斯人团结在自己周围，他命令所有的波斯人都回家取来镰刀，来到一大片长满荆棘的土地上，让他们在一天之内将荆棘清除干净。波斯人不敢违抗命令，只好埋头苦干，一天下来累得要死。

第二天，居鲁士又把波斯人召集到一起，杀猪宰羊，拿出美酒款待他们，波斯人非常高兴。居鲁士高声问："你们喜欢昨天还是今天？"波斯人回答说："我们喜欢今天！"居鲁士乘机说："如果你们愿意听我的命令，那么就会永远和今天一样，反之你们就将会永远和昨天一样！我们波斯人不比米底人差，为什么要受他们压迫？我们要反抗阿斯提阿格斯！"波斯人早就对米底人的统治深恶痛绝，听了居鲁士的话，纷纷响应。阿斯提阿格斯闻讯，急忙令哈尔帕哥斯率军讨伐居鲁士。不料哈尔帕哥斯阵前倒戈，投降了居鲁士。阿斯提阿格斯气急败坏，亲自率军前往，结果战败被俘。

公元前 550 年，居鲁士正式建立了波斯帝国。波斯的西边是吕底亚国。吕底亚王见波斯崛起，非常害怕，决定趁波斯刚刚立国，一举消灭它。居鲁士率军迎战，吕底亚的骑兵的坐骑是马，而波斯骑兵的坐骑是骆驼。马闻到骆驼身上的刺鼻气味后，掉头就跑，吕底亚军队乱作一团。波斯人乘机进攻，大获全胜，吕底亚国灭亡，成为波斯帝国的一个省。

灭掉吕底亚后，居鲁士又把目光投向了新巴比伦。巴比伦城高大坚固，城墙是用挖护城河的淤泥烧成的砖再加上沥青砌成的，城门用青铜浇铸，所以巴比伦王非常轻敌，认为居鲁士根本无法攻克巴比伦。当时，巴比伦的统治阶级分为王室、贵族和祭司三部分，他们之间争权夺利，钩心斗角。居鲁士得知后，派间谍秘密潜入巴比伦城，送给贵族和祭司很多金银，希望他们能做内应，并保证城破后保证他们的安全。贵族和祭司见钱眼开，半夜里打开城门，波斯人一拥而入，攻陷了巴比伦城。新巴比伦王国灭亡了，波斯成了西亚的霸主。

为了征服埃及，居鲁士释放了"巴比伦之囚"犹太人，让他们回去重建耶路撒冷，以此作为西进的跳板。为了消除后顾之忧，居鲁士亲率大军企图征服波斯东面的马萨革泰人，但不幸阵亡，他的儿子冈比西斯二世继任为波斯王。

大流士一世改革

波斯帝国国王大流士一世为巩固和加强君主专制，于公元前518年实行一系列新的政治、经济改革。他将帝国划成约20个行省，每省设一个总督为行政长官，将军则为驻军长官，分别对国王负责。另设总督秘书行监督职责。建立统一财政体系，改革税制，规定各省上交中央的税额以及形式，包括货币与实物两种，税收由国王任命的专门官吏经办。他制定法律，统一度量衡和币制，铸造全国统一的金币；郡设军事长官，统领地方军队，不受郡守管辖，分属5个军区，军队的核心是波斯人，大流士为最高统帅；修筑一些加强中央与各地联系的公共工程，如开凿联结尼罗河与红海的运河，修建广泛的驿路网，最重要的是从首都苏萨通向小亚细亚希腊城邦以弗所。大流士的改革加强了军事力量，促进了各地经济、文化的交流。

大流士一世

大流士一世在公元前522～前486年统治波斯帝国。他是军队的首领，也是个明智的统治者。他在统治期间建造了波斯波利斯，帝国达到了最强盛。

大流士军制

波斯帝国是一个军事强国，大流士一世即位后开始进行军事改革。

大流士把波斯全国分为23个省，每个省设立一名军事首领，由国王委派波斯贵族担任。他又把全国划分为5个军区，每个军区长官管辖几个省的军事首领。军区长官直接向国王负责，大流士则是全国军队的最高统帅。他还规定了各省驻军的数量，驻军中的大多数军官都由波斯人担任，确立了波斯贵族对军队的绝对领导。

大流士将军队分为万人团、千人团、百人团和十人团4级。其中军中精锐御林军有一万人，全都由波斯人组成，号称"不死军"。因为一旦有人死去，就会立即得到补充，人数总是一万。波斯军队以波斯人组成的骑兵和步兵为主，同时还将其他民族也编入军队以壮大波斯的军事力量。例如，将擅长航海的腓尼基人编成海军，建立了一支拥有1000艘战船的舰队。米底人和巴克特利亚人组成的军队也是波斯军队中的重要力量。

贵霜帝国

中亚细亚的奴隶制国家，存在于约公元前1世纪～公元5世纪。贵霜原是位于中国祁连山一带古老的游牧民族"大月氏"，因公元前165年为匈奴所败而被迫迁至阿姆河流域，征服阿姆河上游的大夏。公元前1世纪初，大月氏五部翕侯之一的贵霜侯丘就以武力兼并其余四部，建立了统一的贵霜帝国。此后不断扩张，到第四代皇帝迦腻色伽统治时期达到全盛，其领土西至伊朗东部，南达北印度，成为纵贯中亚和南亚的庞大帝国，定都富楼沙。贵霜帝国商业发达，"丝绸之路"经过贵霜，贵霜商人与安息、印度、罗马、中国都有贸易往来。贵霜帝国大力推崇佛教，佛教也在此时传入中国。贵霜统治的众多民族和各地区之间发展极不平衡，民族矛盾与阶级矛盾尖锐。迦腻色伽死后，帝国很快衰落，到公元 3 世纪，分裂为一些小国。约 425 年，贵霜残余势力被哒哒人所灭。

尼罗河

　　古代埃及与尼罗河息息相关。埃及位于非洲的东北部，是非洲大干旱地区的一部分，终年雨量稀少，尼罗河成了唯一的水源。由于尼罗河定期泛滥，河水既灌溉了两岸的土地，又给地面铺上了一层肥沃的淤泥，这为农业生产提供了良好的条件。河水退却后，埃及人民依靠集体的力量，清除荆棘莽丛，排干沼泽，开沟筑坝，兴修水利，辛勤地耕耘。古代埃及成为世界古代文明的摇篮之一。

　　尼罗河位于非洲东北部，南北走向。它发源于乌干达，经苏丹、埃及注入地中海，河谷宽 3 千米 ~ 16 千米，是世界四大河流之一。尼罗河的主流称为白尼罗河，与源于埃塞俄比亚的青尼罗河汇合在喀土穆。尼罗河每年均有泛滥，总是 7 月开始涨水，10 月达到高潮，而 11 月退水，但水量差别不大，泛滥而不成灾。古埃及人掌握了尼罗河的规律，充分利用尼罗河流域提供的有利条件。但尼罗河环境过于特殊，东有西奈沙漠，而西临利比亚沙漠，河谷两岸不断地遭到沙漠侵吞，于是河流宽度变窄，整个流域宛如一条丝带，仅河口三角洲宽阔一点。

　　20 世纪 70 年代以来，在埃及阿斯旺地区陆续发现了一些属于公元前 1.5 万年至公元前 1 万年的旧石器文化遗址，经考古推断，古代埃及文明与两河流域的苏美尔文明有着不可分割的联系。

尼罗河流域示意图
尼罗河流域是人类文明的发祥地之一，尼罗河畔的肥沃土地孕育了古埃及文明。

古埃及王国的统一

　　古希腊著名的历史学家希罗多德曾说："埃及是尼罗河的礼物。"事实也证明，没有尼罗河，就没有古埃及的辉煌文明。

　　尼罗河全长 6600 多千米，发源于非洲中部的高原，从南向北，流入地中海。它流经埃及的那一段只占全长的 1/6。

　　一般来说，河水泛滥不是件好事，但对于古埃及人来说，那却是尼罗河赐给他们的礼物。每年的 7 月，尼罗河的发源地就进入了雨季，暴雨使尼罗河的水位大涨。7 月中旬的时候，水势最大，洪水漫过河堤，淹没了尼罗河两岸的沙漠。11 月底，洪水渐渐退去，给两岸的土地留下厚厚的肥沃的黑色淤泥，聪明的古埃及人就在这层淤泥上种植庄稼。虽然埃及大部分土地都是沙漠，干旱少雨，但是由于古埃及人靠着尼罗河，根本不用为农业灌溉发愁，所以古埃及人称尼罗河为"母亲河"，尼罗河两岸也成了古代著名的粮仓。

古埃及人是由北非的土著人和来自西亚的塞姆人融合形成的。在距今 6000 年左右，古埃及从原始社会进入了奴隶社会，尼罗河两岸出现了 42 个奴隶制城邦（以一个城市为中心，连同周围的农村构成的小国）。古埃及人称之为"塞普"，古希腊人称之为"诺姆"，中国翻译成"州"。

这些奴隶制城邦经过长期的战争，逐渐形成两个王国。南部尼罗河上游的谷地一带的王国叫作上埃及王国，国徽是白色的百合花，保护神是鹰神，国王戴白色的王冠，由 22 个城邦组成。北部尼罗河下游三角洲一带的王国叫下埃及王国，国徽是蜜蜂，保护神是蛇神，国王戴红色的王冠，由 20 个城邦组成。

两个王国为了争霸、统一对方，经常发生战争。大约在公元前 3100 年，上埃及在国王美尼斯的统治下，逐渐强大起来。美尼斯亲率大军，征讨下埃及，下埃及迎战，两军在尼罗河三角洲展开激战。美尼斯率领军队与下埃及的军队厮杀了三天三夜，终于取得了胜利。下埃及国王和一群俘虏跪在美尼斯面前，双手捧着红色的王冠，毕恭毕敬地献给美尼斯，表示臣服。美尼斯接过王冠，戴在头上，上埃及的军队举起兵器，齐声呐喊，庆祝胜利。从此，埃及成为统一的国家。

为了纪念这次胜利，并加强对下埃及的控制，美尼斯就在决战胜利的地点修建了一座城市——白城，希腊人称之为孟菲斯，遗址在今埃及首都开罗附近。美尼斯还派奴隶在白城周围修建了一条堤坝以防止尼罗河泛滥时将城市淹没。埃及统一后，下埃及人从未停止过反抗，直到 400 年后，统一大业才真正完成。

美尼斯是古埃及第一位国王，他自称"两国的统治者""上下埃及之王"，有时候戴白冠，有时候戴红冠，有时候两冠合戴，象征着上下埃及的统一。在埃及史上，美尼斯统治的王国被称为"第一王朝"，是古埃及文明兴起的标志。现在，开罗的埃及博物馆里有一块《纳美尔（美尼斯的王衔名）记功石板》，用浮雕记录了美尼斯征服下埃及、建立统一王国的丰功伟绩，这是目前为止埃及发现的最古老的石刻历史记录。因为古埃及的国王被称为法老（原意为宫殿，相当于称呼中国皇帝的"陛下"），所以此后长达 3000 年的时间被称为法老时代。第三代国王阿哈首次采用王冠、王衔双重体制，就是王冠为红白双冠，王衔是树、蜂双标，分

古埃及人的后裔

古埃及人的后裔现在叫科普特人（古希腊语中"埃及人"的意思），约占埃及人口的 15%，信仰基督教。他们平时讲阿拉伯语，科普特语仅在宗教场合使用。科普特人主要从事商业和技术性工作，前联合国秘书长布特罗斯·加利就是科普特人。

别代表上下埃及，并定都于孟菲斯。从公元前 3100 年美尼斯统一埃及到公元前 332 年埃及被亚历山大征服，法老时代的埃及一共经历了 31 个王朝。

古埃及人拥有辉煌的古代文明。他们创造了象形文字，在天文学、几何学、解剖学、建筑学、历法方面也有很高的成就，对西亚、希腊和欧洲有很大的影响，为人类文明作出了不可磨灭的巨大贡献。在美尼斯之后的 2000 年里，埃及无论从财富还是从文化角度，都是当时世界上最先进的国家。

两次大分裂

埃及历史上的两次大分裂按照西方一些著名历史学家的推算，第一次大约开始于公元前 2181 年，结束于公元前 2040 年；第二次大分裂大约从公元前 1786 年延续到公元前 1567 年。

两次分裂期间，王权衰落，国家分裂，地方争霸，社会动荡。公元前 18 世纪末，正值埃及处于第二次大分裂时期，西亚的游牧部落喜克索斯人大量进入埃及，定居下来。公元前 1674 年，他们在北部三角洲建立起自己的王朝。他们破坏城市，奴役人民。

埃及人民经过长期斗争，到公元前 1567 年前后，终于在以底比斯为中心的新王朝的率领下，彻底打败喜克索斯人，并把他们逐出埃及。

法老

在埃及的新王国时期（公元前 1539 至公元前 1075 年），"法老"这个名称才被用来特指国王。在此之前，它表示国王的宫殿朝廷。

法老是全国的最高统治者，也是最大的奴隶主，代表整个奴隶主阶级掌握着政治、经济、军事和司法等大权。他把自己称为神的化身、太阳的儿子，所以他的话就是法律，对其臣民拥有至高无上的权力。法老之下设各种官吏，每年派人清查全国的人口、土地、牲畜和财产，以确定租税数额。法老还掌握着全国土地，在全国各地都有法老的农庄，农庄上有耕地、葡萄园、手工作坊。法老把大量的土地赏赐给大臣和寺庙。为了掠夺土地、奴隶和财富，法老还经常发动对外战争。

从图特摩斯三世开始，法老把自己视为神圣不可侵犯的。从此以后，大臣见法老时都要说一番颂词，必须匍匐前进，上胸贴地，吻着法老脚前的尘土，不能随便抬头。

埃及陆军

在喜克索斯人占领下埃及之前，古埃及军队主要是由贵族属地的农民和工匠组成的轻装步兵。他们的装备非常简陋，不穿戴任何盔甲，武器主要有弓箭、标枪、匕首、棍棒、投掷棒和盾牌等。

喜克索斯人占领了下埃及之后，为了战胜入侵者，退守上埃及的埃及军队开始进行军事改革。这时的埃及军队开始正规化，军队将领由贵族担任，各个兵种也相继出现，如使用厚盾和攻城槌的攻城部队、成鱼鳞状分布排列的梯队、挖地道的先锋队等。另外还有雇佣军——努比亚弓箭手。兵器也变为标枪、战斧、半月刀（这是第一次出现）和匕首，装备了由皮套和金属甲组成的盔甲。这一时期，古埃及军队出现了战车部队。战车上有驭手一名，士兵两名，装备有弓、标枪和长矛。

埃及军队的指挥系统是：法老、将军、营长、传令官、参谋、尉官和军士。军队最大单位是军团，每个军团有 4000 个步兵和 1000 辆战车；一个军团有 10 个营，一个营分为两个连，一个连分为 5 个排，一个排分为 5 个小队。

图特摩斯三世

图特摩斯三世（公元前 1514 ~ 前 1450 年），是古埃及新王国第十八王朝时期一位以尚武著称的法老（公元前 1482 ~ 前 1450 年在位），后世的历史学家称他为"第一个曾经建立具有真正意义的帝国的人，也是第一位世界英雄"。

图特摩斯三世出生于公元前 1514 年，他是图特摩斯二世和一个叫伊西丝的后妃的儿子。图特摩斯二世体弱多病，所以他的异母妹、王后哈特谢普苏特掌握了实权。哈特谢普苏特认为图特摩斯三世没有纯正的王室血统，不能成为法老，但是图特摩斯二世只有这一个儿子。公元前 1504 年，图特摩斯二世去世，年仅 10 岁的图特摩斯三世即位。王后哈特谢普苏特趁他年幼，独揽大权。4 年后，太后暗令阿蒙神庙祭司假传神谕篡位，图特摩斯三世被迫退位，进入阿蒙神庙学习。在阿蒙神庙中，图特摩斯三世如饥似渴地学习，成为一个知识渊博的人。

后来，太后允许他参军。图特摩斯三世经过刻苦练习，成为一个武艺高强的人。他善于骑马射箭，令将士们非常佩服。他从不过问政治，平时也沉默寡言。太后为进一步考验图特摩斯三世，让他率军远征古埃及南部的努比亚（今苏丹）。他指挥有方，大获全胜，凯旋时献上缴获的奇珍异宝，并立即交出兵权。从此，太后不再对他存有戒心。图特摩斯三世趁机训练了一支由自己直接掌控的 25000 人的军队。

埃及的西亚属地叙利亚和巴勒斯坦在米坦尼王国支持下突然宣布脱离埃及独立。太后大惊失色，急忙调兵遣将，准备平叛。图特摩斯三世乘机率军发动政变，杀死太后和她的亲信，夺取了王位。为了报复太后，让她从历史上消失，图特摩斯三世下令将所有太后的石像和刻有太后名字的纪念碑销毁，想把她留下的痕迹从埃及大地上彻底抹去。

图特摩斯三世亲政后，面对的第一拨敌人是西亚以卡捷什国王为首、一共有 330 个王公和他们的部下参加的反埃及同盟。公元前 1482 年 5 月，他亲率大军向卡捷什联盟发起了进攻，双方在巴勒斯坦北部重镇美吉多城展开决定性的战斗。在出征前，埃及军队到美吉多有三条道路可以选择：第一条路是经"大马士革大道"向东，到基松河后再转向北，而后从山路到达美吉多，但这条路路程太长，图特摩斯三世放

图特摩斯三世的陵墓

图特摩斯三世去世后，埋在了帝王谷中。为防止盗墓贼盗墓，墓室的入口建在了悬崖上。陵墓内的线条构图十分漂亮，柱子上刻着精美的图案，整个陵墓像一幅巨大的纸草卷画轴。后来陵墓还是被盗了，庆幸的是他的木乃伊由于抢救及时而幸免于难。

弃了。第二条路是经阿鲁那抵达美吉多南部,卡捷什同盟军认为埃及军队将从这条路进攻,所以在城南布下重兵。显然,如果埃及军队经此路进攻,必将损失惨重。图特摩斯三世经过深思熟虑后,决定进行一次大冒险,选择从另一条崎岖的山路绕到美吉多城北,从背后出其不意地发起攻击。

但这个计划遭到保守的将军们的反对,图特摩斯三世非常生气,说:"如果谁害怕,那就回埃及去。"于是将军们不再说话了。黎明时,埃及军队出发,图特摩斯三世走在军队的最前面,经过一天的急行军,埃及军队在傍晚抵达美吉多城北,而敌人丝毫没有觉察。

第二天早上,图特摩斯三世把埃及军队分为一支中间部队和两支侧翼部队,向卡捷什同盟军发起进攻。埃及军队弓箭手在前,步兵居中,最后是500辆快如疾风的骏马驾驶的战车。进攻时,弓箭手们射出一排排遮天蔽日的利箭,敌人死伤无数,阵形大乱。图特摩斯三世看准时机,命令战车以排山倒海之势发起猛攻。当埃及的战车接近敌人的战车时,士兵们在统一号令下同时弯弓搭箭,射向敌人。敌军车阵大乱,埃及步兵随后赶上,配合车兵作战。战场上到处是翻倒的战车、马匹和士兵的尸体,到处可以听到敌人伤兵痛苦的呻吟声。如果此时埃及军队乘胜进攻,那么美吉多城必定唾手可得。但埃及士兵只顾抢夺敌人留下的金银财物,掠取战利品和捆绑俘虏。结果,一些敌人逃到城墙下抓住城上守兵扔下来的绳索,逃回城去。

图特摩斯三世只好下令围城,埃及人砍光了城郊果园中的果树,断绝了城中的粮食和水源,敌人被迫投降,西亚再次臣服于埃及。

图特摩斯三世在位期间,共取得了17场战役的胜利,后世的历史学家称他为"埃及的拿破仑"。他在位期间,埃及的版图东起西亚地区,南至努比亚境内的尼罗河第四瀑布,西至利比亚,北抵幼发拉底河上游的卡赫美士城,成为历史上第一个地跨北非和西亚的大帝国。

埃赫那吞改革

埃及新王国第十八王朝国王所进行的一次社会改革。在埃赫那吞即位前,阿蒙神庙的僧侣不仅拥有雄厚的物质财富,而且常常干预政事。埃赫那吞为了打击僧侣集团势力和世袭权贵,加强中央集权的统治,依靠中小奴隶主和新兴的军事贵族,进行全面的社会改革。他禁止崇拜传统的阿蒙神和其他地方神,下令封闭阿蒙神庙,没收其庙产,抹掉一切纪念物上阿蒙的名字,树立阿吞神为全国崇拜的唯一的太阳神,在各地大建阿吞神庙。埃赫那吞统治的第六年,迁都至尼罗

这幅浮雕表现了埃赫那吞与妻子在太阳神阿吞的保佑下与女儿玩耍的情景,象征生命的阳光直接照射在这对皇室夫妻的脸上。

河东岸的新都阿马纳，取名为埃赫太吞（意为阿吞之境界）。提拔新人改革政府官吏的成分，并在新都大力兴建阿吞神庙宇，雕塑阿吞神像。在艺术上，追求朴素优美的现实主义，出现了许多的优秀文艺作品。但改革是短命的，埃赫那吞死后不久，改革彻底被废除。

最早的起义

自从法国历史学家让·弗朗索瓦·商博良破译了古埃及的象形文字后，人们从大量的文献中了解了古埃及的历史。其中珍藏在欧洲的两个博物馆中的两部残缺不全的纸草卷文书，记载了爆发在古埃及世界最早的一次奴隶大起义。这次起义大概发生于公元前1750年。

公元前2400年左右，古埃及的古王国崩溃，又过了300多年，在公元前2000年左右，古埃及建立了中王国，定都底比斯。法老、贵族、祭司和奴隶主们对内疯狂地压榨奴隶，获取了大量的财富；对外则发动侵略战争，掠夺邻国的财富。奴隶们再也无法忍受了，一场全国性的大起义终于爆发，同时参加的还有一些同样受剥削、同样活不下去的农民。

由于资料的欠缺，人们无法得知起义领袖的名字，甚至连起义过程也不是很清楚。但从残存的文献上人们依然可以看出这次持续了40年之久的大起义的威力。

起义开始只是一些零星的、分散的暴动，最后才发展成为全国性的大起义。纸草卷上记载："起义者势不可当，像洪水一样包围了首都底比斯。法老的军队被击败了，龟缩到城中不敢迎战。"

"起义者在一小时之内就占领了底比斯城，闯入王宫中大肆抢劫，财宝被抢劫一空，然后四处放火，火光冲天，王宫的大门、石柱、屋子等统统被烧毁，昔日富丽堂皇的王宫只剩下一些残垣断壁……"

"竟然发生了不可思议的事情，法老被起义者抓走了……"

"各地的官员都逃跑了，王宫里的官员都被赶出来，他们威严扫地。"

"昔日庄严肃穆的大审判厅竟然变成了一个任人出入的地方，穷人毫无顾忌地穿梭其中。"

"那庄严肃穆的审判厅啊，昔日神圣的法令被起义者随意扔在地上，抛到十字路口，人人践踏，贱如废纸。法官毫无尊严地被赶到全国各地去了。"

"富庶的尼罗河三角洲在哭泣，因为国王的粮仓已经被起义者占领，变成了穷人们的财产了。穷人们纷纷取走其中的粮食。"

"起义者抢走了富人们的财产，分发给穷人们。富人们遭受了重大损失，哭泣不止，而穷人们则欢天喜地。"

"他们（起义者）做成了铜箭，用血来强求面包，法老的军队一败涂地。"

"全国像制作陶器时的轮子一样旋转起来，所有的人都被卷入其中……"

从文献中我们可以看到，起义军只是沉重打击了统治者，剥夺了统治者的财富，但没有建立自己的政权，而且在经济建设方面也毫无建树，没有发展生产，全国发生了大饥荒。

文献还记载了这些情况："大河几乎要干涸，河床里的土地比河水还多，人们可以涉水过河。"

"所有的农田里的庄稼都枯萎了，没有人种植、灌溉。人们没有衣服，没有食物，没有油脂，没有奶油……人们食不果腹、衣不遮体，饱受饥饿和寒冷的折磨……"

起义者虽然推翻了法老和奴隶主贵族的反动统治，但没有建设自己的新生活，胜利如同昙花一现般短暂。埃及各地的奴隶主贵族们重新集合力量，向起义者发起了反攻，起义以失败告终。法老和贵族们又回到了首都底比斯，重新修建了富丽堂皇的王宫，恢复了昔日的荣华富贵。而奴隶和农民依旧终日劳作，受着残酷的剥削。

这次大起义严重削弱了古埃及的实力，亚洲的喜克索斯人乘虚而入，侵入埃及。喜克索斯人乘着马车作战，速度很快，旋风般冲入埃及队伍中，冲乱了埃及人的阵形，然后大肆砍杀。埃及人乱作一团，纷纷逃跑。喜克索斯人又乘胜追击，埃及人死伤惨重。当时的埃及人还不会使用战车作战，只有步兵，而步兵根本无法抵挡冲击力极强的马车。喜克索斯人占领了埃及大片的领土，掠夺了大量的财富和奴隶，成了埃及的主人。直到150年后，底比斯的统治者阿摩西斯向喜克索斯人学习，建立了强大的战车部队，并对侵略者们发动了一系列的反攻，才将他们全部赶出埃及，收复了失地，建立了新王国。

金字塔

埃及金字塔是法老们的陵墓。法老们死后，尸体被制成木乃伊，存放在金字塔里。

埃及金字塔的建筑群，散布在尼罗河下游西岸的基萨和萨卡拉一带，位于开罗以南10多千米处。金字塔的底座呈四方形，每面均以三角形的形状向上砌筑，建成后则成为一个角锥体式的石塔。因为它的四面都形似汉字的"金"字，所以汉语译作"金字塔"。

据统计，古埃及各王朝法老的金字塔有9群，共70多座。其中，第四王朝法老

狮身人面像

狮身人面像，希腊人称之为"斯芬克斯"。它是古代埃及国王威严的象征。法老们死后，建造狮身人面像为其守护陵墓，彰显其权势。埃及吉萨附近哈佛拉的狮身人面像是埃及历史上最早也是最大的一个狮身人面像。

该雕像至今已有4500多年的历史。除了狮爪之外，整个雕像是用一块天然巨石雕成的。雕像的面部是按哈佛拉的相貌塑造的，它面向东方，高达20米，长约73米，一只耳朵就有2米长。原先雕像的面部前额还雕刻有神蛇，下巴还有10米长的胡须，如今这两件文物早已失落国外。

1798年拿破仑率军远征埃及时，曾用大炮轰击狮身人面像，希望打开通往内部的入口。结果雕像的面部被破坏，鼻子崩落，眉目模糊，形成一种奇特的"笑容"。

金字塔及狮身人面像

胡夫（约公元前 2589 ~ 前 2566 年）修建的金字塔规模最大。它高 146.5 米（现在比初建时已下沉 9 米），每边底长 230 米，由 230 万块（每块平均重约 2.5 吨）巨石搭成。建塔石块的砌缝据说紧密得连一根头发都伸不进去。塔内有阶梯、走廊、通风道和墓室，并且都装饰有精美的绘画和雕刻等艺术品。

建筑这些金字塔，耗费了大量的人力和物力。以建筑胡夫的大金字塔为例，据说有 10 万人头顶烈日在监工的皮鞭之下劳动，用了 10 年时间修筑运石道路和地下墓室，又用了 20 年时间才砌成塔身，整个工程历时 30 年。

图坦卡蒙墓的发掘

图坦卡蒙是古埃及新王国时期的法老，公元前 1334 ~ 前 1323 年（一说公元前 1336 ~ 前 1327 年）在位。他出身平民，因貌美被第十七代法老埃赫那吞选为驸马（一说是埃赫那吞的儿子），埃赫那吞死后继承王位。他原叫图坦卡吞，意思是 "阿吞的形象"，后来改名为图坦卡蒙，意思是 "阿蒙的形象"，说明他从崇拜阿吞神转为崇拜阿蒙神。公元前 1334 年，年幼的图坦卡蒙登基，19 岁时突然神秘地死去。他死后，重臣埃耶继任为法老，并娶了他的王后。但不久大将军霍连姆赫布将埃耶杀死，成为埃及的法老。古埃及很多的建筑物、文献中，图坦卡蒙的姓名和徽号都被人为地抹去，这使得后世的人们对这位英年早逝的法老知之甚少，甚至连盗墓贼都将他遗忘了……

1922 年秋天，英国考古学家霍华德·卡特和卡尔纳·冯伯爵率领一支考古队来到了古埃及法老陵墓最集中的帝王谷。帝王谷位于埃及古都底比斯西南的德尔巴哈里山谷中，这里极为隐秘，人迹罕至。古埃及的法老们把自己的陵墓建在帝王谷两旁陡峭的悬崖上，陵墓完工后杀掉所有参与建设的人，所以知道这里的人很少。19 世纪初期以来，欧美的考古学家纷纷来到这里，寻找数千年前的法老们的陵墓，但大都空手而归。1881 年，德国考古学家布鲁斯在帝王谷的一个山洞里发现了一个巨大的墓葬群，里面有 40 多具古埃及法老的木乃伊，包括著名的雅赫摩斯一世、图特摩斯三世和拉美西斯二世，成为当时轰动世界的重大考古发现。

卡特和卡尔纳·冯伯爵等人整整考察了 5 年，才发现了图坦卡蒙的陵墓。让他们惊奇的是，这位年轻的法老的陵墓保存得非常完整，从来没有被盗墓贼光顾过。墓室的入口刻着一句令人毛骨悚然的诅咒："死神奥西里斯的使者阿奴比斯，将会用死亡的翅膀接触打扰法老安眠的人。" 图坦卡蒙墓室又窄又小，装饰也很潦草，墓穴的壁画上泼溅了许多颜料，好像还没有建好就匆匆下葬了。陪葬品也不是为他专门制作的，这些陪葬品上本来刻着别人的名字，被抹去后再加上图坦卡蒙的名字。他的木乃伊的制作也不像其他法老那样用防腐香料浸体，而是将成桶的香料倒在木乃伊上。但墓室中仍然有为数众多的珍贵文物，是迄今为止出土文物最多的法老陵墓。图坦卡蒙的陵墓里出土的文物有镶着象牙的箱子、镀金黑檀扇、银喇叭、雪花石膏花瓶、雪花石膏碗、镶着宝石的金指环、项圈和手镯，每一样都价值连城。其中最珍贵的当数图坦卡蒙的金面具。

图坦卡蒙安息在4个大小相套的棺材里，棺材上都镶着各种名贵的宝石，刻着祝愿法老安息的象形文字，每副棺材里都填满了奇珍异宝。最外面的是镶着蓝色洋瓷的金木棺材，第二副和第三副都是色彩艳丽的人形贴金木棺材。最后的人形棺材长1.83米，用22K黄金打造，最厚的地方足有3厘米，重达110.9千克！这个按照图坦卡蒙形象打造的人形棺材，两手交叉在胸前，右手拿着君主的节杖，左手拿着奥西里斯的神鞭，前额上宝石

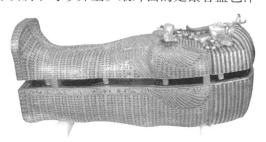

法老图坦卡蒙的黄金棺

镶成蛇和鹰的形状。在古埃及，蛇是守护法老的神，鹰象征着"太阳神"荷鲁斯，据说它们能够喷出烈火消灭法老的敌人。当卡特等人打开最后一个棺材时，他们都被眼前的景象惊得目瞪口呆！图坦卡蒙的木乃伊用薄薄的布裹着，身上布满了宝石和护身符，戴着一个重达11千克的金面具。金面具"额头"上雕刻着鹰和蛇，用纯金浇铸而成，刻画逼真，做工精巧，栩栩如生，面具由蓝色玻璃、石英石和黑曜石装饰而成，还刻有修剪齐整的胡须，重现了图坦卡蒙生前的面貌，堪称无价之宝。

在图坦卡蒙身边还并排放置了两个婴儿木乃伊，一具约有5个月，另一具显然是一出生就死了，她们都是图坦卡蒙夭折的女儿。除了金棺和金面具外，常常被人提及的还有4个雪花石膏罐子。雪花石膏罐子的盖子上印着图坦卡蒙头像，里面放着法老的肝、肺、胃和肠子。

图坦卡蒙墓中的稀世珍宝仅清理造册就用了4年的时间，通过这些文物，人们了解到了公元前14世纪埃及法老殡葬的真实情况。

努比亚

东非古国，古埃及人称为库施，亦称古埃塞俄比亚。占有尼罗河第一瀑布以南至白尼罗河与青尼罗河汇合处之间的广大地区，主要居民是黑人。从公元前4000年中叶起，埃及开始派兵侵入。公元前2000年中叶，努比亚被埃及征服，沦为殖民地。约公元前10世纪，努比亚摆脱埃及统治，建立奴隶制国家。公元前8世纪中叶，统一第一瀑布到第六瀑布间广大地区，并占领上埃及。公元前713年，打败埃及统治者，建立埃及的第二十五王朝，又称"努比亚王朝"。公元前591年迁都麦罗埃。1世纪～3世纪达到极盛，农业、炼铁业和纺织业发达。麦罗埃是当时非洲最大的炼

铁中心和东非的贸易中心，与非洲内陆、埃及、西亚和印度等地有商业往来。努比亚人在建筑、绘画、雕刻方面均取得了巨大成就，并创造了自己的字母表。约330年，努比亚被阿克苏姆王国征服，遂亡。

迦太基

古代非洲北部以迦太基城为中心的奴隶制国家。相传系公元前814年由推罗的腓尼基人在非洲北部海岸建立。在公元前8世纪～公元前6世纪，迦太基逐渐向非洲内地扩张，使北非的一些腓尼基人殖民地处于从属地位，并且控制了西班牙南部沿岸和很多邻近岛屿，成为当时地中海西部最强大的国家。公元前264～前146年，迦太基与罗马发生了布匿战争，结果迦太基被灭，迦太基城也被夷为平地，成为罗马统治下的阿非利加省。迦太基长期为地中海西部地区的中介贸易中心，经商收入是奴隶主阶级财富的重要来源。迦太基的当权者主要是贵族寡头，最高行政官员称为苏菲特；元老院享有立法权和决定重大国事的权力，其成员终身任职；公民大会权力有限；另设有百人会议，执掌监察和审判权；军队主要由雇佣兵组成。

腓尼基人

腓尼基人是历史上一个古老的民族，生活在今天地中海东岸，相当于今天的黎巴嫩和叙利亚沿海一带。腓尼基境内多山，雨量丰富，沿海的土地适合精耕细作，园林里种植有橄榄、椰枣、葡萄等经济作物。

"腓尼基"是古代希腊语，意思是"绛紫色的国度"。腓尼基人居住的地方特产是紫红色染料。他们潜入海底捞取海蚌，从中提取鲜艳而牢固的颜料，然后将紫红色的染花布匹运销到地中海各国。

腓尼基人大力发展了手工业和商业。他们不仅贩卖自己制作的各种精美的手工艺品，也销售来自各个地方的特产。随着商业的发达，腓尼基人在地中海沿岸建立了许多商站和殖民地，这些商站都成了当地经济最繁华的地方，很多商站后来成了著名的商业城市，如今天法国的马赛。在殖民地中，非洲北部迦太基（今突尼斯境内）是它最大的殖民地。

腓尼基人的造船技术在古代地中海世界长期居于领先地位，所制造的双层桨并装有冲角的兵船，是后来的希腊兵船的前驱。勇敢的腓尼基人踏波地中海，还经常出没于波涛汹涌的大西洋。今天，直布罗陀海峡的两个坐标就是用腓尼基人的神来命名的，被称为"美尔卡尔塔"。

腓尼基人抽取了象形文字和楔形文字

腓尼基的船只
腓尼基船只短而宽，并且很坚固。它们是用生长在腓尼基山坡上的雪松木制成的，由独桨、独帆驱动船只前进。

的一些简单的符号，组成了 22 个字母，这就是腓尼基字母。腓尼基字母是今天欧洲许多文字的共同祖先。

腓尼基人并没有建立一个统一的国家，公元前 3000 年末，腓尼基产生了一些小奴隶制城邦。各个城邦的国家政权掌握在各自的大奴隶主手中。公元前 10 世纪~公元前 8 世纪是腓尼基城邦的繁荣时期，但公元前 8 世纪以后，腓尼基就相继附属于亚述、新巴比伦、波斯、马其顿等国。

腓尼基人实行海外殖民

从公元前 2000 年起，腓尼基人开始在海外建立据点。古代的腓尼基人以航海、经商包括贩运奴隶而闻名，其航海殖民活动也相当广泛。从公元前 20 世纪起，腓尼基人已开始在小亚细亚沿岸、塞浦路斯、爱琴海诸岛甚至黑海南岸建立商业据点，并逐渐发展为居留地。公元前 2000 年后期占领了塞浦路斯等岛屿。他们沿马耳他、西西里和撒丁尼亚西进，直达西班牙，并越过直布罗陀海峡，在海峡以西建立了卡迭尔城（今西班牙加的斯）。公元前 9 世纪末，又在北非建立了迦太基（今突尼斯境内）。迦太基曾称霸西部地中海，与罗马展开长达一个多世纪的武装冲突。

希伯来人

希伯来人（犹太人古称）的先祖起源于苏美尔。希伯来人大致在公元前 1900 年至公元前 1500 年，由美索不达米亚迁入叙利亚，随后迁入埃及。公元前 13 世纪，希伯来人战胜了巴勒斯坦的迦南人，把迦南人变为他们的奴隶，同时也受到迦南人的影响，转入定居的农业。

约公元前 11 世纪，希伯来人建立国家，第一个国王是扫罗。他的儿子大卫统治时期，建立了统一的以色列—犹太国家，定都大卫城（今耶路撒冷）。

大卫之子所罗门统治时期，国力达到鼎盛时期。所罗门死后，约公元前 935 年，以色列—犹太王国分裂，北部为以色列王国，定都撒马利亚，南部为犹太王国，定都耶路撒冷。公元前 722 年，以色列王国被亚述所灭，当地居民被掠往亚述，在长期共同生活中被同化。

公元前 586 年，新巴比伦国王尼布甲尼撒二世攻占耶路撒冷，犹太王国被新巴比伦所灭，大批犹太人被掠往巴比伦为奴，史称"巴比伦之囚"。约在公元前 539 年，波斯攻占巴比伦，释放犹太囚徒，当时约 5 万犹太人重返耶路撒冷。

公元前 63 年，巴勒斯坦并入罗马帝国版图，绝大多数犹太人被贩卖为奴。在公元 66 至公元 70 年和公元 131 至公元 135 年，犹太人两次反抗罗马大起义均被镇压，几十万犹太人被杀，一些领袖被钉死在十字架上。幸存的犹太人再次被逐出巴勒斯坦，散居世界各地，他们就是今天犹太人的祖先。

1947 年在美国操纵下，联合国通过了巴勒斯坦分治决议。1948 年 5 月 14 日，以色列国家成立。

以色列王国

巴勒斯坦北部古代希伯来人国家。约公元前1000年，扫罗在同非利士人的斗争中兵败身亡，此后，犹太国王大卫彻底击败非利士人，统一南北巴勒斯坦，建立以色列—犹太王国。大卫之子所罗门王统治后期，南北方矛盾激化，北方的耶罗波安一世在埃及支持下起兵反对所罗门，自立为王，建立以色列王国。暗利王朝统治期间，局面较安定。公元前722年，萨尔贡二世攻陷撒马利亚，将大批居民迁往异域，以色列王国遂亡。以色列王国是实行贵族政治的奴隶制国家。除国王外，还存在长老会议和民众会。以色列人是全权自由民，其中包括贵族、平民等奴隶主阶层和贫困的非奴隶主阶层。以色列地处近东贸易要冲，经济和文化都极为发达，公元前8世纪时已普遍使用铁器，同近东各地区间的交流也很广泛。

犹太王大卫

4000多年前，一个叫闪族的游牧民族生活在几乎全是沙漠的阿拉伯半岛上，为了生存，他们赶着羊群从一个绿洲走到另一个绿洲。在阿拉伯半岛的北面，两河流域到地中海东岸宛如新月的弧形地区，被称为新月沃地。这里水量丰沛，土地肥沃，草木茂盛，尤其是地中海东岸的巴勒斯坦地区，更是被称为"流着牛奶和蜂蜜的土地"。闪族中一支叫希伯来的部落为了夺取这片土地，和居住在这里的迦南人展开大战，结果被打得大败。

公元前1700年，因遭受严重的旱灾，希伯来人赶着羊群，来到了风调雨顺的埃及，受到统治埃及的喜克索斯人的优待，居住在尼罗河三角洲一带，变游牧为农耕。

希伯来人在埃及过了几百年的安定生活。不料，生活在尼罗河上游的埃及人打败了喜克索斯人，将他们全部赶出埃及。"城门失火，殃及池鱼"，希伯来人的地位一落千丈，成为奴隶。公元前1300年，埃及法老拉美西斯二世穷奢极欲，大兴土木，建造富丽堂皇的宫殿，强迫希伯来人从事艰苦的建造和运输工作。几十年后，拉美西斯病死，埃及四周的野蛮人和海盗纷纷入侵，烧杀抢掠，希伯来人在首领摩西率领下，趁机越过红海，逃出埃及。经过辗转迁徙，他们来到巴勒斯坦一带定居下来。

当时巴勒斯坦除了迦南人以外，还有一支从海上迁徙过来的腓力斯人。为了生存，希伯来人同这两个民族展开了激烈的战斗。

公元前1000年的一天，希伯来人在国王扫罗（出身以色列部落）的率领下，在一个山谷和腓力斯人对峙。这时，从腓力斯军营中走出来一个叫哥利亚的壮汉。只见他身材高大，虎背熊腰，身披铠甲，手握长矛。他走到希伯来人的军营前，用长矛指着希伯来人说："来啊，希伯来人！来和我决一死战！如果你们打败了我，我们腓力斯人就全当你们的奴隶。如果我打败了你们，你们就必须成为我们的奴隶！"希伯来人见哥利亚身材高大，都非常害怕，没有一个人敢前去迎战，连希伯来人的首领扫罗也面带惧色。一连几天，哥利亚都在希伯来人的军营前叫阵，腓力斯人也呐喊助威，大骂不敢迎战的希伯来人是胆小鬼。希伯来人又羞又怒，但始终没有一

大卫像

米开朗基罗的《大卫》雕塑是一件体现人文精神的不朽杰作。在这件作品中，米开朗基罗赋予大卫健美的体格与完美的身材，深邃的目光与坚毅的神情又令人物充满了坚定、昂扬、顽强的精神气质，具有强烈的英雄气概。虽然造型非常轻松，但全身饱满、紧绷的肌肉却使蕴含在体内的巨大力量一触即发。

个人敢去迎战。

这时一个叫大卫的牧童（一说大卫是扫罗之子）来给在军营的3个哥哥送饭。他听到哥利亚的叫骂声后，问哥哥是怎么回事儿。大卫听完哥哥的讲述，非常生气，说："有什么好怕的？让我去迎战，杀死那个狂妄的大块头，杀杀腓力斯人的威风！"

国王扫罗对他说："你还是个小孩子，而哥利亚是个大力士，你根本打不过他！"大卫轻蔑地说："没什么好怕的！我放羊的时候，一只狮子来吃我的羊，结果被我赤手空拳打死。难道哥利亚比狮子还厉害吗？"扫罗听了非常吃惊，同意他明天迎战哥利亚。

第二天早晨，大卫去小溪边捡了5块鹅卵石，拿着他的牧羊杖和甩石鞭，走到在希伯来军营前叫阵的哥利亚面前。哥利亚见希伯来人派了一个牧童来迎战，不禁哈哈大笑，对大卫说："你们希伯来人都死绝了吗？怎么派了一个牧童来迎战？你要是不想死的话，还是回去放羊吧！"其他的腓力斯人也哈哈大笑起来。大卫平静地说："你攻击我，用的是长矛；而我攻击你，靠的是上帝。"

哥利亚大喝一声，舞动长矛，冲向大卫。大卫不慌不忙，掏出一块鹅卵石，放在甩石鞭上，然后奋力一甩。"嗖"的一声，鹅卵石像流星一样飞出，正中哥利亚的额头。哥利亚顿时血流如注，惨叫一声，倒地而亡。腓力斯人大吃一惊，希伯来人趁机杀出，大获全胜。

后来扫罗不幸战死，希伯来长老们经过商议，推举出身犹太部落的大卫为以色列犹太国王。

大卫登基后，率领军队从石头做的下水道中出其不意地攻占了迦南人的一个叫耶布斯的城市，并改名为"耶路撒冷"（意为大卫城或和平之城），作为以色列犹太王国的首都。

大卫在位约40年，打败了周围很多民族。当时，犹太王国国土空前辽阔，盛极一时。

所罗门

古代以色列国王，政治家。作为统一的以色列王国国王，所罗门是一位贪求权力和爱慕虚荣的人，但这并不妨碍他成为一名出色的政治家。他在位期间，以色列王国对外采取与邻国结好的政策，以保证对重要商路的控制，促进商业的发展；对内则进行行政改革，加强军队建设，巩固中央集权统治。同时，所罗门还以其进行广泛的建筑活动而著称，为后世留下了许多珍贵的艺术遗产。由于南北地区发展的不平衡，所罗门统治下的以色列矛盾重重；所罗门死后，统一的以色列分裂为犹太和以色列两个国家。在历史传说中，所罗门在位时期被称

所罗门时代

所罗门是古代以色列—犹太王国的国王，约公元前 973 年至公元前 933 年在位。《旧约·列王纪》称他有超人的智慧。

所罗门时代是古代希伯来文化发展的重要阶段，许多文学作品都以他的名字命名，并在以后成为《旧约全书》的重要组成部分。

为犹太历史上的"黄金时代"，他也被看作是一位英明的君王，同时对后世的文学艺术也产生了深远影响。

印度河文明

古代印度是人类文明的发祥地之一。印度的名称起源于印度河，中国古代称它为"身毒"或"天竺"。古代印度文明在历史上称为"印度河文明"，由于这一文明最早发现于哈拉帕，所以又叫"哈拉帕文明"。印度河文明发源于印度河流域，位于南亚次大陆核心地区的西北边陲，是印度与巴基斯坦两国文明的共同起源。

1975 年，考古学家在印度河流域发现了巨大的城市遗址，其文化大约兴起于公元前 3000 年，其后进入了繁盛时期，在公元前 2500 年前后，这里出现了一些奴隶制小国家。不久考古学家又证实了，这些散落各地的古印度奴隶制国家于公元前 1750 年前后结束。此后，考古学家又在印度河中下游和西部沿海发现大小城镇遗址 200 余处，其范围从西边的伊朗边境至东边今天印度的德里，从喜马拉雅山麓到南部的阿拉伯海，总面积达 130 万平方千米。这一古代文明的代表性遗址就是哈拉帕和摩亨佐·达罗。前者位于北部旁遮普印度河主要支流拉维河畔，后者位于南部信德境内的印度河畔。此外，还有一些小遗址，如卡利班根、洛塔尔、苏尔戈德，都在今天的印度境内。这些发现，以哈拉帕文化命名。

在哈拉帕文化时期已经有了私有制的存在和贫富的分化，并产生了阶级对立。这段时期，古印度人还处于铜石并用时代，遗址中发掘出来的工具和武器，大部分为铜、石制品，极少量的为黄金制品。哈拉帕文化时期农业是主要生产部门，家庭副业和渔业也相当发达。他们是世界上最早种植棉花的人，不仅生产小麦、大麦、瓜果、椰枣等，还饲养狗、马、猪、牛及大象和骆驼。古印度人在制陶、编织和造船、雕刻等方面也拥有很高的技艺。这一时期的雕刻物中发现的砝码以及刻有铭文的印章反映了文明已经进入较高阶段。这一时期的暴力机构是薄弱的，没有出现大的奴隶制国家，表明古印度文明尚未到达繁盛阶段。哈拉帕文化为后来印度文化的发展打下了基础。

公元前 2000 年中期，自称"雅利安"（意为高贵者）的白种人，从中亚细亚经印度西北山口，陆续侵入印度，逐渐征服了印度河流域和恒河流域。

哈拉帕文化

指公元前2300～前1700年南亚次大陆古老的青铜文化。1922年由印度考古学家发现于印度河流域的哈拉帕与摩亨佐·达罗两地，以后又在其他地区陆续发现250多处类似文化，通名之为"哈拉帕文化"。一般认为可能是南亚次大陆的古老居民达罗毗荼人所创造。居民已知青铜的冶炼，使用各种青铜工具、武器。动植物的驯化也已实现，农业已能实行犁耕；手工业除能制造金属制品外，还可制陶、纺织、刺绣、染色、加工象牙珠宝；近、远距离的商业贸易已进行；人们具有较文明的饮食和服饰文化。这一文化的创造者发明了独特的文字，街道布局整齐，有小屋、大屋和宫殿等建筑物，高级的建筑已有排水系统。由于城内存在明显贫富分化迹象，并设有行政机关、公共仓廪等反映国家职能的机构，因此估计已形成国家。到公元前18世纪，哈拉帕文化衰落。

摩亨佐·达罗的舞者的雕像

摩揭陀国

古印度奴隶制国家。公元前6世纪在国王频毗沙罗当政时崛起，征服别的奴隶制小国，成为恒河中游的强国。约公元前493年，瓶沙王之子阿阇世弑父自立，继续扩张，击败北邻跋耆国。继位国王迁都至交通便利的华氏城，以加强对占领地的控制。约公元前430年，大臣希苏那伽借人民起义登上王位，大举向北印度扩张，灭阿般提、居萨罗等国。约公元前364年，希苏那伽王朝亡，建立难陀王朝。平民出身的摩珂波德摩·难陀成为国王，摩揭陀国版图逐渐囊括整个北印度。约公元前324年，养孔雀家族出身的旃陀罗笈多自立为王，建孔雀王朝，基本实现南亚次大陆的统一，在印度形成了历史上第一个统一的奴隶制国家。阿育王死后，帝国因内争而衰落。公元前30年，摩揭陀国被南印度的强国安度罗所灭。

孔雀王朝的阿育王

阿育王是古印度摩揭陀国孔雀王朝的第三代国王，他笃信佛教，所以被佛教典籍称为"无忧王"。

公元前327年，马其顿帝国亚历山大大帝率军越过兴都库什山脉，入侵古印度，遭到印度人的顽强抵抗。公元前325年，亚历山大从印度河流域退走，但他在旁遮普设立了总督，并留下了一支军队。

当时恒河平原最强大的国家是难陀王统治下的摩揭陀国。公元前327年，该国出身刹帝利的一名叫旃陀罗笈多的贵族青年揭竿而起，组织了一支军队抗击马其顿的军队。公元前324年，他率军直抵摩揭陀国首都华氏城（今印度巴特那），推翻了难陀王的统治，定都华氏城。因为他出身于一个饲养孔雀的家族，所以就把他建立

栏楯上的孔雀装饰

孔雀长久以来被印度尊为"国鸟",象征着吉祥如意。据有些学者所称,孔雀王朝"Maurya"就是由"mayura(孔雀)"这个单词发展而来的。这个图案见于桑奇大塔第2塔栏楯上的大印章上。

的新王朝叫作孔雀王朝。旃陀罗笈多建国后大肆对外扩张,吞并周边许多国家。孔雀王朝的版图不断扩大,军事实力也很强,拥有3万骑兵、60万步兵和9000头战象。

公元前298年,旃陀罗笈多逝世,他的儿子频头沙罗登基。频头沙罗在位期间,继续对外扩张,消灭了16个大城君主,继续扩大帝国的版图。但这时孔雀王朝的统治并不稳定,各地经常发生叛乱。

公元前273年,频头沙罗病逝,死前没有立太子,为了夺取王位,王子和公主们展开了残酷的厮杀。

王子之一的阿育王18岁时,被父王任命为阿般提省总督。不久西北部重镇叉始罗城叛乱,他又被任命为该地总督,率军前往镇压,叉始罗城闻风而降,从此阿育王崭露头角,积累了政治资本。父王病逝后,阿育王在大臣们的支持下,加入了争夺王位的斗争。经过4年的拼杀,阿育王杀死了99个兄弟姐妹,最终获得了胜利。公元前269年,阿育王举行了灌顶仪式(印度当时的登基仪式),成为孔雀王朝的第三代君主。

阿育王残暴成性,杀人无数。即位后,他专门挑选最凶恶的酷吏设立了"人间地狱",残害国内百姓。对外则沿着祖父和父亲的步伐,继续对外侵略扩张,征服了湿婆国等很多国家。其中南征羯陵伽的战争,最为激烈。

羯陵伽位于今孟加拉湾沿岸,是古印度的一个强国,拥有骑兵1万,步兵6万,战象几百头,而且经济繁荣,海外贸易十分发达。公元前262年,阿育王率大军亲征羯陵伽。羯陵伽虽然实力强大,但面对实力数倍于己的孔雀王朝,最终还是失败了。15万羯陵伽人被俘,10万人被杀。杀人如麻的阿育王看到尸骨如山、血流成河的场面,也十分震惊。羯陵伽被征服后,孔雀王朝的领土又进一步扩大。整个南亚次大陆,东临阿撒姆西界,南至迈索尔,西抵兴都库什山,北起喜马拉雅山南麓,除了南端外,全部成为孔雀王朝的领土。孔雀王朝成为印度历史上第一个基本统一印度的王朝。

羯陵伽战争中尸山血海的惨状对阿育王震撼极大,他深感痛悔,从小埋藏在心中的佛性,终于被恻隐之心唤醒。战争结束后,他与佛教高僧优波毱多次长谈,大受感召,决心皈依佛教。此后阿育王转变了原有的治国方针,宣布以后不再发动战争。他发布敕令说,他对自己在同羯陵伽的战争中所犯下的罪过"深感悔恨",今后"战鼓的响声"沉寂了,代替它的将是"法的声音"。

阿育王宣布佛教为印度的国教，下令在印度各地树立石柱、开凿石壁，将他的诏令刻在上面。他还召集大批佛教高僧，编纂整理佛经，在各地修建了许多寺院和佛塔。同时派出王子和公主在内的大批使者和僧侣到邻国去传教。在他的支持下，佛教日益传播，后来还传到了锡兰（今斯里兰卡）、埃及、叙利亚、缅甸、泰国和中国等地，成为世界性的宗教。对佛教的发展历史来说，阿育王是仅次于释迦牟尼的重要人物。

婆罗门教

婆罗门教是印度古代宗教之一，它由雅利安人的原始宗教演变而来。

婆罗门教把印度最古老的宗教作品和文学作品《吠陀》作为经典。它信奉多神，不设庙宇，不崇拜偶像，但规定了烦琐的祭神仪式，从私人生活到国王即位，都要祭神；它为了维护反动的等级制度，引用《吠陀》中的神话宣称，造物神"梵天"用口创造出婆罗门，用手创造出刹帝利，用腿创造出吠舍，用脚创造出首陀罗；它还大肆宣扬轮回说，凡循规蹈矩、安分守己者，来生可升为较高等级，否则，则降为较低等级。

婆罗门教假托梵天的儿子摩奴制定一部法典，即《摩奴法典》，以此保护奴隶主阶级的利益。法典规定：婆罗门有权夺取首陀罗的一切，而首陀罗不能积累私人财产；首陀罗如果评论婆罗门的品行，就要用沸油灌入他的嘴里和耳朵里；杀死婆罗门的人应处以最痛苦的死刑，而高等级的人杀死首陀罗，只用牲畜抵偿或简单净一次身就可以解脱了。

在佛教广泛传播期间，婆罗门教逐渐衰落。到了公元8世纪，经过改头换面的婆罗门教在印度重新得势，更名为印度教。

释迦牟尼

释迦牟尼（约公元前566～公元前486年），原名乔达摩·悉达多，出生于今天尼泊尔南部的蓝毗尼，是释迦部落净饭王的儿子，属刹帝利种姓。

相传他29岁时，痛感人世生、老、病、死各种苦恼，又不满婆罗门的神权统治和梵天创世说教，因而放弃了王族生活，离别双亲、妻儿，出家修道。经过7年的苦心修炼，终于在一株菩提树下悟得真谛，达到至高无上的精神境界，成了"佛"。"佛"是"佛陀"（觉悟者）的简称，一般专指释迦牟尼。释迦牟尼是佛教徒对成佛后的乔达摩·悉达多的尊称，意思是"释迦族的圣人"。在中国佛教寺院中的大雄宝殿里，"如来""大雄"都是他的称号，被奉

释迦牟尼的苦行

释迦牟尼早期的求道经历坎坷，他在修道者的森林里，以少有的苦行折磨着自己，摒弃一切生命的贪欲，终日处于冥思苦想的状态。画面上，他瘦骨嶙峋，类似自虐的打坐方式，是当时印度较盛行的"止观"禅定。释迦牟尼坚持6年，用以探索心源，求得般若，让身后追随他的5个人钦佩不已。

为佛祖。

释迦牟尼曾到印度中部各地广收佛教门徒，宣传佛教达 40 年之久。之后他一直在印度各地传播教义。

公元前 485 年 2 月 15 日，释迦牟尼在河边洗了个澡之后就逝世了。人们为了纪念他，把他出生的那天（4 月 8 日）称为"浴佛节"，把他修道的那天（12 月 8 日）称为"腊八节"。在摩揭陀国王的主持下，他的弟子将他生平的说教整理成文字，编成了世界上最早的佛经。

释迦牟尼去世后，骨灰结成若干颗粒，佛教把这种颗粒叫作"舍利"。后来 8 个国王分取舍利，把它珍藏在特制的用金、银、玛瑙、珍珠等 7 种宝物装饰建造的宝塔中供奉，以表示对释迦牟尼的景仰。

佛教

佛教是世界三大宗教之一，相传为公元前 6 世纪～公元前 5 世纪古印度迦毗罗王国王子乔达摩·悉达多（即释迦牟尼）创立。

佛教的基本教义是把现实人生断定为"无常""无我""苦"。认为"苦"的根源既不在超现实的"梵天"，也不在社会环境，而是由于每人自身带来的"惑""业"造成的。"惑""业"为因，造成生死不息之果；根据善恶行为，轮回报应。佛教指出摆脱轮回痛苦之路，唯有按照佛教教经、律、论三藏所规定的训练方法，修持"戒""定""慧"三学，彻底转变自己世俗欲望和认识，超出生死轮回范围，达到一种最高精神解脱的目标，叫作"涅槃"或"解脱"。

从公元前 3 世纪开始，佛教向古印度境外传播，发展为世界性宗教。

"种姓制"

"种姓"一词源自拉丁词语"castus"，意为"纯洁"。但在印度的梵文中称"瓦尔那"，意为颜色、品质。

印度的"种姓制"大约萌芽于公元前 1500 年。雅利安人征服印度后，用"雅力安瓦尔那"和"达萨瓦那"把雅利安人和印度土著人（即原居民）区分开。

在"种姓制"下，印度社会全体成员分为婆罗门、刹帝利、吠舍和首陀罗四个等级。等级不同，权利、义务也不同。第一等级是婆罗门，是祭司贵族，他们掌握神权，地位最高。第二等级是刹帝利，是军事贵族，包括国王、武士和官吏，掌握着政权与军权。以上两个高级等级占有大量生产资料，靠剥削为生，构成统治阶级。第三等级是吠舍，包括农业、手工业者和商人，必须向国家缴纳赋税。第四等级是首陀罗，是指失去土地的自由民和被征服的居民，实际上处于奴隶的地位。第三、第四等级构成被统治阶级。各个等级职业世袭，互不通婚，界限森严，贵贱分明，甚至不能共食、共住。久而久之，下层等级愈演愈烈，出现了贱民，即所谓不可接触者，最受鄙视。印度的"种姓制"实质上是一种阶级制度，它使劳动人民之间也产生隔阂与对立。虽然印度自古代至近代经历了不同的社会形态，但"种姓制"一直延续到1950年才被印度政府废除。而今，印度社会还残留着它的不良影响。

东南亚地区村落公社

　　公元前5000年之前的某一时候，几支从事狩猎和采集的丛林部落建立起了小型的村落公社，这种村落公社遍布整个东南亚地区。有些部落沿海岸居住，在那里捕鱼捞蟹，采摘椰子，烧制陶器。还有一些部落则迁入高地森林中的石灰岩洞穴里居住。丰富的野生动物和大量可食用的植物，为东南亚地区的居民提供了稳定多样的食物。他们还嚼食槟榔，这使他们的牙齿变黑，但同时也培养了他们喜食酸涩辛辣的口味。早在公元前7000年，东南亚地区的居民就已开始种植他们自己的农作物。"灵窟"中贮藏的豆类是经过培育的品种，水稻也是如此。从今缅甸三角洲向东远至中国长江流域都有野生形态的水稻生长。

古代亚非文化

象形文字

公元前 3000 多年，古代埃及人已使用了象形文字。象形文字是用象形符号把客观物体形象描摹下来的一种文字，属于表意符号，即用一定的图形表示一定的事物或概念。古代埃及象形文字约有 700 个。它通常是刻在或写在石头、木头或纸草上的。

古埃及的象形文字有三种字体：碑铭体、僧侣体、人民体。其书写顺序可自左至右，也可自右而左，还可以自上而下，或从两边向中间写，使文字有对称之美。因图形符号中有人物和动物，其面孔向哪一边，字就从哪一边开始写，字序并不难辨认。

古埃及象形文字有三种符号：意符、声符和部首。"意符"有的表物，如圆圈中加一点表示"日"；有的表行为，如鸟展双翅表示"飞"；有的表意，如弯腰拄着棍子的人表示"老年"。"声符"表示辅音，分为"双辅音""单辅音"，前者共有 75 个，后者共有 24 个，是字母最早的萌芽。由于古埃及人不知把标声字母按语言相连，他们用标声字母写出词语的声音后，还要加上不读音的"部首"来指示意义。在多数情况下，他们把意符和声符掺杂书写，形成半表音文字，而未达到拼音化。"部首"不读音，也无独立意义，与声符结合，才能表示指定的意义。如三片叶子，既表示"植物"，也表示"蔬菜""药草""干草"等。

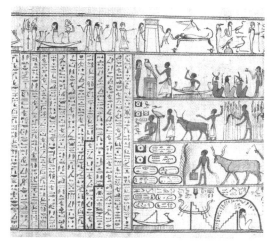

用象形文字写就的祭祀纸草——《亡灵书》中的一章
《亡灵书》用莎草纸、皮革或亚麻布制成，并饰以各色漂亮的花边。埃及人相信，死人下葬时陪葬一本《亡灵书》，可保证死者的灵魂得以再生。在葬礼上，僧侣须诵读此书，然后随死者入墓。

与文字相关的是古埃及人的书写工具纸草。纸草是一种长在沼泽地带的植物，类似人们非常熟悉的芦苇。为了便于书写，古埃及人把纸草心从纵面劈成小条，然后把这些小条紧紧接着排在光滑的木板上加以挤压，再放到太阳光下晒干，就成了一张张很长的黄纸。古埃及人把纸草粘成一个个长条，然后把它们卷起来，就成了供书写用的纸草卷。

象形文字没有发展成字母文字，但是它也在逐渐地简化，向字母文字过渡。它的 94 个单辅音符号已经类似于字母，这对后来腓尼基字母的形成有很大影响。而腓尼基拼音字母又为希腊字母发明的基础，希腊字母又为欧洲各国字母文字之源，因此，古埃及象形文字对世界文字的发展作出了重要的贡献。

楔形文字

大约公元前 3200 年，两河流域的苏美尔人发明了文字。文字是逐步产生的，由借助图形表达某种观念演变到文字的出现，共经过了 1000 多年。

公元前 3500 年左右，苏美尔人开始用图形表示简单的意思。最初，他们把图像刻在石头上或镌印在黏土上，以此作为拥有某物的标志。

大约过了 500 年，苏美尔的一些神庙管理人员开始使用一些规范化的简图，把它们结合起来保存神庙的档案。虽然当时的书写文字仍然有象形文字的特征，但已经超越了以图画表示人和具体事物的阶段，可以用图画来表示一些抽象的事物。

> **字母文字**
>
> 古代埃及的象形文字一直没有发展成字母文字，后来经过多次演变，外形逐渐简化，才开始向字母文字过渡。它的 24 个单辅音的符号，类似字母。公元前 2000 年左右，地中海东岸的腓尼基人在埃及文字和西亚文字的影响下，创造了 22 个拼音字母。古代希腊人又在腓尼基字母基础上创造了希腊字母。在希腊字母的基础上，形成了后来罗马及拉丁人使用的拉丁字母。拉丁字母是世界上最通用的字母。此外，印度字母、阿拉伯字母等也辗转由腓尼基字母发展而成。

又过了 500 年左右的时间，成熟的文字开始出现了，那时的图画已经变得非常系统化，人们把它视为纯粹的符号。这些符号有许多已经不再表示特定的词，而成为与其他同类符号结合在一起就可以形成字词的音节符号。

公元前 2500 年左右，苏美尔地区的这种文字体系到了充分发展的阶段，这就是"楔形文字"。最古老的楔形文字是从右到左直行写的，因为书写不便，后来就把字形侧转 90 度，改成从左到右的横行。人们就地取材，用黏土制成泥版作为"纸"，每块泥版重约 1 千克。书写前，人们先用细绳给泥版划好一行行格子，然后用削成三角形状尖头的芦苇秆、骨棒或木棍当"笔"，顺着格子，在湿软的泥版上勾勒出各种符号。由于落笔处印痕较为深宽，提笔处较为细狭，形状很像木楔，所以这种文字被称为"楔形文字"或"箭头字"。书写好的湿泥版，用火烤干，质地十分坚硬，不受虫蛀，不会腐烂，可以保存数千年。楔形文字的许多符号具有多重含义，许多符号的准确含义只能根据上下文来确定，很难掌握。今天发现的楔形文字中 90% 是商业和行政记录，其他的是一些赞美诗和神话传说。

楔形文字经过 1000 多年的演变，到了公元前 2000 年左右，已经流传很广了。虽然楔形文字已经含有字母文字的因素，但还没有发展到拼音文字的地步。再加上它的语法规则复杂难懂，因此最终于公元前后，被先进的字母文字代替，没有人再

第二章 古代史（上）

使用它了。

太阳历和太阴历

埃及太阳历早在 6000 多年前就问世了。埃及人为了不违农时，发展农业生产，在长期生产实践中逐渐掌握尼罗河泛滥的规律，他们发现两次泛滥之间大约相隔 365 天。同时，还发现每年 6 月的 17 日或 18 日早晨，尼罗河开始变绿，这是尼罗河即将泛滥的预兆。当尼罗河的潮头来到今天开罗附近时，天狼星和太阳同时从地平线升起，埃及人把它作为一年的开始，两次泛滥期间为一年。以此为根据，把一年分成泛滥期（8 ~ 10 月）、播种期（11 月至次年 2 月）、收获期（3 ~ 6 月）。埃及人又把一年定为 365 天，分为 12 个月，每月 30 天，年终加 5 天作为节日。这就是世界上最早的太阳历。虽然每隔 4 年就误差一天，但它使用起来简单方便。后来埃及的太阳历传入欧洲，经过罗马恺撒和教皇格列高里十三世的不断改进，成为今天通用的公历。

两河流域的气候条件很恶劣，当地的人们为了知道播种和收获的准确时间，通过对月亮圆缺变化规律的观察，制定了太阴历。一年分为 12 个月，每月以刚刚露出月牙来的这天为开端，以月亮最圆的一天为月中，以月亮又变成月牙的那天为一月的终结。一年 12 个月中有 6 个月，每月为 30 天，另 6 个月每月 29 天，全年共 354 天。这同地球绕行太阳一周的时间相差 11 天多，过两三年就要差一个月，叫"年日不足"，他们就设置闰月加以补充，就是每二年或三年加一个闰月，闰年有 13 个月。汉谟拉比在位时，由政府命令规定置闰，后来逐渐有了固定的周期。

七天一星期制度

古埃及人已经能够区分五大行星和恒星，对五大行星的运行轨道观察得相当准确。他们把星宿和诸神联系起来，星就是神，因此星的符号也就用来表示神的概念。每天有一位星神值勤，七天一轮回，所以把七天作为一周，分别用日、月、火、水、木、金、土七个星球的名称来命名。所谓"星期"，就是星的日期。后来随着科学的进步，去掉了加在星期上的迷信色彩。星期制度一直沿用至今，这就是现在通行的七天一星期制度的来历。

木乃伊

木乃伊就是经过防腐处理的干尸。

古代埃及人有一种灵魂不死的迷信思想，因此千方百计保存尸体。制作木乃伊的一种最好的方法是：先用钩子把死者的脑浆从鼻孔中取出，再把一些药水灌进去清洗其他部分。接着在尸体腹部左侧用锐利的石片割一切口，把内脏全部取出来，用和有香料的酒冲洗腹腔，再用桂皮、乳香等香料把它填满，然后按原样缝好。把尸体浸在小苏打、盐水或其他防腐液中，溶去油脂，泡掉表皮。经过 70 天后，把尸体取出冲洗、晾干，安上蓝宝石眼睛，然后用麻布紧裹，外涂树胶，以免尸体接触空气，这样经久不腐的木乃伊就制成了，可以保存几千年。

今天，在埃及博物馆保存的近30具木乃伊中就有几名埃及历史上的国王。

《吉尔伽美什》史诗

《吉尔伽美什》是人类历史上第一部史诗，是古代两河流域文学作品的代表作。早在4000多年前就在苏尔美人的口中代代流传，到了古巴比伦王国时期才以文字的形式记载下来。

史诗的主人公吉尔伽美什是乌鲁克城（今伊拉克南部）的一位英雄。他"三分之二是神，三分之一是人"，力大无比，四处闯祸。后来他成为乌鲁克城的统治者，更加不可一世，荒淫暴虐，人民苦不堪言，纷纷向天神哭诉。于是天神派恩奇下凡，去制服吉尔伽美什。恩奇是一个浑身长毛，生活在草原上整日与野兽为伍的半人半兽的野人。他心地善良，经常帮助野兽逃脱猎人的追捕。后来，他听到吉尔伽美什的事，就来找他决斗。

两人展开了激烈的搏斗，最终不分胜负，惺惺相惜，他们结成了莫逆之交。从此，吉尔伽美什弃恶从善，两人开始携手为乌鲁克的人民造福。他们打死了吃人的狮子，做了很多好事。

乌鲁克四周是一片平原，树木很少，人民建造房屋时缺少木材。吉尔伽美什和恩奇就一起来到森林里为人民伐木。但森林里住着一个叫芬巴巴的妖怪，不让他们砍树。两人与妖怪展开大战，终于将它杀死。在回去的路上，一位女神从天而降，来到吉尔伽美什的面前，说："请过来，做我的丈夫吧，吉尔伽美什！如果你接受了我的爱情，就能享受无尽的荣华富贵。"原来吉尔伽美什斩妖除魔的英雄行为赢得了女神的爱慕。但吉尔伽美什非常讨厌女神，严词拒绝了她的求爱。女神觉得受到了莫大的侮辱，气冲冲地飞回天上，派了一头天牛前去报复吉尔伽美什。

这头天牛庞大无比，非常凶残，能口吐烈火，一下子就能烧死几百人，老百姓深受其害。吉尔伽美什和恩奇非常气愤，拳脚雨点般地打在天牛身上，它很快就奄奄一息了。女神看到后，急忙下凡前来抢救天牛，但为时已晚，天牛已经被两位英雄打死了。

女神见自己的报复计划失败了，坐在乌鲁克的城头痛哭不止，吉尔伽美什和恩奇却哈哈大笑。恩奇把天牛的一条腿撕下来，随

《吉尔伽美什》雕刻印章
画面表现的是国王吉尔伽美什将要砍下芬巴巴头的情景，在一旁帮忙的是蓄着胡子的恩奇。

《吉尔伽美什》史诗的发现

19世纪中叶，大英博物馆的乔治·史密斯在亚述古都尼尼微挖掘出《吉尔伽美什》史诗的12块泥板。后经学者们整理，到20世纪20年代，史诗的翻译和注释基本完成，我国也出版了中译本。《吉尔伽美什》史诗的泥板现藏于英国大英博物馆。

手扔到女神的脸上，溅了她一脸污血。

恩奇大笑着说："你听着，要是我抓住了你，就像对付这头牛一样对付你！"女神气得脸色都白了。

恩奇又剖开天牛的肚子，拽出天牛的像绳子一样又粗又长的肠子，对女神说："要是我抓住你，就用天牛的肠子把你捆起来！"女神气得浑身发抖，飞回了天上。

回到天上后，女神向神仙们哭诉。女神的父亲天神安努非常生气，决心为女儿报仇。他施展法力，使恩奇得了重病，变得又瞎又聋，还受到噩梦的折磨，没过多久就死了。一直守护在他身旁的吉尔伽美什伤心欲绝，眼泪像瀑布一样流了下来，同时也开始对死亡产生了无限恐惧。

在埋葬了好友之后，吉尔伽美什决心去寻找人类的始祖、大洪水中唯一幸存的人乌特·纳比西丁，向他请教永生的秘密。

人们劝他："你是找不到人类始祖的，还是不要去了。"吉尔伽美什不听，穿越了大沙漠，躲过了大蝎子的攻击。没有路的时候，他就钻进地洞，继续赶路。一天，吉尔伽美什来到大海边，在一位渔夫的帮助下乘船来到了人类始祖的居住地——幸福之岛。

"人为什么要死呢？"吉尔伽美什问人类始祖乌特·纳比西丁。

"孩子，世界上哪有不坏的房屋？哪有永不分离的兄弟？上天规定每个人注定都是要死的。"乌特·纳比西丁回答道。

"那你怎么没有死？"

"当年大洪水暴发前，一个好心大神提醒了我，所以我没有死，后来就成了人类的始祖。"

"那怎样才能永远不死呢？"

"海底有一株青春草，吃了后可以永生。"

吉尔伽美什听了大喜，告别了人类始祖乌特·纳比西丁，跳入海中，采到了青春草。当他正想吃掉时，忽然想起了乌鲁克城中的善良百姓，决定把青春草带回去，让大家都长生不老。

在回去的途中，吉尔伽美什把青春草放在泉水边，自己跳进去洗了个澡。当他爬上岸时，发现青春草不见了。他急忙四处寻找，只见一条老蛇正在吞食青春草，吉尔伽美什急忙跑过去，老蛇却蜕掉了一层皮，精神焕发地逃走了。吉尔伽美什只好垂头丧气地回乌鲁克去了。

《吉尔伽美什》语言优美，情节曲折，生动地反映了当时的人们探索生死奥秘的愿望和希望掌握自己命运的理想，是世界文学宝库中的珍品。

《摩诃婆罗多》

《摩诃婆罗多》是古代印度著名的诗篇，全诗长约 20 万行，讲述了印度两个家族从战争到和解的全过程。

故事的主要内容是：古代印度的一个国王是瞎子，国事全由弟弟处理。国王有 100 个儿子，组成俱卢族。国王的弟弟有五个儿子，组成班度族。国王弟弟死后，他的五个儿子全由国王抚养。五个兄弟个个武艺高强，遭到俱卢族兄弟的嫉妒，一次又一次地受他们的迫害。双方各找了些盟国进行决战。印度半岛上几乎所有国家都参加了这次战争。战争进行了 18 天，俱卢族和 18 支盟军全被击溃，老国王的 99 个儿子都在战争中被杀死，太子逃脱后最后也被杀死。班度兄弟割下他的头颅，喝了他的血。由于相互残杀，血流成河，尸横遍野。班度兄弟决定与俱卢族讲和，化战争为和平，化仇恨为友谊。

这部长诗反映了古印度各阶层广泛的生活面貌，是一部古代印度社会的百科全书。

空中花园

空中花园建于公元前 6 世纪的巴比伦，是尼布甲尼撒二世为讨好思恋山林生活的王后而建的。

公元前 3 世纪，空中花园被波斯人所毁，至今早已荡然无存。人们根据历史文献资料和考古发现推断，这座建筑物呈方形，边长约 120 米，高 25 米。建筑共分上中下三层，每层都盖有宫室，每一层阳台都被下面若干个巨型柱子支撑着。每台上都铺有一层芦草和沥青的混合物，再往上铺着两层熟砖，熟砖上又覆盖着一层铅板，这样可以防止上面的水分渗漏。再往上堆积的就是泥土，泥土层较厚，能够使最大的树木扎根，让各种奇花异草得以生长。在设计上，空中花园的每层支柱的位置都选择得十分合理，互不遮挡，这就使每一层的植物都能得到充分的阳光。为了解决花园的灌溉问题，工匠们还修了一根从底部直通顶端的空心柱子，用来从幼发拉底河抽水，浇灌花园，这实际上是原始的供水塔。

由于空中花园的建筑精巧华贵，又成功地采用了防止高层建筑渗水的方法，因此被称为"人间奇迹"。

古巴比伦空中花园想象图
这是后人根据文献记载而描绘出的巴比伦空中花园的大致模样。"空中花园"也叫"架空花园"或"悬空花园"，这些称呼都是希腊语"库列马斯图斯"一词的意译，可直译为"梯形高台"。

卡尔纳克神庙

卡尔纳克神庙就是阿蒙神庙，因位于埃及的卡尔纳克村而得名。

阿蒙是底比斯的庇护神，后来被尊为太阳神，成为国家最高的神。埃及国王认为自己是太阳神的儿子，每次对外战争的胜利都是阿蒙神保佑的结果。战争结束后，国王就把大批战利品包括土地、奴隶、金银、宝石献给卡尔纳克神庙。经过几百年埃及国王的不断添造，卡尔纳克神庙终于形成一组庞大的寺庙建筑群。

卡尔纳克神庙占地约 18 万平方米，其主要建筑按一条轴线排列。主庙两旁分出一系列附属建筑和庭院，整体恰似一座天宫，四周有四尊兴建寺庙的国王的雕像和高达 25 米 ~ 35 米的四棱尖顶石柱（方尖碑）。石柱由整块花岗岩制成，上面布满象形文字，尖端镀金。一条长 2000 米、宽 25 米的大道通往神庙，两旁各有 500 个狮身人面石雕。寺庙入口上部有象征埃及的带翼的太阳，寺庙各部均有铭刻、图画及图案，神庙共有十个高大的塔门，其中第一个塔门宽 11.3 米，高 46 米，厚 15 米。主殿内有 134 根圆柱，中间 12 根最大，柱顶上可站 100 人。柱头呈开花的纸草形状，天花板为浅蓝色，上面布满黄色星辰。内院中央设祭坛，四周有圆柱环绕。整个神庙十分宏伟、壮观。

《罗摩衍那》

《罗摩衍那》是古代印度又一篇长诗。全诗共分 7 篇，有近 5 万行诗句。主要情节是叙述王位的争夺，但更主要的是讲述古代印度的一个王子，即史诗中的英雄罗摩的冒险经历。罗摩被放逐森林有 14 年之久，其间，在猴王帮助下，杀死魔王，夺回了妻子并回国即位。这部史诗经过较长时间才完成，其基本内容在公元前 5 世纪就已形成，笈多王朝时才编定成本。长诗中含有大量的神话传说以及歌颂英雄的诗篇，有哲学、宗教和法学的论述，也含有抒情诗、戏剧以及规诫性的箴言和各种科学知识。

这部诗是古代印度人民世代辛勤劳动和智慧的结晶，是世界文学的珍宝，受到学者们的高度重视。

爱琴文明

爱琴文明

　　爱琴文明是指欧洲爱琴海区域的青铜文明。爱琴海区域是指以爱琴海为中心的地区，包括希腊半岛、爱琴海中的各岛屿、克里特岛以及小亚细亚半岛的西部海岸地区。由于爱琴文明在公元前 2000 年左右发祥于克里特岛，后来又以迈锡尼文明为中心，所以人们又把它称为克里特岛的迈锡尼文明。在古代世界文化成就中，只有希腊文明最能鲜明地反映出西方人的精神世界。爱琴文明不但是古代希腊文明的源头，也是西方文明的开端。

　　爱琴文明在 19 世纪才为人们所知晓。1871 ~ 1876 年，德国富商亨利·谢里曼根据史诗中提到的城市及其描述，先后对爱琴海区域的小亚细亚西部的特洛伊、希腊半岛南部的迈锡尼等地进行了考古发掘，结果发现了许多城市建筑的遗址，并出土了大量文物。1900 ~ 1905 年，英国考古学家阿瑟·伊文斯在克里特岛的克诺索斯发现了米诺斯王宫。这样《荷马史诗》中的一些有关记载得到证实，埋没了数千年的爱琴文明终于得以重现人间。

　　从公元前 2000 年克里特岛最早的奴隶制国家的产生到迈锡尼文明的灭亡，爱琴文明在地中海绽放了 800 年。爱琴海地区的农业、手工业生产技术和航海技术并没有因爱琴文明的衰亡而消失，而是被古代希腊人所继承，其壁画和雕刻艺术、建筑方法到希腊古典时代得到广泛发展。对世界文学产生巨大影响的古希腊神话，早在迈锡尼时代就已有了雏形。

特洛伊战争

　　在小亚细亚西部发生的希腊人和特洛伊人之间的战争，约发生在公元前 12 世纪初。在荷马的《伊利亚特》和《奥德赛》以及希腊的悲剧和罗马的文学中也均有记载。公元前 1500 年左右，希腊人的一支阿卡亚人在南希腊建立一些城邦，其中以迈锡尼最强。公元前 12 世纪初，迈锡尼联合其他城邦远征特洛伊城，特洛伊人顽强抵抗。该战争持续了 10 年，最后在"木马计"中结束：希腊修建了一个巨大的木马，并将一支突击队隐藏其中，施计运入特洛伊城，实行里外夹攻的战术，才将其攻下。希腊人获胜后，毁灭了特洛伊城并大肆掳掠而归。特洛伊战争历经 10 年，希腊人虽胜，但也消耗了自己的力量，从此，迈锡尼诸城邦走向衰落。不久，另一支希腊人多利亚人南下，征服迈锡尼诸城邦，迈锡尼及迈锡尼文化遂灭亡。

荷马时代

指公元前 11 世纪至公元前 9 世纪古代希腊氏族制度解体的历史阶段，因反映该时期社会情况的主要史料是荷马史诗《伊利亚特》和《奥德赛》而得名。因史诗描述的是"英雄"的故事，又称"英雄时代"。该时代处于迈锡尼文明衰落之后，没有文字、宫殿、国家、城市，因此又常被称作"黑暗时代""希腊的中世纪"，但是阶级社会的曙光已经出现。铁器得到应用，居民从事农业、家畜饲养业，手工业、商业也有了初步发展。在生产力的这种发展水平上，土地私有制已产生，贵族、平民、奴隶阶级均已出现。贵族把持氏族、部落的管理机构，军事首长掌有军事指挥权、宗教祭祀权和部分社会管理权，且权力日渐增大。在社会发展阶段上仍属军事民主制时期，可国家即将从军事民主制状态下的原始社会脱胎而生。

克里特文明

克里特岛位于爱琴海的南部，是地中海的交通要冲。它东西长约 260 千米，南北最宽处约 55 千米，最窄处也有 12 千米，总面积达 8252 平方千米，是爱琴海最大的岛屿。这里土地肥沃，气候温和，适于发展农业和畜牧业。克里特文明的创造者是当地的原住民，与西亚和埃及人联系较多，属于"地中海民族"。

克里特母神
这位神是米诺斯宗教的核心。落在头上的鸽子象征着她的神圣，手中紧握着扭动的蛇则是提醒信徒记起她与地狱的联系。

经过考古证实，早在公元前 6000 年这里就进入了新石器时代，到公元前 2500 年这里已进入金石并用时代。石瓶、印章、匕首的外饰都很精美，印章是为确认物品私有而雕刻的，说明当时克里特社会已出现了贫富的分化。公元前 2000 年，克里特岛产生奴隶制城邦。约公元前 1700 年，克里特文明进入最繁荣的时期。克里特文明的标志就是王宫的突起，已经发掘出王宫的城市有克诺索斯、费斯托斯、马里亚等。

克诺索斯王宫依山而建，占地约二公顷，是克里特岛上最大的王宫建筑群。这里的手工业很发达，彩色陶瓶薄如蛋壳，青铜、金银和宝石制成的各种工艺品中，尤以金项链、手镯等最为精致。这里还产生了一种线形文字，这种线形文字使用简便。这种线形文字的三分之一是从原来的象形文字中继承下来，或者对象形文字略加改变。人们至今尚未释读成功"线形文字 A"。

克里特文明按其历史发展可分为四个时期：前王宫时期（约公元前 3000 年代）、古王宫时期（约公元前 2000～公元前 1700 年）、新王宫时期（约公元前 1700～公元前 1450 年）和后王宫时期（约公元前 1450～公元前 1100 年）。新王宫时期克里特文明进入繁荣期，此时米诺斯王朝不仅统治着克里特岛，而且还包括基克拉迪斯群岛。米诺斯的殖民地和商站遍及整个爱琴海，势力达于罗德斯岛、米利都、迈锡尼、雅典、底比斯及利巴拉群岛。鼎盛时期的克诺索斯总人口在 10 万以上，可能是当时地中海区域最大的城市。

公元前 1400 年左右，王宫突遭毁灭，有人认为是海啸或者迈锡尼人入侵所致。

克诺索斯王宫

王宫坐落在爱琴海南端的克里特岛的一座小山的缓坡上，占地面积 27000 平方米，是一组围绕着中央庭院的庞大而复杂的建筑群。王宫内大小房间约有 1500 间，宫内楼阁密接，楼道走廊迂回曲折多变，加之许多厅堂馆室在设计上的不对称性，外人很难知道这座错综复杂的王宫的布局。

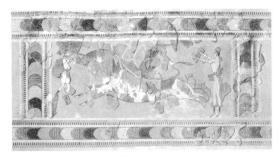

米诺斯王朝的王宫遗址壁画
湿壁画是一种绘于泥灰墙上的绘画艺术，这种创作手段是米诺斯文明的主要艺术形式。

整个王宫以中央庭院为中心，中央庭院长约 60 米，宽约 30 米，是宫内最大的庭院。中央庭院靠西边的楼房是国王办公、祭祀的场所。这里神龛神坛排列整齐，办公集会的厅堂和祭祀大厅金碧辉煌、富丽豪华。此外还有贮藏油、酒，收藏财物的陶罐、库房；中央庭院东边的楼房是国王及王后的寝宫、接待厅及学堂、作坊等生活机构和设施。那上粗下细的圆柱形结构和冬日保暖、夏天通风的折叠门扇，宽敞的浴室内精巧的陶制浴盆及冲水设备，以及从宫外 10 千米远的山上把泉水引入宫内的陶制管道和抛物线形的引水沟槽等，无不闪耀着古代科学技术的光辉。

在王宫的墙上，发现了许多壁画。虽然历经几千年，但是它的色泽还很鲜艳，就像艺术家刚刚完工一样。在长廊中，有庆典游行的画卷。在国王宝殿和王后寝室里，

爱琴海的传说

远古的时候，有个名叫米诺斯的国王，他建造了迷宫一般的克诺索斯王宫。为了报复杀死他儿子的雅典人，他强迫雅典人接受每年送九对童男童女作为王宫的贡赋。那些儿童一送到米诺斯王宫，不是因为迷路后饥渴而死，就是被宫内的一头怪兽吃掉。雅典国王爱琴的儿子特修斯不忍，便主动随进贡的童男童女一起到米诺斯王宫，立志要为雅典人民除害。他临别前与父亲约定：如果事情成功了，船只返航时，将黑帆换成白帆。特修斯一行到达克里特岛之后，得到了该国公主的爱情与帮助。聪明而勇敢的特修斯最终杀死怪兽并带上公主，登上了回国的船只。特修斯沉浸在胜利与爱情的喜悦之中，竟然忘了换白帆。当国王爱琴看到驶近的船仍然挂着黑帆时，绝望之中，便跳海自杀。从此，人们就把爱琴国王投海的那片水域称为"爱琴海"。

有表现国王、贵族的活动和集会以及自然景物的壁画。壁画中的男子们捧着金银器皿，妇女们则穿着镶宽边的长袍。在造型方面，人物一律都呈侧面像，个个体态轻盈，神态逼真；在用色方面，男人被饰以红色，而女人则被绘成白色。

在王宫里还发现一种用黏土烘干制成的泥版。它的外形类似狭长的棕叶，上面刻有许多由线条构成的文字，这就是线形文字。直到1953年，人们才对其中的一部分文字解读成功。从中可知道，泥版上记载着王宫财物的账目，其中包括国王向各地征收贡赋的情况，计算法用的是十进位。

公元前15世纪，可能受到内外危机的影响，克里特岛上的文明出现了低潮。公元前1450年前后，希腊本土日渐强大的迈锡尼在控制了伯罗奔尼撒半岛各地和爱琴海诸岛后，占领了克诺索斯王宫。这一历史的变故，表明爱琴文明也由克里特文明转入迈锡尼文明。

迈锡尼文明

迈锡尼文明的创造者属印欧语族，其原居地在多瑙河、顿河一带。这些移民在公元前2200年左右才移居希腊半岛。他们自称是神明希伦（Hellen）的后代，因而获得了"希腊人"的称号。

经考古证实，小亚细亚东岸的希萨立克就是历史上特洛伊的所在地，《荷马史诗》中有关"迈锡尼富于黄金"的记载也并非传说。

南希腊早期奴隶制城邦的文明，以迈锡尼为代表，遗址包括城市、王宫和古墓。在贵族墓中保存有大量金面具、金杯、银盆、青铜宝剑等物，上面雕有人物或动物的图案，神态逼真。迈锡尼的城墙用巨石垒成，城门上有两只雄伟的石雕狮子，称为"狮子门"，它的遗址至今仍在。迈锡尼王宫是带有围墙的城堡，它居高临下监视着脚下的平原，是为支撑王位而修建的。迈锡尼的国王称"瓦纳卡"，权力遍及军事和社会生活的各个方面，同时还负责制定宗教日程、监督宗教仪式等。

迈锡尼文明以公元前1500年为界标，分为两个明显不同的发展阶段：在此以前被称为"竖井墓王朝"；在此之后，则被称为"圆墓王朝"。到公元前1450年，迈锡尼人入主克诺索斯王宫，并迎来了迈锡尼文明的鼎盛期。这时的迈锡尼城堡几经扩建达于极盛。王宫建在城堡内的最高处，中央大厅被置于对称布局的首位，内设神灶、宝座。

迈锡尼等城邦也使用线形文字，考古学上称为"线形文字B"。线形文字B正是在线形文字A的基础上发展起来的，两者都有大量泥版文书出土。从文字字形本身的发展看，线形文字

迈锡尼建筑中的狮子门，以宏伟坚固著称。

B 的符号和米诺斯的线形文字 A 是一脉相传的，都有表示音节的符号 90 个，只是线形文字 B 常用的符号已缩减到 59 个且拼音倾向更为明显。1952 年英国学者文特里斯释读成功了线形文字 B，从而揭开了爱琴文明之谜。从这些泥版文书提供的资料看，迈锡尼文明时期，农村公社的传统依然存在，奴隶制也已经形成。

迈锡尼文明后期，迈锡尼等许多城邦组成联军远征特洛伊，虽然取胜，但十年战争损耗了本身实力。约公元前 12 世纪，迈锡尼诸城邦被多利亚人征服，文明衰落。

城邦

早期国家的一种类型，以古希腊国家为代表。词源可追溯至古希腊文"波利斯"，原有城堡、国家、公民集体、城市之意，中文意译为"城邦"。希腊城邦约二三百个，形成时间、途径和背景不同，但有如下几个基本的共同特点：小国寡民；多数以一个设防城市为中心，结合周围农区组成；均有一个小范围的、极端封闭的公民集体；与公民集体的存在相适应，希腊城邦在政体中均包含民主制成分，共和政体居多；城邦军事制度的主体是公民兵制；城邦无独立的祭司阶层，公职人员兼祭司职能。除古希腊外，意大利、腓尼基等地中海沿岸地区也曾出现过与古希腊城邦相同的早期国家形态，比如早期罗马的公民公社。目前有人提出了希腊式城邦是世界各国家形态的普遍形式的看法。

雅典

雅典是希腊的政治、经济和文化中心，也是古希腊主要的城邦之一。约在公元前 8 世纪时，爱奥尼亚人在这里建立起城邦式的独立王国。

雅典位于希腊中部的阿提卡半岛，全境多山，平地较少。由于历史上的雅典地区从未受过武装入侵，也不是对立民族间激烈冲突的舞台，所以，雅典的繁荣和发展也就一帆风顺了。从公元前 6 世纪后，雅典工商业发达，城市人口食粮有相当部分依靠外地输入。雅典富有银矿、大理石和优质陶土，城西南有皮里优斯等优良海港，其地理位置又恰好处在中希腊各邦和东方联系的前缘地带，因而具有发展工商业的良好条件。

雅典国家产生于公元前 8 世纪左右，人民按地域区分，并已分化为三等，即贵族、农民和手工艺匠，只有贵族才能担任国家官职。这样，就出现了国家的雏形，有了在一定疆域范围内高踞于普通人民之上的公共权力。

雅典在公元前 6 世纪以前还没有进入希腊各先进城邦之列，工商业发展较晚，氏族贵族专权。当时在雅典一方面是氏族贵族对农民和奴隶的压迫与剥削，另一方面则是被压迫的平民反抗贵族的斗争。后来，雅典发生了几次改革，著名的有梭伦改革，这些改革使雅典国家逐渐成熟起来。

公元前 4 世纪，希腊爆发了城邦之间的战争，雅典衰落，而希腊北部的一个落后的城邦马其顿逐渐强大起来，最终征服和统一了全希腊。

斯巴达人

斯巴达人即入侵者多利亚人，通常指统治希腊的斯巴达城邦的奴隶主阶级。斯巴达人于公元前8世纪建立了奴隶制国家。斯巴达人把被征服的土著居民大部分变为奴隶，称为"希洛人"，小部分驱逐到边区，称为"皮里阿西人"。全体斯巴达成年男子都是全权公民，构成统治阶级。公元前5世纪，斯巴达人大约有9000户，每户从国家领得一份土地和用来耕种土地的希洛人。但是为了防止

严阵以待的斯巴达士兵
斯巴达人全民皆兵，婴儿从出生起就要接受严格的训练，直到将其训练成有强健体魄的武士。如上图所示，他们紧握手中的盾牌，时刻准备为保卫国家英勇献身。

斯巴达人财产分化，斯巴达规定土地和奴隶的所有权属于国家，不能转让买卖。

希洛人

希洛人是斯巴达人集体所有的奴隶，是被征服的土著居民，约有20万人。他们住在斯巴达人的庄外，固定在土地上，有自己的家庭，带着自己的农具和种子给斯巴达人耕种，每年向主人缴纳大量谷物和乳酪。他们没有人身自由，战时还要担负运输、修筑工事等劳役。为了巩固统治，斯巴达人每年监察官上任，就屠杀一次希洛人，以铲除可疑分子和在体力、能力方面较强的人，防止他们造反。

奥林匹克运动会

奥林匹克运动会因其发祥地奥林匹亚而得名。奥林匹亚位于希腊的西南部，是一个风景秀丽的昔日宗教圣地。传说，居住在奥林匹斯山上的天神宙斯主宰着天地万物。为了表达对宙斯的崇敬，希腊人在伯罗奔尼撒半岛西部的奥林匹亚举行盛大的祭祀，同时还要进行短跑竞赛活动。到公元前766年时，希腊规定每隔4年就在奥林匹亚举行一次竞技大会，这就是最初的奥林匹克运动会。

最早的竞赛项目只是182米短跑，后来逐渐增多，有摔跤、掷铁饼、投标枪、赛马和赛车等。除了那些犯叛国罪和对神不敬的人，每个身体灵活的希腊公民都可以参加比赛。

赛车和赛马比赛结束后，竞赛优胜者要戴上用月桂编成的王冠，这就是人们常说的桂冠。戴着桂冠的优胜者比国王还要受到人们的崇敬和爱戴。竞技大会的闭幕式上，还要举行"国宴"招待他们。最著名的诗人向他们奉献赞美诗，第一流的艺术家为他们在奥林匹亚建造纪念雕像。他们的名字很快传遍了整个希腊，有时还要通过各种方式向国外传扬。优胜者的家乡把他们当作出征凯旋的英雄来欢迎。有的城市还故意把城墙打开一个缺口，让他们像征服者那样进城。如果优胜者是雅典人，还可以得到500银币的奖励。

奥林匹克运动会是古代希腊社会生活中一项极为重要的事件。即使在外敌入侵的时候，希腊人仍把运动会放在第一位。由于参加竞赛的人赤身露体，所以竞赛期间妇女不得在奥林匹亚露面，否则将被处以死刑。

古代的奥林匹克运动会一共举行了293次。394年，侵入希腊的罗马皇帝狄奥多西下令禁止举行比赛，奥林匹克运动会从此中断了1500多年。1896年，奥运会又在雅典恢复了。以后仍然是4年一次，分别在不同的国家举行，而且参加者也不再限定为希腊人。如今，在奥运会的运动场上，世界各国的运动员们汇集在一起，向着"更高、更快、更强"的目标竞争拼搏，以此传递着人类大家庭的和平与友谊。

梭伦改革

梭伦是古希腊著名的政治改革家和诗人。他出身于贵族家庭，年轻时被誉为古希腊"七贤"之一。公元前600年左右，年约30岁的梭伦被任命为指挥官，统帅部队，一举夺回了萨拉米斯岛。担任首席执政官后，他立即实施了一系列改革，并颁布多项法令。

他按财产的多少将全体公民划分为四个等级，不同等级的公民享有不同的政治权利。谁的财产多，谁的等级就高，谁就享有高的政治权利。第一、二等公民可担任包括执政官在内的最高官职，第三等只能担任低级官职，第四等级不能担任任何官职。这一制度并未实现公民之间的真正平等，但它意味着身为贵族，如果财产少，也享受不到过去那么多政治权利了，而新兴的工商农奴主可凭借自己的私有财产，跻身于城邦政权。这就打破了贵族依据世袭特权垄断官职的局面，为非贵族出身的奴隶主开辟了取得政治权利的途径。

梭伦像

梭伦结束了贵族对政府的独占统治并代之以一套由富人统治的制度；他还制定了一部新的较为人道的法典。梭伦的做法体现了希腊最高的美德——适度。他是雅典的第一个诗人。诗歌是他用来警告、激励和劝告人民并敦促他们采取行动的媒介，也是他从政的工具。

梭伦恢复了公民大会，使它成为最高权力机关，能决定城邦大事，选举行政官。一切公民，不管是穷是富，都有权参加公民大会。他设立了新的政府机关，类似公民会议的常设机构，由雅典的四个部落各选一百人组成，除第四等级外，其他各级公民都可当选。他还设立了陪审法庭，

奴隶制民主政治

在古代希腊的许多城邦国家中，奴隶制民主政治广泛存在。

在这种制度下，公民享有比较广泛的权利，他们享受国家津贴，有权选举或被选举为国家管理人员直至最高长官，可以广泛参与国家大事。同时，他们也有义务为国家走上战场。但是，享有公民权的只有占统治地位族群的成年男子。外来移民或奴隶以及妇女是没有公民权的，他们不能享受公民的种种权利。

在奴隶制民主政治制度下，真正掌权的仍然是那些上层分子。

每个公民都可被选为陪审员，参与案件的审理，陪审法庭成为雅典的最高司法机关。这一切，为雅典政治制度的民主化开辟了道路。

梭伦还采取了许多鼓励手工业和商业发展的措施：除橄榄油外，禁止任何农副产品出口；凡雅典公民，必须让儿子学会一种手艺；鼓励有技术的手工业者移居雅典，给予其公民权；改革币制，统一度量衡；确定私有财产继承自由的原则等。

在梭伦改革之前，雅典施行的德拉古法以严酷著称，对偷窃水果、懒惰等过失都要判处死刑，梭伦改革了这些酷刑。

雅典的民主

希波战争结束后，希腊进入了最发达、最繁荣的时期，历史学家把这个时期称为希腊历史上的"黄金时代"。在希腊的城邦中，又以雅典最为发达繁荣。

在希波战争时，以雅典海军为主力的希腊海军大败波斯海军。战后，雅典控制了爱琴海沿岸地区，组建海上同盟——提洛同盟，势力扩展到地中海和黑海沿岸，成了一个海上霸主。随着海上势力的扩张，雅典获取了大量的奴隶，各行各业广泛使用奴隶劳动，经济得到了快速发展。整个雅典的奴隶曾经达到40万，占了人口的绝大多数。

在当时的雅典，除了奴隶和奴隶主之间的矛盾以外，还有奴隶主内部的贵族派（贵族奴隶主）与民主派（工商业奴隶主）和自由民之间的矛盾。贵族派极力限制民主派和自由民的权利，维护自己的既得利益，而民主派和自由民则千方百计要扩大自己的权利，削弱贵族派的权利。当时雅典当政的是著名的政治家伯里克利，他虽然出身贵族，但却站在民主派一边，经过几个回合的较量，在广大雅典公民的支持下，由贵族派把持的掌握雅典大权的元老院不得不将权力移交给民主派控制的公民大会。

伯里克利为了了解民意，经常深入广大的民众，和他们交谈，倾听他们的意见。遇到和他意见不同的人当众辱骂他，他也不生气，也不逮捕对方。一天下午，一个贵族跟在他后面，指着他大骂："你这个疯子！你这个混蛋！你出身贵族，却忘掉了自己的阶级，反倒去向那些下等的百姓献媚！"这个贵族一直跟着伯里克利，边走边骂，直到伯里克利的家门口。这时天已经黑了，伯里克利让仆人举着火把把那个贵族送回家。在伯里克利时期，雅典达到了全盛，所以这一段时期又称为"伯里克利时代"。

公民大会是雅典的最高权力机关，凡是年满20岁的雅典男性公民都有权参加，但妇女、奴隶和外邦人则无权参加。每10天公民大会都要举行一次会议，讨论关于内政、外交、战争、和平等重大问题，每一个公民都可以上台发表自己的意见。会议开始前，祭坛上先要杀死一头小猪，然后由祭司拿着绕场一圈，以消除不洁。接着会议主持人登台宣读提案，再由支持或反对提案的人轮番上台发表演讲。台下的听众则用欢呼和嘘声来表示赞成和反对，但绝不能打断发言者的演讲，否则将会被驱逐出会场，甚至罚款。上台演讲的人也要尊重别人，不得侮辱和诽谤在场的人，否则会被禁止发言和剥夺荣誉。如果几个人同时要求发言，则将按年龄大小排序。它的常设机构是500人会议，成员由贵族奴隶主、工商业奴隶主和自由民组成。公民大会最重要的会议是选举大会。到了这天，会场上座无虚席，雅典人都以平生没有担任过任何公职为耻，所以参选的热情非常高涨。以前雅典的法官、军人、议员和公职人员都没有薪俸，连当兵都要自己购买盔甲、武器和马匹，所以这些职位都被有钱人把持着。伯里克利执政后，宣布军人和公职人员由国家发给薪俸，这样一来，普通公民就可以担任法官、军人、议员和其他公职人员了，这就扩大了普通公民的民主权利。选举大会主要选举10名将军、10名步兵统帅、2名骑兵统帅和1名司库员。这些职位涉及军队和国库

伯里克利像

非常重要，当大会主持人念到候选人名字时，公民举手表决，得票最多的人当选。另外，其他的官员如执政官、法官、监狱官等，用抽签的方式决定。

抽签在神庙中进行。神庙中放着两个箱子，一个箱子里放着候选人的名字，另一个箱子里放着黑豆和白豆。抽签时，主持人先抽出一个候选人的名单，在另一个箱子里拿一个豆子。如果拿到的是白豆，那么这个候选人就当选了，反之就是落选。

在选举大会两个月后，原来的公职人员开始向新当选的公职人员移交权力。

雅典的民主制度在当时属于一种非常进步的制度，但仍是奴隶制下的民主，归根结底是为统治阶级服务的，具有很大的局限性。

斯巴达重装步兵

古希腊军事力量最强的城邦是斯巴达。在斯巴达，每一个男子从小就要接受严格的近似野蛮的训练，以使他们长大后成为一个合格的战士。斯巴达重装步兵是全希腊公认的素质最高的士兵。他们头戴铁制的头盔，身穿金属胸甲和皮革护胫，手持带铁头的长矛和镶铜圆盾，腰悬双刃短剑。在战斗时，斯巴达人和着笛声的节奏稳步前进，斗志高昂，毫无惧色。在出征前，母亲会送给儿子一面大盾，说："要么拿着它凯旋，要么躺在上面让人抬着你的尸体回来。"

在希波战争中，斯巴达人显示出了顽强的战斗作风。温泉关之战，300斯巴达士兵凭借地利，抗击了10万波斯军队，最后全部阵亡，为希腊军队的部署赢得了宝贵的时间。在普拉蒂亚会战中，以斯巴达重装步兵为主力的希腊联军击败了约2倍于己的波斯陆军，将波斯军队彻底赶出了希腊。

在长达几十年的伯罗奔尼撒战争中，斯巴达凭借强大的重装步兵，最终战胜雅典，成为希腊的霸主。

希腊方阵

希腊方阵产生于公元前 7 世纪左右，由重装步兵组成。这些重装步兵戴头盔、穿铠甲，左手持直径约 1 米的圆盾，右手持长约 2 米的长矛，腰上佩戴短剑，排成横队，纵深 8 排～12 排不等。方阵中士兵们手中的盾牌在保护自己身体左侧的同时也保护了相邻战友身体的右侧。

他们头戴头盔、身披铠甲，左手持盾，右手持矛，腰间挂剑。交战时，前几排的士兵把长矛对准敌人，后面的士兵把长矛架在前排士兵的肩上，形成一道屏障。在战斗时，士兵们迈着整齐的步伐前进，势不可当。一旦前排士兵倒下，后排士兵立即跟上，补充空隙。古代雅典名将伊巴密浓达对希腊方阵进行了改革，增加了纵深，将精锐放在了左翼，形成了一个左翼突出、右翼拖后的斜形阵形。凭借这种新阵形，他击败了希腊最强大的斯巴达军队。

整个希腊方阵战术的精髓就在于全体士兵团结一致，同心协力，所以临阵脱逃者会受到最严厉的惩罚。

希腊方阵在与正前方的敌人作战时能够发挥强大的战斗力，但它的侧后方的防守却十分薄弱，非常容易受到攻击，这是其致命的弱点。而且它机动性很差，速度缓慢，对战斗地点的要求苛刻，需要在大片广阔平坦的平原才能进行。一旦遇到崎岖不平的山地、丘陵就不能保持完整的阵形了，容易被敌人冲乱。

雅典海军

在古希腊城邦国家的海军中，雅典的海军最为强大。

雅典海军的强盛主要归功于地米斯托克利。他曾多次当选为雅典执政官，主张发展海军。在他的呼吁下，雅典人建造了一支拥有 200 艘战船的舰队，成为海上强国。

雅典的战船分为三层，每层都有划桨手，所以被称为三层桨战船。船上共有划桨手 170 人，上层 62 人，中下两层各 54 人。桨手们按鼓点有节奏地划桨，动作一致，船速很快。在作战时，桨手们会奋力划桨，3 层桨战船飞速航行，勇猛地利用船头吃水线处突出的黄铜撞角撞击敌船。一旦敌船被黄铜撞角插进舷侧，很快就会进水沉没。有时，雅典人将船划到敌船附近，然后搭上跳板，冲到敌船上去进攻敌人。船的桅杆上有风帆，是桨的辅助动力。

公元前 480 年，以雅典海军为主力的希腊海军在萨拉米斯海战大胜波斯舰队，一举扭转了希波战争的进程。希波战争后，雅典组成了以自己为首的提洛联盟，一跃成为爱琴海地区的霸主。

希波战争

公元前 6 世纪中叶，波斯帝国侵占小亚细亚西部沿岸希腊人建立的各城邦。公元前 500 年，小亚细亚的希腊城邦米利都爆发反波斯的起义，雅典和埃雷特里亚派出 25 艘战舰相助。于是，早有西侵野心的波斯国王大流士一世以雅典和埃雷特里亚曾援助米利都暴动为借口，出兵远征希腊本土，由此，希波战争爆发。

战争分为两个阶段：第一阶段，波斯军采取攻势，连遭失败；第二阶段，希腊人转入反攻，取得最后胜利。

公元前492年夏，波斯国王大流士一世派马多尼乌斯率波斯陆军越过达达尼尔海峡进犯希腊。海军到达阿索斯海角时遇到大风暴，300多艘战船撞毁，2万余人失踪，几乎全军覆没，陆军也遭到色雷斯人的袭击。波斯军因出师不利被迫撤退。

这幅画表现了一个希腊人被击倒后反戈一击，举剑砍向波斯人的情景。

公元前490年夏，波斯对希腊发动第二次远征。波斯老将达提斯和阿尔塔费尼斯率军10万、战舰数万艘，横渡爱琴海，攻占埃雷特里亚城，继而在马拉松平原登陆。米太亚得指挥雅典军，采取灵活战术，一举把波斯军打败。

公元前480年春，波斯国王薛西斯一世率军约50万，分水陆两路大举进犯希腊。以斯巴达和雅典为首的31个希腊城邦决定成立全希腊同盟，由斯巴达人任同盟的陆、海军最高指挥。

8月中旬，以斯巴达国王列奥尼达斯为首的希腊军队在温泉关顽强抵抗波斯军，列奥尼达斯及300名斯巴达士兵阵亡。9月下旬，在萨拉米斯海战中，以雅典人为主力的希腊海军大败数量上占优势的波斯海军。次年8月，希波双方陆军在普拉蒂亚进行决战，斯巴达统帅保萨尼阿斯率领希腊联军约10万人，重创占有明显优势的波斯陆军。波斯人的第三次远征以失败告终。

波斯远征希腊失败后，帝国内部矛盾重重，被迫退居守势。以雅典为首的希腊联军则逐渐转入进攻，并乘机扩张海上势力，建立雅典在爱琴海域的霸权。

公元前478年成立的由雅典领导的"提洛同盟"承担起继续与波斯作战的任务。公元前476年，希腊联军攻占了色雷斯沿海地区以及爱琴海上的许多岛屿和战略要地拜占庭。公元前468年，希腊军队在小亚细亚的欧律墨冬河口大败波斯海、陆军。

公元前449年，希腊海军在塞浦路斯以东海域再次重创波斯军，双方媾和，希波战争结束，希腊城邦取胜，雅典成为爱琴海地区的霸主。希波战争在客观上起到了传播文化、扩展文明的作用，但同时也给参战国家人民的生命和财产造成了巨大的损失。

马拉松战役

公元前490年9月，波斯军10万人、战舰数百艘，在达提斯和阿尔塔费尼斯的率领下第二次远征希腊。

波斯军从萨摩斯岛出发，横渡爱琴海，首先攻占了埃雷特里亚城，继而南进，在距雅典城东北约 40 千米的马拉松平原登陆。

雅典全城紧急动员，组成重装步兵约万人的军队，同时，由普拉蒂亚派来援军千人。

9 月 12 日晨，马拉松战役开始。以雅典军队为主的希腊步兵，在米太亚得的指挥下占据有利地形，针对波斯军惯用的中央突破战术，布成正面宽约千米、主力配置于两翼的方阵，趁波斯军骑兵主力尚未赶到之机，率先发起进攻。波斯军展开反击，希腊军且战且退，诱使波斯军拉长战线，分散兵力。然后，希腊军突然发起两翼攻击，其长枪密集方阵攻势凌厉。波斯军抵挡不住，仓皇后撤。希腊军乘胜追击，逼使波斯军乘船败退。此役，希腊军歼敌 6000 余人，缴获舰船 7 艘，自身损失仅 192 人。

为了把胜利的消息迅速告诉雅典人，负伤的长跑能手腓力匹得斯以飞快的速度从马拉松跑到了雅典中央广场。他对着盼望的人群激动地说了一声"大家欢乐吧，我们胜利了"之后，就倒地牺牲了。奥林匹克运动会上的竞赛项目"马拉松赛跑"，就是为了纪念这次战争的胜利以及表彰英雄腓力匹得斯的功绩。

萨拉米斯海战

萨拉米斯海战是希波战争中的一次著名海战。公元前 480 年 8 月中旬，波斯军在国王薛西斯一世的率领下攻占了温泉关，而后南下直取希腊首都雅典。希腊舰队有 300 余艘战舰，在斯巴达的欧里比阿德斯和雅典统帅提米斯托克利的联合指挥下，撤至萨拉米斯岛附近，准备决一死战。波斯舰队绕过阿提卡半岛南端的苏尼翁角，进入狭窄的萨拉米斯海峡。

9 月下旬，萨拉米斯海战开始。波斯国王薛西斯一世在萨拉米斯海战中指挥波斯舰队首先封锁萨拉米斯海湾东西两个出口，并把主力编成三线战斗队形，呈围攻态势由东向西推进。希腊舰队利用有利地势，在艾加莱奥斯山后隐蔽，并组成两线战斗队形发起攻击。希腊舰队船小灵活，在狭窄的海湾里运转自如，以接舷战法和撞击战法反复突击波斯舰队。而波斯战船体大笨重，调度失灵，前进不得，后退无路，陷于被动挨打境地，甚至因自相碰撞而沉没。经过一天激战，拥有 1000 余艘战船的波斯舰队被击沉战船 200 余艘，损失惨重。薛西斯一世深恐后路被切断，仓皇败逃回国。

海战中，希腊舰队仅损失战船 40 余艘。此战扭转了希波战争的战局，是世界海战史上以少胜多、以弱胜强的典型战例。

提洛同盟

希波战争期间以雅典为首组成的希腊城邦反波斯的军事同盟，又称雅典海上同盟。因同盟会址和金库最初设在提洛岛而得名。雅典为同波斯争霸，公元前 478 年，把小亚细亚西海岸以及爱琴海各岛近二百个城邦组成提洛同盟，到公元前 425 年入盟者达三百多个。雅典人当选为盟军统帅和会议召集人。但同盟事务由同盟会议决定，每个加盟国有相等的投票权，以雅典为首的具有海军力量的一些盟国提供军舰、士兵，其他邦则提供一定数额的金钱。同盟的成立对打败波斯帝国起了决定作用。公元前454年，同盟金库被迁到雅典，盟捐转化为贡金。提洛同盟逐渐成为雅典控制和剥削盟邦以及对抗斯巴达并进而推行海上霸权的工具。公元前404年，雅典在伯罗奔尼撒战争中被斯巴达击败，同盟被迫解散。

伯里克利改革

自公元前443～前429年，伯里克利一直当选为首席将军，主持国家事务。他对雅典的政治制度作了进一步的改革：取消贵族会议的政治职能，允许公民不受财产资格限制担任高级公职；向参加公共生活的公民发放津贴，以吸引公民参加社会活动；公民大会享有最高的行政和立法权力，对国家大事作出决定，由它投票选出10位将军；陪审法庭为雅典最高的司法和监察机关。在对外关系方面，积极推行扩张政策，主张对附属国严加控制，在许多地方建立军事移民点。伯里克利改革促使雅典的奴隶主民主宪法最后完成，雅典的民主政治得到了发展。但是，享有公民权的人不到雅典居民总数的1/10，广大的奴隶及妇女都被剥夺了政治权利，因此雅典的民主政治只是少数奴隶主的民主制度。

伯罗奔尼撒战争

雅典为首的提洛同盟与斯巴达为首的伯罗奔尼撒同盟之间的争霸战争。提洛同盟成为雅典和斯巴达争夺霸权的工具后，引起了其他城邦的不满和反对，斯巴达乘机联合一些城邦组成伯罗奔尼撒同盟，与雅典对抗。公元前431年，战争开始，分三阶段：头10年为第一阶段，双方相持，互有胜负，公元前421年，因两方均需喘息而订立了50年和约；公元前415～前413年为第二阶段，战争急剧转折，雅典远征西西里，处境被动；公元前413～前404年为第三阶段，提洛同盟成员纷纷起义，雅典国内政治斗争尖锐。公元前405年，伯罗奔尼撒舰队全歼雅典舰队，彻底粉碎雅典的海上霸权。公元前404年4月，雅典战败，向斯巴达投降，斯巴达暂时取得了在希腊的霸权。伯罗奔尼撒战争使各城邦土地荒芜，经济萧条，是古希腊由盛到衰的转折点。

伯罗奔尼撒战争绘画
几乎所有希腊的城邦都参加了这场战争，其战场涉及了当时整个希腊语世界。这场战争结束了雅典的黄金时代，结束了希腊的民主时代，强烈地改变了希腊国家的命运。

马其顿王国

位于巴尔干半岛中部的奴隶制国家，发源地在毗邻希腊半岛的马其顿尼亚地区。公元前 6 世纪下半叶，马其顿出现部落统一运动，形成王国。公元前 4 世纪中叶，腓力二世实行一系列政治、军事改革，使马其顿一跃而为地方强国。他推行扩张政策，先征服邻近地区。然后南下，于公元前 338 年在喀罗尼亚大败希腊联军，控制了整个希腊。公元前 334 年，马其顿王亚历山大发动掠夺东方的战争，灭波斯帝国，将马其顿统治扩展到西亚、埃及、中亚、印度河流域，建起横跨欧、亚、非三洲的亚历山大帝国。公元前 323 年亚历山大病逝后，其部将纷争，帝国解体。公元前 301 年基本分裂成马其顿王国（希腊）、塞琉古王国（西亚）和托勒密王国（埃及）。公元前 276 年，军事将领安提柯取得希腊大部分地区的控制权，建安提柯王朝，公元前 168 年被罗马所灭。

马其顿方阵

马其顿方阵是马其顿国王腓力二世在希腊方阵的基础上创立的阵形，亚历山大大帝常将它与骑兵配合，称为钻锤战术。

马其顿方阵中共有 256 名士兵，分为 16 排，每排 16 人。士兵们全身披挂青铜头盔、胸铠和胫甲，手持盾牌、利剑和长矛。矛长达 6 米，后排的矛更长，前 5 排的枪尖都搭到第一排士兵的肩膀上。这样后几排长矛与前几排长矛就能保持同等长度，能一起刺击敌人。作战时，整个方阵常常以密集队形跑步向前推进，正面攻击力非常强，势不可当。亚历山大大帝就曾靠马其顿方阵击败了希腊、波斯。

为了保护方阵侧翼和后方，方阵后面由轻装长矛兵排成纵深 8 人的横队，两翼配置骑兵和轻装长矛兵。

但这种方阵也有很大缺点。一旦敌人突破侧翼和后方，方阵中的长矛兵就无法抵挡手持短兵器的敌人的近身厮杀，而且只要驱散两翼骑兵，长矛手就会遭到敌人弓箭手的射杀。另外，马其顿方阵对地形的要求很高，在山地和丘陵地带难以保持阵形。公元前 168 年，古罗马军团大破马其顿方阵，马其顿方阵随之退出了历史舞台。

亚历山大及其东征

亚历山大（公元前 336 ~ 前 323 年），是马其顿著名国王。少年时，亚历山大曾求学于希腊哲学家亚里士多德门下，受希腊文化影响，他非常喜爱阅读《荷马史诗》，崇拜《伊利亚特》中的英雄阿溪里，并努力加以模仿。亚历山大 16 岁就随父征战，挥师南下；18 岁，他指挥马其顿军击败了希腊联军；20 岁，他继承了其父的王位，开始组织东征。

公元前 334 年春天，亚历山大率军侵入小亚细亚，第二年，败波斯国王大流士三世于伊苏斯。公元前 332 年占领埃及，第二年挥师亚洲，对波斯作战，攻占巴比伦等城市，掳获财宝无数。公元前 330 年，波斯帝国沦亡。亚历山大还进军中亚细亚，但遭到了当地游牧部落的反抗。公元前 327 年亚历山大进军印度，因土著居民的顽强抵抗，再加上气候不适，士兵普遍厌战，亚历山大被迫于公元前 326 年退兵。亚历山大的东征使希腊文明与东方古文明发生了一次大规模的冲撞与交融，开启了世界历史上的希腊化时代。希腊文化与古代东方文化的交融促进了当时自然科学的飞速发展，但东征也给社会和人民的生命财产造成了很大的损失。

在一次突围中，亚历山大率骑兵粉碎了波斯军队的进攻。该图见于他的下属西顿王的石棺。

东征后，亚历山大定都巴比伦，在东起印度河、西至尼罗河和巴尔干半岛的领域内，建立了横跨亚、非、欧三洲的亚历山大帝国。亚历山大东征时，建立了亚历山大港，即今天的埃及亚历山大城。该城规模宏大，人口众多，商旅、学者云集于此。亚历山大港是地中海世界和近东地区最重要的国际转运港口，其最著名的建筑是一座巨型灯塔，被列为世界七大奇迹之一。

制服波鲁斯王

马其顿王亚历山大在灭亡波斯帝国之后，继续东征，侵入了印度西北部。这一地区分布着许多小邦和部落，马其顿军队一到来，许多小邦和部落都纷纷归附。但波鲁斯王却坚持抵抗，于是亚历山大率军前往讨伐。

波鲁斯王严阵以待，亚历山大先派一队骑兵猛攻，印度军队抵挡不住，陷入混乱，急忙后撤，向印度战象靠拢。波鲁斯王见状，急忙命令象夫驱使大象进攻马其顿军队。

亚历山大令骑兵让开，步兵上前。马其顿步兵从四面八方向大象和上面的象兵射箭和投掷标枪。受伤的大象顿时发狂，四处乱冲乱撞，根本不听象夫的号令，反而将其踩死。马其顿骑兵趁机迂回到印度军队后方，而步兵则竖起大盾，举起长矛压了过来，将印度军队重重包围。印度军队死伤惨重，除了少数人从马其顿人包围圈的空隙中逃走外，其余全部被杀被俘。

此战，印度步兵阵亡 2 万人，骑兵损失 3000 人，幸存的战象全被俘获，波鲁斯王被俘，他的两个儿子和其他将领几乎全被打死。而马其顿仅损失了 700 步兵、300 骑兵。

古代罗马

罗马城的传说

据传说，早在公元前753年，在拉丁平原西北的一片绿洲上有几个农牧业部落，他们在距台伯河口约25千米处建造起原始的公共古城，相传第一个领导建城的人叫罗慕洛，"罗马"就是因他而得名的。

罗慕洛，神话传说他是战神玛尔斯的儿子，他和勒莫是一对孪生兄弟。他们出生不久，他们的母亲西里维娅就被人杀死。他们的外祖父当时是意大利半岛上的一个国王，国王的弟弟为了篡夺王位，把兄弟俩装入筐内，投入台伯河。他们起初被一只母狼救起，靠吃狼奶活着，后被一个牧人抚育长大。罗慕洛能征善战，勇悍异常。兄弟俩长大后，杀死篡位者，后来在当初得救的地方建起了新城，即罗马城。

罗慕洛为罗马城奠基时，赶着公牛和母牛，只是犁了一道不深的沟，便算作罗马的城界，在准备开城门的地方，把犁子抬了抬，便作为城门的通道。看来，罗马城在它创建的初期，只是一个小小的城邦。可是到了共和后期，罗马城不但有坚固高大的城墙，而且市容繁华，面积不断扩大，以至于初入罗马的人，转来转去，总走不出市中心。

至今，在意大利的罗马博物馆里，还陈

罗马城的母狼乳婴雕像

这只机敏、警惕的母狼，成为罗马的象征。公元前480年铸成的母狼青铜雕像并不包括双胞胎，他们是文艺复兴时期意大利一个雕塑家加上去的。母狼是罗马的图腾，是象征战神的神圣动物，它拯救了罗马城的创建者罗慕洛和勒莫。

"条条大道通罗马"

西方有一句闻名世界的谚语："条条大道通罗马"。这句谚语来自古罗马大道的修建。

在古代罗马的建筑奇迹中最著名的就是"罗马大道"，它是以首都罗马为中心面向全国的四通八达的公路网。罗马大道的修建最初是为了战争的需要，以便与别国开战时各军团能迅速地调集到首都，然后奔赴各自的战场。罗马帝国建立之后，战事不多了，于是，罗马大道又成了古罗马帝国的经济命脉，大大促进了农业、手工业和商业的发展，也促进了罗马和世界其他文明中心的交流。因此，罗马大道在西方的影响非常大。

列着一尊"母狼乳婴"的铜像。

罗马共和国

它是公元前 6 世纪末到公元前 1 世纪末以罗马为中心的奴隶制国家,公元前 509 年以罗马城为中心建立。共和国政府由两名执政官、元老院、地方长官以及公民大会组成。罗马共和国的一切大权都把持在贵族的手中,是贵族专政的奴隶制国家。公元前 5 世纪~前 3 世纪,平民为争取政治权利,争取土地,进行了长期斗争,最后设置了保民官。到公元前 3 世纪末,罗马领土包括了整个意大利;至共和国后期,其版图包括西欧大部分、北非以及近东地区,并将这些领土划分为行省。长期的掠夺战争,使罗马获得了大量的奴隶,奴隶制经济得到巨大发展。但国内社会矛盾日益激化,公元前 2 世纪后半叶至公元前 1 世纪后半叶先后爆发了西西里奴隶起义和斯巴达克起义。公元前 1 世纪末,恺撒独裁,后屋大维建立元首政治,共和国瓦解。

元老院

罗马国家的立法与管理机关,最初是氏族长老会议,到共和时期,前任国家长官等其他大奴隶主进入了元老院。元老院有权批准、认可法律,并通过执政官掌管财政外交,统辖行省并实施重大宗教措施等。帝国时期,政权集中于皇帝手中,元老院实权日渐削弱,已失去原来的政治地位,但仍然是贵族统治的支柱。

执政官

罗马共和国的最高行政长官,由百人团会议从奴隶主贵族中选举产生,由两人担任,任期一年,退职后进入元老院,主持国家行政。

两个执政官权位相等,一切政令如果得不到两人一致同意,就不能付诸施行。当国家遇到危急情况时,经元老院提名,就以执政官中的一人为独裁官,称为狄克推多,有至高无上的权力,但其任期不能超过 6 个月。

由于执政官任期短,二人相互牵制,所以实际上真正操纵国家大权的是由贵族组成的元老院,法律的制定和内外政策的决定都要通过元老院。

罗马军团

王政时代,罗马军队主要是由氏族部落组成的,有 3000 步兵和 300 骑兵。公元前 6 世纪,罗马人学会了重装步兵方阵。塞尔维乌斯按照地域和财产进行改革,建立了公民兵制,规定凡是 17 岁~60 岁的罗马公民都有自备武器服兵役的义务,这样就扩大和改组了军队。

共和国初期,罗马军队分为两个军团,分别由两个执政官指挥。每个军团的主力是 3000 重装步兵,另外还配有少量轻装步兵和骑兵。

公元前 4 世纪,为了适应长期战争的需要,罗马著名军事统帅卡路米斯进行了军事改革,开始实行军饷制。罗马军团被分成 30 个连队,每个连队有两个百人队。

罗马军团士兵

罗马军队中训练最好的是15万名罗马军团士兵。他们训练有素，装备精良。

同时，他废除了原来按财产等级列队的传统，按照年龄和经验把军队分为投枪兵、主力兵和后备兵，排成三队。第一排是年轻的投枪兵，第二排是有经验的主力兵，第三排是最有经验的老兵。作战时，第一排的投枪兵先向敌人投掷长枪，这种长枪长达2米，装着锋利的金属矛头，再加上强大的冲击力，足以刺穿敌人的盾牌和铠甲。投枪兵投掷完长枪后，迅速后撤。第二排主力兵上前手持盾牌和利剑，同敌人展开厮杀。如果不能取胜，那么最有经验和战斗力最强的老兵们就投入战斗。

罗马军队有一个规定，军队在野外宿营时，哪怕只住一晚也必须挖壕沟、筑高墙，以防备敌人偷袭。他们纪律严明，如果有人胆敢违抗命令，立即处死。打仗时，如果全队都当了逃兵，那么罗马将军就将他们排成一排，每隔9个人处死1个。如果作战有功，不管是士兵还是军官，都有赏赐。

公元前2世纪，罗马占领迦太基后，将那里变成了罗马的阿非利加行省。罗马的商人来到这里掠夺搜刮，并向紧邻迦太基的努米比亚国渗透，激起了当地人民的强烈愤怒。努米比亚国王朱古达派军队对当地的罗马人大肆屠杀，于是罗马向努米比亚宣战。朱古达用金钱贿赂罗马将领，罗马士兵为了金钱甚至把武器卖给努米比亚人。这场战争一连拖了好几年，罗马始终无法战胜努米比亚，引起了罗马民众的强烈不满。罗马贵族马略当选为罗马执政官，并担任军事统帅。

为了战胜努米比亚，马略进行了一系列的军事改革：第一，用募兵制代替征兵制。当时罗马平民要有一定的财产才能当兵，符合这一要求的人并不多。为了扩大兵源，马略采用了募兵制，吸引了大批的无产者参军。第二，延长服兵役的时间。以前打仗的时候，罗马军队都是临时征集的，打完仗后就解散回家。公民服完16次兵役后就解除义务。马略将公民的兵役时间规定为16年，这就将民兵变成了职业化军人。第三，给士兵发军饷。士兵服兵役期间，必须脱离生产，为了使士兵的生活有保障，马略规定士兵可以从国家那里领取军饷。战争胜利后，士兵还可以获得战利品。第四，有了充足的兵源后，马略对罗马的军团制度进行了大规模调整，用联队军团代替了三列军团。第五，改进武器装备，给重甲兵配备标枪和短剑。第六，严格训练，最大限度增强军队的战斗力。

经过改革，马略率领罗马军团很快战胜了努米比亚，接着又战胜了日耳曼人，镇压了西西里岛的奴隶起义。罗马就凭着这支作战勇猛的军队征服了地中海沿岸的土地，将地中海变成了罗马的内陆湖，成了一个横跨亚非欧三大洲的大帝国。

拉丁同盟

古罗马拉丁姆地区以罗马为首的拉丁人城邦和部落的联盟。罗马为了对抗北边的伊达拉里亚人和意大利人，公元前493年，参加了在拉丁姆平原上组成的同盟，即拉丁同盟。同盟规定：罗马与全体拉丁城市建立永久和平，互相援助，共同对付敌人，均分战利品。后来，邻近的一支意大利人赫尔尼西人也参加了同盟，拉丁同盟成为罗马、拉丁城市以及赫尔尼西人的三方同盟。加盟各部原则上是平等的，但实际上罗马是盟主，处于主导地位，其他加盟者处于依附地位。公元前4世纪，同盟者开始了反抗罗马的专横的斗争，要求摆脱罗马的控制。公元前340～前338年，发生了同盟战争。同盟者结成一个新的同盟，共同对抗罗马。公元前338年，罗马人击败新同盟者，拉丁姆平原完全被罗马征服，拉丁同盟宣告结束。

布匿战争

罗马在经过200多年的征战，统一了意大利半岛之后，为争夺地中海的霸权，于公元前3世纪至公元前2世纪，与迦太基发生了几场战争。罗马人称迦太基为布匿，因此这场战争又被称为布匿战争。

第一次布匿战争（公元前264～公元前241年）是为争夺西西里而引起的。此战争以迦太基的失败而结束，罗马得到巨额赔款，西西里岛被划为罗马的第一个行省。不久罗马又借机夺取了迦太基的科西嘉岛和撒丁岛，划为两个行省。

第二次布匿战争（公元前218～公元前201年）是因为罗马势力扩张到迦太基控制的西班牙城市萨干坦而引起的。迦太基先胜后败，根据和约，又付出大笔赔款，并交出全部战舰战象，另外还失去了海外一切属地（除了在非洲的领土），并且不经罗马同意，不能对外宣战。

> ### 汉尼拔
>
> 汉尼拔·巴卡，古代迦太基国军事统帅，杰出的军事家。作为一名将帅，汉尼拔的战绩主要是在第二次布匿战争中取得的。在第二次布匿战争期间，汉尼拔在特拉比亚战役、特拉西梅诺湖战役和坎比战役中大败罗马人，取得了最辉煌的胜利。作为军事家的汉尼拔，足智多谋，学识渊博，具有战略眼光和杰出的组织才能。他智勇双全，善于抓住战机；他勇敢而不鲁莽，懂得集中优势兵力打击敌人。汉尼拔曾计划把一切反罗马的力量团结起来，但由于迦太基政府不同派别的争权夺利斗争，他最终落了个悲惨结局——公元前182年，汉尼拔在被追捕途中服毒自尽，成为统治者斗争的牺牲品。

第二次布匿战争后，迦太基在经济上仍有复兴之势。罗马为了防止迦太基人重新崛起，又于公元前149年发起第三次布匿战争。但罗马军围攻迦太基城两年都没有成功。公元前146年春，迦太基发生饥荒，疫病流行，罗马军终于破城而入。迦太基城沦陷后，迦太基人被卖为奴隶，罗马在原迦太基国土上设立了阿非利加省。从此，作为独立国家的迦太基不复存在。

利帕里海战

公元前260年，在第一次布匿战争中，罗马海军和迦太基海军在西西里岛以北第勒尼安海利帕里群岛海域进行的一次海战。

布匿战争前，罗马海军实力不如迦太基海军。为此，罗马人依据罗马士兵擅长格斗但不熟悉海战的弱点，在战舰上装配了一种新装置——称作"乌鸦嘴"的接舷吊桥（前端有铁钩，两侧装栏杆）。

公元前260年，罗马执政官杜伊利乌斯率罗马舰队（113艘战船）与迦太基将领安尼巴尔率领的迦太基舰队（140艘战船）在利帕里群岛海域附近遭遇。迦太基人企图利用自己战舰速度快、机动灵活的优势撞沉罗马战舰，但当接近罗马战舰时，罗马士兵放下"乌鸦嘴"吊桥，钩住迦太基战舰，然后冲到迦太基战舰上进行白刃格斗。迦太基人从来没有见过这种战法，顿时陷入混乱，大败。

此战，罗马人共俘获和击沉55艘迦太基战船。迦太基人战死3000人，被俘700人，罗马军损失很小。利帕里海战之后，迦太基的主力舰队被消灭，罗马成为西地中海的海上霸主。

特拉西梅诺湖之战

特拉西梅诺湖之战是迦太基名将汉尼拔在意大利中部的特拉西梅诺湖歼灭罗马军队的战斗。

公元前217年，汉尼拔率军南下，罗马将领弗拉米尼乌斯率军紧追不舍。一天傍晚，汉尼拔的大军来到了特拉西梅诺湖。特拉西梅诺湖是意大利中部最大的湖泊，北岸和东岸有一条通道夹在湖泊和丘陵之间。汉尼拔命令大军在丘陵上过夜。

第二天早晨，天降大雾，罗马人以为汉尼拔大军已经走过湖区，急忙进入通道追赶。当罗马大军全部进入通道后，汉尼拔大军向罗马人发起了全面进攻。在这个通道的出口，是汉尼拔的西班牙和非洲精锐重装兵，他们占据着一个小山坡，阻挡住罗马人的前进方向。罗马军左侧的丘陵上，是汉尼拔的轻装兵、投石兵、弓箭手和高卢兵，他们居高临下向罗马军全线进攻。陷阱的进口，是汉尼拔的努米底亚骑兵。在短短的3个小时内，罗马军就遭到了毁灭性的打击：有1.9万人战死，包括指挥官弗拉米尼乌斯，仅有千人跳湖逃生，而汉尼拔仅损失了1500人。

坎尼之役

第一次布匿战争以迦太基的失败告终，迦太基被迫割让西西里岛，并付给罗马大量的赔款。但迦太基人不甘心失败，他们卧薪尝胆，决心再与罗马一争高下。公元前237年，迦太基统帅哈密尔卡带着自己的儿子汉尼拔来到西班牙建立新迦太基城，作为反击罗马的基地。为了复仇，哈密尔卡对儿子进行了严格的训练。汉尼拔9岁时，父亲命令他跪在祭坛前发誓：决不与罗马人为友，一定要为迦太基报仇。在父亲和姐夫的教导下，汉尼拔成长为一名优秀的统帅。他胆识过人，足智多谋，而且善于用兵，深受部下的爱戴。有人曾这样描述汉尼拔：没有一种劳苦可以让他身体疲倦和精神沮丧，酷暑和寒冬他都可以忍受。深夜里，他经常裹着一个薄毯子和普通士兵睡在一起。无论是在骑兵还是在步兵中，总是冲在最前面。战斗时，他总是第一个投入战斗。战斗结束后，他总是最后一个离开战场。

后来父亲战死，25岁的汉尼拔成了迦太基驻西班牙的最高统帅。完成了作战准备后，汉尼拔开始进攻罗马在西班牙的盟友萨贡姆城。罗马对汉尼拔发出警告，但汉尼拔不屑一顾，很快攻占了萨贡姆城。公元前218年，罗马对迦太基宣战，第二次布匿战争开始。

汉尼拔闪电般地击败了在西班牙的罗马人，随后，率领5万步兵、1.2万骑兵和37头战象，从新迦太基城出发，开始了远征。当他们到达意大利北部时，全军只剩下2万步兵、6000多没有马的骑兵和一头战象了。与罗马有仇的高卢人纷纷加入汉尼拔的队伍。

经过短暂的修整，汉尼拔的大军主动出击。罗马人惊慌失措，以为汉尼拔是从天而降，仓促迎战，结果被打得大败，连罗马人的执政官都被杀死。

公元前216年，8万罗马大军与6万汉尼拔大军在坎尼（今意大利奥方托河入海口附近）相遇，一场大战不可避免。战前，汉尼拔派500名士兵前去诈降，罗马人将他们缴械后安置到了罗马人的阵后。汉尼拔将战斗力较弱的步兵摆在中央，两翼则配备战斗力较强的骑兵。整个汉尼拔大军呈月牙状分布，突出的一面朝向罗马人，背靠大海列阵。战斗开始后，罗马人向汉尼拔军发起了猛烈进攻，迦太基步兵抵挡不住逐渐后撤，而骑兵则坚守阵地。月牙阵突出的部分慢慢收缩，罗马人进入了口袋阵。这时，汉尼拔立即指挥两翼精锐骑兵迅速向罗马人的后方包抄，步兵停止后退，开始反攻。先前诈降的500名迦太基士兵也从怀里掏出匕首，杀向罗马人，堵住罗马人的退路。排山倒海一样的迦太基骑兵迅速击败了罗马人的骑兵，开始猛攻罗马人的中央步兵。罗马人顿时陷入了重重包围之中。恰在这时，猛烈的海风吹来，扬起了满天尘土，迷住了罗马人的眼睛。几万罗马人乱成一团，不成阵式，根本无法

汉尼拔的"坦克"
最著名的战象属于迦太基统帅汉尼拔。公元前216年，在意大利南部与罗马人进行的坎尼战役中，他使用了从西班牙带来的大象。

第三次布匿战争

第二次布匿战争之后，罗马与迦太基休战了50多年。公元前149年，罗马见迦太基通过贸易逐渐恢复了元气，非常担心迦太基复兴。于是要求迦太基放弃港口城市，搬入北非内陆，这一要求遭到断然拒绝。罗马立即对迦太基宣战，出兵8.4万，围攻迦太基城。迦太基人奋起抵抗，罗马人无法取胜。公元前147年，罗马执政官小西庇阿亲临前线指挥，断绝迦太基与外界的联系。第二年春天，罗马人发动总攻，攻克迦太基。迦太基港口被毁灭，5万残存居民沦为奴隶，罗马完全吞并了迦太基。

发挥出战斗力。罗马人向前受大风的阻挡和迦太基步兵的反击，两翼受到迦太基骑兵的夹击，后面又遭到迦太基士兵的进攻，溃不成军。

这场战役整整持续了12个小时，直到黄昏后才结束。罗马人有5.4万人战死，1.8万人被俘，1.4万人突围逃走，而汉尼拔只损失了6000人。坎尼战役成为历史上著名的以少胜多的辉煌战例。

后来，罗马人改变战略，开始进攻迦太基本土，汉尼拔被迫回援，结果战败，第二次布匿战争又以迦太基的失败告终。汉尼拔为了躲避罗马人的追杀，四处逃亡，最后被逼自杀。52年后，罗马人发动了第三次布匿战争，彻底灭亡了迦太基。

扎马之战

扎马之战是第二次布匿战争中的最后一次会战。

罗马人始终无法在意大利本土战胜迦太基，只好改变策略，直接进攻迦太基本土。公元前204年，罗马将领大西庇阿率军攻入迦太基本土，汉尼拔被迫回援。公元前202年，两军在迦太基以南的扎马展开决战。

当时罗马军队有步兵2.3万人，骑兵1500人，另外还有6000努比亚步兵和4000骑兵。大西庇阿将罗马大军排成三列阵式，第一列为铠甲步兵，其后是主力兵，第三列是后备兵。骑兵配置在两翼。迦太基军队有5万，也排成三列阵式，第一列是利古里亚和高卢雇佣军，第二列是迦太基和非洲其他地方招来的新兵，第三列是战斗经验丰富的老兵，而两翼则配置了骑兵，战象在战阵的最前方。战斗打响后，两军的第一列步兵首先厮杀，迦太基人不敌，逐渐后退，第二列迦太基军队见状四散逃命。罗马步兵和骑兵包围了第三列迦太基军队，除汉尼拔等少数人逃走外，全部被歼。

此战后，迦太基被迫求和。从此，罗马取代了迦太基的地中海霸主地位。

马其顿战争

马其顿战争是罗马征服马其顿王国及其属地希腊的战争，共进行了4次：第一次战争（公元前215～前205年）、第二次马其顿战争（公元前200～前197年）、第三次马其顿战争（公元前171～前168年）和第四次马其顿战争（公元前149～前148年）。马其顿4次皆败。

在第二次布匿战争期间，马其顿国王腓力五世得知汉尼拔大胜罗马军队，就与迦太基结盟，企图将马其顿的势力扩展到意大利。罗马虽然兵力不足，但积极挑动希腊反对马其顿。由于腓力五世优柔寡断，马其顿进展不大。后来双方签订合约。

第二次布匿战争后，罗马将注意力转向东方，在巴尔干半岛推行侵略政策，与马其顿王国产生了激烈冲突。公元前197年，罗马在狗头山击败腓力五世，取得了希腊的统治权。腓力五世之子佩尔修励精图治，积极进行反罗马的军事准备。但在皮得那会战中，马其顿惨败，佩尔修被俘，后死于狱中。马其顿王国灭亡。

公元前149年，马其顿爆发了声势浩大的反罗马起义，但随即被镇压。马其顿正式成为一个罗马行省。

狗头山会战

狗头山会战又称基诺斯山战役，是公元前197年，第二次马其顿战争期间，罗马与马其顿为了争夺希腊的统治权，在基诺斯山进行的一次会战。基诺斯山在希腊语中意为狗头山，位于希腊色萨利区锡韦城西北。

当时双方势均力敌，军队都约为2.5万人。两军的先锋队首先交战，罗马人初战受挫后撤退。随后两军的主力开始进行决战。罗马人将军队排列成三列，右翼前方是象兵，中央和左翼由轻装步兵和骑兵保护。马其顿人急于求战，阵形尚未排好就匆忙向罗马人发起冲锋。罗马人的中队战斗队形机动灵活，四处穿插，反观马其顿人的方阵，则臃肿不堪，行动不便，再加上狗头山的崎岖地形，难以保持阵形的完整，因此招致惨败。马其顿人损失1.3万人，而罗马人仅损失了700人。

罗马人的中队战术自由机动，使正面突击和两翼夹击相配合。罗马人还利用马其顿方阵的缺口，楔入敌阵，各个歼灭。狗头山之战表明中队战术比方阵战术优越，标志着军事学术的发展进入了新阶段。

皮得那会战

皮得那会战是第三次马其顿战争（公元前171～公元前168年）期间，罗马和马其顿在皮得那（位于今希腊塞尔迈湾北岸）的一场会战。

公元前168年，罗马执政官埃米利乌斯·鲍鲁斯率罗马军主力（步兵1.4万人、骑兵1200人）奔赴希腊，马其顿皇帝佩尔修率军防守希腊城市皮得那，两军沿劳卡斯河隔岸设营。6月22日，马其顿军渡河进攻，初战告捷，罗马军退向山地。佩尔修得意忘形，下令追击。马其顿军前进到崎岖不平的山地上，不能保持严整队形而出现缺口，鲍鲁斯抓住战机趁机反击。罗马军从马其顿方阵的缺口攻入，近身搏杀，马其顿军大败，2万人战死，1万人被俘，佩尔修被擒（后死于狱中）。罗马军仅死伤百人。此战后，马其顿王国灭亡，成为罗马属地。

在战争中，马其顿没有接受狗头山会战失败的教训，再次犯同样的错误，结果被罗马人抓住破绽，招致失败。皮得那会战再次证明了中队战术比方阵战术要优越先进。

叙利亚战争

叙利亚战争又称安条克战争，是公元前192～前188年罗马与塞琉西王国之间的战争。因塞琉西国王安条克二世得名。

塞琉西王国以叙利亚为统治中心（所以又称叙利亚王国，中国史书称条支），是一个西亚大国。安条克三世（公元前223～前187年在位）在第二次马其顿战争结束后，率军攻占马其顿的色雷斯，与正在向东扩展的罗马产生冲突。罗马人要求安条克三世退出色雷斯，但遭拒绝。

公元前192年，希腊反罗马联盟攻击与罗马结盟的城邦，并请安条克三世派兵支援。安条克三世率1万人进军希腊，同时罗马也派兵进入希腊。叙利亚战争爆发。公元前191年，两军在温泉关大战，塞琉西军战败，退回叙利亚，公元前190年，罗马海军又大败塞琉西海军。罗马军队侵入小亚细亚，在马格尼西亚（在今土耳其西部）再败塞琉西军。

公元前188年，塞琉西被迫接受苛刻的和约。从此，罗马确立了在整个地中海地区的霸权。

格拉古兄弟改革

古代罗马于公元前133～前121年先后由格拉古兄弟推行的以土地问题为中心的政治改革。公元前2世纪，罗马城邦扩张为地中海的强国，财富的增长和奴隶占有制的迅速发展，导致土地集中和大批农民破产，促使社会矛盾日趋激烈。在此情况下，统治阶级的一些有识之士提出改革方案，其中著名的是格拉古兄弟改革。公元前133年，提比留·格拉古当选为保民官，提出土地法案，规定公民每户所占公有地不能超过1000尤格，超出土地由国家偿付地价，收归国有，并划成每块30尤格的份地分给贫穷农民，由一个三人委员会负责分配土地。提比留被反对贵族杀害后，土地改革运动至此中断。10年后，盖乌斯·格拉古任保民官。他重申提比留的土地法，还提出了实行赈济城市贫民的粮食法和授予骑士司法权的审判法等法案，目的都是吸引改革的拥护者以实现土地法。公元前121年，反对改革的元老贵族杀害了盖乌斯，但其提出的法案大多保留了下来。格拉古兄弟改革冲击了豪门贵族的统治，打击了大土地所有制，使罗马的土地集中现象得到缓和，对

罗马人认为农业是最高贵的职业，但当自给自足无法实现时，人们发现奴隶和佃农耕种了大部分土地，而城市地主在榨取他们的劳动成果。

于罗马社会的发展起到了促进作用。

马略军事改革

公元前 111 年，罗马和非洲的努比亚国王朱古达发生战争。罗马军队屡遭败绩，战事一拖再拖，引起了罗马人的强烈不满。马略当选执政官和军事统帅后，开始对罗马军事制度进行改革。

马略延长了士兵的服役年限，规定士兵服役的年限为 16 年，士兵每月可以从国家获得一定数量的薪金或津贴，武器装备也由国家统一提供，士兵服役期满后可以从国家获得一块"份地"。罗马士兵由原来的征兵制变成了募兵制，更加职业化和专业化；对军队实行长期严格的正规训练以提高战斗力；实行新编制，2 个百人队组成一个中队，3 个中队组成一个联队，10 个联队组成一个军团。另外军团还有一些辅助兵种，如骑兵、

> **朱古达战争**
>
> 朱古达战争，又称努比亚战争，是指公元前 111 ~ 前 105 年，罗马与努比亚之间的战争。因努比亚国王朱古达而得名。
>
> 布匿战争后，罗马统治了整个北非，努比亚（在今阿尔及利亚东北）成为罗马的属国。公元前 113 年，努比亚发生内乱，朱古达打败罗马人支持的阿德格尔巴当上国王。为了报复罗马，他杀死很多在当地经商的罗马人。公元前 111 年，罗马向朱古达宣战。
>
> 当时努比亚拥有精锐骑兵，适合在北非干燥的荒漠地区作战。而罗马军队军纪涣散，非常腐败，军官接受朱古达的贿赂，按兵不动。士兵还向朱古达出卖武器。罗马军队连遭败绩，引起了罗马人的强烈不满。公元前 109 年，马略担任罗马统帅，指挥北非作战。他进行军事改革，整顿军纪，严格训练，使罗马军队的战斗力大为提高，大败朱古达。公元前 105 年，朱古达被俘，努比亚并入罗马。

投石兵和工程兵等，军团人数由原来的 4500 人增加到 6000 人。对这些不同的兵种，马略采用不同武器和训练形式，并严格强调军纪，以增进作战的灵活性和指挥效能。

马略的军事改革是罗马历史上影响最为深远的一次军事改革，为后来的军事独裁政治的产生创造了条件。

罗马海军

罗马海军创建于布匿战争时期。为了打败海上强国迦太基，罗马人建造了数以百计的战舰。罗马人在战舰上安装了被称为"乌鸦嘴"的吊桥。这种吊桥前端装有爪钩，两侧装有栏杆。战船行进时，吊桥竖起，捆在桅杆上。当接近迦太基战舰时，放下吊桥，吊桥前端的像"乌鸦嘴"一样的爪钩就会勾住敌舰的甲板，使两艘战舰连在一起。这时，擅长陆战的罗马士兵就跳到迦太基战舰上，与迦太基海军士兵展开肉搏。在第一次布匿战争中，罗马人靠这种战法大败迦太基海军。

布匿战争后，罗马人一度忽视了海军。但为了对付地中海上猖獗的海盗，罗马人再次大规模建设海军，很快肃清了海盗。

公元前 31 年，屋大维和安东尼在希腊亚克兴进行了一场海战。屋大维的战舰上装备了一种名为"钳子"的铁钩，系着绳子，然后用弩炮发射出去，钩住敌人的战舰后，绞动绳索会把敌舰拉回来，士兵们再跳上甲板去打击敌人，大获全胜。

第一章 古代史（上）

亚克兴海战后，罗马迎来了长期的和平，地中海仅保留了少量防御海盗的小型巡逻舰。

罗马炮兵

罗马炮兵指的是投石兵和巨弩兵。

罗马人使用的投射兵器主要是从希腊军队学来的。罗马军团中每个大队拥有一部投石车，每个百人队拥有一部巨弩机。

投石车在公元前200年就有记载，但大规模使用是在罗马帝国晚期。它的一个优势是生产和训练周期很短，维修和保养比较容易。它主要用于攻城，将巨石投向敌人的城墙，造成破坏，以减少步兵攻城的伤亡。

罗马军团使用的巨弩最主要是车弩。这是一种装在两轮木车上的巨弩，发射类似长矛的巨箭。它的机动性和杀伤力都很强，射程达300米，在战场是一种强大的压制兵器，对付敌人的方阵非常有效。

在罗马史书中曾多次记载了投石车和巨弩在战争中的使用。罗马皇帝尼禄死后，南日耳曼省长和镇压犹太暴动的埃及省长韦帕芗为争夺帝位，在意大利北部发生激战，双方动用了大量的投石车。公元1世纪犹太战争时期，罗马人攻打犹太人城市时就曾经使用过投石机和巨弩机，最终攻破城市，残酷地镇压了犹太人的起义。

犹太战争

犹太战争是公元1世纪犹太人民反抗罗马帝国统治的两次起义。

公元前65年，罗马灭犹太国，设立犹太省，对犹太人进行压榨和奴役。公元66年，犹太人举行了大起义。起义首领是狂热党徒杰罗特和短刀党徒西卡里，起义主力是城市贫民、中层市民和农民。起义军消灭了耶路撒冷的罗马军队和地方贵族，并占领该城。在公元66年11月和公元67年，犹太起义军两次击败罗马远征讨伐队。公元70年4月，罗马大军围攻耶路撒冷城。由于实力悬殊，耶路撒冷失陷，起义被残酷镇压，犹太人死难达100万。

公元131年，犹太人在"晨星之子"西门的领导下再次起义，结果遭到大批罗马军队疯狂镇压，58万犹太人遭到屠杀，耶路撒冷被毁灭。从此，犹太人开始了长达两千年背井离乡、四处流浪的民族漂泊史。

在镇压犹太起义时，罗马军队每围攻一个城市，起初都先进行强攻，如不奏效，就修筑攻城工事和塔堡，然后用攻城槌击破城墙，打开缺口后再发起强攻。

独裁者苏拉

苏拉（公元前138～前78年），古罗马军事家、政治家。早年为马略部将，曾参加朱古达战争和罗马对日耳曼人的战争。公元前88年，苏拉当选为执政官。此后，他与马略反目成仇。公元前87年，苏拉率军远征东方，马略和金拉乘机夺权，苏拉在战场上获胜后率军回师意大利，击败反对派。公元前82年，苏拉占领罗马城，彻底肃清了马略和金拉的追随者，迫使公民大会选举他为无任期限制的独裁官，集军政大权于一身。他将没收的土地划为12万块，分给老兵，由此获得了军队的支持。苏拉依靠军队实行独裁，沉重打击了共和制，为以后恺撒等人的独裁开了先河。

斯巴达克起义

公元前73年春夏之交，角斗士斯巴达克与角斗士训练学校的奴隶为摆脱悲惨命运密谋起义。事情泄露后，斯巴达克偕同70余名角斗士逃往附近的维苏威山。

各地奴隶和贫民纷纷加入起义军，队伍迅速发展到数千人。罗马当局派军3000人前往镇压，斯巴达克率起义军绕到罗马军营后侧发起突然进攻，击溃罗马军。随后队伍迅速扩大到上万人，斯巴达克编整起义军，并进行严格训练。同年秋，罗马元老院派执政官瓦利尼乌斯率2个军团约1.2万人围剿起义军。斯巴达克采取各个击破的战术，首先击溃瓦利尼乌斯副将傅利乌斯率领的2000人，继而在萨林纳击败另一副将科辛纽斯率领的援军。瓦利尼乌斯匆忙调整部署，发起猛烈攻击，把起义军压缩在一个崎岖难行的小山区。面对险境，斯巴达克乘夜幕降临，率军沿狭窄山路撤出包围圈，并占领有利地形设伏，等罗马追兵一到他们立即发起攻击，击败了敌军。

公元前72年，罗马元老院派2个军团进剿起义军。这时，起义军内部出现分歧，斯巴达克的副手克里克苏斯率一支队伍脱离主力，随后在阿普利亚北部被歼。此后，斯巴达克利用敌人兵力分散的弱点，先打败堵截军团，继而击溃追击军团。这时，起义军发展到12万人左右。起义军攻占意大利北部的穆蒂纳城后，挥师南下，直指罗马城。罗马元老院授予克拉苏·迪弗斯以独裁者的权力，倾全力镇压起义者。为避敌主力，起义军准备渡海去西西里，但因缺乏船舶未获成功。公元前71年，克拉苏·迪弗斯率近10个军团在起义军背后的陆地最窄处挖了一条大壕沟，企图封锁起义军退路。起义军以骑兵为先导突破封锁线北进，但师旅疲惫，又有一支队伍分裂出去。同年，起义军与克拉苏·迪弗斯在阿普利亚决战，但终因寡不敌众而惨败，斯巴达克也在战斗中壮烈牺牲。此后，起义军余部继续战斗达10年之久。

庞培

格涅乌斯·庞培，古罗马共和国军事统帅和政治家。庞培出生于贵族之家，17岁随父出征。公元前83年，庞培投靠贵族派领袖苏拉，受到赏识和重用，开始其辉煌的军事生涯。

斯巴达克雕像

庞培先后在西西里、北非作战，参与镇压塞多留起义和斯巴达克起义。公元前70年当选为执政官。后来庞培又受命清剿地中海海盗，征服强大的本都，结束米特拉达梯战争，并最终吞并巴勒斯坦和叙利亚，胜利回到罗马。公元前60年，庞培与克拉苏和恺撒结成"前三头同盟"，逐渐左右罗马政局。同盟解体后，庞培在法萨卢战役中被恺撒打败，后来在埃及被诱杀。庞培虽然在军事上取得了辉煌战绩，但作为顽固维护旧制度的没落贵族，阻碍了历史前进的步伐，他的失败是历史的必然。

恺撒大帝

"今天的收获真不小，竟然抓到了一个衣着如此光鲜的'贵重货'。"地中海的海盗们高兴极了。海盗们知道这个穿着华贵衣服的人就是这伙人的头儿，于是就对其他被俘的人说："你们赶紧回去取20塔兰特，然后来赎回你们的主人。"这位被称为主人的人听了海盗的话，不慌不忙地说："我的身价应值50塔兰特。"

海盗得到钱后，果然把这个衣着光鲜的家伙给放了。这一回，这个人反倒不依不饶地说："你们听着，将来我要率领一支舰队消灭你们。"海盗们不以为然。几年后，这股海盗果真被一支舰队打败了。临死时，强盗们认出了那个下达"把他们钉在十字架上"命令的人，正是他们曾经俘获并向他索要20塔兰特的衣着光鲜的人。

这位海盗的俘虏，就是古罗马共和国末期著名的统帅和政治家恺撒（约公元前100～前44年）。在历史上，能同时拥有政治、军事、文学、雄辩等诸多才能于一身的人，除了恺撒之外，恐怕再找不出第二个人了。

恺撒是古罗马历史上最有成就的伟人。有人断言，若不是他在英年时突然被刺身亡，罗马的历史将可能改写，甚至他的成就将可能超过著名的马其顿国王亚历山大大帝。

恺撒生性好学，加之出身贵族，所以自幼就受到了非常良好的教育。他跟随一位高卢人老师学习了拉丁文、希腊文和修辞学，这位老师对他的性格塑造有着不可磨灭的影响。少年时期的恺撒就怀有非凡的抱负和志向，他幻想权力和荣誉，希望为风云变幻的罗马共和国建功立业，13岁时，他就当选为朱庇特神（即宙斯）的祭司。公元前84年，恺撒奉父命与珂西斯汀结婚，父亲去世后，他与珂西斯汀离婚，另娶了当时平民党的领导者金拉的女儿可妮丽娜为妻。独裁者苏拉在取得统治权后，杀死了自己的政敌金拉，但他非常赏识年轻有为的恺撒，要求恺撒和可妮丽娜离婚，被恺撒拒绝。一气之下，苏拉没收了恺撒的世袭财产和他妻子的嫁妆，并且要处死恺撒。恺撒闻讯，逃离罗马，直到公元前78年苏拉死后，他才返回罗马。

回到罗马后，恺撒迅速在政坛崛起，以雄辩、慷慨、热心公务的作风和改革派的形象赢得了公众的好感，并在广大平民和部分上层人士中赢得威望。公元前73年，他被选入最高祭司团，此后，又历任财政官、市政官、大祭司长、大法官等高级职务，并于公元前60年与担任执政官的庞培和克拉苏结成"三头同盟"。在后两者的支持下，恺撒于公元前59年登上了罗马执政官的宝座，任满后出任高卢总督（公元前58～

前49年）。就任高卢总督期间，恺撒建立起了一支能征善战、完全听命于自己的强大的军队，这支军队征服了高卢全境，越过莱茵河奔袭德意志地区，并两次渡海侵入不列颠群岛，为恺撒赢得了赫赫战功。恺撒势力的迅速增长，引起了元老院贵族的惊恐。

克拉苏死后，庞培与元老院合谋，企图解除恺撒的军权。恺撒决定兵戎相见，经过5年内战（公元前49～前45年），他消灭了以庞培为首的敌对势力，征服了罗马全境，被宣布为独裁者，获得了至高无上的统治权力，成为没有君主称号的君主。凭借手中的权力，恺撒进行了包括土地制度、公民权、吏治法纪和政治体制在内的多方改革，建立起高度的中央集权，初步形成了一个以罗马为中心的庞大帝国，而且其中的一些措施对后世影响深远。他曾让属下在墙上写出罗马发生的重大事件和元老院会议的报告书，成为现代报纸最原始的雏形；他主持制定的儒略历，有些国家到20世纪还在应用，而现行的国际通用的公历也是在这个历法的基础上改革而成的；他曾为当时众多的马车制定单向通行的制度，成为现代交通管理的溯源；他所写的《高卢战记》更是为后人留下了了解当时外高卢、莱茵河东岸的山川形势、风俗人情等的最早的第一手材料。

恺撒的独裁权力始终为元老院的贵族反对派所不满，于是他们勾结起来预谋刺杀恺撒。

公元前44年3月15日，恺撒没带卫队，只身一人来到元老院开会。当他落座后，一个刺客假装汇报情况来到他面前，突然拔出藏在胸前的匕首刺向恺撒。恺撒毫无防备，应声倒地。其他阴谋者一拥而上，连刺恺撒23刀。当恺撒看到他最宠爱的义子布鲁图也持刀向他刺来时，便绝望地喊道："孩子，连你也要杀我吗？"然后便不再抵抗，用长袍把头蒙住，任由大家刺杀，至死维护自己的尊严。

恺撒虽然死了，但罗马帝国的车轮已经运转起来，恺撒的甥孙、年轻的屋大维最终取得了罗马的统治权，成为罗马历史上第一个皇帝，被尊称为"奥古斯都"（神圣之意），开创了罗马帝国。

高卢战争

高卢战争是公元前58～前51年，罗马为征服山北高卢而进行的侵略性远征，同时也是高卢总督恺撒为壮大自己的实力而进行的掠夺战争。

高卢战争分为8次远征。恺撒就任山南高卢总督后，就开始大举扩张，向山北高卢大举进攻。

前三次远征，恺撒征服了山北高卢所有的部落。后五次远征则是镇压高卢人的起义。由于罗马的掠夺和压迫，公元前53年，高卢中部的阿弗尔尼部落族长韦辛格托里克斯联合其他部落，举行共同反抗罗马的入侵和暴政的大起义。起义军声势浩大，实行"焦土"政策，使罗马的军粮供应产生困难，并多次击败罗马人。恺撒采取挑拨离间的政策，唆使高卢各部落互相攻击，极大地削弱了起义军的力量。最后将起义军主力包围在阿莱西亚城(在今法国第戎市西北)。起义军突围不成,援军又被击败,被迫投降。

高卢战争使罗马获得了大面积的土地和800多座城镇,在这里建立了高卢行省。恺撒个人获得大量的财富和雄厚的政治资本,为他以后建立独裁统治奠定了基础。

罗马内战

罗马内战指的是古罗马共和国后期,罗马奴隶主集团之间为争夺最高统治权的战争。

公元前88年,马略和苏拉为争夺战争指挥权而展开激战。苏拉派先发制人,击败马略,夺得战争指挥权。苏拉随后率军出征,马略派乘机攻占罗马。公元前83年,苏拉得胜回国,再次击败马略,成为罗马史上第一位大权独揽的终身独裁官。

公元前78年,苏拉病故,罗马陷入混乱。公元前60年,克拉苏、庞培和恺撒结盟,史称"前三头同盟"。公元前53年,克拉苏战死,"前三头同盟"解体。公元前50年,元老院与庞培联合起来共同对付恺撒。在公元前48年的法萨卢之战中,恺撒击败庞培,在罗马建立个人独裁统治。公元前44年,恺撒遇刺身亡。

公元前43年,屋大维、安东尼和雷必达结成"后三头同盟",进军罗马,打败贵族共和派军队。此后,三人间争权夺利。公元前36年,屋大维剥夺雷必达的权力。公元前31年,屋大维在亚克兴海战中击败安东尼。不久安东尼自杀,内战结束。

屋大维被授予"奥古斯都"的称号,从此罗马进入奴隶制帝国时代。

法萨卢决战

法萨卢决战是公元前48年6月6日,恺撒和庞培在法萨卢(今希腊色萨利区拉里萨州法尔萨拉)附近进行的决战。

恺撒的兵力约2.2万人,其中骑兵1000人。而庞培的兵力约为4.5万人,骑兵7000人。公元前48年8月9日,两军在法萨罗与埃尼派夫斯河之间的开阔地带展开成三线战斗队形。两军的骑兵都在远离河岸的一边。庞培企图用精锐骑兵迂回包抄恺撒军,结果被恺撒识破。恺撒将大量骑兵和3000步兵配置在左翼,同时将第三线部队作为总预备队。

战斗开始后,庞培骑兵在投石手和弓弩手的配合下发起猛攻,恺撒骑兵主动后撤。庞培的骑兵轻敌冒进,结果遭到恺撒步兵的反攻。庞培骑兵溃散,投石手和弓弩手被歼灭。恺撒的骑兵和预备队随后进攻庞培左翼步兵,迂回到庞培军的后方。庞培军全军溃散。

在此战中,恺撒选择了正确的突击方向,集中兵力狠狠打击敌人的侧翼。同时,在战斗中保留了强大的预备队,用来加强军队在进攻方向上的突击力量,以实施决战和扩张战果,这是军事史上的创举。

亚克兴海战

亚克兴海战是罗马内战中，屋大维战胜安东尼的决定性海战。

恺撒遇刺后，他的继承人屋大维在公元前43年与安东尼、雷必达结成"后三头同盟"，掌握了罗马大权。公元前36年，屋大维剥夺雷必达的权力。公元前32年，屋大维与安东尼公开决裂。

公元前31年，屋大维率军8万、战船400艘渡海东征，安东尼和埃及女王率军10万人、战船500艘来到希腊西海岸迎战。安东尼将舰队分为左、中、右3个编队成一线展开，并准备亲自率领右翼迂回攻击屋大维，女王率预备队尾随。屋大维也将舰队分成左、中、右3个编队，也成一线展开，迎战安东尼。

9月2日，战斗打响。屋大维充分发挥自己舰队船体轻、航速快、机动灵活的优势，避开安东尼战舰远程矢炮的轰击，运用撞击、火攻、接舷等战术进行攻击。安东尼船体庞大，机动性差，顿时陷入了被动挨打的境地。埃及女王见势不妙，率领预备队逃走。安东尼见大势已去，无心再战，下令撤退。不久屋大维攻入埃及，安东尼和埃及女王相继自杀。罗马内战结束。

屋大维

屋大维（公元前63～前14年），出身于骑士家庭，父亲是元老院的元老。屋大维是恺撒的甥孙、养子，继承了恺撒的大部分财产。

公元前44年恺撒被刺后，继之而起的是执政官安东尼、骑兵长官雷必达和屋大维组成的"后三头"同盟。三人间不断明争暗斗，不久雷必达失势，到公元前30年，屋大维打败了安东尼，获得最后胜利，成为罗马的军事独裁者。元老院赠给他"奥古斯都"的称号，意为神圣、庄严、伟大。

屋大维把自己称为"第一公民"，即元首。在元首制下，元老院受元首的控制，屋大维本人是元首、统帅、终身执政官、首席元老、大祭司长，独揽军事、司法、行政、宗教等大权，实际上是皇帝。元首制实质上是一种隐蔽的君主制，屋大维统治罗马标志着罗马帝国的开始。

罗马帝国

公元前27～公元476年间占据整个地中海地区的罗马奴隶制军事帝国。公元前27年，屋大维建立元首制，罗马成为帝国。1世纪～2世纪，罗马帝国最为强盛，成为地跨欧、亚、非的大帝国。3世纪时隶农制不断发展，

屋大维像

这个踌躇满志的青年，19岁时继承恺撒的伟业，31岁时统治世界，治理罗马帝国达半个世纪之久。这尊大理石雕像雕刻的屋大维显得平静而庄严，做出凯旋的胜利姿势，其脚边的丘比特则象征着他的伟大诞生。

奴隶制经济与政治出现危机。284～476年，是帝国的后期。这一时期戴克里先强化统治，实行了改革。324年，君士坦丁一世重新统一帝国，帝国的经济、文化重心东移到拜占庭。这一时期奴隶和隶农的境遇更加恶化，起义此起彼伏。395年，帝国分裂为两部分：西罗马帝国和东罗马帝国。西半部连年战乱，经济衰落，城乡联系松弛，统治日趋薄弱。476年9月，日耳曼人雇佣军长官奥多亚克废黜最后一个西罗马帝国皇帝罗慕卢斯·奥古斯图卢斯，西罗马帝国灭亡。东罗马帝国则于1453年为奥斯曼帝国所灭。

"罗马和平"

随着罗马的不断扩张，到公元2世纪它已成为地跨欧、亚、非三洲的大帝国。它的疆域东起幼发拉底河上游，南达非洲撒哈拉大沙漠，西临大西洋，北抵不列颠、莱茵河、多瑙河及其下游以北。

罗马帝国初期的200年间，由于内战停止，社会安定，交通便捷，税收增加，罗马的经济很快就繁荣起来，这段时期被称为"罗马和平"时期。

在这一时期，生产工具和技术有明显的进步，普遍推广了起重设备。农业上学会使用水磨，出现了带轮的犁和割谷机等。矿山中开始使用人工排水机械。玻璃制造业得到推广。出现了丝织业，生产半丝半麻织品。商业比较活跃，出现了银钱兑换商。

当时罗马的对外贸易主要有三条通道：一条是从意大利经海路到埃及亚历山大港，再从陆路经红海东岸到也门、印度。商人从东方将香料、宝石、纺织品运到罗马，将罗马的铜、锡、葡萄酒、玻璃制品运往东方；一条是向北到达波罗的海、北海沿岸，进口琥珀、毛皮、奴隶，出口金属器皿等；再一条是通过"丝绸之路"与中国进行贸易往来，中国的丝绸那时成了罗马人的奢侈品。

哈德良长城

哈德良长城是位于英国英格兰北部靠近苏格兰边界的防御工事，从泰恩河畔沃尔森德到索尔威湾，横断大不列颠岛。

公元43年，罗马人入侵不列颠，征服了英格兰，但却一直无法征服北方苏格兰的凯尔特人和皮克特人，反而经常受到他们的骚扰。122年，罗马皇帝哈德良巡视不列颠，为了保护已控制的英格兰的安宁，他下令在英格兰北部边界修筑防御工事，后人称之为哈德良长城。哈德良长城是罗马帝国的最北界。

哈德良长城长120千米，高4.5米，宽3米，用了75万立方米的石头。罗马人动用了3个军团，耗费了10年时间才最终完成。除了长城，罗马人还在这里修建了城堡、塔楼、要塞，还有道路和给养基地。在长城北边，还挖有壕沟。在哈德良时期，大约有1万名罗马士兵驻守在这里。

公元4世纪，罗马放弃了不列颠行省，哈德良长城遂逐渐变成废墟。1987年，哈德良长城被列为世界文化遗产。

"魔鬼"尼禄

公元37年12月5日，尼禄出生于罗马。他的父亲是一个臭名昭著的大贪官，母亲阿格里披娜是罗马皇帝的侄女。3岁的时候，尼禄的父亲病死，他的母亲用美色诱惑自己的叔叔，当上了皇后。

阿格里披娜是一个野心勃勃、权力欲极强的女人，她处心积虑怂恿老皇帝将太子废掉，立尼禄为太子。为了让尼禄的地位更巩固，她又撺掇老皇帝将公主屋大维娅嫁给了尼禄。

阿格里披娜以为这样一来，只要老皇帝一死，罗马皇帝的宝座就是尼禄的。但事情的发展并不如意，老皇帝的身体非常健康，并且经常怀念被废的太子。阿格里披娜急得团团转，最后她竟勾结近卫军将老皇帝毒死。就这样，年仅17岁的尼禄登基，成为罗马皇帝。

尼禄在元老院的第一篇演说受到了元老们的普遍称赞，元老们一致认为尼禄将是一个非常有作为的皇帝，罗马帝国的一个新的黄金时代即将到来。尼禄上台后，起初施行仁政，下令禁止血腥的竞技，废除极刑，减少赋税，允许奴隶们控诉虐待他们的主人等，他甚至宽恕写诗讽刺他的诗人，赦免阴谋反对他的人。

尼禄当上皇帝后，阿格里披娜得意扬扬，以为整个罗马都是她的了。她平时专横跋扈，不可一世，经常干涉朝政和尼禄的生活。尼禄不喜欢自己的妻子，而喜欢一个美丽的女奴隶。他的母亲斥责他，尼禄生气地说："我是罗马皇帝，我想怎么样就怎么样！"阿格里披娜大怒说："你别忘了，是谁让你当上皇帝的！我能让你当上皇帝，也能让你哥哥当上皇帝！"尼禄惊恐万分，彻夜难眠，便下令将他的哥哥秘密处死。为了消除后患，尼禄又决定对自己的母亲下毒手。

一天，尼禄扶着母亲登上一艘豪华的大船，给母亲说了很多好话，还亲自斟酒，不停地道歉。阿格里披娜非常高兴，认为儿子回心转意了。尼禄走后不久，"轰"的一声巨响，船身猛地倾斜到一边，吓得阿格里披娜魂飞魄散，急忙跳水逃生，游了半天才上岸，在众人的搀扶下，回到了自己的别墅。惊魂未定的阿格里披娜还没来得及喘口气，几个五大三粗的士兵就闯入别墅，大声说："我们奉皇帝之命前来杀你！"阿格里披娜还没来得及说话，一把锋利的刀就插进了她的胸膛。派人杀死了自己的母亲后，尼禄又派人杀死了老师和妻子。从此以后，再

尼禄自杀

尼禄的残暴使他众叛亲离，在"祖国之敌"的声讨中，这位帝国皇帝无奈地选择了自杀。此画表现了尼禄临死前近臣惊乱的情景。

也无人能节制他，尼禄性格大变，整天过着荒淫无耻的生活。

公元64年夏季的一天，精神极度空虚的尼禄做了一个令人震惊的举动：火烧罗马城。全罗马城14个区有10个区都燃起了熊熊烈火，罗马人奔跑着、惊呼着，仿佛世界末日来临。尼禄站在皇宫的最高处，看着满城冲天大火的壮观景象，兴奋得手舞足蹈。他不仅不派人去救火，反而触景生情，用忧伤的语调高声朗诵特洛伊毁灭的诗篇。

大火过后，人民无处安身，生活在饥寒交迫之中。可尼禄根本不管这些，下令修建自己的皇宫。皇宫内部用金银珠宝装饰得富丽堂皇，餐厅里有镶着象牙的可以转动的天花板，不停地撒下花瓣和香水。浴池可以引进海水，也可以引进泉水。当这座富丽堂皇、豪华别致的建筑竣工后，尼禄兴奋地说道："这才像个人住的地方啊。"

人民猜测是尼禄放火烧毁了罗马，纷纷议论。尼禄非常生气，派士兵杀死了很多非议他的人，并嫁祸基督徒，大肆迫害他们。

尼禄觉得自己是个艺术家，经常上台表演。他在皇宫举办了很多场豪华演出，自己扮演朗诵者、歌手、演奏师甚至角斗士登台表演。在演出时，他下令紧闭剧场大门，不许观众中途退场。观众们实在无法忍受他那刺耳的歌声和拙劣的演技，纷纷翻墙逃跑。

尼禄见在罗马没有人"欣赏"他的"才华"，就率领庞大的剧团到希腊去演出。希腊人赞扬了他，尼禄非常高兴，觉得希腊人懂艺术，就赐予希腊自治权。

罗马人再也无法忍受尼禄的暴政了。公元68年，罗马的西班牙和高卢行省的总督号召人民起来反抗，尼禄的近卫军也纷纷响应。众叛亲离的尼禄逃出罗马城，在郊外的一所别墅中自杀。临死前，尼禄仰天长叹："一个多么伟大的艺术家就要死了！"

火山灰下的庞贝城

庞贝城坐落在意大利半岛西海岸的平原上，离罗马大概有240公里。这里风景如画，气候温和，公元前6世纪，人们就在这里修建了庞贝城。人们在庞贝城外开垦土地，种植橄榄、柠檬、葡萄等农作物，生活美满幸福。但美中不足的是，城北有一座休眠火山——维苏威火山。公元62年，意大利发生过一次地震，庞贝城的一些建筑受到了损坏。但人们没有太在意，修复建筑后依然生活在这里。

公元79年8月24日的午后，灾难突然降临，维苏威火山竟然爆发了。火山口喷出滚滚的浓烟，直入云霄，中间还夹杂着巨大的石块和大量的灰尘，并且不停地发出震耳欲聋的爆炸声。顷刻间，天昏地暗，地动山摇，仿佛世界末日来临了一样。原先风平浪静的那不勒斯湾的海水激荡起来，巨大的海浪疯狂地拍打着陆地。从火山口喷出的熔岩，落到地上时已经变成了坚硬的石块，整个地区都被石块和灰尘覆盖。接着下起了倾盆大雨，大雨又引发了山洪暴发。山洪夹杂着无数的石块、泥土，形成一股巨大的泥石流，向坐落在低处的庞贝城冲来。庞贝城的居民很快从震惊中清醒过来，他们哭喊着争相逃命，有两万人逃到了外地，还有两千人不幸葬身泥石流，庞贝城也被泥石流所吞没。与庞贝城同时被泥石流淹没的还有城北的两个小镇，一个叫赫库兰尼姆，一个叫斯台比亚，它们从此消失于历史之中。

在此后的1000多年里，人们渐渐遗忘了庞贝古城，只是在翻阅古罗马历史文献时或在传说中，才知道历史上曾有过这么一个古城，但它的地理位置在哪里，是什么样子的，人们一无所知。

1720年的一天，一群意大利农民在维苏威火山附近挖渠。突然，"当啷"一声，铁锹似乎碰到了东西。一个农民捡起那个挖出来的东西一看，兴奋地大叫："金币！我挖到了金币！"大家一听，都扔掉手中的工具跑过来看。

阿波罗神庙和维苏威火山
在远处巍然屹立的维苏威火山的衬托下，古老神庙前的雕像似在述说那段不幸的历史。

很快，维苏威火山下挖出金币的消息就传开了。人们一窝蜂似的来到这里挖宝贝，挖出了很多东西，有古罗马时期的钱币、陶器、经过雕琢的大理石碎块等。直到1748年有人挖出了一块刻有"庞贝"字样的石块，人们才知道，这下面就是罗马古城——庞贝。意大利政府立即组织人员进行有计划的挖掘。

1927年，又挖掘出了庞贝城北的赫库兰尼姆和斯台比亚。经过200多年断断续续的挖掘，庞贝——这座在地下沉睡了近1900年的古城终于重见天日。

由于整个庞贝城被6米厚的火山灰、熔岩和泥石掩埋、封闭，防止了风化，所以城市里的建筑、街道、物品大都完整无损地保存下来了。今天，庞贝古城已经成了意大利的一个著名旅游景点。当人们走进这座庞贝古城，仿佛是乘坐时间机器回到了古罗马时代。

庞贝城遗址面积大约有1.8平方公里，四面石砌的城墙共长4800多米，有8座城门和16个塔楼。城内南北和东西走向各有两条大街，使全城呈"井"字状，分为9个街区。街道宽10米，每个十字路口都有雕花石砌成的水池，池里的水是从城外的山上通过渡槽引入城中的。大街两旁有酒馆、商店、水果摊、手工作坊等。由于年代久远，货架上的商品、水果早已风干，青铜制品也锈迹斑斑了。

城西南有一个长方形的广场，广场附近是庞贝城的政治、经济和宗教中心，有议会厅、法院、监狱、神庙，还有商人们签合同的场所。广场东南是两座公共建筑：竞技场和大剧院。这两个建筑规模很大，尤其是竞技场，足以容下两万人，相当于全城的人口。

第一章　古代史（上）

庞贝古城中最使人震惊的是那些受难者的石膏像。当年火山爆发时，来不及逃走的人们被泥石流吞没，窒息而死。时间久了，人体就枯干了、消失了，只剩下一些空壳。考古学家将石膏浆灌到里面，制成了很多和真人一样大小的石膏像。这些石膏像逼真地反映了当时遇难者的各种神情，许多人绝望地掩面哭泣，一个小女孩紧紧地抱着妈妈，一个乞丐茫然地站在街头……

庞贝古城渐渐地掀开了它的神秘面纱，向人们展现出了公元1世纪时罗马帝国城市的面貌。

戴克里先改革

罗马帝国皇帝戴克里先为加强专制统治而实行的改革。戴克里先改元首制为君主制，加强中央集权。帝国划分为四部分，由四个统治者共同治理，形成"四帝共治制"，但最高统治者是戴克里先。改革后，原有的辖区较大的行省被划小，行省总数增加；各行省中，军权和行政权分开；军队分为边防军团和机动军团，军团变小，以便调遣。戴克里先还统一税制，取消某些免税特权；人头税和土地税合一，作为财政主要收入；禁止农业劳动者离开土地以及手工业者脱离同业行会，不准市议员离开所属城市，以保证税源。为稳定币值，确定新的铸币含金、银标准，并颁布了物价敕令，但收效都甚微。对基督教采取弹压政策，禁止举行礼拜，清除军队和官员中的教徒，没收教会财产，处死一些教徒。戴克里先的改革使面临严重危机的帝国获得了暂时的稳定。

基督教

基督教是世界三大宗教之一。公元1世纪中叶到2世纪中叶形成于罗马帝国东部。原为犹太教一支派。因崇奉救世主耶稣，与正教犹太教分裂，后与希腊文化结合，在罗马帝国流传，4世纪末叶成为罗马帝国国教。中世纪时在欧洲占统治地位。16世纪以后传播到非洲、美洲、南亚、东亚、大洋洲各国。对欧美各国历史、文化的发展有极为重要的影响。

君士坦丁大帝

公元312年的一天夜里，正在为第二天的大战而忧心忡忡的君士坦丁，站在罗马附近的米尔维亚桥上眺望着星空。突然，他看到苍茫的天空中出现了4个火红色的十字架，还伴随着这样的字样：依靠此，你将大获全胜。

这个情节是那么遥远而虚幻，以至于后人对它的真实性产生怀疑。但是，不管它是真是假，的确从那一年之后，世界历史发生了一个影响极为深远的变化，并且这个变化就来源于君士坦丁。

君士坦丁是私生子，出生于公元280年，父亲是位著名的将军，后来被士兵拥立为奥古斯都，母亲是一个小旅店的女仆。他小时候没有受过多少教育，只懂得一些希腊文。十几岁时他就随父亲从军，参加抵御外族入侵的战争。由于有勇有谋，他很快就成长为一名高级将领。公元 306 年，父亲死后，君士坦丁继任"奥古斯都"。此时罗马帝国出现两个奥古斯都并存的局面，君士坦丁是西部奥古斯都，东部奥古斯都为李基尼乌斯。

君士坦丁大帝头像

公元 313 年，君士坦丁与李基尼乌斯在米兰会晤，共同颁布了著名的"米兰敕令"。"米兰敕令"承认基督教的合法地位，并归还以前没收的财产。从此，基督教由受迫害的秘密宗教转变为受政府保护的合法化宗教，迅速在罗马帝国传播开来。此后，君士坦丁与李基尼乌斯为争夺统治权，进行了 10 年的战争。公元 323 年，君士坦丁击败李基尼乌斯，成为唯一的奥古斯都，重新统一了罗马帝国。

君士坦丁夺取全国政权后，在行政、军事、宗教等方面进行了一系列改革，以加强中央集权的专制统治。他取消以前的四帝共治制，委派自己的亲信治理帝国各个部分，加强对地方的控制。他在行省中施行军政分开的政策，军事首长直接向皇帝负责，从而使皇帝完全掌握了军事大权。宗教方面，他对基督教进行保护和利用，把基督教变为帝国政权的可靠支柱。公元 323 年，为了解决基督教的内部纷争，君士坦丁在尼西亚召集了基督教第一次宗教大集结，统一了基督教的教义和组织，使基督教成为维护专制统治的工具。通过这一系列措施，君士坦丁把罗马的君主专制制度提高到一个新阶段。

随着帝国重心的东移，君士坦丁于公元 330 年把首都从罗马迁到东方的拜占庭，取名君士坦丁堡，意为君士坦丁之城。为营建新都，他大兴土木，从帝国各地调集石料、木料，用于建造宫殿、教堂、图书馆和大学等。他还大力提倡文学和艺术，采取各种措施吸引世界各地的杰出人才来到君士坦丁堡，使君士坦丁堡成为当时的文化中心。此后，君士坦丁堡一直是东部罗马帝国的首都。

政治上风光无限的君士坦丁，在家庭生活中却很不幸。他娶了两个妻子，第一个妻子明妮弗纳为他生了大儿子卡洛斯普士后便死去，第二个妻子弗西蒂生有三男三女。公元 326 年，弗西蒂向君士坦丁哭诉，说卡洛斯普士调戏自己，君士坦丁一怒之下杀了卡洛斯普士。在得知弗西蒂所说的不符合事实后，他又杀了弗西蒂。除了杀死儿子和妻子之外，君士坦丁还以"谋反罪"处死了妹妹的儿子。

君士坦丁在统治期间，虽然宣布基督教合法，鼓励臣民们与他一同接受这个新信仰，但从没有公开承认自己是基督徒。直到公元 335 年 5 月 22 日，君士坦丁身患重病，自知将不久于人世，才请了一位基督教牧师给自己洗礼，据说是为了借此洗净一生的罪恶。然后，这位年届 64 岁、疲惫不堪的君主，脱去了皇帝的紫袍，换上初信圣徒所穿的白长衣，安然辞世。

第一章 古代史（上）

君士坦丁的专制统治与改革措施，使罗马帝国得到暂时的稳定，但无法挽救罗马奴隶制社会的没落。君士坦丁死后，统治集团内部发生争夺帝位的长期混战，到狄奥多西一世时才重新恢复统一。公元395年，狄奥多西一世死后把帝国分给两个儿子，由此罗马帝国正式分裂为以君士坦丁堡为都城的东罗马帝国和以罗马为都城的西罗马帝国。公元476年，日益衰落的西罗马帝国被日耳曼人所灭，而东罗马帝国转入封建社会后，又继续存在了近千年。

罗马帝国的衰落

从公元2世纪末到3世纪末，罗马帝国爆发了全面的危机，史称"三世纪危机"。

"三世纪危机"的根本原因，在于奴隶制社会基本矛盾的激化。在罗马帝国前期，社会生产力得到进一步提高，劳动工具有了很大改进，这是罗马帝国前期的"黄金时代"形成的主要原因。但到了公元2世纪以后，由于罗马长期的奴隶制统治，人们开始鄙视劳动。伴随着贫富分化的加剧，罗马出现了流氓无产者人数急剧增加的现象。他们逃避劳动，完全靠社会养活，成为寄生在罗马社会肌体上的赘瘤。更为严重的是，罗马奴隶主阶级及其统治机构日益腐朽，规模日趋庞大，各种开支浩繁，娱乐奢侈之风日盛。这种现象的出现，造成了财源枯竭，财政日益紧张，从而导致捐税不断增加，货币的含金量锐减，再加上国内混战不已，社会动荡不安，罗马帝国陷入了全面危机之中。

"三世纪危机"在经济上首先表现为农业的衰落，农业的衰落又导致了手工业的衰落和商业及城市的萧条。手工业作坊是靠奴隶和隶农的劳动支撑的，由于奴隶劳动生产率的降低和行省手工业产品的竞争排挤，各城市在共和末期和帝国初期发展起来的手工业也逐渐衰落下来。农业的衰落减少了农产品对城市市场的供应，而社会动荡、外族入侵、海盗猖獗、商路阻塞以及政府强令城市征收捐税，再加上新发行的劣质货币不受欢迎，高成色的货币又被大量收藏，这一切都严重地影响了商业的发展，加剧了经济的萧条。

"三世纪危机"在政治上表现为统治集团内部纷争不断，混战不休。军人干预政治，尤其是近卫军直接控制皇帝废立的现象，使中央政权处于严重瘫痪状态。公元192年，安东尼王朝的末帝康茂德被杀后，在短短6个月内近卫军就先后拥立了两个皇帝。行省驻军也浑水摸鱼，各自拥立自己的皇帝，罗马内部于是发生了一场四帝争夺王位的混战（公元193～197年）。

针对这种状况，在塞维鲁王朝（公元193～235年）的建立者塞维鲁统治时，采取了抑制元老院、优抚军队的政策，但却又引发了"士兵派"与"元老派"的斗争，军人的权力反而更加膨胀。

临死前，他一再叮嘱他的儿子们说："要厚待士兵，让他们发财，其余的人可以不管。"然而具有讽刺意味的是，其后继者几乎皆为近卫军或哗变士兵所杀。骄纵的军队飞扬跋扈，如同匪徒，废立皇帝成了司空见惯的家常便饭。窃国者走马灯般轮番登台，他们以贿赂兵士谋杀皇帝为入宫手段，旋即又为后起者谋杀而被抬出皇宫。公元238年一年内，元老贵族推出4个皇帝，不久全被士兵所杀。此后15年间，罗马竟换了10个皇帝。其后还出现了一个军团和行省自行拥立皇帝的所谓"三十僭主"时期，政局一片混乱。

公元284年，在对波斯作战期间，罗马军中再次发生谋篡事件。近卫军长官阿培尔谋害了皇帝努米里安，不出一月又杀死了他刚继位的儿子。回师途中，至尼科美地方，同为近卫军长官的戴克里先在士兵集会上揭发了阿培尔的谋逆罪行，引起士兵公愤，纷纷要求让其偿命。恼羞成怒的阿培尔立时便与戴克里先厮杀起来，但见刀来剑往，寒光闪闪，两人腾跃扑击，招招凶狠。士兵们齐声呐喊，为戴克里先助威。失道寡助的阿培尔心慌意乱，稍一分神，顿成刀下之鬼。而后，全军一致拥立戴克里先为罗马帝国新皇帝（公元284～305年）。

戴克里先正式取消元首制，采用"多米那特制"（即"君主制"），完全抛弃了残存的共和外衣。他自称"多米那斯"（意为主人），身穿镶金的紫绸长袍，头戴缀满珍珠宝石的冕旒，并实行东方专制君主的朝仪，臣民觐见时须行跪拜礼，奉之若神明。他实行四帝制，即由正副"奥古斯都"和正副"恺撒"对帝国分块治理。但分而不割，最高权力仍掌握在他一人手中。

残酷的剥削和奴役，使罗马境内的广大奴隶陷入了苦难的深渊，在忍无可忍中，他们终于揭竿而起。时断时续、大大小小的起义，沉重地打击了奴隶主的统治，让本已处在崩溃边缘的罗马帝国更加迅速地走向灭亡。

罗马内部的危机和动荡，给外族入侵提供了可乘之机。在东方，萨珊波斯攻占了罗马的幼发拉底河流域，并继续向西扩张，进攻叙利亚。在东北，多瑙河以北的哥特人南下掠取拜占庭，袭扰小亚细亚和爱琴海地区。在北方，日耳曼人越过罗马边境，进入高卢的中部和东部，并在西班牙的东北部站稳了脚跟。阿尔曼尼人则乘机南下深入意大利中部。随着日耳曼人大量涌入罗马，罗马帝国已处于四面楚歌的境地。

阿德里安堡之战

公元378年8月，罗马军队与西哥特人在阿德里安堡（今土耳其埃迪尔内）进行的大会战。

公元376年，居住在多瑙河下游的西哥特人受到来自东方的匈奴人的冲击，请求到罗马帝国境内避难，获得许可。但罗马人肆意压榨和欺凌西哥特人，西哥特人愤而起义,占领阿德里安堡。罗马皇帝瓦林斯亲自率领6万大军前往阿德里安堡镇压。

罗马军队按传统方阵展开，中央是步兵，两翼是骑兵，首先发起攻击。西哥特人在山坡上用四轮马车围成堡垒御敌。罗马军队因连日赶路极度疲惫,攻击未能奏效。西哥特人的骑兵趁机出动，攻击罗马军队右翼骑兵，将其击溃，随即向罗马中央步兵发起攻击。罗马人的方阵阵形大乱。西哥特步兵也趁机冲出堡垒，对罗马军队发起正面攻击。罗马人互相践踏，乱成一团，在西哥特人骑兵和步兵的夹击下惨败。

此战，罗马人损失4万人，包括皇帝瓦林斯在内的许多将领阵亡。罗马元气大伤。

罗马陷落

罗马帝国经过3世纪危机后，国力大衰，危机四伏。4世纪后半叶，匈奴人西侵引发了日耳曼民族大迁徙，罗马帝国遭到沉重打击。

为了躲避匈奴人的威胁，原居住在多瑙河的西哥特人迁入罗马帝国境内，但却遭到了罗马人的欺压。公元378年，西哥特人起义，大败罗马人。

公元401年，西哥特人在首领阿拉里克的率领下进攻意大利，包围了罗马，但被罗马蛮族将领斯提里科击败。公元408年，昏庸的罗马皇帝处死了斯提里科，斯提里科手下的大批士兵投奔了阿拉里克，要求他为斯提里科报仇。

公元410年，实力大增的阿拉里克再次包围了罗马城。8月24日夜，电闪雷鸣，风雨交加，罗马城内的奴隶们打开城门，西哥特士兵、匈奴骑兵纷纷攻入罗马。士兵们在罗马抢劫了三天三夜，满载而归。罗马几乎变成了一座空城。

这是自公元前390年高卢人攻克罗马以来，800多年间罗马第一次被异族攻克。罗马陷落是历史上的重大事件，它是西罗马帝国走向灭亡的标志。

沙隆之战

沙隆之战又名卡太隆尼平原之战，是公元451年匈奴人与罗马人在今法国香槟省境内马恩河畔沙隆附近的卡太隆尼平原进行的大战。

公元450年，匈奴王阿提拉向罗马公主求婚，并提出割让西罗马帝国的一半领土作为嫁妆，遭到了罗马皇帝的拒绝。

第二年，阿提拉联合东哥特人、格皮德人等族，组成50万大军，分兵3路进攻罗马帝国。右路进攻阿莱斯，中路进攻巴黎、奥尔良，左路进攻贝桑松。西罗马帝国统帅埃提乌斯联合西哥特人、勃艮第人、法兰克人和阿兰人等，组成五六十万的大军。两军在卡太隆尼平原展开大战。阿提拉将精兵置于中央，战斗力弱的部队置于两翼，准备采取中央突破战术。埃提乌斯则将战斗力弱的部队置于中央，将战斗力强的部队置于两翼，右翼是西哥特王提奥多里克一世指挥的西哥特部队，左翼是他亲自指挥的西罗马部队，采取两翼迂回包围战术。结果匈奴军在罗马联军的夹击下大败而走，但罗马人也损失惨重，双方损失了大约30万人。

此战遏制了匈奴人在欧洲的扩张势头。

巴高达运动

公元5世纪初，罗马一位不知名的剧作家写了一个喜剧，在演出时受到了热烈欢迎。剧中的主角叫奎罗卢斯，他家境贫寒，生活困顿。于是他向神灵祈祷，祈求神灵让他到一个能够安居乐业的地方生活。神告诉他说，要想安居乐业，那你最好到罗亚尔一带去当"强盗"。那里没有法官，也不实行罗马法律，公正无私的"强盗"组成公社和法院，所有的案件由农民审理，由士兵判决，死罪在橡树之下宣布。到那里去就能实现愿望。这一喜剧深刻揭示了当时罗马帝国存在的种种弊端。

公元3世纪的时候，罗马帝国日趋没落，出现了严重的经济危机，田地荒芜，城乡凋敝，人口减少，人民困苦不堪。但统治者和富人们依然挥霍无度，过着醉生梦死的生活，一年要过180个节日，整天观赏角斗、赛车，虚度光阴。尽管一些有识之士认识到如果一直这样下去将会导致罗马灭亡，但统治者依然我行我素。

令人担心的事情终于出现了。公元186年，高卢（今法国、比利时、瑞士、卢森堡一带）爆发了声势浩大的"巴高达"奴隶起义。"巴高达"在高卢语中是战士的意思，起义首领是一个叫马特努斯的士兵。马特努斯不满罗马的腐朽统治，率领几百名奴隶发动了起义。起义军攻占了很多城镇和田庄，打开监狱，放出囚犯，焚烧奴隶名单和债券，官员、贵族和奴隶主纷纷逃亡。起义的声势越来越大，马特努斯提出了"让奴隶主变成奴隶"的口号，受到了许多奴隶的积极拥护，许多农民、牧民也纷纷加入起义军的队伍，农民当步兵，牧民当骑兵。起义军席卷了高卢大部分地区，甚至攻克了重镇奥古斯托敦。罗马皇帝听说后，又惊又怒，急忙派军队前去镇压。马特努斯决定将军队化整为零，分成许多小股部队，乔装改扮翻越阿尔卑斯山，在约定的日子会合，攻克罗马城，杀死罗马皇帝。但不幸的是，由于叛徒的告密，计划失败。公元188年，起义被罗马军队残酷镇压。

公元283年，在高卢塞纳河和罗亚尔一带，巴高达起义再次爆发，很快全高卢都陷入了起义风暴之中。起义军的力量迅速扩大，攻克了许多城镇和农庄。巴高达的两位首领埃里安和阿芒德在各自的控制区登基称帝，管理地方事务，铸造钱币，宣布脱离罗马帝国，对罗马的统治构成了严重的威胁。罗马皇帝戴克里先立即派马克西米连率军前去镇压。在敌众我寡的情况下，起义军效仿当年马特努斯的方法，将军队化整为零，不断派小股军队袭击、骚扰罗马军队。罗马人不堪其扰，斗志全无，竟然纷纷临阵脱逃。马克西米连大怒，杀死了许多逃跑的士兵，强迫士兵们打仗。马克西米连率领罗马军队将起义军分割包围，各个击破。渐渐地，在罗马人的优势兵力进攻下，起义军败退到马恩河与塞纳河交汇处的一个城堡坚守。在罗马军队的长期围攻下，城堡陷落，很多巴高达战士英勇战死，但突围的巴高达战士仍然在高卢各地坚持斗争。

公元408年，巴高达运动再起，罗马统帅撒拉率领一支罗马大军从高卢返回意大利。在经过阿尔卑斯山时，巴高达战士袭击了毫无防备的罗马人。罗马人的武器辎重全部落入了起义军手中，从此起义军的武器装备大为改善，战斗力大大增强。公元435年，巴高达首领巴托率领起义大军向罗马人发动了更大规模的进攻，在高卢的许多地方建立了政权。在巴高达起义的影响下，罗马帝国统治下的西班牙、北非、色雷斯、多瑙河流域等地也爆发了声势浩大的起义。公元449年，罗马大军再次击败起义军。起义军余部被迫转移到西班牙，继续进行斗争。

巴高达起义沉重打击了罗马帝国的统治秩序，恢复了自由的农村公社生活，比公元前1世纪的斯巴达克起义更加声势浩大，具有更加广泛的群众基础，从而加速了罗马帝国的灭亡。

西罗马的灭亡

罗马帝国后期，统治者生活奢侈腐化，民怨沸腾，奴隶起义此起彼伏。公元3世纪中后期，罗马王室陷于混乱之中，50年间就换了10位皇帝。

戴克里先被拥立为帝时，他把帝国分成了四部分，由两个最高统治者"奥古斯都"和两个副职"恺撒"来分管。从此，罗马开始了"四帝共治制"。

戴克里先之后，君士坦丁建立了更完备的君主制度，他废除了四帝共治制，改由子侄治理。君士坦丁死后，

罗马的末日
绘画表现的是公元410年，西哥特人劫掠罗马城的惊恐场面。这座曾经征服世界的城市，如今也走向了末日。

皇室又开始了血腥的争权夺利。公元395年罗马帝国分裂为东西两部分，东罗马首都为君士坦丁堡，西罗马首都为罗马城，罗马帝国日益衰落。公元476年，西罗马帝国皇帝奥古斯都·罗慕洛被日耳曼人废黜，西罗马帝国灭亡。至此，西方古典文明结束。

西方古典文化

泰勒斯

西方历史上第一个哲学家和第一个科学家，被誉为"科学之祖"，米利都学派的创始人。他于约公元前640年出生于米利都一个名门望族，早年曾做过商人，后游历埃及等地，掌握了天文和几何知识。他创办了第一个哲学学派米利都学派。他提出"水是万物的本原"。这句话是哲学思维的开始，也是以科学态度对待自然界的第一个原则。他还是古希腊第一个天文学家、几何学家。他在数学方面的贡献是开始了命题的证明。在天文方面，他曾推得了公元前585年5月28日日食的发生。泰勒斯是古希腊数学、天文、哲学之父，生前有崇高的声望，被尊为希腊七贤之首。他死后，他的墓碑上刻着："这里长眠的泰勒斯是最聪明的天文学家，是米利都和爱奥尼亚的骄傲。"

《伊索寓言》

伊索本是古希腊的一个奴隶，他生活的时代正是古希腊奴隶制城邦的形成时期。那个时代，奴隶主为非作歹，而奴隶和下层平民则把寓言当作武器，向奴隶主挑战。

在众多的奴隶出身的寓言作家中，伊索是最有代表性的一位。他凭借自己的才智受到主人的赏识，并获得了人身自由，被允许可以四处游历。广博的见识加上丰富的才学使伊索创作出一个又一个精彩而又耐人寻味的小故事。伊索创作的寓言故事中常把奴隶主比作狮子、毒蛇，揭露他们的残暴，同时又鼓励人民团结起来，同奴隶主作斗争。因此，奴隶主对伊索恨之入骨。公元前560年的一天，在爱琴海边的一块高耸的岩石上，伊索被奴隶主推下了山岩。

伊索在世时，他的寓言就在人民中间以口头文学的形式广为流传，但当时并未编成书，后来才被人编纂成集。这是世界上最古老的寓言故事集。寓言凝聚了当时劳动人民的智慧，总结了他们的种种生活经验，表达了他们对社会和自然界的看法。

今天我们看到的《伊索寓言》共360篇，但并非伊索一人所作，而是长久以来古希腊寓言的汇编，个别篇章还可能来源于亚洲和非洲。《伊索寓言》大多采用拟人手法，赋予各种动植物等以人的思想、性格和语言，让它们像人一样思考、活动和交谈，从而构成一个活生生的世界。它浅显易懂的道理不仅是向孩子们灌输善恶美丑观念的启蒙教材，也是成年人的言行准则。

毕达哥拉斯

古希腊哲学家、数学家、天文学家。生于爱琴海中的萨摩斯岛，自幼聪明好学，曾在名师门下学习几何学、自然科学和哲学，后游历埃及、巴比伦等地，学习天文、数学知识，最后定居在意大利南部的克罗托内。他在那里广收门徒，建立了一个宗教、政治、学术合一的秘密团体，后人称之为"毕达哥拉斯学派"。他们很重视数学，企图用数学来解释一切，认为数最崇高，最神秘，提出"数即万物"。毕达哥拉斯本人以发现勾股定理（西方称毕达哥拉斯定理）而著名。该学派在科学、天文学和音乐等方面都有贡献，他们的思想和学说，对希腊文化有巨大影响。到了晚年，毕达哥拉斯不仅政治上趋向保守，而且在学术上反对新生事物，最后死于非命。

希罗多德

希罗多德是古代伟大的历史学家，被人们尊称为"历史之父"。

公元前484年，希罗多德诞生在小亚细亚西南海滨的利卡那苏城。大约在30岁，希罗多德开始了一次范围广泛的旅游，北到黑海北岸，南达埃及最南端，东至两河流域下游一带，西抵意大利半岛和西西里。每到一地，希罗多德就到历史名胜古迹处浏览凭吊，考察地理环境，了解风土人情。他还喜爱听当地人讲述民间传说和历史故事，然后把这一切都记下来，随身带着。

公元前445年前后，希罗多德来到了雅典，由于对于不久前结束的希波战争中打败波斯的雅典十分钦佩，他不停地向人打听战争的各方面情况，收集了很多历史资料。公元前443年希罗多德开始编写《历史》（又名《希腊波斯战争史》），但到公元前425年他去世时，还没有完稿。

《历史》在希腊史学史上是第一部堪称历史的著作。全书按基本内容分两大部分，主要记述希波战争发生的背景与经过。《历史》内容丰富，除了希波战争，还记述了西亚、北非以及希腊等地的地理环境、民族分布、经济生活、政治制度、风土人情、宗教信仰、名胜古迹等，堪称一部小型的"百科全书"。

修昔底德

修昔底德（约公元前460～前400年），出身于雅典的显贵家庭，曾任雅典最高军职十将军委员会中的将军。在伯罗奔尼撒战争中，曾率军抗击斯巴达的进攻。由于未能及时援救色雷斯的要塞，被放逐20年，此后主要住在色雷斯，战后才回到雅典。

他在流放期间，曾到希腊各地广泛收集材料，从事著述。《伯罗奔尼撒战争史》一直写到公元前411年，基本上用编年体写成，到他去世时还没有写完。书中追述雅典和斯巴达两大对立集团的形成，记叙战争的详细过程，并力图分析事件的前因后果和雅典兴衰的原因。他重视官方文件，注意考订史实，不轻信神话传闻，因此这部巨著材料比较丰富，结构比较严谨，文字简洁，影响很大。

希波克拉底

"医学之父"希波克拉底，约公元前460年出生于古希腊科斯岛的一个医生世家。

希波克拉底提出医学是一门科学，应该公开进行教学和讨论。他在科斯建立的医科学校的教师们出版了大量教材，其中百分之七十都已流传下来，署名都用希波克拉底。虽然这些著作实际上没有一部被认为是希波克拉底所写，但书的内容显然受他的科学研究和教学的影响。书中所涉及的内容包括妇科、儿科疾病、饮食和药物疗法、外科和医德。希波克拉底书中确立了医生对病人、对社会的责任和医生行为道德规范的誓言，被后世称为"希波克拉底誓言"。希波克拉底对后来医学的发展起了很大的推动作用。

米隆

古希腊雕塑家，古典时期的开创者。他的生平事迹不详。据材料和传说，他生于希腊伊柳塞拉，长期在雅典活动。据说他受过良好的体育训练，力量非常大，能扛起公牛。他的作品题材和对象大多是传说中的神、运动家、英雄和动物等，但他大部分作品业已失传，现保留下来的是罗马时期的复制品。他的代表作有《雅典娜和玛息阿》《掷铁饼者》等，部分收藏在意大利罗马的拉特朗美术馆。米隆善于用写实的艺术手法刻画人物在运动时的状态，赋予雕像以生动的表现力，这些完美的艺术技巧是后世的雕塑家们所难以企及的。他对希腊雕塑艺术的发展起了巨大的推动作用，从他开始，希腊雕塑艺术进入了一个全新的黄金时期，并一步步趋向成熟。

菲迪亚斯

古希腊雕刻家。他生于雅典，与当时雅典执政者伯里克利很有交情。他曾被委任负责雅典卫城艺术装饰的总设计师。后来，伯里克利掌政失势，他被诬告贪污了做雕塑用的黄金，被捕入狱，出狱后心情抑郁而死。帕特农神庙壁画是菲迪亚斯的代表作，充分表现了他的高超技艺。据记载，菲迪亚斯曾经亲自为雅典卫城做了三个雅典娜雕像：卫城山门立柱上的雅典娜，广场上的雅典娜和帕特农神庙内的雅典娜，现均已不存。大约公元前457年，菲迪亚斯为奥林匹斯山宙斯庙制作了宙斯像（现已不存），曾被视为世界七大奇迹之一。菲迪亚斯成为希腊古典雕刻艺术高峰的代表人物，他的艺术影响广泛，据说在希腊罗马时期，一个人把活着没有见过菲迪亚斯的作品看作一件终身遗憾的事情。

希腊戏剧

希腊戏剧从迎神赛会里的合唱、朗诵和舞蹈演变而来。每年早春新葡萄酒酿成的时候，雅典人都要举行"酒神大节"，节日里人们化装成山羊的样子，组成合唱队，高唱描述酒神道尼苏斯的歌曲迎接酒神。队伍在广场停下来，队长登上高地，讲述道尼苏斯的故事，合唱队在下面齐声唱和。这种演出就是悲剧的萌芽。秋天葡萄成熟的时候，又迎来了酒神的节日，人们载歌载舞，相互戏谑调笑，从而产生了喜剧。

悲剧喜剧最初只表演酒神的故事，后来发展成表演英雄和常人的故事。只有男人才能当演员，女角色也由男人扮演。演员头上套着鲜明的面具，面目酷肖，口齿大张，表情夸张。为让远处的观众也能看到，演员脚上有时穿着高跟靴或者踩着高跷。

阿里斯托芬

阿里斯托芬（约公元前 446～前 385 年）为雅典人，一生写有 50 多部剧本，保存下来的有 11 部和许多片段。

剧本大多取材于雅典的社会生活、文学和哲学思想。剧本揭露了上层统治阶级的残暴虚伪，谴责希腊各国的混战，表达了百姓对战争的厌恶和对和平的向往。阿里斯托芬的文学语言极富讽刺性，意趣横生，深受读者喜爱，被人尊称为"喜剧之父"。

《鸟》是阿里斯托芬的代表作品，写于公元前 5 世纪，描写两个人想离开雅典，去寻找一个安宁的社会，未能如愿，于是说服一群鸟在空中建一座城。鸟城终于建成，并击退了外来的势力。剧本反映了阿里斯托芬对雅典霸权思想的不满。

埃斯库罗斯

埃斯库罗斯生于公元前 525 年，参加过希波战争，具有强烈的爱国精神，因此其作品中充满信心和勇气。恩格斯称他为"悲剧之父"。

传说埃斯库罗斯一生写了 70 个悲剧和喜剧，得过 13 次奖。《波斯人》一剧就热情洋溢地描写了雅典城邦对波斯帝国的胜利。《奥瑞斯特亚三部曲》取材于希腊传说中奥瑞斯特为报父仇而杀死母亲和她的情夫的故事，反映当时社会和氏族制度的旧思想、旧传统的冲突。他的《被缚的普罗米修斯》是希腊悲剧中主题最崇高、风格最庄严的作品之一。该剧取材于普罗米修斯盗取天火的神话。普罗米修斯为了人类的幸福和光明，不怕牺牲，不惜忍受苦难与暴力进行不屈不挠的斗争。

《俄狄浦斯王》

年轻的俄狄浦斯王子的国家遭受瘟疫，他祈求神灵的帮助，神灵告诉他瘟疫是由一个杀父娶母的人所致。为了揭开谜底，拯救国家人民，俄狄浦斯王子出走寻找那个人。

在路上，因争执他杀死了一个陌生人。后来他去了忒拜国，杀死了人面怪兽"斯芬克斯"，被人民拥立为该国的国王，并娶了前国王的妻子。

俄狄浦斯与斯芬克斯
这是《俄狄浦斯王》中经典的一幕。斯芬克斯以狮身人面的形象出现，显出一种扭曲的美，与俄狄浦斯健壮的身体和英雄的举动形成了鲜明的对比。

不久，神宣告了谜底：俄狄浦斯原是忒拜王国的王子，在他出生前，太阳神阿波罗就预言他将杀父娶母，于是出生后其父母便要将他杀掉，他被一仆人所救，成为另一个国家的王子。路上他所杀的那个陌生人就是他的父亲，而现在他所娶的王后就是他的母亲。

真相大白后，俄狄浦斯王的母亲悲愤自尽，而他自己羞愧地拿起母亲的金别针刺瞎了眼睛，流落他乡。

苏格拉底

公元前469年，苏格拉底生于雅典。他的父亲是石匠和雕刻匠，母亲是接生婆。他小时候迷上了雕刻，向有名的雕塑家学习雕刻手艺。长大成人后他领悟出，雕刻是塑造人的外表美，而人的真正美则在于内心。于是，他转向塑造人的内心美，向人们宣传道德修养。苏格拉底靠自学成了一名很有学问的人，并以传授知识为生。

与其他学者不同的是，苏格拉底不著书立说，不写文章，而是专靠口头说教。他到处讲演，练就了一副好口才。他反对贪欲和攻杀，极力倡导"善"。他认为"善"是永恒的，是道德修养的根本。

苏格拉底的讲演极富逻辑性，几句话就能把人吸引住。他往往先提出一个问题，让学生们提问，然后加以解答和论辩。这就是欧洲哲学史上最早使用的"辩证法"，在欧洲思想史上具有巨大的意义。

苏格拉底的学说赢得了许多青年的崇拜，许多好学的青年纷纷投到他的门下向他学习，使他成为继古希腊七贤之后，最有影响的哲人。

苏格拉底主张专家治国，认为各行各业，乃至国家政权，都应该让那些经过训练、有知识才干的人来管理，而反对以抽签选举去实行的民主。他说：管理者不是那些握有权柄、以势欺人的人，不是那些由民众选举的人，而应该是那些懂得怎样管理的人。比方说，一条船，应由熟悉航海的人驾驶；纺羊毛时，妇女应管理男子，因为她们精于此道，而男子则不懂。

他还说，最优秀的人是能够胜任自己工作的人：精通农耕便是一个好农夫；精通医术的便是一个良医；精通政治的便是一个优秀的政治家。

后来，有人控告他反对民主政治，用邪说毒害青年。苏格拉底因此被捕入狱。

按照雅典的法律，在法庭对被告判决以前，被告有权提出一种不同于原告所要求的刑罚，以便法庭二者选其一。苏格拉底借此机会发表了慷慨激昂的演说，他自称无罪，认为自己的言行不仅无罪，而且是有利于社会进步的。结果，他被判了死刑。在监狱关押期间，他的朋友们拼命劝他逃走，并买通了狱卒，制定了越狱计划，但他宁可死，也不肯违背自己的信仰。

公元前399年6月的一个傍晚，苏格拉底喝下毒酒后在平静中死去。

苏格拉底的影响是巨大的。哲学史家往往把他作为古希腊哲学发展史的分水岭，将他之前的哲学称为苏格拉底哲学。

柏拉图

柏拉图（约公元前 429 ~ 前 347 年），贵族出身，是苏格拉底的学生，雅典著名的唯心主义者。

柏拉图认为精神是第一性的，物质是第二性的；认为现实世界不过是理念世界的微弱的反映，观念世界是真实的存在，而现实世界不是真实的存在。这样他就完全颠倒了精神和物质的关系。

在政治上，柏拉图拥护贵族奴隶主专政制度，他的理想共和国有许多地方类似斯巴达的国家制度。

公元前 386 年，柏拉图在雅典附近的阿卡德米体育场开办了一所学校，他一边教书，一边著书，前后达数十年。柏拉图深明学以致用的道理，致力于按照他的政治哲学观点来培养各方面的从政人才，当时，有很多著名的政治家都是柏拉图的学生。

柏拉图的著作大都是以对话体裁写成的，这些著作几乎全部传到现在，代表作是《理想国》。

亚里士多德

古希腊哲学家、思想家和科学家，公元前 384 年生于斯特基拉城。他从小对自然科学就很爱钻研。父亲是马其顿国王的侍医，他曾跟父亲学过医。17 岁去雅典，在柏拉图学园学习达 20 年，柏拉图曾称赞他为"学园之灵"。公元前 343 年，他任王子亚历山大的教师。亚历山大执政后，他一度回乡。公元前 335 年，他在雅典创办吕克昂学院，由于他和他的学生经常在花园里边散步边讨论问题，因而被称为逍遥学派。公元前 323 年，亚历山大病故，他在政治上不得志，便回乡隐居。公元前 322 年病逝。亚里士多德是希腊古典文化的集大成者，恩格斯称他是最博学的人。他的著作是古代的百科全书，其中《工具论》《伦理学》《政治学》《形而上学》《物理学》《诗学》等，对后来的哲学和科学的发展影响深远。

亚里士多德的思想的影响之大超越了时代和流派，他的《诗学》被认为是西方美学重要的奠基之作。

欧几里得与《原本》

欧几里得大约生于公元前 330 年，死于公元前 275 年，是古希腊著名科学家。

公元前 300 年，他根据前人的经验，经过自己的计算推理，写出了一本共 13 篇的《原本》（又称《几何原本》）。这是人类第一次出现的"几何"概念。

欧几里得涉及的学科不只是数学，除《原本》外，我们知道的还有《数据》《光学》《曲面——轨迹》《现象》等。

欧几里得在《原本》这本书里，首先给出的是定义和公理。比如，他的点、线、面的概念是这样的：点是只有位置没有大小的；线是只有长度没有宽度的；面是只有长度和宽度的。

《原本》中还有关于圆的性质的讨论，如弦、切线、割线、圆心角等。还讨论了圆的内接和外切图形，其中有一个命题是在一个圆内做 15 边形。

据说，当时的天文学一直认为地球赤道面与地球绕日公转面的交角是 24 度，即是圆周的 1/15。于是，欧几里得运用自己的智慧，作出了正 15 边形，这在当时是一个难度十分大的命题。

欧几里得深受亚里士多德的影响。他把亚里士多德的公理法则用到几何学中，推演出几何学的五条公理。比如：两点之间可以连接一条线；如果两条直线和第三条直线相交，所交出的同旁内角和小于 180 度，那么两条直线延长，总会在同旁内角一侧相交。《原本》13 篇中共有 467 个命题。这些命题和推理所建立起来的几何学体系是相当严谨和完整的，以至于连 20 世纪最伟大的科学家爱因斯坦都这样说：当一个人最初接触欧几里得几何学时，如果不曾为它的明晰性和可靠性所感动，那么他是不会成为科学家的。

从《原本》的出现到现在，这部书的出版达 1000 次以上，几乎世界上所有的数学家都是读着《原本》成长起来的，科学界都把《原本》看作是一部经典奇书。

阿基米德

公元前 287 年，阿基米德出生在西西里岛上的一个小希腊城邦国叙拉古，他本人还是叙拉古国王的亲戚。

阿基米德年轻的时候来到亚历山大城，在欧几里得的继承者门下学习，在数学领域初显才华。学成后他回到叙拉古潜心研究学问。他在数学方面的成就代表了当时的最高学术水平，著有《球体与圆柱》。在力学研究上，著名的浮力定律就是他在洗澡时产生灵感而发现的。

在罗马围攻他所住的城市叙拉古时，晚年的阿基米德运用科学知识来保卫家乡。在阿基米德的指导下，叙拉古军民制造了许多防御和攻击敌人的武器。他们利用城墙作掩护，用阿基米德制作的抛石机，将大石块抛向罗马军队的战舰，用发射机把矛和小石块射向罗马士兵，打死打伤了许多罗马士兵。

逢罗马战舰海上进攻时，阿基米德让全城妇女和孩子们都拿着自己家的一面镜子对着强烈的太阳光，并把镜子上反射的太阳光，集中照射到远处敌舰的帆上。千百面镜子的反光聚集在船帆的一点上，罗马战舰的船帆就燃烧起来了，战舰损失惨重。冲到城下的几艘战舰，也被城上的守军用滑轮组放下的一个个大铁爪子抓到空中，摔到了靠城墙的岩石上，散了架。

后来罗马军队改变了强攻的战法。公元前 212 年，叙拉古在罗马长时间的围攻下，最终弹尽粮绝，再加上内奸出卖，内城被攻陷。当罗马士兵闯进阿基米德房间时，他正蹲在地上，面对着画在地上的几何图形凝神思索，竟没有注意到身边发生的事。士兵踩坏了阿基米德所绘的图形，要阿基米德立即跟他走，遭到阿基米德的怒斥："站开点，你弄坏了我的图形！"这话激怒了罗马士兵，他挥剑就要砍去。阿基米德推开利剑说："等一下杀我，再给我一会儿工夫，让我把这条几何定律证明完。我可不想给后人留下一道没有解出的难题呀！"但是罗马士兵还是凶残地杀死了75岁的阿基米德。

阿基米德被后世数学家尊称为"数学之神"，在人类有史以来最重要的三位数学家中，阿基米德占首位，另两位是牛顿和高斯。

希帕克斯

希帕克斯（公元前190～前125年），生于小亚细亚西北部的尼西亚（今土耳其的伊兹尼克）。

年轻时，他曾在亚历山大城求学。完成学业后，他来到了当时的新文化中心爱琴海南部的罗得岛。他在这座小岛上建起了观象台，开始了天文学研究。

他在罗得岛观象台制造了许多观测仪器，创立了"球面三角"这门数学工具，解决了前人无法解决的两个难题，即在球面准确表示行星的位置变化和解决行星亮度的变化问题，从而使希腊天文学由定性的几何模型变成定量的数学描述，使宇宙模型真正有效而又准确地反映出天文观测的结果。

希帕克斯以长期观测和对前人观测资料的分析，得出一年为365天零1/4日再减去1/300日。这个数值是很精确的，误差只有6分钟。他利用古代日月食记录，认识了月亮的朔望月、恒星月、近点月及交点月4种周期，并准确定出了这些周期的数值。他精确地测得白道（月亮绕地球旋转所成轨道的平面和天球相交所成的大圆）与黄道的交角为5度。他运用三角学方法计算出月球与地球的距离，还编制了几个世纪的太阳、月亮运动位置表。他还用这些精密的数表来推算日食和月食，这是在他之前许多学者想做却没做到的成就。

公元前134年，希帕克斯在天蝎座发现了一颗新星，这打破了前人关于"天是永恒不变"的哲学信念，也促使他编制了西方天文学史上第一张记载恒星的星图。图表上共记载着1080颗星，记载着恒星在星座间的分布和它们的亮度。希帕克斯在编制星图时把星的亮度分为六等，从而使西方第一次有了星等的概念。

希帕克斯运用自己制作的星图，还发现太阳每年通过春分点的时间总是比回到恒星天同一位置要早。也就是说，回归年总是比恒星年短，这就是希帕克斯发现的"岁差"现象。

希帕克斯发明了以经纬度测定地球上不同地点方位的方法，并发明了由极点向赤道面投影的制图方法，他做的最重要的一件事是把欧多克斯那个不受欢迎的同心球宇宙模型推翻，设想了一套本轮均轮系统取代之。这套系统虽仍是以地球为中心，但比起烦琐的同心球宇宙模型，可要简单得多了。这一系统一直主宰着欧洲人的天文学，直到哥白尼时代才被推翻。

希帕克斯以他渊博的天文学知识和丰富的天文观测资料以及他的天才研究为

观测天文学做出了贡献。而他信奉的"地球是宇宙的中心"又由他的弟子托勒密发展成系统的"地心说"，统治天文学界达 1400 年之久，客观上阻碍了天文学的发展。

他的一个又一个惊人的发现和发明，他对天文学的划时代贡献，使他成为希腊最伟大的天文学家，因此，他被尊称为"天文学之父"。

托勒密

托勒密·克罗丢，古希腊天文学家、数学家、地理学家和地图学家。生于埃及，父母都是希腊人。公元 127 年，年轻的托勒密被送到亚历山大城去求学。在那里，他阅读了大量书籍，并且学会了天文测量和大地测量。他曾长期住在亚历山大城，直到 151 年。他在公元 168 年去世，终年 78 岁。他是"地心说"的集大成者。他集古希腊天文学之大成，建立地心宇宙观，即托勒密地心学说，形成"托勒密体系"。他的地球中心说支配西方达 1400 年之久，并被教会利用作为宗教的理论支柱，直至哥白尼"日心说"问世。托勒密著有四本重要著作:《天文学大成》《地理学》《天文集》和《光学》。其中《天文学大成》是当时的天文学百科全书，直到 16 世纪，一直是天文学家的必读书。此外，他在地理学、年代学和占星学等方面也有所成就。

盖伦

希腊医学家、解剖学家。生于小亚细亚的佩尔加曼一个建筑师家庭，早年跟随当地柏拉图学派的学者学习，17 岁时在亚历山大等地学医，掌握了解剖术，并一生专心致力于医疗实践解剖研究,还从事学术写作。他通过对动物进行解剖实验和研究，建立了血液的运动理论，发展了三种灵魂学说，这是他对医学的最大贡献。盖伦在药物的研究上也卓有成效，记载了植物药物 540 种，动物药物 180 种，矿物药物 100 种。盖伦一生共写有 131 部著作，大部分已经散失。其中《论解剖过程》和《论身体各部器官功能》是他最有影响的著作。他的血液运动理论，在哈维提出新的理论前，一直影响着西方，在生物学史上具有重要意义。在古罗马时期他被认为是仅次于希波克拉底的第二医学权威。

普林尼

普林尼（约公元 23 ~ 79 年），罗马学者，曾任军官和文职官员，出身于意大利北部一个中等奴隶主的家庭，少年时代到罗马求学。

他热爱学习，兴趣很广。在外地任职时，他注意收集当地的历史资料，考察民族语言,平时工作之余,他总手不释卷。他一生虽历任公职,仍能博览群书,从事著述。

据说他写过 7 部作品，保存下来的只有《自然史》。据统计，书中引用了 146 个罗马作家和 327 个非罗马作家的著作。由于他所引的著作大多散失，他的记载成为后世科学研究的重要参考资料。

公元 79 年维苏威火山爆发时，他正任那不勒斯舰队司令官，不幸身亡。

拉丁语

罗马人属于拉丁族，拉丁人住在意大利半岛中西部沿海（包括罗马）的拉丁姆地区，他们的文字称为拉丁文。随着罗马的扩张，拉丁文成为帝国的官方文字，拉丁语也传到各地。罗马帝国崩溃以后，拉丁语逐渐分化为意大利语、法语、西班牙语、葡萄牙语、罗马尼亚语。后来，拉丁文逐渐成为死文字，但它在基督教、法律和科学领域长期留下影响。今天，许多疾病的西文名称和西药的名称都来自拉丁文。拉丁字母简单易写，其他语种如英文、德文、北欧各国以及许多东欧国家的文字，越南拼音文字和我国的汉语拼音方案，都采用拉丁字母。

维吉尔

古罗马杰出诗人。原名普布留斯·维吉留斯·马罗，生于高卢曼图亚附近的农村，家境比较富裕。他幼年在农村长大，熟悉农村和农业劳动，热爱大自然。后来去米兰、罗马等地接受了良好的教育。因体弱多病，从事律师失败后，回到农村家中，专心写诗。后加入了麦凯纳斯庇护下的文学集团，深受屋大维的尊敬。他的主要作品除代表作《埃涅阿斯纪》外，还有《牧歌》《农事诗》等。《牧歌》共有 10 首，是其成名作，通过一个牧人的独唱或一对牧羊男女的对唱，歌唱牧人的生活和爱情，还表达了对当时社会和政治的看法与感受。《农事诗》共 4 卷，描写罗马农民的工作与生活。这些作品将农业知识的介绍、农业政策的阐释和对自然景色、历史传说的描写结合起来，语言优美，生动有趣。维吉尔在中古时代一直享有特殊的声誉，但丁在《神曲》中就尊他为老师和带路人。

《埃涅阿斯纪》

维吉尔创作的史诗。共 12 卷，叙述了罗马帝国的建立和历史，歌颂了罗马祖先的丰功伟绩。根据当时罗马的神话传说，罗马最早的祖先是特洛伊的英雄埃涅阿斯，他是爱神同安吉赛斯的儿子。特洛伊被希腊联军攻陷后，他和父亲等人在天神护卫下逃了出来，辗转到了意大利，娶了当地的公主为妻，建立了王都。这成为史诗内容的主要依据。史诗以荷马史诗为范本，从结构上可以分为两部分。前半部分写埃涅阿斯的海上历险，主要写了他和女王狄多的爱情悲剧。第 7 卷～12 卷，写他依据神灵的指示到达意大利后，和当地拉丁部族的战斗。最后，以拉丁部族首领图尔努斯的死结束全诗。诗人通过主人公的经历，歌颂了罗马帝国的神圣传统和先王建国的艰辛；通过他游历帝府的见闻，歌颂了恺撒和屋大维的功绩，并肯定了罗马帝国统治世界的使命。这部史诗被看作是文人史诗的范本，语言音律谨严而富于暗示性，风格严肃而哀婉，尤其对爱情心理的描写，生动感人。

《伊尼特》

《伊尼特》是维吉尔的代表作，写了 11 年。主人公伊尼斯是希腊和罗马神话传说中的特洛伊王子，为王族和女神所生。特洛伊陷落后，伊尼斯和家属等人漂洋远离家乡，途中被暴风吹到迦太基，受到迦太基女王的款待。酒宴上，伊尼斯向女王述说了特洛伊的陷落以及他出走后一路经过色雷斯、提洛岛、克里特、西西里的经历。后来伊尼斯离开迦太基，来到台伯河边，娶拉丁公主为妻，成为恺撒和屋大维家族的始祖。

维吉尔通过这部作品美化屋大维的出身，颂扬他的统治，也寄托他本人对罗马盛世的自豪感。

贺拉斯

古罗马奥古斯都时期杰出诗人，也是一位有重要影响的文艺理论家。他推崇希腊文化，早年参加共和派，后支持帝制。他的诗歌题材多样，有的歌颂奥古斯都的统治，有的针对社会生活的一些恶习进行讽刺，有的赞美友谊和田园生活。主要的诗歌作品集有《讽刺诗集》《歌集》等。《诗艺》是贺拉斯重要的文学论文，他根据自己及同时代人的创作实践，重申了艺术模仿现实的观点，在文艺的功用上，提出了"寓教于乐"的原则；在艺术创作方面，提出了"合式"的原则，即要求一部作品具有统一与调和的美。他的主张对后来的古典主义文艺理论产生了很大影响。

罗马圆形竞技场

罗马圆形竞技场始建于公元72年，迄今已有1900多年的历史。古罗马帝国韦斯帕西亚诺国王为了纪念征服耶路撒冷，强迫8万名犹太俘虏耗时近10年，共使用10万立方米石材和300吨铁条才建成。

这座圆形大竞技场占地面积约2万平方米，场地最高处达57米。整个竞技场由沙场、看台和地下室3部分组成。沙场是专供角斗士与野兽搏斗的场地。每当一场比赛结束，负责清理工作的奴役便用铁钩将死者的尸体拖出场外，再在沙场上铺上一层新沙继续比赛；场内的看台共有60排，加上站席，最多可容纳10.7万名观众；地下室在沙场与看台的下面，那里有角斗士决斗前的准备室、囚兽室和排水沟。

罗马圆形竞技场是古罗马贵族与奴隶主用于观看人兽角斗的娱乐场所。公元80年，科洛塞奥姆大竞技场落成之日的揭幕式上，共有5000头狮子、老虎等猛兽和3000多名角斗士，连续在场内表演了100天。古罗马圆形竞技场是用无数个奴隶的生命

科洛塞奥姆竞技场的遗存
公元前2世纪，野蛮的人兽决斗就在这里上演。

和鲜血修筑起来的，它成为古罗马帝国时代的永恒象征，也是闻名于世的八大奇迹之一。

雅典娜神像

《雅典娜神像》为公元前 5 世纪希腊著名雕刻家菲迪亚斯的杰作之一。这座雕塑竖立在雅典卫城的广场上，高 12 米。雅典娜女神的塑像体态丰满、健壮，右腿直立，左下腿自外侧微屈，衣服上的纹路飘洒逼真。女神头戴战盔，身披甲胄，右手托着胜利女神像，左手执盾牌。盾牌上刻着战斗场面，以及伯里克利和菲迪亚斯本人的像。《雅典娜神像》反映了雅典繁荣鼎盛时代的精神风貌。

这座青铜雕像现已无存，后世传有许多小型仿制品。

帕特农神庙

帕特农神庙建于公元前 447 ~ 前 432 年，是多利斯建筑发展的顶峰。它是希腊陶立克柱式建筑的典型实例。神庙建于彭特利库斯大理石上，每一个细节都精心设计。例如，立柱微微向里倾斜，创造出一种力量与和谐的效果。在神庙的里面，供奉着雅典城的保护神雅典娜的白色大理石神像。该神像由当时著名的雕刻家菲迪亚斯监制。

维纳斯雕像

维纳斯雕像是 1802 年法国海军上将迪蒙在希腊爱琴海的米洛斯岛某山洞中发现的，雕像作者现已经无从考证了。此雕像又被称为 "断臂维纳斯"，被历代公认为最美的女性。后来许多雕刻家试图给雕像加上完整的两臂，但效果并不如原作理想。断臂维纳斯像也向人们证明了这样的道理：完美并不一定要完整，残缺有时也是一种美。

罗马高架引水桥

罗马帝国统治时期，农业生产发展很快，为了发展灌溉农业，在帝国各地修建了多处高架引水桥。高架引水桥建于 2 世纪，是西班牙的塞哥维亚城供水系统的一部分，现在仍在使用。罗马最初修建的引水桥总长约 90 千米，有两层或三层石拱结构。

· 第二章 ·

古代史

（下）

中世纪的亚非国家及美洲文明

新罗

公元前后，朝鲜半岛北部的高句丽人建立了高句丽奴隶制国家。3～4世纪时，朝鲜半岛南部的韩人在半岛西南部和东南部，先后建立了百济和新罗两个奴隶制国家，史称"三国时代"。

三国鼎立从4世纪到7世纪持续了300多年。7世纪时，新罗联合唐朝，在公元660年灭百济，公元668年灭高句丽。唐朝在平壤设安东督护府，直接统治朝鲜半岛北部，在百济扶植傀儡政权。在朝鲜人民的抗击下，公元676年，唐朝不得不把安东督护府内迁到辽东（今辽阳），新罗统一了大部分朝鲜半岛。

公元735年，唐朝正式承认大同江以南之地属新罗。

高丽王朝

9世纪，新罗统治阶级内部不断争夺王位，政治腐败，贿赂盛行。封建混战加重了农民的兵役、劳役负担。同时，土地兼并加速进行，使国家的税收不断减少，于是千方百计剥削农民，使得农民不断走向贫困，阶级斗争日益尖锐起来。

这期间，各地爆发了多次农民起义，这些起义给统治阶级以重大打击。地方上的中小封建主利用农民起义的形势，以复兴高句丽、百济作为号召，夺取政权。

公元900年，农民出身的军官甄萱建立后百济。不久，贵族出身的弓裔建立摩震国，又称后高句丽。新罗只剩下东南一小块地方。这时又出现了三国鼎立的局面，史称"后三国"。

由于弓裔专横暴虐，公元918年，后高句丽武将王建将其推翻，自立为王，建都松岳（今开城），改国号为高丽。公元935～936年，王建先后打败新罗、百济，从而完成了朝鲜半岛的统一。

> **新罗僧人慧超**
>
> 慧超是新罗僧人，年轻时在唐朝留学。他曾从中国经南海到印度，遍寻佛迹后，于727年从陆路回到中国。他撰写的《往五天竺国传》3卷，记述了旅途的见闻。
>
> 780年，慧超去世。

朝鲜王朝

13世纪，蒙古多次攻打高丽，高丽国王投降。中国元朝在开城设立征东行省，监督朝鲜国政。14世纪后半期,元朝灭亡,明朝建立。高丽国王派李成桂率兵攻打明朝,李成桂反对与明朝作战,遂带兵回朝鲜,废国王。1392年,李成桂自立为王,建都汉城,改国号为朝鲜。

田柴科颁行

976年,高丽王朝将全国可耕地和山林进行登记,将一部分土地和山林按等级分给文武官吏和府兵。文武百官按"人品"(身份)分为79品,最高者得田柴110结(田为耕地,柴指烧柴林,结为高丽丈量土地的单位),最低者得田21结,柴10结。国家把土地的收税权授予受田者,只限当代,不得世袭。977年,高丽王朝授予功臣勋田"功荫田",数量20结到50结不

高句丽古墓中的墓主壁画

等,可以世袭。后又颁布了公廨田柴制度,国家各机关(从中央到地方)都分得一定数量的土地收税权,用作行政经费。1049年,国家又颁布了"功荫田柴",对一至五品的国家高级官吏,分别赐予从田25结、柴15结,到田15结、柴5结的工地收税权,并可世袭。此外绝大部分土地是由国家直接征收租税的公田。田柴科的颁行确立了高丽王朝对全国土地的支配权,成为专制集权国家体制有力的物质基础。

骨品制

骨品制是古时朝鲜新罗族的一种社会等级制度。新罗贵族按血统确定等级身份及相应官阶,不同骨品不通婚姻。骨品世袭不变。

朝鲜族大姓贵族为了"别婚姻",在新罗贵族间实行了带有奴隶制残余的封建制的"骨品制"。朴、金、昔三姓是新罗统治集团中最大的贵族,三家王族实行的是"圣骨""真骨"的最高等级制度。"各骨品之间互不婚娶",无论朴氏还是金氏都贯彻了这种等级制度。虽然朴氏、金氏等帝胄世家由盛到衰,但在婚姻中的"骨品制"婚姻观念一直都有影响,特别是一些朝鲜族老人尤其重视这个问题。

4世纪时,新罗用武力统一辰韩各部,以庆州为都城。统治集团为了巩固其特权地位,制定了等级制度,称为"骨品制"。朴、昔、金三家王族地位最高,称为"圣骨",大小贵族依次分为"真骨"、六头品、五头品、四头品等四个等级。"圣骨""真骨"贵族能继承王位。各骨品都自我封闭,互不通婚。

薛聪

薛聪是朝鲜新罗时期散文家、学者,约生活于公元7世纪末8世纪初。字聪智,是高僧元晓大师之子。曾入沙门,后又还俗,自号小性居士。当时汉文还不很普及,

他曾用方言（朝鲜语）解读九经，并整理了比较混乱的吏读文字（借用汉字标记朝鲜语的一种文字），使之系统化，对朝鲜古代文化的发展做出了贡献。他的作品大部分已散佚。有寓言散文《花王戒》一篇载于《三国史记》中，《东文选》也有收录，题名《讽王书》。其作品以花王、丈夫白头翁、佳人蔷薇之间的对话形式，讽喻一国的君主应当亲贤人、远邪佞的道理。《花王戒》受到朝鲜历代文人学者的推崇。高丽朝显宗曾追封薛聪为弘儒侯。后世李朝林悌的小说《花史》直接受《花王戒》的影响。

壬辰卫国战争

16世纪末朝鲜军民抗击日本入侵的卫国战争。因在农历壬辰年（1592年）爆发，故名。16世纪末，丰臣秀吉统一日本后，于1592年4月，派军约20万由釜山登陆，至6月，已占领汉城、开城和平壤三京，朝鲜陆军节节失利，遣使向中国明朝求援。是时，以李舜臣部为主力的朝鲜水军连获大捷，掌握了制海权。郭再佑等朝鲜义兵部队也在敌人后方积极活动，抗击日军入侵。12月，明朝派李如松等率军援朝。1593年初，收复平壤、开城，4月收复汉城。日军被迫退守南方沿海一带。1597年初，日本又出兵14万人，在釜山登陆，但最终败北。1598年，丰臣秀吉病死，日本内部混乱，侵朝日军仓皇撤退。朝中水军乘胜追击，经过激战，几乎全歼日军。这次战争保卫了朝鲜，也粉碎了日本妄图侵略中国的计划。

朝鲜水军将领李舜臣

露梁海战

露梁海战是朝鲜壬辰卫国战争期间，中朝联军在露梁海峡击败日军的大海战。

1598年，丰臣秀吉死后，日军丧失斗志，退到釜山，准备撤退回国。中朝海军获悉日军准备撤退，派老将邓子龙和李舜臣率领中朝水师2.6万人、战船800艘赶到露梁海峡，决心围歼日军。

1598年10月18日，联军在露梁海峡津湾拦住准备撤回日本的500艘日本军舰，双方展开激战。联军两面夹击，水兵奋勇争先，跃上日舰，与敌人白刃相搏，日军拼死顽抗。在战斗中，日军调动众多敌舰围攻明朝海军的旗舰，旗舰起火，邓子龙壮烈牺牲。朝鲜水军将领李舜臣急忙赶来救援，但不幸中弹牺牲。临死前，李舜臣将指挥权交给侄子，叮嘱部下不要声张。随后陈蚕、季金等将领率领援军赶到，夹击日军。联军全体将士更加英勇杀敌，日军死亡数万，450艘船只被焚毁。逃到岸上的日军也被明军和朝鲜军队消灭。

露梁海战后，日本海军几乎被全歼，此后再也无力发动侵略战争。

大和国家

3～7世纪日本最初的统一的奴隶制国家。3世纪中叶，大和国家兴起于本州中部，得到迅速发展。4世纪，大和国家不仅统治着日本列岛的关东以西大部地区，还扩张到朝鲜半岛，占据半岛东南端的任那。及至5世纪初，实力强大的大和国家征服各部，建立起日本列岛第一个统一国家政权。大王（天皇）为大和国家首脑，依赖中央、地方的氏姓贵族统治全国。在征服过程中，大和统治阶级往往将被征服的部落居民按照"部"的形式组织起来进行生产，"部民制"遂成为日本奴隶社会重要的经济组织形式。6世纪后，奴隶与奴隶主两大阶级之间的矛盾激化；中央朝廷与地方豪强、中央大贵族各个集团间的纷争也愈演愈烈。在这种情况下，646年进行了大化改新，日本进入封建社会，确立了天皇统治权，大和国家结束，日本进入律令国家时代。

白江口大战

白江口大战是公元663年唐朝军队在白江入海口（今韩国锦江）大败日本的一次海战。

唐朝初年，朝鲜半岛分为高句丽、百济和新罗三个国家。公元660年，新罗称高句丽与百济联兵侵入，乞求唐朝出兵援助。唐高宗派苏定方和刘仁轨率领水陆大军10万，从成山（今山东荣成）渡海进攻百济。不到10日，百济只剩下白江口边周留城还在顽抗，并向倭国（日本）求援。

倭水军1万人、1000多艘战船与唐军7000人、170艘战船在白江口相遇。倭军自恃兵多船多，首先向唐军发起进攻。但大唐水军船大器利，武器装备精良，严阵以待。倭军蜂拥而至，毫无秩序。唐军突然出击，分为左右两队，将倭军包围。倭军大惊，匆忙撤退，但船只互相碰撞，毫无回旋之地，乱作一团。唐军发起火攻，倭军大败，船只被焚毁400多艘，死伤无数。此后，日本势力退出了朝鲜半岛。

在白江口之战中，唐军以逸待劳，凭借高大的战船将日军包围，最后以火攻取胜。而倭军盲目冒进，仅凭一股蛮勇，毫无章法，结果惨遭失败。

大化改新

645年，要求革新的中大兄皇子联合贵族镰足等发动自上而下的政变，杀苏我氏，拥立孝德天皇，定年号为大化，大和时代结束。646年孝德天皇颁布改新诏书，这就是大化改新。

孝德天皇仿效隋唐制度，在政治、经济、军事和文化方面进行了一系列改革。

政治上，改革官制，建立中央集权的国家机构，各级官吏由国家任免，废除世袭制。中央政府设立神祇官和太政官分管祭祀和总理全国政务，下置八省管理相关事务，设立弹正台，专管监察事宜，地方设立国、郡、里等行政组织，分别由国司、郡司和里司长治理，国司和郡司由中央任命，里长由当地族长充任。

经济上，废除王室和一切贵族对土地和部民的所有权，土地属于国家，部民地位和自由民一样成为国家"公民"，实行"班田收授法"，国家每6年按人口把土地分给农民，土地不得买卖，死后归还。赋税仿效唐代的"租庸调制"：租为田租，缴纳稻米；庸为徭役，每人每年10天，也可以纳绢或布代替；调为贡物，缴纳各种土

天皇

　　日本历史学家关于天皇称号的起源有两种说法。一种说法认为自建国以来就称天皇，一直传袭下来。近数十年史学家则认为4世纪的最高统治者称大王而不称天皇，早期统治者的天皇称号是后来所加。天皇的称号出现于6世纪末7世纪初，当时朝中的革新派决心仿效中国隋唐的制度进行改革。593年，圣德太子摄政，他派遣使节和留学生到中国学习，改称大王为天皇。这种意见现在已经成为通说。

特产品，一般是缴纳绢布，每户1丈3尺。国家也按照贵族的身份和官职，分给他们一部分土地。

　　文化上，广泛吸取中国文化的精华，丰富日本文化的内涵。日本最初没有自己的文字，5世纪时，日本开始学会利用汉字作音符来书写日本语。6世纪中叶，吉备真备在中国留学17年，精通唐朝文化，回国后利用汉字的偏旁创造了日本楷书字母——片假名。后来留学僧空海又模仿汉字草体创造了草书字母——平假名。

　　654年孝德天皇病逝，朝廷陷入纷争。672年，大海人皇子在与大友皇子争夺王位的斗争中获胜，即位称天武天皇。在他执政期间，大化改新的各种措施得到进一步巩固和发展。701年，日本制定《大宝律令》，以法律形式肯定了革新的成果。至此，大化改新大功告成。

　　大化改新是日本奴隶社会内部矛盾发展的结果。一方面，是劳动人民同天皇、奴隶主贵族之间的矛盾。皇室和贵族不断霸占土地，迫使劳动人民成为部民（地位介于奴隶和农民之间），阶级矛盾越来越尖锐。为了统治劳动人民，皇室、贵族需要集中力量，巩固政权。另一方面，是皇室同贵族之间的矛盾。当时天皇还没有掌握全国土地的最高所有权，他所能直接支配的起初只限于自己领地和上面的居民。天皇和贵族互相争夺土地、部民，在争夺过程中，中央的统治力量逐渐向地方扩展，斗争的趋势是不断加强皇权，建立以皇室为中心的中央集权制度。但是掌握大批土地和部民的贵族反对中央集权。

　　大化改新是以新的剥削制度代替旧的剥削制度，农民仍旧是皇室和贵族的基本剥削对象。到8世纪中期，不堪沉重租税的农民有的逃亡，有的被迫租种贵族的土地。而贵族的土地则在不断地增加，于是可分配的土地越来越少，两次班田之间的间隔也越来越长，最后这种办法终于废除。"班田收授法"破坏的过程，也就是庄园发展的过程。破产了的班田农民，租种庄园主的土地，用收获物和其他产品向庄园主交租，并服劳役。庄园主为维持其统治地位而蓄养的武士，逐渐形成武士集团。

　　大化改新是对中国唐朝先进封建制度的积极模仿。它促进了日本社会生产力和古代文化的发展，成为日本历史上一个重要的转折点，产生了划时代的意义。至此，日本完成了从古代奴隶制度到中世纪封建制度的转变。

孝德天皇

　　孝德天皇（约596～654年）是日本历史上的著名天皇，645～654年在位。

　　645年6月，要求改革的皇室中大兄皇子，联合贵族中臣镰足发动政变，刺杀当时掌握朝政的权臣苏我入鹿，其父苏我虾夷自杀，皇室夺取了长期控制在大贵族手里的政权，中大兄皇子等拥立孝德天皇。孝德天皇即位后，定年号为大化，迁都难波（今大阪）。646年元旦，颁布"改新"诏书，实行政治改革。

此后形成了以天皇为首的中央集权国家，日本逐渐由奴隶社会向封建社会过渡。

遣唐使

大化改新后，日本政府不断地派出使臣，到中国的唐朝来。唐朝时，日本派出遣唐使共19次，每次从两百人到四五百人不等。遣唐使的正式使节包括大使、副使，有时还有大使之上的特节使、押使，都是日本天皇任命的国家大臣。另外还有留学生、僧人、医生、商人以及水手等。因为是派遣到中国唐朝去的使臣，所以称"遣唐使"。

要横渡波涛汹涌的大海并非易事，风暴经常使航船倾覆，或者把它们吹到台湾甚至越南等地。遣唐使的船队先沿着日本海岸航行，最后在九州北部开始横渡大海。早期的路线是向北到朝鲜半岛附近，经渤海在中国山东北部上岸。后来就直接西渡东海，在中国大陆的扬州和宁波登陆。

阿倍仲麻吕

阿倍仲麻吕，汉名晁衡，是中日文化交流的杰出使者。

公元717年，阿倍仲麻吕随遣唐使一起来到中国长安。不久，阿倍仲麻吕就入国子监学习，攻读《礼记》《周礼》《诗经》《左传》等儒家经典，成绩优异，毕业后一举考中进士。

阿倍仲麻吕的才华很快受到唐政府的重视，他在唐生活了54年，历经玄宗、肃宗、代宗三代皇帝，备受礼遇，先后被任命为左春坊司经局校书、门下省左补阙、卫尉少卿、秘书监、左散骑常侍兼安南都护，并辅佐太子研习学问。阿倍仲麻吕知识渊博，才华超人，而且是一位天才诗人。他和唐代著名诗人李白、王维交往密切，相互作诗唱和，感情深厚。

阿倍仲麻吕在中国生活了30多年后，请求归国。唐玄宗任命他为唐朝回聘日本使节，随日本第11次遣唐使回国。阿倍仲麻吕辞别长安，并邀请扬州延光寺鉴真和尚东渡。在归国途中，阿倍仲麻吕乘坐的船因遇风暴触礁不能继续航行，与其他三艘船失去了联系。他的船被风暴吹到越南的海岸，阿倍仲麻吕等10余人幸免于难。公元755年6月，阿倍仲麻吕返回长安，公元770年1月病逝，享年73岁。唐代宗为表彰他的功绩，追赠他二品"潞州大都督"。

阿倍仲麻吕虽然没能回国直接向日本人民传播中国文化，但由于他在唐朝的地位和影响，增进了中国人民对日本的了解，也为其他许多日本留学生的学习以及两国学者的往来提供了方便。

幕府

随着日本武士集团势力的增强，武士集团逐渐形成分别以源氏和平氏为中心的关东、关西两大集团。皇室和贵族依靠他们进行政治斗争，两大集团自己也因争权夺利而互相斗争。12 世纪后半期，关西武士集团平氏取得了优势，当权 20 多年。1185 年，关东武士集团首领源赖朝打败平氏，取得中央政权。第二年，他在镰仓（在本州岛南岸，临相模湾）建立幕府，称"镰仓幕府"。幕府本质上就是以将军为首的武士政权。

1197 年，源赖朝又从后鸟羽天皇那里取得"征夷大将军"的称号，成为日本的实际统治者。至此，日本开始进入长达 700 年的幕府统治时期。幕府依靠武士作为统治的支柱，利用武士保护他们的家传土地所有权，对有功者赏赐土地和官职，派武士到地方上去担任"守护"，夺取实权。幕府自己设置官吏，分别掌握行政、军事、司法权力，还派人到首都京都，监视朝廷。

这样，在日本就出现了两个政府：一个是以天皇为首的文官朝廷，包括各级朝廷权贵，他们徒有虚名，并无实权；另一个是以将军为首的幕府，统帅各地有权势的武士。

武士阶层

10 世纪时，日本的豪强与贵族的庄园已遍布全国，数量众多。各庄园主为了维护自己的利益，蓄养了一批人作为自己的私人武装，这些人被称为武士。武士对将军宣誓效忠，缴纳贡物，并服兵役。武士奉行黩武思想，随身佩带着两把利剑，并可以用它们来惩罚对他们表示不敬的百姓。武士道精神是他们的信条，他们最强调的就是对主子的忠诚。随着武士数量的增加，力量不断壮大，地位也日渐提高，慢慢地在日本社会形成了一个特殊的武士阶层。他们组成军事集团，帮助天皇镇压农民起义，后来发展成为能控制中央政权的军事、政治力量。

日本武士木雕像

丰臣秀吉

1467 年，日本进入了"战国时代"。当时日本列岛分为几十个诸侯国，各国诸侯为了争夺地盘和权力，展开了旷日持久的大混战。包括京都在内的许多繁华的城市被付之一炬，百姓们流离失所，苦不堪言。

16 世纪中期的时候，日本本州岛中部的尾张国（今日本名古屋一带）在织田信长的统治下，逐渐强大起来。当时绝大部分日本人都信佛教、排斥外来宗教，但织田信长受传教士的影响优待天主教。别的诸侯军队使用的都是大刀长矛，而他从传教士手中买来了大量的火枪装备军队。在诸侯国中，武田家的骑兵号称天下无敌。1575 年，武田家的武田胜赖进攻织田信长的盟友德川家康，德川家康抵挡不住，向织田信长求援。织田信长率领自己的火枪兵前来增援。武田胜赖率骑兵进攻织田信长，织田信长让火枪兵躲在防马栅后面，用火枪向武田军的骑兵射击。在火枪兵的打击下，武田胜赖的骑兵几乎全军覆没，许多大将战死。此战以后，诸侯中再也没有人能和织田信长相抗衡了。织田信长花了 11 年的时间，基本统一了中部日本。1568 年，织田信长进入京都，混战了 100 多年的"战国时代"结束。

1582 年，织田信长手下的大将明智光秀发动叛乱，织田信长在京都本能寺自杀，日本全国又陷入了混乱之中。织田信长手下另一名大将丰臣秀吉率领军队杀死了明智光秀，成为日本的实际统治者。

1536 年，丰臣秀吉出生于尾张国的一个农民家庭，后来成为织田信长的侍卫。丰臣秀吉随着织田信长南征北战，立下了赫赫战功，受到了织田信长的重用。平定了明智光秀的叛乱后，丰臣秀吉打着拥护天皇的旗号，率领织田信长留下的 20 多万军队经过 8 年的苦战，终于平定了日本各地的叛乱，完成了统一。

为了名正言顺地统治日本，丰臣秀吉下了一道命令，把全国的能工巧匠全都征集到京都。当时的京都已经是一片废墟了，丰臣秀吉决定建造一座自古以来最富丽堂皇的京城。几年后，新京城终于建好，丰臣秀吉在京城里为自己修建了豪华府邸，取名为"聚乐第"。

一天，丰臣秀吉把天皇、皇后和皇子们请到聚乐第，然后下令全国的大名（诸侯）们前来觐见。丰臣秀吉身穿绣金的衣服，率领文武百官和大名们叩见天皇。天皇心里很明白，现在丰臣秀吉大权在握，自己只不过是个任他操纵的傀儡而已。于是天皇就将他封为"关白"。

"关白"在日本是丞相的意思。当诸侯朝拜完天皇之后，丰臣秀吉就以关白的身份发布了第一道命令："从此以后，我们要一心一意拥戴天皇，服从关白。"得意扬扬的丰臣秀吉下令大宴群臣，一连进行了 5 天，比以往天皇的排场还大。

丰臣秀吉和织田信长不一样，他认为天主教是外来宗教，信奉洋教会受洋人控制，于是下令驱赶传教士，拆毁教堂，强迫基督徒改信佛教。他下了一道命令："为了弘扬佛教，我决定铸造一尊大铁佛。所以老百姓必须将自己家中的刀、枪等武器上缴官府，以备铸佛之用，限期 30 天，违令者严惩不贷。"其实丰臣秀吉是假借铸造大佛来收缴藏在民间的武器，以防止老百姓和武士们造反。

在内战中所向无敌的丰臣秀吉野心膨胀，认为朝鲜和中国也和国内的诸侯们一样不堪一击。他计划先出兵占领朝鲜，再占领中国，迁都北京，然后再征服印度，最后统治全世界。

1591 年，丰臣秀吉纠集了 20 万人、700 艘战

丰臣秀吉像

船，悍然发动了侵朝战争。由于朝鲜已经好几百年没有打仗了，所以军备非常松弛，结果被日军打得大败，朝鲜的首都汉城和很多重要的城市都失陷了，朝鲜国急忙派使者向中国明朝的皇帝求援。

在中朝联军的打击下，日军连连失败，最后丰臣秀吉忧郁而死。

关原之战

关原之战是丰臣秀吉死后，拥丰臣派（西军）和拥德川派（东军）在关原（今岐阜县不破郡）进行的一场大战。

1600 年，拥丰臣派（西军）将领石田三成同小西行长、毛利辉元、上杉景胜等组成 8 万大军讨伐德川家康。德川家康率领 10 万大军迎战，两军战于关原。

9 月 15 日上午 8 时，东军首先向西军发起了进攻，双方军队很快陷入了混战之中。直至上午 10 时，战局仍处于胶着状态。石田三成因与东军的多名将领有私人恩怨，所以遭到了围攻。上午 11 时，西军不但遏制住了东军的进攻，而且步步推进。焦急的德川家康炮击西军的小早川秀秋部队，小早川秀秋部队立即叛变，开始攻击西军。受小早川秀秋部队叛变的影响，西军的很多将领也纷纷叛变。下午 2 时，孤立无援的石田三成部队在东军围攻下，全线崩溃。石田三成逃走，后被杀。

关原大战后，德川家康建立了德川幕府，掌握了日本朝政大权，结束了日本的战国时代。

匈奴骑兵横扫欧洲大陆

匈奴是中国北方的一个少数民族，在与汉朝的长期战争中元气大伤，分裂为南匈奴和北匈奴两部。南匈奴归附汉朝，北匈奴在汉朝的打击下，被迫于公元 91 年开始西迁。

匈奴人来到中亚后，在这里停留了很多年，恢复元气后继续西迁，闯入了欧洲，开始了征服的步伐。首当其冲的是阿兰人。阿兰人是一支游牧民族，在伏尔加河和顿河之间建立了强大的王国。阿兰王倾全国之兵在顿河沿岸与匈奴人展开大战，但以战车为主力的阿兰人敌不过灵活勇敢的匈奴骑兵，阿兰王战死，阿兰国灭亡，整个欧洲为之震动。

匈奴人的铁蹄并没有停下来，在欧洲人还没有来得及为阿兰的灭亡哀悼时，大难已经临头了。阿兰国西面是东哥特王国，其老国王赫曼立克急忙组织军队抵抗。匈奴人身材矮小，但结实粗壮，擅长骑马作战，来去如风。他们远处箭射，近处刀砍，打得过就打，打不过就跑，不以逃跑为耻辱。东哥特人则身材高大，他们打仗时组成一个方阵，远时投掷长矛，近时用长剑劈砍。在灵活机动的匈奴骑兵面前，这种方阵只有挨打的份。结果东哥特人全军覆没，老国王赫曼立克自杀。赫曼立克之子呼纳蒙特率部投降，其余的人向西逃到了西哥特王国。匈奴人尾随而来。

西哥特国王阿撒那立克从逃来的东哥特人口中得知东哥特亡国后，立刻在德聂斯特河组织防御，企图阻止匈奴人渡河。不料匈奴人识破了阿撒那立克的计谋，兵分两路，一部分假装渡河，一部分绕到河的上游偷渡，然后沿河而下夜袭敌营，打了西哥特人一个措手不及。西哥特人急忙遣使请求罗马皇帝让他们进入罗马帝国避难。在得到许可后，大约 20 余万人渡过多瑙河进入罗马境内。

匈奴王阿提拉
古罗马帝国一度受到边境部落的袭击，其中最主要的是被称为"天降之灾"的阿提拉率领的匈奴人。

匈奴人进占匈牙利草原后，暂时在那里定居下来。公元 5 世纪初，匈奴人渡过多瑙河，进攻东罗马帝国的色雷斯地区。东罗马帝国的色雷斯总督抵挡不住，向匈奴国王乌尔丁乞和。乌尔丁在接见他时，趾高气扬地指着太阳说："凡是太阳所能照射到的地方，只要我愿意，都能征服。"后来匈奴人还打到了东罗马首都君士坦丁堡城下，迫使东罗马帝国签订了城下之盟，答应从公元 431 年起，每年向匈奴进贡黄金 350 磅（4 年后，增至 700 磅），将大片领土割让给匈奴，并允许匈奴人在多瑙河边一些东罗马城市进行互市。

公元 444 年，匈奴帝国正式建立。它的疆域横跨亚、欧两洲，东起咸海，南到巴尔干半岛，西至莱茵河，北抵波罗的海，首都在今天匈牙利的布达佩斯一带。当时欧洲各个国家每年都派使者来向匈奴王进贡，以祈求得到平安。

公元 449 年，西罗马帝国皇帝瓦伦提尼安的妹妹奥诺莉娅和侍卫长私通被人发现，愤怒的瓦伦提尼安将她囚禁到一个修道院里。奥诺莉娅暗中写信给匈奴大帝阿提拉，并赠送了一个戒指，表示自己对他的仰慕之情并愿意以身相许。早已对富庶的西罗马帝国垂涎三尺的阿提拉立刻向西罗马皇帝提出要与奥诺莉娅结婚，并要西罗马帝国割让一半的国土作为嫁妆。这个要求遭到西罗马皇帝的拒绝，阿提拉以此为借口，率领 50 万大军发动了对西罗马的战争。

西罗马皇帝也不甘示弱，联合日耳曼各部落在高卢的沙隆与匈奴人展开了一场大战。为了生存，日耳曼人尤其是西哥特人拼死作战，与匈奴人杀得难分难解。匈奴人向罗马联军射出了遮天蔽日的箭雨，然后骑兵风驰电掣般地插入联军阵中。西哥特人的老国王中箭而死，西哥特人悲愤异常，个个都奋不顾身，冲上前去与匈奴人拼命。战斗持续了仅仅 5 个小时，双方就战死了 16 万人。阿提拉见难以取胜，遂率军回国。

公元 453 年夏天，阿提拉突然病死。他的儿子们争权夺势，互相厮杀，匈奴帝国也随之瓦解。

蒙古西征

1206 年，地处蒙古大草原的蒙古各部落首领在斡难河源召开大会，推举铁木真为大汗，尊称成吉思汗，建立了大蒙古国。蒙古国建立后，以成吉思汗为首的蒙古贵族不断发动掠夺战争，用兵的主要方向是南下与西征——南下攻击的主要目标是金朝和南宋，西征则是征服中亚、东欧各国。

1219 年，为了剿灭外族的残余势力，征服西域强国花剌子模，成吉思汗带着 4 个儿子术赤、察合台、窝阔台、拖雷，以及大将速不台、哲别开始了西征。蒙古 20 万大军长驱直入，在额尔齐斯河流域分进合击，先后攻占布哈拉、花剌子模新都撒马尔罕、讹答剌与毡的城。花剌子模国王摩诃末西逃，成吉思汗令速不台、哲别等穷追不舍。后来，摩诃末病死在里海的一个小岛上，摩诃末的儿子札阑丁在呼罗珊一带继续抵抗。为了剿灭札阑丁，1221 年，成吉思汗大军渡过阿姆河，占领塔里寒城。他以塔里寒城为根据地，派出两路大军，分别进攻呼罗珊、乌尔根奇。拖雷率兵进攻呼罗珊，相继攻陷尼沙不儿、也里城；察合台与窝阔台攻陷乌尔根奇。两路大军完成任务后，都回到塔里寒城与成吉思汗会师。然后，各路大军在成吉思汗的率领下，继续追击札阑丁，在印度河击败其余众。札阑丁孤身一人逃跑，花剌子模灭亡。1223 年，蒙古大军在西追札阑丁的同时，还深入罗斯，大败敌军，罗斯诸王公几乎全部被杀。1225 年，成吉思汗凯旋东归，将本土及新征服所得的西域土地分封给自己的几个儿子。

1227 年，成吉思汗去世，成吉思汗的第三子窝阔台继任大汗。1234 年，窝阔台集结诸王大臣召开会议，商讨西征大事。窝阔台派兵分别攻打波斯（今伊朗）和钦察、不里阿耳等部，基本上征服了波斯全境。1235 年，由于进攻钦察的军队受阻，窝阔台派遣其兄术赤之子拔都率 50 万大军增援。西征军一路势如破竹，很快就彻底消灭了花剌子模，杀死札阑丁。1237 年底，拔都又率大军继续西进，大举进攻罗斯，相继攻陷莫斯科、基辅诸城。1240 年，拔都分兵数路继续向欧洲腹地挺进，进攻孛烈儿（今波兰）、马扎尔（今匈牙利）。1241 年，北路蒙古军在波兰西南部的利格尼兹，大破波兰与日耳曼的联军；中路蒙古军主力由拔都亲自率领，进击匈牙利，大获全胜，兵锋直指意大利的威尼斯。全欧震惊，西方诸国惶惶不可终日。1241 年年底，窝阔

蒙古骑兵押送战俘图

台驾崩的消息传到军中，拔都率军从巴尔干撤回到伏尔加河流域，以萨莱为都城，在伏尔加河畔建立了钦察汗国。

1251年，蒙哥即大汗位。1253年，蒙哥派弟弟旭烈兀率军发起了第三次西征。这次西征的目标是消灭西南亚地区的木剌夷国（今里海南岸的伊朗北部）。1257年，蒙古军荡平木剌夷，挥师继续西进，直指黑衣大食首都巴格达。1257年冬，旭烈兀三路大军围攻巴格达，于

第二年初攻陷该城，屠杀80万人，消灭了有500年历史的黑衣大食。此后旭烈兀又率兵攻陷阿拉伯的圣地麦加，攻占大马士革，其前锋部队曾渡海到达富浪（今地中海东部的塞浦路斯岛）。

后来由于蒙古军队被埃及军队打败，旭烈兀才被迫停止西进，留居帖必力思，建立了伊儿汗国。

成吉思汗和他的继承者以剽悍的武力征服了欧亚广大地区，以蒙古为中心，建立起由钦察汗国、察合台汗国、窝阔台汗国、伊儿汗国组成的横跨欧亚大陆的国家，形成世界历史上前所未有的大帝国。

蒙古轻骑兵

蒙古军队的主力是骑兵，而骑兵中轻骑兵又占大多数。

蒙古骑兵在三四岁的时候就开始进行严格的骑马射箭训练，所以他们每个人都骑术高超、射箭精准。他们的武器有弓箭、马刀、长矛、狼牙棒、短斧，其中最主要的是弓箭。蒙古人以骑射闻名天下，他们的弓箭需要大约80千克的力量才能拉开，射程很远。蒙古人的箭有两种：一种箭头小而尖，较轻，用于远射，杀伤力小；另一种箭头大而宽，较重，用于近战，杀伤力大。蒙古骑兵早期的铠甲是皮革甲，如鲛鱼皮甲、翎根甲，后来的铠甲变为外层是铁甲，内层是牛皮，又变为罗圈甲、鱼鳞甲和柳叶甲。

在行军作战时，蒙古骑兵们一般都带好几匹马，这些马都跟在部队后面。当所乘的战马筋疲力尽时，骑兵们就会立即换乘另一匹马，继续进行战斗。他们的任务主要是侦察掩护，骚扰疲惫敌人，为重骑兵提供火力支援，跟踪追击，肃清残敌。

蒙古战术

蒙古军队之所以能纵横欧亚大陆，除了战士作战勇猛外，还要归功于他们高明的战术。

在打野战时，蒙古人主要是使用骑兵。蒙古军最常使用的作战方法是将骑兵部

队排成许多平行的纵队，向前推进，各纵队间有骑兵负责联系。当一个纵队遇到敌人主力时，就会停止前进或稍向后退，而其他纵队则继续前进，迂回到敌人侧面和背后，将敌人包围以彻底歼灭。

战况不利时，蒙古骑兵就会一边逃走，一边向进行追击的敌人射箭（蒙古人称这种战法为"曼古歹"）。这种战术一可以远距离攻击敌人，二可以持续不断地攻击敌人。

在攻城时，蒙古军队使用襄阳炮。1273 年，蒙古军队用这种巨炮攻克了南宋的战略要地襄阳城，打开了南宋的门户。这种巨炮对城墙具有巨大的破坏力，可以对守城的敌人产生巨大的心理威慑，以至于许多城市见到这种巨炮后就会不战而降。

蒙古人在战争中经常使用屠城战术，对将要攻伐的其他地区进行威慑，这往往能摧毁敌军的士气和抵抗意志，获得全面彻底的胜利。

蒙古军队南征北战，战无不胜，攻无不克，靠的就是骑兵和巨炮。

四大汗国

经过三次西征，蒙古人占领了大片的土地，建立了 4 个汗国：钦察汗国、察合台汗国、窝阔台汗国和伊儿汗国。

钦察汗国，又称金帐汗国，是成吉思汗长子术赤的封地，疆域东起额尔齐斯河，南抵高加索山，西至多瑙河，北到北极圈，建都于伏尔加河下游的萨莱城（今俄罗斯阿斯特拉罕）。俄罗斯各公国必须向金帐汗进贡。金帐汗利用俄罗斯大公们之间的矛盾，经常挑拨离间，以巩固自己的统治。14 世纪后期，汗国内部阶级矛盾和民族矛盾激化，再加上内讧不断，力量大大削弱。莫斯科大公底米特里·顿斯科伊和帖木尔又不断进攻。俄罗斯各城邦逐渐统一，力量大大增强，而金帐汗国却分裂成喀山汗国、克里米亚汗国、西伯利亚汗国、阿斯特拉罕汗国等几个小汗国。1502 年后，这些小汗国相继被俄罗斯吞并，钦察汗国灭亡。

察合台汗国，是成吉思汗次子察合台的封地，疆域主要在天山南北，最强盛时东起吐鲁番、罗布泊，南抵兴都库什山脉，西达阿姆河，北到塔尔巴哈台山，定都虎牙思（今新疆霍城县水定镇）。察合台汗国为了掠夺财富和占有牧场，与元朝和伊尔汗国发生了旷日持久的战争，结果被打败。1314 年，怯伯成为察合台汗，他主动与元朝恢复了友好关系，从此两国使节来往不断。怯伯把国都迁到了撒马尔罕，他提倡农业，实行改革，而他哥哥也先不花汗则坚持游牧传统，于是察合台汗国分裂为东、西两部。东部以阿力麻里为中心，包括喀什、吐鲁番等地区；西部以撒马尔罕为中心，统治中亚地区。东察合台汗国从 1348 年建国，到 1514 年被叶尔羌汗国取代，立国 166 年。西察合台汗国在 1370 年被帖木儿汗国所灭。

窝阔台汗国，是成吉思汗第三个儿子窝阔台的封地，疆域包括额尔齐斯河上游和巴尔喀什湖以东地区，定都叶密里（今新疆额敏县）。1229 年，窝阔台继大汗位，将封地赐给他的儿子贵由。1251 年，蒙哥汗即位后，窝阔台的后代因曾反对蒙哥，封地被分割。窝阔台的儿子合丹得到别失八里，灭里得到额尔齐斯河之地，窝阔台之孙脱脱分得叶密里，海都分得海押立之地。1260年，忽必烈称帝后，海都与争夺汗位失败的阿里不哥联合，共同反对忽必烈。1301年，海都兵败，不久死去，他的儿子们为了争夺汗位而自相残杀，国势逐渐衰落。1309年，察合台汗也先不花击败窝阔汗察八儿，察八儿逃到元朝，窝阔台汗国由此并入察合台汗国。

伊儿汗国又称伊利汗国，是成吉思汗幼子拖雷的儿子旭烈兀西征后建立的。疆域东起阿姆河，南至波斯湾，西临地中海，北到里海、黑海、高加索，包括今伊朗、伊拉克、阿塞拜疆、格鲁吉亚、亚美尼亚和土库曼斯坦等国。阿富汗西部的赫拉特王国和小亚细亚的罗姆苏丹国都是伊儿汗的属国，定都蔑剌哈。1265年，旭烈兀之子阿八哈继位，定都大不里士，以蔑剌哈为陪都。

在第七代伊儿汗合赞（1295～1304年）在位时，伊儿汗国的国势达到极盛。合赞汗死后不久，伊尔汗国就陷入混乱。在争权夺利的混战中，伊儿汗国境内出现了许多小国：贾拉尔国占有今伊拉克、阿塞拜疆、摩苏尔和迪亚巴克儿；克尔特国占有赫拉特和呼罗珊部分地区；穆札法尔国占有法尔斯、克尔曼和库尔德斯坦；赛尔别达尔国占有呼罗珊北部。1380年以后，这些小国家先后被新兴的帖木儿帝国灭亡。

火器用于战场

火药是中国四大发明之一，它被发明后很快就用到了战争中，出现了"突火枪"等火器。

在1250年左右，欧洲人从阿拉伯人那里懂得了使用火药。14世纪时，欧洲人开始制造枪械。欧洲最早的火枪是火门枪，射击时点燃药室中的火药，射出石子或金属弹丸。这种枪虽然还很不完善，但仍显示了巨大的威力。1331年，德国骑士团用火门枪大败法国骑士。15世纪时，有人发明了更先进的火绳枪，这种枪大大提高了射击精度。到16世纪时，火枪已经成为西欧各国步兵的主要武器。

14世纪初，中国人发明的火炮制造技术通过阿拉伯人传到了欧洲。到了14世纪中期，欧洲各国都装备了火炮。欧洲火炮吸取了中国和阿拉伯火炮的优点，射程远，射速快，杀伤力强。火炮用于攻城战中，大大缩短了攻城的时间。最典型的攻城战是1453年，奥斯曼土耳其围攻君士坦丁堡。土耳其动用了巨炮轰城，很快攻克了这个中世纪最大的城堡。火器的运用，改变了战争的形态，使人类从冷兵器时代进入了热兵器时代。

帖木儿帝国

14世纪末在伊朗和中亚细亚兴起的大帝国，首都撒马尔罕。这里在13世纪时是蒙古帝国的一部分，蒙古帝国解体后属西察合台汗国。帖木儿帝国的奠基人帖木儿生于撒马尔罕附近，居住于河间地带，宣称自己是蒙古帝国的重建者。1330年他开始征服波斯，并于1383～1385年间占领呼罗珊和波斯东部；1386～1394年期间，波斯西部、美索不达米亚和乔治亚也被其征服；之后他又占领了莫斯科。波斯爆发起义，他对此进行了残酷的镇压，并屠杀了全城的居民。1398 年南侵印度；1399 年西征小亚细亚；1402 年大败奥斯曼帝国，俘其苏丹，终于建成一个仅次于蒙古的大帝国。1404 年他又准备入侵中国，因其去世而作罢。帖木儿帝国内部发展不平衡，缺乏统一的经济基础，所以帖木儿死后，帝国四分五裂。1501 年，帖木儿帝国被乌兹别克所灭。

安哥拉之战

1402 年，奥斯曼帝国和帖木儿帝国在今土耳其安卡拉附近进行的一场战役。

帖木儿为了重建蒙古帝国，不断向外扩张，征服了中亚许多地区。1399 年，帖木儿率 15 万大军入侵奥斯曼土耳其。奥斯曼土耳其苏丹巴耶塞特一世率军 7 万迎战，在不利于帖木儿骑兵作战的山林地带设防。帖木儿避实击虚，迂回逼近奥斯曼帝国首都安卡拉，奥军被迫放弃山林阵地，回师驰援。

1402 年，两军在安卡拉附近展开决战。帖木儿军队以逸待劳，奥军经急行军而精疲力竭，开战之初就处于不利境地。奥军将军队主力配置在中央，帖木儿则将军队主力配置于两翼，并留有预备队。

帖木儿骑兵首先发起进攻，很快击溃了奥军左翼，并开始实施迂回包围，奥军右翼的原小亚细亚各埃米尔国的军队见状纷纷倒戈。奥军中军虽然勇猛拼杀，但终因寡不敌众，几乎全军覆没，巴耶塞特一世在逃跑中被俘，次年病死。

安卡拉一战，奥军几乎全军覆没，被迫推迟了对欧洲的扩张。

笈多王朝

中世纪统一印度的第一个封建王朝。疆域包括印度北部、中部及西部部分地区。首都是华氏城。4 世纪初北印度小国林立，摩揭陀国王旃陀罗·笈多一世征服附近王公，建立笈多王朝。其子沙摩陀罗·笈多征服了恒河流域的一些小国。到旃陀罗·笈多二世时，北印度尽入笈多王朝版图，笈多王朝至此达到鼎盛时期。笈多王朝存在两百余年，是印度封建统治由形成到确立的时期。生产力的发展促进了奴隶社会向封建社会的转化。笈多王朝时期国王赐给官吏、贵族、寺院的封地逐渐演变为世袭的私有领地，自由农民沦为封地领有者的依附农民，封地领有者也演变成封建领主阶级。5 世纪初，笈多王朝由盛转衰，中央政权削弱，国家陷于分裂，被哒哒人吞并大部分领土。约 579 年，帝国的统治基本结束，北印度再度处于小国分立状态。

戒日王

笈多王朝灭亡后，印度又陷入小国林立、混战不止的局面。经过多年的战争，出现了四大强国：以德里为中心的坦尼沙王国、以曲女城为中心的穆里克王国、恒河三角洲的高达王国和昌巴尔河流域的摩腊婆王国。其中坦尼沙和穆里克为一方，高达和摩腊婆结盟。

戒日王是坦尼沙国王波罗·瓦尔那的次子，他有一个哥哥和一个姐姐，哥哥罗贾伐弹那英勇善战，姐姐拉芝修黎嫁给了穆里克国王格拉巴伐尔曼，两国关系更加紧密。

公元 604 年，年仅 15 岁的戒日王随哥哥罗贾伐弹那率军征伐侵扰王国西部的白匈奴，不料老国王波罗·瓦尔那突然病逝。高达王国和摩腊婆王国联合

起来，趁机进攻坦尼沙王国的盟国穆里克王国，穆里克国王格拉巴伐尔曼战败被杀，戒日王的姐姐、王后拉芝修黎被俘，穆里克王国灭亡。两国军队继续推进，直逼坦尼沙国。在这危急时刻，戒日王随哥哥罗贾伐弹那立即率军快速返回德里，罗贾伐弹那继承王位，率骑兵进攻曲女城，戒日王留守国内。罗贾伐弹那英勇善战，高达和摩腊婆联军大败。两国于是派使者前去假装求和，毫无政治斗争经验的罗贾伐弹那放松了警惕，结果被高达国王设赏迦派人暗杀。坦尼沙军队顿时群龙无首，两国趁机发起进攻，坦尼沙军队由胜转败。

留守国内的戒日王立即登基，倾全国之兵与两国联军决一死战。在国破家亡的危局面前，坦尼沙士兵以一当十，奋勇作战，两国联军大败。就在戒日王取得节节胜利的时候，忽然得到姐姐拉芝修黎逃脱的消息。戒日王立即率兵撤出战场，四处寻找姐姐，终于在文迪亚山林中找到了她。没有了后顾之忧的戒日王率军重返战场，一再击败两国联军。穆里克王国复国，由戒日王的姐姐拉芝修黎担任女王，实权由戒日王掌握。公元 612 年，坦尼沙王国和穆里克王国正式合并，戒日王任国王，并迁都曲女城，这一年就是戒日王朝的开端。

为了报姐夫、哥哥被杀之仇和统一印度，戒日王积极扩充军备。他将全国军队分为象兵、车兵、骑兵和步兵四大兵种。象兵以大象为主要作战工具，大象身上披着厚厚的铠甲，象背上坐着一个象夫，指挥大象。作战时，象夫发号施令，一群大象嘶吼着，向敌人冲去。遇到敌人的步兵或骑兵，大象用鼻子卷起来一甩，就能将敌人摔出几丈远。

车兵是由 4 匹马拉着一辆车，车夫负责驾车，车上的士兵在敌人离得远时放箭，离得近时用长矛和刀剑劈刺。

骑兵和步兵都是身强力壮的年轻人，他们身穿重甲，手持盾牌和锋利的刀剑，勇猛善战。

凭借着这样一支军队，戒日王南征北战，四处征讨，开始了轰轰烈烈的统一印度的战争。位于印度东北的迦摩缕波王国和印度西部的伐腊比王国先后投降，但戒

第二章　古代史（下）

日王在进攻高达王国时遇到了激烈的抵抗。经过激战，戒日王朝的军队杀死高达国王设赏迦，高达国灭亡，戒日王统一了北印度。

随后，戒日王又把目光投向了南印度的遮娄其王国。戒日王率军抵达那马达河，遮娄其国王补罗稽舍二世率军严防死守，大败戒日王。戒日王只好与补罗稽舍二世议和，约定两国以那马达河为界，随后率军返回北印度，从此以后再也没有南征。但戒日王建立的戒日帝国是继孔雀王朝、笈多王朝之后又一个基本统一北印度的政权，在印度历史上他也是与孔雀王朝的阿育王、笈多王朝的海护王齐名的人物。

戒日王笃信佛教，在全国各地建了大量的佛寺、佛塔，仅首都曲女城就建了100座佛寺。当时佛教各派别争论不休，戒日王就每5年举行一次"无遮大会"（宗教大会），让他们辩论。来自唐朝的高僧玄奘在大会上驳倒了所有的僧人，取得胜利。

公元641～647年，戒日王多次派使臣出使唐朝，唐太宗也派王玄策等外交使团回访，戒日王亲自出迎，接受国书，并赠给中国火珠、郁金香和菩提树等。

公元647年，戒日王去世，国内大乱，宰相阿罗那顺趁机篡位，戒日帝国瓦解，北印度再次陷入分裂状态。

莫卧儿王朝

1526年，中亚封建主蒙古—突厥族后裔巴布尔入侵印度，战胜洛迪苏丹，统一了北印度，建立莫卧儿王朝。莫卧儿乃蒙古音转。1556年，阿克巴继位，实行了进步的内政改革，采取宽容的宗教政策，扩大了莫卧儿王朝统治印度社会的政治基础。他建立中央集权制，统一了次大陆广大地区，推动了印度社会经济的向前发展。17世纪上半叶，莫卧儿王朝国势日盛。奥朗则布统治时期，向南印度进行军事扩张，王朝版图几乎囊括了整个南亚次大陆。但他强制推行政教合一的政治体制，并恢复对印度教臣民迫害的政策，

巴布尔像
巴布尔是伟大的统治者和军事家，印度莫卧儿帝国的建立者，同时还是位文学家。

国内矛盾激化。奥朗则布死后，各省总督纷纷独立割据，伊朗和阿富汗相继入侵，莫卧儿王朝走向衰落。1764年，莫卧儿王朝投降英国，沦为英国殖民者的附庸，名义上存在到1858年。

阿克巴大帝

莫卧儿帝国的第三个帝王是阿克巴大帝，他是巴布尔的孙子。阿克巴是"伟大"的意思。阿克巴是印度历史上一位伟大的君主，可以和阿育王相媲美。他在位期间不断扩张，到他去世时，莫卧儿帝国的版图东起布拉马普特拉河，南到哥达瓦利河

上游，西起喀尔，北抵克什米尔，成为印度历史上一个空前庞大的帝国。

1566年，14岁的阿克巴即位后不久，前苏尔王朝的贵族阿迪尔沙和喜穆率军3万、战象1500头卷土重来，企图恢复苏尔王朝。莫卧儿军大败，重要城市阿格拉和德里相继失陷。阿克巴和宰相培拉姆汗不甘失败，立即率领2万骑兵反攻德里，两军展开了决战。刚开始时，喜穆依靠优势兵力和众多的战象占了上风，莫卧儿军节节败退。阿克巴和培拉姆汗立即调整战术，派大军迂回到敌人的两翼攻击，牵制敌人推进，同时率主力进行反攻，给敌人制造混乱。为了对付敌人的战象，阿克巴指挥战士们向战象发炮，令弓箭手射火箭。这战术果然有效，战象害怕火，见了炮火和火箭只有四处狂奔，根本不听指挥，敌人的阵势大乱。阿克巴趁机下令进攻，杀死了喜穆手下的两员大将。为了扭转不利战局，喜穆亲自上马率军反攻，阿克巴弯弓搭箭，"嗖"的一声，羽箭射中了喜穆的眼睛，喜穆惨叫一声，倒地而亡。苏尔军见主帅战死，顿时斗志全无，纷纷扔下兵器四散而逃，莫卧儿军乘胜追击，取得了最后的胜利。通过这场战役，莫卧儿人彻底战胜了苏尔人，莫卧儿帝国确立了对印度的统治，并开始了对外扩张。

阿克巴登基时才14岁，朝政大权完全掌握在宰相培拉姆汗手里。宰相认为阿克巴是一个小孩子，根本不把他放在眼里，利用手中的大权，任人唯亲，排斥异己，甚至将阿克巴的好友都处死，还企图篡位。18岁的时候，阿克巴对飞扬跋扈的培拉姆汗再也无法容忍了，下令将他处死，自己亲自掌握了朝政。

阿克巴亲政后，一些贵族很不满意，在各地发动叛乱，严重威胁到了阿克巴的王位和国家的稳定。阿克巴亲自率兵镇压，终于平息了叛乱，巩固了自己的王位。为了警告叛乱者，他下令将两千多名叛乱者的头骨筑成了一座令人毛骨悚然的头骨塔。

印度是一个多宗教的国家，各个宗教之间冲突不断，经常发生流血冲突，阿克巴对此头痛不已。为了制止这类事件的发生，阿克巴宣布宗教自由，各个宗教平等。他任命了很多印度教徒做官，并娶了一位印度教贵族的女儿为王后。

为了根除宗教冲突，1581年，阿克巴自己创立了一个宗教——"圣教"。阿克巴是这个宗教的教主，圣教徒相遇后都高呼"阿克巴"。圣教没有寺庙，也不用祈祷，只是要求平时多做好事，爱护动物就可以了。这个宗教虽然没有流行，但却缓解了印度的宗教矛盾。

阿克巴对社会上的一些陈规陋习深恶痛绝，屡次下令改正。当时印度有一种非常野蛮、非常残酷的风俗，就是丈夫死了，妻子必须跳入火中殉葬，这种风俗当然也在阿克巴禁止的范围之内。

一次，一名官员向他报告："启禀陛下，孟加拉已故总督的妻子明天要跳火殉葬！"阿克巴知道孟加拉总督的妻子是一位非常聪明能干的女人，她是绝不会主动要求跳火殉葬的，一定是有人在逼她。

第二天，阿克巴早早便带着侍卫来到了孟加拉总督的家。这时院子里已经燃起了熊熊大火，四周站满了人，一个穿着华丽衣服的女子正在哭泣。

阿克巴走到总督妻子面前，问道："你跳火殉葬，是自愿的吗？"总督妻子哭着连连摇头说："不是啊，陛下！是我丈夫的哥哥逼我殉葬的，他怕我分丈夫的财产！"

"哼！"阿克巴冷笑一声，瞪了总督哥哥一眼，总督哥哥跪在地上吓得浑身打战。阿克巴大声对在场的人说："现在我下令，从今以后，谁再强迫寡妇跳火殉葬，一律处死！"在场的所有人齐声附和，手忙脚乱地把火扑灭，扶着总督夫人进屋去了。

在英明的阿克巴统治下，莫卧儿帝国逐渐强盛。

加纳王国

西非第一个有文字记载的古国，位于塞内加尔河和尼日尔河上游。约3世纪为曼丁哥族的索尼克人所建，首都加纳城。加纳王国在10～11世纪达到极盛，版图西临大西洋，东至尼日尔河与巴尼河汇合处，北到沙漠重镇奥达果斯特，南达塞内加尔河上游。国内盛产黄金。国王垄断黄金开采，对过境食盐、杂货征税，从中获取大量财富。加纳广泛使用奴隶劳动，但尚不能说成是奴隶制国家。1054年，摩洛哥穆拉比德王朝的阿布·贝克

表现加纳人淘洗金砂的图画

尔率兵占领奥达果斯特。又于1076年占领加纳城，加纳被迫称臣纳贡，并迁都尼日尔河上游。1087年加纳人民起义，重新获得独立，但商路中断，国力衰微。1240年加纳被马里征服，遂亡。

桑海王国

西非古国，又译松加依王国，发祥地在加奥南部的登迪，由桑海人在7世纪中叶前后所建。11世纪迁都加奥。1325年，马里攻占加奥，桑海王国遂沦为其属国。14世纪中叶后，逐渐取得独立。1464～1492年索尼·阿里在位时，改称大王，夺取廷巴克图、迭内等富庶的尼日尔河中游地区。1493年，大将杜尔夺取王位，兴起阿斯基亚王朝。杜尔发展生产，厉行改革，统一度量衡，建立常备军，鼓励学术，使帝国达到极盛，其版图西到塞内加尔河下游，东至艾尔高原，北抵撒哈拉的塔加扎，南及塞古。农业、纺织业发达。农奴制度盛行。文化达到很高的水平，国内建有图书馆和大学。15世纪末，桑海王国开始向封建社会过渡。16世纪后发生内乱，国势渐衰，奴隶和农奴不断起义。1590～1591年，摩洛哥大举入侵，桑海王国遂亡。

马里王国

塞内加尔河和尼日尔河上游的西非古国。马里意为"国王的驻地"，主要居民是曼丁哥族的马林凯人。曾长期臣服于加纳，11世纪中叶独立，国王称苏丹。12～13

世纪又臣服于索索王国。松迪亚塔在位时向外扩张，打败索索王国，灭加纳等，势力达到尼日尔河中游，迁都散卡曼尼河畔的尼阿尼。他的儿子始称曼萨（皇帝），穆萨·曼萨时（约 1312 ~ 1337 年）帝国极盛，版图西抵塞内加尔河下游，东至加奥，北到撒哈拉沙漠，南达今上沃尔特。农业发达，手工业和商业得到巨大发展，棉织品远销国外，大量黄金销往北非。14 世纪，马里王国成为西非最富裕的国家。15 世纪后，统治阶级为争夺王位而发生内乱，国势迅速衰落。1549 年，桑海人攻占马里首都；1591 年摩洛哥占领廷巴克图；1660 年，马里王国被班巴拉人所灭。

刚果王国

非洲班图族刚果人建立的国家，约建于 14 世纪。15 世纪末，国王恩赞加·库武大举扩张，领土东到刚果河，西至大西洋，南达洛热河，北抵刚果河北岸。王国有一套完整的中央和地方统治机构，王是最高统治者，下设首相和权力很大的六总督委员会。全国分 6 省，由总督治理。刚果以农业为主，生产稻、麦、高粱、香蕉、棕榈果和 16 世纪初从美洲传来的玉米、薯类，冶金、造船和棕榈叶编织比较发达。对冶金生产尤为重视。1448 年，葡萄牙殖民者大量闯入，国王和部分贵族领先加入天主教，首都改名圣萨尔瓦多。殖民者使用欺骗和引诱伎俩，掠夺奴隶和财富，引起统治者与人民以及统治者内部的矛盾。16 世纪中叶，国势衰落。1665 年，王国取消葡萄牙人的采矿权，双方发生战争。国王战死，王国分裂为 3 个小国，1900 年灭亡。

玛雅文明

玛雅文明开始于公元前 3000 年左右，到公元前 1000 年，玛雅人就开始了定居的农业生活。古代的玛雅人在沼泽地带修建了规模宏大的排水沟渠。他们利用这种先进的排水设备，排放沼泽地的水，然后种植玉米、马铃薯、烟叶、番茄、南瓜、草莓、花生、菠萝和可可等农作物。

在公元前 1000 年左右，玛雅人独立地创造了一种象形文字。这种文字的词汇大约有 3000 多个，古代玛雅人就使用这种文字记载他们的历史、科学、神话和生活习俗。

太阳历是他们取得的一项突出的天文学成就。他们把一年分为 18 个月，推算出地球一年为 365.2420 天，误差仅 0.0002 天，这比同一时期欧洲人使用的历法和我国古代历法都要科学得多。他们推算的金星年为 584 天，与现代人的测算相比 50 年内误差仅为 7 秒。

在中美洲的丛林中发现的古代玛雅的天文观测台是一座圆顶建筑，位于两层高大的台基之上。观测台内建有螺旋式的梯道和回廊，从上层窗口通过厚达 3 米的墙壁形成的对角线望出去，恰好可以看到春分日和秋分日的落日景观；从南面的对角线望出去，正是地球南极所在的方向。

古代玛雅人的数学十分发达，他们至少在公元前 4 世纪就掌握了"0"这个概念。另外，他们还创造了二十进位法。

玛雅文明在公元 11 世纪前后达到全盛时期，他们在密林中建造了 100 多座城市。城的中心一般是宏伟的广场和巍峨的金字塔庙坛，庙坛的两旁是巨大的宫殿和庙宇，四周是花团锦簇的建筑群。在玛雅城市的建筑中，有许多是庙宇金字塔，这些金字塔有高大的塔身和方形的地基，塔顶是祭祀用的神庙。

古代玛雅人有立碑纪年的习惯，每隔 20 年在一些城市立一块石碑记载重大事件的内容和年代。在公元 800 年前后，石柱记载中断。后来在尤卡坦又恢复了石柱记载，但时间不长。16 世纪，玛雅文明最终毁于西班牙入侵者手中。但此前，玛雅文明早已经从内部土崩瓦解了，其瓦解的真正原因一直是个未解的谜。

阿兹特克文化

12 ～ 16 世纪初，印第安人的一支阿兹特克人在墨西哥盆地创造的文化。1325 年，他们在酋长特诺克率领下来到特斯科科湖中的两个小岛上，建立特诺奇蒂特兰城。15 世纪初，开始向外扩张，征服邻近部落，领土扩张到墨西哥湾、危地马拉和太平洋沿岸。随着私有制和阶级分化日益明显，形成早期奴隶制国家。阿兹特克人以农业为主，种植玉米、棉花等农作物。手工业比玛雅进步，在制造铜器和陶器、铸造和压制金器以及用宝石和羽毛镶嵌装饰品方面显示出了高超的技艺。首都特诺奇蒂特兰定期举行贸易，一般以物易物。阿兹特克人擅长建筑，首都布局整齐、气势宏伟，所建造的金字塔，其顶上建有宏伟的神庙。阿兹特克人吸收玛雅文化的成就，创造了类似的历法和象形文字。1518 年，西班牙殖民者侵入，使这里的经济文化遭到破坏。

印加文化

南美印第安人的一支印加人创造的文化，地处南美安第斯高原一带。印加帝国从 13 世纪以库斯科盆地为中心逐渐强大起来。15 ～ 16 世纪，印加人征服邻近大片地区，形成庞大的帝国，疆土北起哥伦比亚南部，南到智利中部，西临太平洋，东至亚马孙丛林，囊括今厄瓜多尔、秘鲁和玻利维亚。印加人农业发达，修筑了大量的梯田和灌溉渠道，培育出近 40 种作物。他们制造出各种青铜器和金银装饰品。印加人的毛棉纺织品，花色鲜艳，精美绝伦。他们擅长建筑，建有太阳门和库斯科太阳庙；修建了两条贯通南北的大道，是人类最伟大的工程之一。印加人在数学和天文学方面也有成就，制定了比较精确的太阳历。医学上，能进行开颅手术，懂得提取可卡因做麻醉剂。印加人没有文字。1533 年，西欧殖民者占领库斯科，印加文化遭到破坏，印加遂亡。

印加人金像

中世纪的欧洲国家

日耳曼人大迁徙

4～6世纪日耳曼人大规模向罗马帝国境内大迁徙的运动。3世纪起，罗马奴隶制帝国日益没落，外族入侵，人民起义，同时，日耳曼人也大批进入帝国境内。376年，日耳曼人的一支西哥特人因受匈奴人压迫，经罗马帝国皇帝允许，渡过多瑙河进入帝国，开始了日耳曼人大迁徙的运动。419年，西哥特人在高卢南部建立西哥特王国。439年，汪达尔人经高卢、西班牙到北非，建立汪达尔王国。5世纪中叶，勃艮第人进入萨伏伊，建立勃艮第王国。486年，法兰克人在高卢北部建立法兰克王国。大致同时，盎格鲁－萨克森和裘特人渡过北海进入不列颠，建立许多小王国。568年，伦巴底人在意大利建立伦巴底王国，日耳曼人大迁徙终结。日耳曼人大迁徙加速了西罗马奴隶制帝国的灭亡，也促进了日耳曼人氏族制度的瓦解，并形成新的生产关系，进入封建社会。

法兰克王国

法兰克（意为勇敢的、自由的）人是日耳曼人的一支，散居在莱茵河下游，其中居住在三角洲的称萨利克法兰克人，居住在两岸平原的称里普阿尔法兰克人。

3世纪，法兰克人越过莱茵河进入高卢；4世纪，法兰克人又以罗马同盟者的身份定居在高卢东北部；5世纪下半期到6世纪初，在克洛维统率下，经过不断的武力扩张，建立起法兰克王国，占有了罗马在高卢的绝大部分领土。

克洛维的子孙又先后征服图林根、勃艮第王国，合并高卢东南的普罗旺斯和西南角的加斯科尼。在此期间，法兰克人也从原始社会末期氏族制度解体和阶级开始产生的阶段，过渡到农村公社。在农村公社解体的过程中，法兰克社会封建化，法兰克王国成为西欧最强大的国家。

克洛维

克洛维（公元465～511年）的祖父墨洛温曾率法兰克人参加过打败匈奴人阿提拉的战斗，克洛维于481年继其父希尔德里克为萨利克法兰克人部落联盟的军事首领。

公元 486 年，克洛维在苏瓦松（今法国北部）附近击溃素有"罗马人之王"美称的西罗马将领夏格里斯，夺得塞纳河和卢瓦尔河之间的土地，为法兰克国家奠定了基础。公元 493 年，他与信仰基督教的勃艮第公主结婚。公元 496 年，在斯特拉斯堡附近击败了原来居住在莱茵河中上游的阿勒曼尼人，占领了他们原住地的北部。这年圣诞节，克洛维率 3000 名士兵在兰斯教堂接受基督教洗礼，成为日耳曼人第一个基督教徒国王，实现了法兰克王权和教会结合的重要政治步骤。在教会的支持下，公元 500 年，他向勃艮第人发动了进攻。公元 510 年，在普瓦提埃附近击败西哥特人，占据了卢瓦尔河以南地区以及波尔多。为独占胜利果实，他又用阴谋和武力，降服或铲除了其他法兰克王公。

克洛维 45 岁时死于巴黎。

普瓦捷之战

公元 732 年，法兰克王国宫相查理统率的军队同入侵的阿拉伯军队在普瓦捷进行的一次交战。

公元 732 年初，阿拉伯帝国西班牙总督阿卜杜勒·拉赫曼率领 3 万阿拉伯军队从西班牙入侵法兰克南部。阿拉伯军队的主力是轻骑兵，基本不穿甲胄，机动性很强，使用枪和剑，很少使用弓箭。他们是一支进攻型的军队，不善于防御。当时掌握法兰克王国实权的宫相查理组织了一支由中、小贵族和自由农民组成的军队前往抵御。

10 月，两军在普瓦捷附近展开激战。法兰克军队前方是弓箭手，中央是密集的步兵方阵，两翼为重甲骑兵。阿拉伯轻骑兵的多次进攻都被法兰克步兵击退，士气大挫。法兰克军重甲骑兵乘势进攻，步兵方阵也稳步推进，阿拉伯军大败，阿卜杜勒·拉赫曼战死。

此战捍卫了法兰克王国的独立，遏制了阿拉伯人向西欧的扩张，在欧洲历史上具有重要意义。

查士丁尼及其西征

查士丁尼（公元 483 ~ 565 年）出生于马其顿的一个农民家庭，他的叔父因作战有功升任禁卫军统领，后被拥立为拜占庭皇帝。527 年，查士丁尼继位成为拜占庭帝国皇帝。

为了巩固帝国的内部统治，查士丁尼任命了 10 个法律专家组成法典编纂委员会编纂法典。委员会先后编成了《查士丁尼法典》《法学汇纂》《法理概要》，最后又将查士丁尼于公元 534 年以后颁布的法令汇集成册，称为《新法典》。查士丁尼时代汇集整理的全部罗马法律文献，统称《罗马民法汇编》。这是欧洲历史上第一部系统完备的法典，后来成为西欧各国研究和制定法律的基础。

查士丁尼统治时期，大兴土木，兴建宫殿和教堂。为了维护统治秩序，抵御外族入侵，他还到处修筑桥梁，改善道路，设立防卫网。政府开支扩大，赋税不断加重。为了反对官吏的贪赃枉法，反对苛重的徭役和赋税负担，帝国境内到处爆发人民起义，规模最大的是 532 年首都群众发动的"尼卡"起义。查士丁尼施展阴谋手段，将此次起义镇压。

公元 532 年，查士丁尼以重金为代价与波斯缔结和约，稳定了东部边境。接着又收买了巴尔干北部的部落酋长，暂时解除了北方之忧。随后，查士丁尼指挥大军向西开进。公元 533 年，侵占了北非的汪达尔王国。535 年，渡海侵入意大利，进攻东哥特王国，并迫使其于公元 540 年投降。拜占庭军队占领罗马城，用了 20 年的时间，才完全征服了意大利半岛。随后查士丁尼向西班牙进军，迅速夺取了西班牙半岛的东南部。至此，拜占庭帝国已攻取西罗马的大片领土。

长期的对外战争削弱了帝国的军事和经济力量，加剧了帝国的政治危机。自公元 555 年，查士丁尼再无力发动对外战争。从此，帝国领土不断遭到周边部族势力的蚕食，并从 14 世纪开始向新崛起的奥斯曼帝国称臣纳贡。

查理曼

查理曼（约公元 742～814 年）的祖父是法兰克宫相，其父矮子丕平则在教会扶持下，取得了法兰克王位。

查理曼在位共 46 年，几乎和西欧所有的民族都打过仗。公元 772～804 年对法兰克东北的撒克逊人进行了 18 次战争，有 4500 名撒克逊人被集体屠杀；公元 774年，征服了东南的近邻伦巴底王国；公元 778 年进攻西班牙，未能取胜；公元 788 年，消灭莱茵河右岸最后一个独立的日耳曼部落；随后，几次亲征阿瓦尔王国，多瑙河地区一些斯拉夫国家纷纷向法兰克人称臣。9 世纪初，查理曼把西欧大陆的绝大部分都纳入了自己的版图。

公元 794 年，查理曼在亚琛（今德国靠近比利时、荷兰边境地区）建都，叫"新罗马"。他将全国分为 98 个郡，由皇帝任命的伯爵治理。查理曼每年派巡按使二人到各郡巡视，监督伯爵；他大肆修建教堂、修道院，以奴化当地居民；为加强宗教宣传，他提倡教育，办宫廷学校，要求修道院建立学校。

查理曼帝国

它是西欧中世纪早期由法兰克王国发展来的封建军事帝国，存在于 800～843 年。查理拉丁文称"加洛尔"，故又名加洛林王朝。768 年加洛林王朝国王丕平死后，其子查理曼与弟卡罗曼共同治理国家。771 年卡罗曼死后，查理曼成为法兰克的唯一国王。800 年教皇为他加冕，称查理曼大帝，法兰克王国成为查理曼帝国。查理曼发动多次战争，疆域扩大到西临大西洋，东到易北河和多瑙河，北达北海，南至意大利中部。查理曼大帝死后，他的三个孙子于 843 年 8 月签订《凡尔登条约》，三分帝国。高卢、些耳德河和默兹河以西归秃头查理，称西法兰克王国，后发展成为法国。莱茵河以东，包括莱茵河以西的沃姆斯、美因兹和斯拜伊尔，归日耳曼人路易，称东法兰克王国，后发展成为德国。哥哥洛塔尔袭用帝号，定都亚琛，分得介于东、西法兰克之间的土地，称中法兰克王国，后发展成为意大利。

西欧封建等级制度

8世纪初，法兰克人受到阿拉伯人进攻的威胁。由子法兰克军队是自由农民组成的，需自备马匹、武器和半年粮食。随着社会封建化日益发展，农民更难以负担包括垂至膝盖的铁制网状锁子甲、头盔、铁制手掌套、长矛和剑在内的骑兵装备，国库也没有充足的经费来装备大量的军队，兵源枯竭。

于是法兰克宫相查理·马特改变了无条件分赠土地的制度，把一部分叛乱贵族和教会的土地作为采邑，连同耕种土地的农民，分封给前线的将领以及统治边远省份和镇压部落反叛的官员们，以服骑兵役为条件，供其终身享用，不得世袭。这种采邑制建立起封者和受封者之间的从属关系。后来，国王以下的封建主也把土地当作采邑分封出去，逐层分封的结果，便形成了以国王或皇帝为首，贵族依公爵、侯爵、伯爵、子爵、男爵、骑士之次序互为主从的封建等级制度。

小封建主从大封建主那里接受封地，要履行隆重的"敕封式"，要跪在领主膝下，把握着的双手放在领主手掌中，象征着在封臣和领主之间不仅相互存在着友谊和忠诚，而且建立了和睦的关系。接着，封臣站起来，把双手放在一件圣物上面，向领主宣誓："我的主人啊！臣下乃是我主的仆人，领有采邑的家臣。臣下愿竭忠尽智，不顾生死，一生侍奉我的主人。"然后，领主将一面旗帜，一根木杖，一张契据，或只是一小撮泥土、一小根树枝授给这个封臣。

封臣每年必须服兵役约40天，必须为领主作战，在领主被俘需要赎金或有其他需要时，提供钱财。领主要保护封臣不受侵害，解决封臣之间的争讼。

在西欧大陆，这种主从关系只存在于直接建立分封、受封关系的领主和封臣之间。国王是最大的封建主，权力也只限于自己的领地内，甚至无权管辖一个不直接隶属于他的小封建主。各级封建主拥有大小不同的封地和数量不等的庄园、农奴、武装，形成"封建金字塔"，压在广大农奴身上。

农奴

农奴和其他封建农民一样，是一个独立的小生产者。他们领有份地，有较稳定的使用权，可以世代相传，但土地所有权仍归封建主。农奴还有归个人所有的宅院和菜地，以及生产工具、耕畜、家畜和家禽。农奴在人身和法律上都依附于领主，经领主同意可以结婚，可以向法庭起诉；农奴虽可以被领主买卖、转赠，但不能被任意杀死。

农奴必须在庄园上为领主耕种自营地。在领主自营地，完全以封建主的需求来安排生产，农奴没有什么自主权。在封建庄园盛行的地区，劳役是农奴的主要负担。封建主的贪欲表现为追求增加农奴的服劳役天数，而农奴则反对增加劳役。在实际的经济生活中，劳役的数量往往加以固定，比如定为每周三天或每月三天等，农忙时再临时增加。

西欧封建庄园

9世纪起，一种封建农业经济组织形式即农奴劳役制庄园开始在西欧流行。

典型的庄园采用劳役地租的剥削方式：庄园的土地被划分成领主自营地和农奴份地两部分。领主自营地主要由服劳役的封建依附农民耕种，这些农民中有不少是农奴。封建主派管家监督农奴耕种，并在庄园上修建仓库、马厩等，备有耕畜和一些农具。自营地上的收获全归封建主，农奴靠耕种自己的份地维持生活。农奴份

这幅弗兰德尔绘画反映了典型的封建庄园生活，贵族庄园主正和他的总管商量收获葡萄，农民则在锄地、采果实、修枝等。

地的所有权也归封建主，农奴的子弟在继承份地时要向封建主交纳继承金。

庄园的耕地呈插花分布，领主自营地、农奴份地互相交错在一起，所以实行强迫轮种。耕地播种后、收割前用栅栏围起，收割以后成为公用牧场。9世纪的王室庄园和大修道院的庄园面积较大，有的占地几千公顷。9世纪以后的庄园一般都比较小。典型的庄园主要集中在法国中部和英格兰，而西欧其他地区典型的庄园较少。庄园以外的农民也多是封建依附农民，但所受的剥削不同于服沉重劳役的农奴，一般以交纳实物租、货币租为主。

采邑制

中世纪早期西欧的一种封建土地所有制。墨洛温王朝末期由于大土地所有制的发展，自由农大量破产，国家无可用之兵，中央的政治、经济、军事力量衰落。8世纪30年代，宫相查理·马特改变无条件分赠土地的办法，实行采邑制。没收叛乱贵族和部分教会土地封给官员和将领，受封者必须服兵役和履行封臣义务，而且只限本人，不得世袭。双方如有一方死亡，或封臣不履行义务，分封关系即终止。如要继续以前的关系，必须重新分封。通过采邑制，建立了以土地关系为纽带的国王与受封者之间的主从关系，加速了自由农民的农奴化进程，为形成阶梯式的封建等级制奠定了基础。骑兵逐渐代替步兵，骑士阶层兴起，中小地主力量加强，提高了国家的政治与军事力量。9世纪以后，采邑逐渐变成世袭领地。

《凡尔登条约》

查理曼之子虔诚者路易在位时，他的几个儿子多次叛乱。路易死后，长子罗退尔继位，罗退尔的兄弟路易和秃头查理联合起来反对他，战争不断。

公元843年，三兄弟在凡尔登缔结了条约，将查理曼帝国一分为三：老大罗退尔得到帝国中部，地域范围是北起北海，从莱茵河下游以南直到意大利中部的一条狭长土地（后来这一狭长地带被称为洛林），号称中王国；老三路易得到莱茵河以东

地区和巴伐利亚，号称东法兰克王国（其范围大致与今天的德国西部相当，地理上称日耳曼，中文译为德意志）；老四秃头查理获得些尔德河和默兹河以西的地方，号称西法兰克王国（其位置大致同今天的法国相合）。他们还约定，罗退尔保留皇帝称号，路易和查理拥有国王称号，他们三人所统治的地区各自发展，不相统属。

公元 870 年，他们统治的区域分别发展为近代欧洲三个主要国家：意大利、德意志和法兰西王国的基本领域。9 世纪末，查理曼大帝所传下来的帝号也不再保留。

神圣罗马帝国

10 世纪中叶，德国萨克森王朝国王奥托一世力图利用教会势力抑制大封建主，加强王权。961 年，罗马内部发生冲突，奥托应一派之请带领大批人马侵入意大利，并控制了教皇。962 年 2 月，教皇为奥托加冕，称奥古斯都，奠定神圣罗马帝国的基础。1154 年，德皇腓特烈一世攻陷罗马，帮助教皇镇压罗马共和国。教皇感恩，为腓特烈加冕，称其为"神圣罗马帝国"皇帝，正式在罗马帝国名称之前冠以"神圣"二字。帝国的疆土以德国和意大利的中、北部为主，有时包括瑞士、尼德兰、捷克和法国的勃艮第、普罗旺斯。13 世纪末，皇权开始衰落。1806 年 7 月，莱茵地区在法国大革命的影响下成立"莱茵同盟"，宣布独立，这是对帝国的沉重打击。同年 8 月，神圣罗马帝国最后一位皇帝弗朗西斯二世在拿破仑的强迫下退位，帝国灭亡。

海盗时代

北欧的斯堪的纳维亚半岛在中世纪人口剧增，而落后的农业生产力已不能满足人口日益增长的需要。于是，精于造船、有丰富的航海经验的纳维亚人，便转向世界寻求生路。公元 793 年 6 月 8 日，纳维亚人袭击了英格兰东北部的林第斯法恩寺院，从此北欧的海盗时代开始。

瑞典的海盗驰骋于北欧及其东、西两翼的广大区域，但其主要矛头对准东方。现今斯德哥尔摩及其周围地区是瑞典海盗活动的基地。公元 862 年，他们到达拜占庭、波斯和塔什干，在那里从事武装贸易，贩卖兽皮、琥珀，用来交换东方的白银、香料和丝绸。瑞典海盗向东方扩张的活动一直延续到 13 世纪，并于 1284 年将芬兰变为瑞典的一个公国。瑞典海盗还从俄罗斯掠得巨大财富。经过掠夺与扩张，瑞典海盗控制了通往东方的主要贸易路线，成为东西之间贸易的桥梁。

挪威与丹麦海盗队的目标是北海和大西洋岛屿，地中海沿岸的大部分国家都深受其害，同时他们还侵扰欧洲大陆。911 年，法兰西国王查理三世被迫同丹麦海盗首领罗洛签订了《圣·克雷尔条约》，把塞纳河口一带划归丹麦人管辖，罗洛被封为公爵，建立了诺曼底公国。

1013 年，丹麦国王斯万征服英格兰，成为丹麦和英格兰国王。次年，斯万去世，英格兰人夺回王位。1016 年，斯万之子克努特又率领丹麦人和挪威人组成的联合舰队，征服了英格兰全境，于1028年创建了北海大帝国，其疆域包括丹麦、挪威、瑞典南部、英格兰和苏格兰大部。克努特被尊称为"克努特大帝"，其统治时期成为丹麦和北欧海盗时代的鼎盛时期。克努特大帝死后，北海大帝国也于1042年崩溃。

西欧骑士制度

骑士制度产生于西欧的11世纪至12世纪。西欧封建主为了进行战争和镇压人民的需要，养了许多骑士。最早的骑士主要来自中小地主，后来领主的家臣和富裕农民也有成为骑士的。他们替大封建主打仗，得到大封建主赏赐的土地和金钱，成为小封建主。

很多封建主的子弟从小就被送进领主家里充当侍从，学文习武。21岁时，当他们已训练合格、具备骑士的条件时，在举行完庄严的仪式后，方能正式成为骑士。

在骑士制度的发展过程中，还为骑士制定了一系列的道德标准。除"忠君、护教、行侠"的信条外，还要求骑士"文雅知礼"，甚至要求他们学习音乐和作诗。

骑士把自己的"荣誉"看得甚至比自己的生命还重要。他不仅要忠实地为自己的主人服务，还要效忠和保护女主人。能为自己"心爱的贵妇人"去冒险和取得胜利，博得贵妇人的欢心，是一名骑士最大的荣誉。

骑士俘虏一个敌人就可以得到一份赎金，俘虏地位越高，家产越丰富，骑士得到的赎金就越丰厚。无论比武还是实战，骑士都不能搞突然袭击。另外，对待俘虏也要待如上宾。

随着中央集权的加强、战争的减少和雇佣兵制度的兴起，骑士制度在西欧开始趋于衰落，他们的尚武精神也逐渐消失，从而趋于消亡。

腓特烈一世

中世纪"神圣罗马帝国"皇帝。腓特烈一世于1152年继承其伯父之位成为德意志国王。作为当时的德意志国王，腓特烈一世一心要驾驭教皇，使教皇成为他统治帝国、进行对外扩张的工具。为此，他通过《康斯坦茨条约》让教皇加冕其为皇帝，正式成为神圣罗马帝国皇帝。腓特烈一世被加冕后，随即展开了与教皇夺权的斗争。他曾七次入侵意大利，但均告失败，导致了其侵略意大利政策的最终破灭。此后，腓特烈一世致力于巩固国内政权，虽取得了一定成效，但未能从根本上结束德国的封建割据状态。1189年，腓特烈一世参加了第三次十字军东征，对拜占庭进行了残酷的大掠夺，但没有如愿占领该城。1190年，腓特烈一世在东侵途中渡河时不幸溺水身亡。

德意志远征意大利

10～15世纪，历代德意志国王和皇帝为了获得称号和财富而对意大利进行的侵略性远征。

10世纪下半期，意大利各封建势力与教皇不断斗争，两败俱伤。德意志国王奥托一世两次南下侵略意大利，获得了伦巴底国王和神圣罗马帝国皇帝的称号。从此，德国历代国王都定期对意大利进行远征。

1176 年，德皇腓特烈一世率领骑兵远征意大利，遭到了北意大利城市联盟——伦巴底同盟的顽强抵抗。腓特烈一世亲率 3000 骑兵猛攻，米兰骑士不敌，溃败而逃。但手持长矛和盾牌的意大利步兵上前固守营垒，坚守不退，德国骑士久攻不克，逐渐陷入了混乱。布雷西亚骑士趁机从德国骑士的侧翼发起突击，配合步兵的正面作战。德国骑士大败，腓特烈一世被迫投降。

德意志远征意大利在军事学术史上有重要意义。它表明以排列密集队形的步兵为主力，再加上骑兵的协同配合，将防御和进攻巧妙结合在一起，足以击败优势骑兵。

英吉利王国

5 世纪，盎格鲁—撒克逊人侵入不列颠之后，在英格兰建立起一些相互征战的小国。

8 世纪末，诺曼人中的一支丹麦人开始侵入英格兰东海岸，到 9 世纪中期，他们南下攻击伦敦。此后，英格兰东北部逐渐形成丹麦人大片越冬区。9 世纪，威塞克斯国王阿尔弗雷德奋起反抗入侵的丹麦人，取得胜利，与丹麦人划地为界。在抵抗丹麦人的过程中，英吉利王国逐渐形成。

1066 年，法国的诺曼底公爵威廉征服了英国，当上了英国国王。在征服的过程中，盎格鲁—萨克森贵族中有很多人或战死或逃亡，留在英国的也被诺曼征服者剥夺了财产。威廉一世在征服的基础上，形成了集中强大的王权。他曾命令全体封建主向他宣誓效忠，以保证政令统一。跟随威廉来英国的诺曼人，有的原来就是威廉的封臣，有的到英国后得到封地也成为威廉的封臣，这些人组成了英国新的封建统治阶级。

1086 年，英国当时的大部分土地都被封建主占据，广大直接生产者已经沦为依附封建主的农民，英国进入了封建社会。此后，诺曼人逐渐同当地居民融合。

阿尔弗雷德

阿尔弗雷德（公元 849～899 年），英格兰威塞克斯国王。从 8 世纪末起，由于丹麦人的不断袭击和劫掠，英格兰受到严重威胁。阿尔弗雷德 19 岁便随其兄与丹麦军队作战。战争期间他继承了王位，进占伦敦，并被所有不接受丹麦统治的英格兰人拥戴为国王。

他一面纳贡赎买以削弱丹麦人的控制，一面加固要塞，修建堡垒，筹建骑兵队；他配合自由农民组成的步兵，使用兵船并筹建海上舰队，终于扭转了战局，抵挡住了丹麦军队的进攻；他外交手腕灵活，治国井井有条，提倡文化教育，派人编纂《盎格鲁—萨克森编年史》。

阿尔弗雷德是英国唯一被尊称为"大帝"的国王。

西欧城堡化

中世纪的时候，欧洲各国的封建主们为了保护自己的财产，纷纷兴建城堡。

早期城堡主要是用泥土筑成具有一定宽度和高度的土堤，下面用木板围起来，然后在上面建造大型的木制箭塔。这被称为"土堆与版筑"。城堡四周被注满水的壕沟所围绕，由一道吊桥与外界相连。

到了11世纪，城堡又有新的发展，开始用石头代替泥土和木材来建筑城堡。它建在高高的台基上，外墙的墙体很厚，城堡的四角各修建一座塔形的角楼，用于瞭望来自不同方向的敌情，防御敌人从各个方向进攻。城墙外有一条宽大的壕沟或护城河环绕，进出城堡必须通过唯一的城门——吊桥或闸门。有的大城堡甚至建造三道防线：外墙、内墙和主塔楼。其中主塔楼最高，内墙次之，外墙最矮。主塔楼和内墙上的士兵射出的箭可以越过外墙，击中敌人。

从公元9世纪到15世纪，整个欧洲遍布了数以千计的城堡。据1905年统计，仅法国一个国家就有1万多座城堡。

诺曼征服

诺曼武士

这是以法国诺曼底公爵威廉为首的法国封建主对英国的军事征服。1066年初，英王爱德华死后无嗣，威塞克斯伯爵哈罗德二世被推选为国王。威廉以爱德华曾面许其继位为理由，要求获得王位。1066年9月末，威廉率兵入侵英国。英王哈罗德闻讯后仓促南下迎战。1066年10月14日，双方会战于黑斯廷斯。结果英军战败，哈罗德阵亡，伦敦城不战而降。12月25日，威廉在伦敦威斯敏斯特教堂加冕为英国国王，即威廉一世，开始了诺曼王朝对英国的统治。残存的英国贵族对威廉进行了顽强抵抗，但均遭残酷镇压。1071年，威廉一世巩固了他的统治，因此获得"征服者"的称号。诺曼征服后，威廉没收原有英国贵族的土地，分给随他入侵的主教与将士，将法国封建制度逐步移植到英国，加强了王权，加速了英国封建化过程。到12世纪，英国封建制度基本确立。

拜占庭帝国

拜占庭帝国是东罗马帝国的别称，因首都君士坦丁堡是古希腊移民城市拜占庭的旧址，故又名拜占庭帝国。

拜占庭的城市经济始终保持繁荣，手工业和商业发达。其丝织业、采矿、金属加工、武器、玻璃、首饰制造业都很发达。君士坦丁堡人口达80万，是"全世界船只云集的市场"，与印度、中国、北欧进行贸易往来，并掌握全部地中海贸易，与西欧保持经常联系。专制政府对经济活动全面控制，所以拜占庭帝国被称为"垄断的天堂、特权的天堂、家长式统治的天堂"。

当西欧古典文化遗产遭到教会野蛮破坏的时候，拜占庭却融西欧古典文化、基督教文化、东方文化于一体，发展为封建社会时期文艺复兴前欧洲文化的最高峰。

数学家迪亚尔赫为欧几里得《几何原理》作了注释。爱吉那的《医学大全》

被译成多种文字，广泛流传。圣·索菲亚大教堂的建筑则代表了拜占庭艺术的最高成就。

拜占庭文化对文艺复兴和欧洲文化有重大影响，主要是对东欧，特别是对俄国。9世纪，拜占庭的传教士创造了斯拉夫字母，成为俄罗斯、保加利亚和南斯拉夫字母的起源。俄罗斯在宗教、艺术、建筑等方面大受拜占庭文化的影响。拜占庭也是当时东西方文化交流的桥梁。我国民间杂技中的吞刀吐火等就是由拜占庭传入的。

但是，拜占庭人只醉心于已有的辉煌成绩，无视西欧兴起的新文明，也不屑于吸纳和学习其他文明的精华。这种守旧封闭、不思创新的心态造成了拜占庭帝国后来的相对落后。久而久之，国内矛盾重重，国力逐渐衰落。

1204年，君士坦丁堡被攻陷，国家灭亡。60年后拜占庭重建，但力量薄弱。到1453年又被奥斯曼土耳其所灭。

拉丁帝国

它是1204年由西欧封建主和意大利威尼斯的巨商们组织的第四次十字军东侵，攻陷拜占庭帝国都城君士坦丁堡后建立的封建帝国。因希腊人称西欧人为拉丁人，故称拉丁帝国。其疆域包括小亚细亚西北部、巴尔干半岛南部及其附近岛屿，由组成这次十字军的西欧封建主统治，共持续57年。虚弱的拉丁帝国对人民大众实行残酷的掠夺与奴役，并摧残希腊文化。其自存在之日起就岌岌可危，西欧封建主内部不和，希腊人不懈地抵抗，保加利亚、土耳其也在伺机取代。1224年，伊庇鲁斯取得帖撒罗尼加；1225年，尼西亚收复小亚细亚；1235～1236年君士坦丁堡几被保加利亚的伊凡·亚森二世攻占。1261年7月，尼西亚皇帝巴列奥略家族的迈克尔八世收复君士坦丁堡，恢复了拜占庭帝国。拉丁帝国末代皇帝鲍德温二世逃往西欧，拉丁帝国遂亡。

拜占庭战术

在历史上，虽然拜占庭曾出现过几次中兴，但在四周的强敌压境的情况下长期处于守势。

在军事上，拜占庭奉行防御战略，尽可能避免战争。整个国家划分为几个军区，一旦外敌来犯，他们会坚守，并不反击，然后等待附近军区的援军增援后将敌人赶走。拜占庭军队通常将敌人逼到坚固的山口和渡口，然后利用有利地形协调进攻，击败敌人。

拜占庭陆军的骨干力量是名将贝利撒留创建的"铁甲骑兵"。这支骑兵博众家之长，既装备了西欧人的重甲和长矛，又使用波斯人的弓箭。在战场上，这支骑兵和步兵联合作战，能够进行复杂的队形变换。另外，富裕的拜占庭人还花费大量的金钱组建雇佣军来保卫他们的国土。拜占庭的海军不仅数量众多，而且拥有一种神秘武器：希腊火。凭借这种神秘武器，拜占庭曾多次击败敌人的舰队。

有时，拜占庭人也会根据对手的不同情况主动发起进攻。在春天和冬天，他们进攻斯拉夫人；在寒冷和阴雨天气，他们进攻波斯人和阿拉伯人。

拜占庭防御体系

拜占庭帝国立国之初就面临着非常严峻的周边形势：北方是野蛮好战的斯拉夫人；西边是与拜占庭帝国争夺海上利益的意大利威尼斯和热那亚商人冒险集团；东面，拜占庭先后受到波斯、阿拉伯和土耳其人的进攻。

为此，拜占庭皇帝苦心经营，在边境地区建立了庞大的防御网。仅在多瑙河沿岸就修建了 52 座堡垒，稍南又修建了 27 座堡垒作为第二道防线。碉堡之间修建道路，互相联络，形成互相可以支援的防御网络。除了在边界修建堡垒外，拜占庭还将许多城市碉堡化，其中最具代表性的当属首都君士坦丁堡。君士坦丁堡位于博斯普鲁斯海峡西岸，整个城市三面环海。北面是金角湾，入口处有粗大的铁链封锁，舰船难以进入；南面是马尔马拉海，沿海筑有 26 千米长的城墙。西面陆地上筑有两道城墙，第一道城墙长 40 英里（1 英里合 1.6093 千米），第二道城墙长 4 英里，两道城墙与天然屏障巴尔干山脉连在一起，再加上墙外深 100 英尺（约合 30.5 米）的壕沟，简直是固若金汤。在君士坦丁堡外，拜占庭还有强大的海军舰队。在历史上，君士坦丁堡曾遭到过 25 次围攻，但只有两次被攻破。

中古西欧城市

中古初期，西欧城市的外貌就像一座堡垒，其目的是防御敌人进攻。城市通常不大，人口也不多，但住得非常拥挤。市场是一块较大的空地，往往位于城市的中心。市场四周是市议会、店铺、回廊和各种摊子。居住在城市里的主要是手工业者。

在公元 5 世纪西罗马帝国灭亡后相当长的时期内，西欧几乎没有城市。后来，由于生产力的发展，手工业从农业中分离出来，手工业者时常到市场出售自己的制品。他们总是到那些水陆交通比较方便、人口聚居较多的地方赶集，流动的商人也带着外地产品到集市上来贩卖。后来，手工业者就来这里开设作坊，商人们也定居下来开设商店。于是，这些集市便渐渐发展成为城市。在西欧，这种以工商业为中心的城市，是在公元 10 世纪以后才兴起的。

大批不堪忍受领主剥削压迫的农奴和处于农奴地位的手工业者，从农村逃亡到城市定居，从而使城市日益发展。但城市里的手工业者，仍然是城市领地所属的领主的农奴，他们还得向领主交纳赋税。

为了获得城市自主权，欧洲很多城市与领主甚至国王开展斗争，典型的有法国琅城起义。1108 年，法国东北部的琅城人民用大量的金钱向城市领主琅城主教购买了城市自治权，同时也用重金向法国国王路易六世购得了城市自治特许权。但不久，琅城主教撤销约定，收回城市自治权，而国王也在接受了琅城主教的贿赂之后撤销了先前颁发的特许状。琅城人民义愤填膺，遂于 1112 年发动了大规模起义，将主教处死并打败了国王的军队。法国国王被迫再次给琅城人民颁发了城市自治特许状。欧洲城市经过近百年的斗争，终于获得了独立，有了自治权，市民变成了自由的人。一个农奴，只要在城市里住上一年零一天，就可取得自由。在城市里，他们成立了市议会，选举出市长和法官，铸造货币，并且组织统一的军队。

为了保障自己的利益，同一行业的手工业者就结成行会。每个手工业者必须隶属于一个行业，每个行会选举自己的首领，设立自己的会场。行会规定，所属成员不得制造粗劣的产品，不得囤积大量原料，不得雇用超过规定的帮工和学徒，尽力避免相互的竞争。行会同时又是军事组织，担负着防守城市的任务。

商业活动日趋繁荣，各国和各城市的商人都互相往来赶集，他们随身带来了许多货物和钱币。由于每个领主和城市铸造的钱币在名称、成色和重量上各不相同，所以一切银钱交易都需要严格审查它的兑换价值；再加上长途搬运大量的银币和铜币既不方便也很危险，所以，商人在自己的城市里将钱币交给兑换人，取得兑换人的凭据，再凭这张凭据，在另一个城市里兑取当地的货币。这样，就出现了兑换商的行业，而这种凭据，就是所谓"汇票"。有时商人也可以向兑换人借钱，由借钱人出具一张有归还期限的票据，到期偿付借款和利息。这样，银行也就在城市里应运而生。

城市的出现孕育了世俗文化，反映市民心态的城市文学也逐渐产生，各种大学也纷纷建立。城市文化的兴起为文艺复兴的出现打下了基础。

封建主因为需要购买城市的手工业品和从东方运来的奢侈品，迫切需要货币。于是他们开始把劳役和实物地租改为货币地租。大多数农民因为担负沉重的货币地租而经常负债，境况更加恶化。从14世纪起，西欧各国不断发生规模巨大的农民起义，城市里的平民也广泛开展摆脱领主束缚的斗争。

英国大宪章

1215年英王约翰被迫签署的文件，亦称《自由大宪章》。英王约翰在位时利用王权滥施暴政，随意没收附庸土地，征收赋税，还干涉教会选举，遭到了各阶层的强烈反对。1215年6月15日，在英国贵族的胁迫下，约翰签署了《自由大宪章》。主要内容如下：保障教会教职人员的选举自由；保障贵族、骑士的领地继承权，未经"王国大会议"同意，国王不得向直属附庸征派补助金和盾牌钱；国王不得干预封建主法庭的司法审判权；未经贵族的判决，国王不得任意逮捕或监禁自由人或没收他们的财产。同时，少数条款还确认城市已享有的权利、保护商业自由、统一度量衡等。还规定，国王如果违背宪章，贵族有权对国王使用武力。大宪章是一部封建性政治文件，后在英国确立君主立宪制时成为宪法性文件之一。

黑死病肆虐欧洲

1345年的一天，蒙古大军围攻克里米亚半岛的卡法城，城中的意大利商人和拜占庭军队凭借着高大的城墙拼命抵抗。整整一年过去了，蒙古人始终没有攻下。

后来卡法的守军发现蒙古人的进攻势头越来越弱，最后竟然停止了攻击。蒙古人在搞什么鬼？卡法守军百思不得其解。不过卡法守军丝毫不敢放松警惕，认为这很可能是蒙古人在为发动一场更猛烈的进攻做准备。

果然，没过几天，蒙古人再次对卡法城发动攻击。

埋葬死于黑死病的人们

不过这次蒙古人没像以前几次那样爬上云梯攻城，而是在城下摆了好几排高大的投石机。

"发射！"随着蒙古将军一声令下，"嗖嗖嗖"一颗又一颗的炮弹，向卡法城飞来。卡法守军看到炮弹时非常吃惊，原来这些"炮弹"不是巨大的石头，而是一具具发黑的死尸！不一会儿，卡法城里就堆满了很多发臭的死尸。蒙古人发射完这些"炮弹"后，就迅速撤退了。这些腐烂的黑色尸体严重污染了卡法城的水源和空气，过了不久，很多人出现寒战、头痛等症状，再过一两天，病人便开始发热、昏迷，皮肤大面积出血，身上长了很多疮，呼吸越来越困难。患病的人快的两三天、慢的四五天就死了，死后皮肤呈黑紫色，因此这种可怕的疾病得名"黑死病"。当时的人们并不知道这是由老鼠传播的鼠疫——一种由鼠疫杆菌引起的烈性传染病。

卡法城变成了人间地狱，城中的大街小巷到处都有黑色的死尸，到处都是痛苦的呻吟和绝望的哭号。幸存的意大利商人披着黑纱，急忙乘船逃回意大利。但他们万万没有想到，一群携带黑死病菌的老鼠也爬上了船，躲在货舱里，跟随他们来到了意大利。

意大利人很快就知道了黑死病的事，因此拒绝他们的船靠岸。只有西西里岛的墨西拿港允许他们短暂停留，船上的老鼠跑到了岛上，黑死病便首先在这里传播开来。因为墨西拿港是一个大港口，每天都有很多其他欧洲国家的商船靠岸，这些老鼠又登上这些船，来到欧洲各国。于是，一场大规模的黑死病开始在欧洲迅速传播。

其实，黑死病能在欧洲迅速传播，和当时欧洲人恶劣的生活条件是分不开的。那时，就连罗马、巴黎、伦敦这些大城市，也都是污水横流，垃圾、粪便和动物的死尸随意丢弃，臭气熏天，卫生状况非常差，这就为传染病的传播提供了有利条件。城市中除了贵族和有钱人外，绝大多数平民都生活在拥挤不堪、通风不畅的狭小房间里，很多人挤在一张床上，甚至有的人家连床都没有。当时的人也很少洗澡，从贵族到农民，很多人的身上跳蚤、虱子乱蹦乱跳。

此外，由于当时欧洲的猫几乎灭绝，老鼠没有了天敌，得以大量繁殖。

当时的医学水平根本无法治愈黑死病，一旦染病只能等死。人们把染病者关进屋子里，把门和窗全部钉死，让他们在里面饿死。有的人结成一个个的小社区，过与世隔绝的生活，拒绝听任何关于死亡与疾病的消息。有的人则认为反正是死，不如及时行乐。他们不舍昼夜地寻欢作乐，饮酒高歌，醉生梦死。有的人手拿香花、香草或香水到户外去散步，认为这些香味可以治疗疾病。也有一些人抛弃了他们的城市、家园、居所、亲戚、财产，独自逃到外国或乡下去避难。而罗马教皇则坐在熊熊烈火中间，以此来隔绝黑死病的侵袭。由于欧洲的犹太人懂得隔离传染病人的医学常识，所以死的人较少。一些别有用心的基督徒就诬蔑犹太人和魔鬼勾结，带来了黑死病，大肆屠杀犹太人。当时整个欧洲简直是一幅世界末日的景象。

据统计，在 14 世纪的 100 年中，黑死病在欧洲共夺去了 2500 多万人的生命，再加上饥饿和战争，大约有 2/3 的欧洲人死亡。

扎克雷起义

1358 年法国北部爆发的反贵族的大规模农民起义。"扎克"意为乡下佬，是法国封建主对农民的蔑称。13 世纪以后，封建贵族以货币地租和高利贷，加重对农民的榨取。1348 年，黑死病又在法国蔓延，使农民生活恶化，经济萧条。百年战争初，国王和大批贵族被英军俘虏，王子查理为了筹集赎金，对农民增加捐税，且农村破坏惨重，民不聊生。1358 年 5 月，吉尤姆·卡尔率领农民在法国北部博韦区揭竿而起，口号是："彻底消灭一切贵族！"起义迅速席卷香槟、皮卡第、法兰西岛等地区。农民捣毁封建主住宅，攻陷城堡，焚毁契约债据，杀死被俘的封建主。封建主组织上千骑士向起义者进逼。1358 年 6 月，查理二世以举行谈判为名，将吉尤姆骗到军营，并将其杀害，起义军战败。这次起义打击了法国的封建制度，为资本主义的产生创造了条件。

英法百年战争

1328 年，法国卡佩王朝绝嗣、支裔华洛瓦家族的腓力六世继位。英王爱德华三世以卡佩王朝前国王腓力四世外孙的资格，与腓力六世争夺王位。

1337 年，爱德华三世称法兰西王，腓力六世则宣布收回英国在法境内的全部领地，于是英法两军交战于普瓦捷城东，战争爆发。战争初期，英军大举进攻，取得斯勒伊斯海战的胜利，夺得制海权，控制了英吉利海峡。1346 年 8 月，双方在克雷西会战，法军损失惨重，失去陆上优势。1356 年 9 月，双方又在普瓦捷激战，法王约翰二世及许多贵族大臣被俘。法国因战争失利，经济衰退，社会动荡，民不聊生，相继爆发了巴黎市民起义。1360 年，法国被迫接受《布勒丁尼和约》，把加来及西南部大部领土割让给英国，英王则放弃对法国王位的要求。

1364 年法王约翰二世死后，王子查理即位，称查理五世。即位后，他大力改革，整顿军备。1369 年，法军对英军展开进攻，法军以游击战相配合，逼使英军后撤。至 1380 年查理五世去世时，法国已收复大部失地。法王查理六世时期，法国封建主发生内讧。英军乘机进攻，在 1415 年迅速占领了包括巴黎在内的整个法国北部。

1428 年 10 月，英军大举南下围攻奥尔良。法国女民族英雄奥斯贞德率军解了奥尔良之围，接连收复北方许多城镇。1430 年贞德被俘，翌年被英军烧死。此后，法国人民的抗英运动继续发展。1435 年,法国统治集团结束分裂,重新联合。至 1453 年,法国收复了除加来港以外的全部国土。从此法国实现了政治上的统一。

百年战争虽然使法国经济衰落，但促进了法兰西民族意识的觉醒，对近代民族国家的形成起了很大作用。英法战争表明，英国雇佣兵优于法国的封建骑士武装。战争中火器的出现和运用，预示着作战方法的重大变革。

阿金库尔战役

阿金库尔战役发生于 1415 年 10 月 25 日，是英法百年战争中著名的以少胜多的战役。

1415 年 8 月，英王亨利五世率军约 6000 人在塞纳河口登陆后向加来进军。法国军队在加来以南阿金库尔要塞奉命截击。英国装备了英格兰长弓的弓箭手按照楔形分布，骑兵全部下马作战，阵前设置尖头栅栏，以阻挡法国骑兵冲击。法国骑兵首先发起进攻，但泥泞的土地给骑兵前进带来了很大困难。英国弓箭手集中射击法国骑兵的马匹，身穿沉重盔甲的骑士纷纷落马，结果打乱了从后面冲上来的法国步兵的阵形，使他们也遭到了英国弓箭手的射击。少数冲到英军阵前的法国骑兵遭到了英国步兵的顽强抵抗，被全部消灭。随后，英国弓箭手手持短兵器和步兵一起冲锋，将陷在泥潭中行动不便的法国骑兵全部消灭。

此战法军损失过万，仅贵族就战死了 5000 多人，而英军只损失了 10 多名骑士和 100 多名长弓手。这场战斗的结局改变了英国人在英法战争前期的被动局面，从此以后英军节节胜利，直到贞德出现。

圣女贞德

1428 年，英军联合法国的叛徒集团勃艮第党人向法国发动了大规模进攻，占领了法国北方的大片领土，并包围了法国南方的门户奥尔良城。当时的情况非常危急，一旦奥尔良失守，法国南方就有全部沦陷的危险。而法国以查理王子为首的统治集团却对此束手无策，只知道逃跑。

在这种情况下，法国姑娘贞德挺身而出。贞德是法国东部洛林地区杜米列村的一个普普通通的乡下姑娘。她没有上过学,从小就帮着家里干农活、放羊。在童年时代，贞德亲眼看到了英国侵略军的暴行，从小就树立了反抗侵略的信念。她还曾参加家乡的游击队，同英军英勇作战。

听说奥尔良被围后，贞德心急如焚，决定去找查理王子。1429 年 4 月的一天，卫兵向正在喝闷酒的查理报告说有个乡下姑娘要见他。"不见不见！"查理不耐烦地摆摆手。过了一会儿，卫兵又来报告说那个姑娘非要见他不可，说她是为解奥尔良之围而来的。

"什么？一个乡下姑娘居然能解奥尔良之围？好，让她进来。"查理冷笑着说。

不一会儿，贞德走了进来。"你叫什么名字？"查理问。

"我叫贞德。"贞德回答。

"你能解奥尔良之围？"

"是的，我能。"贞德坚定地说。

"你凭什么这么说？"查理疑惑地问道。

"凭殿下您、伟大的法国人民和我的爱国热情。"

当时查理的处境非常糟糕，贞德的到来给他带来了一丝希望，于是他就让贞德带领 6000 法军去奥尔良。

贞德身穿男子的服装，披着白色的铠甲，腰配长剑，骑着高头大马，率领大军浩浩荡荡地进军奥尔良。当时英国人已经在奥尔良城外修建了很多堡垒，将奥尔良围得水泄不通。看到这种情景，很多军官和士兵都有些泄气，觉得别说解围，就算冲进去都是不可能的。

看到这种情况，贞德鼓励大家说："大家不要灰心。堡垒是死的，人是活的。只要我们有信心，一定可以战胜敌人，攻克堡垒。"

贞德随即率领法军向英军进攻。贞德左手拿着旗帜，右手拿着宝剑，身先士卒，杀入敌阵。在她的鼓舞和带领下，法军将士个个英勇杀敌，攻克了一个又一个的堡垒。一次，贞德率军攻打一个高大坚固的堡垒时，像往常一样冲在最前面，结果不幸被敌人射了一箭，贞德因失血过多而昏迷，部下急忙把她抬到后方。战斗一直从早晨持续到傍晚，法军伤亡很大，可仍然没有攻克堡垒。昏迷中的贞德听到战场上激烈的厮杀声，突然惊醒过来，她忍着伤痛，翻身上马，又呐喊着冲向堡垒。法军见贞德这样奋不顾身，士气大振，个个争先恐后，终于攻下了堡垒。英军见大势已去，只好灰溜溜地逃走了。

贞德率领大军雄赳赳气昂昂地进入奥尔良，城中的军民夹道欢迎，发出阵阵欢呼。城中教堂的钟声响彻云霄，人们整夜高唱赞美诗。奥尔良胜利的消息传出后，整个法国沸腾了，人们都亲切地称贞德为"奥尔良的女儿"。

奥尔良大捷后，贞德决定保护查理王子到兰斯城的教堂去登基，因为按照当时的规定，国王必须在那里登基才算合法。

贞德说出自己的计划后，查理和他的大臣们又一次惊呆了。因为当时兰斯城在英国人手中，

贞德像
1431 年 5 月，贞德被判处死刑。1456 年，查理七世为贞德平反，恢复了她的名誉。

圣女贞德节

　　1431 年 5 月 30 日早晨，在鲁昂，贞德被无情的火焰吞噬了。23 年后，贞德的家人向教会申请，要求重新审查贞德案件。1456 年，罗马教廷审查后确认，贞德是无罪的，所谓异端的罪名，全属无中生有，从而撤销对她的判决。1920 年，贞德被罗马教廷封为圣女，不久，巴黎高等法院做出规定：每年 5 月的第二个星期日为法国贞德节。

去兰斯城无异于一场远征。在贞德的一再坚持下，查理只好勉强同意。贞德率领法军一路攻城略地，所向披靡，很快就攻占了兰斯城。查理在兰斯大教堂正式登基，成为法国国王，史称查理七世。

　　查理七世登基后，觉得自己的地位稳固了，又看到贞德在人民中的威信越来越高，渐渐就不再重用贞德了。同时查理七世手下的大臣们非常嫉妒贞德的功劳，害怕她夺走自己的地位，因此想方设法排挤她。

　　贞德要求率军收复巴黎，查理七世勉强同意，但只给了她很少的军队。因为敌众我寡，贞德在巴黎城下被打败，被迫撤退到巴黎南面的康边城边。英军紧追不舍，在贞德准备退回康边城的时候，城中守军突然关上了城门，贞德被与英军勾结的勃艮第党人俘虏了。

　　勃艮第党人以 1 万金币的高价将贞德卖给了英国人，但查理七世却无动于衷，根本不去营救。被俘的贞德坚贞不屈，后来被英国人以女巫的罪名活活烧死。在贞德爱国精神的感召下，法国人民纷纷拿起武器，最终赶跑了英军，收复了全部国土。

东正教

　　东正教又称正教，与天主教、新教并称为基督教的三大派别。基督教产生后不久，逐渐分化为以希腊语地区为中心的东派和以拉丁语地区为中心的西派。

　　公元 1054 年，东西两派正式分裂，以君士坦丁堡为中心的大部分东派教会自称为"正教"，该教会信守前七次世界主教会议的决议，奉行七件圣事；在宗教仪式中，以希腊语为主，但允许使用地方民族语言；除主教以外，正教里的一般神职人员可以结婚；不承认罗马教皇是全世界教会的首脑，只承认他是罗马主教和西部教会的牧首。中世纪时，东正教成为拜占庭帝国的国教。

　　16 世纪时，莫斯科都主教脱离君士坦丁堡而自主，成为使用古斯拉夫语的俄罗斯东正教。18 世纪后，东欧一些国家的东正教，陆续脱离君士坦丁堡牧首的直接管辖，宣布行政上自主。东正教在世界各地共有 15 个自主教会，但在名义上仍共同尊重君士坦丁堡牧首在正教众主教中的首席地位。在世界上，正教主要分布在希腊、塞浦路斯、保加利亚、罗马尼亚、前南斯拉夫和前苏联等地。

阿维农之囚

　　13 世纪的时候，西欧的国家特别是法国崛起了。法国国王腓力四世凭借强大的武力，强行夺取了很多公爵的领地，进一步扩大了王权。腓力四世野心勃勃，想让整个法兰西只听从自己一个人的命令。但法国人都信仰天主教，很多传教士都只听从罗马教皇的命令，对腓力四世不屑一顾，这让腓力四世非常恼火。他决心凭借自己的强大实力，做一个真正意义上的法国国王。

由于连年发动战争，法国军费开支巨大。为了弥补军费开支，腓力四世决定向法国的教会征税。在以前，拥有大量土地和财产的教会是不向所在国的国王纳税的，他们只向教皇纳税。腓力四世的这个决定大大损害了教皇的利益，教皇卜尼法斯八世非常生气，下了一道命令，重申教会只向教皇纳税，各国国王无权向教会征税。

桀骜不驯的腓力四世立即针锋相对地发布了一道命令，没有国王的许可，严禁法国的金银、马匹、货物出口。命令虽然没有提到教皇，但实际上却切断了法国教会和贵族向教皇缴税的道路，断了教皇在法国的财源。卜尼法斯八世无可奈何，只好同意腓力四世向教会征税。

但卜尼法斯八世不甘心失败，他决心捍卫教皇的利益，而腓力四世也不满足已取得的利益，还想进一步扩大。于是，教皇的神权和国王的王权之间的斗争更加激烈。腓力四世准备制定一个法令，以限制教皇在法国境内的权力。卜尼法斯八世听说后，急忙派法国的大主教前去干涉。法国大主教仗着有教皇撑腰，狐假虎威，在腓力四世面前趾高气扬，不可一世。腓力四世刚开始默不作声，后来实在忍无可忍，下令士兵把大主教抓起来，投入了监狱，随后交给法庭审判。

听到这个消息后，卜尼法斯八世气得七窍生烟。他一连发了三道教皇令，指责腓力四世犯了严重错误，声称只有罗马教廷才有权力审判大主教，并宣布取消腓力四世向教会征税的特权。腓力四世也不甘示弱，他当众烧掉了教皇令，并向在场的所有人郑重宣布：从今以后，除了上帝，他和他的子孙决不屈服于任何外来的势力。

为了彻底让法国的教会势力服从于国王，1302年，腓力四世在巴黎圣母院召开了法国历史上第一次由贵族、教士和市民三个等级参加的会议。在会议上，腓力联合贵族和市民两个阶级，迫使教士们向国王效忠。

卜尼法斯八世气急败坏，立即下令开除腓力四世的教籍。不料，腓力四世根本不吃这一套，他列举了卜尼法斯八世的29条罪状，宣布要以法国国王的名义在法国审判教皇，并派军队去罗马逮捕教皇。

1303年9月的一天，卜尼法斯八世正在开会，准备对腓力四世进行惩罚。正在这时，一群法国士兵闯了进来。领头的法国军官说："奉法国国王的命令，我们要逮捕教皇卜尼法斯八世去法国受审！"整整三天，卜尼法斯八世脸色苍白，浑身颤抖，躺在床上不吃不喝，受尽了法国人的侮辱和戏弄。虽然后来他被营救出来了，但由于气愤和惊吓的刺激，75岁高龄的卜尼法斯八世不久就死了。当时的人们这样评价他：爬上教皇位子的时候像只狐狸，行使职权的时候像头狮子，死的时候像条狗。

在和教皇斗争中大获全胜的腓力四世并不满足，他把法国籍的一个大主教扶上教皇的位置，即克雷芒五世，从此教皇成了腓力四世的傀儡。克雷芒五世长期居住在法国而不回罗马，后来索性将罗马教廷迁到了法国南部的小城阿维农。从此，罗马教廷凌驾于国王之上的时代一去不复返了。历史学家把70多年里居住在阿维农的7位教皇称为"阿维农之囚"。

瓦特·泰勒起义

英国农民反封建的起义。主要领导者为瓦特·泰勒，故名。14世纪的英国，社会局势动荡不宁，阶级矛盾空前激化。黑死病夺走了英国几乎一半的人口，经济萧条，统治阶级又发动百年战争，英国农民已经忍无可忍。1381年5月，埃塞克斯和肯特郡的农民在起义领袖瓦特·泰勒和约翰·保尔的领导下起义。6月13日，义军占领伦敦，他们捣毁大臣官邸，杀死大主教和财政大臣，冲进监狱，释放囚犯，并两度迫使国王出来谈判。农民提出废除农奴制，每亩地的货币地租限定为4便士，确保全国贸易自由，赦免起

忍无可忍的英国农民们自发地反抗所受的压迫，图中他们正用刀剑攻击一名贵族妇女。

义者；还要求没收教会地产分给农民，取消领主权，把领主霸占的土地还给农民，废除劳工法等。在第二次谈判时，瓦特·泰勒被刺杀，起义失败。这次起义沉重地打击了封建势力，加速了英国农奴制的消亡。

玫瑰战争

1455~1485年期间的英国封建内战，是英国在百年战争失败后两大封建主集团在国内为争夺王位的结果。因战争一方为主要倚靠西北地区及威尔士贵族支持的兰开斯特家族，以红玫瑰为族徽；另一方为主要倚靠东南地区以及新贵族和城市市民支持的约克家族，以白玫瑰为族徽，故名。约克公爵理查德企图夺取王位，1455年5月22日于圣奥尔本斯击败兰开斯特家族的武装部队，战争开始。战初，兰开斯特家族获得胜利，理查德被杀，但其长子爱德华很快大败兰开斯特家族，并于1461年即位，开始了约克王朝的统治。爱德华四世死后，其弟理查德篡位，其统治激起许多封建贵族的反对。后理查德三世战败被杀。兰开斯特家族远亲里士满伯爵亨利·都铎继承王位，建立都铎王朝，结束了内战。玫瑰战争有利于加强专制统治，也有利于新贵族和资产阶级势力的兴起。

都铎王朝

英国从封建主义向资本主义过渡时期的一个重要封建专制王朝。玫瑰战争末期，兰开斯特家族的远亲里士满伯爵亨利·都铎于1485年8月夺取王位，建立都铎王朝。新王朝依靠新兴贵族和资产阶级的力量，削弱封建割据势力，设立"星室法庭"，建

立起强大的王权。实施保护关税，支持本国工商业和航运业，奖励航海活动，保护对外殖民和海盗活动，自上而下推行宗教改革，进一步加强了王权。通过圈地运动和血腥立法，资产阶级和新贵族积累了巨额财富，也加剧了社会矛盾。1588年7月，英国舰队击败西班牙无敌舰队，成为海上强国，女王伊丽莎白一世时期尤为强盛。在资本主义迅速发展的都铎王朝时期的英国，文化空前繁荣，人文主义思想流行。1603年伊丽莎白女王死后，因无嗣，政权转到斯图亚特王朝家族手中。

伊丽莎白一世

英国都铎王朝女王，史称"处女女王"。伊丽莎白于1558年即位，统治英国45年。在位期间，伊丽莎白依靠新贵族和新兴资产阶级，不断加强专制统治。她于1559年颁布《至尊法案》，重申国王为教会最高首领；于1571年促使国会通过"三十九信条"，确立了英国国教；于1588年打败西班牙"无敌舰队"，独占海上霸权。伊丽莎白奖励工商业和航海业，积极发展海外贸易；支持英国商人的海盗活动，鼓励罪恶的奴隶贸易。同时也颁布血腥法案，迫害在圈地运动中流离失所的农民。所有这些措施，大大促进了英国资本主义的发展，为后来不列颠帝国的建立奠定了基础。因此伊丽莎白一世统治时期被称为英国历史上的黄金时代。伊丽莎白死后，王位传给苏格兰王詹姆士一世，都铎王朝也被斯图亚特王朝取代。

教皇国

756～1870年罗马教皇在意大利中部拥有领土主权的政教合一的封建国家。756年法兰克国王丕平为酬答教皇支持其篡位，迫使伦巴底人放弃拉文纳等占领地，将意大利中部大片领土赠给教皇，此为教皇国之始。774年，查理曼大帝又将贝内文托和威尼斯等城赠予教皇，教皇国版图逐渐扩大。11世纪起，教皇国势力逐渐增强，12～13世纪为其鼎盛时期。1527年奥地利占领罗马，教皇国被承认为独立国家。后来拿破仑进驻罗马，多次将其并入法国版图。意大利统一运动中，教皇国领土不断缩小，1870年几乎全部并入意大利，教皇退居罗马城西北角面积只有0.44平方千米的梵蒂冈。

马丁·路德

马丁·路德（1483～1546年）出身于德国图林根的一个农民兼矿工的家庭里。大学毕业以后，他进入一所修道院，后来，在维登堡大学教授神学。

新教
新教是基督教的一派，与天主教、东正教并称为基督教三大派别。新教包括16世纪欧洲宗教改革运动中产生的路德教派、卡尔文教派和英国国教，以及后来由这些教派中先后派生出来的其他新教派。 新教不承认罗马教皇的地位，主张教会制度多样化，认为信徒无须通过神父作为中介而与上帝直接相通。

宗教改革时期，路德派教徒正在与罗马天主教教徒讨论一些有争议的论点，这是 1530 年神圣罗马帝国皇帝试图与改革者和解的最后尝试。

1517 年，教皇的代表在维登堡附近出售免罪符，马丁·路德在维登堡教堂门口贴出他的《九十五条论纲》表示反对。《九十五条论纲》在德意志各地普遍引起共鸣。后来，宗教改革的运动展开了，农民革命也爆发了，马丁·路德成为改良派的首领，鼓吹用坚决的行动反对世俗的和教会的大封建主，表示拥护农民的行动。但实际上马丁·路德并不拥护农民革命。他的真正意图是借农民的力量去实现资产阶级反对教皇和改革教会的要求。当农民革命扩大和加剧的时候，他就公然站在大封建主的一面，要求镇压农民革命。

马丁·路德的宗教改革结束了罗马教会对西欧的超国界的封建神权统治，对欧洲历史的发展有一定的推进作用。

九十五条论纲

1517 年，罗马教皇利奥十世以修建罗马圣彼得大教堂为名，派人向各地教徒推销赎罪券，搜集捐献。

10 月 21 日，马丁·路德在维登堡教堂门前张贴了一个共有九十五条的论纲，要求进行辩论。论纲的主要内容包括：教皇除免除自己施加或教会法典的惩罚以外，不能免除其他惩罚；教皇的赦罪只是宣布上帝的仁慈，不适用于炼狱中的灵魂；真心痛悔，即使没有教皇所售之券，每一个信徒也都能得到基督的赦罪恩赐和处罚减免；任何在世或已经死去的真正教徒，即使没有教皇的援助，也有基督和圣徒们所积善功可为之补过……同时认为告解圣事的核心在于忏悔，而不在于向神父做补赎和积善功（包括购买赎罪券）。

加尔文

加尔文（1509 ~ 1564 年）生于法国，是瑞士宗教改革家，加尔文宗教的创始人。16 世纪 30 年代，他参加巴黎的宗教改革运动，由于法国政府对新教徒的迫害，逃往瑞士。他发表过神学著作《基督教原理》。

从16世纪40年代起,他在瑞士日内瓦领导宗教改革和市政工作。他废除主教制,代之以共和式的长老制。他提倡简化宗教仪式。鼓励经商致富,宣称做官执政,蓄有私产,贷钱取利,都是上帝的旨意。加尔文的神学思想在许多方面与路德宗教相同,如强调圣经是基督教信仰的唯一根据和权威等。但加尔文还主张"预定论",认为人的得救与否,贫穷与富贵,早已由上帝"预定"。

托马斯·闵采尔

托马斯·闵采尔(约1490~1525年),德意志中部的士托尔堡人,是一个神学博士,精通古典文学和人文主义文学。

在路德发表宗教改革的主张以前,闵采尔早已用反对天主教会的精神解释《圣经》。1513年,他组织了反对教会的秘密社团。宗教改革运动初年,他支持马丁·路德。但从1520年起,他对马丁·路德采取了坚决反对的态度。闵采尔认为,"天堂"意味着地上罪恶的清除,"神"不过是人的理智的象征。因此,闵采尔宣传的几乎就是无神论,是跟天主教的教义截然对立的。

闵采尔在宗教问题上的革命精神体现在社会政治问题上,就构成了他的社会革命的思想。他主张打倒封建主、诸侯和一切压迫者,让劳动大众掌握政权。在他的理想里,没有阶级差别、没有私有财产、没有国家权力的社会,就是所谓"上帝的王国"。闵采尔的这种理想是一种带有神秘意味的空想。但是他的理想鼓舞了德意志被压迫人民的斗争。为了实现他的理想,闵采尔英勇地参加斗争。他在德意志的中部和西南部向农民和城市贫民宣传革命道理。由于统治者的迫害,他四处迁徙,但在此期间团结了许多学生和支持者。

1524年,闵采尔在士瓦本、阿尔萨斯等地区组织革命的领导核心,准备起义。起义发动以后,他在图林根、萨克森等地区亲自指挥军事行动。在缪尔豪森城建立革命政权的时候,他被选举为议会的议长。在那里,他按照他的理想着手社会改革。闵采尔号召德意志各地区的革命力量联合起来一致斗争,但由于农民革命运动没有统一的组织,力量分散,起义最终被统治阶级镇压了下去。

1525年5月,闵采尔在弗兰肯豪森被俘。在经受了残酷的刑讯以后,他始终不屈,最后被杀害。

尼德兰革命

随着欧洲文艺复兴和科学技术的发展,资产阶级逐渐登上历史舞台。1556年,包括荷兰、比利时、卢森堡和法国东北部的尼德兰地区,因王朝联姻和王位继承关系,归属了西班牙。西班牙对尼德兰推行封建专制制度,对尼德兰人民进行残酷奴役和剥削,造成手工场倒闭、工人失业,极大地扼制了资本主义经济的发展。西班牙的专制统治还体现在教会迫害上:查理一世曾在尼德兰设立宗教裁判所,颁布"血腥诏令"，残酷迫害新教徒；腓力二世加强教会权力，命令尼德兰总督在一切重大事务上都要听从教会首领格伦维尔的意见，并且拒绝从尼德兰各地撤走西班牙军队。西班牙的专制行为引起尼德兰人民的极度不满和抗议。

面对西班牙的专制统治和宗教迫害，以宗教斗争为先导的尼德兰民众的反封建斗争逐步高涨。激进的加尔文教教徒迅速增多，并不时地同当局和教会发生冲突。腓力二世只好表面答应群众的要求，但是暗地里却在秘密制订残酷镇压尼德兰革命势力的计划。1566 年，尼德兰贵族也向西班牙国王请愿，要求废除宗教裁判所，缓和镇压异端的政策。在没有任何收获的情况下，贵族中的激进派加入加尔文教会和革命群众的行列，一场大的革命风暴即将来临。

尼德兰起义军领袖奥兰治·威廉像

1566 年 8 月，一名叫马特的制帽工人，掀起了破坏圣像、圣徒遗骨和祭坛的运动，并得到广大人民群众的支持，安特卫普、瓦朗西安爆发了起义。1567 年，腓力二世命阿尔法为总督，率军进驻尼德兰，开始了对起义军的血腥镇压，一些贵族和资产阶级分子也被杀害。由工人、农民和革命资产阶级分子构成的起义军和激进的加尔文教徒转移到森林里和海上，组成"森林乞丐"和"海上乞丐"，展开游击战，神出鬼没地袭击西班牙军队，奏响了荷兰革命的交响曲。1568 年，奥兰治亲王威廉从国外组织一支雇佣军，但终因势单力薄而被阿尔法击败。1572 年 4 月，在"森林乞丐"和"海上乞丐"影响下，尼德兰北方各省均发生起义，致使阿尔法军力分散。"海上乞丐"趁机率领装有枪炮的轻便船猛攻泽兰省的布里尔，守卫的西班牙军遭受重创。起义军又一举将西班牙军从北部大部分地区驱逐出去，并占领了荷兰省和泽兰省，建立了自己的根据地，威廉被推选为执政。

阿尔法极为恼火，他开始集中兵力镇压北部起义军。1572 年 12 月，阿尔法大军挺进到哈勒姆，几次强攻都以失败告终。于是阿尔法改变策略，包围哈勒姆，切断所有通道，封锁城池，断绝城内的一切供给，并不时进行佯攻，消耗城内的弹药，8 个月后终于攻陷哈勒姆城。攻占了哈勒姆城后，阿尔法开始攻打荷兰的莱顿城。莱顿城地势险要，防御工事坚固，易守难攻。阿尔法继续采用封锁战术。市民和起义军坚持了近一年，基本上到了弹尽粮绝的地步。阿尔法感觉时机成熟，开始发起总攻，但城内剩余的弹药仍使阿尔法惨败。于是阿尔法试图诱降起义军，遭到拒绝。

"海上乞丐"这时赶来救援，游击队在海坝上挖了 16 处缺口，海水顺势涌向莱顿城，莱顿城外一片汪洋，本来就伤亡惨重而士气低落的西班牙人在海水中仓皇撤退。

1576 年 9 月 4 日，布鲁塞尔举行起义，起义军占领了国务委员会大厦，西班牙在尼德兰南部的统治被推翻了。

1576 年 11 月，以威廉为代表的北方起义军和南方起义军签订协议，首先驱逐西班牙人，成立政府，再解决双方在宗教问题上的分歧。1581 年，北方 7 省联合成立荷兰共和国，宣布废黜腓力二世。1609 年 1 月 9 日，西班牙国王和荷兰共和国签订协议，承认了荷兰的独立。

尼德兰革命建立了第一个资产阶级共和国，它使荷兰人民推翻了西班牙的专制统治，争取到民族独立。

"无敌舰队"的覆灭

自哥伦布发现新大陆后，西班牙凭借强大的海上势力，在美洲占领了广大地域，掠夺了大量财富，并将殖民势力扩展到欧、亚、非、美四大洲。此时，英国正处于资本主义发展阶段，急需大量的原料和财富，也开始积极推行殖民政策，向外扩张。西班牙是海上霸主，这给英国的对外扩张带来极大的阻碍，于是两国的矛盾冲突日益尖锐。

为和西班牙争夺海上的霸权，英王伊丽莎白采取各种措施加快海军的建设，同时利用海盗来抢劫西班牙从各地掠来的财物，从而威胁西班牙在海上的贸易垄断地位。西班牙对此极为恼火，怀着侵占英国的目的，想把苏格兰女王玛丽扶上英国的王位。1587 年 3 月，伊丽莎白下令处决了玛丽。海上的不断侵扰和玛丽之死，使愤怒的西班牙国王腓力二世准备以武力征服英国。

1588 年 2 月，西班牙国王腓力二世命西多尼亚公爵为统帅，率领 130 余艘船、3 万余人、2431 门火炮组成庞大的舰队远征英国。英国接到情报后，积极备战。伊丽莎白命霍华德勋爵为统帅，德雷克为副手，并对英国舰船船身、船楼、船体及炮台、火炮做了相应的改进。英舰船体矮且狭长，重心较低，目标小，灵活性强，速度快。船上装载的火炮数量多，射程比西班牙的重炮远。

7 月中旬，在一座座堡垒似的西班牙战舰上挤满了步兵，西多尼亚欲利用步兵数量上的优势，运用传统战法，冲撞敌舰，并钩住它们，然后登船与敌人进行肉搏战。但英军快速灵活，伺机攻击，始终保持处在敌炮射程范围之外，利用自己炮火射程远的优势不断袭击敌船，消耗对方的火药，使他们时刻处于警备状态。当西班牙舰队到达尼德兰加莱附近时，并未得到计划好的帕尔马公爵的船只、人员及弹药的补给。

7 月 29 日凌晨，英国在 8 艘旧船内装满硫黄柴草等易燃物品，船身涂满柏油。点燃后，8 只火船像 8 条火龙顺风而下，向西班牙舰队急驰而去。在黎明的宁静中，西班牙哨兵发现几道火舌向他们冲来，立即发出警报。顿时，西班

海盗王德雷克

德雷克本是奴隶贩子出身，但他发现直接抢劫比做生意来钱更快，于是就加入了海盗行列。由于胆大心细，德雷克在海盗界很快就闯出了名堂，成为伊丽莎白一世私人赞助的海盗。每次他抢劫回来，都会拿出 10% 的战利品孝敬女王。在对"无敌舰队"的战斗中，德雷克作为分舰队司令，为战争的胜利立下了大功。德雷克还是个成功的航海家，他于 1580 年继麦哲伦之后再次完成环球航行，而且沿途狠狠打击了西班牙人。德雷克的威名让西班牙人闻风丧胆，对他又恨又怕。德雷克的海盗活动为英国建立海上霸权起了很大的推动作用。

牙舰队乱作一团,一些木壳船已经被大火点燃。西多尼亚公爵忙命令各舰船砍断锚索,想等到火船过去再占领这个投锚地。但恐慌的西班牙人乱成一片,他们只顾夺路奔逃,致使船只相互碰撞,甚至彼此大打出手,而被砍断锚索的舰船只能随风沿着海岸向东北漂流。西多尼亚只好命旗舰"圣马丁"号起锚向漂流的船只追去。

德雷克、霍金斯等人继续全速向西班牙舰队追去。英军开始向敌人发火,许多船只纷纷中弹起火,而西班牙的重炮却很难击中目标,步兵和重炮无法充分发挥作用。英国凭借船身矮小、灵活自如的优势,对敌船猛烈轰击。他们巧妙配合,相互策应,使散开的西班牙战舰更为混乱。激烈的战斗持续了近一天,英军的损失极小,而西班牙舰队却受到严重的摧残,舰船被打得支离破碎,旗舰被击沉,损伤 30 余艘船只,另有 16 艘成了英军的战利品,剩余的伤兵残船在西多尼亚的领导下被迫退出英吉利海峡。

不甘心失败的西多尼亚带领残部决定再度控制英吉利海峡,但风向始终没有转向有利于他的方向,再加上没有船只、人员及弹药的补给,他只好放弃并绕道北海退回西班牙。途中他们又遭到风暴的袭击,1588 年 10 月,当他们返回西班牙时,仅剩 43 艘残破船只。

这场海战是历史上第一次完全凭舰炮制胜的海战,舰船的机动性和火炮优势取代了传统的战法。英军的胜利使西班牙一蹶不振,英国遂成为新的海上霸主。

三十年战争

1618 ~ 1648 年在欧洲以德国为主战场的国际性战争。战争起源于德意志帝国内的宗教和政治纠纷。在战争中形成两大对立集团:一方是妄图称霸欧洲的哈布斯堡王朝和德国天主教联盟;一方是德国的新教同盟和丹麦、瑞典、法国等国,得到英国、荷兰、俄国的支持。1618 年波希米亚(今捷克)的"布拉格窗口事件",开始了反对帝国皇帝的波希米亚战争。最后波希米亚丧失自治权。1625 年,在英国、荷兰、法国的支持下,丹麦侵入德意志,开始了丹麦战争时期。1629 年,因战争失败,丹麦被迫签订《吕贝克和约》。1630 年,瑞典以反对敕令为名,发动瑞典战争,但瑞军失利。1635 年,新教诸侯相继与帝国皇帝议和。为扭转劣势,法国与瑞典结成军事同盟,公开参战,法瑞同盟战争开始。直到双方筋疲力尽,帝国皇帝被迫求和,于 1648 年 10 月 24 日签订《威斯特伐利亚和约》,才宣告三十年战争结束。

基辅罗斯

基辅罗斯是东斯拉夫人于 9 世纪中叶至 12 世纪初在东欧平原上建立的以基辅为首都的早期封建国家。由 879 年开始的统治者维京奥雷格所建,他曾夺取斯摩棱斯克和基辅,将两个城市变成首府。他扩张版图,联合当地的斯拉夫人与芬兰部落,在 911 年与君士坦丁堡达成贸易协议。10 ~ 11 世纪,在瓦达米尔和雅洛斯拉夫统治下,基辅罗斯国势达到巅峰,当时的基辅成为东欧主要的政治与文化中心。雅洛斯拉夫于 1054 年死后,他的儿子们相互争夺,12 世纪时,基辅罗斯分裂成几个大公国。

在 13 世纪，蒙古人决定性的征战结束了这个帝国的权力。

涅瓦河之战

涅瓦河之战是 1240 年 7 月 21 日俄国军队与瑞典军队在涅瓦河和伊若拉河汇流处进行的一场会战。

瑞典乘蒙古攻打俄罗斯各公国之机，在罗马教廷和日耳曼骑士支持下，发兵侵略俄罗斯的诺夫哥罗德大公国，企图夺取其领土。

7 月，瑞典将领亚尔·比耶尔率领 100 艘战舰和 5000 士兵驶入涅瓦河，在伊若拉河畔安营扎寨。诺夫哥罗德大公亚历山大·雅罗斯拉维奇得知瑞军进犯的消息后，决定以突然袭击打败瑞军。

他率精锐卫队和诺夫哥罗德义勇军一部秘密急行军，沿途又获得瑞军实力和营地位置的情报。7 月 15 日，俄军来到瑞军营地。当时天降大雾，亚历山大·雅罗斯拉维奇指挥步兵居中，骑兵配置于两翼。步兵进攻瑞军中央营地，骑兵从东、西两面夹击。经过激烈的白刃格斗，俄军大败瑞军，仅有少数瑞军得以乘船逃脱，而俄军几无损失（共阵亡士兵 20 名）。从此，亚历山大·雅罗斯拉维奇被誉为"涅夫斯基"。

涅瓦河之战制止了瑞典对俄罗斯的侵犯，维护了俄罗斯西北边疆的安全，为俄罗斯的统一创造了条件。

冰湖之战

冰湖（楚德湖，位于俄罗斯和爱沙尼亚交界处）之战是俄罗斯和德国立窝尼亚骑士团之间的一场战争。

1242 年，德意志立窝尼亚骑士团趁俄罗斯抗击蒙古军队国力大衰之机，进攻俄罗斯诺夫哥罗德公国。诺夫哥罗德大公涅夫斯基率军前往抵抗。1242 年 4 月 5 日，立窝尼亚骑士团约 1.2 万人排成楔形阵向诺夫哥罗德发起进攻。涅夫斯基将 1.5 万 ~ 1.7 万军队按"墙"式阵形排列，中央是身穿铠甲、手持长矛的重装步兵，两翼配备精锐骑兵，自己率领一部分骑兵埋伏在侧后。

德国立窝尼亚骑士团击溃诺夫哥罗德军的前卫和中军后，在楚德湖南部岸边遭到了诺夫哥罗德两翼骑兵的猛烈夹击。涅夫斯基趁机率骑兵出击，将骑士团包围，压缩到一块狭小的冰面上。冰层不堪重负而裂开，许多骑士掉到湖中溺死。少数突围的敌军也被追歼。

冰湖之战是中世纪最著名的战役之一，是合围敌军的典型战例。涅夫斯基把军队有针对性地进行布阵，并且善于利用地形，再加上将士们勇敢作战，最终战胜了侵略者。

莫斯科大公国

14 ~ 15 世纪东北罗斯的封建国家，首都为莫斯科，故名。13 世纪初在弗拉基米尔领地上兴起，从众多小公国中脱颖而出。1328 年，伊凡一世被钦察汗国册封为弗拉基米尔大公，他兼并邻近公国后，开始号令诸侯。其孙德米特里·伊凡诺维奇继续兼并各公国，开始与钦察汗发生冲突。1380 年 8 月，于顿河库里科沃一役击败钦察汗主力，确立了莫斯科公国在罗斯各公国的领导地位。伊凡三世时先后兼并诺夫哥罗德、特维尔、里亚赞等大公国，统一大部分领土，奠定俄罗斯基本版图的基础。1480 年钦察汗进攻莫斯科，失利撤退，俄罗斯最终摆脱了蒙古人统治，并开始向波罗的海方面扩张领土。瓦西里三世先后归并普斯科夫、梁赞等大公国，完成俄罗斯统一的中央集权国家的形成过程。1547 年伊凡四世加冕沙皇，莫斯科公国于是变成沙皇俄国。

顿河之战

顿河之战是莫斯科大公季米特里在顿河边击败蒙古人的一场战斗。

1359 年，季米特里就任莫斯科大公后，推行富国强兵政策，力图以武力统一俄罗斯，摆脱金帐汗国的统治。这引起了金帐汗国马麦汗的愤怒。1380 年，马麦汗与立陶宛结盟，企图夹击莫斯科公国。马麦汗率领 5 万大军沿顿河而上，在美敏恰河与顿河交汇处驻扎，等待立陶宛盟军的到来。听到马麦汗出兵的消息后，季米特里决定先率 6 万大军前去迎战马麦汗。两军在顿河南岸的库里科沃平原相遇。战前，季米特里在附近丛林里埋伏了一支军队。

季米特里的突然到来，打乱了马麦汗的计划。马麦汗被迫在立陶宛盟军到来之前单独同季米特里作战。战斗开始后，两军杀得难分难解，不分胜负。当蒙古军队的阵形出现混乱迹象时，埋伏的莫斯科军队从丛林中杀出，与季米特里前后夹击。蒙古人腹背受敌，顿时大乱，马麦汗逃走。

顿河之战后，季米特里获得"顿斯科伊"（意为顿河英雄）的尊号，确立了莫斯科公国在俄罗斯各公国的领导地位。

哥萨克

15 ~ 20 世纪初俄国从农奴制压迫下出逃的农民、家奴和城市贫民的称谓，是俄国历史上的特殊社会阶层。哥萨克一词源于突厥文，意为自由民。哥萨克最初聚居在顿河沿岸和第聂伯河下游，后扩展到乌拉尔、伏尔加河下游、中亚细亚、高加索、西伯利亚等地。自 16 世纪起，哥萨克因替沙皇政府镇守边疆，被免除劳役和赋税，获得一定的俸禄和相当数量的土地，并设置了自治机构。随着封建关系的发展，哥萨克内部出现贫富分化。17 ~ 18 世纪，大批哥萨克参加了反对沙皇封建专制制度的农民起义。他们以勇猛善战著称，是沙俄兵力的重要来源。"一战"期间，沙皇政府收买了哥萨克的上层分子，使之成为对外进行侵略战争、对内镇压人民革命的工具。国内战争期间哥萨克富裕阶层参加了白卫军。国内战争后，作为社会阶层的哥萨克已不复存在。

中世纪亚欧的文化与科技成就

奥古斯丁

神学家和哲学家。生于北非，幼年从母入基督教。7岁入小学，12～17岁在修辞学校学习，19岁成为摩尼教的追随者。他毕业后，先在迦太基城，后到罗马和米兰教授修辞和演讲术达8年之久。33岁时，因厌弃摩尼教而改信基督教；此后回到北非的家乡隐居。396年成为省城希波教会主教。在任职期间，他从事著述、组织修会、讲经布道、反驳异端歪教等活动。晚年在战乱中度过，430年逝世。奥古斯丁是基督教教父哲学的集大成者，他的著作被称为神学百科全书。其代表作有《忏悔录》《论三位一体》《上帝之城》。他把哲学用在基督教教义上，使哲学和宗教结合起来，创立了基督教哲学，后来成为经院哲学依据的权威。他的教育哲学也成为中世纪基督教教育的基础理论。

《一千零一夜》

《一千零一夜》又译《天方夜谭》。书中叙述，古代阿拉伯萨桑国国王山鲁亚尔生性残暴，每夜娶一王后，第二天早晨即行杀害。宰相女儿山鲁佐德，为了拯救其

此图为18世纪的波斯画家图画手稿，描绘的是水手辛伯达的故事中的一个场面。

他姐妹，自愿嫁给国王。她用讲故事的方法，引起国王兴趣，因此未被处死。此后，她每夜讲述一个故事，一个接一个，一个套一个，一直讲了一千零一夜，终于使国王悔悟，并和山鲁佐德白头偕老。

《一千零一夜》内容丰富，叙述生动，它包括寓言、童话、民间故事、名人轶事等。该书在古代波斯《一千个故事》的基础上，吸取了埃及、伊拉克和印度等国的民间故事，经过几百年的修改补充，到16世纪才最后编定。故事集反映了阿拉伯境内各族人民的社会生活和风俗习惯，显示了阿拉伯人民的高度智慧和丰富的想象力，是阿拉伯人民留给世界人民的一份珍贵的文学遗产。

医中之王阿维森纳

　　阿维森纳又名伊本·西拿，980 年出生在阿拉伯帝国布哈拉（今中亚乌兹别克斯坦境内）附近的一个小镇上，他的父亲是一名有学识的税务官。阿维森纳兄弟三人，他排行老二。

　　阿维森纳从小就聪明好学，10 岁的时候，他就学完了学校里的所有课程，并能背诵许多阿拉伯文学著作。后来在一位哲学老师的指导下，阿维森纳开始学习古希腊的医学、数学、哲学和天文学著作，为日后成为一名著名的医学家打下了坚实的基础。

阿维森纳

阿维森纳是一位在阿拉伯帝国工作的波斯人。他的著作《医典》在若干世纪里被阿拉伯世界和欧洲的人们广为使用。

　　由于阿维森纳聪明过人，再加上勤奋努力，16 岁时他已经成为一个小有名气的医生了。一次，国王突然得了一种奇怪的病，整天胡言乱语，疯疯癫癫。御医们绞尽脑汁，使出浑身解数也没有治好国王的病。王室又派人从各地请来许多名医，还是没有治好国王的病。当时年仅 18 岁的阿维森纳听说后，自告奋勇前往王宫，请求给国王治病。很多行医几十年的著名医生都没有办法，一个十八九岁的年轻人能有啥办法？王宫的侍卫根本不让阿维森纳进去，任凭他怎么说也不行。阿维森纳只好拿出纸和笔，将药方写下来，请侍卫传给御医。侍卫见他态度诚恳，就将药方传了进去。御医们一看，非常吃惊，急忙让侍卫把阿维森纳带进来。在阿维森纳的治疗下，不几天，国王的病就大大减轻，一个月后彻底好了。

　　为了感谢阿维森纳，国王任命他为御医，并赐给他很多金钱。阿维森纳请求国王允许他去王宫的图书馆读书，国王答应了。在当时，只有非常有学问的人才可能进入王室图书馆。阿维森纳抓住这个机会，每天很早就来到图书馆，直到天黑才回去。困了，就小睡一会儿；渴了，就喝点果酒；饿了，就吃点东西；天黑了，点根蜡烛继续学习。在不长的时间内，阿维森纳就把图书馆里所有的书都看完了。从此以后，阿维森纳的学识更加渊博，医术更加高明。人们纷纷来找他看病，连很多有名的医生也前来向他学习。后来这座图书馆发生了火灾，成千上万册的图书被烧毁。人们虽然很惋惜，但也感到非常庆幸，都说："智慧的宝藏并没有毁灭，它早已转移到'学者大师'阿维森纳的大脑中去了。"

　　后来布哈拉遇到了战乱，阿维森纳背井离乡，开始了长达 15 年的四处流浪、江湖行医的生活。1014 年，阿维森纳定居哈马丹（在今伊朗境内）。国王的侄子得了怪病，整天躺在床上不吃不喝，只是望着天花板发呆。王宫里的御医们都束手无策，只好请阿维森纳来。阿维森纳坐在王侄的床边，一边给他号脉，一边让一个熟悉哈马丹情况的人大声说出每条大街小巷的名字。当说到一条大街时，王侄的脉搏突然剧烈跳动了一下。阿维森纳让那人把这条街上的人名挨个说一遍。当说到一个姑娘的名字时，王侄的脉搏跳得更剧烈了。阿维森纳站起身，对国王说："这个年轻人得了相思病，最好的治疗方法就是让他和心爱的人结婚，否则他就会因为悲伤而死去。"国王听了，只好同意。王侄听说可以和自己心爱的人结婚的消息，病很快就痊愈了。王宫里的御医对阿维森纳佩服得五体投地。

> **《医典》**
>
> 阿维森纳的《医典》是阿拉伯医学的结晶，是一部医学百科全书。它不仅有医学原理和治疗方法，还有药学部分。药学部分分析了760多种药物的药效，为后人提供了丰富的参考。《医典》对当时的一些疑难杂症进行了精辟的论述，如脑膜炎、中风和胃溃疡等。他还论述了水流和土壤在传播疾病时所起的作用，提出传播肺结核、鼠疫、天花等病的是肉眼看不见的病原体的"细菌学说"。《医典》被翻译成拉丁文、希伯来文和英文等多种文字，在西方影响深远。一直到17世纪，《医典》都是欧洲各国医学院的主要医学教科书和参考书。

国王听说阿维森纳非常博学，就任命他为宰相。但由于他为人刚正不阿，不善于应酬，因此得罪了朝中权贵，经常受到排挤。有一次，国家发生动乱，王室卫队诬陷他暗藏奸党，突然闯进他家，把财物洗劫一空。幸好阿维森纳从后门逃走，才逃过一劫。国王死后，王子们为争夺王位展开了激烈的斗争。有人指控阿维森纳不信真主，散布邪教，他因此入狱。直到新国王登基，查明真相后，他才被释放出来。出狱后，阿维森纳被任命为国王的随从医官和科学顾问。

为了探索医学的奥秘和解除人们的痛苦，阿维森纳笔耕不辍。他先后写成《医典》《活着的人们，死亡之子》《指导大全》和《心脏病的治疗》等几十种作品。晚年，他白天行医，给人治病和著书立说，晚上给徒弟们上课。由于劳累过度，再加上经常亲身试药，他的身体日渐衰弱。1037年，阿维森纳以军医的身份随军出征，不幸病死，年仅57岁。至今伊朗的哈马丹还有他的坟墓。

西方科学和思辨思想的发展

在掌握古希腊人和阿拉伯人的科学和思辨思想的精髓之后，西方人得以据此有所建树并获得了自己的进步。这种进步以不同的方式显现出来。在自然科学领域，西方人并未遇到太多困难，就在外来学术的基础上有所建树，因为这些外来学术与基督教的准则没有太多矛盾。但在哲学领域，就产生一个重大问题：如何才能彻底地把希腊和阿拉伯思想与基督教信仰协调起来。13世纪最先进的西方科学家是英格兰人罗伯特·格罗西特斯特（约公元1168～1253年），他不仅是位伟大的思想家，而且在公共生活中也很活跃。格罗西特斯特精通希腊文，曾把亚里士多德的《伦理学》全部翻译出来。更为重要的是，他在数学、天文学和光学方面做出了非常重要的理论性贡献。他对彩虹作了复杂的科学解释，同时指出了透镜的放大作用。格罗西特斯特最出类拔萃的弟子是罗杰·培根（约公元1214～1294年），他比他的老师还要出名，因为他预言了汽车和飞行器的产生。实际上培根对机械并不感兴趣，而是把格罗西特斯特在光学方面的研究进一步深入下去，比如更进一步探讨了透镜的种种特性、极快的光的速度以及人类视力的特性等。格罗西特斯特、培根及其在牛津大学的某些信徒辩称，建立在感觉证据之上的自然知识比建立在抽象理性之上的知识更为可靠。就此而论，他们可以说是现代科学的先行者。

巴黎大学

中世纪的早期，欧洲的文化教育非常落后，不光老百姓都是文盲，很多贵族斗大的字也不识几个，甚至有些国王连自己的名字都写不好。当时各国的文化教育都被教会垄断，只有教会才可以开办学校，只有教士才掌握文化知识，但教会学校的教科书只有《圣经》。人们除了《圣经》之外，几乎不知道还有其他书籍。

后来随着城市的兴起，工商业日趋繁荣，人们需要更多更新的知识，于是城市中出现了学校。这些学校，就成为后来大学的基础。11世纪末，意大利出现了第一所大学，此后欧洲相继出现了很多大学，如法国的巴黎大学，英国的牛津大学、剑桥大学等，其中以巴黎大学最为著名。

在12世纪早期，巴黎大学就初具雏形。1200年，法国国王腓力二世正式批准成立巴黎大学。

巴黎大学位于法国首都巴黎，坐落在塞纳河畔。巴黎大学和欧洲其他的大学一样，使用当时通用的拉丁语授课，从成立之初，欧洲各国就有很多学子纷纷慕名前来求学，据说有5万人之多。

巴黎大学索邦神学院教堂
索邦教堂是巴黎大学里最古老的建筑之一，建于1635～1642年，教堂正面为典型的巴洛克风格。

巴黎大学共设有4个学科：文学、医学、法律和神学。文学是普通学科，要学习语法（包括拉丁语和文学）、修辞（包括散文、诗歌的写作和法律知识）、辩证法（即逻辑学）、天文学（包括物理和化学）、几何（包括地理和自然历史）、数学和音乐，被称为"七艺"。修文学科的人数是最多的，通过毕业考试可以得到学士学位。另外3个学科是高级学科，只有修完普通学科、获得学士学位的学生才有资格升入，修完之后可以获得硕士学位。获得硕士学位之后可以继续进修，攻读博士学位。只有取得了学位的人才可以在学校里教书，但并不是每个人都可以获得学位的，通常获得学士学位的人仅占学生总数的1/3，获得硕士学位的占 1/16，而获得博士学位的则更少。尤其是神学博士，首先要用 8 年时间攻读神学硕士学位，然后再用 12 年的时间攻读博士学位，难度很大。

巴黎大学的成员不仅包括老师和学生，还包括为学校服务的书贩、邮差、药商、抄书人，甚至旅店老板。学校雇用有才能的老师，解雇那些平庸的或玩忽职守的老师，有时还对他们处以罚款。老师们根据各自的才能，教不同的科目，组成一个个的团体。现在大学中的"系"，就是从拉丁语中的"才能"一词转化而来的。老师团体中选出的"首席"或"执事"，相当于后来的"系主任"。

每天早晨，学生们早早起床，洗漱完毕、吃过早饭之后，先来到教堂做弥撒，然后再去教室上课。学校的教材大多是古代的一些名著，老师一边读，一边解释，而学生们则一边认真听讲，一边做笔记。学校很少做试验，就算是医学科，学生做实验的机会也很少，因为中世纪严禁人体解剖，所以很多解剖的知识都是学生们从翻译过来的阿拉伯医书上得到的。

巴黎大学规定，学生要想获得学位，就必须参加公开的辩论。因此，学校的老师很注重培养学生的口才，学生们在平时也非常注重锻炼辩论的技巧。巴黎大学在平时经常举行公开的辩论会，这些辩论会主要是本校的老师参加，有时也邀请一些外校的老师参加。辩论会的气氛是非常激烈紧张的，有的辩手被对方驳得理屈词穷，恼羞成怒，冲上去和对方扭打起来的事也时有发生。

巴黎大学吸引了不少当时欧洲著名的学者前来讲学，其中最有名的当数法国著名哲学家皮埃尔·阿贝拉尔。阿贝拉尔经常发表一些与众不同的言论和见解，大受学生们的欢迎，但却惹恼了法国政府，被禁止在法国领土上讲课。阿贝拉尔就爬到树上继续讲课，学生们围坐在地上专心致志地听讲。后来法国政府又禁止他在法国的天空讲课，阿贝拉尔就站在一条船上讲课，学生们则坐在岸边听讲。

由于巴黎大学不是教会开办的，它讲课的内容在很多方面触犯了基督教的教义，所以教会非常仇视巴黎大学。他们疯狂地迫害那些违背基督教教义的老师，到 13 世纪的时候，巴黎大学已经基本上被教会控制了。

托马斯·阿奎那

意大利中世纪的神学家和经院哲学家，有"神学界之王"的称号。他生在意大利一个贵族家庭，儿时受教会教育达 9 年之久。14 岁时，他在那不勒斯大学学到很多科学与哲学知识。1244 年加入天主教组织多米尼古学团，是一个重要转折。20 岁以后进入巴黎大学学习神学并取得硕士学位，后在巴黎大学教授神学。1259 年被任命为罗马教廷的神学老师。后来，他回到意大利，从事神学研究和著述，其间曾到巴黎教授神学。1274 年死于一个修道院。1323 年被追封为"圣徒"。托马斯·阿奎那是经院哲学的集大成者，他建立起一套系统的、完整的神学体系，被称为托马斯主义。他的 18 部巨著中，《神学大全》集基督教思想之大成。他的学说后来被引申为新托马斯主义，对基督教神学的发展产生了重要的影响。

《马可·波罗行纪》

马可·波罗，生于意大利威尼斯一个商人家庭。1271 年 11 月，马可·波罗同他的父亲、叔父三人，穿过西亚和中亚，到达元朝朝廷。在元朝，马可·波罗为元朝政府服务了 17 年。

1295 年，马可·波罗与父亲和叔叔回到威尼斯，他们从中国带回来的奇珍异宝，使他们一夜之间成了富翁。他们的见闻，引起了人们的极大兴趣。

1298 年，威尼斯和热那亚爆发战争。马可·波罗在海战中担任船长，不幸被俘入狱。他在狱中口述了其东方见闻，由同狱的一个叫作罗思蒂谦的人记录下来，成为《马可·波罗行纪》。最初，他的游记没有印成书，人们就四处传抄，以至于各种抄本有数十种之多。直到 15 世纪，他的游记才正式刊印成书流传开来。

《马可·波罗行纪》共分 4 卷。第 1 卷讲述了东去途中的见闻；第 2 卷记载了中国元朝初年的社会情况、宫廷秘闻以及历史名城的繁荣景象；第 3 卷讲述了与中国为邻的南洋诸国的概况；第 4 卷介绍了蒙古各部落之间的战争和亚洲北部的情况。

这是第一部向西方人介绍东方世界的书，不仅使西方人知道了东方的大元帝国，而且也丰富了中古保守时期人们的地理知识。《马可·波罗行纪》对后世新航路的开辟以及中西方文化交流产生了很大影响。

亚瑟王传奇

中世纪欧洲主要国家有关亚瑟王故事的许多作品的总称，包括亚瑟王的诞生、魔法师梅林的故事、"圆桌骑士团"的建立、亚瑟和他的骑士的冒险事迹以及亚瑟之死等。其中比较重要的是第一骑士郎斯洛和王后圭尼维尔的爱情及寻找圣杯的故事。亚瑟王本是 6 世纪不列颠岛上威尔士和康沃尔一带凯尔特人的领袖，抵抗了盎格鲁—萨克森人的入侵，久而久之成为民间传说中的人物。公元 9 世纪时，有关亚瑟王的传说流传到法国，并有不少诗人开始以此为题材进行创作，使之在欧洲广泛流传。亚瑟王传奇是中世纪西欧骑士传奇文学的三大系统之一（其他两大系统是法兰西和古代系统），为后世的欧洲文学提供了冒险、爱情和宗教三大主题。除了故事情节引人入胜以外，这种文学样式也开始关注人的内心世界，可以说是长篇小说的滥觞。

四大民族史诗

中世纪后期出现的四部民族史诗的合称，分别是法国的《罗兰之歌》（约 1080 年）、西班牙的《熙德之歌》（约 1140 年）、德国的《尼伯龙根之歌》（约 1200 年）和俄罗斯的《伊戈尔远征记》（1185 ~ 1187 年）。其中，《罗兰之歌》是最有代表性的作品，叙述了查理曼大帝远征西班牙时期，大臣加奈隆与敌人勾结，在大军撤退时偷袭后卫部队的故事。断后的罗兰率军英勇奋战，终因众寡悬殊全军覆没。史诗的主题是爱国主义，查理曼大帝是一个理想的君主形象，罗兰则是一个保卫祖国的英雄。诗中多用重叠和对比手法，风格朴素。《熙德之歌》写熙德反抗外族侵略者的故事；《尼伯龙根之歌》写围绕尼伯龙根宝物所产生的争夺和流血冲突；《伊戈尔远征记》通过对俄罗斯王公伊戈尔远征波洛夫人失败的记叙，表达了强烈的爱国主义情怀。这4部史诗的内容和反映的主题都在不同程度上有封建制度形成后的特点。

文艺复兴

13～17世纪发生在欧洲的资产阶级思想文化革新运动，反对封建制度，以复兴希腊、罗马古典文化为号召，主张创造资产阶级新文化。文艺复兴开始于13世纪晚期的意大利。为打破封建制度与宗教神学的束缚，随着罗马、希腊古典文化的影响，东方文化的西传，以及新航路的开辟，文艺复兴运动稳步向前发展。15世纪中期扩展到整个欧洲，于17世纪初结束。其以人文主义作为世界观与指导思想，主张以人为中心，反对以神为中心；要求用人性、人道、人权取代神性、神道、神权；主张个性解放，重视人的价值，提倡文化科学与世俗享受。人文主义思想渗透到了文艺复兴的各个领域，打破了天主教会的思想统治，推动了反封建的革命斗争，促进了近代自然科学的兴起与文学艺术的繁荣，并为后来的资产阶级革命做了舆论准备。

人文主义

人文主义是欧洲文艺复兴时期新兴资产阶级反封建的社会思潮。它起源于文艺复兴时期以人和自然为研究对象的"人文学科"。

人文主义的核心是资产阶级的人性论和人道主义。资产阶级要求肯定人共有的、永恒的欲望，主张人是自然的一部分并支配自然。他们批判封建教会视肉欲和世俗生活为罪恶的禁欲主义，还肯定了人拥有享受人间一切快乐的权利。人文主义精神实质上是一种世俗精神、科学精神和理性精神的融合。

但丁

但丁（1265～1321年），意大利诗人、文艺复兴的先驱。他出身于意大利佛罗伦萨一个没落的贵族家庭，早年师从于著名学者勃鲁内托·拉蒂尼，学习拉丁文、修辞学和古典文学。但丁在青年时代博览群书，对诗学、神学、历史、天文、地理、音乐、绘画也都有研究，这使他成为那个时代一位多才多艺、学识渊博的学者。

但丁最早的作品是抒情诗集《新生》，用以悼念他早逝的女友。在《论俗语》一文里，他主张用民族语言写作（中世纪各国习惯用拉丁文），从而推进了意大利民族语言的统一；他还主张政教分离，建立统一的意大利君主国。

但丁的作品很多，都广泛地反映了中世纪后期意大利的社会矛盾，大胆地谴责了教皇和教士的贪婪专横，表露了人文主义思想。他最具代表性的作品是长诗《神曲》。

1302 年，但丁被代表罗马教廷的反动势力放逐，流落意大利各地，最后客死拉韦纳。

卜伽丘

文艺复兴时期著名的人文主义作家。他出生于商人家庭，是一个私生子。从小在商人和市民的圈子中长大，为他的日后创作打下了基础。14 岁时卜伽丘到那不勒斯学习经商，但 6 年中他一无所获。后学习法律和宗教法规，这又耗去他 6 年时光。他一直想做文学家。他经常同一些人文主义者、航海家等交游，丰富了他的阅历。1348 年欧洲暴发瘟疫，促使他创作了《十日谈》。1350 年，卜伽丘与彼特拉克交往，共同提倡古典文化。后他受到教会攻击，开始反思，打算皈依教会。1373 年 10 月，他抱病在佛罗伦萨大学做了最后一次演讲。第二年，好友彼特拉克病逝，给他沉重打击。1375 年冬，卜伽丘在贫困和孤独中离开人世。死后天主教会挖掉他的坟墓以示报复，但他带来的人文主义的阳光却冲破教会统治的厚重黑幕，召唤着后来人。

达·芬奇

达·芬奇（1452 ~ 1519 年），意大利文艺复兴时期的艺术大师，出生于佛罗伦萨附近的芬奇镇。十四五岁时师从弗罗基奥学习绘画和雕刻。学画期间，他细心观察自然界中植物的生长发育和动物的活动姿态，还解剖过 30 多个人的尸体。由于他对人体结构有深入的了解，因此他的人物画像比例匀称，栩栩如生。他对近代现实主义美术的发展有巨大影响，其代表作是壁画《最后的晚餐》和人物肖像画《蒙娜丽莎》。

达·芬奇还从事许多种自然科学技术的探讨。在神经和血管系统以及生理学和生物学等方面有许多独特的见解；在物理学、光学、地质学、军事、机械工程、水利工程等诸多领域都有很多研究成果，数学上使用的加减符号就是他创造的。他还是人类历史上第一个正确、全面描述人体骨骼以及摹画了人体全部肌肉组织的科学家。

为防止教会的迫害，达·芬奇的许多科学研究活动都是秘密进行的。罗马天主教会把他的科学研究指为"妖术"，1517 年，他被迫离开祖国，侨居法国。达·芬奇在整理科学研究手稿中度过了晚年。

拉斐尔

拉斐尔（1483 ~ 1520 年），意大利文艺复兴时期的画家、建筑师，出生于佛罗伦萨一个画师家庭。约 1500 年开始从师学艺，1504 年到佛罗伦萨观摩达·芬奇等大师的作品。1508 年应教皇之聘到罗马，为梵蒂冈教皇宫廷绘制壁画，并参与圣彼得大教堂的建筑工程。拉斐尔自 1508 年底起，始终在罗马忙碌地工作着。

拉斐尔不满足于前人的模式，在作画时不仅参考前人的优秀作品，还尽量使内容具有时代的新意。他经常和人文主义者、诗人交换意见。他的许多作品不仅表现宗教题材，还刻画出人们的精神活动。他以画圣母像著称，所画的多幅圣母像，都体现了人间女性的美和母性的慈爱，其中最著名的是《西斯廷圣母像》。此外，他还创作了名画《雅典学派》《教义的争论》《神学女神》等。

米开朗基罗

米开朗基罗（1475～1564年），意大利文艺复兴时期的雕塑家、画家、建筑师和诗人。他出生于佛罗伦萨一个没落的小贵族家庭，自幼喜欢绘画和雕刻。米开朗基罗擅长人体艺术，主要雕塑作品有《大卫》和《摩西》。

他还根据《圣经·创世记》的神话在罗马梵蒂冈西斯廷教堂的天花板上创作了500平方米的壁画。从1508～1512年，他花了4年多时间才完成，身体也累成了畸形。从1535年起，他又用了将近6年时间完成了同一教堂的另一幅壁画《最后的审判》。他以超人的勇气和大无畏的精神画了大量形态逼真的裸体巨人群，借此表达人的意志和力量，公开表示他与封建意识的冲突。教皇命他把人物都画上衣服，他一口回绝，教皇不得不另请他人给壁画上的人物画上衣服。

另外，米开朗基罗还写过大量诗篇，他的十四行诗在意大利文学史上占有重要地位。同时，他对数学和人体解剖学也有很深的造诣。

圣彼得大教堂

圣彼得大教堂是世界上最大的教堂，却坐落在世界上最小的国家梵蒂冈。圣彼得大教堂从1506年开始兴建，意大利最优秀的建筑师勃拉芒特、米开朗基罗、德拉·波尔塔和卡洛·马泰尔都相继主持过设计和施工，直到1626年11月18日才正式宣告落成，断断续续修建了120年。

圣彼得大教堂的椭圆形广场是巴洛克风格的，由巴洛克风格大师贝尔尼尼设计。巴洛克在西班牙语里的意思是"不圆的珍珠"，引申为豪华奢侈。广场中心是一座尖塔，以尖塔为圆心，8条通道伸向广场，四周围着圆形廊柱，非常壮观。每逢重大节日，教皇就在这里举行弥撒。从高处俯瞰，柱廊犹如教皇伸出的一双手臂，将所有参加弥撒的信徒拥入自己的怀抱。

圣彼得大教堂位于广场的西南，宽18.7米、长133米，教堂圆顶的十字塔尖距地面133米。踏着台阶，经过一排高大的石柱，走进大门，步入教堂，就进入了可以容纳5万人的大厅。教堂的墙壁和天花板都用大理石镀金装饰，非常奢华，四周全是琳琅满目的艺术珍品，屋顶和四壁都是以《圣经》为题材的绘画，其中不少出自名家之手。

大厅的四周有很多小房间，同样富丽堂皇。意大利文艺复兴时期的著名艺术家如米开朗基罗、拉斐尔等人的许多绘画和雕刻作品都珍藏在这里。这些艺术珍品中最引人注目的是3件雕刻艺术杰作：

一是米开朗基罗的雕塑作品《哀悼基督》。圣母怀抱死去的儿子悲痛万分，令人无比震撼。

二是贝尔尼尼雕制的青铜华盖。它由4根铜柱支撑，有5层楼那么高。华盖前的半圆形栏杆上燃着99盏长明灯，下面是祭坛和圣彼得的坟墓。教皇在这座祭坛上，面对东升的旭日，为朝圣者举行弥撒。

三是圣彼得宝座，也是贝尔尼尼设计的一件镀金的青铜宝座。宝座上是装饰着荣耀龛和象牙饰物的木椅，椅背上有两个手

圣彼得大教堂
教皇国梵蒂冈的圣彼得大教堂是世界上最大的教堂。教堂由以拱廊相连的5个建筑群组成，圆穹隆直径达42米。

持开启天国大门的钥匙和教皇皇冠的小天使。传说这把木椅是第一任教皇圣彼得的宝座。

大厅上是一个直径达42米的圆形穹顶，令人叹为观止。站在米开朗基罗设计的穹窿顶下抬头向上望去，让人感到大厅内的一切都显得非常渺小。

彼得是耶稣的12个门徒中与他关系最亲密且最忠诚的门徒。据说圣彼得就埋在这座教堂内。罗马天主教神学界认为彼得是圣彼得大教堂的第一任首领和教会第一任大主教。在教堂内有圣彼得的铜制雕像，传说抚摸他的右脚能得到神的保佑，所以很多游客都纷纷抚摸他的右脚，现在雕像的右脚已明显小于左脚。

圣彼得大教堂的前身是一座旧教堂，1447年，尼古拉五世当选为教皇。他年轻的时候在博洛尼亚大学读书，非常喜欢古希腊文化和古希腊风格的建筑。他曾说："有了钱，就要把它用在建筑和书籍上。"当上教皇后，他终于可以实现自己的理想了。他派人到欧洲各地去搜集古代哲学家和文学家的书籍，充实梵蒂冈的图书馆，又请了很多学者翻译古希腊的著作，梵蒂冈因此成为当时欧洲古典文化的中心。尼古拉五世聘请当时的著名诗人和建筑学家阿尔伯第担任改建罗马城的总建筑师。在阿尔伯第的主持下，拆除了旧教堂。可惜没过多久，尼古拉五世就去世了，后几任教皇热衷于扩张领土，兴建新教堂的事就被耽搁下来了。

1503年，朱利乌斯二世当选教皇，他大力主张恢复古希腊和古罗马的各种艺术，使当时意大利的文艺复兴运动达到顶峰，圣彼得大教堂又开始兴建。朱利乌斯二世聘请大画家勃拉芒特为总建筑师，并为新教堂举行了奠基仪式。两年后，著名画家拉斐尔来到罗马，朱利乌斯二世就请他主持大教堂的设计。拉斐尔主持了12年，一直到他去世。1547年，米开朗基罗又担任了大教堂的总设计师。由于此时米开朗基

罗年事已高，所以就请了画家小沙迦洛来主持大教堂的工程。经过几代人的艰苦努力，大教堂的主体工程终于完成了。由于罗马战乱频繁，大教堂的广场直到17世纪20年代，才在贝尔尼尼的主持下最终完成。

圣彼得大教堂是意大利人民辛勤劳动的结果和智慧的结晶，今天它已经成为全世界基督徒们瞻仰的圣地。

印刷术在欧洲的出现

中世纪以前，欧洲的书或者是手抄的，或者是雕版印的，成本非常高，一般人根本买不起书。

大约在12～13世纪，来自中国的活字印刷术经过阿拉伯人传到了欧洲。15世纪以后，欧洲就有人受中国印刷术的启发，研制印刷机，其中最为著名的人物是谷登堡。

谷登堡约于1394年到1399年间生于德意志的美因茨，早年当过金匠。1428年左右移居斯特拉斯堡。15世纪30年代，他在这里与人合作从事印刷业务，并在此探索活字印刷技术。他的合伙人去世后，他返回美因茨。其后在一名富有律师的资助下，用活字印刷技术印成了《圣经》。谷登堡造出的活字印刷机使用合金活字，他还研制成功了油脂性印刷油墨，设计出了金属活字的铸字盒和冲压字模。

在今天的电脑排版出现之前，世界各国的铅字印刷基本上都是建立在谷登堡印刷机基础之上的。

马基雅维利和《君主论》

14～16世纪，随着资本主义的萌芽和发展，意大利出现了复兴古代希腊和罗马的思想和文化的运动，称为文艺复兴运动。这场运动以人文主义为指导思想，是资产阶级的思想解放运动。马基雅维利是文艺复兴时期著名的政治思想家。

马基雅维利于1469年出生于意大利佛罗伦萨一个世家大族。早在13世纪时，这个家族中就有许多人担任政府要职，马基雅维利的家庭属于这个家族中最贫寒的一支，他的父亲也曾担任政府公职，但因无力偿还债务而被罢免。由于家境清寒，他从小就没有受过多少正规教育，但在父母的严格教育和家庭的熏陶下，他从少年时代起就阅读了大量的书籍，并养成了独立思考的习惯，以才识过人而备受称赞。

1494年，佛罗伦萨爆发了反对美第奇家族专制统治的起义，25岁的马基雅维利积极地参加这场斗争。起义胜利后，佛罗伦萨建立了共和国政府，29岁的马基雅维利被任命为佛罗伦萨共和国最高行政机关"自由安全十人委员会"的国务秘书，主管外交和军事，负责起草政府文件等工作，并曾多次出使意大利各邦和法、德等国。1501年，马基雅维利与玛丽特·考尔西尼结婚，生育了5个孩子。1502年，马基雅维利担任佛罗伦萨共和国执政官索代里尼的助手，帮他整顿军队。1512年，美第奇家族在西班牙的支持下重新掌权，共和国被推翻。作为索代里尼的亲信，马基雅维利遭到逮捕并被监禁，结束了政治生涯。不久后他获释，从此栖身于佛罗伦萨郊区的一座别墅里，开始著书立说。

马基雅维利于1513年完成了《君主论》。《君主论》是马基雅维利献给洛伦佐·美第奇的小册子。但是这本书的由来却与瓦伦丁公爵恺撒·博贾有关。1502年，马基雅维利以特使身份见到了名噪一时的瓦伦丁公爵恺撒·博贾。此人是一个精通政治权术的君主，为了一己私利，不惜残害亲骨肉，谋害亲兄弟。他用十分谦恭的礼节对待政敌，深藏自己的用意，一旦取得对方的信任，就无情地绞杀他们。当人民起来造反时，他派酷吏血腥镇压；而和平到来时，他又把派去镇压起义的官吏处死，以平民愤。恺撒·博贾给马基雅维利留下了深刻的印象，他认为只有这样的君主，才能实现意大利的统一，并把恺撒·博贾作为《君主论》中完美君主的典型。

《君主论》是马基雅维利对意大利数百年政治实践与激烈革命的总结，也是作者从政十多年经验教训的理论结晶。他认为共和政体是最好的国家形式，但又认为共和制度无力消除意大利四分五裂的局面，只有建立拥有无限权力的君主政体才能使臣民服从，抵御强敌入侵。他强调为达目的可以不择手段，诸如权术政治、残暴、欺诈、伪善、背信弃义等，只要是有助于君主统治的就都是正当的。这一思想被后人称为"马基雅维利主义"。马基雅维利的学说奠定了现代政治哲学的基础。

《君主论》无疑是政治学领域中最有影响力的著作之一。作为第一部政治禁书，《君主论》在人类思想史上一方面受着无情的诋毁，另一面又备受称道，在问世的400多年来，一直为政治家、谋略家、野心家们所关注。直到20世纪后期，人们才开始以科学的态度对待它，并认为它是人类有史以来对政治斗争技巧的最独到、最精辟、最诚实的"验尸报告"，而马基雅维利也被称为是第一位将政治学和伦理学分家的政治思想家。

1527年，佛罗伦萨再次发生起义，重新建立了共和国。马基雅维利试图东山再起，于是给新政府写信，希望获得职位。但他的要求遭到拒绝，在失望和苦闷中，马基雅维利郁郁而终。

乌托邦

托马斯·莫尔于1478年2月7日出生于英国伦敦一个富裕的家庭，他的父亲曾担任过英国皇家高等法院的法官。12岁时，按照当时给名人当侍从的社会风气，莫尔被父亲送到坎特伯雷大主教约翰·摩顿家当侍从。摩顿既是学识渊博的学者、律师、建筑师，又是阅历丰富的政治家、外交家。莫尔耳濡目染，再加上他聪明伶俐，勤奋好学，进步非常快。摩顿曾向他的朋友说："在我们桌子旁服侍的这个孩子将会成为一个出类拔萃的人物。"当时拉丁文是通往上层社会的通行证，所以14岁时，莫尔又被送到伦敦的圣安东尼学校学习拉丁文。1492年，莫尔进入牛津大学攻读古典文学。他在这里广泛阅读了很多古希腊哲学家和当代人文主义者的作品，其中柏拉图的思想对莫尔产生了巨大的影响，使他成为一个人文主义者。后来莫尔转学法律，成为一名正直的律师，获得了很高威望并当选为议员。此后，莫尔步步高升，被封为爵士，担任过下院议长、英国大法官，成为仅次于英国国王的重要人物。后来由于莫尔反对英国国王亨利八世成为英国宗教领袖而被处死。

莫尔所处时代的英国处于亨利八世的统治之下，王室贪得无厌，对外侵略扩张；官员欺上瞒下，贪污腐败成风；贵族和大商人勾结政府，欺压百姓。当时贵族和大商人为了养羊获取高额利润，将成千上万的农民赶走，霸占他们的土地。被驱赶的老百姓到处流浪，不是被饿死，就是沦为强盗。莫尔对社会现状极为不满，于是就写了《乌托邦》一书来讽刺黑暗的现实并寄托自己的理想。

《乌托邦》的全名是《关于最完美的国家制度和乌托邦新岛的既有益又有趣的全书》，"乌托邦"这个词来源于希腊语，意思是"没有的地方"。这本书采用了莫尔和一个水手对话的形式，讲述水手在奇异的岛国——乌托邦的生动有趣的见闻。

乌托邦是个大岛屿，全岛有54个城市，每个城市分4个区，各个区中每30户选举一名低级官员，再从10名低级官员中选举一名高级官员。乌托邦的首都亚马乌罗提城在岛的中央，这样便于各个城市的代表开会。乌托邦的全国最高机构是元老院，代表由岛上54座城市派出3名经验丰富的公民组成，每年更换一次，商讨关系到全岛公共利益的事务。元老院选举一人担任国王，国王是终身制，但如果国王虐待人民，可以弹劾他。政府除了偶尔组织人民反抗外来侵略外，其余职能都是组织社会生产劳动和安排人民生活。各级官员除了调解民事纠纷外，也要参加劳动。

乌托邦的土地、生产工具、房屋、财产归全民所有，生活用品按需分配。在平等基础上实行生产公有和消费公有。乌托邦男女平等，妇女有受教育权、婚姻自主权，和男子一样参加社会劳动，享有和男子一样的政治权利。在乌托邦，农业受到高度重视，但农业不是一种职业，而是一种义务劳动。乌托邦的每个公民都必须从事两年的义务劳动，然后回到城市从事一门手艺。只有特别喜欢和擅长农业劳动的人才能申请延长劳动时间。但如果碰上农忙，就要安排城里的人去乡村劳动。他们每天工作6个小时，其余的时间归个人支配。人们的服装样式基本上都一样，只有男式女式、已婚未婚的分别。公民就餐在公共食堂，看病到公共医院。乌托邦物资充足，生活富裕，这里没有盗贼，也没有乞丐。乌托邦的人勤奋敬业，生活简朴，遵守法令，乐于助人，鄙视游手好闲和奢侈腐化。乌托邦禁止嫖赌、饮酒、欺骗、阴谋、虐待等恶行。乌托邦没有货币，没有商品，人们视金银如粪土，把金银做成粪桶溺盆等。在信仰方面，乌托邦信仰自由。

乌托邦还非常重视教育和科学研究，每个儿童必须上学，不仅要对儿童进行知识方面的培养，还要进行道德方面的培养。从事科学研究的人可以不参加劳动，但如果不能胜任，就要被安排去劳动。相反，如果从事劳动的人有特长，那么也可以去参加科学研究。

《乌托邦》是世界上第一部空想社会主义名著，影响了后来的傅立叶、圣西门和欧文等空想社会主义者。空想社会主义也是马克思的科学社会主义的理论来源之一。

《巨人传》

《巨人传》共 5 卷，是法国文学史上第一部长篇小说。拉伯雷在书中通过两个巨人即卡冈都亚及其子庞大固埃的故事，以现实主义手法揭露了法国社会的矛盾，提出了他的教育思想和理想社会。

《巨人传》的基本内容是描写巨人国国王打败了外国入侵者，建立"德廉美修道院"，以酬谢一位有战功的修道士。拉伯雷通过描写庞大固埃寻找神瓶的经历，揭露了法国封建社会的黑暗和罪恶。他攻击教皇对人民的剥削和世俗统治机构对人民的搜刮。拉伯雷把"德廉美修道院"写成理想社会，在这里人与人之间互相信任，自由往来。

拉伯雷通过《巨人传》提出的人文主义教育原则是：教育应使人个性解放，多方面发展人的聪明才智，使人成为体格健康、求知欲强、学问渊博的"巨人"。拉伯雷提倡理性，反对神秘主义和愚民政策。他认为人具有战胜黑暗腐朽的巨大力量，但是，他把建立未来公正合理国家的愿望寄托于有教养的贤明君主身上。

《巨人传》揭露了天主教会的黑暗，抨击了中世纪教育的陈腐，宣扬了人文主义思想。因此，它被列为禁书，拉伯雷也被迫外逃避难。

塞万提斯

文艺复兴时期西班牙现实主义小说作家。他生于马德里附近一个穷医生家庭，读过几年中学。21 岁时因卷入一次争斗，被判砍右手的刑罚。为躲灾，他逃到意大利。后他参加了与土耳其人的战争。在 1571 年的雷邦托海战中，他左手致残，人称"雷邦托的独臂人"。1575 年回国时，被海盗俘虏，过了五年苦役生活，1580 年被赎回。回国后他当过军需官和纳税员，又几次被诬入狱。《堂·吉诃德》是他在监狱中孕育出的作品。1605 年《堂·吉诃德》上卷出版，风行西班牙。1614 年出现一部站在教会立场上的伪造的续篇，对他进行诽谤。塞万提斯立即完成了更加成熟的下卷，于 1615 年推出。小说虽然使他享有盛名，但他依然贫困。1616 年 4 月 23 日，他在马德里病逝。塞万提斯是欧洲近代现实主义小说创作的先驱，对现实主义文学影响深远。

莎士比亚

莎士比亚（1564 ~ 1616 年），英国大戏剧家、诗人，出生于埃文河畔斯特拉特福镇的一个商人家庭。7 岁时进入当地圣十字文法学校，学习拉丁语、文学和修辞学。约在 1587 年，莎士比亚去伦敦，据说曾在剧院外边为上层观众看过马，后来在演出中担任过一些角色。他勤学苦练，注意观察社会生活，开始为剧团修改剧本，很快又自己编写剧本，在艺术上不断取得进步。1594 年起，他所在的剧团多次到宫廷里演出。此后一个时期他写了更多的剧本。

长期的生活和创作实践使他成为一个大戏剧家。他在作品里塑造了丰富多彩的典型人物形象，刻画入微，语言生动。他赞扬统一，反对分裂；歌颂爱情自由，痛斥荒淫残暴、贪婪自私，表达了资产阶级的政治要求和人文主义思想。他还写了154首十四行诗和一些其他诗篇。主要代表作有《哈姆雷特》《罗密欧与朱丽叶》《威尼斯商人》《奥赛罗》《李尔王》《查理三世》《亨利四世》《皆大欢喜》《仲夏夜之梦》《第十二夜》等。

现保存下来的莎士比亚的剧本有37部，长诗2首，十四行诗154首。西方文艺评论界把他同荷马、但丁和歌德并称为世界四大诗人。

哥白尼和《天体运行论》

哥白尼（1473～1543年）出生于波兰托伦市的一个商人家庭。1491年，哥白尼进入克拉科夫大学学习。在那里，哥白尼开始钻研2世纪希腊天文学家托勒密的地心学说，并学会了用天文仪器观察天体。他大量阅读天文学、数学和哲学书籍。1506年，哥白尼在意大利留学后回到波兰，开始坚持不懈地逐日观察天象，记录数据，进行演算和分析。在此期间，他对托勒密的地心学说产生了怀疑。

波兰天文学家尼古拉·哥白尼率先提出了行星围绕太阳运转的看法。在此之前，天文学家遵循的是托勒密的观点：地球是宇宙的中心。终其一生，哥白尼都是教会人士，直到去世之前才发表了自己的极易引发争论的看法。

1510年前后到1530年，哥白尼写成《天体运行论》的手稿。在这部六卷的伟大著作中，哥白尼创立了"太阳中心说"。他提出地球是动的，不仅自转，而且和太阳系其他行星一道按各自的轨道绕太阳公转，月亮则是地球的唯一伴侣，绕地球旋转。由于教会压制科学研究，《天体运行论》的手稿直到他临终前才发表。

韦达

法国16世纪最有影响的数学家之一。1540年生于法国的普瓦图。韦达在青年时期，学习法律，当过律师，后转而从事政治活动，并当选过议会的议员。他后来又把兴趣转向科学研究，主要致力于数学的研究。1579年，他最早的数学专著《应用于三角形的数学定律》发表，是早期系统论述平面和球面三角学的著作之一。1591年他完成《论方程的识别与订正》。1593年他又出版了另一部代数学专著《分析五篇》，同年他的《几何补篇》用代数方法解决几何问题的思想由笛卡儿继承，发展成为解析几何学。1603年12月13日，韦达逝世于巴黎。韦达最重要的贡献是对代数学的推进，他最早系统地引入代数符号，发现了"韦达定理"，推进了方程论的发展。由于他作出的这些贡献，他在欧洲被尊称为"代数学之父"，成为16世纪法国最杰出的数学家。

第谷·布拉赫

丹麦天文学家、占星学家。1546年12月14日出生于丹麦斯甘尼亚省的一个律师家庭，祖籍是瑞典。14岁时被送到哥本哈根的大学读书。1560年，一次日偏食的观测，使15岁的第谷将注意力转向了天文学。1562年，第谷被送到莱比锡，但他没有遵从家庭意愿去学习法律，而是继续钻研天文学理论。那时还没有天文望远镜，第谷凭借着锐利的肉眼和惊人的机械操作能力，来测定恒星方位并观测日、月、行星，制成了比以往更精确的包括1000多颗恒星的星表。1599年，第谷在布拉格担任罗马帝国鲁道夫二世的御前天文学家。1601年10月24日，他因病在布拉格去世。1627年，在好友开普勒的帮助下，第谷的遗作《鲁道夫天文表》得以出版，这是有史以来最准确的一份天文表。

布鲁诺

布鲁诺（1548～1600年）是意大利著名思想家、学者，出生于那不勒斯附近的小镇，曾进入修道院，后因反对腐朽的教会而离开。他还在西欧许多大学担任过教师。

布鲁诺冲破反动教会的重重阻力，热情地宣传哥白尼的"太阳中心说"，通过《论原因、本原和同一》《论无限宇宙和世界》等著作，从多方面补充了哥白尼的学说。布鲁诺还直言不讳地讽刺了神学家的诡辩、伪善和暴虐无道，无情地揭露了教皇的滔天罪行。1592年，宗教裁判所将他逮捕，投入监狱。尽管遭到严刑拷打，但布鲁诺从未放弃自己的坚定信念，因而于1600年3月17日被烧死在罗马的鲜花广场上。

伽利略

意大利文艺复兴时期的天文学家和物理学家。生于比萨贵族家庭。17岁入比萨大学，发现钟摆的等时性定律。他先后在比萨大学和帕多瓦大学当教授。通过实验，推翻了亚里士多德"物体落下的速度和重量成比例"的学说，发现了落体定律，结果被赶出比萨大学。1609年自制望远镜观察天体，发现新宇宙，写成《星空使者》，轰动一时。1613年发表证明哥白尼的学说正确的《论太阳黑子》，被宗教裁判所传讯。1633年被判终身监禁，被迫承认"错误"。后被保释回乡。1638年完成他最重要的著作《两种新科学的对话》，为牛顿第一定律和第二定律的研究铺平了道路。1642年病逝。伽利略是经典力学和实验物理的先驱，也是利用望远镜观察天体的第一人，被誉为"近代科学之父"。1983年罗马教廷承认对他判决错误。

开普勒

开普勒（1571～1630年），德意志天文学家，出身于贵族家庭，12岁入修道院。1587年入蒂宾根大学学习，成为哥白尼学说的拥护者。1600～1612年间，在布拉格从事天文工作，后来又去奥地利。

开普勒著有《宇宙的神秘》《光学》《哥白尼天文学概要》《彗星论》等著作。经过对太阳系行星运动规律的长期研究，开普勒成功地描述了太阳系6大行星运动的规律，使计算行星轨道和位置的工作变得比较简单，从而修改了哥白尼的学说。他编制了到当时为止最精确的一份行星运动表：《鲁道夫星表》。该表于1672年出版，根据此表可以准确地计算出任何时刻行星的位置，此后的100多年间，天文学家和航海家一直使用此表。

培根

弗朗西斯·培根，1561年1月22日出生于英国伦敦一个贵族家庭。他的父亲是大法官，曾担任过英国女王的掌玺大臣，母亲出身贵族，精通多门外语，翻译过很多外国名著。受父母和家庭的影响，聪明过人的培根从小就喜欢读书。他家餐厅的墙壁上挂着一个写着"教育使人进步"的条幅，培根就在这样优越的、充满教育氛围的环境中长大。

培根从小体弱多病，但他非常喜欢学习，喜欢思考，经常一个人坐在角落里静静地读书。一次，父亲带他到王宫去玩，遇见了英国女王伊丽莎白。女王问了他很多问题，小培根回答得非常庄重得体，女王非常喜欢他，叫他"小掌玺大臣"。一次，女王问他："我的小掌玺大臣，你几岁了？"培根眼珠一转，巧妙地回答道："我只比陛下您的幸福朝代小两岁。"女王听了，非常高兴。

13岁那年，培根破格进入英国名校剑桥大学学习，系统学习了哲学、语法、逻辑、修辞等课程，广泛阅读了古希腊哲学家柏拉图、亚里士多德等人的著作，这使他的知识结构更加系统全面。但当时剑桥大学讲授的都是一些经院派哲学，将亚里士多德的言论奉为经典，学校里充斥着神学的辩论。培根对这种远离科学、远离实际的氛围非常厌恶，经常一个人在校园里散步，思考社会的真谛和人生的意义。

1597年，培根出版了《培根论说文集》一书，这本书一出版就引起了轰动，多次出版。1620年，培根又出版了《新工具》一书，在书中，他提出了"知识就是力量"的口号。培根在哲学史和科学史上具有划时代的重要地位，是英国唯物主义哲学和

培根的哲学著作《新工具》

《新工具》首次发表于1620年，是培根的主要哲学著作之一。本书的书名是针对古希腊哲学家亚里士多德的著作《工具论》而起的。《新工具》一书分为两卷：第一卷主要讨论制定归纳法的原理；第二卷主要讨论收集事实的方法。培根在书中批判了亚里士多德逻辑学说和三段论方法，提出了经验认识原则和经验认识方法。此书在近代哲学史和逻辑史上有重要影响，培根也因此被称为"近代逻辑史上的先驱"。

现代实验科学的始祖。

笛卡儿

1596 年 3 月 31 日，勒内·笛卡儿出生在法国一个名叫拉哈耶的小城。他出生 3 天后，母亲就去世了，幸亏保姆细心照料，笛卡儿才得以转危为安；勒内在法语中就是"重生"的意思。笛卡儿的父亲是一名法官，这使笛卡儿他在富裕的生活中度过了无忧无虑的童年。他幼年体弱多病，但对周围的事物充满了好奇，经常问这问那，有时候连父亲都回答不上来他的问题。父亲见他很有哲学家的气质，亲昵地叫他"小哲学家"。

笛卡儿像

8 岁的时候，笛卡儿被父亲送进了拉弗莱希学校读书。由于笛卡儿从小体弱多病，所以校长特许他如果感到身体不舒服，可以躺在宿舍里休息，不用去教室上课。然而小笛卡儿并不借此偷懒睡觉，他总是微闭着双眼，回忆老师教的知识和自己读到过的书上的内容。在他的枕边总是堆放着一堆哲学、数学、天文学和历史等方面的书籍。笛卡儿在学校学习非常刻苦，成绩名列前茅，20 岁的时候，他以优异的成绩获得了法学博士学位，去巴黎当了一名律师。

1628 年，笛卡儿到荷兰当了一名军官。一天，他在大街上散步，看见一群人围着墙上贴着的一张纸议论纷纷。笛卡儿凑过去看了看，这张纸上的字是用当地的佛兰芒语写成的，好像是一道数学难题。笛卡儿不懂佛兰芒语，只好干瞪眼。这时旁边的一位中年人看见他一副跃跃欲试的样子，就说："怎么？年轻人，你想试试？"笛卡儿说："好啊，不过我不懂佛兰芒语，你能帮我翻译一下吗？"中年人用法语给他翻译了一遍。笛卡儿记下后就回到了军营里。第二天，笛卡儿拿了一张纸，找到那个中年人，对他说："你看，我解出来了！"中年人一看，大吃一惊。这个中年人就是著名的数学家贝克曼，从此以后两人就成了好朋友。

1649 年 10 月，笛卡儿应瑞典女王的邀请来到瑞典首都斯德哥尔摩，为女王讲授哲学和数学。但体弱多病的笛卡儿非常不适应瑞典的寒冷气候，很快就病倒了。1650 年 2 月 11 日，笛卡儿与世长辞。

笛卡儿是 17 世纪的欧洲哲学界和科学界最有影响的伟人之一，被誉为"近代科学的始祖"。

笛卡儿哲学思想中的"怀疑主义"
笛卡儿说："一切迄今我以为最接近于'真实'的东西都来自感觉和对感觉的传达。但是，我发现，这些东西常常欺骗我们。因此，唯一明智的是：再也不完全信赖那些哪怕仅仅欺骗过我们一次的东西。"正是这种"怀疑精神"，使他在科学研究中总是从零开始，大胆质疑被人们普遍接受的科学概念，不断超越前人，取得了许多惊人的成就。

第二章 古代史（下）

霍布斯

英国哲学家、政治学家。1588年4月5日生于一个牧师家庭。1608年毕业于牛津大学，1610年出访欧洲大陆时结识伽利略等思想家。1637年，回国担任培根的秘书，思想受到很大影响。后因他的政治观点不为当局所容，1640年逃亡法国。1651年，他的重要著作《利维坦》出版。1652年回国，在王政复辟后得宠。但因《利维坦》被视为异端而遭迫害，他进行了申辩，虽然有一定效果，但他的政论著作仍被禁止出版。84岁时发表了拉丁诗体自传。1679年12月4日逝世。霍布斯作为政治学家，是近代英国君主制以及国家政治学说的最重要奠基人。他对经验主义和实验主义哲学做出新的发展，在数理逻辑和符号语言哲学方面有开创性贡献。他在认识论和逻辑问题上的研究，启发了后来的许多哲学家。

哈维和血液循环

威廉·哈维（1578～1657年）出生在英国肯特郡的一个富裕家庭，他从小好学，读小学时，就以优异的成绩名列前茅，尤以英语和拉丁语最为突出。他10岁时进入坎特伯雷皇家学校，16岁时进入剑桥大学，并在3年后获得文学学士学位。1600年，哈维进入意大利的帕多瓦大学学习医学，在两年后以优异的成绩获得医学博士学位，教授们在他的学位证书上写下了这样的赞语："威廉·哈维以突出的学习成绩和不平凡的才能引人注目，并获得本校讲授解剖学、医学和外科的教授们的赞扬。"学成归国后不久，哈维和伊丽莎白女王的御医朗斯托洛·白劳恩的女儿结为伉俪。母校剑桥大学为表彰他在留学中所取得的卓越成绩，也授予他博士学位。两年后，英国皇家医学院选举他为委员；又过了几年，哈维被委任为圣巴托罗缪医院的医师。

早在公元前2世纪，古罗马的神医盖仑提出了一种血液循环理论，他认为血液在人体内像潮水一样流动之后，便消失在人体四周，并把血液运动解释为是上帝的安排。他的这一理论被教会当作不可侵犯的真理，一直到16世纪时，才受到怀疑和挑战。享有"解剖学之父"美誉的比利时医生维萨里和发现血液小循环系统的西班牙医生塞尔维特相继批判了盖仑的学说，但他们也为此付出了生命的代价。维萨里受到宗教裁判所的迫害；塞尔维特在日内瓦被活活烧死。半个世纪之后，哈维决心弄清人体血液的奥秘，他动手在自己家中建立起了实验室，开始了艰苦的探索。

他先是用的兔子和蛇，之后又扩展到其他40余种动物。在解剖这些活体动物之后，他发现心脏的作用就像一个水泵，它专门输出血液，这些血液凭借其收缩压力流遍全身。这时他又产生了第二个疑问：心脏中的血液又是从哪儿来的呢，是自己造出来的吗？

通过进一步研究，哈维终于发现：心脏本身不具备造血机能，而仅仅是一个中转站和动力站而已。血液被心肌压出，沿动脉血管流向身体各个组织、器官，之后再经静脉管回流心脏，周而复始，循环往复。这就是著名的哈维血液循环理论。为了证明这一理论的正确性，哈维又进行了相关实验。他请一些体形较瘦的人作为实验对象，先把他们的静脉扎紧，结果近心端的血管瘪了下去；然后再扎起动脉，却发现近心端的血管膨胀起来，而远心端的血管瘪了下来。这充分说明：血液从心脏流出，经动脉到达全身各处，又从静脉回流心脏。

尽管哈维的科学结论有充分的事实依据，可还是没有被当时的学术界、医学界、宗教界所认可，甚至遭到非议和攻击。

1628年，他的《心血运行论》在德国的法兰克福出版，这部只有72页和两幅插图的惊世之作，虽然宣称是生理学由蒙昧走向科学的转折点，但却因为他的观点与权威理论不符，而被称为荒谬的言论和无稽之谈。不过幸好，因为他的御医身份，教会虽然气恼，却也奈何不了他。

晚年的哈维刻苦钻研动物生殖和发育问题，在1651年又出版了《动物生殖》一书，提出了生物器官的"渐成论"，否认了那种认为各个器官同时形成的"预成论"。英国皇家科学院为表彰他的功绩，特地为他建造了一座铜像。

1657年6月3日，哈维因脑血栓突发病逝于伦敦，享年80岁。皇家医学院为他举行了隆重的葬礼，将他葬在伦敦以北80千米处哈维家族的墓地。1883年10月18日，皇家医学院为他举行了迁葬仪式，将他的遗骨重新安葬在汉普斯台德大教堂的哈维纪念馆中。在他的墓地上竖起一块石碑，上面的题词是："发现血液循环，造福人类，永垂不朽！"

地理大发现及殖民掠夺

航海技术与海上武器

12世纪末至13世纪初，中国发明的罗盘针由阿拉伯人传入了欧洲，并被欧洲人运用到了航海上，再加上欧洲人这时已经在船尾上安装了舵，于是航海效率大大提高。

14世纪，葡萄牙人改造了阿拉伯人的三角帆，使船身增大了，速度加快了，操纵也更加灵活了。另外，改进了的帆船又可减少100～200个划手，相应地减少了这些人力所需要的粮食，因而也更经济了。

在造船技术方面，葡萄牙能建造多桅大帆船，并在船的中间主桅上挂上更多的帆，以适应不同的风向和海流。到1500年，欧洲人已经能建造结构坚实、船身更大的海船，这些船拥有强大的龙骨、坚实的肋骨和双橡木壳板，足以经受得起远洋航行的考验。

1485年，葡萄牙人第一次使用星盘，以确定船的位置，以后又陆续出现了其他仪器。

14世纪，欧洲绘制地图的技术已相当发达，开始出现标明海岸线和港口位置的航海图。

15世纪，欧洲的战舰上装备了大炮，但这种大炮仍是小型的，不能打破敌舰的舰体，而且由于太笨重，无法把它运上军舰。

16世纪20年代，欧洲人铸成的新型大炮有5～12英尺长（1英尺等于0.3048米），发射的圆型炮弹（先是石弹，后来是铁球）重50～60磅（1磅等于0.4536千克），在300码（1码等于0.9144米）的射程内能击破敌舰的舰身。这种大炮可以安装在军舰上，容易操纵，在新设计的军舰上多的可载40门大炮。

航海技术的改进，海战战术的变化，为新航路的开辟提供了有利条件，也使处于海外扩张时期的欧洲国家凭借着"船坚炮利"，征服一个个国家和地区。

哥伦布的航海船只复原模型
15世纪90年代哥伦布向西航行时，就乘坐这种航船，用直角索具把多桅帆船进行改造。船体中部竖立主桅，并在前桅挂一直角帆。必要时，主桅可向右重新挂起直角帆。

新航路开辟前的主要商路

早在中世纪后期，西欧人就享用来自东方国家的香料、丝绸、宝石等物品，来自中国、印度、阿拉伯地区的东方商品在欧洲价格昂贵，所以贩运起来十分有利可图。

当时的主要商路有三条：第一条是陆路，由中亚沿里海、黑海到小亚细亚，然后转往欧洲；第二条是由海路进入波斯湾，再经两河流域到地中海东岸的叙利亚一带；第三条是先由海路到红海，再由陆路到埃及的亚历山大港。这三条商路都以地中海东部一带为贸易中心。

15 世纪，奥斯曼土耳其帝国兴起，阻断了东西方陆路贸易的通道，使欧洲市场上的东方商品价格猛涨。欧洲人迫切需要寻找一条通往东方的新航路。

迪亚士

迪亚士（1450 ~ 1500 年），早年事迹不详，当过王室的骑士或随从。

1487 年 8 月，迪亚士奉葡萄牙国王约翰二世之命，在前人探航的基础上，继续沿非洲西海岸向更远的南方推进。船队从里斯本出发，将至非洲西南端时，遇到风暴，船只被吹离海岸，向南漂去，达 13 天之久。风暴平息之后船队转向东北方向航行，这时船队进入了印度洋，在非洲南部登上海岸。继续向东航行了一段路程之后，因船员们要求回国，迪亚士不得不返航。1488 年 2 月 3 日，在归途中迪亚士见到非洲西南端的尖角，恰巧此时又遭遇风暴，因此他称这个尖角为"风暴角"，就是现在的好望角。

1488 年 12 月，迪亚士返回里斯本。公元 1500 年，他又随同船队远航巴西，离开巴西以后，又前往好望角，在好望角附近的海面上因遇风暴而死。

达·伽马

达·伽马（1469 ~ 1524 年）出身于葡萄牙的一个贵族家庭，自幼在海边长大，喜欢听航海故事和有关非洲西海岸的见闻。他努力学习数学和航海知识，准备投身于航海活动。

1497 年 7 月，达·伽马奉葡萄牙国王埃曼努尔一世之命，从里斯本出发，远航印度，以便插手印度洋的贸易活动。到达非洲东海岸的马林迪之后，他得到一名阿拉伯领航员的领航，顺利东渡，并于 1498 年 5 月到达印度洋西岸的卡里库特。在那里，他同当地首脑商谈贸易问题，由于阿拉伯人的阻挠，没有取得进展，便于 8 月返航，在第二年 9 月回到里斯本。1500 年，他再次率领船队，带着大炮、士兵前往印度。到达之后，葡萄牙人炮轰卡里库特海港，击毁了印度和阿拉伯的船队，从而打破了阿拉伯人在当地的垄断地位。之后，达·伽马于 1503 年底回国。1524 年被任命为驻印度总督，并第三次赴印度，但到任不久就死去。

哥伦布

哥伦布（1451 ~ 1506 年），出身于热那亚的一个织工家庭，早年在地中海上当

哥伦布像

哥伦布是意大利著名的航海家，自幼喜欢冒险，为寻找传说中金银遍地的中国和印度，他四次横渡大西洋，并首次发现了美洲大陆，为西班牙的殖民掠夺打下了基础。

过海员，后来随船队到过英国、冰岛、今天的几内亚海岸等地。

1484年，哥伦布请求葡萄牙国王约翰二世资助他的航行，遭到拒绝。两年后，他请求西班牙王室资助，但是直到1492年，西班牙国王斐迪南和王后伊莎贝拉才批准了他的计划。

1492年，哥伦布率88人的船队从西班牙的帕洛斯出航后，10月到达巴哈马群岛中的一个小岛（过去一般认为这个小岛就是今天的华特林岛，近来有人认为是萨马纳礁石岛），他手持西班牙王室旗帜登陆，称它为圣萨尔瓦多岛，意思是"救世主"，并且宣布该岛归西班牙所有。之后，船队继续前行，10月底抵达古巴，12月初到达海地。在海地，哥伦布留下39人建立殖民据点，搜寻金矿，自己带着其余的人手于1493年1月返航。同年，哥伦布又率领船队第二次远航美洲，这次随船带去各行各业的人，如教士、战斗人员、农民、工匠等1000多人，还带去了种子、牲畜和工具。他们在海地建立了一个新的殖民据点。此后，哥伦布还考察了古巴南部沿海和牙买加等地。1496年，哥伦布留下他的兄弟管理殖民地事务，自己返回了西班牙。1498～1500年，哥伦布第三次去美洲，并发现了南美洲北边的特立尼达岛等地。1502～1504年，他第四次西航，考察了洪都拉斯海岸和巴拿马地峡一带，向居民换得一些黄金。但他的考察成果和最后带回的黄金未能引起西班牙当局的重视。过了两年，体弱多病的哥伦布抑郁而终。

美洲大陆名称的由来

把哥伦布所到的地方确定为新大陆的是佛罗伦萨人亚美利哥·维斯普奇。

1499年，亚美利哥·维斯普奇随同西班牙考察船到西印度群岛一带考察，发现并探测了南美洲的亚马孙河河口，接着沿海岸向东航行，到达南美洲东北角一带。1500年，亚美利哥·维斯普奇返回西班牙，1501年又由里斯本出发，沿南美洲东海岸向南航行，进行考察。这次航行，发现了拉普拉塔河河口，并到达约南纬50度之远。亚美利哥·维斯普奇确定哥伦布所到的地方不是亚洲，而是一块"新大陆"。

1507年，德意志制图学家瓦尔德塞缪勒制成附有短文说明的世界地图，并在说明里第一次称这块大陆为"亚美利加"。"亚美利加"一词由"亚美利哥"转来，后来成为美洲的名称。

麦哲伦

麦哲伦（约1480～1521年），出身于葡萄牙一个没落的贵族家庭，二十几岁就开始参加远洋航行，曾随葡萄牙船队到过印度、马六甲等地。他相信"地圆说"，认为从大西洋西航可以到达东方。

他曾向葡萄牙国王提出绕过南美大陆直航亚洲的计划，但未被采纳，后来得到西班牙国王查理一世的资助，于1519年始航。

麦哲伦率265名船员从西班牙的桑卢卡尔出发，横渡大西洋后，沿南美海岸南下，10月下旬到达今天的麦哲伦海峡，由此进入太平洋。在此后的漫长航行中，麦哲伦一行历尽艰苦，船员因败血病大批死亡。1521年3月，船队抵达菲律宾群岛。麦哲伦想利用当地的部落冲突征服诸岛，结果自己在冲突中被杀。剩下的船员继续航行，来到摩鹿加群岛。在那里，很多船员被葡萄牙当局囚禁，最后只剩下4人，绕道非洲，于1522年9月返回西班牙。

这次环球航行为"地圆说"提供了确凿的证据。随麦哲伦远航的威尼斯贵族皮加费塔写成的《首次环球航行记》是关于这次航行的珍贵史料，后来被辑录成书出版。

> **麦哲伦海峡**
>
> 1520年10月，麦哲伦的船队在南纬52度处发现了一个海峡，这个海峡忽窄忽宽，波涛汹涌，河口犬牙交错，布满了岛礁和浅礁。麦哲伦凭着毅力和勇气在这个长达550千米的海峡迂回航行38天后，终于出海峡西口，见到了浩瀚的大海。为了纪念麦哲伦这次探行的功绩，后人把这条海峡命名为"麦哲伦海峡"。
>
> 船队在这片大洋中航行了3个月，海面一直风平浪静。因此，人们就将这片大洋称为"太平洋"。

商业革命

新航路的开辟引发了欧洲的"商业革命"，其表现为世界市场的扩大、流通商品种类的增多、商路和贸易中心的转移以及人类眼界的开阔。

新航路的开辟，使世界上原来互相隔绝的一些地区沟通起来，联系加强，欧洲同亚、非、美洲的贸易日益发展，世界市场扩大了。

市场的扩大使很多新产品越来越多地出现在各国市场。如美洲的玉米、马铃薯、烟草、可可等特产传到了亚、非、欧各洲，而非洲产的咖啡也成了欧美人的日常饮料。

新航路开辟后，世界贸易中心从地中海沿岸转移到了大西洋沿岸，北海两岸的港口，占据着海上贸易的中心地位。同时，由于船队的远航探索，世界上的主要海岸线基本摸清，人们对世界有了更深入全面的了解。

价格革命

新航路开辟以后，由于美洲白银大量流入西班牙等欧洲国家，致使这些国家出现货币贬值、物价上涨、投机诈骗等现象。物价猛涨对欧洲国家的社会发展产生了深远影响，因此被称为"价格革命"。

"价格革命"严重损害着封建地主和雇佣工人的利益。按传统方式收取定额货币地租的封建地主的实际收入因货币贬值而减少，陷于贫困破产。由于国家为保护雇主的利益，一再颁布限制提高工资的法令，致使城乡的雇佣工人工资的增长幅度赶不上物价的上涨幅度。

在"价格革命"中获利最大的是手工工场主、资本主义农场主、按资本主义方式经营农牧场的新贵族，还有缴纳定额货币地租的富裕佃农。他们既能够更廉价地购买劳动力，又有大量产品高价出售。

"价格革命"初步理顺了英法等国家从自然经济向商品经济转变时期的价格体系。因此，在英、法等国内，"价格革命"加速了封建制度的衰落和资本主义的兴起，促进了商品经济的发展。

但在西班牙国内，由于封建贵族只顾加强封建剥削，从殖民地掠夺的贵金属并没有用于扩大工农业生产，而是把大量财富用于军事、政治活动和奢靡享受上，因此西班牙从美洲殖民地运回的金银很快就转到其他国家的供货者和债权人手中，他们所开辟的殖民地市场，也被英、法等国的商品占领。

葡萄牙的殖民活动

从 15 世纪早期起，葡萄牙人便在非洲西海岸建立殖民据点。16 世纪初葡萄牙又在非洲东海岸开辟了商路。1500 年，葡萄牙宣布南美洲东部归其所有。1507 ～ 1511 年间，占据了红海口的索科拉特岛，1514 年又占据了波斯湾入口处的霍尔木兹。1510 年，葡萄牙强占了印度西海岸的果阿，把果阿作为在印度洋上进行侵略的主要根据地。1517 年占领马来半岛南部的马六甲，5 年之后来到中国珠海，遭到痛击之后又来到广东，并于 1553 年骗取了在澳门的居住权，开始对澳门实行殖民统治。1532 年葡萄牙在巴西建立永久性殖民据点，以后又在短期内占领了巴西的广大土地。

从 15 世纪末到 17 世纪初，葡萄牙殖民者从非洲运出黄金 27.6 万千克，抢走马六甲约 100 万金币的财富。从 15 世纪 40 年代起，葡萄牙人便开始从非洲运黑人到欧洲当奴隶。他们还从印度廉价地贩运香料、大米、糖、丝织品、宝石、珍珠，从中国和日本贩运茶叶和瓷器，然后运到欧洲高价出售。

西班牙的殖民活动

哥伦布登上美洲大陆之后，其所到之处都被划为西班牙的据点。西班牙以西印度群岛为基地，向美洲大陆扩张。1519 年侵入墨西哥，1532 年侵入秘鲁。16 世纪中期先后在今天的智利、哥伦比亚、阿根廷、巴拉圭等地建立据点。1565 年，又在北美的佛罗里达和亚洲的菲律宾建立起据点，并逐步占领了大部分菲律宾群岛。到 16 世纪中期，自墨西哥向南的美洲广大内陆地区，除巴西以外都基本上成为西班牙的殖民地。

在拉丁美洲，西班牙殖民者强迫印第安人开采金银矿，到 16 世纪末，西班牙所拥有的贵金属量已占世界总开采量的 83%。另外，殖民者还从这里贩运可可、糖、烟草、棉花、宝石、珍珠等特产。在西印度群岛，殖民者大量屠杀印第安人，到 1548 年海地只剩下了 500 个土著人，而古巴和牙买加的原有居民几乎已经灭绝。

为补充美洲的劳动力，西班牙殖民者从 16 世纪初就开始贩卖非洲黑人到美洲。

西班牙在美洲的殖民统治

西班牙的美洲殖民地分为几个总督辖区，其总督由西班牙国王任命，并代表国王在殖民地行使大权。

西班牙在马德里设立西印度事务委员会，负责制定殖民地政策。西班牙王室宣布，殖民地全部土地归西班牙王室所有，印第安人为国王的臣民。1503 年，王室又将殖民地土地交给那里的官吏和教士管理，使他们的地位类似于中世纪的封建领主。

经济上，西班牙人在美洲竭力扩大甘蔗、棉花、烟叶等经济作物的生产，以便输出欧洲市场。但为了保证西班牙本土葡萄酒与橄榄油在美洲市场的销售，他们又限制和禁止美洲种植葡萄、橄榄等。美洲因此逐渐形成单一产品制。西班牙还对殖民地的贸易进行垄断，规定殖民地的一切进出口货物须由西班牙船只装运。

荷兰东印度公司

15 世纪以前，东方的香料和丝绸都是从中国经过伊朗、小亚细亚半岛，由阿拉伯人和威尼斯人传到欧洲的。可是到了 15 世纪，奥斯曼土耳其帝国兴起。1453 年，奥斯曼土耳其帝国攻陷君士坦丁堡，拜占庭帝国灭亡。奥斯曼土耳其帝国控制了香料及丝绸之路，对来往的客商征收高额的关税，导致香料及丝绸的价格暴涨，香料几乎与黄金等价，迫使欧洲国家不得不寻找另一条香料之路。

当时欧洲已出现了"地圆说"，这激发了欧洲人的探险热情。既然地球是圆的，那么向西航行不也可以到达中国、印度吗？进口的香料、丝绸不就可以避开奥斯曼帝国的高额关税了吗？在巨大的利润刺激下，冒险家们一个接一个地踏上冒险之旅，去寻找盛产香料的东方。1492 年的春天，哥伦布决定从水路到神秘的东方去。他得到了西班牙国王的支持，率领着几只船开始向西航行，结果却发现了美洲。1499 年，葡萄牙航海家达·伽马向南绕过非洲的好望角到达印度，他率领满载香料的船队返回葡萄牙，所获纯利润竟是这次航行费用的 60 倍！从此葡萄牙人垄断了这条香料之路，大发横财。后来葡萄牙人又占领了盛产香料的印度尼西亚，把当地盛产的胡椒、豆蔻、丁香贩卖到欧洲，让其他的欧洲国家眼红不已。

当时荷兰的航海业也很发达，号称"海上马车夫"，为了获得高额利润，他们也决定开辟一条海上香料之路。这件事得到了荷兰政府的支持。当时远航耗资巨大，除了王室以外没有人能负担得起，但聪明的荷兰商人合资组建了一支由 4 艘帆船组成的船队，由霍特曼率领，向东方出发。

霍特曼率领着船队，经过了一年多的航行，终于到达了印尼爪哇岛的万丹港。通过望远镜，霍特曼看见了两只满载香料的大船正出港。"哈哈哈，伙计们，我们刚来到这里就要发大财了！看哪，有两只满载香料的大船向我们驶过来了！"船员们纷纷向东看去，发出阵阵欢呼。"全体船员准备，把这两艘船抢过来！"荷兰人凭借强大的武力，将这两艘船上的香料全都抢了过来。

"进港！那里有更多的香料！"霍特曼下令。荷兰人进港后，来到港口附近的市场，发现这里的香料到处都是，小贩们沿街叫卖。在欧洲和黄金等价的香料在这里竟然和蔬菜一样，摆在市场上叫卖！荷兰人惊呆了。

荷兰人开始大肆购买香料，但他们出价很低，再加上行为粗暴野蛮，当地人都不卖给他们。霍特曼非常生气，命令荷兰人抢夺，市场上顿时一片混乱。正在这时，一群爪哇武士骑着马赶来，把荷兰人捆了个结实，押到了万丹苏丹面前。

"你们是哪里人？为什么要抢东西？"万丹苏丹问。

被打得鼻青脸肿的霍特曼说："尊敬的苏丹，我们是荷兰人，我们是来买香料的。"

"你们这是买吗？这分明就是抢，你们必须赔偿我们的损失，我宣布你们为不受欢迎的人，立即驱逐出境！"万丹苏丹生气地说。

就这样，荷兰人在缴纳了罚金后，灰溜溜地离开了万丹港。为了获得香料，荷兰人的船队继续向东航行。但他们在万丹的丑恶行径早已传遍了整个爪哇，每个港口都不欢迎他们。霍特曼本打算向北再碰碰运气，但已经在大海上漂泊了一年的船员们纷纷抗议，霍特曼只好下令返航。1597 年，霍特曼的船队返回了荷兰，虽然他们这次带回的香料并不多，但也获得了高额的利润。荷兰商人一片欢呼，认为香料之路已经打开了。

1598 年，荷兰人再次远航，由范尼克率领，又一次来到了爪哇岛。吸取了上次霍特曼的教训，范尼克聪明多了。他极力讨好万丹苏丹，赠送了很多礼物。这时，万丹正在和葡萄牙人打仗，范尼克趁机向万丹苏丹提出可以帮助万丹一起对付葡萄牙人，万丹苏丹同意了。在荷兰人的帮助下，万丹将葡萄牙人赶跑了。范尼克趁机向万丹苏丹邀功，提出要在万丹建立办事处。苏丹同意了，并赠送给他们 4 船香料。

1602 年，荷兰国会通过决议，成立了东印度公司。不久，荷兰人的东印度公司将葡萄牙人的势力彻底驱逐，征服了印尼，在那里建立了残暴的殖民统治。

英国的东印度公司

1600 年，为了掠夺东印度地区的原料和资源，英国政府决定成立东印度公司，并向民间发售股票以筹集资金。很快，公司的启动资金就筹集完毕。1613 年，东印度公司在印度的苏特拉设立了第一个贸易站。起初，东印度公司只是做生意，并没有参与政治。但是在 1698 年买下加尔各答之后，东印度公司先后设立了 3 个管理点，并派遣了总督，逐渐开始了殖民统治。后来还成立了军队，训练印度人当他们的炮灰。1756 年，孟买总督发兵赶走了英国人，从而引发了英印战争。这个时候的东印度公司已经成为英国政府设在印度的殖民代理机构。但是从 18 世纪 60 年代开始，东印度公司开始走下坡路，英国政府一步步地取消了它的特权，最终在 1858 年正式将其取消。

"五月花号"

16 世纪末到 17 世纪，英国的一些基督徒发起了一场轰轰烈烈的宗教改革运动，宣布脱离英国国教，另立教会，主张清除英国国教内部的天主教残余影响，这些基督徒因此被称为清教徒，但是到了17世纪中叶，英国议会通过了《信奉国教法》，英国政府和教会势力开始迫害清教徒，清教徒只好逃到信奉新教的荷兰避难。但是在荷兰，清教徒不仅受到宗教迫害，还受到战争的折磨。为了彻底逃脱宗教迫害的魔爪，他们想再次迁徙。

清教徒把目光投向了当时刚刚发现不久的新大陆。新大陆地域辽阔，物产丰富，人烟稀少，正是清教徒们理想的迁徙地。1620年9月，清教徒的领袖布雷德福率领101名同伴，登上了一艘帆船——"五月花号"，向新大陆驶去。由于形势所迫，他们航行的季节是一年中最糟的渡洋季节，大海上风急浪高，"五月花号"像狂风暴雨中的一片树叶，随波逐流。很长一段时间内，清教徒们都躲在船舱内，不敢登上甲板。经过了66天的航行后，"五月花号"抵达北美大陆的科德角，就是今天美国马萨诸塞州的普利茅斯港。有意思的是，在这次危险的航行中，只有一人死亡，但又诞生了一名婴儿，所以到达美洲的人数仍然是102人。清教徒们手画十字，衷心感谢上帝。

面对这片陌生的土地，清教徒们不敢随便上岸，而是先派出了一个侦察队。过了几天，侦察队回来了，他们欣喜地告诉大家，在大陆上发现了一个适合居住的"天堂"。这个"天堂"就是今天的普利茅斯港，非常适合"五月花号"停泊，附近有一个渔场，有丰富的海产品。岸上不远处连绵起伏的小山，把这块土地环绕起来。一条小溪从山上流下来，汇入大海，可以提供充足的淡水。除此以外，还有一片片开垦过的肥沃农田，整整齐齐地排列着。农田旁边是一间间可以御寒避暑的房屋……但奇怪的是，这里一个人都没有，难道是上帝赐给他们的？后来他们才了解到，这里原来是一个人口稠密的印第安村庄，但几年前天花流行，全村人都不幸病死了。

欢天喜地的清教徒们来到这个村庄，开始了他们的新生活，但生活并不像他们想象的那样美好。这些新来的移民缺少必要的农具和生活用具，在繁重的劳动下，很多人都累倒了，再加上缺医少药，很多人病死了；冬天到了，从大西洋吹来的阵阵寒风，又冻死了很多缺少棉衣棉被的清教徒。102个移民只剩下50个了，他们简直要绝望了。

就在这时，一个印第安人来到了村庄。他是临近村子里的人，奉酋长之命来看看这里的情况，移民们仿佛看见了救星一样，向这印第安人诉说着他们面临的困难。印第安人脸上流露出无限的

1620年9月6日，清教徒们在长老布雷德福的率领下搭乘"五月花号"从英国普利茅斯扬帆起航移民新大陆。图中描绘的是1620年11月21日"五月花号"抛锚泊岸时的情景。

怜悯和同情，表示一定会帮助他们。几天后，这名印第安人和他的酋长马萨索德带着很多人，拿着很多生活用品再次来到了移民的村庄。酋长是个非常热情的人，他对移民的到来表示欢迎，送给他们许多生活用品，并派来了最有经验的印第安人，教他们种地、捕鱼、打猎以及饲养火鸡等。

在印第安人的无私帮助下，移民们获得了大丰收，渡过了难关，生活逐渐安定下来。秋收后，为了感谢上帝，布雷德福宣布从今以后，每年11月的最后一个星期四定为感恩节。当然，他还邀请了帮助他们渡过难关的真正"上帝"——热情、好客、无私的印第安人。马萨索德和很多印第安人前来参加节日，他们送来了5只鹿作为礼物。移民们大摆筵席，餐桌上摆满了山珍海味和用玉米、南瓜、笋瓜、火鸡等做成的美味佳肴。他们又吃又喝，唱歌跳舞，一连庆祝了三天。后来感恩节成了美国最大的一个传统节日。

随着清教徒不断移民，实力越来越大。他们站稳脚跟后，开始抢夺印第安人的土地，屠杀印第安人。原来北美有150万印第安人，后来只剩下30万了。这些剩下的印第安人被他们赶进了西部荒凉、贫瘠的"保留地"。这真是对感恩节的莫大讽刺！

· 第三章 ·

近代史

（上）

近代英国

斯图亚特王朝

英国都铎王朝（1485～1603年）末代女王伊丽莎白一世死后，因无子女而由表亲苏格兰国王詹姆士·斯图亚特于1603年继承英国王位，称詹姆士一世。由此斯图亚特王朝开始统治英国。

资产阶级革命爆发后，英国王室经历了反复的动荡。

1688年发生了宫廷政变，议会把詹姆士二世的女儿、信奉新教的玛丽和她的丈夫、荷兰执政奥伦治亲王威廉迎接到英国继承王位，从此建立起资产阶级新贵族的君主立宪政体。1701年，议会通过了《王位继承法》，规定：因威廉和玛丽没有子女，威廉死后，王位由詹姆士二世的幼女、信奉新教的安妮继承。

安妮死后无嗣，王位传给詹姆士一世的孙女、汉诺威选侯之妻索菲娅。索菲娅的儿子称为乔治一世（1714～1727年在位）。自此，汉诺威王朝取代了斯图亚特王朝。

> ### 詹姆士一世
>
> 詹姆士一世（1603～1625年在位）统治英国（英格兰和苏格兰），依靠封建贵族和国教教士来加强封建专制统治。
>
> 他宣扬君权神授，宣称国王是上帝派到世间的最高权威，有无限的权力。他把英国国教作为封建专制的精神支柱，并极力迫害清教徒；曾三次解散议会，直接开征新税，提高关税，并强制发行公债；还实行肥皂、纸张、盐、煤等的专卖，甚至卖官鬻爵。
>
> 詹姆士一世不关心英国的海上贸易，忽视建立海军。这些政策严重阻碍了资本主义工商业的发展，引起了资产阶级和新贵族的强烈不满。

条田制

西欧农村在中世纪时，耕地呈条块分割状，称为"条田"。大大小小的土地占有者在其中占有一条或若干条土地，这样的土地布局称为"条田制"。在"条田制"下，耕种与收割的日期，都是由村民先开会决定。收割完毕后，村民有权在地里捡拾麦穗和放牧牲畜。这样的共耕制度不利于那些勤劳能干的农民发挥自己的生产积极性。由于土地比较分散，划分条田的田埂会造成土地的浪费，同时也不利于经营管理。而且条田都很窄，只能顺犁顺耙，所以不利于土壤的改良。耕种时，邻近的土地可能被牲畜践踏，引起纠纷。从水利建设来说，不便于单位生产者独立采取排灌措施。从牲畜方面来讲，全村的牲畜集中在一起放牧，容易引起牲畜传染病的传播，并且由于草料不足，使得牲畜营养不良，而牲畜的自行杂交也不利于改良畜种。

圈地运动

新航路开辟以后，英国处于大西洋航运的中心线上，海外活动更加便利。英国积极开拓海外贸易，推动了传统工业如制呢业的迅速发展。

15 世纪时，欧洲的呢绒工业达到了一个全盛时期，羊毛原料的需求量特别巨大，市场上供不应求。羊毛需求量的激增，刺激了羊毛价格的大幅上涨。饲养羊群和生产羊毛的收益超过种植业收入的一倍以上。和农耕相比较，牧养所需的劳动力少，几个人就可看管上千只羊，成本也很低。因此，养羊业成为当时极为有利可图的行业。

养羊需要土地做牧场，大规模养羊更需要大片的土地。在英国，早期的封建庄园的土地是条形的，为了便于管理，又开始合并条形地。从 13 世纪到 15 世纪，合并条形地采取的是买卖、转租和协商等方式。那时的耕作方式以农业为主，辅之以牧业，合并集中起来的土地，需要用树篱、栅栏和石块等围圈起来，以防家畜进入，同时起到了防风作用，于是有了圈地的说法。

15 世纪 70 年代，随着英国手工工场的迅速发展，圈地便形成了一个运动。在利益的驱使下，越来越多的贵族地主开始圈地养羊。他们首先圈占公用土地，如草地、树林、沼泽。后来，他们又把农民的短期租地以及世袭租地也圈占起来。他们铲除田地之间以前的界线，赶走原来的农民，拆毁农民的小屋，让大片土地生长牧草。他们或者雇牧羊人饲养大群绵羊，或者高价出租牧场，让别人养羊。农民失去了赖以养家糊口的土地，只得扶老携幼，向着陌生的地方流浪。

圈地运动导致了当时英国社会秩序的混乱，国家的兵员和税收大为减少，有钱有势的富人们的安全直接受到了威胁。英国国王一度颁布法令，禁止圈地。但反圈地法毫无实效，成了一纸空文。于是英国统治者转换角度，颁布了一系列血腥法令，禁止农民流浪。1530 年，亨利八世规定：外出乞讨的人必须持有乞食特许证，这种证只发给那些年老体弱伤残者。凡流浪汉身强力壮的，一经发现，一律逮捕，拴在马车上鞭打，然后再迫使他写出自愿劳动的誓言，遣送回原籍。后来，亨利八世又规定，凡第二次被捕者，除鞭打外，还要割掉半个耳朵；如果第三次被捕，就要处以死刑。到了爱德华六世时，其惩治流浪农民的法令更加严峻。他规定凡一个月之内没有找到工作的乞食者，将成为告发者的奴隶，主人可强制他从事任何劳动，并有权转让或出卖；凡逃亡达 14 天以上者，被判为终身奴隶，并在额上或背上烙上 "S" 的印记；三次逃

新贵族

在圈地运动中，那些因为养羊而发了财的贵族地主被称为新贵族。马克思指出："这个和资产阶级有联系的大土地所有者阶级……与 1789 年的法国封建地主不同，它对于资产阶级的生存条件不但不加反对，反而完全抱宽容的态度。这个阶级的地产事实上不是封建性的财产，而是资产阶级性的财产。这些土地所有者一方面供给工业资产阶级以手工工场所必需的劳动力，另一方面又能使农业的发展与工商业状况相适应。这就使土地所有者和资产阶级有共同利益，这就使土地所有者和资产阶级结成联盟。"

第三章 近代史（上）

亡的奴隶处死。

这就是历史上被称为"羊吃人"的圈地运动。圈地运动通过赤裸裸的暴力手段，迫使劳动者与土地分离，将农民的土地转化为资本。同时，又通过国家立法，迫使失去土地的农民成为工场手工业的廉价劳动力，从而为英国资本主义发展创造了必要前提。漫长而又残酷的圈地运动从15世纪下半期开始到18世纪，持续了300多年，成为英国积累原始资本的重要手段，加速了英国资本主义的发展。

早期英国议会

17世纪的英国议会，包括上议院和下议院。上议院是由根据世袭权利而取得这种位置的世俗贵族和非世袭的教会高级人士组成的。大部分的议员都从斯图亚特王朝取得称号和职务，斯图亚特王朝可以依靠他们的支持。

下议院是一个选举出来的机构。他们是由各个郡年满21岁、从地产上每年获得40先令以上收入的男子中选举产生的。在斯图亚特王朝时代，由各郡选入议会的是中等贵族和大贵族，包括旧的封建贵族和新的资产阶级化的贵族，还有在某种程度上与土地占有有一定关系的资产阶级。

随着新贵族和资产阶级的利益同封建君主和封建贵族的利益开始发生分歧，反对派在议会里的力量也日益增大。

苏格兰人民起义

1603年以后，虽然苏格兰与英格兰两国共戴一主，但苏格兰在内政和宗教上仍保持一定的独立性，卡尔文教的长老会对国王实行监督。

1637年7月，查理一世强令苏格兰接受英国国教的主教制、礼拜仪式与公祷书，目的是想把专制统治推行到苏格兰，引起苏格兰人民的愤怒。1638年，苏格兰的贵族和资产阶级发动了反英战争，并于1639年攻入英格兰北部，击溃了英军。

英国资产阶级革命

1640～1688年英国确立资产阶级统治的革命。17世纪初，英国的资本主义工商业有了迅速发展。新兴的资产阶级和新贵族同封建专制制度和国教会的矛盾日趋尖锐，而国王的倒行逆施，更激起人民的强烈不满。1640年11月，长期议会的召开，揭开了资产阶级革命的序幕。1642～1649年爆发了两次内战。其间，代表中等阶级和中小新贵族利益的独立派领袖克伦威尔组成新模范军，打败了王党军队，并于1649年1月处死国王查理一世，5月成立共和国，把英国资产阶级革命推向高潮。此后，克伦威尔独揽大权，实行军事独裁，镇压掘地派运动，远征爱尔兰。1653年年底，克伦威尔改共和政体为护国政体，自任"护国主"。1658年克伦威尔病故后，斯图亚特王朝于1660年乘机复辟，大资产阶级和上层新贵族同土地贵族妥协，1688年联合发动宫廷政变，推翻詹姆士二世，迎立其女婿、荷兰执政威廉为英王，确立了君主立宪制的资产阶级政权。英国资产阶级革命宣告了资本主义制度的诞生，为英国资本主义的发展扫清了道路，大大推进了生产力的发展。同时开辟了资产阶级革命的新时代，标志着世界近代史的开端。

查理一世

　　查理一世于 1625 年继承王位。他是个王权无限论者，对议会提出限制王权的《权力请愿书》非常不满，于 1629 年下令解散议会。他用逮捕、监禁和大量罚金来镇压敢于反对他的人。他模仿法国和西班牙的君主制，力图为自己建立不依靠议会的常备军。他还采取措施，打击资本主义工商业，并迫害清教徒。1640 年 4 月，为筹措军费，镇压苏格兰起义，查理一世被迫召开中断了 11 年之久的议会，5 月又将其解散（史称"短期议会"）。同年 11 月，查理一世被迫再次召开议会，议会决议处死查理一世的两个宠臣，向国王公开挑战。这次议会的召集，被视作英国资产阶级革命的开始。1642 年 8 月查理

图中的查理一世正在寻找地球仪上的苏格兰。

一世发起内战，讨伐议会。1648 年 8 月底被克伦威尔领导的议会军彻底打败。内战结束后，查理一世被监禁，法庭判决他为暴君、叛国者。1649 年 1 月 30 日，查理一世在王宫广场被斩首。

克伦威尔

　　英国功名显赫的军事领袖，17 世纪英国资产阶级革命中新贵族集团的代表人物、独立派的首领，也是英国议会民主制的奠基人。克伦威尔于 1599 年生于英国亨廷顿。他在两次国内战争中，先后率"铁骑军"和新模范军，击溃保皇党人的力量。1648 年，他根除了国会中长老派的势力，于 1649 年处死国王查理一世，宣布成立共和国。同时，他还残酷地镇压了平等派和掘地派的民主运动以及爱尔兰的民族起义。从 1653 年到 1658 年，克伦威尔作为"护国公"进行军事独裁统治，自任"护国主"，还进行对外扩张和争夺海上霸权的战争。1658 年，克伦威尔死于疟疾。克伦威尔最主要的贡献是使得议会民主制在英国得以确立和加强。1660 年，反对势力打回英国，克伦威尔的尸体被掘出施以绞刑。

新模范军

　　英国资产阶级革命时期长期国会于 1645 年建立的革命军队。内战开始后，国会军节节失利，1645 年 1 月，长期国会通过了克伦威尔提出的改组军队的议案，授权

克伦威尔改组国会军。克伦威尔以自己的"铁骑军"为榜样，组建了一支主要由自耕农和手工业者、店员等组成的新军，并有良好的给养制度。实行民主，纪律严明，具有较强的战斗力，军官大部分来自下层社会，故被称为"新模范军"。这是英国首次建立的常备军。1645 年 6 月，新模范军在纳西比战役中，大败王军。共和国成立后，镇压平等派和掘地派，远征爱尔兰，成为资产阶级和新贵族的专政工具。

清教徒

欧洲宗教改革时代后期在英国出现的一支新教教派。16 世纪 60 年代，许多人主张清除国教会中的天主教残余，得名清教徒。清教徒只承认《圣经》是信仰的唯一权威，强调所有信徒在上帝面前一律平等。他们接受加尔文教教义，主张建立无教阶制的民主、共和的教会，反对国王和主教专权。赞许现世财富的积累，提倡节俭、勤奋的进取精神。这些观点反映了新兴资产阶级的愿望和意志。从 16 世纪 70 年代起，他们宣布脱离圣公会，建立独立教会，选举长老管理宗教事务。16 世纪末清教徒分裂为长老派和独立派。17 世纪上半叶，信奉清教的资产阶级和新贵族与国王的冲突愈演愈烈，导致英国革命，亦称清教徒革命。斯图亚特王朝复辟后，清教徒受到迫害。1688 年"光荣革命"后，议会通过《宽容法》，允许清教徒建立自己的教会。1828 年政权对清教徒完全开放。

掘地派

17 世纪英国资产阶级革命时期的空想共产主义派别，又称真正平等派。他们代表贫雇农和一部分城市贫民的利益，领袖为温斯坦莱。该派主张把土地公有；要求社会政治平等，财产平均；反对使用暴力。在英国资产阶级革命的影响下，下层人民的政治积极性空前高涨。1649 年共和国建立后，只颁布了有利于资产阶级和新贵族的土地政策，农民照例得向其缴纳地租，负担其他封建义务，对此，人民群众普遍不满，很多地方发生了下层群众运动。1649 年 4 月，有二三十人在温斯坦莱和埃弗拉德领导下，集合于伦敦附近萨里郡的圣·乔治山，共同占有并开垦那里的荒地。几个月后，人数迅速增加，许多地方得到响应。但地主武装破坏他们的垦殖区，政府派军队驱散他们。1650 年春，掘地派运动结束。1652 年，温斯坦莱发表《自由法》，阐发了掘地派的思想。

两次内战

第一次内战（1642 ~ 1646 年）分为两个阶段：第一阶段从 1642 到 1644 年夏，军事主动权基本上掌握在国王手中，议会当时主要处于防守地位。第二阶段从 1644 年夏至 1646 年，军事主动权完全转到议会手中。

1642 年 8 月，查理一世在诺丁汉城堡升起国王的军旗，宣布讨伐议会，发动内战。10 月 23 日，发生了厄其山战役，议会军司令埃塞克斯伯爵放弃了彻底打击王军的机会，使国王能够在距离伦敦只有 80.5 千米的牛津建立大本营。1643 年夏季，议会军一再失利。1643年秋，国王派军队从三方面向伦敦进攻，伦敦的安全受到威胁。8月初，由手工业者、帮工、学徒组成的伦敦民团奋起出击，附近农民武装也赶来支援，这才减轻了对伦敦的压力，挽回了局势。1643年10月11日，克伦威尔率领的由自耕农组成的骑兵在温斯比附近获得了重大胜利。

1644年7月2日，马斯顿荒原战役打响。这是内战以来最大的一次战役。克伦威尔所率的议会军取得了胜利，但是南方和西方的议会军却遭到了惨败。议会不得不通过彻底改组军队的计划，规定建立统一的、正规的"新模范军"，由国家供养，实行统一指挥。"新模范军"是由各郡招募的人组成的军队，纪律严明，作战勇敢，具有很强的战斗力。1645年6月14日，在纳西比附近的一次战役中，"新模范军"一举击溃王军。国王只身逃跑，并于1646年5月5日向苏格兰投降。1647年1月，议会以40万镑的代价把查理一世买回并软禁起来。1647年11月，查理一世逃往怀特岛，胁迫郡长叛变未遂，被拘。他和苏格兰倾向王党的右翼秘密勾结，并煽动各地王党叛乱。

1648年春发生第二次内战。3月到5月，王党在伦敦、威尔士、肯特郡等地制造暴动，苏格兰军也从北部入侵。此次军事行动是在三个孤立的地区——东南部、西部（包括威尔士）和北部——展开的。克伦威尔率领议会军镇压了东部、西部的叛乱以后，向北挺进，迎击苏格兰的军队。1648年8月17日，克伦威尔率议会军在浓雾的掩护下从侧翼进攻苏格兰军。苏格兰军惨败，1万人被俘，其余向北逃跑。到8月底，第二次内战结束。

光荣革命

英国资产阶级和土地贵族推翻复辟的斯图亚特王朝的政变，资产阶级史学家把它说成是"光荣革命"。1660年斯图亚特王朝复辟后，查理二世和他的继承者詹姆士二世竭力推行反动政策。在革命时期没收的一部分王党的土地被夺回去，许多共和主义者被处死。为恢复专制制度并取得法国援助，降低了法国商品的关税率，并准备在英国恢复天主教会。这威胁到了资产阶级和新贵族的根本利益，因此资产阶级和一部分大地主联合起来发动政变。1688年，他们邀请詹姆士二世的女婿、荷兰执政奥伦治亲王威廉到英国接受王位。威廉率军来到英国，詹姆士二世逃往法国。1689年初，国会宣布威廉为英国国王（即威廉三世），并制定《权利法案》，限制王权以巩固议会的权力，确立了资产阶级和新贵族专政的君主立宪制。

查理二世

查理二世为查理一世之子，1646年逃亡国外。苏格兰和爱尔兰的王党分子拥护他为国王，以他的名字为号召，进行复辟活动。

克伦威尔死后，其手下大将蒙克于1660年支持查理二世复位。查理二世在其主要顾问海德的帮助下，于1660年4月4日发表《布雷达宣言》，表示愿实行大赦，容许宗教信仰自由，公平解决土地纠纷，全部支付拖欠的军饷。

同年5月8日，议会通过决议，宣布查理二世为英国国王。查理二世于5月29日登上王位，斯图亚特王朝复辟。不久，查理二世即全面恢复专制统治，并进行血腥的反攻倒算活动。他还用国库开支收购国王与教会在革命时期所损失的土地。他在位期间曾两次发动对荷兰的战争，夺取荷兰在北美的殖民地，并联合信仰天主教的法国，答应在英国恢复天主教。

威廉·奥伦治

威廉·奥伦治（1650～1702年），生于尼德兰，信奉新教。22岁任尼德兰执政，5年后娶詹姆士二世之女玛丽为妻。

1688年6月，英国议会决定迎立他为英国国王。同年11月初，威廉率领一支1.5万人的军队和600艘舰船在英国西南海港托尔贝登陆，向伦敦挺进。英国的资产阶级、新贵族，甚至国王的部分大臣和军队都表示支持威廉。詹姆士二世众叛亲离，逃往法国。1688年12月18日威廉进入伦敦，这就是1688年政变，或称"光荣革命""不流血的革命"。1689年2月，议会宣布威廉为英国国王，称威廉三世。其妻为英国女王，称玛丽二世。威廉·奥伦治在位期间，颁布《权利法案》，保障议会权利；采取保护关税政策，鼓励国内工农业发展；将爱尔兰变为英国的殖民地；长期与法国进行竞争。

英荷战争

17世纪上半叶，荷兰完成了资产阶级革命，实现了民族独立，经济得到迅速发展，海外扩张和贸易成效显著。当时荷兰拥有商船1.6万艘，占世界商船总吨位的3/4。荷兰人垄断了世界贸易，五大洲的各个角落都留下荷兰商人的足迹，被誉为"海上马车夫"。不久，英国资产阶级革命取得胜利，为掠夺资本，统治者迫切需要海外扩张，扩大海上贸易。海上霸主荷兰就成为英国的最大威胁和障碍，两国之间的利益冲突日益尖锐。

1649年，克伦威尔政府加快海军建设，建造安装60～80门炮的巨型战舰，并于1651年颁布《航海条例》，禁止荷兰参与英国贸易，严重打击了荷兰利益。1652年5月，双方舰队发生冲突。7月8日，英国舰队司令布桑克下令封锁多佛尔海峡，切断荷兰在海上与外界的联系。

荷兰对英国的行为极为愤怒，采用强大军舰护送商船强行突围。8月26日，荷兰商船在海军将领赖特率领的军舰掩护下驶往英吉利海峡。40余艘英国舰进行阻击，赖特命军舰分进合击，利用数量优势重创英军，顺利通过英吉利海峡。封锁失利后，英军增加封锁兵力。1653年2月，荷兰统帅特普罗率领80余艘战舰护送商船回国，行至波特兰海城，遭到70余艘英国战舰的袭击。双方势均力敌，展开对攻。一时间，海面上水花四溅，硝烟弥漫。激烈的海战一直持续了三天，双方都付出了巨大的代价。特普罗虽然突破了封锁，但制海权被英国海军夺走，对荷兰的封锁更为严密。

依靠殖民与海上贸易发展起来的荷兰，受到英国的严密封锁，经济开始陷入瘫痪，这促使荷兰决心要与英国决一死战。1653年6月，特普罗率领104艘荷兰舰船试图打破英国封锁，布莱克组织115艘英舰应敌。战斗一开始，双方就展开了混战，巨型的英舰虽在体型上优于敌人，但船体小而灵活的荷兰军舰在空隙中穿梭，也没让英军占太多的便宜。时间一长，装有较先进火炮，且数量和质量都优于对手的英国军舰慢慢占了上风。天黑时，英国舰队的援军赶到，损失惨重的荷兰舰队被迫退到佛兰德浅海。英军舰船因体积巨大、吃水较深而无法追击。这次海战的胜利，使英国对荷兰的封锁更加猖狂。不甘心失败的荷兰又调集舰队，在特普罗的指挥下大举反扑英国舰队。8月10日，激战开始，英国舰队充分发挥先进火炮的威力，与荷兰军舰进行周旋。特普罗在激战中中弹身亡，荷兰军舰乱作一团。英军抓住时机进行痛击，荷兰军队伤亡惨重。1654年4月，荷兰被迫与英国缔结和约，同意支付巨额赔款，承认英国海上霸主的地位。

取得制海权的英国开始对外殖民扩张。1664年，英国攻占了荷兰在北美和西非的殖民地。1665年2月，意欲复仇的荷兰向英国宣战。荷兰海军上将赖特率军很快夺回西非被英军占领的殖民地。但6月在洛斯托夫特海战中又被英国约克公爵击败。此时，法国、丹麦等国对英国的迅速扩张极为害怕，于是与荷兰结成反英同盟，提供各种支援。1666年6月11日，赖特再次组织84艘战舰，装备较先进的大炮4600门和2.2万大军，向敌人反扑。在敦刻尔克海域与蒙克和鲁珀特率领的英国舰队遭遇，双方展开对攻战。赖特凭借数量的优势包围了英军。英军四面受敌，伤亡和损失很大。荷兰乘胜追击，沿泰晤士河而上，攻打英国首都伦敦。1667年6月，赖特乘黑夜利用涨潮之机冲入泰晤士河，炮轰伦敦，严密封锁泰晤士河口。英国人惊慌失措，被迫与荷兰和谈，在海上贸易权方面做出了让步。

1672年，为了各自利益，英、法联合对荷兰宣战。荷兰人打开水坝，迫使法军撤兵，英国海军也被击败。随后两年里，英、法不能协调一致，英军陷入孤立。长期的战争使英、荷双方国力大减，无力再战。1674年2月双方签订和约，恢复了战前状态。

三次英荷战争使荷兰实力削弱，"海上马车夫"由英国取而代之，英国成了海上霸主。这次战争，也使人们认识到海军的战略价值。

舰队列阵

17世纪时，欧洲各国的海军在海上交战时主要阵形为横队列阵。这种阵法是：一旦在海上发现敌方舰队，己方舰队就立即一字排开，逼向敌军。等接近敌军后，一旦己方的旗舰开炮，每个战舰就立即向距离自己最近的敌方军舰发炮。通常这种阵形会在海上排8千米甚至更长，海战很快会陷入胶着状态，时间长达几天。

这一时期的战舰，因为配备了大炮，所以威力剧增。但是就连当时最大32磅重的炮弹也不能击沉敌方战舰，最多是在敌舰上炸开一个大洞，但对战舰的整体结构却没有太大损伤。只有因爆炸引起的大火才能焚毁军舰，或致使军舰操作失灵。所以，这一时期的海战，无非就是船多胜船少，船大胜船小，炮（射程）远胜炮近，炮多胜炮少。

1666 年 7 月 25 日，在英国肯特郡附近海域，英国 89 艘军舰与 88 艘荷兰军舰发生海战。双方都排成了一条超过 14 千米的战线，进行了激烈的炮战。

后来，战舰上侧舷炮威力逐渐强大，英国皇家海军开始采用线式队形，横队列阵的海战方式才逐渐没落。

《权利法案》

英国议会在 1689 年通过的限制王权和关于王位继承的法案。这是斯图亚特王朝的国王们与英格兰人民和国会在 17 世纪长期争斗的成果。《权利法案》成为 1688 年革命后施政的基础。法案的主要目的在于明文宣布詹姆士二世的各种措施为非法。法案规定：不经议会同意，国王无权征税；不能在和平时期维持常备军；议会要定期召开；议员的选举不受国王干涉；议员有在议会活动的自由等。同时法案也确定了王位继承问题。《权利法案》为限制王权提供了宪法保障，在英国确立了资产阶级专政的君主立宪制，是英国法律的基本组成部分之一。

英国的君主立宪制

英国的君主立宪制是英国"光荣革命"后建立起来的国家体制，是资产阶级民主制政体类型。

大约在 13 世纪中期，贵族在同英王亨利三世的斗争中获胜，成立议会。13 世纪末以后，议会经常召开，议员由贵族、市民和骑士组成。由于各个阶层的利益不同，常常不在一起开会，14 世纪以后，议会逐渐分成上下两院。此后，下议院的权力不断扩大，15 世纪末，下议院已经有提出财政议案权和法律议案权。但是，这一时期议会仍然是封建性质的等级代议机构。

英国资产阶级革命前后，议会成为资产阶级同代表封建势力的斯图亚特王朝斗争的政治中心。"光荣革命"以后，议会相继通过《权利法案》和《王位继承法》，从法律上确认"议会主权"原则，进一步限制王权。未经议会同意，国王不得擅自批准法律、废除法律或中止法律的实施。还规定，国王必须信奉英国国教，天主教徒或同天主教徒结婚者不得继承王位。由此，英国议会制君主立宪政体初步确立。在这种政体下，君主

英国议会所在地——威斯敏斯特宫

是名义上的世袭国家元首，就法律地位而言，国王可以任免首相、政府大臣、法官、召集和解散议会，批准和公布法律，统率军队、宣战和媾和等。英国国王还是英联邦的元首。

但实际上，立宪君主处于统而不治的地位，其作为国家元首的象征性的地位更为突出，而国家的权力中心在议会，主要在下议院。议会的主要职权有立法权、财政权和对行政的监督权。表面上，议会通过的法案要经过国王批准，但这只是一种形式。18 世纪以来，英王从来没有否决过议会通过的法案。

自 19 世纪中期以来，英国的君主立宪制逐渐保守，议会的作用下降，国家的权力中心逐渐转移到内阁和首相手中。

英国工业革命

亦称产业革命，18 世纪 60 年代至 19 世纪 40 年代英国工业部门内生产方式的革命，即从手工工场到大机器工业的转变。英国资产阶级革命的胜利，为工业革命提供了有利的政治条件；圈地革命和殖民扩张，为英国工业革命提供了大量的资金和廉价劳动力；生产技术不断改进和劳动工具日趋专门化，为过渡到大机器生产准

19 世纪早期英国煤矿使用蒸汽机的情景

备了物质技术条件。英国工业革命首先从棉纺织业开始。1733 年，凯伊发明飞梭；1765 年，哈格里夫斯发明珍妮纺纱机；1769 年，阿克莱特发明水力纺纱机；1779 年，克朗普顿发明骡机；1785 年，卡特莱特发明了水力织布机；1785 年，瓦特制成改良蒸汽机，用作纺织机器的动力，并逐步扩展到化工、冶金、采矿、机器制造、运输等部门。19 世纪 40 年代，英国完成了工业革命。法、美、德、日等国也先后进行了工业革命。工业革命使社会生产力大大提高，英国成为首屈一指的工业国，巩固了国内资产阶级的政治统治。与此同时,各资本主义国家加紧对殖民地人民的疯狂掠夺，使东方从属于西方，并导致了近代资本主义两大对立阵营的形成，即工业资产阶级与工业无产阶级。

魁北克之战

自从新大陆被发现后，英法殖民者蜂拥而入，建立了大片殖民地。魁北克是法国建立的殖民地"新法兰西"的首府。七年战争爆发后，英军向魁北克发起进攻。守卫魁北克的法军只有 6000 人，当时法国因正同普鲁士交战，因此无法救援。

1759 年 6 月 6 日，英军将领沃尔夫率领 119 条战船和 9000 名士兵从圣·劳伦斯河向魁北克城进发。由于法军将领的内部争执，所以法军未做任何防御措施，致使

英军从容地在魁北克城外安营扎寨。7 月 12 日，进攻魁北克城的英军开始炮击，法军也发炮反击，双方互有伤亡。

1759 年 9 月 13 日，4500 名英军从魁北克城一侧的悬崖峭壁攀缘而上，突然出现在魁北克城下，法国人大吃一惊。蒙特卡姆急忙命 5000 法军向英军发起进攻，但却遭到英军大炮的轰击，死伤惨重。最后，魁北克被英军攻占。

英军攻克魁北克后，很快占领了法国的殖民地，成了加拿大的主人。

多米尼加海战

多米尼加海战是 1782 年北美独立战争期间，法国舰队与英国舰队在多米尼加岛（在西印度群岛）附近进行的海战。

北美独立战争爆发后，为了打击英国势力，法国派兵援助美国。4 月初，法国计划派 2 万名士兵攻占牙买加岛。4 月 9 日，法国舰队（33 艘战列舰）和英国舰队（36 艘战列舰）在多米尼加岛附近遭遇，并爆发战斗，法国舰队损失 3 艘军舰。

4 月 12 日，双方再次在多米尼加岛海域遭遇。两国舰队各自排列成单纵队进行战斗。不料风向突变，法国舰队队形遭到破坏。英国舰队乘机派出 6 艘军舰将法国舰队拦腰切断，并纵向一齐炮击法舰。其他英国军舰也投入战斗，法国舰队被截成 3 段，指挥失灵，阵形大乱，斗志全失，纷纷临阵脱逃。英军俘获法国军舰 5 艘（其中包括旗舰），而自己却无一损失。

多米尼加海战宣告了海军平行于敌航向的战线战术的破产，切断敌舰队形、集中优势兵力对敌人各个击破成为海军的新战术。

英国征服印度

18 世纪初，印度分裂为 5 个半独立的封建王国，各国之间为了利益和领土征战不休，这就给西方殖民者提供了可乘之机。英法等国的势力纷纷渗入印度。

英国殖民者干预马拉塔联盟，于 1775 ～ 1818 年先后挑起了 3 次入侵马拉塔的战争。1803 年 8 月，第三次马拉塔战争爆发。英军出动 3.4 万人，兵分南北两路侵入马拉塔。虽然马拉塔人奋起反抗，但由于武器悬殊，最终失败。

1767 年，英军对南印度的迈索尔发动侵略战争。1781 年，英军在波多诺伏战役中击溃迈索尔大军。1799 年，英军再次大举入侵迈索尔，迈索尔亡国。

经过迈索尔战争和马拉塔战争，英国消除了征服印度的两大劲敌，大大加快了征服印度的脚步。在七年战争中，英国又排挤了法国的势力。英国人利用分化瓦解、各个击破的策略很快征服了印度其他王公的势力，最终完成了对印度的征服。

纳尔逊

英国海军统帅，军事家。纳尔逊出生于教师家庭，12 岁开始海上生活。纳尔逊于 1794 年参加欧洲第一次反法联盟的对法海战，在战斗中右眼负伤失明；1797 年指挥圣维森特角海战，率单舰冲入敌方舰队，俘获 2 艘敌舰；1798 年任地中海分舰队司令，在阿不吉尔海战中消灭法国分舰队；1801 年任波罗的海舰队副司令，在哥本哈根海战中打败丹麦舰队；1803 年任地中海舰队司令，封锁法国土伦港长达两年。在 1805 年 10 月 21 日的特拉法尔加角海战中，纳尔逊指挥地中海舰队大败法兰西联合舰队，击沉和俘获敌舰 19 艘，粉碎了拿破仑进攻英国本土的计划。但在这次海战中，纳尔逊中弹身亡。作为一代将才，纳尔逊为英国确立海上霸权作出了巨大贡献，他的海军战术思想也受到各国海军重视。

英缅战争

英缅战争是指 19 世纪 20 至 80 年代，英国 3 次侵略缅甸的战争。

英国占领印度后，就把侵略目光投向了地理位置重要、物产丰富的缅甸。英国多次企图诱使缅甸签订不平等条约，都遭到了缅甸的严词拒绝。于是英国人便开始制造事端，挑起了战争。

1824 年 3 月 5 日，英印总督康宁正式向缅甸宣战。1824 年 5 月初，缅军在班都拉将军的指挥下主动出击，攻至印度吉大港附近。5 月 9 日，英军舰队在仰光登陆，攻占了仰光。班都拉急忙率缅军主力回师救援，缅军 6 万多人冒着大雨和酷热，翻山越岭，行程 500 多千米，赶回仰光前线。12 月 1 日，班都拉率部向驻守仰光的英军发起总攻。由于缅军长途跋涉，疲惫不堪，英军以逸待劳，再加上双方武器装备差距悬殊，缅军几次进攻均遭失败，被迫退守仰光西北。1825 年 3 月，英军对缅军阵地发起猛攻。班都拉不幸中弹身亡，缅军大败。缅甸国王被迫与英国签订了不平等条约。

1886 年元旦，英印总督达弗林正式宣布整个缅甸为英国殖民地。

维多利亚

英国女王，于 1837 年即位，在位 60 多年，是英国历史上在位时间最长的国王。维多利亚 18 岁即位，初期积极参与朝政，但由于英国实行君主立宪制，她的权力不断受到限制。统治后期，维多利亚意识到立宪君主的权势不在于同大臣争议，而在于安做虚君。基于这一认识，维多利亚积极支持内阁的殖民侵略政策，充分行使女王的"鼓励权"，从而促进了英国资本主义的发展。维多利亚在位期间，英国的君主立宪制得到了充分发展，经济空前繁荣，并且建立了庞大的殖民地，在历史上被称为"维多利亚时代"。作为一位立宪君主，维多利亚的过人之处在于，她用自己的行动向世人说明了一个立宪君主应如何行使自己的权力，并且使自己成为英国繁荣的象征。

光荣孤立政策

19 世纪中期至 20 世纪初英国所执行的外交策略。自由党领袖格莱斯顿任首相期间制定，后保守党上台时亦执行。1896 年，由英国首相索尔兹伯里首次提出，通常用来概括 19 世纪后半期英国的外交政策。其内容即：英国不参加任何长期固定的同盟与集团，以便保持行动自由，操纵欧洲"均势"，使各国互相牵制，而自己则可放手对世界各地进行扩张。英国当时奉行这个政策的原因，主要是它在世界上居于工业和海上的霸主地位，能独立保证自己国家及其利益的安全，并自认为在国际政治中，将不变地起决定性的作用。可是到20 世纪初，随着法国的强大，后起的美、德对英的赶超，各国矛盾加剧，英国深感自己的孤立是光荣有余而安全不

索尔兹伯里像

足，于是逐步放弃这个政策。1902 年缔结的英日同盟，标志着"光荣孤立"政策的结束。

铁甲战舰

19 世纪后半期，海军战舰发生巨变，纵横大海的风帆战舰迅速被铁甲战舰取代，海上战争的面貌被彻底改变。与风帆战舰相比，铁甲战舰有三大进步：第一，蒸汽动力取代风帆驱动；第二，铁甲战船取代木制战船；第三，套筒炮和可旋转的装甲炮塔代替了威力较小的侧舷炮。

19 世纪初，工业革命全面展开，蒸汽机开始作为新的动力被使用在战船上。1815 年，美国建成了第一艘明轮蒸汽舰"富尔顿"号，船由明轮推进，其排水量达2745 吨。后来，有人把蒸汽机装置于舰船吃水以下的舱室，克服了明轮暴露易受打击的缺点。发明于 1837 年的螺旋桨，经瑞士人约翰·埃里克森等人改进后用于战舰。这样，蒸汽机逐步成为战舰的主动力装置。

1829 年，法国海军军官蒂埃里发明了新的造炮方法，后来美国人利用这个发明制成用于海上实战的套筒炮，威力巨大。性能优越的火炮对木质战船产生了灾难性的打击，木质战舰无法抵御，被迫向铁甲战舰过渡。

1859 年，英国建成了"光荣号"铁甲舰。这是世界上第一艘真正的铁甲战舰。该舰排水量 5617 吨，装备 36 门舰炮，装甲厚 11 厘米。1860 年，英国铁甲舰"勇士号"下水。舰上装有 4 台 920 千瓦的蒸汽机，排水量 9210 吨，舰速 14 节，装炮 40 门。"勇士号"的下水，标志着木壳战列舰漫长时代的结束。1861 年，可旋转炮塔用于战舰。

坎宁

英国外交家。1770 年出生于英国，1796 ~ 1799 年任副外交大臣，1807 ~ 1809年任外交大臣，从 1822 年开始复任英国的外交大臣，掌管 1822 ~ 1827 年间的英国外交事务。在任职期间，他采取远攻近交的外交策略。他一方面阻挡法国出兵镇压拉丁美洲独立运动的军事行动，同时主张英美两国在西属美洲殖民地的独立性问题

上，应该采取共同立场和共同行动，来反对神圣同盟的干涉，并建议两国发表联合声明；另一方面承认拉丁美洲国家的独立，并同他们建立外交、贸易关系，从而打破了由欧洲反动封建君主国组成的神圣同盟的大一统局面，恢复了英国在欧洲事务中的领导地位。坎宁于 1827 年去世，他是英国历史上最卓越的外交官之一。

英布战争

1899 ~ 1902 年英国和布尔人为争夺对南非的殖民统治权而进行的战争，又称布尔战争或南非战争。布尔人（荷兰后裔）于 19 世纪在南非建立了德兰士瓦共和国和奥兰治自由邦，实际是荷兰的殖民势力范围。1886 年后，当地发现金矿，英国和布尔人争夺加剧。1877 年，英国武装吞并德兰士瓦。1880 年 12 月 ~ 1881 年 3 月，双方进行了激烈争斗。8 月德兰士瓦恢复独立。随着大量移民蜂拥而入，1899 年，英国以它的侨民没有享有充分的权利为借口，再次挑起战争。1900 年，英国调来 20 万军队大举进攻，布尔人战败。1902 年双方签订《韦雷尼京条约》，布尔人承认英国的统治权，英国则允许布尔人成立自治政府，同时赔偿布尔人 300 万英镑。1910 年，英国将南非 4 个殖民地合并成南非联邦。英布战争是继美西战争后，新老殖民主义者为重新瓜分非洲而进行的一次早期帝国主义战争。

费边社

1884 年由英国资产阶级知识分子组成的社会主义团体，取名于古罗马统帅费边·马克西姆斯，意为效法费边的缓进待机的战术。费边社创始人是戴维森，其核心人物是悉尼·韦伯、其妻比阿特丽斯·韦伯和文学家乔治·萧伯纳。其理论集中反映在 1889 年出版的《费边论丛》一书中。他们反对革命，主张通过渐进的改良，将"土地和工业资本从个人所有制下解放出来，把它们转归公社所有"。他们宣扬市政社会主义，即通过民主选举使社会主义者掌握地方议会和市政机关，运用立法将公用事业公有化，用征收租金税消灭土地私有制，渐进地实现民主社会主义。他们协助建立了工党并集体加入工党。费边社成为工党的研究机构，费边社会主义成为工党纲领和政策的理论基础。费边主义在英国和欧洲知识分子中颇有市场，对欧洲社会主义运动也有深刻影响。

自由党

英国 19 世纪中期出现的资产阶级政党，代表工商业资产阶级的利益。前身为辉格党，代表资产阶级和新贵族利益的议会贵族集团。1839 年，辉格党领袖约翰·罗素勋爵开始使用自由党名称。19 世纪 50 年代，旧辉格集团与资产阶级激进派联合，基本完成了辉格党向自由党的演变。19 世纪 50 ~ 60 年代，当政的主要是自由党。自由党政府推行有利于工业资产阶级的政策，如自由贸易。1868 ~ 1894 年，其领导人格莱斯顿曾先后 4 次组阁，在他的领导下，各派别形成统一的议会政党，并开始形成议会外的政党组织结构。1886 年，该党因爱尔兰自治计划发生分裂，受到削弱。1905 ～ 1915 年是该党单独执政的最后时期，该时期的改革成为福利国家政策的起点。1918 年后，工党取代其地位，与保守党抗衡。"二战"后，自由党日益衰微，在英国政治舞台上已无重大影响。

保守党

英国资产阶级政党，其前身是托利党，全称保守统一党。起初是大地主、银行家的政党。19 世纪晚期，许多大工业家加入，保守党变为垄断资产阶级的代理人。1848 年迪斯累里当选保守党领袖，极力整顿和改组保守党，建立全国保守主义与统一主义协会联盟。19 世纪后半期，保守党与自由党交替执政。1874 年大选，保守党获胜。迪斯累里组阁后，对内取消主仆法，禁止 10 岁以下儿童做工，成立地方管理部，扩大政府行政机构，并采取收买办法，培植工人贵族阶层，给英国工人运动造成极大的危害；对外则积极执行帝国殖民扩张政策，并向英国人民灌输大国沙文主义和帝国主义思想；廉价收买苏伊士运河股票以控制埃及，并宣布维多利亚一世为"印度女皇"。第一次世界大战期间，保守党参加战时联合内阁并维持到 1922 年，之后多次组阁。

英国工党

英国资产阶级政党。1900 年 1 月建立于伦敦，称劳工代表委员会，1906 年称工党，初期是工会组织与费边社、独立工党和社会民主同盟之间的联盟，只有集体党员，没有个人党员，也没有明确纲领，宗旨是在议会里实现独立的劳工代表权。工党于 1918 年通过名为《工党与新社会制度》的纲领和新党章，将生产、分配和交换手段的社会化列为自己的目标，选出了党的领导机构——全国执行委员会，并开始吸收个人党员。参加工党的基本群众是工人，但党的领导权把持在独立工党和费边社分子的手中，并不是代表工人阶级利益的革命政党，且费边社和独立工党的社会改良主义在党内的影响不断增长，并反对革命。工党在 1918 年前是自由党的附庸，此后在国会中取代自由党，与保守党轮流执政，成为现代英国两大资产阶级政党之一。

麦克唐纳

英国工党创始人之一，改良主义政治家。麦克唐纳于 1866 年出生于工人家庭，1885 年参加"社会民主同盟"，成为社会民主主义者，后来参加资产阶级改良主义团体"费边社"。麦克唐纳得以名噪英国政治舞台，是从他作为英国工党领袖开始的。他于 1911 年当选工党议会党团主席，后来经过几次起落，终于在 1924 年受命组阁，工党第一次上台执政，麦克唐纳则出任首相兼外交大臣。作为改良主义政治家，麦克唐纳积极倡导改良，反对革命。他的毕生业绩在于，把工党从一个默默无闻的组织变成为一个与保守党轮流执政的主要议会政党，而且试图把工人运动引入资产阶级改良轨道。

近代法国

大革命前的法国

大革命前，法国正从封闭式的自然经济向资本主义商品经济过渡。当时，法国的工场手工业已经有了较大发展。在工业发展的基础上，对外贸易也大幅度增长。法国的金融资本主义发展尤其迅速。

资本主义经济的发展使资产阶级成为社会上最富有的阶级，一些受启蒙思想影响的贵族的思想也日益自由化，成为资产阶级化的贵族，即自由贵族。专制王朝为解决财政危机日益加重对金融界和工商界的盘剥和勒索。尽管资产阶级已经日益富有，但是，在政治上，他们仍然属于第三等级，因此强烈要求平等参政的自由权利。

在农村，遭受越来越重剥削的农民，迫切要求改善自己的生活处境。同时，资产阶级也买了大量土地，采取租佃式经营；在小农制的基础上，一些农民通过租地或买地逐渐扩大经营，雇人进行商品生产，成为资本主义性质的富农。富农经济成为法国农村资本主义经济的主要代表，封建的土地所有制受到严重动摇。

18 世纪，法国在"七年战争"中丢失了大部分海外殖民地，国际地位大降。路易十六上台后，为了扭转颓势，解决日趋严重的财政困难，曾经力图进行改革，但是，由于顽固的教会和显贵们强烈反对，路易十六没有把改革进行下去，第三等级对王室的不满加深。另外，法国因参加北美独立战争花费了大量军费，进一步加剧了财政困难。接着，1787 ~ 1788 年，法国又发生了经济危机，同时，粮价也大幅度上涨，

路易十四

路易十四(1638 ~ 1715 年)5 岁继位，23 岁亲政。上台后，他宣称"朕即国家"，一切传统的权力机构只是徒有虚名。路易十四还恢复了向各郡派遣监督官制度。

在经济领域，路易十四推行重商主义政策：提高外国工业品进口税，并对外国船只进入法国港口课以重税；设立了享有专利特许的贸易公司；建立了一支远洋舰队；参加了同别国掠夺海外殖民地的竞争。

在对外关系上，路易十四推行侵略扩张政策。在意识形态方面，路易十四坚持"君权神授"，不允许不同于他的宗教派别的存在。

路易十四亲政期间，法国的封建专制制度达到极盛。但由于连绵的对外战争和奢侈的宫廷开支，法国的人力和财力日趋枯竭。路易十四在位后半期，民心尽失，起义不断，封建专制制度日渐衰微。

社会更加动荡不安。大革命已在所难免。

启蒙运动

启蒙运动是发生在18世纪欧洲的一场反封建、反教会的思想文化运动。"启蒙"，就是开启智慧，通过教育宣传的方式，把人们从愚昧、落后、腐朽的封建社会中解放出来，使人们摆脱教会散布的迷信与偏见，从而为自由与平等去斗争。启蒙运动的中心在法国，它为即将爆发的法国资产阶级革命作了思想准备和舆论宣传。

孟德斯鸠

孟德斯鸠（1689～1775年）出生于法国波尔多市一个达官显贵之家。孟德斯鸠博学多才，对法学、史学、哲学和自然科学都有很深的造诣。

1714年，孟德斯鸠开始担任波尔多法院顾问。1726年，他漫游了欧洲许多国家，考察了英国的政治制度，学习了早期启蒙思想家的著作。回到巴黎后，于1734年发表《罗马盛衰原因论》，利用古罗马的历史资料来阐明自己的政治主张。

1748年，《论法的精神》发表。他在洛克分权思想的基础上明确提出了"三权分立"学说。他认为，法律是理性的体现，法又分为自然法和人为法两类，自然法是人类社会建立以前就存在的规律，那时候人类处于平等状态；人为法又有政治法和民法等。孟德斯鸠提倡资产阶级的自由和平等，但同时又强调自由的实现要受法律的制约。

伏尔泰

伏尔泰，1694年出生于巴黎，原名佛兰苏阿·马利·阿鲁埃，伏尔泰是其笔名。18世纪初，伏尔泰成了启蒙运动的旗手。1717年，伏尔泰因为写讽刺作品攻击宫廷的淫乱生活，被投进巴士底狱，关了11个月。1718年，他发表了悲剧《俄狄浦斯王》，取得了热烈反响，从此用伏尔泰笔名。后来，伏尔泰因得罪一个贵族而被驱逐出法国，动身去英国。在英国期间，他研究了牛顿的科学成就和洛克的哲学著作。

后来他回到法国，创作了历史剧《布鲁杜斯》和悲剧《采儿》，获得成功。1734年，伏尔泰出版了《英国通讯集》，对法国的宗教教派斗争进行了抨击。此后，伏尔泰在洛兰省边境一个幽静的城堡中住了14年，在此期间，他写了大量著作，用不同的笔名发表，从各个方面抨击教会和封建制度的反动统治。伏尔泰的名气越来越大，许多达官贵人为了沽名钓誉，纷纷同他交往。后来他发现包括普鲁士腓特烈二世在内的封建统治者并不是真正赞同他的观点，便决心不再与任何君主往来。1755年，他在法国和瑞士边境的佛尔纳定居下来，在此期间又发表了哲理小说《老实人》《天真汉》等不朽名著。1778年5月底，伏尔泰在佛尔纳逝世。

卢梭

卢梭（1712～1778年）出生于日内瓦一个钟表匠家庭，通过自学掌握了丰富知识。1749年，他在一篇名为《科学与艺术的复兴是否有助于淳化风俗》的征文中获一等奖，并一举成名。1755 年，在日内瓦发表《论人类不平等的起源和基础》，并完成《论政治经济学》。1761 年，小说《新爱洛依丝》发表，这部小说猛烈抨击了封建专制制度，给卢梭带来了巨大声誉。

1767 年，《社会契约论》和《爱弥儿》出版，这两部书引起了百科全书派的尖锐批评，也激起了新旧教会的极大愤怒和政府当局的谴责。瑞士当局下令逮捕他，他只好逃往普鲁士管辖下的讷沙泰尔，宣布放弃日内瓦的公民身份。此时卢梭的名声已经传播到欧洲各地。卢梭一度到英国居住，不久又回到法国。他晚年时最有名的著作是《忏悔录》。

狄德罗与《百科全书》

狄德罗（1713 ~ 1784 年）出生于法国朗格尔的一个富裕的手工业者家庭。他是法国启蒙运动的著名代表人物，在文学、戏剧、文艺批评、美学思想等方面都有出色的成就。1745 年，他开始主持编纂《百科全书》。参加《百科全书》编写的人士在历史上被称为百科全书派。百科全书派的核心是以狄德罗为首的一批唯物主义者，他们的基本政治倾向是反对封建特权制度和天主教会，向往合理的社会，他们的中心思想是：人的本性是美好的，世界也可以被建成称心如意的居住之地；世界上的罪恶都是教育和有害的制度造成的。他们认为迷信、成见和愚昧无知是人类的大敌，主张一切制度和观点都要经受住理性的批判和衡量。他们推崇机械工艺，重视体力劳动，孕育了资产阶级务实、谋利的精神。《百科全书》为 1789 年的法国大革命做了舆论准备。

法国资产阶级革命

1789 年法国资产阶级和人民群众推翻封建统治、建立资本主义制度的革命。18 世纪末，波旁王朝的封建统治严重束缚了资本主义的进一步发展，第一、二等级与广大第三等级之间的矛盾急剧激化。1789 年 5 月，国王被迫召开三级会议，第三等级的代表在人民群众的支持下展开了反对以国王为首的特权等级的斗争。7 月 14 日，起义者攻占了象征封建专制主义的巴士底狱，法国大革命爆发。大资产阶级窃取了政权，主张实行宪政。废除了部分次要的封建义务，颁布《人权宣言》。制定了《1791 年宪法》，维护君主立宪。1792 年 8 月 10 日，巴黎人民再次发动武装起义，逮捕国王，推翻了君主立宪派的统治。代表大工商业资产阶级的吉伦特派掌权，取得瓦尔密大捷，并把国王路易十六押上了断头台，但后来不愿把革命继续向前推进，拒绝限制物价和惩办奸商。5 月 31 日和 6 月 2 日，巴黎人民举行了第三次武装起义，推翻吉伦特派的统治，政权转到雅各宾派手中。以罗伯斯庇尔为首的革命政府颁布了三个土地法令，彻底废除了封建义务；颁布了《1793 年宪法》；镇压反革命，平息了武装叛乱；暂时稳定了政权。但因雅各宾派内部出现分裂，削弱了自己专政的社会基础。1794 年 7 月 27 日，大资产阶级发动政变，推翻雅各宾派专政，建立起热月党人的统治。法国革命是世界近代史上规模最大、最彻底、最深刻的一次资产阶级性质的革命，它摧毁了封建制度，为资本主义的发展扫清了道路，推动了欧洲各国的反封建斗争，在世界上产生了巨大影响。

路易十六

路易十六（1754～1793年），法国国王。1774年即位，正值王朝危机四伏，财政支出激增，经济濒于破产。为征收新税，不得不求助于第三等级。1789年5月，路易十六被迫召开中断了175年的三级会议。但他竭力维护特权等级利益，拒绝第三等级的改革要求，并企图用武力威胁第三等级代表。

7月14日，巴黎人民攻陷巴士底狱，路易十六迫于形势，接受革命现实，但在暗地里进行破坏。1791年6月20日偕王后、王子化装潜逃未遂。1792年在立法议会宣布的对奥战争中，他勾结外敌和逃亡贵族，企图镇压革命。8月10日巴黎人民起义，推翻王政，9月21日成立法兰西共和国，路易十六被捕。1793年1月18日，他被国民公会以叛国罪判处死刑，1月21日在巴黎革命广场被处死。

三级会议

法国三级会议始于1300年腓力四世时。参加者有教士、贵族、市民三个等级的代表。通常在国家遇到困难时召开，故不定期。会议期间三个等级各自讨论议案，只有在拟定对国王的回答时才举行联席会议，三个等级各有一票表决权。路易十六时，财政危机严重，举债无门。在新任财政总监内克的敦促下，路易十六被迫于1789年5月举行中断了175年的三级会议，并同意给予第三等级以相当于两个等级的名额（第一、二等级各300人，第三等级600人）。

5月5日，三级会议在凡尔赛开幕。第三等级代表要求取消等级区分，提出按人数表决、三个等级一起集会等建议。在遭到拒绝后，6月17日，第三等级代表宣布单独组成国民会议。6月21日路易十六封闭了会场，7月11日密调军队准备镇压第三等级的反抗。三级会议的召开，成为法国大革命的导火线，揭开了法国资产阶级革命的序幕。

《人权宣言》

1789年7月9日，根据穆尼埃的建议，制宪会议着手起草《人权宣言》（全名为《人权和公民权宣言》），并于8月26日通过。

宣言以美国《独立宣言》为范本，从18世纪启蒙学说出发，宣布"人生来始终是自由的，在权利上是平等的"，"这些权利就是自由、财产、安全和反抗压迫"，"所有公民都有权亲自或经过代表参与制定法律"，"在法律面前人人平等"，"财产是神圣不可侵犯的权利"。并宣布代议制和三权分立。宣言是反对封建专制制度和等级制度的旗帜，对法国革命具有伟大的推动作用，对封建专制制度尚占统治地位的欧洲产生了巨大的影响。然而宣言所标榜的平等原则，只是反对基于出身不同的不平等，却完全承认基于财产条件的不平等。

攻占巴士底狱

在巴黎东南的圣安东街，有一座高大的城堡，它就是巴士底狱。巴士底狱建于1382 年，起初是为了抵抗英国人而建的堡垒，后来由于巴黎的扩大逐渐成为巴黎市区的建筑，改为王家监狱。这座阴森恐怖的城堡有高高的石墙，城墙上有 8 座塔楼，每个塔楼的顶端都安放着一尊大炮，虎视眈眈地对着整个巴黎。巴士底狱四周有一条宽 25 米的壕沟环绕，只有通过吊桥才能进入。几百年来，法国的官吏和密探，可以不经任何法律就逮捕反对国王、反对贵族、反对专制主义的人，把他们投入巴士底狱。在法国人民眼里，巴士底狱就是封建专制的象征。

18 世纪的法国，国民分为三个等级，第一等级是教士，第二等级是贵族，第三等级是资产阶级、城市平民、工人和农民。第一、第二等级的人数只占全国人口的1%，但他们有权有势，占有全国 1/3 的土地，却不用缴税。他们还利用手中的权力，提高税收，设置关卡，千方百计地剥削人民，引起了广大人民的不满。

1789 年 5 月，法国国王路易十六为了榨取更多的钱财供他挥霍，召开了三级会议。第三等级的代表识破了他的诡计，趁机提出要求限制国王的权力，把三级会议变成国家的最高权力机关，这理所当然遭到了路易十六的拒绝。于是第三等级的代表宣布退出三级会议，成立国民大会，后来又改为制宪会议。听到这个消息后，路易十六暴跳如雷，秘密调集军队进入巴黎，准备逮捕第三等级的代表。

巴黎人民得知这一消息后，群情激愤，怒不可遏。1789 年 7 月 13 日，巴黎人民手拿大刀、长矛、火枪，举行了声势浩大的起义。起义军迅速占领了巴黎的军火库，夺取了好几万支火枪和几门大炮。惊慌失措的路易十六急忙派军队前去镇压，但被起义军打得大败。仅一天的时间，起义军就控制了全城，只剩下市东南的巴士底狱了。

7 月 14 日，巴黎群众高呼："到巴士底狱去！"起义军从四面八方赶来，包围了巴黎最后一座封建堡垒。巴士底狱守备司令德·洛纳被潮水一样涌来的起义军吓破了胆，急忙命令士兵绞起铁索，升起吊桥。为了减少伤亡，起义军派了几个代表，举着白旗，去同巴士底狱守备司令德·洛纳谈判，希望他投降。但丧心病狂的德·洛纳竟然命令巴士底狱的士兵向代表们开枪。巴黎人民被彻底激怒了，立即向巴士底狱发起了猛攻。巴士底狱的士

表现巴黎人民攻占巴士底狱的图画

巴士底狱

巴士底狱虽然是一个关押政治犯的监狱，但它的条件并没有想象中那么恶劣。其实巴士底狱的生活条件还是很不错的，囚犯之间可以互相串门，条件好的还可以带仆人进去，饮食也相当好，除了没有自由之外，什么都有。巴士底狱并不光关押些政治犯，很多头脑发热的贵族青年也常被送到里面去吸取些经验教训，比如伏尔泰就两次被关了进去。当然，巴士底狱也经常关押一些比较顽固的政治犯，那些人的待遇就差多了，经常有人被活活折磨得发疯，而且一关就是几十年甚至一辈子。谁也不知道巴士底狱里面关押了多少人，由于它的神秘，人们一直把它当成封建专制的象征。所以在法国大革命时期，人们把攻占巴士底狱看成是革命胜利的标志。

兵从城墙上向起义军开火，并用塔楼上的大炮轰击。起义军冒着敌人的炮火前进，他们抬着云梯，越过壕沟，奋不顾身地攻城。但由于敌人的火力太猛，起义军损失惨重，被迫撤退。起义军从四周的街垒向巴士底狱射击，但由于距离太远，对守军构不成威胁。

"我们也要有大炮！"大家齐声说。很快，起义军找到了几门旧大炮，上面生满了铁锈。一个叫肖莱的酒商自告奋勇来当炮手。"轰轰轰"，一排排的炮弹带着起义军的怒火打在城墙上，人民发出阵阵欢呼。但旧大炮的威力太小了，只打掉了一些石屑，在厚厚的城墙面前，实在是微不足道。巴士底狱的守军大声嘲笑起义军。

有几个勇敢的人拿着铁锹、铁镐、火把和炸药，冒死冲到巴士底狱的城墙下，想在墙上挖个洞，然后用炸药炸塌城墙。但他们还没来得及行动，就被城墙上的士兵打死了。

"我们需要真正的大炮和炮手！"大家又分头去找，过了一会儿，有人找来了一门威力巨大的大炮。炮手们调整好角度，把炮弹放到大炮里，点燃火绳，"轰"的一声，大炮发出一声怒吼，威力巨大的炮弹重重地撞在城墙上，发出震耳欲聋的爆炸声，城墙一下子就被轰塌了一大块。人们发出阵阵欢呼。"轰轰轰！"炮手们一刻也不停，继续发炮。"咣当"一声，一颗炮弹把铁索打断了，吊桥掉了下来。"冲啊！"起义军发起冲锋，踏着吊桥冲进了巴士底狱，城内的士兵见大势已去，纷纷投降，德·洛纳被愤怒的起义军活活打死。

占领巴士底狱的消息传到全国后，各地的法国人民纷纷起义，夺取政权。后来7月14日被定为法国国庆日。

封建王朝被推翻

18世纪末19世纪初，轰轰烈烈的法国大革命在欧洲各国造成了极大的震撼。当时，欧洲大陆上各国君主看到在法国革命中波旁王朝被推翻，生怕法国革命会引起本国的革命，自己也落个像路易十六那样的下场，因此，十分仇视革命的法国。

1791年8月，奥地利和普鲁士的封建君主扬言，法国如果不恢复王权、解散议会，欧洲各国的君主都将出面保障法国的君主体制。同时，法国的逃亡贵族们也活动频繁，他们在德意志和比利时等地聚集起来，招募军队，准备反攻。这时，俄国、瑞典、

李尔与《马赛曲》

1792 年 7 月，欧洲反法军队侵入法国境内，法国革命面临严重危机。全法国立即开始总动员，人们纷纷加入义勇军队伍，援救巴黎，保卫祖国。5 月，为激励士气，巴黎市长邀请工兵上尉李尔编写军歌。在营房里，李尔经过一整夜编写出了《莱茵军战歌》。

马赛义勇军在向巴黎进发的路上，高唱着这首歌曲，激励着所有奔赴前线的勇士们。因为巴黎人民是听马赛义勇军唱这首歌的，便称这首歌为《马赛曲》了。9 月 20 日，法国义勇军与普鲁士军队在瓦尔密决战，法军大获全胜。1795 年，为了纪念义勇军在保卫祖国中所作的巨大贡献，也为了使人们永远记住共和国建立的艰苦历程，国会通过决议，将《马赛曲》定为法国国歌。

西班牙和撒丁等国的封建君主们都表示支持这些旧贵族。

面对国内外严峻的形势，法国立法议会进行了激烈的辩论。一部分议员主张对反对法国革命的欧洲君主开战，他们认为，这些君主国既是对法国革命的既得成果的一个严重威胁，同时也是造成恐慌不安、破坏商业流通的祸害，通过战争打击这些暴君，可以迫使各国承认法国革命，同时为商业流通打开渠道。另一部分人则认为，鉴于法国在军事上准备不足和军队中原贵族军官较多，不宜急于开战。此时，路易十六和王后则希望外国能干涉法国革命，他们写信给普鲁士、奥地利、俄国、西班牙和瑞典等国的君主们，呼吁他们干涉法国革命。

1792 年春天，路易十六任命了主战派组阁。不久，法国对奥地利和普鲁士宣战。战争开始后，贵族军官很多投敌或向敌人通风报信，法军屡遭败绩。7 月，欧洲反法军队侵入法国境内，法国革命面临着严重的危机。立法会议通过决议，号召人民拿起武器，保卫祖国。几天内，巴黎就有 1.5 万人应征入伍，各地纷纷组织义勇军，汇聚巴黎。马赛人民组织起一支 516 人的义勇军，高唱《马赛曲》向巴黎挺进。

8 月 9 日晚，巴黎圣安东郊区的人民首先开始起义。次日晨，巴黎 48 个区中的 28 个区的代表来到市政厅集会，以多数区的名义宣布废除旧的市政府，建立新的巴黎公社，任命了新的国民自卫军司令。国民自卫军很快打败了由瑞士雇佣兵组成的王宫卫队，占领了王宫。路易十六跑到议会请求保护。立法议会通过决议，宣布国王暂时停职，召开普选产生的国民公会。这样，法国 1000 多年的君主制度结束了，法国资产阶级革命进入了一个新的阶段。

1791 年宪法

18 世纪法国资产阶级革命初期制定的第一部君主立宪制宪法。1789 年 7 月 ~ 1791 年 9 月，制宪议会完成了宪法的制定工作。路易十六于 9 月 14 日正式批准宪法。宪法的序文是《人权宣言》。宪法规定法国的政体是君主立宪制，立法权属于由选举产生的一院制立法议会，立法议会是国家最高立法机构；国王是国家行政机构的首脑，但只能依据法律统治国家；司法权属于选举产生的法官，实行陪审裁判制。宪法宣布取消封建等级制；在选举制度上，凡年满 25 岁有财产并能缴纳直接税的为"积极公民"，享有选举权；凡是不符合财产规定的为"消极公民"，被剥夺选举权与被选举权。这部宪法代表大资产阶级的利益，以财产重新划分了公民等级，并保留了君主的地位，但对法国人民反对封建专制制度和欧洲资产阶级革命起了推动作用。

瓦尔密会战

瓦尔密会战是法国大革命期间，法国革命军队与普鲁士、奥地利外国干涉军在法国马恩省瓦尔密村进行的一场会战。

1789年法国爆发资产阶级革命，引起了欧洲各国封建君主的仇视和恐惧。1792年2月，奥地利和普鲁士结成反法联盟。8月，普奥联军侵入法国东北部，并向巴黎推进。9月19日，法军两个军团（5万多人）到瓦尔密附近设防。20日，普奥联军（约4万人）来到瓦尔密，开始对法军进行炮击。法军抢占小丘，开炮反击。联军向法军发起了两次冲锋，但都没有击溃法军，被迫停止进攻。双方进行了大规模的炮战。后来，联军后勤补给困难，再加上天气不好，于9月30日开始撤退，法军开始追击。10月5日，普奥联军被全部赶出法国国境。

瓦尔密会战是一次典型的炮战。法军将领指挥灵活镇定，两个军团密切配合，战士斗志高昂，作战英勇。反观联军，将领指挥权处处受到掣肘，行动迟缓，计划多变，最终失败。瓦尔密会战是法国第一次取得反击欧洲反法联盟的胜利。

吉伦特派

吉伦特派是法国大革命中维护工商业资产阶级利益的政治派别，因其成员多来自吉伦特郡而得名。主要代表人物有布里索、佩蒂翁、罗兰夫妇等。吉伦特派原属雅各宾俱乐部，因与罗伯斯庇尔派政见分歧，形成独立派别。

1792年3月，该派曾组阁。4月20日向奥、普宣战，由于战争失利，被解除权力。9月22日，在平原派支持下，掌握国民公会实权。曾宣布废除王政，成立法兰西共和国，处死国王路易十六。实行经济自由政策，反对巴黎劳动群众的各种社会改革要求。他们对要求打击投机商、

图为吉伦特派领袖雅克·布里索。在罗伯斯庇尔上台后，他于1793年死于断头台。

限制物价的群众运动进行镇压，同时还迫害雅各宾派活动家，1792年10月被逐出雅各宾俱乐部。

1793年5月31日至6月2日，巴黎人民起义推翻了它的统治，31名领袖被捕，多人被处决或自杀。"热月政变"后，其残余分子又回到国民公会，成为热月党的骨干力量。

国民公会

国民公会是法国大革命时期建立的一个最高立法机构。1792年8月推翻王政后，

在普选的基础上产生,9月21日开幕。国民公会分为三派:吉伦特派(右派)、平原派(中间派)和山岳派(即当时雅各宾派中的激进派)。国民公会共经历了三个时期:吉伦特派时期(1792年9月22日~1793年6月2日),雅各宾派时期(1793年6月2日~1794年7月27日),热月党人时期(自1794年7月27日起)。

1795年10月26日,国民公会被新选出的元老院和五百人院取代,随即组成督政府。

巴黎人民第三次起义

吉伦特派统治时期,法国形势恶化。物价因商人投机而飞涨,粮食因地主富农囤积而短缺,劳动人民面临饥荒。1793年春,第一次反法同盟军四面进逼,吉伦特派将领迪穆里埃叛国投敌,法军被迫从比利时和莱茵地区撤退,战场移到法国境内。同时,保王党掀起的暴乱也在扩大。为了挽救革命,1793年5月31日,巴黎人民发动武装起义。6月2日,10万多名群众带着100多门大炮包围了国民公会,逼使国民公会开除吉伦特派31名议员并监禁其首要分子。从此,雅各宾派在人民群众支持下掌权,法国革命进入高潮。

法兰西第一共和国

法国历史上第一个资产阶级共和国。1792年8月10日巴黎人民发动第二次武装起义,推翻了君主统治。9月21日,国民公会开幕,次日,国民公会宣布成立法兰西共和国,史称第一共和国。吉伦特派未能有效地阻止经济恶化趋势,人民群众生活异常困苦,物价猛涨;前线连连失利,反法联盟军队攻入法国境内,国内王党叛乱猖獗,激起人民严重不满。1793年5月31日~6月2日,巴黎人民举行第三次武装起义,雅各宾派取得政权。雅各宾派消灭封建制度,建立民主专政,实行革命恐怖政策,颁布限价法,反击外国入侵,把革命推向了高潮。1794年7月27日热月政变后,政权落入代表大资产阶级的热月党手中,标志着革命的结束。共和国的基础日益削弱,进入了执政府时期,共和国名存实亡。1804年12月拿破仑称帝后,法兰西第一共和国正式被法兰西第一帝国所代替。

雅各宾派

雅各宾派是法国大革命时期参加雅各宾俱乐部的资产阶级激进派政治团体。1789年,该派常在雅各宾修道院集会,故名。

初期的雅各宾派成分较复杂,1791年7月和1792年10月,立宪派和吉伦特派先后分裂出去,雅各宾派成为以罗伯斯庇尔为代表的激进的资产阶级革命民主派。1793年6月,该派推翻吉伦特派的统治,取得政权。在内忧外患异常严重的形势下,雅各宾派政府实行恐怖统治,组织爱国力量,严厉打击国内外反革命势力,限制资产阶级投机活动,规定物价的最高限额,颁布土地法令,消灭封建制度,赢得了革命的胜利。但雅各宾派内部意见不一,丹东派在1793年秋冬主张放松恐怖统治,埃贝尔派则主张更严厉地推行恐怖政策。罗伯斯庇尔在 1794 年 3 ~ 4 月间先后镇压了两派领导人。

全民动员法令

为了抗击外国侵略者，1793 年 8 月 23 日，国民公会颁布总动员令，宣布："从现在起到一切敌人被逐出共和国领土为止，全国人民时刻处于动员状态。"人民热烈响应号召，很快组成一支 42 万人的大军。军队进行了整编。1793 年 10 月，两次打败奥军。12 月，从英国占领者手中夺回南方重镇土伦。1794 年 6 月，在弗勒吕斯同英、荷、奥、普联军大会战，给敌人以决定性打击。到 7 月，外国干涉军已全部被赶出国境。另外，还平息了保王党的暴乱。

革命恐怖政策

1793 年 9 月，雅各宾派政府公布了《惩治嫌疑犯条例》。依据这个条例，只要谁有反革命"嫌疑"，就可以被抓起来，不必经过审讯就可以被处死。

依据这个条例，当时留在国内的所有贵族除了极少数幸运者之外都被处死。还有大量的"投机倒把"奸商被杀。那些叛乱分子、间谍、吉伦特派一旦被抓起来就格杀勿论。后来又有许多老人、妇女和儿童，被冠以各种各样的反革命

> **共和历**
>
> 1793 年 10 月 5 日，雅各宾派颁布了共和历法。历法规定，1792 年 9 月 22 日为共和元年。一年分 12 个月，每月 30 天，从 9 月 22 日起依以下顺序排列：葡月（9 月 22 日 ~ 10 月 21 日）、雾月、霜月为秋季；雪月、雨月、风月为冬季；芽月、花月、牧月为春季；获月、热月、果月为夏季。每月 3 旬，每旬 10 日。另有 5 日在一年之末，称"无套裤汉日"，分别定为才艺节、劳动节、行动节、报偿节、舆论节。
>
> 1806 年 1 月 1 日，共和历被废除。

罪名抓了起来，送上了断头台。他们中甚至有拉瓦锡这样的伟大科学家。后来，那些看上去对革命者有点"冷淡"，或者"并无其他过错而只是未履行选举职责的公民"，也被列入了上断头台之列。断头台不够用了，于是出现了许多杀人效率更高的新花样。例如用大炮轰，或者推下水塘去淹死。

雅各宾派政府还颁布最高限价法令，对主要食品及日用品都规定了最高限价。对那些不愿意按最高限价出售商品、囤积居奇的商人，一旦发现就立即处死；同时告密者可得到全部商品的三分之一。

雅各宾的革命恐怖的矛头越出了应该的范围，指向了群众，这就大大地削弱了其统治的群众基础。

罗伯斯庇尔

罗伯斯庇尔，1758 年出生于法国阿尔图瓦郡阿腊斯城一个律师家庭。1781 年毕业于巴黎大学法学专业。

1788 年，罗伯斯庇尔写了一本小册子，要求改革郡的三级会议，受到第三等级

的热烈欢迎，并被选为阿尔图瓦的第三等级代表，去巴黎参加全国的三级会议。到巴黎后，他参加了雅各宾俱乐部。在三级会议上，他本着卢梭主张的反对大私有、保护小私有的观点，提出了民主主义的见解。他在议会发表演说，有力地抨击了法国选举中的财产资格限制。他认为，富人的产业需要法律加以保护，小私有者的穷家破舍和他们的自由、生命和安全也是自然赋予的，也应受到法律的保护，因此，他提出了普选权的主张。在对国王的态度上，起先他并不要求推翻君主制度，后来，由于路易十六出卖国家利益，他改变了态度，主张处死国王，赞成建立共和国。

雅各宾派的代表罗伯斯庇尔

随着革命的深入发展，罗伯斯庇尔以其积极的革命活动和激进的政治主张，赢得了群众广泛的信任，逐渐成为雅各宾派的领袖。1793 年 5 月 31 日至 6 月 2 日，面对严峻的国内外形势，为了拯救祖国，挽救革命，罗伯斯庇尔等人举行武装起义，推翻了吉伦特派政权，建立了雅各宾派专政。

在雅各宾派专政时期，罗伯斯庇尔领导雅各宾派采取了一系列比较激进的革命措施，稳定了国内局势，同时也使恐怖进一步扩大化，大大削弱了雅各宾派专政的群众基础。1794 年 7 月 27 日，罗伯斯庇尔及其拥护者被捕，次日被反动派送上断头台处死。

马拉

马拉于 1743 年 5 月出生在瑞士的一个清贫教员家庭。16 岁时随父亲来到法国，在巴黎攻读医学，取得优异成绩。1775 年，获爱丁堡大学医学博士学位。

1777 年，马拉回到法国不久开始研究法律，并写出了《新刑法草案》一书，博得好评。随后，弃医从政。1789 年 2 月，马拉发表《献给祖国》的小册子，阐明了他关于宪法的观点。他认为只有代表人民的机构，才享有制定宪法、修改宪法、监督保护宪法的权力。

1789 年，法国大革命爆发后，马拉全力投入革命。同年 9 月，他创办了《人民之友》报，揭露王室反对革命、里通外国的卖国行径，向封建势力和革命的敌人发起猛攻。同时，他抨击君主立宪派的妥协政策，鼓动和号召人民起义。1790 年夏，"人权之友社"成立，马拉成为主要负责人。他坚决主张维护人权，坚持一切法律须经人民批准，强调主权在民的原则，受到人民的拥护。

1792 年 9 月 22 日，法兰西第一共和国诞生后，马拉当选为国民公会代表。马拉无情地揭露和反对吉伦特派的妥协政策，由此成为吉伦特派的眼中钉。

吉伦特派被推翻后，向雅各宾政权疯狂反扑，首先把屠刀对准了马拉。当时马拉全身患有严重的湿疹，在家中边休息边工作。1793 年 7 月 13 日，一个吉伦特派拥护者冒充爱国女革命家，前往马拉家里，用匕首刺杀了马拉。

马拉之死震动了整个法国。7 月 16 日，巴黎人民为他举行了隆重的葬礼。

丹东

法国资产阶级大革命时期的革命家、政治活动家。丹东于 1759 年出生于律师家庭。1789 年大革命爆发后，丹东积极投身革命，从而开始了他的政治生涯。在不长的政治生涯中，丹东曾参加吉伦特派临时政府，成为政府实际首脑，并处死国王路易十六；曾建议成立救国委员会，并任领导人，积极抗击国内外敌人；曾参加雅各宾派专政，强调与民众建立联盟，提倡经济恐怖政策。1793 年，丹东因主张宽容政策而与罗伯斯庇尔决裂，后来被捕，1794 年 4 月 4 日以"反革命罪"被送上断头台。作为法国资产阶级革命活动家，丹东为法兰西共和国的独立和安全作出了杰出贡献，不愧为资产阶级革命中的"英雄人物"。恩格斯因此称他为"一位最伟大的革命策略家"。

热月政变

1794 年 6 月弗勒吕斯战役胜利后，外患逐渐消除，资产阶级不能继续容忍罗伯斯庇尔的革命政策。国民公会中的平原派联合丹东派和埃贝尔派余党，在热月 9 日的一次会议上发动政变，罗伯斯庇尔等 20 名雅各宾派议员被捕，未经审讯便在次日被送上断头台，以后又有数十名雅各宾派成员被处决。

雅各宾派专政被颠覆，标志着法国资产阶级革命的结束。这次政变因发生于新历共和二年热月 9 日（即公历 1794 年 7 月 27 日），所以叫作"热月政变"。

热月党
热月党为雅各宾派专政末期发动"热月政变"的政治集团。其成员大多为反对罗伯斯庇尔的国民公会议员，包括平原派、丹东派和埃贝尔派的残余分子，以及政变后被召回的吉伦特派分子，是一个松散的联盟，代表革命期间发财致富的大资产阶级的利益。
热月党极力摆脱雅各宾派专政时期的革命措施（但保留了农民土地），实行贸易自由，确立了大资产阶级的政治体制。

督政府

热月政变后法国建立的大资产阶级政权。1795 年 8 月 22 日，热月党人组成的国民公会通过共和三年宪法，宪法规定建立两院制的立法团，行政权交由两院选出的 5 人督政府。1795 年 10 月 27 日建立了督政府。之后，取消了雅各宾派专政时期的各项革命措施，对内一方面镇压人民革命运动，同时又要防止封建势力的复辟；对外继续抗击欧洲反动势力的武装干涉。1796 年 5 月镇压了巴贝夫运动；1797 年打败了奥地利和意大利，使第一次反法同盟瓦解。1797 年 9 月通过逮捕和改组，清洗了立法和行政机构中的王党分子。民主共和势力在 1798 年选举中获胜，督政府又宣布该派议员的当选资格无效，这种摇摆政策史称"秋千政策"。1798 年英、俄、奥等国第二次反法联盟组成后，法军节节失利。1799 年 11 月 9 日，拿破仑发动"雾月政变"，督政府被推翻。

雾月政变

法国拿破仑发动推翻督政府的政变。因发生在法国共和历雾月 18 日，故名。1799 年以来，督政府的统治发生严重危机：对外战争接连失利；国内雅各宾派领导的民主运动日益高涨，并准备发动新的起义；王党势力也在各地叛乱，力图复辟。这时法国的大资产阶级迫切希望建立一个强有力的政权，以维护他们的利益，解决当前的危机，而拿破仑是他们最理想的代表。1799 年 10 月，拿破仑从埃及回到巴黎，受到大资产阶级的热烈欢迎。在军火商和金融资本家的支持下，拿破仑于 1799 年 11 月 9 日发动政变，从大资产阶级"热月党人"手中夺取了政权，解散了督政府，建立了以他为首的执政府。

拿破仑上台

1798 ～ 1799 年，英国和欧洲各国的封建君主们组织了第二次反法同盟，法军虽然在意大利打败了加入反法同盟的一些意大利小邦国，但在其他地区遭到了俄奥联军的沉重打击，法军败退到莱茵河左岸。同时有 4 万多名俄英军队在荷兰登陆，法国本土又面临着遭入侵的危险。于是，督政府不得不实行一些紧急措施，起用了以前雅各宾派的一些成员，并进行大规模的征兵。为了解决军事费用，还向富人发行强制公债，并对流亡贵族和反革命分子的家属实行人质法。

人们看到了督政府的无能，同时也深恐雅各宾时期的恐怖重来，一时间，法国各地人心惶惶，社会更加动荡不安。此时，万第郡又发生了保王党的叛乱，法国形势真是雪上加霜。资产阶级需要建立一个强有力的政府，督政府也想依靠军队来克服眼前的危机。督政府原来选中了茹贝尔将军，但不巧茹贝尔在 8 月 15 日阵亡了。这就给拿破仑创造了一个千载难逢的良机。

此时，拿破仑正带兵远征埃及，但他一刻也没有忘记关注法国国内的动态。他的弟弟吕西安·波拿巴一直在向他通报巴黎的消息。他在获悉巴黎的情况后，立即离开在埃及的法国军队，渡过地中海，于 10 月 18 日即赶到巴黎。拿破仑显赫的战功使他立即成为在困境中的法国大资产阶级的拉拢对象。拿破仑于是同督政官西哀士勾结起来，密谋夺权。

11 月 9 日和 10 日，即共和历雾月 18 日和 19 日，在资产阶级政客和一些军官的支持下，拿破仑发动了政变。他首先得到了巴黎军队总司令的职务，然后，由于他提出的修改宪法的要求被拒绝，他带兵强行驱散了议会两院。此后，拿破仑纠集一小部分屈从于他的议会代表，通过决议，把政权交给三个执政官：拿破仑、西哀士和另一个无关紧要的人物。由此，拿破仑开始掌握政权。因为这次政变发生在共和历的雾月，历史上把这次政变称为雾月政变。

法兰西第一帝国

法国拿破仑一世统治时期的资产阶级君主专制国家。雾月政变后，拿破仑在法国建立了资产阶级军事专政。1804 年 11 月 6 日，公民投票通过《共和十二年宪法》，宣布拿破仑·波拿巴为法兰西皇帝，法国为法兰西帝国，历史上称之为法兰西第一帝国。拿破仑帝国代表大资产阶级的利益，对内实行多项改革，巩固和发展了法国革命的成果，建立了资本主义的秩序，同时镇压民主运动，防止革命的发生；对外不断进行战争，多次粉碎反法联盟的干涉，打击了欧洲的封建势力。拿破仑帝国不断同英、俄争霸和掠夺欧洲，但在 1812 年侵俄战争中遭到惨败，英、俄、普、奥等国组成反法联盟，于 1814 年 3 月攻入巴黎，4 月，拿破仑一世被迫退位。1815 年 3 月，拿破仑一世返回巴黎复位。6 月 18 日，拿破仑一世在滑铁卢战役中失败，再次退位，第一帝国覆灭。

《拿破仑法典》

1804 年拿破仑主持编纂的《法国民法典》，是法国第一部民法法典。拿破仑取得政权后，为了巩固资产阶级的革命成果，维护资产阶级的统治，制定了一系列法典。其中《法国民法典》是其亲自编纂和审定的。1804 年 3 月 21 日该法典正式颁行。法典综采罗马法、传统法和革命新法编成，1807 年和 1852 年两次被命名为《拿破仑法典》。这部法典确认了资产阶级和农民占有贵族和教会土地财产的合法性，保证不受封建势力的侵犯；否定封建特权，确立了资产阶级自由、平等的原则，规定每个公民具有同等的民事权利和行为能力；法典对于家庭、婚姻、继承等社会生活方面都做了明确规定。这部法典是资本主义国家最早的一部民法法典，破除了封建的立

《拿破仑法典》封面

法原则，成为欧美各国资产阶级的立法规范，推动了资本主义的发展。

法国圣西尔军校

法国圣西尔军校的全名是圣西尔军事专科学校，由拿破仑于 1803 年创办，因坐落于巴黎郊外凡尔赛宫附近的圣西尔而得名（"二战"后迁至距巴黎以西约 300 千米的雷恩市郊外的科埃基当）。

圣西尔军校为法国陆军各兵种培养初级指挥军官，招收对象是 17 ~ 22 岁的未婚法国男女青年。他们必须在通过国家高中统一会考以后，再经过两年大学预科或圣西尔专科预备学校的学习，经考试合格，才能被圣西尔军校录取。学生入校后，根据个人志愿，分别到文、理、工、经济各科学习。圣西尔军校每年录取新生 160 ~ 170 名。圣西尔军校教育有两大特点：一是结合学校悠久的历史、光荣的传统和英雄人物，加强爱国主义教育；二是与部队的需要接轨，着重培养学员的动手、动脑能力和第一任职能力。

两个世纪以来，圣西尔军校为法国陆军培养了 6 万名优秀军官，几乎所有的法国高级将领都毕业于此，因此被称为"将军的苗圃"。其中最著名的有戴高乐、朱安、贝当、魏刚、塔西尼、勒格莱克等人。

《拿破仑军事语录》

《拿破仑军事语录》是 1827 年法国布尔诺将军根据拿破仑的书信、手令和日记等摘编出版的。该书以语录的形式记述了拿破仑的军事观点，集中反映了拿破仑的战略战术、作战原则、指挥艺术、建军思想和带兵方法等。

全书不分章卷，按标题共 115 条，每条就是一则语录，每则语录都附有注释，注释内容都引证战例以作说明。这本书的主要观点有：第一，强调要积极进攻，战争的主要目的是消灭敌军的有生力量。第二，适时集中兵力。在必要的时间，必要的地点，集中比敌人在此时此地更强大的优势兵力。第三，强调快速机动。快速行动不仅可以弥补军队数量不足，而且能够提高军队的士气，增加取胜的机会。第四，强调突然性，注重突然袭击、先发制人、出奇制胜。第五，重视国家军事组织的完善合理和军队骨干力量的培养。第六，重视选拔有才能的将领，强调军官的素质。

《拿破仑军事语录》出版以后，在西方军界广为流传并引起了广泛的讨论和研究，对西方军事思想和作战原则的发展产生了很大影响。

百日王朝

拿破仑一世从 1815 年 3 月 20 日 ~ 6 月 22 日第二次统治法国时期，历时近百天，故名。1814 年 4 月拿破仑退位后，波旁王朝在法国复辟，逃亡贵族纷纷归国，人民群众深感恐惧与不安，而反法联盟各国在维也纳会议上也因利益分配问题矛盾重重。流放于地中海厄尔巴岛的拿破仑于 1815 年 3 月 1 日在法国南海岸登陆，3 月 20 日进入巴黎。拿破仑重登皇位，组成新内阁，恢复了法兰西帝国的统治。宣布废除波旁王朝危害革命的法令，允诺进行广泛的政治和社会改革。英、俄、法、奥立即组成第七次反法联盟，以 70 万 ~ 80 万军队围攻法国。拿破仑迅速组织起 12 万人的军队。1815 年 6 月 18 日，法军与反法联盟军队在比利时的滑铁卢决战，法军大败，联军再次占领巴黎。6 月 22 日，拿破仑宣布再次退位，被流放到大西洋南部的圣赫勒拿岛。

拿破仑战争

1799～1815年，法兰西第一帝国（拿破仑帝国）与以奥、普、俄、英为核心的反法联盟进行的一系列战争。

1798年，欧洲各国组建了第二次反法同盟，企图推翻法国革命政府。拿破仑发动军事政变，建立独裁政权。随后拿破仑率军进攻意大利，击败奥地利，迫使第二次反法同盟解体。但欧洲各国并不死心，后来又组建了第三次反法同盟（1805年）、第四次反法同盟（1806年）和第五次反法同盟（1809年），但都被拿破仑击败，被迫解体。

为了彻底击败反法同盟，拿破仑曾计划入侵英国，但法国海军被英国海军击败，计划失败。1812年，拿破仑入侵俄国，惨遭失败，欧洲各国趁机组建第六次反法同盟（1813年），在莱比锡之战中击败拿破仑，拿破仑被流放到厄尔巴岛。

1815年，拿破仑重返巴黎，建立"百日王朝"。欧洲各国组建了第七次反法同盟，在滑铁卢再次击败拿破仑，拿破仑被流放到圣赫勒拿岛。拿破仑战争结束。

拿破仑战争前期是法国保卫法国大革命果实的自卫战争，而后期则转变为与欧洲列强进行争霸的战争。

马伦戈会战

马伦戈会战是拿破仑在意大利西部重镇亚历山大里亚附近的马伦戈村击败第二次反法联盟的决定性会战。

1800年5月，为了打破第二次反法联盟对法国的包围，拿破仑率领4万大军翻越阿尔卑斯山，进入意大利北部，攻占了奥军的补给基地米兰。奥军统帅梅拉斯立即率领奥军在亚历山大里亚结集，迎战法军。双方在亚历山大里亚附近的马伦戈村展开激战。

6月14日上午9时，奥军以3万人、100门火炮向法军发起猛攻，法军只有2.2万人、15门火炮。奥军依仗火炮优势，同时派出骑兵包抄法军的右翼。拿破仑见敌人锐势难挡，指挥法军边打边撤，同时派人去搬救兵。梅拉斯以为胜券在握，便将指挥权交给参谋长察赫，自己返回亚历山大里亚。察赫没有及时组织追击，反而下令奥军停下就餐。下午5点多钟，5000法军赶到马伦戈，拿破仑立即组织法军迅猛反攻。奥军始料不及，被打得狼狈逃窜，争相逃命，法军转败为胜。奥军统帅梅拉斯被迫遣使求和，双方签订停战协定。

马伦戈会战加速了第二次反法联盟的瓦解。

特拉法加海战

特拉法加海战是拿破仑战争期间，英国舰队在特拉法加角（位于西班牙西南部）战胜法国和西班牙海军的一场大海战，它是海军帆船时代最著名的一场海战。

1804年拿破仑称帝后，为了彻底打败反法联盟，决定跨海作战征服英国。为牵制住强大的英国海军，拿破仑派海军中将维尔纳夫率领的法国和西班牙联合舰队与英国海军决战。

1805 年 10 月 21 日，双方舰队在西班牙特拉法加角外海面相遇。英国海军将领纳尔逊率领的英国舰队有 27 艘战舰，法、西舰队有 32 艘战舰，但英国舰队的训练、经验和武器装备都比对手要强得多。纳尔逊一反当时将舰船排成纵队线形列队的战法，把舰队分为两列纵队，以机动战术攻击敌人。英国舰队将法、西舰队拦腰截成两段，然后冲入敌方舰队中，进行一对一的战斗。战斗持续了 5 个小时，法西联合舰队遭重创，主帅维尔纳夫被俘，但英军的纳尔逊海军上将也在此战中阵亡。

此战，法国海军大伤元气，拿破仑被迫放弃进攻英国的计划，英国则巩固了海上霸主地位。

奥斯特利茨会战

奥斯特利茨（今捷克斯拉夫科夫）会战是第三次反法联盟期间，法军与俄奥联军进行的一场会战，史称"三皇会战"。

1805 年，拿破仑与第三次反法联盟开战。11 月 3 日，拿破仑攻占了奥地利首都维也纳，奥军主力退到维也纳东北的奥利米茨与俄军会合。

当时法军有 7.3 万人，火炮 250 门，俄奥联军有 8.6 万人，火炮 350 门。另外普鲁士的 10 万大军也正在赶来，准备夹击法军。联军依仗人数优势，企图一举歼灭法军。

12 月 2 日，联军在奥斯特利茨向法军发起了进攻，企图切断法军的退路，围而歼之。拿破仑故意示弱，放弃利于防守的普拉岑高地，引诱联军追击。联军追至奥斯特里茨，把主力集中到左翼，企图切断法军退路进行围歼。拿破仑识破敌机，以少量兵力凭地形阻击，命令法军主力抢回普拉岑高地，用大炮对联军主力狂轰。联军大乱，在法军的炮击下纷纷逃命。大部分联军士兵企图从结冰的萨千湖上逃走，法军炮击湖面，冰层坍塌，致使许多联军士兵葬身湖底。此战联军损失 2.6 万人，法军损失不足 7000 人。

奥斯特利茨会战一举摧垮了第三次反法联盟。

法国入侵西班牙

拿破仑战争期间拿破仑为了控制比利牛斯半岛而对西班牙进行的侵略战争。

1808 年，拿破仑利用西班牙王位纷争，使其兄约瑟夫·波拿巴成为西班牙国王。6 月 6 日，西班牙临时首都塞维利亚全国委员会号召全国人民抗击法国侵略者。在西班牙政府军和游击队的进攻下，法军很快失败。

11 月，拿破仑亲自率领 20 万法军进攻西班牙。1809 年 3 月，西班牙政府军被击溃。英国远征军前来支援，但先胜后败，仓皇撤走。1810 年，拿破仑控制了整个西班牙，但广泛的游击战争在西班牙各地展开。

1812 年，拿破仑远征俄国，随着战事的恶化，不断抽调驻西班牙的法军。1813 年，英西联军在维多利亚城附近击败法军，将法军全部赶出西班牙。西班牙人民经过长期艰苦卓绝的斗争，最终捍卫了自己的独立和自由。

拿破仑在西班牙损失了 50 万大军，为他的最终失败埋下了伏笔。同时，由于拿破仑的入侵，导致西班牙统治者无暇顾及拉美殖民地，拉美殖民地人民掀起了独立运动，最终脱离了西班牙的统治。

兵败莫斯科

19 世纪初，拿破仑几乎征服了欧洲各国，但英国始终不与法国议和。拿破仑为毁掉英国人的贸易体系，实行高压政策，使欧洲各国断绝与英国的经济交往，对英实行经济封锁。面临经济破产的英国认识到只有引诱俄国脱离欧洲大陆组织，英国才会有生机，否则就只有屈服。在英国的说服下，沙皇接受了英国的货物。拿破仑对俄国的行为极为不满，为报复沙俄，他兼并了由沙俄支持的赛尔登公国，开始对俄加强封锁。这使沙皇大怒，俄法关系迅速恶化。俄方要求法军撤到赛得河以西，遭到拿破仑的拒绝。拿破仑意识到战争不可避免，遂组织兵力东征俄罗斯。

1812 年 6 月 24 日，拿破仑调集大军 68 万人，火炮 1400 门，渡过尼门河，开始了对俄国的入侵。拿破仑计划在维尔纽斯及其以东地区歼灭敌人主力。面对咄咄逼人的庞大法军，俄军采取主动撤退策略，法军紧紧追赶，但每次都落空。

俄军后退的同时，沿途实行坚壁清野，以阻滞法军前进。随着法军的快速深入，前后方出现脱节，补给发生困难。拿破仑命令部队停止前进，进行休整。这时，俄两路大军在斯摩棱斯克会合，组织防御工事。获得供给的拿破仑迅速向该地进军。8 月 16 日，双方在斯摩棱斯克展开激战。俄军在法军猛烈的攻势下，顽强地抵挡三天后，终于招架不住，弃城继续后退。俄军只退不打，俄国内部舆论哗然，怨声载道。8 月 29 日，沙皇任命库图佐夫为总司令对抗法军。深知撤退是正确决策的库图佐夫迫于舆论和沙皇的压力，决定与敌人展开一场会战。他把阵地选择在莫斯科以西 124 千米的博罗迪诺村附近。在这里，库尔干纳亚高地高踞周围地形之上，视野开阔，前方宽 8 千米，右翼为莫斯科河，左翼为难以通行的森林，后方是森林和灌木林，可隐藏预备军。在阵地上，俄军构筑了多面堡和钝角堡等完备的防御工事。库图佐夫企图以积极的防御手段达到最大限度地杀伤敌人之目的。

9 月 7 日，拿破仑率领 13 万大军开始进攻，在这种对己不利的地形上交战，拿破仑失去了军队的机动性，从两翼迂回包围阵地也是不可能的。如果从南纵深迂回，只能分散削弱兵力，可能导致被各个击破。拿破仑只好采取正面突击，他选择比较狭窄的地段，采取突破敌人防线直插敌后方的策略，实施强攻。

会战开始，双方都以炮兵对射发起进攻。在炮兵的掩护下，凶猛的法军使俄军退过科洛恰河，法军遂紧追过去，但遭到猛烈火力的反攻，又被迫退回。凌晨 6 时，法军向钝角堡猛攻，虽说人数及火力都占优势，但法军仍被击退。7 时许，法军又开始新一轮进攻，攻占了左边的一个钝角堡，俄军又以勇猛的反击夺回，双方这时都加强了兵力。法军对左右两个钝角堡发动第 3 次攻击，俄军也不甘示弱，抵抗极为顽强,堡垒几易其手。这也显示出库图佐夫排兵布阵的艺术:他把俄军战斗队形纵深配置,前后达 3 ~ 4 千米,使步兵、骑兵和炮兵之间配合默契,保障了积极防御的坚固性,使法军几次轻易得手后又被迫放弃。双方进退反复,短兵相接,展开肉搏战。

为彻底突破俄军防线,拿破仑调集兵力实行猛攻。库图佐夫在此危急时刻,果断决定调集强大的预备军袭击敌人左翼。战斗持续到下午 6 时,俄军仍坚守阵地,法军也没取得决定性胜利,但双方都付出惨重代价。法军伤亡 2.8 万人,俄军则为 4.5 万人。拿破仑遂退回出发阵地。

会战结束后,库图佐夫将俄军撤回内地,坚壁清野积聚力量。9 月 14 日,拿破仑进占已成废墟的莫斯科。10 月 18 日,俄军大举反攻,法军节节败退。到 12 月,法军损失 50 多万人,拿破仑的侵俄战争以惨败而告结束。

拿破仑在俄国的失败使法国损失惨重,成为欧洲再次爆发反拿破仑战争的导火索,也成了拿破仑军队覆灭的标志。

莱比锡战役

拿破仑远征俄国遭到惨败以后,不甘心失败,着手整编新军,收集粮食和作战物资,准备继续同俄普军队作战。俄国、英国等国决定趁拿破仑元气大伤之机,消灭拿破仑。

1813 年 2 月下旬,俄国、英国、普鲁士和西班牙等国又组成第六次反法同盟。战争在萨克森境内展开,当时,法军完全处于劣势,但拿破仑凭借其卓越的军事指挥才能,仍然在 5 月取得了两个战役的胜利,将俄普联军击败。

6 月,奥地利出面进行调停,但未获成功。8 月,奥地利借机加入反法同盟,对法宣战。英国凭借其强大的经济实力,向参战的反法同盟国家提供了大量经费,普鲁士也利用两个月的停战时间将军队扩充了一倍。双方重新开战时,反法同盟的军队以及军需供给超过法军。10 月 16 日,双方在柏林西南的莱比锡城下进行决战,这一战后来被称为“民族之战”。在这次战役中,拿破仑阵营内部开始发生分化,当时,参加这次会战的同盟国军队有近 33 万人,而法军只有不足 16 万人。在第一天的战斗中,法军损失了大约 3 万人,后补充了 1.5 万人;盟军损失了 4 万多人,但却得到了 11 万多人的补充。双方僵持不下,18 日,拿破仑阵营中的萨克森军队倒戈投入反法同盟军队的阵营,给法军的阵地造成一个大缺口,法军大败。12 月初,法军突出重围,撤离莱比锡一带,返回莱茵河两岸。这一战使法军损失了 3 万多人,法国在德意志的统治告终,拿破仑帝国面临崩溃的边缘。1814 年 3 月 31 日,联军攻入巴黎,拿破仑被放逐到地中海的厄尔巴岛,法兰西第一帝国覆亡。

巴黎战役

巴黎战役是在拿破仑战争期间第六次反法联盟军队与法军在巴黎城下进行的战役。

1814 年 3 月,拿破仑实施突然发动,率军深入反法联盟的大后方,削弱了巴黎的防御力量。10 万反法同盟军队在布吕歇尔元帅的率领下，切断了拿破仑与巴黎之间的联系，随后向巴黎急行军，希望在拿破仑军队赶回之前占领巴黎。反法同盟的军队强渡马恩河，于 3 月 17 日黄昏到达巴黎近郊。

巴黎守军有 4.5 万，总指挥是拿破仑的哥哥约瑟夫·波拿巴。3 月 18 日凌晨，反法同盟军队开始进攻巴黎。反法同盟军占领了巴黎东部和北部的许多居民点，攻下了蒙马特尔，逼近市中心。约瑟夫·波拿巴被迫同反法同盟谈判，最后达成协议，法军撤出巴黎。3 月 19 日晨，反法同盟军隆重开进巴黎。在外作战的拿破仑听到巴黎陷落的消息，以急行军重返首都，但为时已晚。

巴黎战役，标志着第六次反法同盟取得了胜利，同时也标志着拿破仑的垮台和拿破仑帝国的崩溃。

滑铁卢战役

1815 年 6 月 18 日拿破仑同欧洲第七次反法联盟在比利时滑铁卢进行的一次决定性会战。1815 年 3 月，拿破仑一世进军巴黎，重新称帝。英、俄、普、奥组成第七次反法联盟，分六路进攻法国。6 月 15 日，拿破仑一世率军约 12 万人进入比利时，以各个击破敌军。18 日，大规模的会战在滑铁卢开始了。拿破仑一世于上午 11 时率先发起进攻，佯攻威灵顿指挥的军队的右翼，主力猛攻其左翼，但遭到联军顽强抵抗，被迫逐次投入兵力。当联军左翼不能突破时，法军又把主要突击方向转向联军中部，

这幅画表现了 1815 年 6 月 18 日进行的滑铁卢战役中晚 8 时许的紧张情景。

多次组织正面突击，但未有明显进展，且军队伤亡惨重。在此期间，法军骑兵虽曾两次突入英军阵地，但因缺乏步兵支持而被击退。傍晚，布吕歇尔率普军赶到战场，联军兵力转为优势，并立即开始反击，法军全线溃败。6月22日，拿破仑一世宣布退位，百日王朝覆灭。

七月革命

1830年7月法国巴黎爆发的推翻复辟的波旁王朝的革命。1815年6月，法国的波旁王朝复辟，1824年9月查理十世即位后，力图恢复封建专制制度，极力保护大地主和贵族的利益，引起社会各阶层的普遍不满。查理十世又于1830年7月26日颁布了反动的"七月敕令"，提出取消言论自由，解散议会，限制选举权，致使群情激愤。7月27日，巴黎人民发动武装起义，28日占领市政府，29日起义者占领了卢浮宫和杜伊勒里宫。8月2日，查理十世宣布放弃王位，逃往英国，波旁王朝被推翻。但由于资产阶级共和派软弱无力，无产阶级也没有形成独立的政治力量，政权落到了代表金融贵族的大资产阶级的手中，开始了七月王朝的统治。七月革命粉碎了波旁王朝在法国重建封建专制统治的企图，巩固了资产阶级革命的胜利成果，推动了欧洲革命和民主运动的发展。

法国二月革命

1848年2月巴黎人民推翻七月王朝的革命。19世纪40年代后期，法国工农业生产下降，大批工人失业，社会矛盾激化。资产阶级反对派以"宴会"形式举办的政治性集会，得到广大人民群众的响应。基佐政府两次禁止预定于1848年1月和2月举行的"宴会"，引起群众不满。1848年2月22日，巴黎市民举行大规模的示威抗议活动，并同军警发生了冲突。次日，示威演变成武装起义，巴黎到处筑起了街垒，许多国民自卫军和正规士兵拒绝执行实行镇压的命令，倒向革命一方。国王路易·菲利普被迫罢免基佐，先后任命莫雷和梯也尔组阁，但愤怒的群众要求废除王政，建立共和国。2月24日，起义群众几乎控制了巴黎，并开始向杜伊勒里宫进攻，国王逃奔英国。资产阶级共和派成立临时政府，25日宣布法兰西第二共和国成立，七月王朝灭亡。

法兰西第二共和国

1848年法国二月革命后建立的资产阶级共和国。1848年的二月革命推翻了七月王朝，成立临时政府。2月25日共和国宣布成立，4月23日选举制宪议会。5月9日成立执行委员会，6月22日代替临时政府的执行委员会下令解散"国家工厂"，引起工人不满，爆发六月起义。在血腥镇压了六月起义后，以卡芬雅克为首的共和党右翼控制了政权，执行打击无产阶级和小资产阶级的政策，削弱了其统治基础。11月，制宪议会制定共和国宪法，确立立法和行政分立原则。由750名议员组成立法议会，参政院由议会任命;总统掌管行政权，任免部长与颁布法律，但无权解散或延长议会。

12月10日，大资产阶级代表路易·波拿巴当选总统。1851年12月2日，波拿巴发动政变，解散议会，建立专政体制。次年波拿巴称帝，建立法兰西第二帝国，第二共和国灭亡。

法国六月起义

1848年6月巴黎无产阶级反对资产阶级的武装起义。1848年6月22日，法国资产阶级临时政府下令解散"国家工厂"。资产阶级的步步进逼，迫使无产阶级举行武装起义。当日，工人群众示威游行，揭开了六月起义的序幕。6月23日，巴黎的工人群众大规模起义，5万起义者拿起武器，筑起街垒，与政府军展开激烈的巷战，提出了"打倒人剥削人的制度""民主的社会共和国万岁"等口号。24日起义者冲到市政厅附近，制宪会议对政府的软弱无能不满，解散执行委员会，调集军队向起义者发起疯狂的进攻。起义者顽强抵抗，经过4天激战，26日下午圣安东区陷落，起义失败。资产阶级对工人群众进行了残酷屠杀。六月起义是现代社会中两大对立阶级的第一次伟大战斗，是为保存或消灭资产阶级而进行的战斗，具有明显的无产阶级革命性质。

法兰西第二帝国

法国历史上第二个资产阶级君主制国家，史称拿破仑第二帝国。"路易·波拿巴政变"后，于1852年1月14日颁布宪法，加强总统权力，削弱议会的立法权。1852年11月7日，元老院颁布法令建议恢复帝制，随即举行公民投票并通过。12月2日宣布恢复帝国，波拿巴为法兰西皇帝，称拿破仑三世。第二帝国代表金融资产阶级和大工业家的利益。拿破仑三世为了维护其反动统治，建立了庞大的军事警察官僚机构，对内实行军事独裁统治，对外推行侵略政策。第二帝国经历了一个由专制统治向自由主义、议会政治演变的过程，发展了资本主义工商业，完成了工业革命。为了争夺欧洲大陆优势地位和进行海外殖民侵略，帝国发动多次对外战争。1870年普法战争中，法军战败，拿破仑三世在色当投降。9月4日巴黎发生革命，第二帝国被推翻。

图为曾先后担任法兰西第二共和国总统和第二帝国皇帝的路易·波拿巴。

法国国民自卫军

国民自卫军是存在于 1789 ~ 1871 年的法国非正规军。1789 年 7 月 13 日，巴黎资产阶级选举人会议决定建立 4.8 万人的有产者自卫军。次日，部分自卫军参加了攻打巴士底狱的战斗。起义胜利后，任命拉法耶特为总司令，定名为国民自卫军。国民自卫军戴红、白、蓝三色帽徽，以区别于戴白帽徽的王军，各大城市纷纷仿效。法国大革命中，议会多次颁布法令使国民自卫军逐步制度化，并规定以团、营、连按地区编制，下级军官由选举产生，总司令由政府任命。

国民自卫军积极参加了 1792 年 8 月 10 日推翻王政的起义和 1793 年推翻吉伦特派政权的斗争。此后，它在不同时期起过不同作用，尤其在 1871 年巴黎公社革命时起过决定性作用，并为捍卫公社作出了很大牺牲。公社失败后，被梯也尔政府强行解散。

法兰西第三共和国

法国历史上第三个资产阶级共和国。普法战争中，法国在色当投降的消息传到巴黎，1870 年 9 月 4 日巴黎人民起义，推翻了法兰西第二帝国，建立了法兰西第三共和国。新政权开始时，由资产阶级共和派与保王派联合组成国防政府，梯也尔力图建立保守共和国，但遭保王派与共和派的反对，被迫辞职，极端保王派人麦克马洪当选总统，直接着手恢复君主制。共和派为确立共和制进行了长期而激烈的斗争，国民议会终于通过 1875 年宪法，以法律的形式肯定共和制。在 1876 年众议院选举和 1879 年 1 月参议院选举中，共和派取得稳定多数，在人民群众支持下，终于确立共和派的共和国。掌权的资产阶级制定和完善了一些资产阶级制度。1940 年 5 月 10 日，巴黎被德军占领，6 月 22 日法国投降，成立维希政府，第三共和国宣告终结。

德雷福斯案件

19 世纪末的法国政治丑闻。1894 年，法军总参谋部的犹太人军官德雷福斯涉嫌把一份军事秘密文件出卖给德国驻法武官。10 月，军事法庭判处德雷福斯终身监禁，押解到魔鬼岛服刑。1896 年，发现真正的罪犯是出身于匈牙利贵族的埃斯特拉齐少校。但政府拒绝重审此案，不想为德雷福斯平反。对案件的不同态度，到后来演变成两大政治势力的斗争。1898 年 8 月，法军情报处军官亨利在舆论的压力下，供认关于德雷福斯罪行的材料是他伪造的。他当即被捕，不久在狱中自杀。围绕此案进行的争论引起了法国政局动荡。 1899 年，法国资产阶级共和派在"保卫共和国"的口号下组成新政府，打击民族沙文主义者，要求司法部重新审理此案。但是，军事法庭仍判德雷福斯有罪，只是把刑期减为 10 年。于是，总统下令对德雷福斯实行特赦。直到 1906 年最高法院才判定德雷福斯无罪，为其恢复名誉。

俄国的发展

俄国农奴制的形成

早在 10 ~ 11 世纪，在基辅罗斯期间，俄国就出现了农奴制。基辅罗斯的王公、贵族、教会夺取村社的土地，建立大庄园，成为大土地所有者；与此同时，不少农民被迫处于依附地位，但同时也还存在着人数众多的自由农民。当时的农奴制还处在初步形成的过程中。

12 世纪基辅罗斯的分裂和 13 世纪蒙古人的入侵，一度延缓了俄国农奴制的发展。14 世纪，随着莫斯科公国政治和经济实力的增强，外来骚扰减少，俄国的封建经济重新出现较快的发展。15 世纪，封建主以取得月租为条件，把部分新获得的土地分交其臣属掌管。这样便出现了小封地占有者阶层，称为地主贵族或小贵族。地主贵族意识到，在服役期内要从封地上榨取最大收入，就必须有足够的劳动人手，因此都竭力把依附农民固定在土地上。他们规定农民只能在犹利节（11 月 26 日）前后一星期之内离开主人家到别的地方去谋生。

1497 年，伊凡三世把这项规定定为法律，推行到全国。到了近代，沙皇们多次制定法令，限制农民的迁徙，犹利节离开地主的权利也被取消了，地主有权在一定的限期内把逃亡的农民追寻回来。这个限期开始规定为 5 年，后来又逐渐延长到 15 年。1649 年，沙皇阿历克谢·米哈依洛维奇颁布《法典》，规定农民不论逃亡多久，只要被找到，就必须连同其家属和全部财产都归还原主。《法典》从法律上确立了俄国的农奴制度，标志着俄国农奴制的最终形成。

伊凡四世

伊凡四世（1533 ~ 1584 年在位），为伊凡三世之孙。1547 年，伊凡四世加冕后改称沙皇，开始亲理朝政。

为了加强专制王权，削弱大贵族的力量，1549 年，他进行了一系列改革：在中央设置"重臣会议"，用来辅佐沙皇；颁布军役法，规定世俗贵族均要为国家提供武装骑兵；建立沙皇特辖区，将那些土地肥沃、商业发达、战略地位重要的地区都置于沙皇的直接管辖之下；残酷地剪除许多贵族及其亲属。因此在历史上他又被称为"伊凡雷帝"。

1552 年，伊凡四世亲率俄军 15 万人征服喀山汗国。1556 年，又征服阿斯特拉罕汗国，逐渐使整个伏尔加河流域都并入了俄罗斯。但在争夺波罗的海出海口时遭到失败，被迫割让了一部分领土。伊凡四世在统治末期，又开始向东方扩张。1581 年，他占领了西伯利亚西部的失必儿汗国的首都西伯尔。1584 年初，54 岁的伊凡四世得重病去世。

伊凡四世像

伊凡四世在位期间，通过残酷的战争，使俄罗斯由一个"公国"变成了一个横跨欧亚大陆的大帝国，而他也被人称作"恐怖的伊凡"。

俄国手工工场的出现和发展

俄国最早的手工工场是由俄籍荷兰商人维纽斯在 1632 年经沙皇特许于土拉建立的炼铁场。后来铸铜、造纸、制革、玻璃制造等手工工场也陆续建立。到 17 世纪末，俄国手工工场已有 20 多个。

工场生产主要靠农奴手工劳动，雇佣工人很少。18 世纪后半期，俄国手工工场发展迅速。其中以轻工业发展较快，中心是彼得堡和莫斯科。19 世纪上半期，手工工场不断发展。到 1825 年，手工工场已经增加到 5200 多个，工人 34 万，加工制造业中的雇佣工已占到该行业工人总数的 52%，而在棉纺织业中甚至达到 94%。

随着 19 世纪 30 年代工业革命开始出现，手工工场也出现了向近代工厂转变的趋势。在一些工业部门中，已开始应用蒸汽机、水力涡轮机等动力机器，手工劳动开始逐渐为机器生产所代替。交通运输业也发生了巨大变化，19 世纪三四十年代，伏尔加等河流开辟了定期航线，1851 年建成了从彼得堡到莫斯科的长 600 多千米的铁路。

彼得大帝改革

为了使俄国摆脱落后状态，增强国力，1689 年起，彼得大帝开始推行改革。其主要内容为：

第一，削弱大贵族势力，加强沙皇的专制权力。设立新的国家最高权力机构——参政院，其成员大多是非名门的新贵族代表，以代替原来经常干预沙皇权力的大贵族杜马（杜马为咨议机构）。将全国划分为 8 个州和 50 个省，派省长进行管辖。颁布"官职等级表"，取消按门第出身升迁的规定，实行论功晋升的制度，非贵族出身的也可以做官，进入贵族的行列。

第二，改进军事装备，建立和扩大海军。积极派遣青年出国留学，多方聘请外国技术人员协助工作。改进造船术，铸造新式大炮。设立海军学院及炮兵学校、工程学校等军事院校。从无到有，建立起一支包括 48 艘战舰、787 艘帆桨战船及拥有 2.8 万名水手的海军。每年提拔一批海军学院毕业生，充任海军军官。

第三，保护工商业发展，鼓励商人兴办手工工场，允许他们在购买土地的同时，

第三章 近代史（上）

把该地的农民买走，使工场主能拥有一批长期稳定的雇佣劳动者。此外，政府也大办手工工场，还允许外国人前来建立手工工场。推行重商主义，凡本国能生产的物品，都限制或禁止进口。

彼得大帝的改革，巩固了专制统治，使俄国的经济、军事实力增强，为俄国的对外侵略扩张准备了条件。俄国从此开始进入欧洲强国的行列，并在客观上为新的资本主义生产关系的发展创造了条件。

北方战争

为了夺取波罗的海东部濒海地区，打开由波罗的海进入大西洋的通道，1700～1721年，彼得一世与当时的北方强国瑞典进行了长达21年的北方战争。

开始时俄国在纳尔瓦城堡战败，遂失去了所有的大炮，大量士兵也被俘。但是，彼得大帝以最快的速度恢复和加强了军事力量：将教堂三分之一的铜钟用来铸炮，一年后就铸了300多门；招募农民、工商业者组成步兵新军，代替由雇佣兵组成的射击军。1702年起，俄军开始取得军事主动权。1703年，从瑞典手中夺得芬兰湾东端的涅瓦河口，在河口的三角洲上开始修建新都彼得堡。1709年，俄军在波尔塔瓦与瑞典军队决战，瑞军几乎全军覆没。1714年和1720年，俄国新建的海军两次打败瑞典舰队，并在瑞典海岸登陆，直接威胁其首都斯德哥尔摩。根据1721年双方签订的《尼什塔德和约》，俄国夺取了芬兰湾沿岸和今天拉脱维亚、爱沙尼亚等波罗的海沿岸地区。

为了表彰彼得大帝的"功绩"，1722年参政院授予他"皇帝"称号。从此沙皇俄国正式称为"俄罗斯帝国"。

波尔塔瓦会战

波尔塔瓦会战是俄国和瑞典在北方战争中于乌克兰波尔塔瓦进行的决战。

1709年，瑞典国王查理十二世率领3.2万瑞军深入俄国腹地包围战略要地波尔塔瓦，企图打开北上莫斯科的道路。波尔塔瓦的6000俄国守军，拼死抵抗，多次击退瑞军的进攻，为俄军援军集结赢得了宝贵时间。

沙皇彼得一世率俄军主力4.2万人渡过沃尔斯克拉河，前进至波尔塔瓦以北约5千米的雅科夫齐村。俄军在这里的开阔地上修筑野战工事，构筑10个多面堡和隐蔽的炮兵阵地，骑兵配置在工事后面。

为摆脱被动局面，查理十二世决定主动出击。瑞军2万步骑兵逼近俄军阵地，虽然俄军骑兵击退了瑞军骑兵，但俄军的多个碉堡被瑞军占领。俄军进行战略撤退，瑞军实施追击，结果遭到俄军炮火的猛烈轰击，损失惨重。

瑞军展开总攻，双方主力交战，经过短暂交火后，两军展开白刃格斗，最终瑞军溃败。查理十二世逃亡土耳其。

此战，瑞军伤亡惨重，军事强国的地位动摇，俄军从此进入了战略进攻阶段。

叶卡捷琳娜二世

叶卡捷琳娜二世本名叫索菲娅·奥古斯塔，是德意志一个小公爵的女儿。幼年时，索菲娅受到法国启蒙思想家的影响，经常给孟德斯鸠写信。这种书信往来持续了很长时间，后来她当女皇后仍是这样。1744年，15岁的索菲娅随母亲来到俄国，改名为叶卡捷琳娜·阿里克塞耶芙娜，并在第二年同后来的沙皇彼得三世结婚。

叶卡捷琳娜来到一个完全陌生的环境中，与丈夫彼得的关系又不好，因此常感到孤独寂寞。她把时间都用在读书和了解俄国上，为自己积累了丰富的知识。同时她也处心积虑地积蓄力量，取得了俄国贵族和军队的支持。1762年，叶卡捷琳娜在近卫军军官的支持下发动政变，囚禁了继位仅半年时间的丈夫彼得三世，三天后又将其杀害，自己登上了俄国沙皇的宝座。

叶卡捷琳娜即位后的国内形势很不稳定，反对她篡位的贵族大有人在，但她采取了一系列维护贵族特权、加强贵族专政、巩固农奴制度的措施，稳定了自己的政权基础。她把俄罗斯的农奴制度推广到乌克兰、白俄罗斯和波罗的海沿岸广大被征服的地区，并规定农奴是地主的私有财产，可以随意买卖。她还把大量国有农民连同土地赠送给贵族，这样到18世纪末，全国人口的49%已变成农奴，叶卡捷琳娜在位期间也是俄国农奴制高速发展时期。

同时，她改革了中央和地方的政权机关，建立起高度集中的专制制度，采取一系列措施鼓励工商业的发展，使俄罗斯帝国的国力在彼得一世后再次获得了迅速发展，进入了鼎盛时期。她还接受了法国启蒙思想家的"开明专制"的政治主张，和伏尔泰、狄德罗等法国思想家交往密切。她在1767年夏天召集"新法典起草委员会"会议，宣扬自己的君主专制、严厉的法治主义以及法律面前人人平等的思想。由于她的卓越才能和成就，使她成为继彼得一世后第二个被俄国贵族授予"大帝"称号的沙皇。

巩固政权之后，叶卡捷琳娜二世继承彼得大帝的衣钵，开始大举对外扩张。她在1768～1774年和1787～1791年两次发动对土耳其的战争，夺取了亚速海及黑海沿岸地区，兼并克里米亚汗国，并取得黑海至地中海的航行权。她还3次参与瓜分波兰，为俄国取得了第聂伯河以西的乌克兰、白俄罗斯、立陶宛等地。到18世纪末，俄国虽然在政治、经济、文化上仍大大落后于西方国家，可是由于幅员辽阔的疆域与强大的军力，使它已跻身于欧洲列强之列了。

连续多年的对外战争，消耗了俄罗斯帝国大量的财力、物力，而这些负担都转嫁到了农民身上。在叶卡捷琳娜二世的纵容下，贵族们穷凶极恶地压榨农民，终于在1773年酿成俄国历史上最大规模的普加乔夫农民起义。叶卡捷琳娜二世利用起义军缺乏统一指挥、各自为战的弱点，用了两年多时间就镇压了这次起义。

叶卡捷琳娜二世无疑是俄国历史上最野心勃勃的皇帝之一。她在48岁时有了第一个孙子，取名为亚历山大，意思是希望孙子学习古代的亚历山大大帝，使俄国成为横跨亚、非、欧三大洲的大帝国；50 岁时有了第二个孙子，取名康斯坦丁，希望他成为君士坦丁堡的征服者。她甚至说："要是我能活到两百岁，整个欧洲都是俄国的。"

叶卡捷琳娜二世晚年还念念不忘建立俄国的世界霸权，企图建立一个包括 6 个都城（彼得堡、莫斯科、柏林、维也纳、君士坦丁堡、阿斯特拉罕）的俄罗斯帝国，而且要侵入波斯、中国和印度。可是她的野心未能实现，1796 年 11 月 6 日，她因为中风去世，享年 67 岁。

对土耳其的战争

为了打开由黑海进入地中海的通道，叶卡捷林娜二世先后对土耳其发动了两次战争。

第一次战争（1768 ～ 1774 年），俄国从土耳其手中夺得了第聂伯河河口和克里米亚一带，还获得了在博斯普鲁斯和达达尼尔海峡通航的权利。第二次战争（1787 ～ 1791 年），俄国又从土耳其那里得到了南布格河和德涅斯特河之间的大片土地，并把克里米亚正式并入俄国，从而巩固了在黑海北岸的地位。通过这两次战争，俄国最终获得了黑海出海口。

普加乔夫起义

18 世纪中后期，随着商品货币经济的发展，俄国的资本主义生产关系日渐形成，专横的农奴封建体制由昔日的彼得盛世开始衰落。为维护沙皇统治和封建帝制，俄国的对外扩张始终没有停止，连绵的战争加重了人民的负担，挥霍无度的封建主则加剧了对农民的剥削和压榨。土地慢慢被地主等贵族侵占，苛捐杂税和种种劳役使农民群众处在水深火热之中，阶级矛盾尖锐，反压迫、反剥削的吼声越来越强烈。

普加乔夫出生在顿河流域的一个贫穷的哥萨克家庭。他在哥萨克军中任少尉，参加过俄波、俄土战争，因不满沙皇的统治，从部队中逃回家乡。1773 年 9 月 17 日，普加乔夫利用广大农民对沙皇的信仰，自称是被杀的彼得三世，并发布诏书、宣传檄文，集聚 80 人于 18 日开始攻打雅伊克城，掀起了普加乔夫起义的序幕。

起义军没有多少枪炮，面对设防坚固、重兵布防的雅伊克城，普加乔夫放弃攻城，绕道沿雅伊克河而上，直逼俄军在东南部的军政要地奥伦堡。一路上，农民、哥萨克、鞑靼人等非俄罗斯民族群众、逃亡士兵、厂矿工人纷纷加入起义军行列，起义队伍迅速壮大。9 月 21 日，起义军攻占了伊列克镇，缴获了大量火炮、弹药和粮食。沿路各要塞纷纷不战而降，起义军的声势越来越大。10 月 5 日，起义军进抵奥伦堡时，人数增至 2500 余人，还有了 20 门大炮。

奥伦堡是俄国的军政要地，有重兵把守，城池坚固，对于人数和武器均处于劣势的起义军来说，攻克它实非易事。强攻的失败使普加乔夫改变策略，实施围城打援，封锁奥伦堡。

女沙皇叶卡捷琳娜二世派卡尔率领 3500 名政府军前去镇压起义军，解围奥伦堡。政府军行至尤泽耶瓦村时遭到起义军伏击而惨败。沙俄当局急忙从西伯利亚等地调集军队，再次前往起义军地区，又遭到起义军的突袭而溃败。

1773 年 9 月，普加乔夫率领群众起义。

1773 年 12 月，起义军扩大到 2.5 万人，火炮增至 86 门，势力扩展到俄东南部大部分地区。为更好地领导起义，行伍出身的普加乔夫按正规军编制组织起义军，成立军事委员会进行指挥。

寒冬来临时，普加乔夫命令少部分部队监视奥伦堡俄政府军的动向，主力军在别尔达休整。他放弃了进一步向伏尔加河流域进军的机会，从而失去了当地准备支持声援的群众，使起义范围仅限于俄东南一隅，为沙俄政府调集军队赢得了时间。

1773 年 12 月，俄政府派上将比比科夫率领 6500 余人、30 门大炮增援奥伦堡。忙于休整的普加乔夫对政府军的再次镇压并不重视，但政府军在比比科夫的率领下，凭借优势兵力，屡战屡胜，连克数镇，很快攻克了布坦卢克镇。普加乔夫这时才从主力中调集部分军力，前去截击，但为时已晚。1774 年 3 月 22 日，两军主力在塔季谢瓦要塞附近相遇，开始了起义军与政府军第一次大规模会战。

激战开始，勇敢的起义军和政府军用炮火对射。在炮火的掩护下，双方展开了短兵搏斗。在训练有素、纪律严明的政府军面前，起义军虽然顽强，但纪律涣散，相互不会策应，根本没有什么配合。经过 6 小时的激战，普加乔夫主力军损失惨重，火炮尽失，他带着 500 人冲出重围。

普加乔夫退到乌拉尔山，重新组织起义军，巧妙运用游击战术摆脱政府军，向伏尔加河进发。1774 年 7 月 12 日，普加乔夫强攻喀山，在阿尔斯克被政府军痛击，起义军几乎全军覆没，普加乔夫被迫逃往伏尔加河右岸。在这里他得到农奴和人民的支持，起义军直接威胁到莫斯科。这时俄土战争结束，俄军在苏沃洛夫的率领下追击南下的普加乔夫。1774 年 8 月 25 日，双方在索里津附近展开决战，起义军惨败，剩余不到 50 人。在溃退中，普加乔夫被叛徒捆绑住交给政府军。

1775 年 1 月 10 日，普加乔夫在莫斯科被处决，起义失败。

这次农民起义震撼了沙俄的封建农奴制度，表现出人民群众非凡的勇气和果敢精神。起义虽然失败了，但客观上对俄国的发展起到了促进作用。

三次瓜分波兰

波兰大诗人密茨凯维支在《给波兰母亲》一诗中写道："虽然一切民族、国家、教派都彼此相爱／虽然全世界都在高唱着和平／但你的孩子却只有殉难的死亡／只有不能获得光荣的战争。"这首诗反映了多灾多难的波兰人民在外国占领者的铁蹄下的悲惨命运和痛苦呻吟。

波兰人的祖先是来赫人，属于西斯拉夫人的一支，居住在维斯瓦河与奥得河一带。公元9世纪时，波兰建国，成立了皮亚斯特王朝。966年，波兰人接受了基督教。1320年，斡凯塔克一统波兰地区，加冕为波兰国王。1386年，立陶宛与波兰合并，成为一个欧洲大国，定都华沙。1683年，土耳其大军围攻维也纳，波兰国王索比斯基亲自率领波兰骑兵救援，与奥地利军队联合，大败土耳其人，拯救了整个欧洲。

但到17世纪中叶时，波兰开始衰落。国内农奴制盛行，严重制约了经济的发展。在政治上，波兰处于分裂、割据的状态，没有建立一个强有力的中央集权政府。波兰实行的是"自由选王制"（国王由议会选举产生，外国人也有资格参选），这导致波兰王位频繁更迭，很多外国人当上了波兰国王，在1572～1795年中的11位国王里竟有7名外国人。另外，波兰议会的"自由否决权"制度（议会决议只要有一人反对就不能通过）使波兰无法进行有效统治，很多会议根本达不成任何决议。混乱中的波兰日益衰落，成为强邻侵略的目标。

波兰西临普鲁士，南临奥地利，东面与沙皇俄国接壤。这一时期的三国国力蒸蒸日上，对土地和财富有着强烈的渴望，衰落的波兰自然成为它们掠夺的对象。普鲁士、奥地利和沙俄联合起来，先后3次瓜分波兰。

第一次是在1772年。沙俄女皇叶卡捷琳娜二世把波兰视为沙俄通向西欧路上的障碍，总欲除之而后快。普鲁士、奥地利两国也对波兰虎视眈眈。1763年10月，波兰国王奥古斯都三世去世，沙俄女皇叶卡捷琳娜二世强迫波兰议会选举亲俄大贵族波尼亚托夫斯基为新国王，以方便控制波兰。面对严重的民族危机，部分波兰爱国贵族掀起爱国革新运动，并于次年2月发动了反俄起义。沙俄趁机出兵，镇压了起义，大力扶植亲俄派贵族，普、奥也同时出兵入侵波兰。1772年8月，俄、普、奥三国在沙俄首都圣彼得堡签订瓜分波兰的条约。根据条约，沙俄得到了第聂伯河中游和西德维纳河以东的地区，普鲁士得到了西普鲁士省（但泽除外），奥地利得到了加里西亚地区（克拉科夫除外）。波兰丧失了35%的领土和33%的人口。

面对严峻的形势，部分波兰爱国贵族主张进行改革，制定新宪法，废除"自由否决权"。这损害了很多亲俄大贵族的利益，引起了他们的不满。于是他们向沙俄求援，沙俄和普鲁士随即派兵侵入波兰，扼杀了这次改革。1793年，俄、普再次瓜分波兰。沙俄得到了德涅斯特河上游以北、西德维纳河中游以南和第聂伯河以西的大片领土，普鲁士得到了但泽和波兹南等城市在内的土地。奥地利因正在和法国作战，所以没有参加。

在这种亡国灭种的危急时刻，1794年，在波兰民族英雄塔代乌士·科希秋什科和扬·基林斯基等人的领导下，克拉科夫地区的波兰人举行了大规模的武装起义，点燃了反抗外国侵略的第一把大火。起义军推翻了懦弱无能的国王，建立起临时政府。但随后俄普联军进攻波兰，镇压起义。起义军宁死不屈，同外国侵略者展开了殊死搏斗。在激战中，科希秋什科不幸坠马被俘，身负重伤的扬·基林斯基被起义者埋在堆积如山的尸体中，但也被敌人搜出，押解到圣彼得堡。其他的起义军被流放到冰天雪地的西伯利亚，遭受非人的折磨。

在镇压波兰起义后，1795年10月，俄、普、奥三国签订协定，对波兰进行了第三次瓜分，将波兰瓜分完毕。在瓜分波兰过程中，沙俄占领的土地最多，达46万平方千米，占原波兰领土的62%，普鲁士占领了14万平方千米，占原波兰领土的20%，奥地利占领了12万平方千米，占原波兰领土的18%。波兰从此在欧洲版图上消失了100多年，直到第一次世界大战后才复国。

俄法1812年战争

1812年俄法为争夺欧洲霸权而进行的战争。1810年，俄国破坏反英大陆封锁的协定，解除对英国货的限制，并规定了抵制法国货的新关税率，激起拿破仑的愤怒。1812年6月24日，拿破仑率兵60余万渡过涅曼河进入俄境，俄军节节败退，法军长驱直入。9月，亚历山大一世任命库图佐夫为俄军总司令。库图佐夫采取防御战术，消耗敌方有生力量，决定在莫斯科郊外的波罗丁诺展开决战，战争中拿破仑的速胜战略遭到失败。9月13日，在库图佐夫坚持下，俄军撤出莫斯科。9月14日，拿破仑进驻空城莫斯科，大肆抢劫，俄国人民奋起反抗。10月19日，俄军在人民军和游击队配合下发动反攻，迫使法军撤出莫斯科向西撤退。12月，拿破仑带着3万残兵逃出俄境，俄国取得胜利。随后欧洲封建势力乘机组织以俄国为首的第六次反法同盟，促使拿破仑帝国趋向瓦解。

库图佐夫

俄国军队元帅，军事家，有"独目将军"之称。库图佐夫于1745年出生于军人家庭，驰骋沙场50余年，在战争舞台上显示了自己高超的军事指挥才能。在其军事生涯中，库图佐夫曾远征波兰，参加过1768～1774年和1787～1791年的俄土战争；曾任驻外使节，积极处理涉外事务；在抗击拿破仑侵俄的战争中，库图佐夫的军事才能发挥了重要作用，挫败了拿破仑吞并俄国的企图。作为一名军事家，库图佐夫推崇机动灵活的战略战术，主张在敌强我弱的情况下，可以采取必要的退却，以等待时机歼灭敌人，从而形成了他先进的战略防御理论。库图佐夫通过

俄国名将库图佐夫

吸收国内外优秀的军事思想，逐渐形成了自己的军事思想体系，为俄国军事思想的发展作出了重要贡献，也使他跻身于俄国著名军事家之列。1813 年，库图佐夫病逝。

十二月党人起义

1825 年由俄国具有自由主义思想的青年贵族军官领导的反对沙皇专制和农奴制的起义。因起义发生在俄历 12 月，故名。俄国一批年轻的贵族军官，受到法国启蒙思想和国内进步思想家拉吉舍夫等的影响，于 1816 年建立"救国协会"，不久瓦解。1818 年又成立"幸福协会"，包括"南方协会"和"北方协会"，其宗旨是推翻沙皇专制制度，消灭农奴制，建立资产阶级共和制或君主立宪制。南、北方协会计划于 1826 年秋举行起义。1825 年 11 月 19 日，沙皇亚历山大一世猝然死去，俄国出现皇位虚悬局面。北方协会领导人决定于 12 月 14 日军队向新沙皇宣誓之日提前起义，但遭到血腥镇压；南方协会获知消息后举行起义亦被镇压，起义失败。十二月党人坚持废除农奴制，为俄国资本主义发展开辟了道路；起义唤醒了新一代的革命家，促进了俄国的民族解放运动。

克里木战争

1853 ~ 1856 年沙俄与英、法等国争夺巴尔干而发生的一次国际战争。因以克里木半岛为主战场，故名。1853 年 7 月，俄国以保护土耳其奥斯曼帝国内的东正教徒为名，侵入土耳其属国摩尔多瓦和瓦拉几亚。10 月，土耳其对俄宣战，战争爆发。11 月，俄国舰队在锡诺普歼灭土耳其黑海舰队。1854 年 1 月，英、法舰队驶入黑海，保护土耳其海岸和运输。3 月，英、法、土缔结军事防守同盟，随后，法、英对俄宣战。奥地利也陈兵边境，要求俄国撤军。俄军被迫放弃两公国。9 月，英、法、土联军在克里木半岛登陆，围攻俄国塞瓦斯托波尔要塞，俄军战败。1856 年 2 月，俄国被迫宣布停战。3 月，双方签订《巴黎和约》，俄国被迫退出比萨拉比亚萨一部分土地。战争结束了俄国的欧洲霸权，加深了农奴制的危机，建立了法国拥有欧陆优势的新格局。

俄国 1861 年改革

1861 年俄国废除农奴制的资产阶级性质的改革。19 世纪上半叶，俄国资本主义迅速发展，农奴制陷入严重危机，成为资本主义发展的严重障碍。俄国先进的知识分子、工人和农民的反封建斗争不断高涨。1861 年 3 月 3 日，沙皇亚历山大二世颁布了《关于农民脱离农奴依附关系的法令》，规定：农民获得人身自由，地主再不能买卖农奴和干涉他们的生活；农民获得一定数量的份地，此份地可赎买成私产；农民在赎买份地之前，必须承担一定的义务，交纳货币代役租和工役租；赎买份地的赎金要一次付清；政府给农民贷款，但农民必须偿还；在划地界时，地主可从农民原种份地中割去其中最好的部分；为了加强对农民的管理，保留村社制，实行连环保等。1861 年的改革废除了农奴制，加速了俄国资本主义的发展，但仍保留了许多封建残余。

第十次俄土战争

1877 ~ 1878 年俄国和土耳其为夺取黑海和巴尔干地区的霸权而进行的战争。

1877 年，巴尔干半岛各族人民举行反土耳其大起义。俄国趁机打着拯救土耳其帝国压迫下的基督徒和"保护斯拉夫兄弟"的旗号向土耳其宣战。俄军兵分两路，从巴尔干半岛和高加索两个方向出击。在巴尔干方向上，俄军强渡多瑙河，越过巴尔卡阡山脉，一路南下。普列夫纳的土军使用先进的美制来复枪多次击退俄军。俄军联合罗马尼亚军队对土军长期围困，土军粮尽弹绝，被迫投降。俄军继续南下，逼近土耳其首都伊斯坦布尔。在战争中，俄军得到了门的内哥罗、塞尔维亚、罗马尼亚和保加利亚人民的大力支援。在高加索方向，俄国海军在黑海首次使用鱼雷，击沉 6 艘土耳其军舰，占领土耳其大片领土。

1878 年 3 月，俄土双方签订《圣斯特凡诺和约》。土耳其割让了大片领土，赔款 3.1 亿卢布，巴尔干各国纷纷独立。

俄军之所以能在战争中胜利，主要得益于 19 世纪 70 年代的军事改革，其次是打着解放斯拉夫兄弟的旗号得到了巴尔干半岛各族的支持。

吞并中亚

俄国吞并中亚，是从侵占中亚西北的哈萨克开始的。沙俄政府在哈萨克草原上修建堡垒，然后采用蚕食的办法，先后废除了哈萨克中帐汗、小帐汗和大帐汗的统治，1854 年完成对哈萨克草原的占领。

接着，沙俄把矛头指向中亚南部地区。当时中亚南部存在着三大封建王国，即浩罕汗国、布哈拉汗国和希瓦汗国。1865 年、1868 年和 1873 年，沙俄先后灭掉了这三个汗国，迫使它们臣服俄国，并把它们并入俄罗斯帝国的版图，分别将它们改为俄国的行省。1877 ~ 1885 年，沙皇俄国征服了中亚最后一个地区土库曼。

布尔什维克

俄文音译，意为多数派，一般是指俄国社会民主工党内的马克思列宁主义者派别。1903 年 7 月召开的俄国社会民主工党第二次代表大会上，以列宁为首的革命的马克思主义者同以马尔托夫为首的机会主义者展开了激烈的斗争。在选举党中央委员会和党机关报《火星报》编辑部时，马尔托夫派占少数，被称为孟什维克；拥护列宁的占多数，被称为布尔什维克。从此俄国社会民主工党内出现了两个对

马尔托夫

孟什维克党领导人，1900 年在流亡瑞士时成为俄国社会民主工党刊物《火星报》创始人之一，旨在把马克思主义推广到俄国。1917 年二月革命后，他支持建立由社会力量组成的政府。1920 年流亡国外。

立的政治派别。布尔什维克在列宁的领导下，进一步发展了马克思主义的无产阶级专政学说，进行争取民主革命和社会主义革命的斗争。1912年，在布拉格代表会议上，孟什维克被开除出社会民主工党，布尔什维克成为新型的无产阶级政党。1918年3月改名为俄国共产党（布），1925年易名为苏联共产党（布），1952年在苏共第十九次代表大会上改名为苏联共产党。

孟什维克

俄文音译，意为少数派，俄国社会民主工党内的机会主义者派别。在1903年的俄国社会民主工党第二次代表大会上，在选举中央委员会和《火星报》编辑部时，马尔托夫派占少数，称为孟什维克。其在组织上反对把党建设成为一个有严格组织纪律的马克思主义政党，政治上宣传改良主义幻想。主张俄国资产阶级民主革命只能由资产阶级领导，否认无产阶级的领导权，否认建立工农联盟的重要性；不赞成武装起义的策略，反对建立工农民主专政；主张资产阶级民主革命后应有一个长久的停顿时期，无须立即向社会主义过渡。1905年革命失败后，他们中的一部分人成为取消派。1912年，在布拉格代表会议上孟什维克被驱逐出社会民主工党。"一战"期间成为沙文主义者。二月革命后参加资产阶级临时政府。十月革命后参与白匪的叛乱和武装干涉，为苏维埃政权所消灭。

流血星期日

1905年1月9日（俄历），沙皇政府枪杀彼得堡请愿工人的事件。1905年1月3日（俄历），彼得堡普梯洛夫工厂的工人为抗议厂主开除4名工人举行罢工，很快得到其他工厂的声援。8日发展成为全市总罢工，参加人数达15万人。其间加邦牧师鼓动工人去冬宫向沙皇呈递请愿书，布尔什维克劝告工人不要去，但工人普遍对沙皇抱有幻想。1月9日（俄历）晨，彼得堡工人偕同家属约15万人举着宗教旗帜、圣像、十字架和沙皇画像，唱着祷歌和对沙皇的颂歌，前往冬宫请愿。当队伍行至冬宫前的广场，遭到沙皇军警的突然射击，100多人被当场打死，2000多人受伤，鲜血染红积雪的广场。因那天是星期日，史称"流血星期日"。惨案唤醒了广大人民群众，在布尔什维克的领导下，他们拿起武器反对沙皇专制制度，导致1905年革命的爆发。

1905年1月9日（俄历），当示威者在冬宫前的广场向沙皇请愿实行最低工资制和八小时工作制的时候，遭到军队的枪击。

俄国 1905 年革命

　　无产阶级参加并领导的俄国第一次资产阶级民主革命。1900～1903年的世界经济危机和日俄战争加速了革命形式的成熟，"流血星期日"事件则导致了这次革命的爆发。1905年1月22日，彼得堡工人及其家属14万多人上街向沙皇请愿，惨遭镇压，1000多人死亡，2000多人受伤。这次惨案使俄国工人放弃了对沙皇的幻想，开始投入反沙皇的斗争，成为革命的起点。10月，革命运动发展为全俄政治总罢工，成立罢工领导机关工人代表苏维埃。12月18日，根据布尔什维克党的建议，莫斯科苏维埃决定举行政治总罢工，22日发展成武装起义，成为1905年革命的最高潮。1906年1月1日，革命被镇压，革命走向低潮。1905年革命是列宁主义诞生后的第一次重大的革命运动，锻炼了布尔什维克党和广大劳动人民，为二月革命和十月革命做了准备，是十月革命的一次总演习。

俄国二月革命

　　俄国第二次资产阶级民主革命。因发生在1917年俄历二月，故名。第一次世界大战给俄国带来特别严重的经济和政治危机，社会矛盾异常尖锐，革命形势迅趋成熟。1917年3月3日（俄历2月18日）彼得格勒普梯洛夫工厂工人罢工，得到许多工厂工人的声援。9日罢工人数增加到20万，10日发展为全城政治性总罢工，提出"打倒沙皇""打倒战争""要面包"等口号。26日，工人响应布尔什维克党的号召，罢工发展成武装起义。4月12日起义席卷全城，首都驻军也参加了起义。起义的工人和士兵逮捕政府大臣和将军，占领政府机关，推翻了沙皇专制统治。各地工人、士兵纷纷推翻当地政府。革命后，建立了工兵代表苏维埃。资产阶级在孟什维克和社会革命党的帮助下，成立了临时政府，俄国出现了两个政权并存的局面。

"阿芙乐尔号"的炮声

　　第一次世界大战爆发后，俄国爆发了第二次资产阶级民主革命，即1917年的二月革命。二月革命推翻了沙皇的统治，但却出现了资产阶级临时政府和工兵代表苏维埃两个政权并立的局面。资产阶级临时政府成立后，指派了一名上尉军官任"阿芙乐尔号"巡洋舰的舰长。为了防止水兵起义，临时政府加紧了对"阿芙乐尔号"的监察。但是，"阿芙乐尔号"巡洋舰上的领导权还是落到了布尔什维克手里，因为军舰委员会主席别雷舍夫正是布尔什维克党人。

　　1917年4月，列宁回到俄国，向俄国人民发表了《四月提纲》，提出了从资产阶级民主革命过渡到社会主义革命的任务。经过布尔什维克党人的宣传，革命形势在九十月份趋于成熟，革命运动空前高涨起来。

　　临时政府发觉了布尔什维克人的"阴谋"，便企图先发制人。同年11月2日（俄历10月20日），临时政府派士官生占领了彼得格勒最重要的据点，到处搜捕布尔什维克党的领导人，密令彼得格勒军分区司令派兵进攻革命军事委员会所在地斯莫尔尼宫。

11月5日，别雷舍夫来到斯莫尔尼宫。

"别雷舍夫，革命军事委员会有非常艰巨的任务交给你。"作为布尔什维克领导人之一的斯维尔德洛夫对别雷舍夫说道。

"能为俄国的革命出一份力，我感到很高兴，我保证出色地完成党交给我的任务，哪怕是付出生命。"别雷舍夫坚决地回答。

"好样的，按照列宁同志的指示，'阿芙乐尔号'在这次革命中的任务非同寻常……"斯维尔德洛夫向别雷舍夫仔细地讲解了"阿芙乐尔号"在这次革命中的任务。

11月6日，临时政府封闭了布尔什维克党中央的机关报，形势越来越严峻。根据列宁的指示，武装起义被提前到这一天举行。别雷舍夫赶紧把"阿芙乐尔号"的全舰人员集合起来，阻止喧嚷着要进城参加起义的水兵，号召大家服从革命纪律，静候革命军事委员会的命令，做好充分的战前准备。

午夜时分，别雷舍夫收到了布尔什维克党人从斯莫尔尼宫传来的命令，要求"阿芙乐尔号"驶往尼古拉桥方向，使那里被敌人扰乱的交通得到恢复。

但是，"阿芙乐尔号"舰长却对布尔什维克党人的命令百般推托，他所听命的是临时政府，怎么能听布尔什维克的命令呢？迫不得已，别雷舍夫决定单独指挥这艘军舰。

当"阿芙乐尔号"抵达尼古拉桥时，守卫大桥的士官生早已经被倒戈的巨大巡洋舰吓跑了。别雷舍夫马上命令舰上的舵手们把断开的桥梁修复好。桥刚一被修好，几千名赤卫队员和士兵便欢呼着跨上桥面，向冬宫冲去。

到7日上午9时许，工人赤卫队和革命士兵在布尔什维克党的领导下迅速占领了彼得格勒的主要桥梁、火车站、邮电局、国家银行和政府机关等战略要地，还占领了通往冬宫的要道。临时政府总理克伦斯基乘坐美国大使馆的汽车灰溜溜地逃跑了。

"别雷舍夫同志，列宁同志要求'阿芙乐尔号'发表这份《告俄国公民书》。"快11时的时候，别雷舍夫接到了通信兵拿来的一份文件。别雷舍夫一刻不敢耽搁，立即用"阿芙乐尔号"上的无线电向全世界进行了广播。《告俄国公民书》的大致内容是这样的：临时政府已经被推翻，国家政权已转到彼得格勒苏维埃革命军事委员会手中。听到广播的俄国人民热血沸腾，纷纷奔向街头，欢呼雀跃，有些甚至加入起义的队伍中去。

下午5时左右，起义的工人和士兵包围了冬宫。但资产阶级临时政府不肯善罢甘休，进行着垂死挣扎，他们发出了一个又一个求助命令，指望着能从前线调回军队，但这个希望很快就落空了，援军没有到来，起义军却捷足先登。革命军事委员会命令"阿芙乐尔号"在预定的时间发射空弹信号，那是革命军事委员会对临时政府发出通牒的最后期限。

终于，传来了临时政府拒绝投降的消息，别雷舍夫命令"阿芙乐尔号"巡洋舰以空炮射击，发出了开始向冬宫总攻的信号。

第二天凌晨，冬宫被赤卫队革命士兵攻占，临时政府的 16 名部长全部被抓获，十月革命获得了成功。

尼古拉二世

尼古拉·亚力山德罗维奇·罗曼诺夫，俄国末代皇帝，曾有"血腥的尼古拉"之称。尼古拉二世于 1894 年即位，在统治期间继续奉行反动政策，维护腐朽的沙皇制度。即位初期，他就制造了"流血的星期日"事件，导致死伤 3000 多人，并导致了 1905 年革命的爆发。后来，他又解散国家杜马，逮捕社会民主工党人士，使全国陷入恐怖之中。在对外政策上，尼古拉二世推行侵略扩张的帝国主义政策。他于 1896 年攫取中东铁路建设权，后来又强占大连、旅顺；1900 年参加八国联军，趁机侵占中国东北；1904 年在中国领土上发动日俄战争，使中国人民遭受苦难。1917 年，尼古拉二世被迫退位，从而结束了罗曼诺夫王朝在俄国的统治。1918 年，尼古拉二世全家被枪决，俄国历史上的最后一位暴君就这样消失了。

近代美国

英国对北美的压制

1763 年，英国以财政亏空 1.4 亿英镑的代价打赢了七年战争。英国统治集团处心积虑要把战费支出转嫁到北美殖民地人民头上，同时企图通过高压政策加紧对殖民地的控制。

1763 年 10 月，为了限制殖民地扩大，以利于英国控制和征税，英国颁布英王敕令，禁止殖民地人民向阿巴拉契亚山脉以西移民。1764 年，颁布《食糖条例》，对许多进口商品征收高税，并严格管理糖和糖浆的贸易。同年还颁布《通货条例》，禁止北美殖民地发行纸币和用贬值的殖民地纸币偿还宗主国债权人的债务。

为镇压殖民地人民的反抗和保证关税收入，英国在北美殖民地驻扎了正规军 1 万人。而为了转嫁驻军的开支，1765 年又颁布《印花税条例》，规定北美殖民地的一切新闻报纸、小册子、执照、商业文件和合法文书，甚至毕业文凭，都必须加贴印花，也就是都必须付税，违者受罚。北美殖民地人民反抗印花税的高潮，是殖民地人民抗英斗争的转折点。"自由之子""通讯委员会"等反英群众组织先后在各地出现，人们抵制征税，捣毁税局，焚烧印花税券，将英国税吏游街示众。英国政府被迫废除了《印花税条例》。

从 1766 年起，英国统治集团又多次颁布《唐森德条例》，规定征收自英国输入殖民地的货物的入口税；规定英国关税税吏有权闯入殖民地任何民房、货栈、店铺，搜查违禁品及漏税的走私货物。波士顿商人领导了全殖民地的抵制英货运动，结果从 1766 ~ 1769 年，英国输入殖民地北部的贸易总额由 1363 万英镑降至 504 万英镑。英国政府于 1770 年被迫废除了《唐森德条例》。

美国独立战争

1775 ~ 1783 年英属北美 13 个殖民地人民推翻英国殖民统治、争取民族解放和国家独立的革命战争。18 世纪中期，英帝国的殖民统治严重阻碍着北美资本主义的发展。北美各阶层人民要求摆脱殖民统治。1775 年 4 月 19 日，莱克星顿的枪声揭开了独立战争的序幕。5 月 10 日在费城召开第二届大陆会议，决定组织军队，任命华盛顿为大陆军总司令。1776 年 3 月，大陆军把英军赶出了波士顿。1776 年 7 月 4 日，大陆会议通过《独立宣言》，宣告脱离英国而独立，成立美利坚合众国。1777年10月在萨拉托加战役中打败英军取得大捷，增强了美国人民必胜的信念，同时赢得了法、荷等国的军事援助。在1781年9～10月的约克镇战役中，英军主力被击溃，英军司令康华利于10月19日向华盛顿投降，战争结束。1783年9月，签订《巴黎和约》，英国正式承认美国独立。独立战争推翻了英国的殖民统治，赢得了国家的独立，促进了美国资本主义的发展，同时推动了欧、美的革命运动。

波士顿倾茶事件

英国政府虽于1770年被迫废除了"唐森德条例"，但其中某些条例如征收茶叶税则未废除。北美人民对此异常愤怒，掀起了不饮茶的抗议运动。垄断茶叶贸易的东印度公司由于经营不善，濒于破产。

英国政府为了帮助东印度公司摆脱困境，卖掉积压的1700万磅茶叶，于1773年通过一项《茶叶税法》，准许东印度公司享有到北美倾销茶叶的

1773年12月16日晚，一批富有正义感的市民在塞缪尔·亚当斯的带领下化装成印第安人偷袭东印度公司的茶船，并将船上的茶叶倾倒到海中。

专卖权，让东印度公司每磅茶叶缴纳3便士轻税后，就可以直接卖给零售商，同时禁止殖民地人民走私茶叶。英国政府的目的在于用低廉的茶价引诱北美人民饮用东印度公司的倾销茶。

北美人民拒绝饮用东印度公司的倾销茶，费城、纽约、查尔斯顿等港口的人民反对英国茶船卸货。12月16日，波士顿8000市民集会，要求运茶船达特摩斯号离开港口。这一要求遭到英国殖民者的拒绝。当晚，由波士顿青年组织的波士顿茶党，化装成印第安人，夜间登上茶船，将船上300多箱茶叶倾入海中。英国于1774年下令封闭波士顿港。波士顿倾茶事件是北美人民以暴力反对殖民统治的开始。

第一届大陆会议

第一届大陆会议是英属北美13个殖民地的代表会议，独立战争期间的革命领导机构。1774年，北美的革命形势已经成熟，为了使北美反殖民的力量团结起来，马萨诸塞州和弗吉尼亚州的议会建议于9月5日在费城召开第一届大陆会议。会议如期在费城召开。参加大会的各州代表共55名，主要为富商、银行家、种植园奴隶主。代表们多数主张采取"合法"行动，反对与英国决裂。会议通过了《权利宣言》，宣称美洲殖民地有生存、自由和享有财产的权利。会议决定向英国上请愿书，要求英国取消征税法及其他压迫政策，要求不经殖民地同意不得擅自向殖民地征税。请愿书表示愿意向英国效忠。会议还决定，在没实现上述要求之前，断绝一切与英国的商业关系。

华盛顿

华盛顿（1732～1799年），美国独立战争的领导人，美国第一任总统，美国首都华盛顿就是以他的姓命名的。1732年2月22日，华盛顿出生在弗吉尼亚东部的一个大种植园主家庭。从1748年起，在弗吉尼亚当过3年土地测量员。后来，曾在英国殖民军服役，获上校军衔。曾参加1756年爆发的英法"七年战争"，随英国军队对法国作战，为英国立下了汗马功劳，并受到军事锻炼，成为具有军事才能的人。他还参加过对西部印第安人的大屠杀。

1759～1774年，他当选为弗吉尼亚议会议员，反对英国殖民统治。1774年初和1775年，先后当选为第一、二届大陆会议代表。1775年，第二届大陆会议任命他为大陆军总司令。在人民群众的推动和支持下，他率领大陆军多次击败英军，取得了独立战争的胜利，赢得了人民的爱戴。1783年英美签订《巴黎和约》，英国承认美国独立。

1787年5月，华盛顿在费城主持召开制宪会议。会议制订了联邦宪法，决定建立联邦政府。1789年1月，华盛顿当选为美利坚合众国第一任总统，4月，在美国临时首都纽约就职。1793年获连任。任内，他尽力发展资本主义工商业和对外贸易，设立合众国银行，成立联邦最高法院。但他主张保留奴隶制。

1797年，华盛顿任第二届总统期满，退居弗吉尼亚的维农山庄。1799年12月14日因患喉头炎逝世。

莱克星顿的枪声

1775年4月19日拂晓，800名英国轻步兵，在一名少校的率领下，进入莱克星顿村。中途遭到一群端着步枪的莱克星顿民兵的阻拦，但英军少校命令步兵继续前进。只听"砰"的一声枪响，民兵反击英军的激烈战斗开始了。英军仗着人多武器好，通过了莱克星顿村，来到康科德镇。这时他们发现民兵的火药库早已转移，从附近赶来的民兵也越来越多，英军只得回撤。但是，沿途又遭到了民兵们的狙击。几乎每一座村庄、每一片树林，都有子弹飞来。英军被打得晕头转向，只好狼狈地逃回波士顿。

在莱克星顿战斗中，北美殖民地的民兵自发组织起来，利用自己熟悉的地形，运用游击战术，狠狠打击了英国殖民军队。在这一天，英军伤亡达到247人，而民兵共牺牲了90余人。莱克星顿的枪声，打响了北美独立战争的第一枪，它大大激励了殖民地人民的斗志。

《独立宣言》的发表

1775年4月，北美独立战争爆发。5月10日，第二届大陆会议在费城召开。6月15日，会议根据新英格兰代表的提议，通过了组织正规军和任命乔治·华盛顿为总司令的决议。从此，大陆会议成为领导独立战争的政权机关。

1776 年 6 月 7 日，弗吉尼亚代表提出各殖民地脱离英国的决议案；会议选举杰斐逊、富兰克林、约翰·亚当斯等人组成委员会，起草脱离英国而独立的宣言；7 月 4 日，会议在长时间的辩论后，通过了杰斐逊、富兰克林等人起草的《独立宣言》。《独立宣言》庄严地宣布，北美脱离英国而独立，成立美利坚合众国。这一天，后来被定为美国的独立日。《独立宣言》还向

起草《独立宣言》的委员会成员们站在主席约翰·汉考克面前，站立者中左数第四人为杰斐逊。

全世界宣告：人人是生来平等的，每个人都有生存、自由和谋求幸福的权利；为了保障这些权利，人民建立了政府，它们的权利是由于被统治者的意愿而产生的；当任何形式的政体妨碍了这种目的时，人民有权去改变或废除它；人民也有权建立新政府，但它必须建立在最能保证人民的安全和幸福的原则之上。

本杰明·富兰克林

本杰明·富兰克林（1706 ~ 1790 年），美国资产阶级革命时期的政治家、哲学家、物理学家。

他只读过两年书，却成为人类历史上最全面的人才。他办起美国第一个公共图书馆，帮助创办宾夕法尼亚大学。他编著的《致富格言》，被译成 12 种文字流行于欧美各国。他发明了避雷针、新式火炉、老年用双光眼镜、医用导尿管等。他还改进过帆船，研究过北极光的性质和原理，又是电学原理的创始人之一。

他曾受命前往伦敦代表美利坚人对印花税法提出抗议。1775 年返回北美，积极展开论战。独立战争时参加反英斗争，当选为第二届大陆会议代表，并参加起草《独立宣言》。他还出使法国，缔结法美同盟，为北美争得了外援，这是美国独立战争取得最后胜利的重要因素之一。

杰斐逊

杰斐逊，1743 年出生于弗吉尼亚的一个种植园主家庭，1760 年进入威廉—玛丽学院，毕业后成为律师。

1769 年，杰斐逊当选为弗吉尼亚地方议会议员。1774 年，杰斐逊发表了著名的《英属美洲权利综论》一文，揭露英国国王在殖民地实行的种种高压政策，否认他们的殖民权利。1775 年 5 月，杰斐逊作为弗吉尼亚代表参加第二届大陆会议，会议期间被委任起草《独立宣言》，该宣言于 1776 年 7 月 4 日被通过。

1779 ~ 1781 年，杰斐逊任弗吉尼亚州州长。1783 年，他到费城联邦议会工作，起草了《1784 年土地法令》。1789 年 9 月被任命为国务卿。任职期间，主张各州应

拥有较大的权力，限制国会与总统权力，反对联邦党强化联邦政府的主张，倡导民主政治。自此，美国资产阶级内部开始形成民主共和党和联邦党两大政治派别，杰斐逊则成为民主共和党领袖。

1800年，杰斐逊当选为美国第3任总统，并于1804年连任总统。他在8年任职总统期间，扩大资产阶级民主，废除了上届亚当斯政府颁布的反民主法令；颁布新土地法，把国家出卖土地的最低数字从640英亩降到160英亩；禁止奴隶贸易，取消选举任职的财产资格限制；精简政府机构，缩减财政开支，偿还国债等。1803年，他从法国手中购买了路易斯安那地区。

1808年，杰斐逊退出总统竞选后，亲手制订了大、中、小三级教育制度，确立了美国国民教育的规范，并主持建立了弗吉尼亚大学。1826年7月4日杰斐逊逝世，享年83岁。

萨拉托加大捷

1776年6月，英国殖民政府命令柏高英率领英军从加拿大的蒙特利尔出发，沿张普伦湖及哈得孙河南下，又命令圣内杰率领另一支武装，从安大略湖向东南进军，都以奥尔巴尼为进军目标；又命令纽约方面的英军溯哈得孙河北上支援，妄图切断华盛顿部队与新英格兰的联系，包围新英格兰。但后两支英军均未按时完成任务，只有柏高英的部队孤军深入，他们穿越森林、沼泽和陡峭的峡谷，粮草供应极为困难。美国人民这时砍伐树木，阻塞道路，使英军行进十分缓慢。新英格兰各州民兵2万余人迅速集中，击溃了柏高英的部队，并将5000英军包围在萨拉托加。柏高英多次企图突围，均未得逞，被迫于10月17日向美国的盖茨将军投降。

这次战役，美国俘房了6名英国将军、300名军官和5000名士兵，史称萨拉托加大捷。萨拉托加大捷扭转了整个独立战争的战局，从此美军从战略防御转入战略进攻。

法国武装援助北美

北美进行独立战争，需要得到外援。当时法国和英国之间存在着深刻的矛盾。但是法王路易十六恐怕援助北美会刺激本国的革命运动，同时独立战争初期，美军失利，所以法国举棋不定，只秘密地输送一些军火供给北美。1777年10月，英军在萨拉托加大败，战争形势发生变化，同时法国又怕英国胜利之后，将使法国丧失西印度群岛的殖民地，于是在1778年2月正式承认美国独立，并同美国订立美法同盟条约，正式参战。同年夏天，法国舰队开进美国领海，迫使英军撤出费城。1780年，法国舰队躲过英国的封锁线，把6000名法军运到美国。1781年9月，法国舰队在约克镇附近的海面上击败英国海军，切断了英军的海上供应线。10月，美法联军在约克镇迫使英军司令康华利投降。

美国 1787 年宪法

美国资产阶级统治的根本大法。为强化国家机器，建立中央集权制的联邦政府，邦联国会于 1787 年 5 月 25 日在费城召开制宪会议，9 月 17 日制宪会议通过 1787 年宪法，并于 1788 年 6 月 21 日正式生效。它首次明确了主权在民思想和共和制政体；创立联邦制，即建立一个拥有某些重大独立主权的、中央与各州取得有机权力平衡的政府；按行政、立法、司法三权分立与相互制约的原则，设立政府机构，立法权归国会，行政权归总统，司法权归法院；首创由间接选举产生的国家行政首脑制；同时对保障私有财产和奴隶制度的规定也很周密。

美国宪法确立了资产阶级的民主共和政体，加强了中央集权，对维护美国资本主义的发展，巩固资产阶级统治发挥了重大作用。它是世界近代史上第一部资产阶级的成文宪法，为各国资产阶级制定宪法提供了蓝本。

西点军校

西点军校的全称为"美国陆军军官学校"，是美国培养陆军初级军官的学校，成立于 1802 年 7 月 4 日美国独立纪念日这一天。它是美国历史上第一所军校。因校址位于纽约北郊哈得孙河边的西点，因此又称"西点军校"。

在美国独立战争期间，为了争夺交通大动脉哈得孙河，美军在西点设防，重创英军。战后，华盛顿等开国元勋决定在这里建立培养军事人才的军校。西点军校首批学员 10 人，其中包括后来被称为"西点之父"的西尔韦纳斯·塞耶上校。

西点军校从成立第一天开始就把培养第一流的军官作为办校宗旨，学员的入学选拔非常严格，规定凡报者必须是美国公民（除盟军学员外），年龄在 17 ~ 22 岁，身高 1.68 ~ 1.98 米，学校将对学员的德、智、体等方面全面衡量，择优录取。

西点军校的毕业生中有 3700 多人成为将军，2 人成为美国总统（格兰特和艾森豪威尔）。美国陆军中有超过 40% 的将军是西点军校的毕业生。西点军校的毕业生几乎参加了美国参与的所有战争。

第二次美英战争

美国独立后，英国企图重新控制美国，不断从政治、经济和军事上对美国施加压力，而美国也对英国殖民地加拿大垂涎三尺。

1812 年 6 月 18 日，美国正式向英国宣战，美英战争爆发。美军大举进攻加拿大，但英军顽强抵抗，以少胜多，大败美军。美军虽然在陆上失败，但在海战中却大获全胜，俘虏了 500 艘英国舰船。

拿破仑征俄失败后，英国抽调了大批陆军和海军开赴北美战争。英军在奇珀瓦河和兰迪之战中大败美军，美国被迫放弃攻占加拿大的计划。英国海军经常袭击美国沿海地区，1814 年，英军攻占美国首都华盛顿，火烧白宫。英军的暴行激起了美国人民的爱国热情，美国人民纷纷拿起武器同英军作战，在巴尔的摩和普拉茨堡多次击败英军。12 月 24 日，美英双方在根特签订和约，但军事行动一直持续到 1815 年 1 月新奥尔良之战的结束。

美英战争又称"第二次美国独立战争"，战后美国彻底摆脱了英国在政治和经济上的压迫，赢得了真正独立，为工业革命开展扫清了道路。

美国的领土扩张

1803 年，美国派遣特使远赴法国，以联合英国反对法国为要挟，磋商购买位于路易斯安那南端（密西西比河河口）的重镇新奥尔良。当时，拿破仑派往海地镇压黑人起义的军队已遭到惨重失败。由于法国失去了海地，路易斯安那对法国的战略意义相对减弱。另外，拿破仑决定要同英国重新开战，英国海军很可能封锁甚至攻陷新奥尔良。因此，法国主动提出将整个路易斯安那卖给美国。

1810 ~ 1813 年，美国吞并了西佛罗里达的部分土地。

1818 年，美国占领了东佛罗里达地区。这时，西班牙在拉美的殖民体系已经开始瓦解，只得对美国让步。1819 年，美西签订条约，西班牙将佛罗里达让给美国。1821 年，美西条约正式签字。

1821 年，墨西哥政府允许美国移民在得克萨斯定居，到 1835 年，来自美国的移民已达 3 万人。同年，美国移民发动暴乱，将墨西哥驻军驱逐出得克萨斯。1836 年，前来讨伐的墨西哥军队被击败，美国移民宣布成立"孤星共和国"，并申请加入美国。1845 年 7 月，美国正式吞并得克萨斯，宣布它成为联邦的一个州。

1846 年，美国挑起了对墨西哥的战争，紧接着又在加利福尼亚鼓动叛乱，宣布成立"加利福尼亚共和国"。墨西哥军队被击败。1847 年 9 月，美军侵占墨西哥城。次年 2 月，墨西哥被迫签订和约，割让了加利福尼亚、亚利桑那和新墨西哥，美国付给墨西哥 1500 万美元。此外，1853 年，美国又以 1000 万美元强购了新墨西哥以南 7 万平方千米的一块墨西哥土地。

1818 年，英美签订了两国共管俄勒冈的条约。随着"西进运动"的发展，美国合并俄勒冈的欲望越来越强烈。1846 年，美国以战争相威胁，迫使英国放弃了北纬49 度以南的俄勒冈地区。

1867 年，美国以 720 万美元的代价从沙俄手中购得了阿拉斯加和阿留申群岛。1898 年，美国吞并中太平洋的夏威夷群岛。1959 年，夏威夷正式成为美国第 50 个州，第二次世界大战中的"珍珠港事件"就发生在这个群岛的瓦胡岛上。

西进运动

美国独立以后，废除了英国政府颁布的禁止移民向西进的敕令，许多来自东部沿海地区和欧洲的移民纷纷越过阿巴拉契亚山脉涌向西部。这些移民当中，既有南部的奴隶主，也有北部的土地投机商，但人数最多的还是为谋生来到西部的猎人、矿工、牧民和农民，他们成为西部早期移民的主体。

西进运动有过三次高潮，第一次是18世纪末到19世纪初，当时美国从法国手里购得路易斯安那，大批移民纷纷涌向西部，开拓俄亥俄、肯塔基和田纳西等地区，从而为后来日益扩大的中西部产粮区奠定了基础；第二次是在1815年以后，移民们在大湖区开拓，建立了美国谷物生产和畜牧业的基地，同时在南方濒临墨西哥湾的介于佐治亚南部与路易斯安那之间的平原地区，建立棉花种植园，扩大了南部的奴隶制种植园经

美国在大规模的西进运动中，遇到了印第安人部落的强烈抵抗，经过长期的斗争，最后将印第安人赶出了他们的家园。西进运动为美国经济的进一步发展提供了广阔的市场和土地。

济；第三次高潮是19世纪中期，开拓了俄勒冈、加利福尼亚等地。到1890年，西进运动正式结束。

西进运动和领土扩张是交织在一起的，在西进运动过程中，西部得到开发，大大促进了美国经济的发展。随着西进运动的进行，大批印第安人遭到屠杀，剩下的被强行赶到更为荒凉的"保留地"，他们的被迫迁徙之路也被称为"血泪之路"。

门罗主义

美国总统门罗提出的独霸拉丁美洲的外交政策。美国总统詹姆斯·门罗（1817～1824年在位）为了反对沙俄由阿拉斯加南下扩张以及英国和"神圣同盟"插足拉丁美洲，于1823年12月2日在致国会的咨文中阐述美国的对外政策原则时宣称："美国不干涉欧洲事务和任何欧洲国家在美洲现存的殖民地和保护国，但任何欧洲列强也都不得干涉西半球的事务，否则就是对美国安全的威胁和不友好的表现。"同时还提出"美洲是美洲人的美洲"的口号，这就是"门罗主义"。它把美国打扮成"从不干涉任何国家内政"的"保护者"，实际上是企图把美洲变成美国人的美洲。它在当时对于防止欧洲列强染指拉丁美洲起了一定的遏止作用，使拉丁美洲各国的独立得到巩固，此后则变成美帝国主义在西半球以及世界其他地区推行侵略、奴役政策的工具。

美墨战争

1846～1848年间美国对墨西哥进行的一次以强凌弱的侵略战争。1845年美国强占了墨西哥的得克萨斯，但美国种植农奴主要占有墨西哥的更多领土。于是美国以边界纠纷为借口，于1846年发动了对墨西哥的战争。美国海、陆军分三路入侵墨西哥，1847年9月，攻占墨西哥城，墨西哥政府被迫议和。1848年2月2日，双方签订《瓜达卢佩－伊达尔戈条约》，战争结束。通过战争，美国吞并了墨西哥的得克萨斯、新墨西哥和加利福尼亚等约235万平方千米的土地，几乎是墨西哥的半壁江山；

作为补偿，美国付给墨西哥 1500 万美元。这场战争对美国的发展影响至大。

美国的废奴运动

美国独立以后，南北方经济沿着不同的方向发展。北部，资本主义工商业发达，农业资本主义也在发展，许多管理先进的大农场纷纷出现，农业产量也大大提高。

1793 年，惠特尼发明轧棉机以后，清除棉籽的效率大大提高；加上当时各国工业革命中纺织业的发展，对棉花的需求大增，种棉花变得有利可图。于是，南方奴隶主拼命扩大棉花种植面积，增加黑奴数量，发展奴隶制种植园经济。但由于发展资本主义工商业需要大量自由劳动力以及工业原料，北方的资产阶级和广大工人、农民则希望废除奴隶制。

从 19 世纪 30 年代开始，废奴运

黑人奴隶制种植园

英国在北美的 13 个殖民地当中，南部殖民地土地肥沃，气候炎热，适宜稻米、烟草、蓝靛叶生长，种植园经济发达。种植园主大多数是欧洲的封建贵族，开始时，他们役使着大批契约奴隶（因贫困而卖身的欧洲劳动者或由欧洲流放到美洲的罪犯）。后来，由于种植园经济的发展，契约奴隶已不能满足需要，种植园主逐渐把奴役的主要对象转向非洲黑人。

自 16 世纪初欧洲殖民者将第一批黑人掠到美洲卖为奴隶开始，到 1775 年独立战争爆发时，北美 13 个殖民地的黑人已占全部人口的 20%。

种植园主不给黑奴以任何权利，让其从事繁重的体力劳动，每日工作十五六个小时以上。由于繁重的劳动和恶劣的生活条件，大多数身体健康的奴隶，六七年间便被折磨死。

黑人奴隶制种植园经济是应欧洲市场对经济作物的需求而发展起来的，是世界资本主义经济的一个组成部分。

动首先在美国北部发展起来，不久各地都出现了许多废奴运动团体。1833 年 12 月，这些团体联合起来，成立了"美国反奴隶制协会"，会员大多是资产阶级、农民和工人的代表。废奴主义组织建立了全国性的秘密团体"地下铁道"，派遣工作人员（"乘务员"）到南方把奴隶带出来，还在沿途设置了秘密"车站"，以掩护逃亡者并为他们提供食宿便利。后来几乎每个市镇都有人与"地下铁道"发生联系。从 19 世纪 30 年代至 50 年代，"地下铁道"的成员在群众的帮助下，协助 4 万多名奴隶逃到加拿大，获得了人身自由。

约翰·布朗

美国废奴运动领袖。布朗于 1800 年出生于白人农民家庭，受其父影响，积极投身奴隶解放运动。在废奴运动前期，布朗倾向于通过非暴力手段解救奴隶，虽然解救了一些奴隶，但却遭到了奴隶主的镇压。在后期，布朗则主张"用暴力和武器"展开对奴隶主的斗争。布朗逐渐由非暴力主义的废奴派转变为主张用暴力进行斗争的积极战士。1859 年，布朗在哈普斯渡口起义。起义军一度占领政府的军火库，解放附近的奴隶，但由于寡不敌众，起义最终失败，布朗被俘，并以"谋叛罪"被判绞刑。布朗起义虽然失败了，但它大大推动了废奴运动的发展；布朗虽然牺牲了，但他却鼓舞了更多的人加入废奴运动的行列。布朗起义是美国 1861 ~ 1865 年内战的先声，它加速了美国内战的爆发。

林肯

林肯，1809 年出生于肯塔基州哈丁县一个农民家庭，1830 年，迁到伊利诺伊州的梅肯县，在那里当过船夫，打过短工。林肯从小没有受过良好教育，但平时，无论劳动多么紧张，他都要挤出时间读书。

1834 年，林肯当选为州议员，正式步入政界。1836 年，他自学取得律师执照。次年，与人合作办律师事务所，并获得了正直和廉洁的好名声。1847 年，作为辉格党的代表，他进入国会。在国会期间，他曾提出了一个在哥伦比亚特区逐渐地、有补偿地解放奴隶的提案，但没有成功。1850 年，美国的奴隶主势力大增，林肯拒绝当国会议员，继续当律师。1854 年，共和党成立，林肯加入，并成为党的组织者；1856 年，参加共和党的副总统候选人竞选，没有成功。1858 年 6 月 16 日，在同道格拉斯竞选时发表了题为《家庭纠纷》的著名演说，从而扩大了政治上的影响。

林肯雕像

1860 年，林肯成为共和党的总统候选人，11 月，选举揭晓，以 200 万票当选为美国第 16 任总统。内战爆发后，他相继颁布了《宅地法》和《解放黑奴宣言》等重要文件。1864 年，林肯再度当选为美国总统。1865 年 4 月 14 日晚，林肯在华盛顿的福特剧院遇刺身亡。

南北战争

1860 年 11 月，反对奴隶主扩张的共和党人林肯当选美国总统，使奴隶主占优势的民主党丧失了联邦政权。次年 2 月，南部各州相继退出联邦，成立"南部同盟"，推选戴维斯为总统，定都蒙哥马利（后迁至里士满），造成国家分裂局面。

4 月 12 日，南部同盟军炮击联邦军守卫的位于南卡罗来纳州的萨姆特要塞，内战遂起。战争初期，联邦政府优柔寡断，军事上接连失利。林肯重整军队后，于 1862 年 2 月发动全面攻势。在西线，格兰特率军沿密西西比河南下，战果显赫；在南线，1863 年 11 月 19 日，林肯在葛底斯堡国家公墓发表演说，巴特勒在海军配合下率军在位于密西西比河口的新奥尔良登陆，夺得战略主动权；只有东线由麦克莱伦率领的联邦军主力，因行动迟缓在半岛之战中失利。1862 年 5 月，林肯采取革命性措施，颁布《宅地法》。9 月，林肯正式颁布《解放黑奴宣言》，极大地调动了工人、农民和黑人参战的积极性。

1864 年春，林肯任命具有雄才大略的格兰特为联盟军总司令，还任命另一位杰

战争初期的南北形势

内战初期，南北双方都具有不同的有利条件。在经济方面，北方占有明显优势。北部资本主义生产发达，各种工业蓬勃发展，粮食产量丰富，而南部工业非常落后，农业经济占很大的比重。在所占地区方面，北部共有23个州，南部只有11个州。在人口数量方面，北部人口约2200万，南部约900万，而其中约有350万是黑人奴隶。在交通运输方面，北部铁路干线较多，铁路总长度约5万多千米，战争期间，又有一些铁路开始动工，而南部铁路总长度只有1.4万多千米。

但在战争初期，南部仍占有相当多的有利条件。首先，南部对战争已准备很久，因此在战争一开始，就能先发制人，给予北部猛击；而北部对战争毫无准备，不能及时给对方以决定性的打击。其次，南部军队在装备上和组织上都比较好，南部又严格实行征兵制，兵源补充充足。南部的一些将领具有较强的军事指挥能力，而北方的将领一般都缺乏作战经验。再次，在战争开始阶段，南部就努力争取到了外援，英国除承认南部具有与北部平等的地位外，还以走私物资源源供给南部，而北部却处于孤立地位。最后，战争开始后，北部资产阶级仍犹豫不决，他们所要求的只是维持统一的局面。联邦政府既不号召群众去为解放奴隶而战，也没有采取措施满足人民对西部土地的要求，这样就降低了工农群众的积极性。由于这些原因，北部在战争之初连连失败。

出将领谢尔曼为西战区司令。4月～5月，格兰特和谢尔曼率联邦军从东、西两线大举南进，一举击溃南部同盟军主力。1865年4月，联邦军攻占南部同盟首府里士满，南部同盟军投降，战争结束。

美国南北战争不仅恢复和巩固了联邦的统一，摧毁了奴隶制，解放了生产力，为美国资本主义发展扫除了内部障碍，而且对欧洲革命、各国工人运动和黑人运动也产生了积极影响。

汉普顿海战

汉普顿海战是1862年3月8～9日，美国南北战争期间双方军队在汉普顿停泊场（美大西洋沿岸诺福克附近）发生的一场海战。

美国内战爆发后，北军计划对南方"首都"里士满进行水路夹击：一面派陆军向里士满展开陆地进攻，一面准备用舰船运送士兵在里土满附近的詹姆斯河下游地区登陆。北军在汉普顿停泊场集中了5艘大型军舰、数艘炮舰和汽船，准备为登陆做掩护。

南军得知后，于3月8日派出"弗吉尼亚号"装甲舰和5艘护航炮舰对北军军舰进行攻击，北军炮舰和海岸大炮立即还击。在战斗中，北军轻护航舰和护航舰各损失1艘，数艘军舰搁浅。黄昏时，北军"莫尼特号"装甲舰和2艘炮舰从纽约赶来。3月9日，"弗吉尼亚号"与"莫尼特号"进行炮战，但不分胜负。

汉普顿海战虽然规模不大，但在海军发展史中却占据重要地位，它是装甲舰之间的首次作战，使海战进入了一个新阶段。

葛底斯堡之战

葛底斯堡之战是美国内战中最激烈的战役，是美国内战的转折点。

1863年6月，罗伯特·李率领8万南军攻入宾夕法尼亚州，林肯总统命令米德率 11 万人迎击。米德率军在交通枢纽葛底斯堡堵住南军。

7 月 1 日，南军向北军防守的公墓岭高地发起猛攻，遭到了北军重炮的狂轰，双方各有损失。罗伯特·李命南军停下来休息，等待后续部队。7 月 2 日下午，南军以 300 门大炮猛攻北军阵地，接着派 5000 骑兵冲锋，骑兵后面跟着 3 万步兵，双方进行了惨烈的肉搏战。北军不敌，被迫撤退，南军占领了阵地。但到了晚上，北军发动偷袭，夺回阵地。7 月 3 日，南军发起总攻，北军也拼死反击。伤亡惨重的南军终于冲上北军主阵地，双方展开白刃战。最后，北军全线反攻，南军败退。4 日夜，罗伯特·李率残部连夜渡过波托马克河，仓皇逃走。

这一仗，南军死伤 2.8 万，北军伤亡 2.3 万。葛底斯堡之战扭转了战局，从此北方完全掌握了战争的主动权。

《宅地法》

美国内战中，林肯政府颁布的土地法令。1862 年 2 月 18 日，由众议院以 107 票赞成、16 票反对而通过；5 月 6 日，参议院以 33 票赞成、7 票反对予以通过。5 月 20 日，林肯总统予以签署。它规定：凡一家之长，或年龄已达 21 岁的合众国公民，或决定按照合众国入籍法的规定申请、愿意成为合众国公民，同时从未持械反对合众国政府或支持、帮助合众国政府的敌人的，从 1863 年 1 月 1 日起，只须缴纳 10 美元手续费，就可以领得 60 英亩或 160 英亩以下尚未分配的国有土地；耕种 5 年后，便成为这块土地的所有者，发给证书或执照。还允许私人购买一定数量的公共土地。这个法令促进了美国西部地区的开发和人口西移，堵塞了奴隶制向西部扩张的道路，激发了广大群众的参战热情，为促进美国农业资本主义发展奠定了基础。

《解放黑奴宣言》

美国内战期间林肯政府于 1862 年 9 月 22 日颁布的解放黑人奴隶的宣言。它宣布：自 1863 年 1 月 1 日起，凡叛乱诸州的奴隶，"从现在起永远获得自由"；政府和军队"将承认和保障他们的自由"；获得自由的人，除非必要，"应避免使用任何暴力"；合乎条件的人，"可以参加联邦军队"。对未参加过叛乱的蓄奴州，仍按 1862 年的国会决议，采取自愿的、逐步的、有偿的解放奴隶的措施；对逃跑的奴隶，则视其主人是否参加叛乱而定是否引渡。《宣言》大大激发了人民群众和黑人奴隶的革命积极性，扭转了战争的形势。但该《宣言》没有明确废除奴隶制，黑人也未得到土地和平等的政治、公民权利。而且《宣言》没有以宪法的形式固定下来，直到 1865 年 1 月国会批准宪法第十三条修正案，黑奴制度才正式宣布被废除。

美国的两党制

美国资产阶级政党共和党和民主党有组织地、依照美国联邦宪法轮流执掌国家政权的政治体制。民主党成立于 1828 年，共和党成立于 1854 年。内战以前，双方在奴隶制等问题上尖锐对立。内战后，共和党长期执政，变成大工业家和银行家的政党。民主党则变成资产阶级化了的南方大农场主、富农和南方资产阶级的政党。美国向帝国主义过渡的时期，两党差别逐渐消失，都代表垄断资产阶级的利益，对外进行扩张。在垄断资产阶级的支持下，美国形成两党制，共和党和民主党轮流执政、垄断政权，使其他政党没有上台的机会。两党制对协调美国社会矛盾与利益冲突、维系美国资产阶级民主政治的运作发挥了重大作用。当然，其实质仍是美国资产阶级专政的工具。

> ## 共和党
>
> 共和党成立于 1854 年，本质上，它是一个以反对奴隶制为目标的北部工业资产阶级、农民、工人及黑人的联合组织，其领导力量是工业资产阶级。
>
> 共和党成立后不久，便把全国各派反奴隶制势力聚集在自己的旗帜下，当时的一些政党，如自由党、自由土地党和民主党内的反对派都加入进来。1855 年底，共和党在北方所有的自由州都建立了组织。1856 年，共和党参加总统竞选，在 11 个州获胜。它最终与民主党一起构成了美国两党政治的格局。
>
> 1860 年，共和党在总统竞选中获胜，成为执政党。内战以后，共和党连续执政二十多年。该党历史上比较著名的总统有林肯、麦金利、胡佛、艾森豪威尔、尼克松和里根等。

三K党

美国迫害黑人的种族主义恐怖组织。三K党是英文"KU KLUX KLAN"的缩写。美国内战结束后，南部出现了许多迫害黑人的恐怖组织，以各种方式进行破坏，企图实行复辟。三K党便是其中最凶恶、最野蛮、规模最大的一个。它由南部奴隶主于 1866 年在田纳西州秘密成立，很快蔓延到南方的十几个州，成员主要是前南部联盟军官等种族主义分子。它把野蛮与近代的组织方式结合在一起，针对的对象主要是黑人，但北方白人和共和党人也经常受到迫害，杀人的手段和其他暴行惨不忍睹。三K党发展起来后，逐渐被南方民主党所控制，成为南方种植园主进行阶级报复的工具。1871 年，联邦议会通过《取缔三K党法案》，并授权总统以武力实行镇压，致使其活动有所收敛。三K党在第一次世界大战后扩大到北方。这一恐怖组织至今还存在。

美西战争

19 世纪末，美国完成对西部的开发，走向了帝国主义时期。垄断财团出于对原材料的需求和寻找新的市场投资场所等，迫切要求美国向海外扩张。为建立向拉丁美洲和远东及亚洲扩张的基地，美国将矛头指向西班牙。当时的西班牙是一个已衰落的殖民帝国，在国际社会处于孤立的境地。古巴、波多黎各和亚洲的菲律宾均为西班牙的殖民地。美国选择西班牙，就是想夺取其殖民地，用来满足其对拉丁美洲和亚洲进一步扩张的战略野心。1895 年 2 月，古巴发生反对西班牙统治的武装起义，美国借机意欲干涉，遭到西班牙的拒绝，双方矛盾激化。

美国当局加紧做好战争准备，一方面广泛地进行外交活动，一方面加强军事装备，扩建军队。为加强海军力量，美国建造了许多大型巡洋舰和战列舰。1898 年 2 月，西班牙驻美公使攻击美国总统的信件被公开，激起了美国内部反西班牙的情绪。

2 月 15 日，以友好访问为名的美舰"缅因号"突然在古巴哈瓦那港爆炸沉没，造成美官兵 260 余人死亡，美国怀疑西班牙是事件的制造者。美国当局下令封锁古巴港口，并在周围海域布设水雷。4 月 24 日，被逼无奈的西班牙只好对美宣战。次日，美国对西班牙宣战，美西战争全面爆发。

美军的作战目标极为明确：依靠强大的海军力量，先突袭菲律宾的马尼拉海湾，再打击古巴的西军，从而占领拉丁美洲及亚洲的西属殖民地。

5 月 1 日凌晨，美海军上将乔治·杜威率领舰队，凭借良好的航海技术，乘着黎明前黑暗的掩护，率领舰队突然驶进马尼拉湾。西班牙要塞哨兵发现后开炮轰击，但均未命中。美军随即进行还击，停泊在港湾的西班牙舰队在慌乱中组织反击，但有的舰船还未起锚就被击沉。要塞上的炮火虽然猛烈，命中率却低得可怜。杜威命令美舰队集中火力向西班牙的旗舰猛攻，上午 7 时许，西班牙的旗舰被击沉。失去指挥的西班牙舰队更是乱作一团，只有被动挨打。中午，西班牙舰队遭到全歼，马尼拉湾被美军封锁，西班牙在太平洋的制海权落入美军手中。

马尼拉突袭成功，极大地鼓舞了美军。6 月，美国打着"帮助古巴独立"的旗号，计划从圣地亚哥港登陆。此时的古巴，反西民族革命正全面爆发。

为迫使西军接受海战，美军决定让海军陆战队从港口东面不远的关塔那摩湾强行登陆，从陆上对圣地亚哥港形成包围之势。6 月 10 日，600 名海军陆战队队员出发。虽然关塔那摩湾防守相对较弱，但仍遭到西军的顽强阻击，美军伤亡重大。但美军最终突破防线，成功登陆。7 月 1 日，美陆战队先后攻占了圣地亚哥港东北部和东部的据点埃尔卡纳和圣胡安，形成了对圣地亚哥港的包围之势。7 月 17 日，圣地亚哥守兵投降。8 月 12 日，美军趁势攻占了波多黎各岛。8 月 13 日，在菲律宾人民起义军的配合下，美陆军攻占了马尼拉市，西班牙在殖民地的力量被美军彻底歼灭。

1898 年 12 月 10 日，美西签订《巴黎和约》，美国如愿得到了古巴、波多黎各和菲律宾，西班牙仅得到美国给付的作为割让菲律宾补偿的 2000 万美元。

这场战争使美国走向对外扩张，标志着美国进入帝国主义时代，并开始了帝国主义重新瓜分世界领土的新时期；而西班牙对拉美及太平洋殖民地的丧失，使其从帝国主义争霸的政治舞台中渐渐退却。

在美西战争中，美国以其强大的海军力量在马尼拉湾重创西班牙舰队，登上了争霸世界的舞台。

门户开放政策

美国针对亚洲和太平洋地区，尤其是针对中国的外交政策。19 世纪末，美国忙于同西班牙争夺古巴和菲律宾，一时无力顾及中国，没有分得势力范围。战争后，为了在中国占有更多的利益，美国于 1898 年向英、俄、德、日、意、法六国政府提出所谓"门户开放"的照会。美国承认各国在中国的"势力范围"和夺得的特权，同时要求在各国的租借地和势力范围内，美国享有均等的贸易机会，并要求中国内地全部开放，使帝国主义国家都享有投资权力。美国提出该政策的目的是企图通过"机会均等、利益均沾"手段，缓和列强争夺中国的矛盾，防止列强瓜分中国，以使整个中国市场对美国商品自由开放，从而渗透其侵略势力。英国首先支持美国该政策，其他国家也先后表示同意。

大棒政策与金元外交

西奥多·罗斯福为人熟悉不仅仅因为他曾是美国总统（1901～1909 年），更因为他推行的"大棒政策"。

"大棒政策"源于罗斯福在下野后的一段公开演讲，在那次演讲中，他说："我在任美国总统期间，对付他国的办法是'说话要好听点，但手里要拿着大棒'。""大棒政策"由此得名。

其实，"大棒政策"最早提出时，西奥多·罗斯福还没有当选为美国总统。1900 年，罗斯福任纽约州州长，他在给朋友的一封信中，有一段关于美国外交政策的话："我非常喜欢西非的一句谚语：说话温和，手握大棒，将所向无敌。"从这句话就不难理解"大棒政策"的深义。

罗斯福是一位热衷政治、崇尚权力、勇武好斗的总统，他曾说过这么一句话："和平的胜利，不如战争的胜利伟大。"不需多言，从这句话中就能看出罗斯福的秉性。

美西战争爆发前夕，当时的罗斯福任美国助理海军部长，战争爆发后，罗斯福辞去职务，与伍德组成志愿军骑兵团，在古巴圣胡安山之役中击败西班牙军，为美国的胜利奠定了基础。此后，罗斯福声名大噪，他率领过的骑兵也因此被称为"铁骑"。

就任总统后，罗斯福主张以武力为后盾，迫使拉丁美洲国家"循规蹈矩"，听命于美国，主张凭借强大的经济军事力量，积极推行向外扩张计划，特别是对加勒比海地区的侵略，这些都是罗斯福推行"大棒政策"的表现。

罗斯福曾毫不掩饰地说："任何一个美洲国家行为不端时，美国不能保证其不受惩罚。""在西半球，美国对于门罗主义的信念可能迫使美国履行国际警察力量的义务。"占领巴拿马运河区，是西奥多·罗斯福"大棒政策"的典型事例。

巴拿马原是哥伦比亚的一部分，美国向哥伦比亚提出要开凿巴拿马运河的要求，但遭到了哥伦比亚的拒绝。看到自己开凿巴拿马运河的计划没有成功，美国遂于 1903 年 11 月在巴拿马组织了叛乱，支持巴拿马脱离哥伦比亚，成立了巴拿马共和国。巴拿马共和国成立后不久，便与美国签订了完全按照美国的意图拟订的条约。条约规定，巴拿马将运河区 16 千米宽的地带交给美国永久使用、占领和控制，美国甚至有权在运河区使用警察、陆军和海军等。1914 年，巴拿马运河通航后，运河区长期由美国控制，成为"国中之国"，直到 20 世纪末巴拿马才收回了运河区的权利。罗斯福把开凿巴拿马运河看作是他任美国总统时期的最大成就，他在自传中说道："没同内阁商量，我就拿下了巴拿马。"

美国第 26 任总统西奥多·罗斯福正在发表演说。

当然，美国推行大棒政策的地区并不限于拉丁美洲，在解决阿拉斯加与加拿大的边界纠纷中，美国同样对英国和加拿大施加了压力。1906 年，罗斯福因调停日俄战争获得了诺贝尔和平奖，其实，罗斯福调停日俄战争完全是出于美国自身的利益：如果俄国战胜，将会打乱亚洲的实力均衡；日本战胜，对维持亚洲地区的正常秩序也非常不利，只有维持两国在东亚地区的均衡，美国的利益才不至于受到威胁。

1909 年，塔夫脱继西奥多·罗斯福就任美国第 27 任总统。塔夫脱上台后，美国的对外政策开始变为"用美元代替枪弹"，即以资本输出作为对外侵略、扩张的重要手段，利用经济渗透，控制拉美各国的经济和政治，以此适应美国垄断资本主义对外扩张的需要，这种外交政策称作"金元外交"。到 20 世纪 30 年代左右，20 个拉美国家中已有 14 个被美国资本所控制，由此可见"金元外交"的厉害。金元外交的推行，表明美国在掌握世界经济霸权的同时，力图在国际政治中占据首席地位。

无论是"金元外交"还是"大棒政策"，在美国建立霸权的道路上都起到了举足轻重的作用。

普拉特修正案

美国强迫古巴制宪会议接受的奴役性的宪法修正案。1901 年，在美军当局的监督下，古巴召开了制宪会议，制定宪法。但在宪法中没有提到将来古巴与美国的关系，于是美国国会于同年 3 月 2 日通过参议院古巴关系委员会主席普拉特提出的修正案，并于 6 月 12 日强迫古巴制宪会议作为附录载入古巴宪法。其主要内容是：美国有权在古巴修建军港，租借加煤站和海军基地；未经美国政府同意，古巴不得与外国签订条约，不得割让领土和举借外债；允许美国"保持古巴独立"而"有权对古巴内政进行干涉"；古巴承认美国在军事占领期间所获得的一切特权。从此，古巴沦为"保护国"。1901 年美国操纵古巴选举并扶持傀儡组织政府。在古巴人民的强烈反对下，该修正案被迫于 1934 年废除，但美国仍继续干涉古巴内政，占有关塔那摩军事基地。

近代欧洲其他国家

荷兰的殖民活动

　　17世纪，荷兰已经成为当时最发达的资本主义国家，一度掌握着世界海上霸权。荷兰人拥有当时世界上最强大的商船队，商船数量多达1.5万艘，在国际贸易中起了重要作用。那时候，波罗的海沿岸地区的粮食由他们运往地中海；德意志的酒类、法国的手工业品、西班牙的水果及殖民地的产品也由他们运往北欧销售。荷兰资产阶级从中赚取了高额的利润，但他们的贪婪之心并不因此而满足，还力图从海外活动中占领更多的领土。

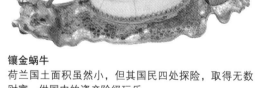

镶金蜗牛

荷兰国土面积虽然小，但其国民四处探险，取得无数财富，供国内的资产阶级玩乐。

　　早在独立以前，荷兰人就已开始进行殖民活动，16世纪末，由于西班牙国王兼任葡萄牙国王后，关闭了里斯本港，禁止荷兰人前往，荷兰人为了得到来自东方的产品，开始积极探索前往东方的航路。荷兰人首先拦劫从葡萄牙运货到北欧的船只，而后捕捉从亚洲运送财物到葡萄牙的船只。1602年，荷兰的几家贸易公司合并，组成荷属东印度公司，并从荷兰政府那里取得了荷兰本土同非洲和亚洲之间的贸易垄断权。

　　1619年，荷兰殖民者在爪哇建立了第一个殖民据点巴达维亚（即今天的雅加达），

商业垄断公司

　　商业垄断公司是英、荷、法在海外进行殖民的主要组织。这三个殖民国家除建立了"东印度公司"以外，重要的还有17世纪建立的英国向北美殖民的"伦敦公司"和"朴茨茅斯公司"，法国向北美殖民的"西印度公司"，以及荷兰向美洲殖民的"西印度公司"。

　　英、荷的商业垄断公司从本国政府获得广泛的权利，除进行贸易和殖民的特许权以外，还拥有建立海陆军、管理殖民地、建立法庭、修建军事设施等权利。英国东印度公司当时不仅垄断对印度的贸易，而且是一个殖民政权机构。荷兰的东印度公司统治着印度尼西亚和好望角以东的其他荷属殖民地。法国政府对商业垄断公司进行严厉控制，公司的活动被置于国王任命的封建官僚监督之下。

而后陆续侵占了苏门答腊、香料群岛（即今天的马鲁古群岛）、马六甲和锡兰（即今天的斯里兰卡），还一度侵入中国领土台湾，并在日本的长崎取得了贸易据点。1652年，荷兰人又在南非的好望角建立了殖民地，作为对亚洲侵略的中继站。在西半球，1609年，荷兰建立了新尼德兰殖民地，在曼哈顿岛建立了新阿姆斯特丹。17世纪早期，荷兰成立西印度公司，负责经营美洲的殖民事务，同时对西班牙国王及其臣民的船只和财物进行抢劫。

荷兰的殖民活动主要还是在亚洲，特别是对印度尼西亚长达近3个世纪的控制。荷兰殖民者先是通过垄断当地特产胡椒、香料，后来进行棉花、丝绸、茶叶和咖啡等产品的贸易，大发横财。

西班牙王位继承战争

1701～1714年英、法等国利用西班牙王位继承问题，为争夺贸易霸权和政治优势而进行的国际战争。西班牙国王查理二世无嗣，指定法王路易十四之孙菲力普为继承人，后者于1701年继位。英、荷遂联合早想争夺西班牙王位的奥地利组成抗法大同盟。1701年3月，战争爆发。反法联军在意大利、德意志、尼德兰三个战场取得重大胜利。在西班牙战场上，菲力普五世进行了顽强的抵抗，1711年，该战场形势转而有利于法、西。同时，英、法在北美展开争夺殖民地的战争，英军取得优势。战争后期，法国在军事上稍有起色并在西班牙站稳了脚跟，英国一时难以取胜。于是，英国率先与法国秘密谈判，并于1713年签订了《乌特勒支和约》。奥、法也于1714年签订了《拉斯塔德和约》。在这次战争中，英国扩大了殖民地，确保了海上优势，而法国的势力却大大削弱。

七年战争

1756～1763年，欧洲主要国家组成的两大集团在欧洲、美洲、印度等广大地域和海域进行的争夺殖民地及欧洲霸权的战争，历史上称为七年战争。战争的一方为英国、普鲁士同盟，另有汉诺威等少数德意志诸侯国参加；另一方是法国、奥地利、俄国同盟，有瑞典、萨克森和大多数德意志诸侯国以及西班牙参加。

1756年8月28日，普军9.5万人突袭萨克森，迫使其投降。次年4月，普鲁士对奥开战。5月，普军在布拉格附近击败奥军。6月，普军在科林地区被奥军击溃，被迫放弃布拉格，撤回萨克森。与此同时，法军10万人在哈斯滕贝格附近击败汉诺威军队。而后，法奥联军从西面逼近普鲁士。同年5月，俄军7万人开始进攻东普鲁士，7月先后占领梅梅尔和蒂尔西特，8月底击败普军。9月，瑞典军队1.6万人在波美拉尼亚登陆。

面对险恶形势，普鲁士国王弗里德里希二世频频调动军队，抗击各路敌军。11月5日，在罗斯巴赫击败法奥联军。12月，在吕岑再次打败奥军。1758年1月，俄军重新发起进攻，占领东普鲁士首府柯尼斯堡，并向普鲁士腹地推进。弗里德里希二世率主力前往堵截，在8月下旬措恩多夫一战中，俄军伤亡惨重，普军也付出重大代价。1759年7月，俄奥两军会师于奥得河地区，尔后向普鲁士腹地进攻。8月12日，弗里德里希二世率普军5万人在法兰克福附近库纳斯多夫地区与俄奥联军9万人会战，普军惨败，转入战略防御。由于奥、法与俄国存在矛盾，因而未能乘胜扩大战果，使普军得以喘息休整。1760年，普军取得对奥作战的胜利。与此同时，英、法之间在海上进行了激烈的角逐，并在北美洲、西印度群岛和印度等地争夺殖民地，结果英国处于绝对优势。

1762年初，亲普的俄国沙皇彼得三世费多罗维奇即位后，宣布俄国退出反普同盟，并同普鲁士结盟。此举使普鲁士转危为安，并导致法、奥、俄同盟瓦解。1763年2月，英法缔结《巴黎条约》，英国获得法属北美殖民地，并确立在印度的优势，从此成为海上霸主。普鲁士与奥地利、萨克森签订《胡贝图斯堡条约》，普鲁士从奥地利手中夺得西西利亚，成为欧洲新兴强国。

种族灭绝

欧洲殖民者在殖民地屠杀当地居民是他们普遍的恶行，其残忍程度令人发指。1703年，新英格兰的殖民者在他们的立法会议上决定，每剥一张印第安人的头皮或俘获一个红种人都给赏金40镑；1720年，每张头皮的赏金提高到100镑；1744年，马萨诸塞湾一个部落被宣布为叛匪以后，规定了这样的赏格：每剥一个12岁以上男子的头皮得新币100镑，每俘获一个男子得105镑，每剥一个妇女或儿童的头皮得50镑……英国议会曾宣布，杀戮和剥头皮是"上帝和自然赋予他们的手段"。

黑奴贸易

最初，欧洲殖民者组织"捕奴队"，驾驶海盗船，从欧洲驶向非洲沿海，偷袭非洲黑人村庄，烧毁房屋，把精壮男子掳走。"黄金海岸"和"奴隶海岸"是他们活动的主要场所。他们直接用武力掳掠的罪恶勾当，引起了非洲人民的激烈反抗。于是他们改变手法，由他们出枪，挑动一些非洲酋长从事猎奴战争。这样，猎奴战争不仅遍及非洲沿海，而且深入内地，给非洲造成了更为严重的破坏。欧洲奴隶贩子用枪支弹药、甜酒、纺织品和其他小商品向酋长们收买黑人，卖作奴隶。在非洲沿海，欧洲殖民者设立了要塞和商站。把被掳的黑人成串地押往那里的奴隶市场，让奴隶

黑人奴隶制度兴起

15世纪，葡萄牙人在非洲西海岸探索的过程中，就开始猎捕和贩卖黑人。15世纪后半期，每年大约有5000名非洲黑人被贩卖到欧洲和非洲沿海一些岛屿为奴。新航路开辟之后，葡萄牙人又向美洲运送黑奴。16世纪早期，西班牙国王准许商人把黑奴运往西属美洲殖民地。

此后，捕捉和贩运黑奴到美洲的规模越来越大，其主要原因有两点：其一，欧洲殖民者在侵占美洲的过程中，大批屠杀印第安人，以致美洲大陆和西印度群岛一些地区人口锐减，劳动力不足。殖民者意识到要掠夺美洲丰富的矿产资源，需要输入大量的劳动力。其二，在美洲依靠奴隶发展种植园经济的过程中，殖民者亲身体验到，黑人容易驯服，能吃苦耐劳且价钱便宜。

贩子"选购"。买卖双方拍板成交以后，奴隶贩子就用烧红的烙铁，在奴隶的臂上和胸前打上带有公司纹章的烙印。然后奴隶被关到要塞和商站的地牢，等凑满一批就赶他们上船，运往美洲。

奥地利的开明专制

18世纪中后期，欧洲大陆各国的封建制度日趋衰落，资本主义迅速发展。一些欧洲封建专制国家的君主为了巩固自己的专制统治和顺应时代的发展，利用法国启蒙运动思想家伏尔泰希望"开明专制"的观点，高喊"开明"的口号，进行了自上而下的改革，把自己装扮成"开明"君主。于是"开明专制"便成了当时欧洲大陆各封建国家的特征。

奥地利大公兼神圣罗马帝国皇帝查理六世没有儿子，他担心自己死后王位旁落，就制定了一个新的王位继承法——《国本诏书》。诏书规定，如果没有儿子，那么女儿也可以继承王位。为了防止自己死后邻国和诸侯反对自己的女儿，查理六世慷慨地给了邻国君主和国内诸侯很多好处，以换取他们的支持。邻国的君主和国内诸侯都纷纷表示赞成查理六世的《国本诏书》。1740年，查理六世去世，他的大女儿——23岁的特蕾西娅即位，成了奥地利大公和匈牙利的女王。

特蕾西娅1717年生于维也纳，天资聪颖，受过良好系统的宫廷教育，学习过世界史、宗教史，能流利地讲德、法、意、

玛丽亚·特蕾西娅像

捷克和拉丁语。1736年，特蕾西娅同洛林公爵弗兰茨·斯特凡结婚。

特蕾西娅一登基，邻国和国内的诸侯就推翻了以前的承诺，公开反对她继承皇位，并发兵攻打奥地利，阴谋夺取奥地利的领土。1740年，普鲁士国王腓特烈联合法国、巴伐利亚、萨克森、西班牙、撒丁等国组成反奥联盟，拒绝承认特蕾西娅的合法继承权，并派兵侵入奥地利最富庶、工业最发达的西里西亚省，史称"奥地利王位战争"。面对严峻的形势，特蕾西娅决心捍卫自己的王位和帝国的统一。她采取了一系列措施，迅速缓解了奥地利的国内矛盾，使奥地利一致对外。随即又积极活动，取得了英国和俄国的支持，并得到了英国大量的经济援助，终于度过了危机。1745年，她的王位继承权得到了德意志大多数选侯的承认，她的丈夫弗兰茨也被推举为神圣罗马帝国皇帝（皇帝只允许男子继承），但她仍大权独揽。

1748年，奥地利与交战国签订《亚琛和约》。和约承认了特蕾西娅的王位继承权，但规定奥地利必须把大部分西里西亚割让给普鲁士，把一部分意大利领土割让给西班牙和撒丁王国。

第三章 近代史（上）

战争的失败暴露了奥地利的政治和军事弊端，使特蕾西娅认识到："国家的弊端，不仅仅是个人的问题，也是整个王朝结构造成的结果。"在一大批受到启蒙思想影响的大臣的辅佐下，特蕾西娅宣布实行"开明专制"，进行一系列大规模的改革，以振兴国家，巩固统治。

为了对付强大的法国和普鲁士，特蕾西娅首先进行军事改革，创办了"玛丽亚·特蕾西娅陆军大学"，规定以后军官必须经过正式训练才能任职，军官升职不以出身而以学历和战功为标准。她改革征兵方式和军事训练方法，将军队由 10 万人扩充到 27 万人，奥地利的军事实力大大增强。

在政治上，为了加强中央集权，特蕾西娅组成国务院，建立了管理内政和财政的机构，剥夺了邦议会和贵族领主的权力。

经济上，她下令统一货币，并发行纸币，减轻农民服劳役的时间，取消贵族和僧侣不纳税的特权。她还鼓励工商业者创立工厂，并设立奖金奖励新发明和新企业。为了改变技术落后的状况，特蕾西娅允许外国技术人员迁居奥地利。同时，公费派遣技师到国外深造，并禁止熟练工人外流。

1780 年，特蕾西娅去世，她的儿子约瑟夫二世继承王位（他在 1765 年父亲去世后就继承了神圣罗马帝国的皇位）。他采取了激进的改革措施，进一步加强了中央集权，废除了农奴制，严格限制天主教的势力。但他的措施触犯了贵族的利益，也激化了民族矛盾。1790 年，约瑟夫二世去世，他给自己写的墓志铭是："这里沉睡着一位国王，他心地纯洁，但却目睹了自己的全部努力归于失败。"

特蕾西娅和约瑟夫二世的改革，取得了很大的成就，是奥地利近代化的开端。

梅特涅

奥地利首相，外交家。梅特涅于 1773 年出生于贵族之家，1809 年担任外交大臣，从此主持奥地利内政和外交事务 40 余年。梅特涅奉行"大国均势"外交策略，积极维护欧洲旧有的封建专制统治秩序，并千方百计扩大奥地利的影响。梅特涅采取灵活机动的外交手段，主持了维也纳会议，从而重新安排了欧洲的政治版图；梅特涅积极主张通过建立"欧洲联盟""四国同盟"，干涉欧洲事务，镇压各国革命运动。梅特涅一系列外交政策的实施，遭到资产阶级和自由主义者的强烈反对。1848 年欧洲革命后，梅特涅被迫下台，曾流亡国外。1859 年 10 月梅特涅去世。梅特涅一生力于维护旧秩序，最终还是被淹没于革命的洪流之中。

维也纳会议

1814 年 10 月 1 日～1815 年 6 月 9 日，为结束反拿破仑战争在维也纳召开的国际性分赃会议。会议的主要目的是重新瓜分欧洲和殖民地领土，复辟旧王朝，镇压各国革命运动。俄、英、普、奥等少数大国操纵会议。围绕波兰和萨克森问题，英、奥与俄、普之间形成了尖锐的对立。最后通过了《最后议定书》。奥地利获得了意大利的伦巴底和威尼斯等地；普鲁士获得了萨克森和瑞典领土的一部分，瑞典则从丹麦取得了挪威作为补偿；俄国获得了芬兰，并由俄皇兼任波兰王国国王，克拉科夫则成为俄、普、奥共同保护下的一个共和国；奥属尼德兰合并于荷兰建立尼德兰王国；德意志的 39 个邦和 4 个自由市组成德意志联邦；瑞士联邦重新恢复并中立；英国获得荷兰的好望角、锡兰殖民地以及法属殖民地马耳他岛等地。会后成立了神圣同盟和四国同盟。

神圣同盟

拿破仑帝国崩溃后，1815 年以俄国沙皇为首的欧洲君主在巴黎组成的反动同盟。根据沙皇亚历山大一世的倡议，1815 年 9 月，俄、奥、普三国君主在巴黎共同发表神圣同盟宣言，声称为维护基督教、和平与正义而互相支援。其目的是维护维也纳所建立的封建统治秩序，镇压革命运动和民族独立运动。主要决策者是俄国沙皇亚历山大一世与奥国首相梅特涅，沙俄由此成了欧洲的国际宪兵和反动势力的堡垒。1815 年底，除英国、教皇国和土耳其外，所有欧洲国家都加入该同盟。英国表示同意宣言原则。神圣同盟曾于 1820 ~ 1821 年间镇压意大利的革命运动，于 1823 年武装干涉西班牙革命，并企图干涉拉丁美洲的独立运动。由于内部利害冲突以及各国民族革命运动的打击，在 1830 年法国七月革命和比利时八月革命后同盟实际上已经瓦解。

匈牙利 1848 年革命

匈牙利反对奥地利争取民族独立的资产阶级革命。1848 年 3 月 15 日，奥地利统治下的匈牙利首都布达佩斯爆发了革命，提出了民族独立和民主改革的十二条要求，奥皇被迫同意匈牙利建立内阁制。9 月，奥皇决定镇压匈牙利革命，11 日向匈牙利出兵。起义军顽强抵抗，1849 年 4 月 14 日，匈牙利议会通过了匈牙利独立宣言，废黜哈布斯堡王朝的统治，宣布匈牙利独立，科苏特被选为国家元首。5 月下旬，起义军攻克了布达佩斯，匈牙利的首都光复，全国土地解放。这时，奥皇与俄沙皇勾结起来，5 月 27 日，14 万沙皇俄国军队兵分两路进攻匈牙利。匈牙利革命处于腹背受敌的境地，反动势力又乘机卖国。在优势敌人的进攻下，8 月下旬革命失败，匈牙利又重新陷入奥地利帝国的统治之下，但这次革命推动了奥地利境内被压迫民族的解放运动。

革命诗人裴多菲

"生命诚可贵，爱情价更高，若为自由故，二者皆可抛。"提起这首 100 多年来在全世界广为传诵的诗篇，人们就会想起它的作者——匈牙利诗人裴多菲。

1823 年 1 月 1 日，山道尔·裴多菲生于奥地利帝国统治下的多瑙河畔的一个匈牙利小城。他的父亲是一名贫苦屠户，母亲是一名农奴，家庭处在社会最底层。匈牙利人的祖先是中国古代北方的匈奴人，他们被西汉击败后西迁到欧洲，曾经强盛一时，但衰落后长期受到周边民族的歧视和压迫。匈牙利人一直为自由而战，涌现了很多可歌可泣的民族英雄。匈牙利人擅长用诗歌作为激励斗志的号角，历史上曾涌现出一大批杰出的爱国诗人。17世纪以后，匈牙利处于奥地利帝国的统治之下，他们争取自由的起义此起彼伏。

在这种环境下长大的裴多菲，从小就喜欢听老人讲述民族英雄的传说。那些为匈牙利民族争取独立而牺牲的英雄的故事，在他幼小的心灵上打下了深深的烙印。

1835年，裴多菲到奥赛德求学。在学习期间，他勤奋刻苦，取得了优异的成绩，并且开始发表诗歌。由于家境贫寒，裴多菲没有完成中学学业就退学了。他曾在匈牙利军队中当过兵，还曾在一个民间流浪剧团中当过小演员，跟着剧团到匈牙利各地去演出。在游历的过程中，裴多菲深深了解了匈牙利底层人民在奥地利皇帝和匈牙利贵族奴役下遭受的苦难，立志为祖国的独立而奋斗。

1846年9月，裴多菲在舞会上结识了伯爵的女儿尤丽娅，他们一见钟情，但遭到了伯爵的反对。最终，裴多菲和尤丽娅冲破重重阻力，走进了婚礼的殿堂。

此时，欧洲大地上涌动着革命洪流，匈牙利人民起义也在酝酿。

1848年春，奥地利统治下的匈牙利民族矛盾已经达到白热化程度。裴多菲目睹人民遭受的奴役和苦难，大声疾呼："难道我们要世代做奴隶吗？难道我们永远没有自由和平等吗？"3月14日，他与其他领导人在佩斯的一家咖啡馆里写下了实行资产阶级改革的政治纲领《十二条》，并强迫市长签字。当晚，裴多菲写下起义檄文《民族之歌》："起来吧，匈牙利人，祖国正在召唤！是时候了，现在干，还不算晚！做自由人，还是做奴隶，你们自己选择吧，就是这个问题！"15日清晨，震惊世界的匈牙利"佩斯三月起义"开始了。在民族博物馆前，裴多菲向1万多名起义者朗诵了《民族之歌》。起义者呼声雷动，击败了反动军队，迅速占领了布达佩斯。裴多菲率领起义军高举着匈牙利的三色旗，冲进了全国最大的一家印刷厂，和印刷工人一起，印刷了大量的《民族之歌》和《十二条》，四处散发，极大鼓舞了匈牙利人民的革命热情。随后，裴多菲又率领革命群众冲进监狱，打开牢门，把里面所有的政治犯都放了出来。这些政治犯出狱后，积极投身革命，革命队伍迅速壮大，革命形势日益高涨。奥地利皇帝斐迪南派匈牙利贵族朗博格公爵去做匈牙利总督，

裴多菲在匈牙利民族博物馆前朗诵《民族之歌》

裴多菲不仅是19世纪匈牙利卓越的诗人，也是一位杰出的民族解放运动的战士。他以诗歌为武器，猛烈抨击国内外反动势力，一生中写下了大量的政治抒情诗。一个世纪以来，裴多菲的名字和他的诗歌一起，成了自由和爱国的象征，激励着世界各国热爱自由、和平的人们，为争取本民族的解放、进步而不懈奋斗。

趾高气扬的朗博格乘着马车，刚过多瑙河大桥，就被愤怒的革命群众打死了。气急败坏的奥地利皇帝派大军进攻布达佩斯，又被起义军打得大败而回。第二年4月，匈牙利国会通过独立宣言，成立共和国。

为了镇压匈牙利起义，一心想维护欧洲旧秩序的奥地利皇帝斐迪南勾结俄国沙皇尼古拉一世，派了34万反动军队向匈牙利恶狠狠地扑过去。在民族危难的紧急关头，裴多菲给战友贝姆将军写信说："请让我与您一起去战场！"在战火纷飞的1848年，裴多菲成为一名少校军官，并写了100多首诗。1849年，裴多菲来到东部战场，参加了具有决定意义的瑟什堡战役。在战斗中，裴多菲和凶残的俄军展开了殊死搏斗，被哥萨克骑兵所杀，死时年仅26岁。后来他被埋葬在英烈公墓中。

普鲁士王国

德意志邦国，建立于1701年。普鲁士原为古普鲁士人居住地，13世纪为条顿骑士团征服，始称普鲁士。1466年臣属波兰，1525年成为普鲁士公国，1618年普鲁士和勃兰登堡合并，1648年摆脱波兰宗主国，1701年普鲁士王国正式建立。18世纪后半叶的七年战争和三次瓜分波兰，使其获得奥地利的西里西亚、波兰的西普鲁士等地，逐渐成为德意志的封建军事大国。19世纪，资本主义得到进一步发展。1848～1849年爆发了资产阶级革命，但遭失败。1862年俾斯麦就任首相后，通过战争，击败了主要竞争对手奥地利和法国，实现了德意志的统一。1871年建立以普鲁士王国为中心的德意志帝国，帝国皇帝和首相分别兼任王国国王和首相。帝国实行中央集权统治，普鲁士王国失去了"国家"的含义。1919年德国十一月革命推翻了帝制，建立共和国，普鲁士王国的名称消失。

普鲁士陆军

普鲁士王国是一个德意志小国，小国寡民，随时都面临着灭亡的危险。所以自从1701年普鲁士王国建国开始，历代统治者都非常重视加强军队建设（当时军队的主力是陆军），以求在列强的夹缝中生存。

1740年腓特烈二世即位后，普军人数由原先的7万人激增到20万人，占全国人口9.4%，军费开支每年要占政府全部财政预算的4/5。当时普鲁士的面积在欧洲仅居第十位，人口居第十三位，但它的军队数量却居全欧第四位。到了威廉二世时期，普军又增加到23.5万人。普鲁士军队装备优良，训练有素，战斗力很强。曾有人这样描述普鲁士的军国主义："对其他国家来说，是国家拥有一个军队；对普鲁士而言，则是军队拥有一个国家。"

凭借这支军队，普鲁士不仅生存了下来，而且不断发展壮大，相继击败了奥地利、波兰、丹麦、法国、俄国等国家，夺取了大片领土。

普鲁士奉行军国主义，直接促成了后来俾斯麦"铁血政策"的出台和两次世界大战的爆发。

《给将军们的训词》

《给将军们的训词》又名《战争原理》，是普鲁士国王腓特烈二世（1712～1786年）的重要军事著作。书中，他总结了自己的军事经验，提出许多军事观点，对拿破仑的军事思想和后世德国军国主义的形成有很大影响。

在书中，腓特烈二世阐述了普鲁士军队的优势和劣势、将军必备的才能、对将军调动军队的要求、作战计划、预备队的退却、兵力部署、如何以劣胜优、军粮供给等。

它的主要观点有：第一，战略上要先发制人，面对多个敌人时要各个击破，实施机动，变被动为主动。第二，战术上要善用突然袭击，将骑兵集中使用，以古希腊军队的斜切队形向敌人发起攻击。面对敌人，要收缩一翼，增强进攻的一翼，然后侧击敌人的一翼。这种战法的优势在于可以以少击多。第三，在军队建设上，腓特烈二世以严格的训练方法和棍棒纪律著称，要求军人以绝对服从命令为天职，哪怕前进一步就是死亡也不得后退半步。

腓特烈二世

普鲁士第三代国王，史称腓特烈大帝。1712年生于柏林，年轻时受启蒙思想的影响。1740年即位，自称"普鲁士第一公仆"。他遵循"强权即公理"的原则，40余年如一日地东征西伐，直到1786年去世。在40年间的两次西里西亚战争中，他击败奥地利，占领西里西亚。后与英国结盟，经过多次战争，击败奥地利，成为中欧强国。后又参加瓜分波兰，组织反奥"诸侯同盟"等战争，并因而被奉为"大王"。在国内，他代表容克地主的利益，致力于建立君主专制国家，但又主张开明改革，推行重商主义政策。他在提倡发展文化和艺术的同时，对思想严格控制，以符合他的军事扩张政策。他的军事强权和俾斯麦的"铁血政策"深刻影响了德国的历史。

施泰因－哈登堡改革

1807～1812年普鲁士王国进行的一系列资产阶级自由主义改革。主要推行者是两位首相海因里希·施泰因和卡尔·哈登堡，故名。1806年对法战争的失败和1807年的屈辱条约，激起了普鲁士人民的民族意识，革命社团纷纷活动，统治集团被迫改革。1807年首相施泰因推行改革：颁发《十月敕令》，规定容克地主可以兼营工商业，市民和农民也可以购买贵族地产；废除农奴对地主的人身依附关系，但仍要他们对容克地主负担一定的义务。又颁布新的城市条例，实行城市自治。1811年9月，首相哈登堡颁布《关于调整农民与地主间的关系》的法令，规定农民可以有条件地赎取他们的祖先作为自由人时耕种过的土地；获得土地的农民以后还须自备牛马为地主尽一定的义务。施泰因—哈登堡改革虽不彻底，但对加强普鲁士国力和促进资本主义的发展具有进步意义。

1848 年德国革命

　　1848 ~ 1849 年德意志人民进行的资产阶级民主革命。德意志地区的政治上的分裂和封建专制统治，严重阻碍着资本主义的发展，1845 ~ 1846 年的农业歉收和 1847 年的经济危机，使工人、农民和小资产阶级的处境严重恶化。1848 年德国革命的基本任务是消除封建割据，实现国家的统一。3 月初，德国巴伐利亚首先爆发革命；3 月 13 日，奥地利首都维也纳人民推翻了梅特涅政府；3 月 18 日，普鲁士首都柏林人民起义成功；其他各邦也相继起义。马克思、恩格斯参加了这次斗争，并发表了《共产党在德国的要求》。由于德国资产阶级自由派害怕无产阶级起来革命，于是与封建势力妥协，到 1848 年底，革命失败。奥地利恢复了君主专制，普鲁士成立了地主官僚政府，其他各邦的反动统治也相继恢复。这次革命虽然失败了，但为德国统一创造了条件，并打击了封建势力。

俾斯麦

　　德意志帝国宰相，因执政期间采取"铁血政策"，有"铁血宰相"之称。俾斯麦出身容克世家，17 岁在柏林大学学法学，毕业后任候补文官，后回家经营庄园，逐渐成为资产阶级化的容克。1847 年他担任普鲁士议会议员，政治上属于顽固的保守派。1862 年任普鲁士首相后，为实现德意志的统一，他采用"铁血政策"，认为"只有通过铁和血才能达到目的"。他建立起一支普鲁士正规军，发动了一系列战争，最终实现了德意志的统一。统一后，他对内镇压工人运动，对外缔结军事同盟，成为欧洲政治舞台上的风云人物。1890 年因与新德皇意见不合被迫辞职。此后他住在自己的庄园，著有《思考与回忆》。1898 年去世。他的思想对实现德意志统一有积极意义，但他的"铁血政策"却成为后来战争的根源之一。

"铁血政策"

　　俾斯麦通过王朝战争实现德国统一的政策。1862 年 6 月，俾斯麦出任普鲁士的首相兼外交大臣。他代表容克地主和大资产阶级的利益，竭力主张由普鲁士以强权和武力统一德国，建立以普鲁士为中心的德意志帝国。同年 9 月，他在普鲁士议会的首次演说中宣称："德国所注意的不是普鲁士的自由主义，而是权力……普鲁士必须积聚自己的力量以待有利时机，这样的时机我们已经错过了好几次……当代的重大问题不是通过演说与多数人的决议所能解决的——这正是 1848 年和 1849 年的错误——而是要用铁和血。"他不顾议会的反对强行扩大军队，并发动了 1864 年对丹麦的战争、1866 年对奥地利的战争以及 1870 年的普法战争。1871 年 1 月

"铁血宰相"俾斯麦

18 日在凡尔赛宫宣告了德国的统一，成立了德意志帝国。俾斯麦推行的这种政策被称为"铁血政策"，后来成为战争政策的代名词。

丹麦战争

丹麦战争是普鲁士和奥地利因石勒苏益格和荷尔斯泰因的归属问题而与丹麦进行的战争。

石勒苏益格和荷尔斯泰因两个小公国位于丹麦和普鲁士之间，战略地位非常重要。两国都拥戴丹麦国王为大公，但一直没有与丹麦合并。

1863 年丹麦颁布新宪法，宣布吞并两个小公国，遭到两国人民的抗议。普鲁士首相俾斯麦为夺取这两个战略要地，趁机挑起对丹麦的战争。为了防止腹背受敌，俾斯麦还将奥地利作为"盟友"拉入战争。

普鲁士、汉诺威和萨克森 3 个德意志国家组成的联军进入石勒苏益格和荷尔斯泰因。1864 年 4 月 18 日，德意志联军在居培尔击败丹麦。丹麦同普奥两国签订《加斯泰因协定》：石勒苏益格划给普鲁士，荷尔斯泰因划给奥地利。

丹麦战争其实是俾斯麦的阴谋。因为奥地利管辖的荷尔斯泰因中间隔着普鲁士，当奥地利希望用荷尔斯泰因换取其他土地时，遭到俾斯麦拒绝。从此双方在领土问题上不断发生摩擦，最终导致普奥战争爆发。

普奥战争

普奥战争亦称德意志战争或七周战争。1864 年，普鲁士联合奥地利打败丹麦后，普、奥之间的矛盾加剧。

1866 年 6 月，普鲁士出兵进入奥地利控制的荷尔斯泰因，并宣布改组德意志邦联草案，把奥地利排斥于邦联之外，从而挑起战争。当时，普军及支持它的意大利、北德小邦军队共 63 万人，奥军加上支持它的巴伐利亚、巴登、黑森、符腾堡、萨克森、汉诺威等邦的兵力共 58.5 万人。战争开始后，由普鲁士国王威廉一世与首相俾斯麦随军观战，参谋长毛奇统率的军队迅速占领荷尔斯泰因和德国中、北部。7 月 3 日，双方在萨多瓦地区进行决战，由奥地利总司令贝内德克指挥的奥军大败，4 万余人被俘或伤亡，而普军仅损失万人左右。

20 日，普奥双方签订了停战协定。8 月 23 日，又签订了《布拉格和约》。条约规定奥地利退出德意志联邦。

1867 年，以普鲁士为首的北德意志联邦成立，同盟主席是威廉一世，总理由俾斯麦兼任。北德意志同盟的建立，为俾斯麦凭借铁血手段最后统一德国创造了条件。同年，多民族的奥地利帝国也建立了二元制的奥匈帝国。

这次战争中，普军之所以能以较小代价迅速取胜，除外交上拉拢意大利孤立奥地利外，善于利用铁路实施机动战略，指挥坚决果断，以及装备并使用具有较快射速的后膛枪等，都是重要原因。

普法战争

19世纪中叶，普鲁士日益强大。1867年，以普鲁士为首的北德意志联邦成立。此后，普鲁士企图在其领导下统一整个德意志，并占领法国的战略要地阿尔萨斯和洛林，以削弱法国在欧洲的势力。法国则企图阻止德意志统一，保持自己在欧洲大陆的霸权，双方矛盾日益加深。

1870年7月，西班牙女王流亡国外，王位虚悬。经过多方选择，决定挑选普鲁士霍亨索伦王族的亲王利奥波德为西班牙国王。法国非常不满，要求霍亨索伦王族放弃西班牙王位继承权。由此西班牙王位继承问题成为普法战争的导火线。

德军在普法战争中使用的轻型阵地炮

7月19日，法国向普鲁士宣战。8月2日，拿破仑三世率法军约22万人越过边境，企图攻占法兰克福，切断南北德意志的联系，彻底打败普鲁士。面对强敌，普鲁士充分发挥铁路运输的快速机动能力，迅速在边境地区集结了47万人的兵力。普军在国王威廉一世和总参谋长毛奇的指挥下，实施有准备的抗击，大量消耗法军实力。8月4日，普军开始反攻，在维桑堡地区攻入法境。而后，普军在沃尔特、斯比克伦、马斯拉图尔等会战中接连获胜。9月初，拿破仑三世在色当会战中兵败投降。

9月4日，巴黎爆发革命，推翻第二帝国，成立第三共和国。普军长驱直入，于19日包围巴黎，战争性质在普鲁士方面由防御转变为侵略。愤怒的巴黎人民奋起反抗，而法国政府支持普王威廉一世在凡尔赛宫加冕为德意志皇帝，政府也策划投降。

1871年1月28日，双方政府签订全面停战协定，法国投降，解除正规军武装。5月10日，正式签订《法兰克福和约》。根据和约，法国赔款50亿法郎并割让阿尔萨斯全部和洛林大部。普鲁士通过这场战争实现了德国统一，建立了德意志帝国，开始在欧洲占有优势。

色当之战

色当之战是普法战争（1870～1871年）中，普军与法军在色当（法国东北部城市，位于阿登省马斯河畔）进行的重大战役。

普法战争开始后，法军侵入普鲁士，但随即被普军击败，败退回国内。法军元帅麦克马洪和随军督战的拿破仑三世率领夏龙军团渡过马斯河，退入色当要塞。普军第3集团军和新编马斯河集团军连夜追赶，将法军包围在色当。

1870年9月1日，色当会战开始。普军用700门大炮猛轰法军，色当全城顿时成了一片火海，法军死伤无数，麦克马洪也身受重伤。紧接着普军20万人向色当发起猛攻。下午 3 时，法军抵挡不住，在色当城楼竖起了白旗，宣布投降。

9 月 2 日，拿破仑三世会见普鲁士首相俾斯麦，正式签署了投降书。拿破仑三世、39 名将军、10 万士兵全部做了普军的俘虏。

法军平时不设军、师两级编制，只是在临战时才仓促组建，所以协调性很差。而且法军战前没有制定周密的战争计划，狂妄自大，只想进攻不想防御，结果被在数量、炮兵装备和战斗训练方面都占优势的普军一举击败。

克虏伯兵工厂

1811 年，弗里德里希·克虏伯在普鲁士境内的埃森城建造了一个小熔铁炉，发明了一种生产铸钢的新方法，这就是克虏伯军火工业公司最早的雏形。

1826 年，阿尔弗雷德·克虏伯继承父业，果断地将公司的主要业务转向军火生产，从而使一个小型炼钢厂逐步发展成为普鲁士最重要的军火制造商和世界军火业的巨头。克虏伯兵工厂为普鲁士生产了大批精良的枪炮，使普鲁士相继战胜了奥地利和法国，完成了德意志的统一。克虏伯兵工厂也随之成为德意志军国主义的柱石，受到德皇的青睐。克虏伯兵工厂的军火还远销到世界各国。

"一战"后，克虏伯兵工厂被拆除。但在德国总参谋部的支持下，克虏伯兵工厂在后来得以重建，并开始秘密武装德军，为其生产了大量的大炮、装甲车、坦克、潜艇和各种轻武器。

"二战"结束后，克虏伯兵工厂被英军接管。冷战开始后，克虏伯兵工厂受到西方扶植，一度复兴，但不久破产。

毛瑟枪的发明

毛瑟枪是由德国人毛瑟在 1865 年发明的一种新型步枪。它与传统步枪相比，在精度、射速、射程和杀伤力上都有很大进步，被称为现代步枪的始祖。

经过多次改进，1871 年毛瑟又成功研制出第一支发射金属外壳子弹的步枪。这是一种使用金属弹壳枪弹的机柄式步枪，可靠性好，操作简单方便，很快就得到了德国军方的高度重视，并装备部队，在战争中显示了强大的战斗力。

起先，毛瑟枪枪管下方的枪托里有可容 8 发枪弹的盒形弹仓。弹仓装满后，可以连续射击。1884 年，德国政府将此枪用作基本的步兵武器。毛瑟又不断改进设计，最后发明一种装在枪内的 5 发匣式弹仓。1898 年，毛瑟枪成为德国陆军的制式武器。毛瑟步枪是世界上第一种采用金属弹壳黑火药枪弹的步枪，曾出口到世界多个国家，在世界范围内产生了较大影响。

"一战"中，英国人使用了坦克，毛瑟公司于是又研制出了一种反坦克枪。它单发装填一种特殊的、使用钨芯的"K"型子弹，能成功地穿透坦克的前装甲，给坦克带来了很大威胁。但随着反坦克火炮的出现，反坦克枪很快又被淘汰。

意大利统一运动

19 世纪意大利人民争取民族独立与统一的资产阶级革命运动，又称意大利复兴运动。意大利人民为摆脱法奥统治，争取国家统一与民族独立进行了长期的斗争。1831 年马志尼成立青年意大利党后，多次发动起义均遭失败，但为革命运动的高涨创造了条件。1848 年 1 月，西西里岛起义揭开了革命的序幕。不久，米兰、威尼斯也爆发了起义并得到解放。起义迅速波及都灵、罗马、那不勒斯和意大利其他城市。4 月 23 日，撒丁王国对奥宣战，其他各邦相继参战。8 月，反奥战争失败。1848 年 9 月开始，意大利又出现新的革命高潮。11 月，罗马起义并建立了政权，次年 2 月 5 日成立了罗马共和国，7 月 3 日被奥法等组成的联军颠覆。其间撒丁王国发动的对奥战争也遭失败。8 月 22 日，威尼斯共和国最后战败投降。1848 年意大利革命最终失败。1859 年，撒丁王国和法国发动了对奥战争并取得胜利，基本完成了中部和北部的统一。1861 年意大利王国成立。1866 年在普奥战争中收复了威尼斯，1870 年合并罗马，意大利统一最后完成。

加富尔

意大利王国首相，资产阶级君主立宪派领袖。1810 年 8 月 10 日，加富尔生于都灵一个贵族家庭，自幼受过良好教育，1820 年入都灵军事学院，毕业后成为一名工兵少尉。1831 年辞去军职，周游英国、瑞士和比利时等国，回国后兴办实业。1847 年创办民族主义报纸《复兴报》，宣传君主立宪思想。他还创办过银行，参加过 1848 年革命，当过议员及农业和通商大臣。1852 年出任首相，主张实现意大利的统一。他以割地为条件，于 1859 年联合法国发动对奥战争，收复部分领土。但因割地给法国遭反对，被迫辞职。1860 年复职，利用国内有利形势和加里波第的力量，最终实现了意大利的统一，出任第一任首相。1861 年 6 月 6 日病逝。加富尔领导了意大利的统一运动，完成了统一大业，为意大利民族作出了很大的历史贡献。

烧炭党

19 世纪初的意大利秘密爱国革命组织。1809 年建立于意大利南部，因党员避入那不勒斯山林时，扮作烧炭工人，故名。党员成分比较复杂，其中大多数是资产阶级、自由派贵族、军官和先进知识分子。他们主张君主立宪，实行改革，限制专制统治，争取意大利民族独立，在群众中有很大影响。1820 年，在那不勒斯发动起义，迫使国王费迪南德一世同意制定宪法并委任自由派组织政府。1821 年，烧炭党人在撒丁王国举行起义，要求颁布宪法。1831 年，受 1830 年法国七月革命鼓舞，在意大利中部举行起义，建立了临时政府，均遭奥军镇压。历次起义几乎都是在军队内密谋活动的产物，脱离广大群众，且没有明确和统一的政治纲领，因此均告失败。马志尼建立青年意大利党后，烧炭党逐渐退出政治舞台。烧炭党人的活动唤起了意大利人民的民族意识。

马志尼

意大利资产阶级革命家和思想家，意大利民族运动领袖之一。马志尼一生致力于意大利的独立、统一和自由。在爱国、民主思想的影响下，马志尼很早就提出了"思想和行动"的口号，后来又参加烧炭党。1831 年，马志尼建立革命组织"青年意大利"，积极宣传统一和独立的思想，并把这一思想灌输到了意大利人民心中，从而对意大利民族统一运动产生了深远影响。但由于条件不成熟，马志尼所发动的一系列起义均告失败，他被迫流亡国外，继续为意大利的统一而斗争。 马志尼虽然没有凭借自己的力量为意大利赢得独立，但他在意大利统一运动中所起的作用是巨大的。马志尼逝世后，意大利为他举行了隆重的葬礼，以纪念他为意大利独立所做出的贡献。

加里波第

意大利民族统一运动的领袖、军事家，1807 年 7 月 4 日生于一个渔民家庭。他幼年机智勇敢过人，早年当过水手和船长，1832 年加入青年意大利党。1834 年参加起义，起义失败后，他先流亡法国，后流亡南美，并建立青年意大利党红衫军。1848 年革命爆发后，他返回意大利，组建志愿军参加独立战争，后率军辗转各地，宣传意大利统一思想，成为家喻户晓的民

1860 年 5 月 5 日，意大利民族统一领导人、军事家加里波第在加尔东登陆。

族英雄。后他再度流亡。1854 年 5 月返回意大利，1859 年组织"阿尔卑斯猎人军团"，在北意大利的统一中做出贡献。1860 年他组成"千人团"，解放西西里岛。后曾两次组织部队进攻罗马，均遭失败。1870 年普法战争中率志愿军援助法国。1882 年 6 月 2 日病逝。加里波第是一位富有传奇色彩的民族英雄，也是一位伟大的爱国者，为意大利的统一立下了不朽的功勋。

意土战争

意土战争，又称的黎波里塔尼亚战争或利比亚战争，是意大利为了夺取奥斯曼土耳其帝国的北非领土的黎波里塔尼亚和昔兰尼加（今利比亚）而发动的一场侵略战争。

1911 年 9 月 29 日，意大利趁土耳其正处于严重困难之机，对土耳其宣战，炮击的黎波里、胡姆斯等地，意土战争爆发。意大利出动 10 万大军对土军进行了封锁。值得一提的是，意大利陆军还出动了 9 架飞机、11 名飞行员参战。10 月 3 日至 5 日，意大利在北非登陆，炮击并占领了的黎波里和图卜鲁格。10 月底，意大利占领了利比亚的重要沿海城市。虽然土耳其军队、阿拉伯部落军队和其他地方的阿拉伯志愿

军进行了抵抗，但由于武器装备悬殊而最终失败。1912年10月，内外交困的土耳其被迫求和，双方签订《洛桑和约》。的黎波里塔尼亚和昔兰尼加成为意大利的殖民地。

意土战争在军事学术史上具有重要意义。在战争中，意军把飞机用于战争，执行侦察、轰炸、为炮兵和战列舰校射等任务，显示了巨大的作战威力，开创了飞机参战的新纪元，大大促进了各国军事航空事业的发展。

柏林会议

1884年11月15日，为了解决帝国主义国家争夺非洲刚果的矛盾，德国首相俾斯麦召集15个国家的代表在柏林开会，德、英、法、美、比、葡、意、荷、奥匈、丹麦、西班牙、俄国、瑞典、挪威、土耳其等15个国家参加了会议。柏林会议同意成立"刚果自由邦"，并同意利奥波德作为该邦的元首。

根据最后决议，法国被迫把马莱博湖左岸让给比利时，葡萄牙则放弃了对刚果河口北岸的要求，比利时取得了刚果河口北岸的土地。

柏林会议还通过决议：与会各国今后凡占据非洲的沿海土地，必须分别通知其他国家；兼并国在所占领的非洲沿岸地区，有责任保证建立足以保护现有各项权益的统治权力。柏林会议还把比利时统治的领土、法属刚果和安哥拉北部都划入自由贸易区，并同意了在刚果河流域实行国际监督下的自由通航。

柏林会议后，欧洲列强瓜分非洲的步伐大为加快。欧洲列强都想实现自己在非洲大陆的扩张计划，因而引起了严重的纠纷和冲突。这些纠纷和冲突，成为导致第一次世界大战的一个重要因素。这次柏林会议，是欧美资本主义国家进入到帝国主义阶段，为了满足垄断资产阶级的利益，加紧扩张市场和原料产地、重新分割世界的产物。它实质上是一次帝国主义瓜分非洲的分赃会议。

日本的发展

德川幕府

德川幕府又叫"江户幕府"（1603～1867年）。1603年，丰臣秀吉的将军德川家康取得征夷大将军称号，在江户开设幕府，开始了德川幕府对日本的统治。

德川幕府的直辖统领地占全国土地的四分之一，包括江户、京都、大阪、长崎等重要城市和矿山。对内，幕府建立幕府集权和大名分权相结合的幕藩制度，并凭借幕府的优势力量和一些严厉的规章制度加强对大名的控制。德川幕府把土地分封给大小封建主，其中领地所产粮米能达到1万石（一石相当于170千克）以上的封建主称为大名。规定大名必须效忠于天皇，但在自己藩内是全权统治者，拥有自己的军队，并对自己藩内的人民有征税、司法、行政等权力。幕府还规定，大名须隔年到江户参觐、侍奉将军一年，妻子儿女留作人质，常住江户。

德川幕府残酷剥削和压榨农民。德川家康主张将农民置于不死不活的境地，曾说："不要让他们太困难，也不要让他们自由，就是对农民的慈悲。"幕府还建立森严的封建等级制度。

为限制外来影响，对外，德川幕府实行闭关锁国政策。

17世纪初，又下令禁止信奉基督教；1639年发布最后一道"锁国令"，严禁与外国通商，驱逐外国商人、教士，仅允许中国、荷兰两国在长崎通商。

日本封建等级制度

德川幕府时期，幕府把全国居民分为士、农、工、商四个等级。各等级世袭，互不通婚；日常生活各有严格规定，不得逾越。

士即广义上的武士，居于"四民"之首，包括将军、大名和他们的家臣。武士连同家属约占人口的10%。他们习文练武，担任各级官吏；完全脱离劳动，唯一的职责是统治和镇压人民。武士享有佩刀称姓的特权，即使最低级的武士，对他认为无礼的平民，也有权格杀勿论。

农民占人口的80%，地位虽仅次于武士，却是受封建剥削和压榨的主要对象。他们担负着繁重的年贡和各种杂税，不能迁徙移居、变更职业、买卖土地、自由耕种作物品种，并受到村清制（以村为单位征收年贡）和五人组制（五家连环保）的

下级武士的分化

随着资本主义关系的发展，武士等级内部的分化日益加剧。由于将军和大名常常利用停发或削减下级武士俸禄的手段解决自己的财政困难，这就加速了下级武士的贫困化。这种状况自然引起下级武士的强烈不满。

随着武士等级的贫困衰落，大批下级武士的实际阶级地位发生了变化。他们有的通过从富人家族中收容养子的方式，出卖自己的武士身份；有的同富商通婚或将儿子过继给富商，直接侧身于商人阶层行列之中；有的经营商业或组织资本主义家庭劳动；此外，还有一些下级武士改行为老师、医生等，补充了知识分子队伍。他们中间有些人接触了西方的资本主义文化，遂产生了在日本发展资本主义的愿望。

通过以上途径，部分下级武士的社会经济地位和世界观，逐渐向资本主义方向转化。

严密控制。

幕府执行重农抑商政策，手工业者和商人被排在四民之末，他们约占人口的10%。五人组制度也同样适用于他们。他们的生命财产毫无保障，幕府和大名的一纸命令，就可以剥夺其财产，取消其责权。但后来商品经济的发展，动摇了封建经济的基础。19世纪初期和中期，一些下级武士打破禁令，从事商业和手工业，开始转化为工商业者。随着商人的经济实力日益加强，大名在财政上越来越依赖商人，以至于出现了"大阪富豪一怒，天下诸侯惊惧"的局面。商人逐渐取得了可以出钱购买武士身份和佩刀称姓的权利。

1869年，明治天皇政府宣布"四民平等"，但是，由此转化而来的华族、士族与平民之间仍然存在着地位差别。

日本工场手工业的出现与发展

18世纪中期，日本商业资本开始首先渗入农村的纺织业。商人以"换棉"（供给农民皮棉，让其在家纺成纱，再织成布，按成品数量支付工资）、"出机"（供给农民棉纱和织机，按成品多少支付工资）等方式逐步控制生产者。"出机"商人进一步设立自己经营的作坊，从穷苦农家招雇女工，形成以分工为基础的手工工场。

19世纪前半期，手工工场从纺织业扩展到油、酒、纸、糖、陶瓷、蜡烛、采矿、海产加工等生产部门，数量也不断增加。到1867年，全国各生产部门的手工工场共400多所。丝织业和棉织业仍是其中发展较快的生产部门。

日本手工工场的出现和发展，开始触动封建制度的基础，因而遭到代表旧生产关系的幕府和大名的抑制。但是，当时日本的工场手工业还未达到高度发展阶段，资产阶级也还没有成为独立的政治力量。

"开国"

1853年7月，美国东印度洋舰队海军准将培里率领由4艘军舰组成的舰队，驶进江户湾的浦贺港，要求幕府派官阶相等的代表接受美国总统的国书。幕府答以军舰须先开赴长崎，才能进行谈判。培里悍然拒绝，宣称如日本不同意则诉诸武力。

第三章　近代史（上）

幕府唯恐引起战争，终于接受了美国总统的国书。培里通知日本政府，次年春天来听取答复。

1854 年 2 月，培里率 10 艘军舰在神奈川河口停泊，向日本政府提出最后通牒。幕府被迫接受美国要求，于 3 月在神奈川（横滨）签订《日美亲善条约》。该条约规定日本将下田、箱馆（函馆）开放，准许美国船只在此停靠。还规定日本如果对其他国家施加任何优惠时，也将同样优惠施加于美国，无须再另行谈判等。日本国门从此被打开，结束了 200 多年闭关自守的局面。不久，英、俄、荷等国也和日本政府签订了类似的条约。1858 年 7 月，美国驻日总领事哈里斯又强迫幕府签订《日美友好通商条约》。同年，荷、俄、英、法等国也都相继迫使日本政府缔结了类似条约。

倒幕运动

倒幕运动是在以中下级武士为骨干的倒幕派与幕府反动势力的艰苦斗争中逐渐开展起来的。1860 年，水户藩士在江户樱田门外刺死曾在一年前处死七名倒幕志士的幕府大老（幕府将军下的最高官职）井伊直弼。"樱田门事件"成为倒幕运动迅速发展的信号。1864 年，幕府发动对倒幕运动大本营长州藩的第一次"征讨"。掌握长州藩政的保守派向幕府表示恭顺，幕府军不战而胜。但倒幕派并未因此而削弱。1865 年，长州藩倒幕派领袖高杉晋作重新控制藩政，征发农民和市民为兵，组织起一支至少有 5000 人的新式倒幕军队——奇兵队。次年，长州藩和萨摩藩结成倒幕同盟。同年，幕府第二次"征讨"长州藩，结果失败。

1867 年 10 月，已汇集于京都的萨摩、长州等藩的倒幕领袖西乡隆盛、大久保利通、木户孝允等人，从新即位的天皇睦仁手中弄到一份给萨摩、长州二藩的"讨幕密敕"，不久，萨摩、长州两藩的大军便浩浩荡荡开进京都。将军德川庆喜见形势不妙，于是提出辞去将军职位，还政天皇，以形式上的退让来保留实际权力。

1868 年 1 月初，萨摩、长州两藩的倒幕派在军队的帮助下发动政变，以天皇的名义发布"王政复古"诏书，宣布废除幕府将军制，成立以天皇为首的新政府。接着，新政府强令德川庆喜交出兵马之权，献出领地和人民。德川庆喜拒不接命，准备决一死战。

1868 年 1 月底，德川庆喜亲率大军从大阪出发，企图进入京都，颠覆新政权。幕府军分成两路，分别在京都西南的伏见、鸟羽同西乡隆盛指挥的新政府军发生激战。当时幕府军有 1.5 万人，而新政府军只有约 5000 人，但新政府军以少胜多。3 月，西乡隆盛率新政府军抵达江户城下。4 月，德川庆喜被迫献城投降。新政府军遂进驻江户（东京）。1869 年 3 月，新政府迁都东京。6 月，彻底消灭了盘踞在北海道的幕府残余势力。

福泽谕吉

福泽谕吉，日本启蒙思想家，被称为"日本的伏尔泰"。

1834 年，福泽谕吉出生于一个下级武士家庭。

日本"开国"之后，他怀着振兴日本的抱负，先后到长崎、大阪、江户等地学习荷兰语和英语，在学习语言的同时，更多地学习了各种西方科学文化知识。

从1860年作为日本使节团的翻译前往美国开始，他曾3次出国，历访英、法、荷、普、俄、美等国。出访期间，他购置了大批外文书籍，其中许多书籍被广泛采用为教科书。

从1862年起，福泽谕吉连续发表了60多种著作，其中以《西洋事务》《劝学篇》《文明概略》最为盛名。在这些书里，他详细介绍了西方资本主义制度以及社会各方面的情况；他主张放开眼界，将东西方事物进行比较，信其可信，疑其可疑，取其可取，舍其可舍，取得真理；他排斥传统思想，宣传功利主义和进取精神；他把世界上多元文化归结为三种类型，即野蛮、半开化和文明，认为人类社会就是按照由野蛮到半开化到文明的次序向前发展的。

1868年，他创办了"庆应义塾"，后来又不断扩充，建成为日本的第一所西式学校，为日本的维新改革事业培养了多方面的人才，他也因此被誉为"日本近代教育之父"。

福泽的启蒙思想在本质上是为日本资产阶级服务的思想工具。

明治天皇

日本天皇，生于1852年，是孝明天皇第二皇子，名睦仁。1866年12月继承皇位，第二年实行王政复古。1868年将江户改名为东京，随即举行即位典礼，并改年号为明治。在他即位初期，日本发生维新运动，建立了天皇专制政权。在他的主持下，日本先后实行一系列资产阶级改革，推出版籍奉还、废藩置县、制定征兵令等改革措施，促进了日本资本主义的发展，摆脱了被殖民的危机。他在位的45年，日本经济得到了发展，国力加强。明治政府于1889年制定大日本帝国宪法，即明治宪法，使得天皇成为总揽各种大权于一身的神人。1894年发动侵略中国和朝鲜的战争，1904年发动日俄战争。1912年7月3日，明治天皇死于尿毒症。他在位时期也是日本作为一个近代国家诞生的时期。

明治天皇像

明治维新

1868年4月，日本新政府以天皇宣誓的形式发布施政纲领，在19世纪60年代末和70年代初，实行了一系列资产阶级性质的改革：

第一，废除封建领主制，建立中央集权的统一国家。1869年实行版籍奉还，取消大名对领地和人民的统治权。大名被命名为藩知事，成为新政府的地方官。1871

年废藩置县，重划全国行政区。全国划为 3 府 72 县，由中央政府任命府、县知事管理。大名离开藩国，迁居东京，从国家领取俸禄。

第二，改革土地制度，实行新地税法。1871 年，取消种植商品作物的各种限令，允许作物栽培自由。1872 年，解除买卖禁令，承认土地私有和买卖自由，并颁发土地执照。1873 年，改革地税，废除根据土地收获量定税额和交纳实物的旧税制，实行按地价的 3%（后改 2.5%）向土地所有者征收货币地租的新税法。

第三，引进西方技术，发展近代工业。1870 年设立工部省，聘请外国专家和技师，引进先进技术设备和管理方法，建立国营为主、铁路和矿业为重点的近代工矿企业，同时扶植、保护私人资本主义企业。

第四，提倡文明开化，努力发展教育。提倡学习欧美资产阶级文明，吃西餐、穿燕尾服、理分发、跳交际舞、盖洋楼。1872 年颁发"学制令"，建立完整的小学、中学、大学的近代学校体制；规定送儿童入小学受教育是家长的义务，小学校的建立和维持费用由居民担负。

第五，改革封建军制，建立近代化军队。1873 年颁布征兵令，强征大批青年，建立常备军。这支军队称为"皇军"，强调效忠于天皇，并贯彻"武士道"精神。建立了警察制度。

明治维新使日本成为亚洲第一个走上近代化发展道路的国家。但是，由于保存了大量封建残余，日本的资本主义发展从一开始就带有鲜明的军事特征，并最终使得日本走上了军国主义道路。

《大日本帝国宪法》

日本以天皇名义颁布的第一部宪法。1889 年 2 月 11 日颁布，1947 年颁布新宪法后被废除。它是在明治维新各项改革基本完成后，以德意志帝国宪法为蓝本制定的。由文告、发布宪法召敕以及文本三部分组成。宪法规定：天皇神圣不可侵犯，总揽任命内阁、立法、司法、行政、军事、财政、外交等权力；议会由贵族院和众议院组成，前者由皇族、华族及敕任议员组成，后者由公选议员组成，但有财产资格限制；设置枢密院，名为天皇咨询机构，实为凌驾于议会和内阁之上的最高决策机关。宪法还允许日本臣民在法律许可的范围内，享有言论、出版、集会和结社等自由，有服兵役和纳税的义务。帝国宪法的颁布和实施，确立了日本的君主立宪制，维护了地主、资产阶级联合专政的统治秩序，标志着以军部为核心的近代天皇制的形成。

伊藤博文

日本近代首相。1841 年，伊藤博文出生于一个农民家庭。伊藤博文四次就任日本首相，任期达 7 年零 7 个月。伊藤博文曾留学英国，接受了西方文明，积极主张日本走欧化道路，并推动了日本的明治维新改革，使日本走上迅速发展的道路。伊藤博文一生最重要的贡献，是于 1882 年赴欧洲各国进行立法调查，回国后亲手起草日本帝国宪法，成立帝国议会，为日本天皇制的确立奠定了基础。同时，伊藤博文还致力于官制改革，建立内阁制度。随着日本军国主义的发展，伊藤博文逐渐主张对外侵略，1894年发动了侵略中国的甲午战争和侵略朝鲜的战争，给亚洲人民带来了深重的灾难。1909年，伊藤博文在中国被朝鲜爱国志士击毙。伊藤博文既是日本地主资产阶级的政治家，又是日本帝国主义和殖民主义对外侵略的策划者。

日俄战争

1895年中日甲午战争后，日本侵占了中国的辽东半岛、台湾和澎湖列岛，这与旨在控制中国东北的俄国产生了矛盾。俄国联合德、法出面干涉，迫使日本退出辽东半岛。日本加紧军备，制订十年扩军计划，决心以武力同沙俄再度争战。俄国在中国东北的势力也迅速扩大，到1898年，整个东北三省沦为俄国的势力范围。1900年，中国爆发义和团运动，俄国借口"保护"侨民和中东铁路为名一举占领东北三省。这引起日本和英国的强烈不满，在英国的支持下，日本开始了对俄国的复仇。

1903年8月，日俄双方就重新瓜分中国东北和朝鲜问题进行谈判。已完成扩军备战的日本态度强硬，致使谈判破裂。1904年2月6日，日本断绝与俄国的外交关系。8月，日本不宣而战，海军舰队用鱼雷偷袭在旅顺的俄国舰队。几艘舰船被击沉后，俄舰队被迫退到港内，日军遂将旅顺港口封锁。

俄陆军司令克鲁泡特金建议主力撤出辽东半岛，在哈尔滨集结，等候从莫斯科派来的援兵，再进行反攻，以击退日本军队，解救孤军死守的旅顺俄军。但由于俄军指挥层意见分歧，于是将主力军集结点改为辽阳，然后向旅顺推进。

对于日本来说，朝鲜半岛是一条比较安全的补给线，是日本进退自如的便利基地。来自俄军的海上威胁就是驻旅顺港的俄舰队，他们足可以切断日本的海上交通，制海权对日本是极为重要的。针对这些情况，日本一面引诱俄舰队接受会战，另一方面派陆军在舰队的保护下，从仁川登陆，控制朝鲜半岛，建立稳固基地后，用3个军团的兵力从朝鲜湾的北岸登陆，向辽阳进军，以阻止俄南下支援旅顺。第4军团则围攻旅顺港，攻克后北上与前3个军团会合，在俄陆军增援未到前击败俄军。

5月初，日本在朝鲜站稳脚跟，便从朝鲜湾登陆满洲。25日，日

日俄战争中的俄国海军军舰

军攻入金州，次日，攻下南山高地，占领了大连。旅顺港完全处于日军的包围中。

旅顺港有三道防御工事，依托地势，人工构建了堡垒和碉堡，并有高压铁丝网包围，防御强度极高。日本连续发动两次总攻，均被顽强的俄军抑制住，日军损失惨重，虽也攻占了周边一些关键性的阵地，但俄军全部防御体系的总枢纽203高地仍控制在俄军手中。11月26日，日军向203高地发起第三次总攻。火力轰炸连续数天，日军付出1.1万人的代价，终于在12月5日登上203高地，旅顺港内的船只从这里尽收眼底。7日，俄舰船被全部击毁。1905年1月4日，日军占领旅顺，俄军投降。日军按计划北上与其他军团会合，投入对俄军主力的进攻。

3月10日，日军攻克奉天，俄军向哈尔滨撤退。

5月9日，俄军波罗的海舰队缓缓进入中国海域赶来支援，27日在对马海峡被日军舰队全歼。对马之战的失败，使俄国国内的人民忍无可忍，大多数城市爆发革命，沙皇专制制度接近崩溃边缘。9月，俄日双方都已力竭，在美国的说合下，双方签订和约。

日俄战争使沙皇专制走向坟墓，加速了俄国革命的到来；日本从此跻身于世界强国之列。

· 第四章 ·

近代史

（下）

殖民地人民的抗争

欧洲人在美洲的殖民方式

1. 大土地占有制。贵族、商人、天主教会成为大片土地的主人，残酷剥削印第安人。

2. 强迫劳动制。西班牙殖民当局为掠夺贵金属，在秘鲁和墨西哥推行强迫印第安人劳动的"米达"制。它规定印第安人每年要送一定数量的成年男人去矿区服役。据估计，在整个殖民统治时期，被埋葬在矿井下的印第安人达800多万。因此，"米达"制常常被比作"绞碎印第安人的机器"。

3. 对黑人的奴役。殖民者血腥的迫害和奴役，使印第安人人口锐减，造成劳动力的严重短缺。于是，殖民者又从非洲大量贩运黑奴。据估计，16～19世纪，被贩往美洲的黑奴共约1500万人。在残暴的种族恐怖和过度劳累的折磨下，黑奴的存活率仅为4.5%，到巴西后平均活不过7年。

米达制

西班牙殖民者在拉丁美洲殖民地对印第安人实行的徭役制度。在印第安人的语言中，"米达"是"轮换"的意思。米达制源自秘鲁的前印加时代，指当时印第安人盛行的一种公社成员按一定比例定期轮换并参加社会公益劳动的制度。它贯穿于印加帝国的形成、发展过程，曾起过推动社会前进的作用。后西班牙殖民者盗用印加时代"米达制"轮换劳动的形式，强迫印第安人每年要送一定数量的成年男子（在墨西哥为4%，秘鲁为14%）到殖民者的庄园、矿场、手工作坊、码头、道路和桥梁等处服劳役。由于繁重的劳动、饥饿和虐待，很少有人能活着返回。后来这种制度成为一种具有法律约束力、在印第安人中强制推行的徭役制度。该制度实行了300年之久，给印第安人带来了深重灾难，直到1821年7月28日才被废除。

考迪罗主义

拉美独立后各国普遍建立的一种独裁统治的政治制度。考迪罗，原文是Caudillo，系首领或领袖之意。原指阿根廷普拉塔地区的军事首领，后引申泛指拉丁美洲军事独裁者，即以暴力攫取政权并用暴力维持其统治的独裁军人。独立后的拉美国家，由于在经济上长期盛行封建大地产制，资本主义经济发展缓慢，资产阶级力量薄弱，而大庄园主又无法借选举和议会来维护自己的利益，只好依靠在独立战争中产生的"考迪罗"作为反动统治的工具。他们通过发动政变夺取政权，对内实行独裁统治，任意篡改宪法，盗窃国库，大肆搜刮民财，残酷镇压人民和政敌，维护大地产制，阻碍资本主义发展；对外投靠帝国主义，出卖民族利益，为帝国主义的干涉、渗透和侵略大开方便之门。墨西哥的迪亚斯和阿根廷的罗萨斯等便是拉美著名的"考迪罗"。

海地革命

海地黑人奴隶反抗法国殖民统治和废除奴隶制度的革命。海地原为西班牙的殖民地，17世纪又被法国殖民者夺取。法国殖民者的残酷压迫，激起了海地黑人奴隶的反抗。在美国独立战争和法国资产阶级革命的感召下，1791年8月，海地黑人奴隶发动了武装起义，在他们的领袖——奴隶出身的杜桑·卢维杜尔的领导下，建立了革命军队，多次打败殖民军队。1802年，拿破仑派遣大量士兵和军舰进攻海地，也没有扑灭海地革命。于是，法国殖民者用欺骗的手法，假装和谈，诱捕了杜桑·卢维杜尔，并将他押送到法国。但杜桑·卢维杜尔的战友坚持战斗，以小胜大，以弱胜强，在1803年10月迫使法军投降。1804年元旦，拉丁美洲第一个国家海地正式宣布独立。海地革命揭开了拉丁美洲独立战争的序幕，海地的独立，为拉丁美洲人民树立了光辉榜样。

何塞·圣马丁

南美殖民地独立战争领导人之一，出生于阿根廷，曾到西班牙从军。圣马丁于1812年回阿根廷参加反对殖民统治的斗争，担任北方军总司令，率部在两次战役中重创侵略者，使阿根廷在1816年宣布独立；于1817年率军远征智利的西班牙守军，彻底打败敌人，使智利在1818年宣布独立；于1821年率军解放秘鲁，使秘鲁在1821年获得独立。1822年，圣马丁会见了美洲"解放者"玻利瓦尔，因意见分歧，他主动隐退，迁居法国。1850年，圣马丁在法国逝世。圣马丁被称为秘鲁、智利、阿根廷三个共和国"自由的奠基人"和"共和国之父"。他把自己毕生奋斗所取得的最高权力与荣誉让给玻利瓦尔，受到了人们的敬仰，被称为"一个在历史上几乎无双的灵魂"。

"解放者"玻利瓦尔

西蒙·玻利瓦尔于1783年出生在西班牙殖民地委内瑞拉的一个西班牙血统的贵族家庭。1799年，他去西班牙首都马德里留学。在留学期间，他阅读了启蒙运动的思想家约翰·洛克、卢梭、伏尔泰和孟德斯鸠等人的大量著作，对他的思想产生了很大的影响。

一天，他穿着华丽的南美洲贵族的衣服骑着马在街上闲逛。"小子，下来！"突然一个街头的警察对他大声吼道。"为什么？"玻利瓦尔非常困惑。在家乡，他是贵

这是一幅 1825 年的象征画，用以纪念拉美独立解放运动领袖玻利瓦尔。

族，非常受人尊敬。可在西班牙，一个普普通通的小警察竟然对他这么无礼。"这是西班牙，不是南美洲殖民地，你少在这里耀武扬威！下来！"警察一下子就把玻利瓦尔从马上拽了下来。这件事让玻利瓦尔深受刺激，他深深地感觉到殖民地人民在西班牙人的眼中是多么没有尊严，一个普通的西班牙小警察都可以随随便便地侮辱他这样一个贵族，那更不要提普通的殖民地人民了。从那时起，玻利瓦尔就立志一定要推翻西班牙的殖民统治。在罗马的圣山萨克罗山的山顶，他大声发誓："为了上帝，为了我的祖国，为了我的尊严，我发誓，只要西班牙政权的殖民枷锁还套在我们身上，我就要不停地战斗。"1807 年，他返回南美洲，途中经过美国，亲眼看到独立自由的美国人民的幸福生活，更坚定了他推翻西班牙殖民者的决心。

回到委内瑞拉后，他散尽家财，结交有识之士，开始进行反对西班牙殖民者的斗争。1810～1812 年，委内瑞拉第一共和国成立，玻利瓦尔成为领导人之一。但在西班牙人的进攻下，第一共和国很快失败。玻利瓦尔重新组织力量，继续斗争。1813 年，他率领起义军打败了殖民军，解放了加拉加斯等地区，建立了委内瑞拉第二共和国，被授予了"解放者"的称号。但不久，第二共和国又失败了，玻利瓦尔不得不流亡到海地。

海地是拉丁美洲第一个独立的殖民地国家，因此海地人民积极支持玻利瓦尔的独立事业，给他提供了大量的援助。海地总统送给玻利瓦尔 7 艘大船和大量的武器弹药，助其再次返回南美大陆。这次，玻利瓦尔吸取了以前失败的教训，他没有去同装备精良的西班牙人打硬仗，而是转战于西班牙人统治薄弱的农村地区去发展力量。玻利瓦尔宣布没收西班牙王室和反动派的财产和土地，把大量的土地分给参加起义的战士，并宣布解放黑奴，取消印第安人的人头税并保证分给他们土地。这使他得到了人民的广泛支持，他的队伍里有白人、黑人和印第安人，但大家都团结一致，为推翻西班牙人的统治而奋斗。

为了出其不意地打击西班牙人，玻利瓦尔决定翻越安第斯山，去进攻秘鲁的西班牙人。起义军穿越了茂密的原始森林，在齐腰深的水里前进了七天七夜。张着血盆大口的鳄鱼、会放电的电鳗、成群结队的食人鱼经常袭扰他们，但起义军斗志昂扬，毫不退缩。安第斯山高耸入云，山下烈日炎炎，山上则风雪交加，还不时传来阵阵美洲虎的吼叫，令人毛骨悚然。起义军毫不畏惧，小心翼翼地沿着山上的羊肠小道前进。到了高处，由于高原缺氧，很多在平原上长大的战士感到头晕目眩，站立不稳,在战友们的惊呼声中栽下悬崖。一些有经验的战士催促甚至打骂那些休息的战友,因为他们知道,在高原缺氧的地方躺下休息会让很多人在不知不觉中死去。这时又下起了大雪,战士们裹着毛毯仍然冻得瑟瑟发抖,但没有一个人打退堂鼓,手拉着手一步步前进。起义军经历了千辛万苦,终于翻越了安第斯山,战士们像下山的猛虎一样,高呼着"独立万岁!""自由万岁!""消灭西班牙殖民者!"向西班牙人发起了猛烈的进攻。西班牙人根本毫无防备,纷纷扔下武器,狼狈逃窜。玻利瓦尔乘胜进军,一举攻克了波哥大,解放了哥伦比亚地区。接着,玻利瓦尔又率领大军横扫委内瑞拉,西班牙军望风而逃,不堪一击。起义军浩浩荡荡地开进首都加拉加斯,解放了全国。

1819 年,包括哥伦比亚、委内瑞拉和厄瓜多尔在内的"大哥伦比亚共和国"成立,玻利瓦尔被选为总统。1826 年, 南美洲彻底解放。

多洛雷斯呼声

在 19 世纪之前的墨西哥,殖民统治力量较强,阶级矛盾尖锐。长期被奴役的印第安人和混血种人对西班牙统治者怀有无比的仇恨。19 世纪初,拿破仑率军侵入西班牙,西属美洲殖民地人民趁机起义。1810 年 9 月 16 日,墨西哥民族独立运动的领导人、多洛雷斯镇的神父伊达尔戈敲响了当地教堂的钟声,集合附近的农民和城市贫民,号召夺回被西班牙占去的土地,大大激发了墨西哥人民的革命热情,唤起了人民的斗志。群众齐声高呼:"独立万岁!""绞死殖民强盗!"墨西哥独立战争从此开始。起义军与西班牙殖民军展开了战斗。1811 年伊达尔戈被敌人俘虏,英勇就义,但人民把他发出"多洛雷斯呼声"的日子 9 月 16 日定为墨西哥独立日,尊他为"墨西哥独立之父",永远怀念他的伟大功勋。

阿亚库巧战役

19 世纪初拉丁美洲独立战争中的一次著名战役。1824 年西班牙殖民者在秘鲁南部古城阿亚库巧附近集中部队 9300 余人,企图镇压秘鲁人民的独立运动。12 月 9 日,玻利瓦尔部将苏克雷率领的 5780 名大哥伦比亚—秘鲁联军与西班牙主力部队在阿亚库巧平原进行决战,双方激战 2 个小时,结果后者一败涂地。1000 多人死伤,4 名元帅、10 名将军、200 多名军官和 2000 多名士兵被俘,连秘鲁总督兼总指挥拉塞尔纳亦被生俘。这次战役基本上消灭了在美洲的西班牙殖民军主力,是"最终保证了西属南美洲独立的会战",并解放了上秘鲁。1825 年,上秘鲁宣布独立,并改名为玻利瓦尔,以纪念"解放者"玻利瓦尔。1826 年,西班牙殖民者残部在卡亚俄港向玻利瓦尔投降,从此秘鲁全境解放,西班牙长达 300 年的殖民统治在美洲最终覆灭。

墨西哥独立战争

1810 年 9 月 16 日,以"多洛雷斯呼声"为起点的墨西哥独立战争开始了。

10 月, 伊达尔戈领导的起义大军迅速发展至 8 万人, 这时起义军已连克两座城,直逼总督府所在地墨西哥城。墨西哥城内西班牙守军仅 7000 人，形势对起义军很有利。但伊达尔戈却错误地判断了形势和敌我力量，认为起义军难于攻破墨西哥城，竟决定停止攻城，回师北上，涣散了起义队伍的士气，而殖民者却借此获得喘息的机会。此后，伊达尔戈在瓜达拉哈拉城组成政府，并颁布土地法，宣布归还印第安人土地。

1811 年初，起义军与反扑的西班牙殖民军在瓜达拉哈拉城郊进行决战。由于敌人力量强大及起义队伍内部的分裂，起义开始处于低潮。1811 年 3 月，伊达尔戈为叛军伏兵所俘并交至殖民当局，7 月 30 日慷慨就义。

伊达尔戈虽然牺牲了，但独立战争仍在继续。伊达尔戈的学生兼战友莫雷洛斯领导人民进行了艰苦的游击战争，继续打击殖民者，解放了墨西哥南部广大土地。1813 年，在奇尔潘辛戈组成了以莫雷洛斯为首的临时政府，并通过和宣布了独立宣言，后又颁布了墨西哥历史上第一部宪法，确立了墨西哥的独立。与此同时，殖民者调集军队向革命军反扑，莫雷洛斯于 1815 年在同敌人的激战中因被叛徒出卖而被俘，最后牺牲。经过长期的斗争，1821 年，墨西哥终于获得独立。1873 年，墨西哥建立共和国。

巴西独立

1807 年底，拿破仑派军队侵入葡萄牙，弱小的葡萄牙无法抵抗强大的法国军队，王室只好出逃。1808 年 3 月，葡萄牙王室逃往其海外殖民地巴西的里约热内卢避难。1815 年，葡萄牙王室为了笼络巴西上层分子，宣布成立"葡萄牙—巴西—阿尔维斯联合王国"，以示巴西同葡萄牙处于平等地位。

1820 年，葡萄牙发生资产阶级革命，建立了议会。新议会要求葡萄牙国王回国。这时巴西人民要求独立的呼声已经遍及全国，甚至巴西的大庄园主、教会及殖民地官吏也不愿再受葡萄牙的统治。葡萄牙国王在回国前已经感觉到这一点，于是把王子彼得罗留下担任摄政王，并在临行前嘱咐他，一旦巴西的独立运动不可阻挡，可立即宣布独立，自立为帝。

1821 年 12 月，葡萄牙议会有关剥夺巴西自治权和迫令彼得罗回葡萄牙的命令传到巴西，激起了巴西人民极大的不满，独立运动的浪潮席卷全国。彼得罗成为独立运动的代表人物，他采取了建立内阁、驱逐在巴西的葡萄牙驻军等一系列措施。在人民运动的推动下，1822 年 9 月 7 日，彼得罗挥剑宣布巴西独立。10 月 12 日，彼得罗被宣布为立宪皇帝。两年后，彼得罗一世颁布了宪法。

爪哇人民起义

1825 ～ 1830 年，蒂博尼哥罗领导印度尼西亚爪哇人民反抗荷兰殖民者的起义，又称爪哇战争。19 世纪初，荷兰殖民者对印尼人民征收苛捐杂税，实行强迫种植，激起广大人民的不满，也极大地侵犯了当地封建主的政治权力和经济利益。1825 年

7月，蒂博尼哥罗树起圣战旗帜，号召人民起来反抗荷兰人的统治，从贫苦农民到王公贵族纷纷响应。起义军到处捣毁荷兰人的仓库、住宅、种植园、关卡，严惩殖民当局的贪官污吏，控制了整个中爪哇和东爪哇部分地区。荷兰殖民者采用军事镇压、分化瓦解的手段，使起义受到挫折。1830年3月，在停战谈判中，殖民当局背信弃义地拘捕了蒂博尼哥罗，并将其流放到望加锡岛，起义遭到失败。爪哇人民起义打击了荷兰的殖民统治，是19世纪中期亚洲民族运动的序幕。

英国对东南亚殖民获利

位于马来半岛南端的新加坡，一直是中国和泰国商人的贸易据点，但它不过是小村散落的寂静小岛而已。19世纪前半叶，英国对东南亚产生兴趣时，一位年轻的殖民地行政官拉夫尔兹被任命为爪哇岛的副总督。1816年，拉夫尔兹开始寻找新的贸易港口，代替荷兰的贸易港巴达维亚，以吸引中国商人及国际茶商。因此他注意到了新加坡。1819年，他同该岛的领主乔赫尔代官达成协定，用5000美元的年金与之交换，获得新加坡岛，成为英殖民地。之后，新加坡作为自由贸易中心开始发展。初期的新加坡港发展很快，第二年人口就已超过1万人，仅由亚洲船舶的贸易就上升到400万美元，之后，作为连接印度和中国的南海贸易中介地继续发展。

阿富汗抗英战争

阿富汗抗英战争是19世纪30年代到20世纪初阿富汗人民抗击英国殖民者的战争。

英国占领印度后，又将侵略矛头指向了阿富汗。1839年4月，英军3万多人入侵阿富汗。英军很快就攻占了坎大哈、喀布尔，建立傀儡政权。阿富汗人民组织游击队，展开了广泛的抗英游击战争。

1841年11月2日，喀布尔市民手执各种武器举行大起义。起义军英勇作战，当晚就占领了喀布尔全城。第二天起义军向城外的英军据点发起进攻。9日，起义军攻占了喀布尔至巴拉·喜萨尔要塞间的全部据点，击毙英国公使麦克诺顿。英军狼狈从喀布尔向贾拉拉巴德撤军。在撤退途中，英军不断受到阿富汗游击队的袭击，最后只有一名身负重伤的军医跑回贾拉拉巴德，报告了英军全军覆没的消息。第一次阿富汗战争以阿富汗人民大获全胜而告终

1878年和1919年，英国又侵略阿富汗，结果都惨遭失败。

柴明达尔制

英国殖民者为培植土地私有制，而在莫卧儿地税征收制基础上推行的新土地税制。在莫卧儿帝国统治时期，政府通过包税人柴明达尔（印度语，对土地所有者的称谓）向村舍收税。英国殖民者入侵后，在1763年推行柴明达尔制。它在法律上确认莫卧儿时期的地税包收人为农村公社征收地租，然后按1790年实际土地税额的9/10向东印度公司缴纳地税。如果不能按期缴纳，土地即被拍卖。这样，农民就被剥夺了对土地的世袭使用权，而变成柴明达尔的佃农，柴明达尔成了拥有土地的地主。地税

固定后永久不变的，称永久性柴明达尔制，它主要实行于孟加拉国、比哈尔、奥里萨、贝拿勒斯和安得拉邦北部。地税固定后，定期修改的称临时性柴明达尔制，1822 年后主要实行于北方邦和中部许多地区。

英国女王对印度的统治

在女王维多利亚的漫长统治时期（1837 ~ 1901 年），英帝国势力达到其顶峰。19 世纪中期以后，印度已经完全沦为英国的殖民地。英国资本控制了印度的经济命脉，印度的农产品大量出口。英语成为印度的官方语言，而印度的传统手工业日趋破产。19 世纪后半期，印度饥荒不断，饿死的人达到 2800 万。随着资本主义向帝国主义过渡，英国更把印度视为自己的生命线，加以直接控制。英国的掠夺政策激起了印度劳动人民的愤恨，也引起印度资产阶级的反感。

这是一幅绘制于 1830 年的图画，描绘了南印度拉贾坦古拉王乘坐在一个豪华的象轿上，而一个不列颠公使则骑着马紧随其后，表明英国在印度的殖民统治已愈演愈烈。

印度民族起义

1857 ~ 1859 年由印度封建主领导的、以印度土兵为骨干的反抗英国殖民统治和争取民族独立的起义。19 世纪中叶，印度各阶层和英国殖民者之间的民族矛盾迅速激化。1857 年初，在印度西北各省的农村中，传递着神秘的烤薄饼。2 月，这种被看作起义信号的薄饼传到了德里城下。在土兵中则开始传递荷花这种有同样象征意义的信号。5 月 10 日，密拉特发生以土兵为骨干的起义。不久，起义者进入古都德里，各地的起义迅速发展。起义波及北印度和中印度广大地区，中心是德里、坎普尔、勒克瑙等。从 6 月上旬至 9 月中旬，起义者进行了英勇的德里保卫战。9 月中旬，在血战 6 天之后，德里陷落，印度民族起义转入相持阶段，游击战一直坚持到 1859 年。这次起义沉重地打击了英国的殖民统治，增强了印度人民的反英斗志，推动了印度民族独立运动的发展。

东学党起义

19 世纪 70 年代，日本用武力强迫朝鲜政府签订条约，使朝鲜沦为日本的半殖民地。为了满足日本殖民者的欲望，朝鲜政府加紧了对人民的剥削。朝鲜政府的这一做法使朝鲜国内民怨四起，人民的处境越来越悲惨。当时，朝鲜民间流传着这样一首诗歌："金樽美酒千人血，玉盘佳肴万姓膏。烛泪落时民泪落，歌声高处怨声高。"这首诗歌在朝鲜各地广为传唱，是社会境况的真实写照。

1893年，朝鲜发生了饥荒，人们流离失所，挣扎在死亡线上。但是，朝鲜的统治阶级丝毫没有减轻对人民的搜刮，甚至变本加厉。在全罗道的古阜郡，农民因被政府征收水税和杂捐过重，派出代表向郡守请愿。郡守非但没有解决这一问题，还对请愿代表施以酷刑。

农民们愤怒了，他们决定举行起义。当起义的首领被抓住处以死刑后，农民们更加愤怒了。

兴宣大院君像
1836年掌权的兴宣大院君是李氏王朝第二十六代国王高宗李熙的父亲，他和高宗皇后闵氏的政治斗争是造成朝鲜政坛不稳的一个原因，而在他们的身后，是列强们虎视眈眈的目光。

1894年是旧历甲午年，这年年初，古阜一带的农民在全琫准的率领下发动了武装起义，因为这次起义的农民大多是东学党的成员，所以这次甲午农民起义也被叫作东学党起义。起义军打开古阜谷仓，把粮食分给农民，夺取兵器库中的武器，并发布了"辅国安民，逐灭倭夷，灭尽权贵"等斗争纲领。

其实，东学党并不是全琫准创立的，而是由崔济愚在1860年创立。创立之初，东学党宣传人人平等的思想，在朝鲜沦为日本的半殖民地后，又向朝鲜人民宣传反帝反封建的思想。1874年，小官吏出身的全琫准加入东学党，并很快成为东学党的首领。

1894年3月底，朝鲜农民军在白山建立了大本营，全琫准向全国人民发表檄文，号召人民拿起武器推翻腐朽的政府，把日本侵略军赶出朝鲜。朝鲜人民纷纷响应，很快，起义队伍就发展到七八千人。起义者头缠白布，以古老的竹枪为武器，在自任总大将的全琫准和总管领金开南的率领下冲下白山，给朝鲜政府军和日本侵略军以出其不意的打击。

虽然朝鲜政府对日本侵略军甘愿屈服，但对本国人民的起义可是想尽了办法镇压。然而起义军势如破竹，政府军哪里镇压得下去。起义军每到一处，都开仓放粮，严惩当地贪官污吏，所以越来越多的人加入其中。

在攻占了南方重镇全州后，全琫准制定了攻打汉城的计划。

闻听起义军要攻打汉城，朝鲜国王慌忙召开紧急会议商量对策。

"眼下的情况，我们只能采用缓兵之计，一面假意与起义军谈判，一面去请求清军援助。"一名狡猾的老臣向国王建议。

"也只好这么办了。"于是，国王一面派专员去与全琫准进行谈判，一面派使臣去中国请求援助。

全琫准本来不打算与政府和解，但以崔时亨为首的一派坚决反对攻打汉城，而且当时是农忙时节，起义军内大部分的农民归乡心切，在军心动摇的情况下，全琫准只能与政府签订了和约。朝鲜政府表面上接受了起义军平分土地、取消债务的要求，但条件是起义军撤出全州。

起义军撤出全州之后，政府请来的清军开进了朝鲜。日本侵略军正找不到进一步占领朝鲜的借口，看到中国军队进驻朝鲜，便也以镇压起义军为由进入朝鲜。

当时，起义军已发展到 10 万人，而且控制了全国 3/5 的土地，如果一鼓作气肯定能横扫朝鲜全境，但是，以崔时亨为首的一派人又反对北上，遭到全琫准的驳斥后，崔时亨竟公开分裂，带领一队人马脱离起义军，使起义军的力量减弱。

10 月，全琫准率领起义军攻打汉城，路过全州时遭到了日军的进攻，由于武器装备相差悬殊，起义军损失惨重。为了保存力量，全琫准率领残部后撤，以等待时机继续作战。不料两个月后，由于叛徒出卖，全琫准和其他的起义军领导人被朝鲜政府军和日本侵略军抓获。

1895 年 3 月，全琫准以大逆不道罪被判处死刑。在宣判时，全琫准指着参加审判的日本领事怒斥道："你们是朝鲜人民最大的敌人，虽然你们处死了我，但朝鲜的爱国农民已经团结到一起，他们会同你们斗争到底的。"

轰轰烈烈的东学党起义就这样被镇压下去了。

朝鲜义兵运动

朝鲜人民反对日本侵略者的爱国武装斗争。1907 年 7 月，日本迫使朝鲜签订了《日韩新条约》，规定由日本统监掌管朝鲜的立法、行政和司法，朝鲜政府的各部任用日本人为次官。8 月，日本进而强行解散了朝鲜军队，这促使义兵运动进入高潮。驻扎在汉城的军人首先暴动，随即在各地产生反响。起义军人直接组织或参加义兵队伍，极大地提高了义兵的战斗力。12 月，义兵以杨州为根据地，开始建立统一的组织，计划夺取汉城，驱逐统监，废除"保护条约"，遭到日军围剿。1908 年，义兵运动扩大到全国 240 个郡，人数有 10 万多。各地义兵袭击日本守备队、宪兵队，处死卖国官吏和亲日分子。在日本侵略者的血腥镇压下，轰轰烈烈的义兵运动在 1911 年以失败结束。但它显示了朝鲜人民的爱国主义精神和斗争精神，给了日本侵略者以沉重打击。

菲律宾独立战争

19 世纪末期菲律宾人民推翻西班牙殖民统治、争取民族独立的战争。1892 年，波尼发秀成立资产阶级激进派政治秘密团体卡蒂普南，主张依靠人民和暴力争取民族的独立。1896 年 8 月，波尼发秀在巴林塔瓦克发动起义，各地纷纷响应，攻击殖民军并建立政权。1897 年初，卡蒂普南发生分裂，阿奎那多成为新政府的总统，波尼发秀被处死，卡蒂普南瓦解。革命力量因分裂而元气大伤，在殖民军反扑之下节节败退，阿奎那多被迫流亡香港。但各地人民仍坚持武装斗争，卡蒂普南相继恢复。1898 年 4 月，马卡布罗斯将军在中吕宋建立临时革命政府，阿奎那多在香港设立爱国委员会。5 月，阿奎那多回国重新领导战争。6 月 12 日，菲律宾宣布独立，并成立了共和国，阿奎那多当选为总统。同年，美国通过美西战争占领了菲律宾，菲律宾又沦为美国的殖民地。

孟买工人大罢工

20 世纪初，印度人民的民族解放运动在国大党的领导下，开展得有声有色。英国殖民者慌了手脚，赶忙用明托伯爵代替了治理不力的寇松担任新的印度总督。

明托在镇压革命方面心狠手辣，在管理与处理事务方面，又是个聪明狡猾的家伙。他主张对印度资产阶级和自由派地主作妥协，以分化对方的力量。同时，还由他引导一些教派并把矛头引向国内正在指导革命的国大党。

国大党果然在受到外部攻击的同时，内部的斗争也日趋激烈，并于 1907 年 2 月的苏拉特年会上，发生了温和派与极端派的激烈争吵。此后，国大党便正式分裂。极端派在革命干将提拉克的领导下，单独召开代表大会，宣布另建"民族主义者党"，继续进行毫不妥协的反英斗争。从此，提拉克和其"民族主义者党"成了殖民当局的眼中钉，而温和派却得到了殖民当局的赏识和欢心。

由于国大党的分裂，使印度的民族解放运动日益低落，也给了殖民者反扑的机会：1907 年年底至 1908 年年初，殖民当局颁布了《治安条例》和《新闻出版法》，禁止人民集会、游行，宣布取缔"民族主义者党"，查禁极端派的各种报刊。面对这一严峻形势，提拉克毫不畏惧，与当局据理力争，并准备联合党人举行武装起义。但是，殖民当局先下手为强，以"阴谋推翻女王政权"的罪名于 1908 年 6 月 23 日逮捕了提拉克。

提拉克被逮捕的消息传出，人民群众立刻游行请愿，要求将其释放，但殖民当局在 7 月 22 日判处提拉克 6 年苦役。由此，孟买工人举行了政治总罢工，要求立即释放提拉克。参加罢工的有纺织工人、铁路工人、码头工人和城市运输工人等 10 多万人。殖民当局见此，当即调来了成千上万的警察前来镇压，于是示威的工人同警察发生了冲突，展开了街垒战，鲜血顺着大街汩汩流淌。最后，殖民当局又调来了大批正规军进行残酷镇压和屠杀。7 月 29 日，提拉克终被押上服苦役的道路。

孟买工人以提拉克被判苦役为导火线而发生的政治总罢工，是 1905 ~ 1908 年民族解放运动的最后一战。工人们展开的街垒战，为这一次总罢工谱写了最后的强音。

印度总督寇松

19 世纪末，大英帝国是欧洲诸帝国中最大的帝国，印度是英帝国"皇冠上的宝石"。和同时代的其他殖民主义者一样，寇松坚信他清楚什么对印度是最好的，并对印度国大党和印度国内日益加强的民族主义情绪嗤之以鼻。然而，欧洲诸帝国受到了日益发展起来的遍及全球的独立浪潮的冲击。到 1918 年，英国政府被迫同意印度自治。

第四章 近代史（下）

印度国大党

　　代表印度资产阶级和地主利益的民族改良主义政党，全称是印度国民大会党。由英国殖民官吏休谟于1885年12月28日在孟买首创，主要成员是地主、资本家、商人、高利贷者和资产阶级知识分子。成立之初，主张通过制定宪法的手段在印度实现立宪和代议政治，带有

印度国大党的创建者们

浓厚的改良主义色彩。19世纪末随着大量的中小资产阶级及知识分子的加入，形成以提拉克为首的激进派，主张印度独立。1905年10月，针对殖民当局分割孟加拉省的法令，掀起全国规模的抗议活动，并发展为抵制英货、提倡国货的运动。次年，在激进派坚持下第一次提出"自治、提倡国货、抵制英货、民族教育"四点纲领。1907年温和派和激进派分裂。1916年，两派重新联合。国大党成立初期，揭露了英国官吏的专横残暴，要求自治、独立，唤醒了印度人民的民族意识。

伊朗资产阶级革命

　　在印度起义和罢工轰轰烈烈开展的同一时期，伊朗为了摆脱沦为殖民地的厄运，也展开了资产阶级革命运动。

　　伊朗于1905年爆发资产阶级革命后，国王被迫宣布进行改革，在伊朗建立起君主立宪政体。但是封建势力并不甘心失败，伺机反扑，英、俄乘机分别把伊朗的南、北部划为自己的势力范围。1911年底，在帝国主义的支持下，伊朗反动势力发动政变，封建王朝复辟。

　　1905～1911年的伊朗资产阶级革命，虽然遭到国内外反动势力的镇压，但揭开了反帝反封建的新篇章。

青年土耳其党人起义

　　在俄国革命和伊朗革命的影响下，在土耳其，安纳托利亚的人民运动、马其顿的民族解放运动、资产阶级的自由立宪运动汇合成了一股反帝反封建的革命洪流。

　　1907年，萨洛尼卡成了青年土耳其党人活动的中心。他们以"统一与进步"协会的名义到马其顿各地建立支部，特别利用统一与进步委员会与军方的渊源，在当地驻军的青年军官中发展组织，并着手建立农村游击队。在青年土耳其党人的努力下，驻马其顿地区的第二、第三军团的大批青年军官和士兵倒向革命派，改变了这一地区革命派与反革命派力量的对比，为1908年的起义打下了基础。

1907 年 12 月底，青年土耳其党里各派的统一进步协会、地方分权联盟、马其顿和亚美尼亚等地的民族主义团体在巴黎召开了大会，决定采取包括武装起义在内的各种斗争手段，废除苏丹的专制独裁统治，实行君主立宪议会制度，并上书请求恢复 1876 年宪法。大会还决定，如果哈米德二世不同意恢复 1876 年宪法，全体青年土耳其党人即于 1909 年举行武装起义，用武力建立宪政。1908 年 6 月，俄皇尼古拉二世及英王爱德华七世在勒法尔会谈，准备干涉土耳其局势，于是将 1909 年起义的计划提前了。

1908 年 7 月 3 日，统一进步协会雷斯内支部的负责人、土耳其第三军团的恩·贝伊少校率领 150 人进入山中，首先以"自由、平等、博爱、正义"八字纲领为号召，宣布反对苏丹专制政府和外国瓜分阴谋。接着，已转入地下活动的斯维尔少校也率部起义，并同恩·贝伊会合。在这两支部队的影响下，青年土耳其党人策动的起义迅速影响到了第二、第三军团的许多将士。仅十多天时间，马其顿地区便成了统一进步协会的控制区域。

许多地区的游击队也加入了起义队伍，农民武装和小资产阶级的士兵武装顿时结合在一起。7 月 23 日，起义军浩浩荡荡开进萨洛尼卡，通电苏丹限期恢复 1876 年宪法，否则立即进军首都伊斯坦布尔。于是哈米德二世不得不在 24 日下诏恢复 1876 年宪法，重开国会，举行选举。

至此，青年土耳其党人也认为革命目的已经达到，满足于政府"监督者"的地位，未能把反帝的任务进行到底，因此这次起义是一次只完成一半任务的小资产阶级革命。

祖鲁战争

1652 年，荷兰人开始入侵南非，在开普敦建立移民定居点，并以此为中心，逐步向外扩大殖民地。随着欧洲列强的入侵，18 世纪末，南非原始社会渐渐瓦解，部落联盟兴起。祖鲁人作为南非土著居民的一支，在恰卞的率领下，把 3000 多个分散部落统一起来，建立了祖鲁王国。祖鲁人与殖民者之间的矛盾加剧，殖民者之间也相互争斗，英国人两次将荷兰后裔布尔人赶出开普敦，占据了整个南非。布尔人被迫逃亡，但对于祖鲁人来讲，却是要面临布尔人的一次掠夺性入侵。

布尔人所到之处，不仅祖鲁人的土地被抢占，连人也变成了布尔人的奴隶。1838 年 2 月，祖鲁国王于干为惩治布尔人野蛮残酷的行径，下令四处搜寻并袭击逮捕布尔人，处死 300 余人。

布尔人立即请英国殖民军援助，两支其他地方的布尔人队伍也赶来支援，但被愤怒而英勇的祖鲁人各个击破。援兵遭到重创，势力大为削弱，四散逃窜。

被赶跑的布尔人残部不甘心就此罢手，遂重新聚集。1838 年 11 月 20 日，布尔人组织了一支由 500 人、57 辆牛车和 2 门火炮组成的军队，在比勒陀利乌斯的带领下对祖鲁人宣战。

当时，祖鲁人的武器装备还很落后，主要是以矛和盾为兵器，战斗队形以传统

表现欧洲殖民者奴役非洲人民的版画

的密集方阵、两翼迂回包抄为战术。他们擅长白刃格斗，在几次的失败中，布尔人比勒陀利乌斯就深有感受。于是他把队伍布置在恩康姆河平阔的河套上，用57辆牛车组成一个环形的车阵，枪炮手位于阵内。

凌晨时分，排着密集队形，手持长矛、盾牌的祖鲁人向布尔人发起进攻。握有先进的火枪、火炮等武器的布尔人向人群射击，祖鲁人大片大片地倒下。但祖鲁人并未被吓倒，他们一次次冲锋，一次次被猛烈的火力击退。于干下令两翼迂回从背后袭击，但环形的牛车阵使他们无法与敌人短兵相接，在敌人的枪炮下纷纷倒地。祖鲁人伤亡达3000余人，损失惨重，鲜血染红了恩康姆河。悲壮而英勇的祖鲁人终因武器的落后不得不撤退，随后遭受连连失败。

1839年1月，于干被迫议和。在布尔人的离间下，于干的弟弟姆潘达发动政变，成为祖鲁国王，他把除纳塔尔最北部外的土地全部让给布尔人。1843年，英殖民者吞并了布尔人从祖鲁人手中夺过的土地。

祖鲁人民强烈渴望国家的独立和民族尊严。姆潘达之子克特奇瓦约经过政变登上王位后，立志改变现状。他首先改变军队的武器装备，利用各种途径购买枪支弹药，并聘请英国专家帮助训练军队，建立骑兵和炮兵。不久，一支强大的、装备可与殖民军抗衡的军队建立起来了。

祖鲁国军备的强大，使英殖民者惊恐不安，他们立即要求祖鲁国王解散军队，但强硬的克特奇瓦约断然拒绝了这一无理要求。英殖民者于1879年1月11日开始对祖鲁国发起进攻，1.3万余殖民军在切尔姆福德勋爵的率领下渡过图格拉河，逼近祖鲁王国。

1月22日，克特奇瓦约率领部队在夜色的掩护下，包围了驻守在伊桑德尔瓦纳山的殖民军。祖鲁人冲进敌营，与其展开肉搏战。英军因准备不足，人数又处于劣势而溃败，祖鲁人趁势收复大片土地。失利的英军调集2万人和大量枪炮支援，7月4日在乌隆迪附近与祖鲁人展开决战。这是一片开阔而平坦的战场，殖民军猛烈的炮火和弹雨使祖鲁人无法形成冲锋，一批批的士兵在枪林弹雨中倒在血泊里，阵形被炮火轰得七零八落。英军骑兵乘机发动猛攻，祖鲁人招架不住，惨败而退。不久后，祖鲁王国被英军攻占。

祖鲁战争给了殖民者以沉重打击，在非洲近代历史上谱写了光辉的篇章。战争虽然失败了，但祖鲁人所表现出的英勇顽强、前仆后继的大无畏精神赢得了全世界人民的赞誉。

埃及抗英斗争

19世纪前的埃及处于奥斯曼土耳其帝国的统治之下。1898年，为了打击英国人的势力，拿破仑率领法军进攻埃及，奥斯曼帝国急忙派了一支阿尔巴尼亚军队前去救援。阿尔巴尼亚军团的首领叫阿里，是个阿尔巴尼亚人，出生在一个军官家庭。后来他参加军队，因为英勇善战，成为阿尔巴尼亚军团的首领。在埃及人民的支持下，阿尔巴尼亚军团英勇作战，终于击败了法国侵略者，阿里被任命为埃及总督。

但刚赶跑了法国人，埃及南方的前马木路克王朝的残余势力又开始兴风作浪，发动叛乱。阿里于是率领军队离开首都开罗，南下平叛。见埃及北部兵力空虚，英国人觉得有机可乘，就派了1400多名士兵入侵埃及，占领了亚历山大港，并向埃及尼罗河入海口处的腊西德城挺进，首都开罗一片混乱。富人们纷纷把值钱的东西装上车，逃到南方，而穷人只能忧心忡忡，不知该如何是好。

趾高气扬的英国军队仗着自己武器先进和人数众多，根本不把埃及人放在眼里。他们大摇大摆地开进了腊西德城。腊西德市长知道打不过英国人，早就率领着300名士兵撤退了。英军除了在进城时遇到了一些微弱抵抗外，基本上没有发生大的战斗，很快就占领了全城。

"埃及人全是一些胆小鬼，根本不敢和我们打！"英军士兵大声嘲笑埃及人。

"明天我们就能占领开罗，后天就能见到金字塔！"一些英国士兵大喊大叫。

腊西德城的英国副领事赶来迎接英军。"埃及军队早跑了！"副领事对英军将领说，"他们的主力在南方打仗，北方没有多少军队。"

"哈哈哈，就是有军队也不是我们的对手，我们英国人是天下无敌的，我们战无不胜。占领埃及，简直易如反掌。埃及就是印度第二！"英军将领狂妄地说。

"那是，那是。"副领事连忙点头，"我给大家准备了丰盛的酒席，给大家接风洗尘。"

"太好了，我们早就饿了。"英军士兵一拥而上，坐在桌子前大吃大喝起来。由于英国士兵很多，所以分成了好几部分，到不同的酒馆去吃饭喝酒。英军士兵在酒馆里大声喧哗，吵吵闹闹，很快就喝得东倒西歪，烂醉如泥了。

就在这时，突然从屋顶上、窗户外射进了许多子弹，很多英国士兵惨叫一声倒地而亡。"杀死侵略者！"许多埃及士兵高喊着，有的拿枪，有的挥舞着大刀，杀了进来。有很多英军士兵根本来不及抵抗就成了俘虏，有的慌忙去拿枪，结果不是被当场打死，就是被砍掉了脑袋。原来，腊西德市长领着埃及军队又杀了回来，趁英国人不备，杀了他们个措手不及，连英国的将军和副领事都被当场打死。这一仗，埃及人大获全胜。

几天后，埃及人押着被俘的英国侵略者来到首都开罗游街示众。英军士兵们一个个被捆得结结实实，垂头丧气地走在大街上。街道两旁围观的开罗市民大声欢呼着胜利口号，纷纷把臭鸡蛋扔到英国人的身上。大街上还有许多木笼子，里面装着许多砍下的英国士兵的血淋淋头颅。

在南方打仗的阿里迅速平定了叛乱，得知英国人即将再次入侵后，便动员广大人民，有钱出钱，有力出力。埃及军民同仇敌忾，团结一致，再次击败了英国侵略者，并乘胜进军，收复了亚历山大港，捍卫了国家的独立和领土完整。

击败英国人的入侵后，阿里开始了大规模的建设，进行了各种改革。他消灭了割据一方的马木路克王朝势力，统一了全国，没收马木路克王朝的全部土地，分给大臣或分成小块租给农民耕种。此外，为了促进农业的发展，他兴修水利，推广种植棉花等经济作物。为了发展工业，阿里从西欧进口了很多机器，聘请了很多工程技师，并派遣大量的留学生，创办了很多企业。阿里还创办海军，大力发展陆军，使埃及成为地中海沿岸的强国。

为了摆脱土耳其人而独立，阿里又发动了两次战争，击败了土耳其人，使埃及成了一个地跨非、亚两洲的独立帝国。但不久，英国人卷土重来，埃及逐渐又沦为英国的殖民地。

马赫迪反英起义

19世纪末，英帝国的殖民势力侵入奥斯曼帝国统治下的埃及，并由埃及逐渐向苏丹渗透。1873年，埃及国王伊斯梅尔帕夏任命英国殖民者戈登为苏丹总督。戈登在苏丹横征暴敛，致使苏丹经济凋敝，人民痛苦不堪。不久，戈登的残酷统治在苏丹引起了马赫迪起义。

马赫迪于1881年6月举行了武装起义，号召民众进行"圣战"，把土耳其人、埃及人等都赶出苏丹。到1882年9月，起义军由原来的300余人发展到15万之众，手中的刀矛也换上了枪炮。1883年初，马赫迪率领义军攻打科尔多凡省首府欧拜伊德。由于城池坚固，义军损失很大，却没有丝毫进展。马赫迪决定停止攻城，采取围困的策略。三个月后各地援兵纷纷被消灭，城中粮草渐渐匮乏，守军只好献城投降，欧拜伊德城被攻陷。

不久，英国以苏丹政府名义派前驻印度军官希克斯统率13000多人进剿义军。1883年9月，希克斯率军从白尼罗河的杜怀姆出发了。马赫迪立刻和副首领阿卜杜拉商量，决定由阿卜杜拉和另一个将领带领一支义军假装撤退，诱敌深入，另派一支队伍断敌后路。

到了10月，马赫迪义军在欧拜伊德以南围歼了近万名敌人。马赫迪乘胜前进，率领义军直指首府喀土穆，把喀土穆团团围住。英国政府立即再次任命戈登为苏丹总督。戈登上任后，亲手写信给马赫迪，并带去一份委任状和一件精美华贵的长袍，任命马赫迪为科尔多凡省省长，却被马赫迪回绝。1885 年 1 月 26 日，经过数月的围困，喀土穆城中的粮食及物资渐趋紧张，义军只用了两天的时间就攻入城中。戈登从房间里逃出，却被一个义军将长矛刺进胸膛，当场毙命。两天后，英军被迫撤出苏丹。

描绘马赫迪反英起义的瓷画

攻下喀土穆后，以马赫迪为元首，建立了马赫迪国，定都于恩特曼。为促进经济繁荣，在苏丹历史上第一次发行了货币。但马赫迪因病于 1885 年 6 月 22 日去世，年仅 41 岁。他的事业便由副首领阿卜杜拉继续完成。

1896 年，使用新式武器的英国殖民军再次向苏丹发动进攻。1898 年 4 月，喀土穆陷落。1899 年，英国和埃及签订了英埃共管埃及的协定，苏丹再次丧失独立地位。马赫迪派遂转入地下活动，成为秘密教派。

埃塞俄比亚抗意战争

1895 ~ 1896 年埃塞俄比亚人民反抗意大利侵略、保卫国家主权的正义战争。1889 年 5 月，埃塞俄比亚同意大利签订了《乌查利条约》。其中第 17 条规定埃塞俄比亚在与其他欧洲国家交往时，"可以"请求意大利协助。但意大利故意将"可以"改为"同意"，并进而曲解为"必须"。1890 年，意大利据此宣布对埃塞俄比亚实行"保护"，1895 年又对埃塞俄比亚发动了大规模的侵略战争。这年 9 月，孟尼利克二世发表《告人民书》，表示要抗敌卫国。1896 年 3 月，埃塞俄比亚人民取得了阿杜瓦会战的胜利，意大利侵略军伤亡 1.1 万人，4000 人被俘。意大利被迫在 10 月缔结和约，承认埃塞俄比亚是独立的主权国家，并给予赔偿。埃塞俄比亚抗意卫国战争的胜利，是非洲军队第一次击败占优势的帝国主义军队，它保卫了民族独立和国家主权，鼓舞了非洲人民的反帝斗争。

坦噶尼喀的反殖民斗争

坦桑尼亚是一个美丽的国家，位于非洲大陆的东南部，由坦噶尼喀和桑给巴尔两部分组成。19 世纪下半叶，特别是 1884 年柏林会议召开之后，欧洲各殖民国家加紧了对非洲的占领，坦噶尼喀则成为德国觊觎的对象。

1884 年底，一支由卡尔·彼得斯率领的德国远征军侵入坦噶尼喀。德军在坦噶尼喀滥杀无辜，甚至连手无寸铁的儿童和妇女都不放过，坦噶尼喀人对这支德国远征军恨之入骨，把彼得斯称为"双手沾满鲜血的人"。彼得斯可不管这些，他根本不

第四章 近代史（下）

把这些弱势的非洲人放在眼里，仍继续在坦噶尼喀为非作歹。

在手拿先进武器的德军面前，坦噶尼喀的酋长们胆怯了，与彼得斯签订了12份条约，把15万平方千米的土地拱手让给了德国。彼得斯不由得沾沾自喜，当然，德皇对彼得斯的这一贡献也给予了奖励。

坦噶尼喀人民没有像其他殖民地的人民那样发动激烈的抵抗，使德国殖民者的气焰更加嚣张起来。他们在一些港口城市升起了"德国东非公司"的旗帜，把桑给巴尔苏丹的旗帜降了下来。看到桑给巴尔苏丹没什么反应，德殖民当局又派一艘军舰闯进坦噶尼喀的一个港口。

满腔怒火的人民终于被激怒了，他们把德国军舰上的专员们包围起来，想以此迫使德军撤退。但事情的发展出乎坦噶尼喀人的意料，他们并不指望苏丹能给予他们帮助，但是他们万没想到苏丹竟会派军队来镇压他们，以解救德国专员。

苏丹出卖国家和民族的行径使坦噶尼喀人忍无可忍，他们聚集到一起，高呼"把殖民者赶出坦噶尼喀"的口号。

"我们不能再承认出卖国家利益的苏丹的权力了，我们应该推举一位有能力的领导人，带领大家把可恶的德军赶出这块土地。"一位有威望的老者建议道。

"说得对，我们应该选举一位热爱祖国的领导者。"

最后，阿布希里承担起了这一重任，他带领坦噶尼喀人民奋勇抗击德国殖民军。坦噶尼喀人使用的大多是原始的梭镖、木棍等，而德军使用的是先进的现代化武器，两者之间的差距太大了，因此坦噶尼喀人不断地战败。在1885年的一次战争中，阿布希里被俘后英勇就义。

虽然德国殖民军一度打胜，但他们也不断地意识到，坦噶尼喀人民决不会甘愿受他们统治，要想使统治牢固，只能用武力征服。于是，德殖民当局决定以巴加莫港口为据点，在加强沿海地区统治的同时，逐步地向内地推进。

起先，德国殖民者让一部分人扮成"商人"模样混到坦噶尼喀，用一些在欧洲已经非常过时的小东西来换取坦噶尼喀人的牲畜或是象牙等物。不明就里的坦噶尼喀人最初对这些德国"商人"带来的东西非常感兴趣，当揭穿了德国人的真面目后，坦噶尼喀人再也不做这种交易了。德国殖民者看到坦噶尼喀人不再上当，便开始使用武力进行掠夺。

坦桑尼亚的发展变迁

坦桑尼亚是人类发源地之一，轰动世界的"东非人"头骨就是在这里发现的。1885年，坦桑尼亚的坦噶尼喀被德国划入势力范围之内，1890年，桑给巴尔又沦为了英国的保护国。1917年，英国凭借"一战"的机会吞并了整个坦桑尼亚，赶走了德国人。"一战"结束后，坦桑尼亚成为英国的委任统治地。"二战"结束后，联合国将坦噶尼喀作为托管地交给英国管理。经过长期的斗争后，坦噶尼喀于1961年12月9日宣布独立，1963年12月10日，桑给巴尔也宣布独立，摆脱了英国的殖民统治。1964年4月26日，两个国家组成联合共和国，6月29日，改名为坦桑尼亚联合共和国。

阿布希里死后，坦噶尼喀人又推选姆克瓦瓦为首领，在姆克瓦瓦的领导下，坦噶尼喀高举独立的旗帜，继续同德国殖民者进行着不屈不挠的斗争。

姆克瓦瓦是赫赫族的酋长，他的王国地处坦噶尼喀腹地，为了与德国殖民军针锋相对，姆克瓦瓦在领地设下重重关卡，这使得德国殖民者的利益大大受损。最后，姆克瓦瓦甚至封锁了商道，使"洋商"们无法通过他的领地。

1891年，驻坦噶尼喀的德国专员向姆克瓦瓦下达了最后通牒：姆克瓦瓦必须只身前往巴加莫港，而且要带上一把泥土。

"德国人就是这样让我屈服吗？就算是砍去我的头颅，我也决不会投降的。"姆克瓦瓦气愤地派人给德国专员送去了一支表示斗争到底的箭。

德国专员看以"和平"的方式不能让姆克瓦瓦屈服，便亲自率领德国远征军向赫赫族的王国进犯。

"德军来势汹汹，如果硬拼肯定是不会取得胜利的，所以只能智取。"打定主意，姆克瓦瓦让士兵们隐蔽到德军必经之路上，当德军进入埋伏圈后，他命令士兵们冲上前去，用长矛和弓箭射杀敌人。片刻工夫，德军便损失了200多人，不得已，德国专员只能率残部退回巴加莫港。

1894年，不甘心失败的德军又调集了大批军队进攻姆克瓦瓦的领地。姆克瓦瓦率领士兵奋起抵抗，但最后还是不得不放弃王城卡伦加。姆克瓦瓦率领余部转入丛林作战，开展游击战争，给德军以出其不意的打击。

1898年，姆克瓦瓦由于操劳过度身患重病，身边只有很少的随从人员。一天，他养病的地方突然被德殖民军包围了，姆克瓦瓦很快意识到是有人出卖了他。在紧急关头，他首先想到的是：坦噶尼喀人决不能成为德国人的俘虏。于是，姆克瓦瓦举枪自杀。面对姆克瓦瓦的尸体，残忍的敌人割下他的头颅，送回柏林去请功——当时德国总督正以5000卢比悬赏姆克瓦瓦的头颅。

1918年，在第一次世界大战中战败的德国决定从坦噶尼喀撤军，作为对战败国提出的条件，坦噶尼喀人民要求德国归还姆克瓦瓦的头颅。就这样，姆克瓦瓦的头颅终于回到了祖国。坦噶尼喀人民把姆克瓦瓦的头颅安放在一座为此修建的纪念馆里，并把这座纪念馆起名为"姆克瓦瓦纪念馆"。

近代社会生活的变化

移民潮

欧洲文化随着欧洲的对外移民而得到传播。除美国之外，欧洲海外移民中两个最大的群体是南美和英国殖民地的白人移民。19世纪的大部分时间中，前英国殖民地虽然在形式上属于伦敦直接统治，但实际上长期以来既不是完全独立的国家，也不是真正的殖民地，而是二者的奇特混合。在19世纪，这两个群体和美国一样，靠大量的欧洲移民来补充，人数之多，正符合这个时代欧洲人口统计学上的一个名称：移民潮。

1800年前，除了英伦诸岛之外，欧洲其他地区几乎没有对外移民。此后，约有6000万欧洲人移居海外。到了19世纪30年代，移民潮开始变得声势浩大。19世纪，大多数移民先是迁往北美，后来再迁往拉丁美洲、澳大利亚和南非。同时，在占世界陆地面积六分之一的俄罗斯帝国，还发生着一股隐蔽的、迁往西伯利亚广袤地区的移民潮。欧洲海外移民的高峰实际上是发生在第一次世界大战前夕。在1913年，就有150多万人离开了欧洲，其中三分之一以上是意大利人，还有近40万英国人和20万西班牙人。而美国一直是其他国家移民的最大接纳者。

近代社会生活变化的诸多因素

对近代社会生活产生过重大影响的因素有很多。近代以来，随着科学技术的进步、生产力的发展以及人类思想文化的变革，社会生活的各个方面都发生了很大的变化。

在近代历史上资产阶级是新兴力量的代表，以尼德兰革命为开端，英、法、美等国先后发生了资产阶级革命，民主取代了专制，法治取代了人治，平等取代了特权，为近代生活的变化创造了条件。新兴的资产阶级成为社会生活变革的巨大动力，他们的人生观和价值观都给传统的社会生活带来了巨大的冲击。

伴随着16世纪前后的地理大发现，商品流通的范围扩大了，商品经济逐步取代了自然经济，世界市场开始逐渐形成，西方殖民者力图通过殖民掠夺为本国工业的发展提供原材料产地和市场。

而工业革命也是推动近代社会进步的又一因素。机器的应用虽然在开始阶段遭

邮递制度的发展

所有国家都有官方的邮政服务，但收取、运输以及投递邮件的系统却各有不同。有些国家把信件送到收信人的家里，有些国家的人则要到附近的邮政局取信。不过基本的邮政系统是一样的：发件的国家收取邮费，并投递由其他国家寄来的邮件，不收取额外的费用。

1837年，英国人希尔提议由发件人而不是收信人支付邮费，又提出一个简化的收费比例，就是在国内根据邮件的重量，而不是邮递的距离来收费。1840年，随着希尔的改革，第一枚1便士黑色邮票在5月1日发行。1874年，通用邮政联盟把不同国家的邮政服务组织起来，建立国际合作。1878年，通用邮政联盟改名为万国邮政联盟。

到工人的反抗，但在一定程度上代替了最艰苦的体力劳动。技术的应用则方便了人们的生活。工业革命的出现为社会创造了巨大的社会财富，促进了近代资产阶级生活方式的形成，也促进了世界范围的城市化建设。

17、18世纪自然科学的飞速发展，深刻地影响着人们的生活方式和思想方式。新的发明创造不断涌现，1840年，英国推行了世界上第一个现代邮递制度，第一封电报也在同年面世。以后随着火车、铁路、电灯、有线及无线电报、电话、电影、唱片、高速印刷机、合成织品、留声机、轮船、打字机等的出现，对人们日常生活的改善提供了前所未有的帮助，日常生活也出现了革命性变化。石油的大量开采和汽车的普及则促进了交通事业的发展，扩大了人们居住范围。火车的制造和应用，促进了人们交往活动范围的扩大和信息传递速度的提高。人们日益关心更广大的世界中所发生的事，视野更加开阔。

另外，启蒙运动是欧洲继文艺复兴之后的第二次思想解放运动，启蒙思想家提出的"天赋人权"理论及在此基础上发展起来的对人权的尊重和保护是人类社会的一大进步。

工人地位的变化

在工业革命前，工人的地位很低下，常常要忍受恶劣的待遇，加上当时的工厂体制不健全，因此工人的安全、健康都没有保障。于是在英国和欧洲的其他资本主义国家都曾制定、颁布过不少调整工人与资本家之间雇佣关系的法律，但是那些法律从根本上来说都是为了保证资本家获取最大的利润，而不是为了保障劳动者的安全、健康。一直到18世纪中叶工业革命后，随着工人运动不断高涨，才使有利于保障劳动者的安全、健康的法规得以产生。1802年，英国议会首先通过了10项限制纺织厂童工工作时间的《学徒健康与道德法》。接着在1833年颁布了世界上第一个《工厂法》，该法对工人的劳动安全、卫生、福利做了规定。

19世纪中期的德国工厂

19 世纪中叶以后，随着资本主义经济继续发展和各国工人运动的持续高涨，有关职业安全和卫生的立法逐步发展起来。在这个时期工厂立法的内容和范围有了较大的发展，除规定限制工作时间外，还增加了改善劳动条件等其他规定，如禁止雇佣童工、女工从事夜间工作，工厂及矿山的安全卫生条件和建立工厂检查制度等。适用的范围也逐步扩大，如英国在 1867 年和 1878 年通过的两个法规把 1832 年所颁布的《工厂法》的适用范围推广到雇佣 50 人以上的所有工业企业。

1884 年，德国实行了《工人补偿法》，规定对因工作事故而受伤或死亡的工人实行补偿，其影响遍及全欧。英国也于 1897 年颁布了《工人补偿法》，规定在某些特殊行业中，尤其是危险行业，工人由于各种事故受伤有权得到补偿。美国也酝酿制定、颁布了《工人补偿法》。但是资本家并没有积极采取措施改善劳动条件，以预防事故的发生。

近代教育的开展

在近代，为了改变穷人的处境和提高国民素质，各国开始重视兴办教育。

在法国，17 世纪末创建的基督教学校兄弟会负责对穷人进行教育。19 世纪初，爱尔兰基督教兄弟会也在爱尔兰的大部分土地上对穷人进行教育，他们的事业后来越过了边界线。在英国，慈善学校越来越多。除了这些有组织的学校外，还有个人兴办的学校。英国政府还出资资助教会办的学校。1880 年，英国颁布强制义务教育法，规定所有适龄的儿童都必须上学。

妇女解放运动

几乎在每一个文明民族，包括西方世界的文明民族中，妇女一直受男性的支配。长期以来，妇女天生的职业一直被看作是料理家务。妇女参与公共事务也受到限制，并且她们的行动自由由于受到父亲或丈夫的监护而受到约束。随同法国革命而来的是知识世界的变化和社会的变革。在这种气氛中，对男女不平等现象的批判开始了。在第一批倡导妇女新的社会作用的出版物中，有马奎斯·德·孔多塞的《论准许妇女行使独立自主权》(1790 年)，奥林匹亚·德·古热的《妇女和公民权利的宣言》(1791 年)，以及玛丽·沃尔斯通克拉夫特的《妇女权利的证明》(1792 年)。然而，甚至连革命的法国议院也不支持给妇女以更大限度的自由，却支持拿破仑在长期实行性别歧视的状况下制定的法国《民法》。

对妇女在社会中的作用问题的讨论始于 18 世纪。不久，各种假设体系中长期隐含的缺陷就显露出来了。19 世纪，围绕着妇女受教育权、就业权、财产处置权、道德独立权甚至衣着舒适权展开的辩论愈演愈烈。这些问题的提出本身就隐含着一场真正的革命，欧洲和北美妇女提出的权利要求，对几个世纪乃至上千年以来的制度构成了威胁，因为它们与根深蒂固的家庭观念相联系。

这种情形在 19 世纪中叶，尤其在 20 世纪开始发生变化。至少在西方世界，妇女已逐渐获得公民应有的政治上的平等，有权接受高等教育，从事报酬较好的职业并享有更大限度的个人自由，尽管许多人认为男女平等的发展进程还没有完成。在世界上一些年轻的国家和地区中，妇女首先获得了投票选举权，它是早期主张男女平等者的基本而重要的证明手段。这些地区是：北美的怀俄明（1869 年）、英联邦自治领的新西兰（1893 年）和澳大利亚（1902 年），以及新近独立的挪威（1913 年）。

1900 年，英国妇女仍没有选举权，但男子从 1884 年已有权选举。从此，妇女选举权组织致力于以和平方式争取"妇女选举权"，她们企图改变国会的法律，却遭受多次失败。1903 年，潘克赫斯特夫人坚信"要行动，不空谈"，创立了妇女社会和政治联盟。许多中产阶层的女青年都参与到争取妇女选举权运动中。

争取妇女选举权的妇女非常坚决，一旦遭逮捕，很多人会绝食。政府不想她们因此而死去，便强喂她们食物。这是十分痛苦的。妇女选举权运动的招贴画大事宣传，要每个人都知道这件事。1913 年，"鼠法"准许绝食的妇女出狱，但当她们身体好转时，又把她们监禁。双方都不肯让步。

1914 年，世界大战改变了一切。争取妇女选举权的妇女证明了自己能做各种工作。

妇女的新机遇

到了 1914 年，经济的发展使一些国家能够为妇女提供打字员、秘书、电话接线员、工厂工人、百货商店售货员、教师之类的新职业，这些职业在一个世纪以前的社会上几乎不存在。它们给妇女带来了事实上的巨大经济权的转移：妇女若有能力自行谋生，就踏上了一条最终将改变家庭结构的道路。出于对劳动力的需求，社会也在更大范围内向妇女提供职业，而工业社会中竞争的需要也很快地促进了女性职业化的发展。

与此同时，对于 20 世纪初日益增多的女孩来说，在工厂或商店找到一份工作，就意味着有机会摆脱父母的管束和婚姻苦役的陷阱。虽然大多数妇女到 1914 年尚未得益于此，但妇女就业和解放的进程却在加快，因为这种发展会刺激其他如教育、职业培训之类的需求。

地下动脉

1840 ~ 1880 年间，许多西方城市获得新的水供应并开始建地下水道。此类措施减少了霍乱等疫病的发生并极大地提高了城市生活质量。然而，与此同时，新技术对供水系统的压力不断增加。煤气街灯在该世纪早期推行，大约从 1880 年起，电力提供了更有效的能源，而电话则使通信革命化。

电缆和管道的地下迷宫逐渐地扩展以满足城市居民新的需求和期望。在马路上平行延伸着用以提供水、气和电力的供应线，不时地与路面下的分配系统联结。建筑和阴沟里的污水流入一个联合地下道；在更下层是一个下水道，接纳地表水；检查室提供了修理入口。在一些国家，这些服务设施还被辅以供应压缩空气以带动机器，以及用于中央供热。这些设施在地表上看不到，却是任何现代城市至关重要的生命支持系统。

城市建设

任何一个城市的现代性都可以由服务业的数量和质量来衡量，例如供热、照明、电话、空调等，这些是居民们认为理所当然的服务。通过提倡提高生活标准，城市自己创造了对此类生活福利设施的需求；同时，当对空间的压力增加，负责供应城市相应需求的设施也出现了问题。

在拿破仑三世统治下的商业革命中，产生了大量的大型商场。

大多数早期城市依赖河水来供水并处理废物。在几个世纪里，劣质而不规律的水供应以及街道上排泄物的恶臭是城市生活无法逃避的特征，而直到19世纪西方工业化国家城市人口激增时，规划者和工程师才开始严肃地处理卫生问题。

其中，古罗马的工程师对于从周围山地引水供应城市浴池和温泉，并冲刷地下水道的跨越式输水道是个了不起的例外，有些水道至今仍在使用。

服饰的变化

近代社会，资产阶级更加追求实用舒适的生活方式，从而引起了某些社会习俗的改变。人们的消遣活动、生活习俗发生了重大变化，陈规陋习和清规戒律被打破了，各种娱乐活动重新兴起。

随着人类的发展进步，服饰不仅成为人类生活的需要，还代表了一定时期人类文化的积淀。17世纪后半期，第一批时装商店出现在巴黎。1672年，在巴黎出现了第一本定期介绍服装式样的刊物《风流信使》，及时向世界各地传播巴黎的时装信息。1794年，伦敦出版的《时装画廊》刊登了服装设计效果图。1850年，英国的《时装世界》刊有服装裁剪图。19世纪末，法国人玛丽穿着她的英国丈夫设计的服装进行表演，成为世界上第一位服装模特儿。

17世纪的欧洲女服上身是紧身衣，下裙大部分采用裙撑，即使没有裙撑也要用肥大多褶的数层裙子来衬出细腰。18世纪，裙撑和紧身衣仍十分流行，但大裙撑使妇女行动非常不便。随着钢丝弹簧的出现，人们设计出后裙撑，使妇女终于可以自如地坐在椅子上了。

18世纪末，裙撑不再流行，女服开始趋向简朴。随着交通的发展，户外活动和旅行的增加，更轻便的女性服装也逐渐出现。19世纪末，随着妇女地位的提高，少数妇女像男子一样开始穿长裤。为了适应上流社会妇女参加体育活动的需要，轻便实用的款式丰富起来。缝纫机开始广泛用于服装制作，服装工厂在欧美大量出现，促使服装更进一步简洁化。

长期以来女服的中心在巴黎，而男服的中心则在伦敦，当时衣着考究的男士都是到伦敦定制服装的。英国工业革命后，男服逐步摆脱了法式男服繁琐华丽的特点，开始表现男子的绅士气派，并吸取军服的特点，向简洁、齐整方向发展。英国男服成为世界男服的样板。到了19世纪中叶，西装外套、马甲、衬衣、裤子成为男装的主流。

近代的童装基本上是成人服装的微缩型，没有儿童的特点，小男孩的服装与成年男子基本一样。水手服已经在孩子中流行起来，虽然它在童装中占有相当比重，但也只是当时水兵军装的翻版，改动不大，也没有多少儿童化趋向。

近代社会的闲暇生活

在欧洲，随着民族独立国家的财富不断增长，不仅反映在其城市的雄伟壮美上，而且也反映在这些城市居民的闲暇生活不断丰富。

中世纪的娱乐活动包括短期的集市、应时的游行或者是比赛等，在任何可以找到的场地上举行。到了近代，更多永久性的集合场地为了满足缺少欢娱的社会的需要而出现。从戏剧院到公共会堂，都大量出现了。通常这些结构都有运动的、娱乐的主题。也有一些地方，人们仅仅是为了相互见面而前往，如咖啡屋便为谈生意和窃窃私语提供了合适的气氛。欧洲新街道有着开阔的视野，是人们社会交往常去的地方。在伦敦，特别设计的娱乐花园中包括乐队、饭店、酒吧等。剧院也是大众集会和娱乐的场所。所有的这些都给人一种感性的刺激。

亚、非、拉美地区的近代社会生活

近代的亚、非、拉地区，伴随着殖民者的到来，传统社会制度受到强烈的冲击和破坏，殖民者不仅在政治上统治着殖民地，而且把欧洲先进的技术和文化传输进来。无论亚洲、非洲还是拉丁美洲，都不可避免地面临着传统与外来文化的冲突与融合的过程。这是一个影响重大的过程，其所造成的破坏性远大于殖民者对这些地区落后或愚昧习俗的改造。

欧洲殖民者的残酷掠夺对非洲产生了深远的影响。非洲原有的宁静生活被打破，经济、道德等方面不断衰落。虽然欧洲殖民者在客观上把西方的社会习俗传入非洲，促进了非洲在传统生活习俗等方面的改进，但给非洲带来的灾难却是无法估量的。

在亚洲，英国对印度的统治一方面给印度带来了深重灾难，另一方面，印度在英国的影响下，逐渐废除了杀婴、人祭、童婚和寡妇自焚等传统恶俗。法律上开始认可寡妇再嫁，印度上层的生活方式则更加西方化。

随着西方殖民者的入侵，鸦片大量输入中国。吸食鸦片在社会上成为一种风气，全面侵蚀着中国社会的肌体。工业文明和西方殖民主义的入侵，对中国的自然经济造成了巨大的冲击和破坏，但从总体上来说，在 20 世纪以前，中国人的社会生活没有发生革命性的变化，能够享受西方物质文明的主要还是人数很少的上层阶级。中国城市虽然有所发展，但进程非常缓慢，农村的变化就更小了。

日本在"明治维新"的推动下，社会生活变化很大。19 世纪中晚期，日本提倡学习欧美资本主义文明，吃西餐、穿燕尾服、理分发、跳交际舞、兴建洋楼。但是日本政府同时注意保持民族传统的教育。

随着西方殖民时代的到来，欧洲的家畜如马、牛、山羊影响和改变了北美印第安人的生活方式。同时，随西、葡殖民者而来的天主教也在拉丁美洲传播开来。

总之，到了近代社会的晚期，资本主义的发展扩大了资本主义世界与非资本主义世界的差距。遭受殖民奴役的广大亚、非、拉美等地区，社会生活的变化比起西欧要缓慢得多。

欧洲的饮食习惯

在中世纪的欧洲，每个用餐者面前都有一些没盖盖的大盘子，里面装着大块的肉，如果想吃，就自己用刀割下一块，然后用手抓起来塞进自己的嘴里。但是到了 1700 年，吃饭变得有序了，也开始用餐具了。

在欧洲，用餐的桌椅和用餐方式的讲究是伴随着职业中产阶级的崛起而发展起来的。但在其他一些文化中，那种复杂的用餐方式早就存在了。

第一次世界大战

"一战"前的军备竞赛

20世纪初，新兴的帝国主义国家德国与老牌帝国主义国家尤其是英国争夺世界市场和世界霸权的斗争日益激烈。双方拉拢盟国，在欧洲逐渐形成了两大军事对抗集团：以英国、法国和俄国为主的协约国集团与以德国、奥匈帝国和意大利为主的同盟国集团。两大集团疯狂扩充军备，掀起了军备竞赛。

当时协约国及其殖民地总人口为7亿，可动员陆军兵力达977万；德奥两国及其殖民地总人口只有1.3亿，可动员陆军兵力643万。但德国军事工业发达，战争准备也比较充分。

英国海军为了保持优势，建造了先进的无畏舰，德国海军不甘落后，奋起直追，两国在海军上展开了军备竞赛。到1914年，英国拥有21艘无畏舰，而德国只有13艘。英国拥有的大型战舰总数达177艘，德国则只有87艘。为了弥补不足，德国拼命发展潜艇、鱼雷和水雷等。

截止到"一战"前，德国常备军扩充至87万，法国达80万，沙俄则准备增加到230万。随着军备竞赛的不断升级和各种矛盾日益激化，终于引发了第一次世界大战。

三国同盟

进入19世纪后期，第二次工业革命开始兴起，科学技术突飞猛进，社会生产力得到了极大的提高，人类进入了电气时代。欧洲各国的工业和经济再次跨上了一个新台阶，逐渐形成了垄断资本主义，各国开始向帝国主义过渡。但它们之间的发展是不平衡的，英、法等老牌资本主义国家发展速度较慢，而新兴的美国、德国发展速度很快，成为世界排名第一、第二的资本主义工业大国。由于帝国主义国家之间的发展不平衡，它们之间的矛盾也在加剧。各国为了自己的利益，纷纷寻找对策。

普法战争后，为了防止法国东山再起，德国首相俾斯麦勒索了法国50亿法郎的巨额赔款，并且强行割走了矿藏丰富的阿尔萨斯和洛林地区，企图让法国"流尽血"。德国凭借着这些资源和资金，迅速跃升为世界第二工业大国。但出乎俾斯麦意料的是，法国人卧薪尝胆，奋发图强，不仅没有一蹶不振，反而恢复了元气。法国人为了报

结成同盟的德、奥、意三国君主画像

仇雪耻，在不断扩充军备的同时，还四处寻找盟友，共同对付德国。

面对法国咄咄逼人的复仇计划，惊恐万分的德国人没有坐以待毙，俾斯麦也开始四处拉拢盟友，对抗法国。

恰好这时，奥匈帝国和俄国在巴尔干问题上发生了争吵。原来两国都对巴尔干半岛上的波斯尼亚和黑塞哥维纳地区垂涎三尺，俄国凭借着强大的实力，四处宣扬"大斯拉夫主义"（波斯尼亚和黑塞哥维纳的居民和俄罗斯人同属斯拉夫人），企图把奥匈帝国的势力排挤出去，独占巴尔干半岛。德国不愿意看到俄国过于强大，害怕它威胁到德国，再加上德国和奥匈帝国同属日耳曼民族，所以德国在巴尔干问题上支持奥匈帝国。两国联手，开始排挤俄国的势力，使俄国吞并波斯尼亚和黑塞哥维纳的计划落空。为此，俄国对德国怀恨在心。

1879年8～10月，德国首相俾斯麦与奥匈帝国的外交大臣安德拉西在维也纳秘密会谈，缔结秘密军事反俄条约——《德奥同盟条约》。这个条约的主要内容是：如果德、奥两国中一国遭到俄国的进攻，那么另一国应以全部的军事力量进行帮助；如果其中一国遭到另一个国家（暗指法国）的进攻，那么另一缔约国应对其盟国采取中立；如果进攻的国家得到俄国的支持，那么两国应动用全部的军事力量联合作战；如果遭到法国和俄国的联合攻击，那么双方则要共同作战。由此，德国和奥匈帝国正式结盟。

和奥匈帝国结盟后，俾斯麦还不放心，他总觉得力量还有些单薄，于是又把目光投向了意大利。意大利自从1870年统一后，资本主义得到了迅速发展，国家的实力迅速增强。为了扩大自己国家的产品销售市场，意大利急于开拓海外殖民地，首先看上了和自己一海之隔的北非明珠突尼斯。但法国人也想占领突尼斯，两国争执不下。狡猾的俾斯麦看准了这一点，找上了意大利，表示在突尼斯问题上德国支持意大利。但紧接着他又找到法国，暗示德国不反对法国人占领突尼斯。法国人喜出望外，于1881年出兵占领了突尼斯。当时在突尼斯有很多家意大利企业和两万意大利侨民，意大利政府早已经把突尼斯当成了到嘴的肥肉，不料却被法国人占领了。可是法国的实力比意大利强大，单凭自己的力量，意大利讨不到什么便宜。这时俾斯麦抛出了橄榄枝，极力拉拢意大利。为了报复法国，丧失了地中海优势的意大利同德国的关系开始密切起来。

但意大利和奥匈帝国有领土争端，两国素来不和。在德国的调解下，两国终于坐到了一张谈判桌前。1882 年 5 月，德国、奥匈帝国和意大利三国在维也纳签订了同盟条约。条约规定，如果意大利遭到了法国的攻击，那么德国和奥匈帝国应以全部的军事力量援助；如果德国遭到了法国的进攻，那么意大利也应以全部的军事力量进行援助。如果缔约国中的一国或两国遭到了两个或两个以上的国家（暗指法国和俄国）的进攻，那么三国要动用全部的军事力量协同作战。但意大利还有一个附加条件：如果英国进攻德国或奥匈帝国，意大利则不予援助。就这样，三国同盟正式形成。

三国协约

随着德、意、奥三国关系日益密切，英、法、俄三国也随之走到了一起。

当新兴资本主义国家迅速崛起的时候，老牌资本主义国家也奋力争夺地盘，尤其是英、法两国，与德国之间的摩擦与日俱增。为此，英、法两国都开始在世界范围内寻找可以并肩作战的盟友。

其实，明眼人都能看出，三国同盟的主要针对对象是法国，看到这三个国家的矛头直指自己，法国怎么能不着急呢？于是，心急如焚的法国开始把眼光盯上了德国的邻邦俄国。

1879 年，为了对付俄国在巴尔干地区的扩张，德国与奥匈帝国在维也纳签订《德奥同盟条约》。俄国本来就对德国相当仇恨，现在看到德国公开与己为敌，自然气愤得很。这一切都被法国看在眼里，法国认为拥有广阔疆土的俄国足以使自己单薄的力量增加不少，于是开始对俄国进行拉拢。

1888 年，法国向俄国贷款 5 亿法郎，次年又向俄国贷款 19 亿法郎，此后，又相继向俄国贷款数次。到 1893 年双方签订条约时止，法国已累计向俄国贷款 100 多亿法郎。

看到法国对自己如此仗义，俄国感激涕零，而且俄国也早想找一些同伴与自己一起承担德、意、奥三国联合带来的危险。在这种情况下，法、俄两国军事首领于 1892 年签订了秘密的军事协定，这一协定在 1893 年 12 月 15 日和 1894 年 1 月 4 日分别得到了两国政府的批准。协约规定，如果意大利或奥匈帝国在德国支持下进攻俄国，法国应与俄国并肩作战。

虽然与俄国签订了军事协定，但法国还是觉得没有安全感，于是，又开始寻找盟友。找来找去，法国觉得只有英国才算得上是一个好帮手。虽然此时的英国已经没有了昔日的辉煌，但依然是世界上数一数二的强国。而这时，英国也正遭受着来自德国的威胁。

迫于形势，不久之后，英国就对法国的拉拢做出了反应。1903 年春，英王爱德华七世访法，这次访问是英、法亲善的开端。同年 7 月，作为礼尚往来，法国总统回访英国。1904 年 4 月，英法两国在伦敦签订了一项瓜分殖民地的协约，协约规定，英国承认法国在摩洛哥有维护安全和协助改革的权力，法国也不干涉英国在埃及的行动；英国把西非的一些殖民地让给法国，法国则放弃在纽芬兰的捕鱼权。协约中，英、法两国还划定了在暹罗（今泰国）的势力范围。通过协约，英、法两国的矛盾基本解决，双方利益开始趋向一致。

法国同英国签订条约以后，想到英国与俄国之间有着很深的矛盾，怎样才能使它们两国尽释前嫌呢？没料到，不等法国出面，英国便调整了与俄国之间的关系。因为日俄战争和1905年革命，俄国在财政上越来越依赖英、法两国，虽然当时俄国在近东、中亚和远东地区都与英国有利益冲突，但比起与德国的矛盾，就显得微不足道了。1907年8月，英、俄两国在圣彼得堡签订了分割殖民地的协定，协定规定：俄国承认阿富汗在自己的势力范围之外，并承认英国代管阿富汗的外交；波斯（今伊朗）东南部划为英国势力范围，北部为俄国势力范围；等等。

英、法协约和英、俄协约，加上法俄同盟，标志着三国协约正式形成。三国协约没有像三国同盟那样签订一项共同条约，俄、法两国是负有军事义务的同盟国，但英国则无须承担这种军事义务。

三国同盟和三国协约两大帝国主义军事集团形成以后，扩军备战成了他们的当务之急。复杂的国际关系日趋紧张，局部战争接连发生，最后终于导致了1914年第一次世界大战的爆发。

1918年"一战"结束，德国投降后，同盟国瓦解，美、英、法、日等帝国主义国家曾以协约国的名义向苏俄发动了三次武装干涉。随着各帝国主义国家之间矛盾不断加深，协约国也逐步瓦解。

第一次巴尔干战争

20世纪初，巴尔干半岛成为欧洲列强争夺的焦点。1912年9月，保加利亚、塞尔维亚、希腊和黑山结成巴尔干同盟。10月9日，同盟在俄国支持下对土耳其宣战。由于同盟军是为民族解放而战，士气旺盛。经过激战，塞尔维亚和黑山两军占领马其顿和亚得里亚海沿岸，保加利亚军队控制了君士坦丁堡以西地区，希腊军队进占爱琴海诸岛；土耳其军队则败退到埃迪尔内、约阿尼纳和斯库台等地。11月3日，土耳其被迫请求欧洲列强进行和平调解。同盟国得到俄国支持，土耳其则得到德国和奥匈帝国支持。在大国干涉下，直到1913年5月30日双方才签订了《伦敦和约》。这次战争具有进步的民族解放的性质，土耳其几乎丧失了其欧洲地区全部领土，巴尔干各国人民从此摆脱了土耳其的长期封建统治。

第二次巴尔干战争

第一次巴尔干战争结束后签订的《伦敦和约》，不仅没有消除巴尔干各国之间以及帝国主义列强的矛盾，反而使这些矛盾更加激烈和复杂化。巴尔干同盟各国因战果分配不均，也导致矛盾激化：保加利亚企图独占马其顿；塞尔维亚没有得到亚得里亚海出口，要求在马其顿得到补偿；希腊企图扩大在马其顿的占领区；罗马尼亚则要求从保加利亚获得南多布罗加。德国和奥匈帝国利用巴尔干各国间的矛盾，极力煽动保加利亚反对其他盟国。

1913 年 6 月 29 日，保加利亚国王斐迪南的军队在奥匈帝国的唆使下突然向塞尔维亚、希腊、黑山 3 个同盟国发动进攻，第二次巴尔干战争爆发了。不久，罗马尼亚、土耳其两国相继向保加利亚宣战。保加利亚的军队屡战屡败，首都索非亚也被联军包围导致全线溃败，于 7 月 13 日被迫求和。同第一次巴尔干战争一样，在经过各国的讨价还价和列强的干涉后，1913 年 8 月 10 日，保加利亚与塞尔维亚、希腊、黑山、罗马尼亚 4 国签订《布加勒斯特和约》。

9 月 29 日，保加利亚、土耳其两国又签订《君士坦丁堡和约》。战败国保加利亚丧失了在第一次巴尔干战争中所分得的大片土地。这次战争，导致欧洲列强之间的矛盾进一步激化，加速了第一次世界大战的爆发。

萨拉热窝事件

萨拉热窝是 1908 年被强行并入奥匈帝国的波斯尼亚的首府，居住在这里的塞尔维亚人有着强烈的反对奥匈帝国统治的民族情绪。

1914 年 6 月 28 日，奥匈帝国军队在波斯尼亚举行夏季演习，皇储弗兰茨·斐迪南夫妇前来检阅。贝尔格莱德的大塞尔维亚秘密爱国军人组织"黑手党"便积极行动起来，准备刺杀斐迪南，以打击奥匈帝国的侵略气焰。这天上午 10 时，斐迪南夫妇在检阅完军事演习之后，乘坐敞篷汽车进入萨拉热窝城内，车上还坐着波斯尼亚总督波多列克。当汽车驶近一座桥时，混在路旁人群中的黑手党成员查卜林诺维奇突然冲出来，投掷了数枚炸弹，司机见状加足马力，结果炸坏了跟随其后的一辆汽车，一个军官和几名群众被炸伤。斐迪南仍硬着头皮说："先生们，我们继续前行吧！"于是车队继续向市政府驶去。在参加完市政府举行的欢迎仪式后，斐迪南一行驱车返回，在街口的拐角处，被早已等候在那里的另一名黑手党成员、爱国青年普林西匍连发两枪，一枪击中斐迪南的颈部，一枪击中其夫人索菲娅的腹部，奥国皇储夫妇就这样被打死了。

萨拉热窝事件给了蓄谋发动战争的帝国主义尤其是德、奥以伺机寻衅的借口。德奥加紧策划，俄法也积极应战，人类历史上一场前所未有的血腥战争就以萨拉热窝事件为导火线拉开了序幕。

描绘斐迪南夫妇被刺场面的图画

第四章 近代史（下）

施蒂芬计划

萨拉热窝事件后，第一次世界大战全面爆发。其实，早在 1905 年时，德国就制定了大战的作战计划。这一计划由德国的总参谋长施蒂芬提出并制定，所以在历史上被称为"施蒂芬计划"。由此可见，德国发动大战是蓄谋已久的。

"施蒂芬计划"制定以后，受到了德皇的重视，后来又经过反复论证、补充、修改，遂成了德国发动大战的基本蓝本。施蒂芬在这一方案上可谓下了一番功夫，把德国的作战分为东西两线，战略重点放在了西欧，即西线，因此西方大国如英、法等国成了德国的假想敌。在西线，采取先发制人的手段，集中优势兵力进行"闪电战"，经比利时突袭法国，然后再迂回到东线，集中力量对付俄国。按照"施蒂芬计划"，如果一切顺利的话，赢得这场战争只需要三四个月的时间。但是，施蒂芬可能忘了一句话：计划赶不上变化。他所计划的一切，不久之后就成了泡影。

毛奇作为继任的参谋总长，按"施蒂芬计划"部署了整个战争。当然，毛奇也和德皇一样，认为施蒂芬这一计划简直是上天给德国的一个机会。

1914 年 8 月 4 日早晨，在埃米希将军的率领下，德国第一、第二两个集团军迅速越过比利时国境，向纵深方向挺进。"施蒂芬计划"开始实施了。

德军攻打比利时的第一站是列日要塞。这里地势险要，易守难攻，比利时派了 4 万人在这里驻守。比利时是一个小国，从建国以来就没有打过仗，埃米希将军自恃有强大的军队，相信比利时军一定会缴械投降的，便派了一个使者去见比利时指挥官勒芒将军。

"勒芒将军，我奉德国埃米希将军的命令来督促贵国投降。如果你们让我军通过贵国，德国将给贵国最高的荣耀。否则，我军将会踏平比利时。"使者满以为自己的一番话能恐吓住勒芒将军，可他错了。

"是吗？比利时是中立国家，你们竟敢违背国际公法来侵略我国，不要以为比利时国小势弱就会怕了你们，我们誓死要守住要塞。"勒芒将军慷慨激昂地对傲慢的使者说道。

临走前，使者恶狠狠地瞪着勒芒将军："好吧，那你们就等着大炮和飞机的袭击吧。"

使者回到德军驻地，把勒芒将军的态度对埃米希陈述了一番，埃米希顿时火冒三丈，立即命德军大炮轰击列日要塞的炮台，并派飞机在列日要塞上方投下了十几颗炸弹。接着，德陆军像潮水一样冲向了列日炮台。但是，在比利时军队的反击之下，德军没有攻下一个列日炮台，只是白白地葬送了几千人的兵力。

最后，德军不得不调来一门巨型攻城榴弹炮，这是当时威力比较大的炮，口径要比协约国的大炮大。随着爆炸声四起，列日要塞上的炮台顿时化为一片瓦砾。埃米希立即命令德军穿过列日要塞，向法国北部挺进。

根据"施蒂芬计划"，毛奇还在阿尔萨斯、洛林地区筑起深壕，布置少数德兵，按兵不动，以逸待劳，借以吸引法国部队，迷惑法军。别看这是虚的一招，但它可是"施蒂芬计划"中的关键步骤。施蒂芬当时想出了很多应急战略方案，唯独没有改变这里的部署，甚至在他临死时还再三嘱咐不要削弱他的右翼纵队。

不过，毛奇虽然在右翼部署了兵力，却把原本70个师的兵力设想削弱了很多，这也是"施蒂芬计划"最后破产的一个关键因素。

法军总司令霞飞将军接到德国主力向法国北部扑来的消息后，忙率法军主力从东北出击，直取阿尔萨斯和洛林地区。正当法军为收回40多年前割让给德国的土地而沾沾自喜时，英军和法军第三、四集团军败退的消息传来了。

按当时表面上的情况看，"施蒂芬计划"的确像是马上要成功了，但实际上，法军也正因为躲开了德军而保存了主力。毛奇将军看到眼前巨大的胜利，不由得得意忘形起来，把主力分为几路进攻法国，还调出两个军去东线对付俄国，这无疑是给了法军可乘之机。霞飞将军把法军主力调到左翼，造成对德军的犄击之势。

9月5日，德、法两军在马恩河遭遇，进行了为期近5天的"马恩河"大会战。此后，双方进入了对峙阶段。正是"马恩河"会战粉碎了德军速战速决的作战计划，使得"施蒂芬计划"彻底破产。

第一次世界大战爆发

自萨拉热窝事件后，1914年7月5日，德皇威廉二世在波茨坦亲自接见了奥匈帝国大使赛根尼，表示德国希望奥对塞尔维亚采取坚决行动。在协约国方面，沙俄表示支持塞尔维亚，以避免损害它在巴尔干半岛的利益，法国表示誓做俄国的后盾。英国则保持暧昧态度，使德国下了发动战争的决心。

奥匈帝国于7月23日向塞尔维亚政府发出最后通牒，限令塞尔维亚于48小时内做出答复。塞尔维亚作了最大限度的让步，除对通牒的极少数内容有所保留外，准备全部接受条件。可奥匈仍于1914年7月28日，向塞尔维亚发出宣战的通电。

紧接着，欧洲列强纷纷宣战。8月1日，德国对俄国宣战，同日，德国向法国发出最后通牒，并于8月3日向法国宣战。英国以德国破坏比利时的中立为由，于8月4日向德宣战，6日奥匈向俄宣战。后来日本向德国宣战，出兵占领中国山东；意大利从同盟国转向了协约国；美国、中国等也参加了协约国；土耳其、保加利亚则加入同盟国方面作战。大战终于全面展开，遍及欧、亚、非三大洲，前后有33个国家、15亿以上的人口卷入了这场疯狂的大屠杀。人

法国"一战"纪念碑

类历史上第一次真正的世界大战开始了。

马恩河战役

1914 年 8 月 4 日，德军第一、第二集团军先头部队在埃米希将军的率领下，于 8 月 16 日占领列日。不久，德军攻占了比利时首都布鲁塞尔。随后，根据"施蒂芬计划"，德军兵分五路，直扑法国北部。法军总司令霞飞立即命令法军向东北出击，准备乘机收回阿尔萨斯和洛林。而德军在撤退后，迅速展开了猛烈的反攻，法军全线溃退，法国政府被迫迁到波尔多。此时德军参谋总长毛奇迫不及待地下令兵分几路进攻法军，企图全线击溃法军，又抽调了两个军到东线去对付俄国，改变了"施蒂芬计划"，使德军右翼的进攻力量从 16 个军减少到 11 个军，在数量上少于法军。

同时，法军改变了战略部署，对德军形成两面夹攻之势。9 月 5 日，英法联军在巴黎以东的马恩河畔 200 千米的战线上与德军展开大战，双方投入兵力总计 150 多万人。9 月，德军全线退却，死伤 21 万多人。此后，在广大西部 700 多千米的战线上，双方由运动战转入旷日持久的以壕堑掩体相对峙的阵地战，整个西线战争进入了相持状态。此役一结束，毛奇就告诉德皇说："陛下，我们已经输掉了战争！" 9 月 14 日，毛奇被解除参谋总长的职务。

加里西亚战役

1914 年至 1915 年冬季，交战双方的视线转移到加里西亚战线上，在那里，俄军为夺取喀尔巴阡山隘而进行顽强的战斗。3 月 22 日，奥匈驻守普热密斯尔要塞的 12 万军队投降了。但是俄军的武器弹药已经不足，特别是缺乏炮弹。到了 4 月中旬，俄军转攻为守。

不久，德军对俄国西南战线大举进攻。按照德国指挥部的意图，这次战役的最初目标是消除俄军侵入匈牙利平原的威胁。但是到了后来，它已经发展成为战略"钳子"的一环了。这个战略"钳子"就是从喀尔巴阡山和东普鲁士同时出击，首先包围在加里西亚和波兰的全部俄军，然后加以消灭。德军从西欧战场抽调几个精锐军，新编一个第 11 集团军。他们决定在戈尔利查地区突破俄国战线。在突破地段，德国大炮比俄国多 5 倍，如果按重炮来说，则多 39 倍。俄军阵地没有良好的工事，后方阵地则完全没有防备。5 月 2 日，德军突破了俄军战线。俄军指挥部赶紧把部队撤到新的地区，而让他们与优势敌军进行徒劳无益的血战，这种战术上的错误使俄军处境更加困难，最终被德奥联军远远赶到东方去了。5 月末，普热密斯尔要塞易手；6 月 22 日，俄军失掉里沃夫城。同时，德军对俄国战线的北翼也展开攻势，占领丁利巴瓦（利帕雅）。6 月末，德国最高统帅部企图实现"钳"形夹攻俄军的计划。他们打算使右翼从西布格河和维斯拉河进击，使左翼从纳列夫河下游进击。可是，兴登堡和鲁登道夫所设计的"坎尼会战"并没有实现。俄国最高统帅部决定撤兵，摆脱德国准备好的夹击，并放弃波兰。7 月 13 日，德军进攻开始，8 月初占领华沙，然后又占领新格奥尔古耶夫斯克（莫德林）。9月下旬，德军的进攻缓慢下来。1915年末，形成西德维纳河—纳罗奇湖—斯泰尔河—杜布诺—斯特雷巴河战线。

虽然1915年德奥两国把一半以上兵力集中到俄国战线上，可是俄军并没有失去作战能力。但是沙俄的惨败暴露出其军事组织的一些缺点和国民经济的落后性，使士兵和群众蒙受巨大的牺牲。开战以来，俄国折兵300余万，其中阵亡达30万。

凡尔登"绞肉机"

1916年初，随着"施蒂芬计划"的破产，德国不敢贸然深入俄国，就将战略重点转移到法国。此时，法国军队已苦战一年半。位于马斯交通要道上的凡尔登是法国前线中最大的交通枢纽，也是法军重要的军事要塞，德军决定在这里给法军以突然打击。这是德军新任参谋总长法金汉提出来的战略方针，他说："在这场战役中我们要让法国人把血流尽！"他认为凡尔登是法国绝不敢也不愿放弃的一个重要军事基地，对它施以攻击，法国就会向那里投入全部兵力，这样，德国才有机会使法国在军事上崩溃，从而迫使其投降。

此时的法军总司令霞飞因备战索姆河战役而无暇顾及凡尔登要塞，驻守要塞的兵力只有4个师10万人，270门大炮。凡尔登要塞的防御工事异常坚固，由4道防御阵地组成，其中前3道是战壕、掩体、土木障碍和铁丝网等野战防御工事，第4道防御阵地则由永久工事和两个堡垒地带构成。

德军总参谋长法金汉意识到负责进攻凡尔登的德国皇太子不可能仅通过一次奇袭就能攻取要塞，于是准备在凡尔登与法军进行一场消耗战，用一场规模空前的炮轰，以最小的代价取得实质性的初步胜利，以挫败法军士气，进而剿杀法军的一切反攻。

1916年2月21日早晨，法金汉调集10个师27万兵力、近千门大炮和5000多个掷雷器，以数量和力量均压倒法军的优势分布在12千米长的前沿阵地上。7时许，德国炮兵开始实施强大的炮火攻击。铺天盖地的炮弹倾泻在法军的野战防御阵地上。德国的新式武器——大口径的攻城榴弹炮将一颗颗重磅炮弹射向坚固的工事；掷雷器发射的装有100多磅炸药和金属碎片的榴霰弹，将法军堑壕夷为平地；小口径高射炮使法军惊慌失措；喷火器则把法军前沿阵地变成火海。持续了八个半小时，经过200万发炮弹的轰炸，德军把要塞附近三角地带的战壕完全摧毁，森林被烧光、山头被削平，法军前沿完全暴露出来。炮火刚息，德军步兵便以纵深战斗队形以散兵线分梯队向法军防线冲击。虽然士气高昂的法军凭借剩余工事奋勇抵抗，击退了德军的一次次进攻，第一道阵地还是被德军占领。德军随后又进行了4天的轰炸，攻占了法军外围据点之一的杜奥蒙特堡，但德军的伤亡也远超战前的预料。

杜奥蒙特堡的失守，使法军统帅霞飞如梦初醒，他一面命令守军不惜一切代价死守阵地，一面命令最优秀的将领贝当增援凡尔登。

贝当在马斯河左岸加强法军的炮火力量，用法国的新式武器轻机枪和400毫米超级重炮装备部队，重振士气。并在前沿阵地划定一条督战线，后退者格杀勿论。

整个凡尔登成了屠杀场，枪炮、喷火器、毒气弹则成了残酷的屠夫。德军的伤亡也达到了极限，前沿阵地堆满尸体。到 7 月份时，双方仍相持不下，德军仅前进了七八千米，不过已攻下沃克斯堡。

眼看凡尔登要被攻破，此时，俄军突破了奥匈防线，英法联军则在索姆河战役中击败德军，这迫使法金汉分兵火速去救援。

1916 年 10 月 24 日，法军开始反攻。他们采用小纵队分散指挥的战术，迅速收回了杜奥蒙特和沃克斯堡，德军被迫撤出凡尔登。

凡尔登战役，法军几乎投入了全部军力，德军也有 44 个师加入战斗，双方伤亡人数超过 70 万人，被称为战争史上的"绞肉机"。法金汉不仅使法国流尽了血，而且也使德国把血流尽了，回国后便辞去了总参谋长的职务。

凡尔登战役是第一次世界大战中具有决定性意义的一次战役，虽说德军达到了消耗法军的目的，但自己也遭到无法弥补的人力、物力上的巨大损失。德军士气从此低落下去，各条战线的困境日益加重。这次战役中，德法双方竞相使用新武器，但德军的正面突击战术并没有攻破野外堑壕等防御工事，这也越来越使人们认识到炮兵的重要。

索姆河战役

第一次世界大战期间英、法联军在法国索姆河地区对德军发动的进攻战役。作战计划于 1915 年底制定。1916 年 6 月 25 日，英法联军开始炮击德军阵地，7 月 1 日，英、法军队发起进攻。英军损失巨大，到 7 月 10 日伤亡近 10 万人。法军在南岸取得一定的进展，形成消耗战。9 月 15 日，英军首次使用新武器坦克发动强大攻势，但德军拼命抵抗，致使英军未能取得战略突破。11 月中旬，因天气恶劣和物资耗尽，战斗停止。该战役双方共投入 150 个师、近万门火炮、1000 架飞机。联军夺回 240 平方千米的土地，但双方伤亡巨大，法军损失 34 万人，英军损失 45 万多人，德军损失 65 万多人。联军虽未实现战略计划，但显示了军事和经济方面的优势，掌握了制空权，并减轻了凡尔登的压力。德军兵员难以补充，士气从此低落。该战役与凡尔登战役成为"一战"的转折点。

日德兰大海战

第一次世界大战期间，英国凭借着强大的海军优势对德国进行海上封锁，保护协约国的海上交通，制止德国对英国的入侵，并企图在有利的条件下与德国海军主力决战以消灭敌人。1916 年 4 月 25 日，德国海军袭击了英国的大亚茅斯和洛斯托夫特港口，英国对德国的封锁更为严密。为摆脱英国海军封锁带来的困境，德国海军决心与英舰队决战。

1914 年至 1916 年初，面对英国的海军优势，德海军决定采取保存舰队力量，避免重大损失，同时不断制造机会削弱英舰队力量的策略。运用诱使英军部分兵力出海，

日德兰海战情形

交战中，德军射击技术和舰艇操作水平较高，"同时转向"战术运用娴熟，但舰队实力处于劣势；英军虽握有主动权，但行动不坚决，也失去歼敌良机。

集中优势力量给予沉重打击的战术，不断袭击英军，但并没有解除英国的封锁。

1916年5月30日，英军截获了德军的无线电报，破译密码后才知道德海军对英舰队有行动。原来新上任的德国大洋舰队司令冯·舍尔仍以诱敌深入的策略，意图将英舰队引至日德兰以西海域，并在此设伏袭击英舰队。

英海军上将约翰·杰利科勋爵认为这是歼灭德海军主力的好机会。于是他派贝蒂率领一支诱敌舰队驶离苏格兰罗塞斯港口，自己亲率主力埋伏在奥克尼群岛斯卡帕弗洛海军基地的东南海域。

5月31日，英诱敌舰队发现德诱敌舰队，双方开始了火力轰击。英舰队利用其战舰速度快而灵活的特点疾速前进，企图插入德诱敌舰队的后方，截断其后路。殊不知德海军主力尾随在其后不远的海域，英诱敌舰队陷入了德军的南北夹击之中，只好发无线电报求救。

德军舰艇采用了新式全舰统一方位射击指挥系统，所有炮火一齐发射，炮弹攻击点范围小，精确度高，给英舰队造成了很大麻烦，两艘英舰相继被击沉。战势对英诱敌舰队越来越不利，加上德军主力也扑了上来，英舰队急忙后撤。

危在旦夕之际，接到求救电报的英主力舰队先后赶到。德驱逐舰分别出击迎敌，英驱逐舰为保护战列舰也冲在前面，双方轻型舰展开了搏斗，英军被动局面逐渐改变。德国凭借舰船的水密结构设计和炮塔防护的坚固防御，频频向英军发起猛攻。英军也不示弱，利用航速快的优势，从容躲过德军鱼雷的攻击，并切入德舰队和赫尔戈兰湾之间，

> **战列舰**
>
> 随着蒸汽动力在军舰上的应用，海军理念也发生了变化，各国开始追求大吨位的战舰，其主要体现在战列舰的大量应用上。战列舰是一种可以在远洋活动，装备大口径火炮和厚重装甲的战舰，主要靠大炮作战。这种战舰的排水量在3万吨以上，主炮和副炮加起来有100多门。由于重量惊人，所以航速较慢，但杀伤力大。战列舰是19世纪末期出现的，一度成为海军的主力作战力量。但是在日德兰海战中，战列舰的缺点暴露无遗，逐渐被巡洋舰取代。尤其是"二战"时期，巨大的战列舰在航空兵的打击下几乎毫无还手之力，英国最大的战列舰"威尔士亲王号"和"反击号"的沉没便给人们上了生动一课。从此战列舰退出了历史舞台，让位于航空母舰。

切断德军退路，对德舰队形成包围之势。

31日深夜，英军调集大批驱逐舰和鱼雷艇对德舰队进行夜袭。为躲避英军鱼雷的攻击，德舰队全部熄灯，并不停地移动位置。在四周小艇的保护下，战列舰和驱逐舰在黑暗中向英舰队发炮。

英舰队仍陆续向日德兰海域集结援军，德国海军上将舍尔认识到，如果夜间不能突围，天明后德军会遭到毁灭性打击。于是他利用灯光和无线电密码发出突围命令，率领舰队突破英舰队炮火和鱼雷的封锁，向赫尔戈兰湾撤退，疯狂的英舰队则紧追不舍。当接近赫尔戈兰湾时，前面的战舰误入水雷区，再不敢贸然向前追击，杰利科只好下令返航。

这次海战是第一次世界大战中规模最大的海战。英军损失战舰14艘，德军损失11艘。事后双方都声称自己是胜利者，但德军舰队仍被封锁在港内，英海军继续控制着北海，掌握着制海权。

日德兰海战也是历史上最大的海战之一，是大舰巨炮主义的高潮。未打破英军封锁的德国舰队不敢出海作战，名存实亡，英国进一步巩固了其在北海海域的霸主地位。这次海战也送走了铁甲舰队海战的旧时代，同时揭开了人类海战史上的新篇章。

日德兰海战使各国认识到只有注重生存力的战舰才能在海战中存活，各国军舰开始吸取德国军舰的水密结构和炮塔防护等优点，研发新型海上工具武器，探索新的战术战法。

无限制潜艇战

1916年年底，保罗·冯·兴登堡任德国总参谋部总参谋长。凡尔登战役的失败使德国兵力损失严重，为了扭转这一惨状，兴登堡决定寻找一条可以弥补损失的途径。

所有该用上的武器都用上了，还有什么可以利用的呢？为此，兴登堡大伤脑筋。

"参谋长，依我看，我军只能动用潜艇了。英国的商队已经被削弱，说不定我们能在潜艇上给它重创。"德国军事分析家向兴登堡提议。

不久，在一次军情分析会议上，德国海军上将亨宁·冯·霍尔岑多夫发表了他的观点："我们必须把中立国的船队从英国赶走，如果单靠英国的商船运粮的话是很难供应英国军队的，就算美国依然给英国援助，但也如杯水车薪，根本解决不了问题。"

停顿了一下，霍尔岑多夫接着说："如果我们在1917年2月取消对潜艇的限制，并且能击沉60万吨位的商船，那么5个月后英国人就得投降了。"

"但是，如果英国人组织军舰护航，那我们怎能应付得了呢？"一些人提出了他们心中的疑虑。

霍尔岑多夫笑着并且信心十足地说："难道英国人是在等我军行动了再组织吗？这证明他们根本就没有此计划。而且，我军潜艇的性能足以克服协约国在反潜战上的任何改进。"德军其他高级军官纷纷被霍尔岑多夫说服了，频频地点着头。

由此，德国破坏了国际公约，开展了不分国别、不分军用还是民用的无限制潜艇战。

1917 年，德军派潜艇通过水雷密布的英吉利海峡进入英国西部水域。由于当时的英国防范措施不是太严，德军的这一冒险成功了。第一步计划得逞之后，兴登堡又派其他潜艇到英吉利海峡和北海作战。潜艇投入战争不久便取得了战果，被击商船的数量直线上升，如果按着这种沉船速度继续下去，英国的确会像霍尔岑多夫说的那样被迫投降。但是，这场战争的继续发展使情况发生了变化，美国不久后对德宣战，美国的参战成了"一战"中同盟国战败的主要原因。

到底是什么迫使美国人对德宣战的呢？美国在战争之初不是保持中立的吗？这还得源自德军潜艇的一次"失误"。

"U-2"潜艇的艇长瓦尔特很早以前就接到了上级的命令，通知他在 1915 年 2 月 18 日对在英国和爱尔兰领海发现的敌国和中立国商船予以击毁。对于这种任务，瓦尔特认为终于可以大显身手了，不禁有些欣喜若狂。

快到中午的时候，"U-2"潜艇又像往常一样在爱尔兰海域巡游。在这之前，这艘潜艇已经击沉过两艘英国轮船和一只帆船。

瓦尔特举着望远镜的两臂向高处抬了抬，大笑着对船员们说："我们的猎物出现了，一艘英国轮船在西南方向，我们又可以拿到奖赏了。"

说完，瓦尔特大声命令船员："潜到 13 米的深度，以最高速度向前行驶。"

远方出现的这艘英国轮船叫"卢西塔尼亚号"，长约 240 米，它的速度比一般潜艇要快上两倍。但是，船上的所有人员对德国潜艇的伏击都没有觉察，望着表面平静的海面，船上的人员甚至欣赏起美丽的景色来。

当"U-2"潜艇来到距英船约 800 米的地方，瓦尔特命令道："选定一个适当位置，瞄准英船的右舷中部施放鱼雷。"

瓦尔特的话音刚落，只听"嗖"的一声，鱼雷在水面下朝着英船飞去，海面上激起了一道泡沫。"卢西塔尼亚号"上的人马上从悠闲的气氛中回过神来，但已经来不及了。轮船的右舷发出了一声巨大的爆炸声，轮船摇摆了几下，船首很快沉了下去。

潜艇

潜艇是能潜入水下活动和作战的舰艇，又称潜水艇。潜艇主要由艇体、操纵系统、动力装置、武器系统及导航、观察、通信、水声对抗、救生等设备组成，具有隐蔽性好、自给力强、突击威力大等特点。

潜艇的雏形是荷兰人德雷贝尔于 1620 年发明的世界上第一艘人力潜艇，它曾在泰晤士河潜航了 2 个小时。1885 年，瑞典人诺德费尔特和英国人加莱德设计建造了"诺德费尔特—1"号。它以蒸汽机为动力，还装有鱼雷发射装置，是第一艘现代意义上的潜艇。

在"一战"和"二战"中，德国海军潜艇对英国等国的运输船展开了疯狂攻击，击沉了几千艘舰船，显示了潜艇的巨大威力。"二战"后，美国制造了世界上第一艘核动力潜艇"鹦鹉螺号"。此后，苏联、英国、法国和中国相继制造了本国的核潜艇。

装备有核弹头远程导弹的核潜艇，具有核威慑力量，可以进行核反击。它的战术功能和战略意义已超出了海战的概念。

十几分钟后，庞大的"卢西塔尼亚号"消失在了茫茫的大海中，刚才还熙熙攘攘的人们被无情的大海吞噬了。

在"卢西塔尼亚号"上丧生的1100多人中，有128名美国人。尽管德国政府把这一事件解释为"事先未发出警告并且未救出人命"，发动攻击是因为该商船企图逃脱或抵抗，美国人还是非常气愤。碰上了美国这个硬钉子，德国只能选择退让，于是，德潜艇对此后的攻击方法做了改变：先迫使商船停驶，把船员救上救生艇，掠夺完船上的物品后再予以击沉。

德军总参谋部

1640年，勃兰登堡—普鲁士大选侯弗里德里希·威廉在组建部队时，仿效瑞典军队，组建了一个军需总监部，这就是总参谋部的前身。但当时它的主要职责是，担负工兵勤务、选择行军道路和宿营地、构筑阵地等任务，是国王的得力助手。1817年，军需总监部正式改称"总参谋部"。

历届总参谋部长不断增加总参谋部的职能，总参谋部的权力越来越大。普鲁士将领毛奇认识到由于军事技术的日益进步和复杂，作战人员的急剧增加和作战地域的不断扩大，必须有一个指挥中枢来指挥军队，发挥大脑的作用。在他担任总参谋部长时，对总参谋部进行了大规模改造，对提高总参谋部的地位和扩大其职能做了不懈的努力，使总参谋部获得军队的指挥大权。在德意志统一战争期间，总参谋部亦发挥了举足轻重的作用。

在两次世界大战中德军总参谋部都是战争主角。"一战"后，协约国曾专门下令解散德军总参谋部。希特勒上台后，德军总参谋部帮助其扩军备战，成为纳粹的帮凶。"二战"后，德军总参谋部被解散。

康布雷坦克战

康布雷坦克战是第一次世界大战期间，英军在法国北部的康布雷地区发动的首次有坦克参战的战斗。

1917年冬，英军趁德军东调之机，决定在法国北部发起一次战役，突破德军阵线。总参谋部的富勒上校坚决主张用大批坦克来突破德军防线，得到英军参谋部的同意。

11月20日早晨6时，为了不让德军察觉到地面坦克出动时的隆隆声，英军出动了大批飞机在前线上空嗡嗡盘旋。20分钟后，381辆坦克同时发动，向德军阵地猛冲过去。坦克凭借厚厚的装甲和履带，把带刺铁丝等障碍物碾平了。在德军挖掘的用来阻止坦克前进的宽十几米的堑壕前，坦克将携带的用链条缚紧的长长柴捆投到堑壕里，作为临时的便桥。坦克借助便桥越过堑壕，继续向敌人阵地冲去。

在坦克的突然进攻面前，德军陷入混乱之中，不是被坦克打死打伤，就是投降逃跑。这天，英军深入德军阵地6千米，俘虏德军7500名。如果没有坦克的冲锋，根本无法取得这次胜利。

康布雷坦克战在战争史上具有划时代的意义，它标志着陆战装甲时代的来临。

美国对德宣战

第一次世界大战爆发以后，美国宣布保持中立。但美国统治集团一直在进行战争准备，寻找时机参战，并且利用中立的地位同各交战国做生意，通过出售军火，提供贷款，大发横财，国力大增。

1917 年初，美国在获悉德国有可能恢复"无限制潜艇战"后，认为时机已到。1 月 31 日，德国向美国递交了一份备忘录，宣布德国从 2 月 1 日起再次实行"无限制潜艇战"。美国政府随即于 2 月 2 日宣布将德国驻美国大使驱逐出境，并召回美驻德大使，2 月 3 日，总统威尔逊在美国国会宣布与德国断绝外交关系。1917 年 4 月，美国对德宣战。同年 12 月，美国对奥匈帝国宣战。美国的参战对当时的局势产生了重大影响，无论在政治、军事还是财力方面，都使协约国收益极大，使战争进程及军事局势朝着有利于协约国的方向发展。由于美国的参战，一系列亚洲和拉丁美洲的国家也相继加入协约国集团中来。

不久，约翰·约瑟夫·潘兴将军作为美国远征军司令官率领美参战部队赴欧。至 1918 年 11 月，美国赴欧参战的远征军共 43 个师抵达法国。在战争过程中，潘兴坚持美国军队必须单独行动，由其直接统率而不受协约国管辖，但在远征军参与欧战的 13 次重要战役中，仅默兹—阿尔贡及圣米歇尔两次战役是由潘兴单独指挥的。第一次世界大战结束后，美国远征军分批返回美国。1919 年，潘兴获得美国军队五星上将之衔。

车厢里的停战协定

当第一次世界大战进入第三个年头时，无论是同盟国方面还是协约国方面，都已经处于非常困难的境地了。在凡尔登战役之后，德、奥两国深感力量不足。1916年底，德奥集团在各条战线上连连战败，只能采取守势。德国的"无限制潜艇战"虽然为德奥扳回了些胜利的希望，但却招来了美国的参战，使德国速战速决的希望又泡了汤。美国参战后，派遣军队开赴欧洲战场，牵制了德国很大一部分的兵力。

1917 年，俄国成立了苏维埃共和国。不久，列宁便向参加第一次世界大战的各交战国提出了不割地、不赔款的和平建议。列宁的建议遭到了英、法等国的拒绝，而德国竟欣然同意与俄国举行和平谈判。难道德国真的想就此停战吗？不是的，德国只不过是想通过与俄国的停战来减轻压力，以集中兵力对付英、法等国；再者，德国想迫使还没有巩固政权的苏维埃接受屈辱的和约，从中捞取好处。1918 年 3月 3 日，德国与苏维埃共和国签订了《布列斯特和约》，俄国退出了帝国主义战争。

德国虽然减轻了东线的压力，但德国国内人民的反战运动却给德国统治者带来了更大的压力。1918 年 3 月 7 日，德国统治者决定在西线发动最后攻势，虽然取得了一些进展，却未能取得决定性胜利。7 月，协约国联军在美国大量物资的援助下，

作为德国停战代表团成员，埃尔茨贝格尔只能屈服于协约国的要求，这样才可能把他的部队从被歼灭的危险中拯救出来。

开始向德军进行反击。9月，英法美联军突破了兴登堡防线。10月下旬，奥匈帝国瓦解，捷克斯洛伐克和匈牙利宣布独立。

为了在战后的国际政治中处于领导地位，也为了限制英、法，美国总统威尔逊在1918年1月8日的国会中发表演说，提出公开外交、海上自由、贸易自由、裁减军备、民族自决、成立国际联合机构等被称为"世界和平纲领"的"十四点"要求，呼吁德国政府投降。

内外交困的德国政府不得已进行了政府改组。10月，德国新任首相巴登亲王马克斯请求与协约国签订停战协定。11月4日，德国基尔爆发了水兵起义，起义军占领了基尔、汉堡、不来梅等重要城市。在基尔水兵起义的带动下，德国各地掀起了革命风潮，资产阶级政权摇摇欲坠，这更加坚定了资产阶级想要与协约国谈判的决心。

11月7日的傍晚，一辆汽车越过德法两军交战阵地向法国方向行驶，这辆汽车上插着白旗，车里坐着以德国外交大臣为首的代表团，他们正去协约国联军司令部请求和谈。

次日，汽车到达了巴黎东北贡比涅森林的雷通车站，此时，联军总司令福煦乘坐的火车也正好路过雷通车站。为了更有利于谈判，德国外交大臣登上车厢会见福煦。

"尊敬的福煦将军，很高兴在这里提前见到您。"德国外交大臣满脸堆笑地迎上前去。

福煦见到敌方的官员如此卑躬屈膝，竟然没一点反应："谈判的时间还没到，你们来见我干什么？"

面对福煦的质问，德国外交大臣脸上显出一丝惊恐："噢，是这样的，我们希望听听您对停战提出的建议。"

"建议？好啊，你们拿去看看吧，这里写得很清楚，如果你们想议和的话，3天后在这里签字就可以了。其实，我们很愿意继续打下去的。"福煦一边说着，一边拿出一份早已写好停战条件的文件。

德国外交大臣接过一看，顿时傻了眼，那是多么苛刻的条件啊，其中包括：德军14天内撤出占领的法国、比利时、卢森堡的领土，甚至连德国莱茵河东西各30千米的领土都交由联军管理。如果在稍早一些时候，德国绝对不会答应这样的条件，但今非昔比，国内的革命形势正在进一步扩大，如果不签订这一协定，德国政府将很快会走下历史舞台。左右权衡之后，德国政府决定签订这一协定。

11月11日，德国政府代表埃尔茨贝格尔走上福煦乘坐的火车，与福煦签订了《贡比涅森林停战协定》。6小时后，双方停火，第一次世界大战结束。

"十四点"方案

1917 年 4 月，美国对德宣战后，一方面往欧洲快速运兵，一方面伍德罗·威尔逊总统又以和平调停者的身份在欧洲列强之间进行斡旋和调停。这些做法扩大了美国的威望，动摇了同盟国的斗志，当然，也提高了威尔逊总统的政治声誉。

为了和平谈判，1918 年 1 月 8 日，威尔逊在国会演说中，提出有关实现和平的"十四点"方案。这个著名方案的提出，对和平停战产生了很大影响，成了和平停战的先声。

"十四点"方案的内容是:（1）不搞秘密外交，公开的和平条约应该公开地达成。（2）海上航行自由。（3）各国应排除经济方面对和平造成的障碍。（4）把 1899 年第一次海牙国际和平会议以来各国所做出的裁军努力继续下去，认真地削减军费，减少武器的生产和士兵的数量。（5）公正地调整各国对殖民地的要求，满足大多数战胜国的欲望而不致引起新的纷争。（6）敌对双方在俄国领土内的部队全部撤回。（7）恢复比利时的独立和完整。（8）把阿尔萨斯和洛林还给法国。（9）使意大利完成国家统一。（10）原奥匈帝国的各民族在帝国崩溃后有自决权。（11）巴尔干半岛各民族也应有自决权。（12）奥斯曼土耳其帝国内各民族也应有自决权。（13）恢复波兰的独立。（14）成立国际联盟。

这"十四点"建议在战争并未停止之时提出虽嫌过早，但其内容充分照顾到交战各方，也比较务实，因而受到大多数国家欢迎。这一建议反映了威尔逊本人在政治上的远见卓识，也代表了美国大多数人的想法。

马克沁机枪

马克沁机枪是由美国工程师海勒姆·斯蒂文斯·马克沁于 1884 年发明的，是世界上第一种真正成功的以火药燃气为能源的自动武器。它重 27.2 千克，口径为 11.43 毫米，容弹量为 333 发，理论射速 600 发 / 分，可以单发也可以连发。在近代战争中曾被普遍使用。

马克沁机枪一诞生，立即在战场上显示出了巨大的威力。1893 年，50 名英军步兵使用 4 挺马克沁机枪击退了 5000 名祖鲁人的猛烈进攻，击毙了 3000 人。1905 年日俄战争期间，装备了马克沁机枪的俄军给日军造成了重大伤亡。1916 年 7 月，第一次世界大战期间，德国军队以平均每百米一挺马克沁机枪的火力密度，向正面 40 千米宽的 14 个英国师疯狂扫射，一天之内就造成了 6 万名英军士兵伤亡。

英国《武器装备百科全书》说："马克沁机枪的出现标志着一个时代的结束，它标志着自拿破仑时代起曾经使用过的战术完全没用了。"

坦克的发明运用

坦克这种能移动的城堡，早在第一次世界大战爆发之前，人们就已经在开始认真考虑它的建造了。

1914 年，法国首先试验了装甲炮车，但大部分开发工作是由英国人完成的。有刺的铁丝网和密集机枪的火力也阻挡不住的坦克在其说明书中被称为"机关枪毁灭者"。坦克是在第一次世界大战开始之时，由英国人试验和制造的。为了保密，坦克的车体和底盘是在不同的工厂制造的，当时人们叫这种车辆为机动"水箱"，并说它是为前线供水用的。"坦克"一词即由英文"水箱"（Tank）音译而来。英国海军大臣温斯顿·丘吉尔早已预见了这种新武器的前景，力主制造和使用，并于 1916 年首次在西线战场投入使用。在此后不久，德国人就发明了一种有效的反坦克武器。

战斗机的出现

战斗机是指主要用于保护己方制空权或摧毁敌人制空权能力的军用机种。它的特点是飞行性能优良、机动灵活、火力强大。

世界上公认的第一架战斗机是法国的莫拉纳·索尔尼埃公司制造的 H 型飞机。它长 6.28 米，高 2.3 米，翼展 9.12 米，最大飞行速度 135 千米，能在天空停留 3 小时，并配有机枪。"一战"开始后，莫拉纳·索尔尼埃公司又制造了 H 型战斗机的改进型——L 型和 N 型。L 型战斗机装备了"偏转片系统"，解决了飞机机载机枪射击时被螺旋桨干扰的难题，使飞行员不需要另外配备机枪手就可以在驾驶飞机时攻击敌机。

1915 年 4 月 1 日，法国飞行员罗兰·加洛斯驾驶莫拉纳·索尔尼埃 L 型飞机击落了一架德国双座侦察机，取得了战斗机第一次空战胜利。随后，德国的"福克E3"式战斗机装备了性能更好的"机枪同步射击"装置，成为第一次世界大战中性能最好、击落飞机数量最多的战斗机，被协约国方称为"福克式的灾难"。

战斗机的出现，使战争规模从地面、海洋扩展到了天空。

毒气战

毒气战又名化学战、瓦斯战。

第一次世界大战爆发后，德国速战速决的计划很快破产，双方在西线大打阵地战，战争进入僵持局面。为了打破僵局，德国决定对英法军队实施毒气战。

1915 年 4 月 22 日，德军在比利时伊普尔前线撬开 6000 个盛有氯气的毒气罐，18 万升黄绿色的氯气随着西北风飘向英法联军阵地。英法军队根本不知道这是毒气，更不用提防护措施了。吸进毒气后，英法士兵立刻感到呼吸困难，不一会儿，人人脸色惨白、瞳孔放大、口角流血、四肢抽搐，共死亡了 1 万人。德军趁机把战线向前推进了几千米。这是世界上第一次毒气战，它揭开了近代化学战的序幕。不久，协约国开始实施报复，也对德国军队进行毒气战。据统计，"一战"期间双方共有 10 万名士兵死于毒气战，120 万人负伤。

随着科技的发展和现代战争的需要，化学毒剂也越来越多，通常可以分为 6 类：刺激性毒剂、糜烂性毒剂、全身中毒性毒剂、失能性毒剂、窒息性毒剂和神经性毒剂。

近代社会的科技与经济成就

帕斯卡

　　法国数学家、物理学家，近代概率论的奠基人。1623 年 6 月 19 日出生在法国奥维涅省的克莱蒙费朗。帕斯卡 16 岁时就参加了巴黎数学和物理学小组的活动并发表了论文，小小年纪就扬名于学术界。18 岁时发明了二进制的数学运算器。1639 年，他在一篇数学论文《论圆锥曲线》中提出了一条定理，后人把它命名为帕斯卡定理。31 岁时提出了二项式的三角形排列方法，即通常所说的帕斯卡三角形。他还同其他的数学家合作建立了组合论和概率论的基础。他在物理学上的贡献主要是对流体静力学和大气压强的研究。他认为液体产生的压力和深度有关，并运用这一理论成功设计和改良了柱式水银气压计。由于过度操劳，帕斯卡的身体健康受到很大损害，于 1662 年 8 月 19 日逝世，年仅 39 岁。

波义耳

　　英国化学家、物理学家，近代化学之父。生于爱尔兰贵族骑士之家。因他从小瘦弱多病，被送到伊顿公学读书，后去日内瓦深造，四年后回国创办私人实验室。当时有贵族不宜从事化学研究的偏见，但他一如既往。1663 年，他被选为英国皇家学会会员，后成为该会会长。他一生贡献很多，在化学方面，开始进行分析化学的研究，将元素定义为不可分解的物质，整个近代化学正是以此为基础得以建立。他还是火柴的发明者，制造出历史上第一根火柴。在物理方面，他发现了波义耳定律。他还是液体比重计（现叫密度计）的发明者。波义耳的代表作有：《怀疑派化学家》《关于颜色的实验和考察》《空气发光》等。波义耳献身科学的精神和取得的成就对后人的影响是巨大的。

牛顿

　　英国物理学家、天文学家和数学家，出生于林肯郡一个农村家庭。牛顿是早产儿，差点夭折。12 岁进金格斯中学上学，他性格腼腆，学习成绩不佳，但他爱好思索，特别喜欢制作各种机械玩具。1661 年进入剑桥大学，师从著名数学家巴罗，1668 年获硕士学位。27 岁时经巴罗教授推荐，牛顿继任数学教授，从此在剑桥待了 30 年，取得了巨大的成就。牛顿是 17 世纪最伟大的科学巨匠，他的成就遍及物理学、数学、天体力学的各个领域。恩格斯曾这样评价他："牛顿由于发现万有引力定律而创立了科学的天文学；由于进行了光的分解，而创立了科学的光学；由于创立了二项式定理和无限理论而创立了科学的数学；由于认识了力的本质，而创立了科学的力学。"牛顿对人类的贡献如此巨大，为纪念他，国际天文学联合会将 662 号小行星命名为"牛顿小行星"。

哈雷

英国天文学家、数学家。1656 年 11 月 8 日出生于伦敦附近的哈格斯顿。哈雷有归算和处理大量数据的非凡才能。他曾就读于牛津大学，1676 年在南太平洋圣赫勒拿岛建立了南半球的第一座天文台，测编了第一个南天恒星表（共有 341 颗），并于 1678 年发表，在当年被推选为皇家学会会员。他通过精密观测和分析，指出 1531 年、1607 年、1682 年以近似轨道 3 次出现的是同一颗彗星，并且预言 1758 年它会再度重现。这一推测后来得到了证实，人们因此把这颗彗星命名为哈雷彗星。1705 年，他发表了《彗星天文学论说》；1720 年担任格林尼治天文台第二任台长；1742 年 1 月 14 日在格林尼治去世。他曾鼓励并资助牛顿出版了《自然哲学的数学原理》这一科学巨著。他制成了世界上第一幅海上盛行风气象图，并出版了《大西洋太平洋地磁图》（1701 年）等著作。在物理学中，他还找到了透镜共轭点之间的关系。哈雷是一个有着诸多建树的科学家。

林奈

植物学家，1707 年生于瑞典。父亲是乡村牧师，对园艺非常爱好。受父亲影响，林奈从小喜爱植物，8 岁就有"小植物学家"之称。20 岁时他入大学学习，系统地学习了植物学的知识和研究方法。25 岁时他进行野外考察，收集了不少宝贵的资料。28 岁时他用 3 年时间周游欧洲各国，并在荷兰取得医学博士学位。期间出版了《自然系统》，学术思想得以成熟。1738 年他回到故乡，在大学担任植物学教授。此后 20 余年，共发表了 180 多种科学论著。1753 年发表了《植物种志》，用他新创立的"双名命名法"对植物进行统一命名。1778 年去世。林奈是近代植物分类学的奠基人，创立了人为分类体系和双名制命名法，并首创了纲、目、属、种的分类概念。瑞典政府为纪念他，先后建立了林奈博物馆、林奈植物园等，并于 1917 年成立了瑞典林奈学会。

卡文迪什

英国物理学家和化学家。1731 年 10 月 10 日生于法国尼斯。18 岁考入剑桥大学，尚未毕业就去巴黎留学，后来回伦敦定居，并一直在他父亲的实验室中做电学和化学方面的研究工作。1766 年他发表了《论人工空气》，获皇家学会科普利奖章。1781 年他制得氢气，1785 年又制出纯氧。因为他的贡献，他得到了很大的荣誉，先后被选为英国皇家学会会员和法国科学院外籍院士。1810 年 2 月 24 日去世。后来麦克斯韦整理了他的实验论文，于 1879 年以《尊敬的亨利·卡文迪什的电学研究》为书名出版。卡文迪什从事实验研究达 50 年之久，在化学、热学、电学等方面进行了成功的实验研究，取得了很大的成绩。他被称为"化学中的牛顿""最富有的学者，最有学问的富翁"。

库仑

法国物理学家。1736 年 6 月 14 日生于法国昂古莱姆。因家境富裕，他受到了良好的教育。他曾到巴黎军事工程学院学习，毕业后，在一家工程公司工作了 8 年。后在军队中服役，并开始从事科学研究工作。他主要研究工程力学和静力学。1777 年他成功地设计了新的指南针结构，因此受到法国科学院奖励。1782 年他当选为法国科学院院士。1785 ~ 1789 年他连续在皇家科学院备忘录中发表了很多文章。1785 年提出静电学中著名的库仑定律。1806 年 8 月 23 日，库仑在巴黎因病逝世，终年 70 岁。他最主要的著作是《电气与磁性》一书，共 7 卷，于 1785 ~ 1789 年出版发行。库仑是 18 世纪最伟大的物理学家之一，为科学发展作出了杰出的贡献。

亚当·斯密

英国古典政治经济学的主要代表人物之一。1723 年他出生于苏格兰一个海关官员的家庭，14 岁考入格拉斯哥大学，学习数学和哲学，并对经济学产生兴趣。17 岁时转入牛津大学。毕业后，1748 年到爱丁堡大学讲授修辞学与文学。1751 ~ 1764 年回格拉斯哥大学执教，其间他的伦理学讲义经修订在 1759 年以《道德情操论》为名出版，为他赢得了声誉。1764 年他辞掉教授之职，担任私人教师，并到欧洲旅行，结识了伏尔泰等名流，对他有很大影响。1767 年他辞职，回家乡写作《国富论》，9 年后《国富论》出版，使他成为最受欢迎的经济学家之一。1787 年他出任格拉斯哥大学校长。1790 年逝世。他的《国富论》是一部划时代的巨著，是古典政治经济学代表作，标志着自由资本主义时代的到来。亚当·斯密因而被奉为现代西方经济学的鼻祖。

工业革命

又称产业革命，是指资本主义由工场手工业过渡到机器生产阶段的变革。它在生产领域和社会关系上引起了根本性变化。18 世纪 60 年代，工业革命首先发生在英国，是从发明和使用机器开始的，到 19 世纪上半期，连机器本身也用机器来生产，标志着工业革命的完成。以后欧美各国也相继进行了工业革命。工业革命是资本主义发展史上的一个重要阶段。

珍妮纺纱机

棉纺织业包括纺和织两个相关的部门。长期以来，纺纱工人工资低于织布工人，生产积极性不高，造成纺纱落后于织布的现象。1733 年，机械工约翰·凯伊为织宽面的布而发明了飞梭，结果出现了一个织工所需棉纱得 5 ~ 6 名纺纱工供应的"棉纱荒"。"艺术与工业奖励协会"甚至建议设奖金给予发明纺纱机者。

织工兼木匠哈格里夫斯（约 1720 ~ 1778 年）因为偶然受到妻子的纺车翻倒在地的启发，约在 1765 年发明了手摇纺纱机。它包括一个手摇轮和一排并列的纱锭，轮子转动时，棉花可以不用手指帮助同时纺成 16 ~ 18 根棉纱。他用女儿的名字珍妮称呼这架机器。

"珍妮机"是棉纺织业中第一项有深远影响的发明，一般以此作为工业革命的起点。

水力纺纱机

由于"珍妮机"要用人力转动，纺出的纱细而且易断，1769 年，理发匠兼钟表匠阿克莱特发明了水力纺纱机。他出生在一个人口众多而又贫穷的家庭，没有上过学，很小就当学徒，经常从早晨 5 点一直工作到晚上 9 点，但他喜欢琢磨问题。

1771 年，阿克莱特到德比郡附近的罗姆德福设立了第一座水力纺纱厂，因这里河水流量大而急，有暖流注入，冬季不结冰。到 1779 年，这座工厂已有几千个纱锭，并雇用了 300 个工人。1786 年，阿克莱特被国王授予爵士称号。

水力织布机

纺纱机的不断更新又使织布业落后了。肯特郡的牧师埃德蒙·卡特莱特认为，既然机器能用于纺纱，必然也可以推广到织布。他雇了一个木匠和一个铁匠（当时没有工程师，木匠、铁匠、钟表匠起着工程师的作用），终于在 1785 年发明了水力织布机。此后，大大小小的棉纺厂沿着有急流的河畔陆续兴起，至 1788 年，英国已有 143 座水力棉纺厂。

纽科门

英国工程师，蒸汽机发明人之一。他小时候仅受过初等教育，少年时代做过锻工。20 多岁时同别人一起经营铁器，后开始共同研制蒸汽机，终于在 1705 年取得了"冷凝进入活塞下部的蒸汽和把活塞与连杆连接以产生运动"的专利权。他一直在为改进蒸汽机努力。1712 年他首次制成大气压力式蒸汽机，并在斯塔福德郡的达德利堡附近安装运行。这后来被称为纽科门蒸汽机。纽科门蒸汽机在发明出来后的 60 多年里被广泛应用。后来他还试制成一台蒸汽泵。纽科门发明的蒸汽机是第一种实用的蒸汽机，为后来蒸汽机的发展和完善奠定了基础，是瓦特蒸汽机的前身。纽科门在人类科技史上的贡献是不可磨灭的。

拉瓦锡

法国化学家。1743 年 8 月 26 日出生于巴黎，从小就受到良好的教育。1763 年获法学学士学位，并取得律师执业资格证书。从 21 岁起开始研究地质学，后来又致力于化学的研究。1765年当选为法国巴黎科学院候补院士；1768年研制成功了浮沉计，可以用来检测矿泉水；从1772年开始担任皇家科学院副教授，1778年晋升为教授，并从1775年开始担任皇家火药局局长一职。1794年5月8日在法国革命期间被砍头。拉瓦锡的突出贡献是证明了燃烧是一种有氧参加的化学反应，推翻了燃素说，用实验证明了化学中的质量守恒定律。他还提出水是氢气和氧气的化合物，并且引入了一套统一的化学术语系统。他的代表著作有《化学概要》《物理学和化学的重量》等。拉瓦锡是近代化学的奠基人，被人们尊称为"现代化学之父"。

瓦特与改良蒸汽机

瓦特（1736～1819年）出生于苏格兰，祖父是教师，父亲曾是熟练的造船装配工。瓦特从小酷爱学习，在学校里他的数学成绩特别优秀，因病退学后，坚持自学，刻苦钻研天文、化学、物理、解剖学，还学会多种外语。后来，因父亲经商失败，他被迫去一家钟表店当学徒。21岁时，到格拉斯哥大学当修造教学仪器的工人。1764年，那所大学委托他修理一台当时欧洲很多地方都使用的纽科门蒸汽机的教学模型。

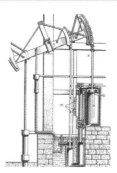
瓦特单向蒸汽机图

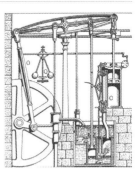
瓦特双向蒸汽机图

很早以前，人们就已经认识到可以使用蒸汽动力，并为此作出了不懈的努力。当时的纽科门蒸汽机主要用于矿井抽水，它的明显缺点是不能作为动力机普遍安装，而且，燃料消耗量大，效率低。瓦特决心改进它。他租了间地下室，四处借贷，利用旧机器，夜以继日地工作，但屡屡失败。直到1768年，他终于制造出耗煤量仅为纽科门蒸汽机1/4，效率却高出许多，但仍只适用于矿井抽水的蒸汽机。这部蒸汽机不但吞吐烟火，而且动作古怪，被称为"恶魔"。

以后，又经过近20年的不断改进，瓦特终于使蒸汽机变成适用于一切工业部门的动力机械。这就是所谓的复式蒸汽机，又称万能蒸汽机。这种蒸汽机突破了人力、畜力、风力和水力作为机器动力的局限性，能够提供可控制强度的动力，在生产中广泛使用。1785年，英国诺丁汉的舍尔纺纱厂首先安装了这种蒸汽机。

1789年，瓦特获得专利。瓦特曾被选为伦敦皇家学会会员，威斯敏斯特教堂还为他立了塑像。直到今天，人们仍以"瓦特"作为计算功率的一种单位。

赫歇耳

英国天文学家，现代天文物理学先驱。赫歇耳1738年11月5日出生于德国汉诺威，从小接受音乐训练，并在20多岁时成为一名风琴演奏家。在30岁左右，赫歇耳对天文学有了浓厚的兴趣。1781年，他发现了天王星，因而获得乔治三世授予的薪俸，使他得以全力投入天文学研究。1783 年，赫歇耳制作完成一具焦距 6 米长、镜面口径 47.5 厘米的反射式望远镜，并利用望远镜发现两个天王星卫星及两个土星卫星。1789 年，赫歇耳又制作完成一具焦距 12 米的反射式望远镜（直到 1969 年，它仍是英国境内最大的望远镜）。1816 年，赫歇耳受封骑士爵位。1822 年，他逝于斯劳（温莎附近）。赫歇耳对天文物理学的突出贡献是他为星团及星云用演化的概念进行分类，证明多数目视双星实则是由两恒星重力相互牵引的物理系统；提出太阳会移动的观点，并定出太阳移动方向；还利用太阳光谱上下不同定点处，测量辐射所产生的热，发现最热的区域中没有可见的辐射，因而推断出红外线的存在。

琴纳

英国医学家，天花病的攻克者。1749 年他生于英国一个乡村，父亲是个牧师。他 13 岁起跟随一位外科医生学医，21 岁时跟随当地名师学习。老师的献身精神和高明医术，对他产生很大的影响。26 岁时，他大学毕业回家乡从医。那时天花病泛滥，他决心研究治疗天花病的方法。他发现凡是得过天花的人，就不会再得天花。1796 年他证实了他的假想。他根据研究成果，写成《牛痘的成因与作用的研究》，但当时没有人相信他，直到 1801 年他的研究成果才被承认。英国皇家学会在伦敦建立了皇家琴纳学会，他任主席。在这里他继续进行研究工作，直到逝世。琴纳种牛痘消灭了天花，给人类带来无穷福音，他的名字因而传遍了全世界。

拉普拉斯

法国数学家和天文学家。1749 年 3 月 23 日出生于诺曼底的博蒙昂诺日的一个农民家庭，家境虽贫寒，但他勤奋努力。1767 年经达朗贝尔介绍，他到巴黎陆军学校执教数学；1785 年当选为法国科学院院士；1795 年任综合工科学校教授；后来又到高等师范学校任教。1816 年当选法兰西学院院士，1817 年任该院院长。拉普拉斯在科学上的主要贡献是他用数学方法证明了行星的轨道大小只有周期性变化，即著名的"拉普拉斯"定理。他的代表性著作有：《概率分析理论》《天体力学》和《宇宙体系论》等。他因研究太阳系稳定性的动力学问题而被赞为"法国的牛顿"和"天体力学之父"。拉普拉斯是天体力学的奠基人，是天体演化论的创立者之一，是概率分析论的创始人，是应用数学的先驱。1827 年 3 月 5 日，拉普拉斯在巴黎逝世。

富尔敦

美国发明家、工程师。1765 年出生于美国。他年轻时曾经留学英国学习绘画，在英国和其他一些造船比较发达的西欧国家进行过技术考察。1803 年，他在巴黎发明了第一艘以瓦特蒸汽机为动力、以桨轮为推进方式的船，并于同年在塞纳河下水试航。这艘汽船在逆水航行时，速度已经超过在河岸上快步前进的行人。但是它的推进系统还不够完善，航速和稳定性方面都还不够理想。由于缺乏研究资金，富尔敦无奈回国。后来他幸运地得到了另一位发明家利文斯顿的资助，终于在 1806 年建成了第二艘汽船"克勒蒙号"，并在次年试航成功。富尔敦在其他方面也有突出的贡献，如他还发明了水闸，研制了蒸汽艇、潜水艇和水雷等。轮船的发明是世界航运史上的创举。富尔敦于 1815 年在美国去世，终年 50 岁。

道尔顿

英国化学家，自然哲学家，原子论的创立者。他生于贫苦织工家庭，没条件读书，主要靠自学成才。从 1778 年开始主要从事教育。1799 年以后，则把主要精力投入到科学研究中去。1801 年提出气象学中的气体分压定律，即道尔顿定律。他的主要研究工作在化学方面。1803 年提出原子量表和倍比定律。1808 年，他出版了化学著作《化学哲学的新体系》，发表了"道尔顿原子学说"。原子论建立以后，各种荣誉纷至沓来，他先后被选为法国科学院院士、英国皇家科学院院士等。在荣誉面前，他起先是谦虚的，后来变得骄傲、保守，甚至阻挠别人的探索。1844 年，道尔顿病逝。道尔顿既有理论思维头脑，又有实验才能，他的原子论奠定了近代化学和原子物理学的基础，有划时代的意义。

早期火车

早在 16 世纪，人们已经懂得使用木轨来减少车子的阻力和颠簸。18 世纪，英国的矿山和冶铁工厂的运输中已经普遍采用木板轨道。由于木板承重力差，易被轧坏，木材的损耗极大。后来，人们在木板外面包上铁皮，以延长轨道的使用寿命。

18 世纪中叶，人们又开始采用铁轮和用生铁铸成的凸缘铁轨，后又改为平铁轨，但车轮带凹缘，从而克服了易脱轨的缺陷。1770 年，一名法国人发明了一辆蒸汽机车，但有很多缺陷。1803 年，英国人理查德·特里维西克设计了一辆蒸汽机车，这辆机车重 25 吨，时速 6.4 千米，但由于车轮和轨道平滑，行驶时特别是上坡时容易脱轨。

1823 年，史蒂芬孙攻克了许多难关，设计出了性能良好的实用铁轨机车。从此，交通运输进入了铁路时代。1825 年，英国建造了世界上第一条铁路。这条铁路由史蒂芬孙亲自指挥修建，全长约 27 千米，由斯托克顿到林顿。当时，列车由 12 节货车厢和 22 节客车厢组成，可以搭乘乘客 450 人，时速 18 千米。1830 年 9 月，利物浦至曼彻斯特的铁路开通，客货两用，很快成为英国最重要的棉纺织业基地原料和

从利物浦到曼彻斯特
利物浦和曼彻斯特之间的铁路于 1830 年 9 月 15 日投入运行，这是第一条真正的客用铁路。在投入运行的这一天，也造成了史上第一例客运火车事件：有两个人被轧死在火车车轮下。

成品运输的交通动脉。

人们看到了铁路的种种优势，欧洲及北美不久就掀起了修铁路的高潮。1843年，英国铁路的通车里程已经达到2412千米；到1860年，英国的铁路里程达到14605千米。美国于1830年也修建了第一条铁路，到1860年，美国的铁路总长度达到49324千米，成为世界上铁路交通最发达的国家。1832年，法国开始修建第一条铁路，到1860年，法国的铁路里程达到9420千米。1835年底，德意志才建造了第一条很短的铁路，而到1860年，它的铁路总长度已经达到11562千米。俄国的第一条铁路也于1836年通车，但是发展相对较慢。

铁路运输的出现和发展，引起了交通运输领域的革命，大大促进了工业革命的开展。

第一次工业革命的影响

第一次工业革命创造了巨大的生产力，促进了经济的发展。

工业革命使社会日益分裂为两大直接对立的阶级，即工业资产阶级和工业无产阶级。资产阶级通过各种剥削手段，日益富有；无产阶级却日益相对贫困。两大阶级的对立与斗争日渐明显和尖锐。

工业革命加快了城市化进程。农业的发展促进了流动人口增多；由于蒸汽机的发明和使用，工厂日益普及；交通运输的迅速发展，又为人口流动、原材料和制成品的流通提供了快捷安全的交通工具；市场不断扩大，商品经济日益繁荣。

工业革命还改变了世界的面貌，使东方从属于西方。发达的工业国家一方面依靠武力打开了亚非拉国家和地区的大门，掠夺那里的工业原料并倾销商品，造成了那里的长期落后与贫穷。另一方面，工业国家的入侵也极大地冲击了这些落后国家的旧制度和旧思想。

工业革命从英国开始以后，很快向欧洲大陆和北美传播，资本主义进入了自由发展时期。

李嘉图

英国古典经济学家，近代国际贸易理论的奠基人，1772年4月18日出生于伦敦，是英籍犹太人后裔。他幼年接受英国教育，12岁留学荷兰，两年后返英随父经商。21岁时因婚姻问题被赶出家门，与其父关系决裂，从此开始独立经营，25岁时就很富有了。27岁时阅读《国富论》，对经济学发生兴趣，从此一面经商，一面研究经济问题。他和当时著名的经济学家穆勒交往很深，在穆勒的帮助下于1817年出版了名著《政治经济学及赋税原理》，使他成为当时最著名的经济学家。1819年2月，他当选国会议员。他同马尔萨斯多次展开论战，但交情日深，被传为佳话。1823年病逝，年仅51岁。李嘉图也许是有史以来最富有的经济学家。他形成了一个庞大的经济学理论体系，正式建立起古典经济学的大厦，影响深远。

法拉第

英国物理学家和化学家。1791 年 9 月 22 日生于一个贫寒的铁匠家庭，13 岁当报童、学徒工，靠自学成才。21 岁时听的一次化学讲座，引发了他对科学的极大兴趣。后来他如愿成为皇家学院实验室里的助手，经过刻苦工作，终于成为试验室的主任。随着科学探索上的成功，他得到很多荣誉：1825 年当选为英国皇家学会会员；1833 年起，担任皇家研究院化学教授。1867 年 8 月 25 日逝世。他一生取得了一系列重大科学技术发现和发明成果。他发现了电磁感应现象，奠定了电磁学的实验基础，在科技史上有着划时代的重大意义。他还发现了电解定律和法拉第效应。他的重大科研成果，都收在《电学的实验研究》中。法拉第对人类社会贡献巨大，却一生生活俭朴，品德高尚，受到人们的称颂。

阿佛加德罗创立分子学

在 1811 年，阿佛加德罗在论文中提出：分子是由原子组成的，分子是具有物质特性的最小单位。他认为，气体的分子可以由两个或多个原子组成。分子概念的提出，解决了道尔顿学说的一些缺陷，为道尔顿体系提供了一个达到精确的新手段。原子—分子结构学说合理地解释了很多的化学现象和定律，给化学奠定了重要的理论基石。

达尔文和《物种起源》

达尔文以自然选择为基础的生物进化学说把生物进化思想上升到理论的高度。他的《物种起源》一书，是生物科学的一次理论综合。其包括两个主要内容：

第一，明确认为，生物界具有悠久的历史，动物、植物包括人在内都是在自然条件作用下，从简单到复杂，从低等到高等，逐渐变化形成的，不是一成不变的，也不是突然出现的，更不是"上帝"创造的。第二，提出自然选择学说，用它来说明物种变化的过程。它的基本内容可以表述为：（1）高度的生殖率。（2）地球上的食物和空间是有限的。（3）每一生物为了争取生存和传留后代，势必要进行生存斗争。而生存斗争的形式主要分为三种。一是生物与无机界的斗争，二是种间斗争，三是种内斗争。（4）同一物种的不同个体，彼此总是有些差异的，这种差异就是变异。变异的根本原因是环境即生活条件的变化。（5）在生存斗争中，有利的变异得到保存，有害的变异被淘汰掉，结果是适者生存，这个过程叫"自然选择"。达尔文的进化论是 19 世纪生物科学的最大成就，他把生物科学作为一个整体来研究，并且以发展的观点对生物进行研究。进化论的提出，在人类整个思想史上也是具有划时代意义的大事。

孟德尔

奥地利遗传学家，遗传学的奠基人，1822 年 7 月 22 日出生于奥地利的海因岑多夫一个贫寒的农民家庭。父母都是园艺师，这使他从小就对植物产生了浓厚的兴趣。1851～1853年在维也纳大学学习物理、化学、数学、动物学和植物学。1853年，他从维也纳大学毕业后到了修道院。1854年被委派到布吕恩技术学校任物理学和植物学的代理教师，直到1884年1月6日逝世。在1856～1863年间，他进行了长达8年的豌豆杂交实验，1866年发表了《植物杂交实验》的论文。在这篇论文中他提出了遗传因子、显性基因、隐性基因等概念，并阐明了遗传规律，后人称之为"孟德尔定律"。遗憾的是，他的这一发现并没有引起当时学术界的重视，直到1900年才被人们重新发现。孟德尔是当之无愧的遗传学之父。

巴斯德和微生物学

微生物学是研究微生物结构和功能的科学。微生物是指一大类极为多样的微小生物，包括细菌、酵母菌、霉菌、病毒等。这些生物不同于动物和植物，统称为原生生物，它们几乎无处不在，与人类生活息息相关，因此微生物学是一门涉及面很广的科学。

巴斯德（1822～1895年）是法国化学家、微生物学家。他证明发酵及传染病是微生物引起的；在1885年研制成了对付狂犬病的疫苗，开创了应用疫苗接种以预防狂犬病等传染病的有效手段；证明食物只有与细菌接触才会腐败，发明巴氏消毒法（加热灭菌），解决了酒、醋、牛奶等食物在生产、贮存和运输过程中变质的问题。

诺贝尔

瑞典化学家、硝化甘油炸药的发明人，1833年出生于瑞典的斯德哥尔摩。他一生致力于炸药的研究，在硝化甘油的研究方面取得了重大成就。他不仅从事理论研究，而且进行工业实践。他一生共获得技术发明专利355项，并在欧美等五大洲20个国家开设了约100家公司和工厂，积累了巨额财富。1896年12月10日，诺贝尔在意大利逝世。他在逝世前夕立下遗嘱，将部分遗产（920万美元）作为基金，以其利息分设物理、化学、生物或医学、文学及和平5种奖金，授予世界各国在这些领域对人类作出重大贡献的学者。1900年6月，瑞典政府批准设置了诺贝尔基金会，并于次年诺贝尔逝世5周年纪念日，即1901年12月10日首次颁发了诺贝尔奖。

门捷列夫

俄国化学家，1834年2月7日出生于俄国西伯利亚的托波尔斯克市。1850年就读于彼得堡师范学院，主修化学，1855年毕业后当过一段中学教师，1857年被聘为彼得堡大学副教授。1859年他到德国海德堡大学深造，1861年回彼得堡继续从事科学研究，1863年担任工艺学院教授。1865年获得化学博士学位，1866年担任彼得堡大学普通化学教授，1867年任化学教研室主任。从1893年起，担任度量衡局局长。1890年当选为英国皇家学会外籍会员。门捷列夫在化学上最突出的贡献是发现了元素周期表，这是化学发展历史上的一个重要里程碑。门捷列夫还研究过气体和液体的体积与温度、压力的关系，研究了溶液的性质，为近代溶液学说奠定了基础。他的代表著作是《化学原理》一书。1955年，科学家们为了纪念他，将101号元素命名为钔。门捷列夫于1907年2月2日在彼得堡逝世。

电灯的发明

爱迪生是美国历史上最伟大的天才发明家。他一生的创造发明达2万多种，其中许多发明已经融入现代生活的许多方面。

1878年，爱迪生开始研制亮度大、寿命长，并可随意开关的电灯。在广泛吸取前人经验的基础上，爱迪生拿出了制造白炽灯的具体方案，改进灯丝，抽净灯泡中的空气。为了改进灯丝，他用白金、炭、石墨、铂铱合金，甚至土质、矿石等做了试验，各种各样的材料共1600多种。后来，他用棉线烤制成炭化棉丝，制成的灯丝持续了45小时。至此，爱迪生终于制成了世界上第一盏有实用价值的炭丝白炽灯泡。为了更具实效性，他又接着实验了数千种植物纤维，1888年，灯泡寿命延长到了300小时。后来，爱迪生又制作出了一只炭化竹丝灯泡，这只灯泡的寿命竟达到1200小时。之后，他又派人到世界各地采集了许多竹子样品，并从中筛选出一种最优良的日本竹子，做

爱迪生发明的灯泡

成了可连续照明1600小时的白炽灯泡，并开始大批量生产。但直到1906年，爱迪生才终于找到了更理想的材料"钨丝"。这种方法一直沿用到今天。

他架设了世界上第一条供电线路，发明了火力发电机和使用保险丝的安全方法，并于1882年在纽约建立了世界上第一座发电厂。这座电厂虽然只有30千瓦的容量，仅供城市照明之用，但它使电力第一次真正在人类生活中被使用，改变了人们的生活面貌。纽约成为世界上第一个用电灯照明的城市。

1883年，"爱迪生效应"的发现，导致了真空管和电子工业的诞生。以后，爱迪生还发明了电影摄影机、放映机、蓄电池、油印机、录音电话、电动机车等一大批重要机器。这些发明对人类作出了伟大的贡献。

第二次工业革命

第一次工业革命后资本主义的迅速发展及世界市场的出现，对商品生产造成了极大的推动。第一次工业革命所形成的生产体系已不能满足社会需要，人们追求更高的生产效率，渴望更好的机器和更强大的动力。这种需求使得第二次工业革命的出现具备了必要性。

第二次工业革命是在第一次工业革命的基础上发生的一次产业革命。19世纪的最后30年和20世纪初，科学技术的发展主要表现在电力的广泛应用、内燃机和新的交通工具的创制、新的通信手段的发明和化学工业的建立四个方面。这些科学技

人类对"电"的认识

早在 18 世纪，欧洲人就发现了电的存在。后来，英国物理学家格雷发现了摩擦生电的道理；美国人富兰克林则证明了雷电也是一种电。后来，人们发现了电流、电磁感应的存在，并发明了电池。

1832 年，法国发明家皮克希制造了第一台手摇发电机；1834 年，德国发明家雅可比制造出了第一台实用的电动机；1867 年，德国工程师西门子制造出了第一台自激式发电机，发电量大大增加，电开始在人类生产和生活中发挥越来越大的作用。此后，人们又解决了远距离传输电的问题，电气化时代向人类走来。

术新成果被迅速、广泛地用于工业生产，从而大大促进了资本主义经济的发展。这是近代以来科学技术上第二次大突破，世界由"蒸汽时代"进入"电气时代"。在这一时期里，一些发达资本主义国家的工业总产值超过了农业总产值；工业重心由轻纺工业转为重工业，出现了电气、化学、石油等新兴工业部门。由于 19 世纪 70 年代以后发电机、电动机相继发明，加上远距离输电技术的出现，使电气工业迅速发展起来，电力代替了蒸汽力，使工业动力结构发生了重大改进，工业赖以发展的动力更加强大、持久和稳定。由于电力的使用，与之相适应的电器和生产机械、运输工具都发生了本质性的变化。社会生产力也迅猛发展，人类的社会生活有了极大的提高。

其中汽车和飞机的发明与应用也是以电力应用为主要特征的第二次工业革命的延伸与扩展。因为电力的使用不但在加工技术上为这两种交通工具的发明提供了条件，而且由于物资运输量的急剧增加，也对发明更加快捷有效的交通工具提出了迫切的客观需求。

电话的发明

人们很早以前就想象过远距离通话，许多发明家也有过各种各样的设想，但都没有成功。在莫尔斯发明电报不久，人们对电的作用产生了极强烈的印象。波士顿大学的语音学家贝尔教授也怀着浓厚的兴趣在业余时间进行研究，为了研制电话，他甚至辞去了工作，全身心地投入到这项研究中去。

贝尔为了解决问题还专程到华盛顿求教老科学家亨利，亨利给了贝尔以极大的鼓励，从而增强了他的信心。一位志同道合的 18 岁的技师沃森成了他的搭档，经过努力奋斗，电磁铁片做的振动膜研制成功了，螺旋线圈的振动簧片也达到设计要求，讯号共鸣箱也宣告完成了。贝尔和沃森还在波士顿柯特大街 109 号租下了两间废弃多年的马车棚，把它们改造成了隔音效果非常理想的"听音室"和"喊话室"。经过两年的研究和无数次的拆装实验，经历了无法统计的挫折失败，1875 年 6 月 2 日，贝尔和沃森像往常一样重复着讯音共鸣试验，坐在听音室的贝尔，突然听见了放在桌上的模型里传来微弱不清的声响。贝尔依靠自己语音学家的敏锐听觉，判断出它不是脉冲电流产生的声音，而是从喊话室里传来的声音。不论怎样，研究总算是取得了初步成果。他们继续实验，废寝忘食地一点点试着磨金属板，一次次实验，声音也一次比一次清晰起来。

1876 年，他们终于制成了第一套传话器和听筒，贝尔还获得了美国专利局的专利证书。这时，贝尔刚刚 29 岁，沃森仅 22 岁。1878 年，贝尔和沃森在波士顿和纽约之间首次进行了长途电话实验，两地相距 300 千米，实验取得了圆满成功。为了使电话跨越长距离，爱迪生改进了电话的送话器，在其中加大了感应线圈，使电话更具实用性。这一年，贝尔电话公司正式成立。

由于电话传递信息异常便利，因此在世界范围内广泛发展，成为各个领域中的必要设施。最初的电话体积非常大，通话声音也不是很清晰，讲话的人必须大声说话，而且通话距离也不能太远。随着科技的发展，电话越来越先进，功能也越来越多。

马可尼开创无线通信

古列尔莫·马可尼出生在意大利北部的波伦亚城，在赫兹发现电磁波时，马可尼才 14 岁。他在杂志上读到赫兹电磁波实验的文章，产生了极大的兴趣，开始进行研究，并在 1894 年他 20 岁时，取得了初步的成功。那天，他把母亲请到楼上的实验室来，一按电钮，楼下客厅里传来一阵铃声，而楼上楼下并没有导线相连。这是马可尼第一次实现无线电信号传送。

1895 年秋天，马可尼使电磁波的传送距离扩大到 2.7 千米——他把发射机放在村边的小山顶，而将接收机放在家中，实验获得了成功。

电磁波的发现

1873 年，英国物理学家麦克斯韦在他的《电磁学》一书中提出电磁理论，预言了电磁波的存在。在他逝世 8 年后，这一预言被德国物理学家赫兹的实验证实。

1887 年，赫兹以电火花放电实验证实了电磁波的存在。赫兹在两根铜棒的两端分别安上了一个大金属片和一个小金属球，将铜棒排成一条直线并使两个小球相向，中间留下空隙。然后将大金属片充上正负不同的电荷，在两小球间便窜出火花。每次火花的出现，都能使铜棒分离出自由运动的电磁波，它们以震荡器为中心向各个方向发射，这不仅证实了电磁波的存在，也说明电磁波不用导线便能传播。

赫兹的实验是划时代的突破，它奠定了无线电通信的基础。为了纪念他，人们将电磁波的频率单位定名为"赫兹"。

1898 年 6 月，马可尼的发明在英国取得了专利。不久，英国举行游艇竞赛，终点是在距离 20 海里外的海上，游艇一到终点，马可尼就用无线电传递消息，这是无线电通信的第一次实际应用。从此，无线电通信走进了人们的生活，和有线通信一起成为现代通信技术的两大支柱。

1899 年，跨越英吉利海峡的超过 51 千米的无线通信实验获得成功。1901 年 12 月，马可尼在美国实现了从纽芬兰到英国昆沃尔间横跨大西洋 3000 千米的无线通信。1909 年，马可尼因此获得了诺贝尔物理学奖。

伦琴

德国实验物理学家。1845 年 3 月 27 日生于莱茵州的伦内普镇。3 岁时全家迁居荷兰并入荷兰籍。1865 年进入苏黎世联邦工业大学机械工程系学习，1868 年毕业。1869 年获苏黎世大学博士学位，并担任声学家 A.孔脱的助手；1870 年随孔脱返回德国，先后到维尔茨堡大学及斯特拉斯堡大学工作。1894 年任维尔茨堡大学校长。

1900 年任慕尼黑大学物理学教授和物理研究所主任。1923 年 2 月 10 日因患癌症在慕尼黑逝世。伦琴毕生致力于物理学的实验研究工作，有诸多的发现和发明。他最重要的贡献是 1895 年发现的 "X 射线"，这实际上打开了通向人类身体内部的一扇窗户。"X 射线"的发现成为 19 世纪 90 年代物理学上的三大发现之一，伦琴凭此获得了 1901 年的诺贝尔物理学奖。他是 20 世纪最伟大的物理学家之一。

卢米埃尔兄弟

电影的发明者和创始人，电影之父，即路易·卢米埃尔（1864 ~ 1948 年）与其兄奥古斯特·卢米埃尔（1862 ~ 1954 年）。他们生在法国的里昂，早年两人经营着一家生产照相器材的工厂。他们总结了依斯曼和爱迪生等人的成就，经过自己的创造，研制成功采用新传动方式的电影机。1894 年 8 月，他们拍摄了短片《卢米埃尔工厂的大门》，该片成为电影史上第一次用"隐蔽摄影法"拍摄的电影。他们在 1895 年 2 月 13 日获得"摄取和观看连续照相试验用的机器"首项专利，同年 3 月 30 日，机器改进后再获专利，正式定名为"电影放映机"。这使他们兄弟俩成为真正电影的发明者和创始人。1895 年 12 月 28 日，他们在巴黎卡普辛路 14 号大咖啡馆地下室的"印度沙龙"内，第一次售票向公众放映了他们用纪实手法拍摄的第一批短片。后来人们把这一天视为电影诞生之日，电影从而成为唯一可以让我们知道其诞生日期的艺术。他们摄制上映的短纪录片《火车到站》《工厂大门》《水浇园丁》等表明电影结束了最初的发明阶段。他们在这个地下室公开售票，进行商业性放映并持续了好几年，放映了《火灾》《铁匠》《下棋》《捉金鱼》等 50 多部电影。1896 年 2 月下旬，他们到伦敦公映他们的影片。从 1896 年开始，在短短半年的时间里，电影放映逐渐风靡欧美许多国家。卢米埃尔兄弟因发明了这种"活动影戏机"而获得了世界性的声誉，他们不仅首先在银幕上取得成功的试验，最终完成了电影的发明，而且还做了模拟有声片电影的第一次尝试，从而催生了真正的"声画合一"时代的到来，使电影成为群众性的观赏艺术，并作为企业进入经营市场。卢米埃尔兄弟的贡献是划时代的。

摩尔根创立基因理论

有一名大科学家，他不但自己想象力丰富，还非常善于挖掘利用同事们的好点子。他的许多意义深远的思想都不是直接由自己提出来的，比如，在开展果蝇研究时，为了更好地把一些适合研究的人联合在一起，他采取了民主和不拘礼仪的工作方式，听任同事们发表一切设想。据他的学生穆勒尔回忆，这位大科学家虽然最善于利用他的同事和学生的思想成果，却不独占研究成果，就连他的诺贝尔奖也拿出来和他的终身助手及同事分享，而且还承担了助手的子女受教育的全部费用。这位大科学家就是被誉为经典遗传学泰斗的托马斯·亨特·摩尔根。

摩尔根（1866 ~ 1945 年）出身于美国的一个豪门大族，从小养成了良好的生活习惯。他热爱大自然,喜爱户外活动,经常四处游历,最终献身于探索自然的科学事业。

1880 年,摩尔根考入肯塔基州立学院预科,后转入学院本部。1886 年获得学士学位,同年进入霍普金斯大学研究生院进修,主攻生物形态学,4 年后获博士学位,此后在该领域颇有建树,成为一名年轻的博物学家。他曾随美国地质勘探队赴野外考察,其间对各种生物的性状发生兴趣,遂逐渐转入实验生物学研究领域。

那时,生物学已发展到一定水平。特别是 1904 年,美国的萨顿证明了染色体成对存在,每个配子只包含一对染色体中的一条,每条染色体携带多个遗传因子。到了 1909 年,丹麦的植物学家约翰逊以"基因"一词替代以前的所谓"遗传因子"一词。

为了进一步探索染色体中基因的存在状态和排列特征,1908 年,摩尔根开始了著名的果蝇实验,专门研究这一课题。

摩尔根将捕获的果蝇在实验中的特定条件下加以培养,如让它们吃各种各样带刺激性的食物,使它们的产卵过程以及幼虫的成长分别在较高温和较低温环境中完成,必要时对其进行紫外线照射以促其发生变异等。经过很长一段时间,摩尔根发现果蝇有 4 对染色体,但雌雄果蝇所产生的配子的染色体状况有所差异:雌配子产生时从母体细胞的 4 对染色体中各得一条,所以该种配子所含染色体相同,均呈棒状,而雄配子的染色体中只有 3 条相同,第 4 条为钩状。在此基础上,雌雄配子结合发育成的雌性果蝇体细胞中的 4 对棒状染色体完全成对,雄性果蝇的细胞中则仅有 3 对棒状染色体成对分布,第 4 对由 1 条棒状染色体和另外的 1 条钩状共同组成。摩尔根将区分性别的染色体称为性染色体,他由此得出结论:生物性别由性染色体决定。

1910 年 4 月,摩尔根的实验又获得突破性进展。一次,他对一群红眼果蝇进行 X 射线照射,在子一代个体中发现一只白眼雄果蝇。他随即让这只白眼果蝇与未经 X 线照射的红眼果蝇交配,结果完全符合孟德尔法则:子一代清一色全是红眼果蝇,子二代的个体则出现分化,1/4 为白眼果蝇,且全部是雄性,其余的 3/4 则为红眼果蝇。摩尔根对此分析后认为:眼色由一对基因控制,其中红眼为显性,白眼为隐性。

为了清晰地解释这一过程,摩尔根把雌性染色体称为 X,雄性染色体为 Y。他认为未经 X 线照射的果蝇的 X 染色体携带红眼基因,而 Y 染色体只携带性别基因,没有决定眼色的基因。在 X 线的照射下,其中的一只雄果蝇的 X 染色体生成了隐性白眼基因。子一代中雌蝇的两条染色体分别来自母方的 X(带红眼基因)和来自父方的 X(带白眼基因),最终显性的红眼基因性状得以表现;雄蝇的染色体组成是来自母方的 X(红眼基因)和父方的 Y(仅带性基因),也呈现红眼特征。子二代个体的眼色出现分化,按照孟德尔法则揭示的规律,红、白眼果蝇数量比为 3∶1,而且白眼果蝇均为雄性。

在实验的基础上,摩尔根整理出版了《基因论》一书,总结自己在基因领域的研究成果,并且归纳了 20 世纪以来 20 多年的遗传学研究成就,这标志着孟德尔—摩尔根学派的成熟。

莱特兄弟造飞机

美国的莱特兄弟梦想着像鸟儿一样飞上天空。从古至今，想飞的人绝不止他们两个，但只有他们兄弟二人第一次圆了人类想飞的梦。

莱特兄弟出生在美国俄亥俄州的代顿市。哥哥威尔伯·莱特生于 1867 年 4 月 16 日，弟弟奥维尔·莱特生于 1871 年 8 月 19 日。他们的父亲密尔顿·莱特是一名牧师，收入微薄，但为人正派，心地善良，而且知识丰富。兄弟二人从小受父亲的熏陶，喜欢读书和思考问题，动手能力也很强。

一次，父亲从欧洲回来，给兄弟俩带回一件直升飞机玩具，可把他们乐坏了。他们除了读书、学习和帮助母亲干活外，便一起拿着玩具飞机来到一片开阔地上玩。飞机是用陀螺制作的，以橡皮筋作为动力。一般总是弟弟把飞机稳稳托在手中，哥哥则拧紧橡皮筋，然后猛地一松手，小飞机便"噗噗啦啦"地飞过头顶，向远方滑翔过去。久而久之，兄弟二人对玩具本身丧失了兴趣，开始把它拆散，两人凑在一处观察它的构造。然后不约而同地到做木匠的爷爷那里找一些边角余料和斧凿等工具，自己动手做起了玩具飞机，一架，两架……一个多月过去了，沙地上整整齐齐摆了一排"直升飞机"。

谁也没想到，从此兄弟二人与飞机结了缘。在他们生活的时代，已经出现了热气球和飞艇等飞行工具，但都不是很理想。因为气球升空后飞行速度、方向完全取决于风力、风向；而飞艇自身虽然有动力和方向控制装置，但其体积过于庞大（有时它长达数百米，直径也在几十米），控制起来极为不便。于是人们开始研制新的飞行器。

当时在德国已有李林塔尔制造出滑翔机。消息传到美国，莱特兄弟终于按捺不住内心的激动，他们首先通过报刊杂志和图书资料广泛搜罗有关飞机的情况，同时也学习一些空气动力学方面的知识。一段时间后，他们尝试着造了一架双翼滑翔机。这架飞机能飞到 180 米的高度，还可以在空中转变方向。

莱特兄弟不满足于先进的滑翔机，他们开始考虑给这架飞机加上发动机。可是

莱特兄弟制造出的第一个飞行器
莱特兄弟能成功的一个秘密是他们发明了一种方法能阻止飞机左右摇晃——这被证明是许多早期的飞机失败的原因。他们的飞行器有金属线能将两翼向左或向右拉，这意味着它能在空中保持平衡。

经测定，兄弟二人发现它最多能载重90千克，而当时通用的发动机最轻也得140千克。为了克服这一难题，他们找到机械师狄拉，三人一起设计制造了一台重70千克的发动机，该发动机具有12马力的功率。莱特兄弟把这台发动机安装在自己的飞机上，并且赶制了两叶推进式螺旋桨，在发动机与螺旋桨之间以链条相连。人类历史上第一架飞机初步完成。

1903年12月17日，莱特兄弟的首架飞机"飞行者I号"试航。这天早上，他们先把飞机拖到了海滩，进行了全面的检查。然后由奥维尔登上飞机，启动了发动机。在马达的轰鸣声中，飞机向前冲去，飞机的滑行速度越来越快，终于在众人的欢呼中飞离了地面，升到空中约3米的高度。12秒钟以后，"飞行者I号"安全着陆，飞行距离超过30米。时间太短了，距离太短了，但它标志着一个崭新时代的到来。稍后，兄弟两人又轮番驾驶"飞行者I号"试飞了几次。其中滞空时间最长为59秒，飞行距离为260米。1904年，莱特兄弟制出了改进的"飞行者II号"。它的滞空时间延长到5分钟，可连续飞行5千米。其后，他们在"飞行者II号"的基础上推出"飞行者III号"。它可以在空中连续飞行半小时，飞出40千米的距离。

莱特兄弟发明的飞机连创佳绩，逐步引起了美国军方的兴趣。军方组织了巨大的人力物力在他们的基础上研制军用飞机。其他国家也纷纷仿效，飞机的发展步入快车道。第一次世界大战前，飞机时速已达76千米，飞行距离也增加到186千米，具备了实用价值。

莱特兄弟一生致力于飞行事业，甚至都未曾结婚，为人类运输工具发展作出了巨大贡献。

现代工业的崛起

电、电灯以及其他电器的发明和使用是具有划时代意义的大事。当时，从家庭照明到家用电器，从工厂动力到运输方式，奇妙的电都给人们带来了惊喜，给人类的生产和生活带来了巨大的变化。

从20世纪初开始，电成为西方国家生产和生活不可或缺的能源，电熨斗、洗衣机、电风扇、电冰箱等家用电器相继进入了家庭中。电的发明和使用成为人类技术史上一个重要的里程碑。由于使用电力，其他工业部门也快速发展起来，特别是钢铁行业的发展，使人类在材料领域告别了棉花时代，进入了钢铁时代。电气化和钢铁时代的到来标志着现代工业的崛起。

近代社会的文学艺术

笛福和《鲁滨孙漂流记》

丹尼尔·笛福（1660～1731年），英国现实主义小说的奠基人。他出生于商人家庭，自己也经过商，又参加过政治活动，有着丰富而艰险的经历。1719年发表了他的第一部长篇小说《鲁滨孙漂流记》，获得成功。《鲁滨孙漂流记》是根据亚历山大·塞尔克的真实故事写成的，塞尔克曾独自在智利海岸外南太平洋一个无人的海岛生活了好几年。

斯威夫特

英国作家。出生于爱尔兰，是一个英国牧师的遗腹子，由叔父抚养大。1686年毕业于都柏林三一学院，1692年获牛津大学硕士学位，1701年获三一学院神学博士学位。1688年后前往英国，在辉格党和托利党的斗争中仕途不顺，1713年左右回到爱尔兰，支持并参加了当地人民反抗英国殖民者的斗争，被尊为爱尔兰民族英雄。他在文学上的主要成就是讽刺寓言小说《格利佛游记》，小说通过格利佛漫游小人国、大人国、飞岛国、慧骃国等的故事，通过幻想旅行的方式来影射现实，讽刺了英国统治阶级内部为一己私利进行的掠夺战争，从道德、制度、社会风尚等多个侧面表现了文明人的堕落。这部作品实际上是针对当时流行的笛福式的小说所写的，表现了高超的讽刺艺术技巧。另外，他还著有讽刺散文《一个小小的建议》《书之战》等。

歌德和《浮士德》

歌德（1749～1832年）出生于莱茵河畔法兰克福城的一个富裕市民家庭，1765年入莱比锡大学学法律，1770年转入斯特拉斯堡大学，次年回到故乡当律师，但主要精力却在文学创作上。从1775年起，他在魏玛公国从政十年。此后，歌德一生勤勉写作，确立了他作为世界大文豪的地位。其作品数量之大达到惊人地步，《歌德全集最后手定本》达40册，他逝世后的补充本《歌德遗著》也达20册。

歌德最主要的代表作是倾注了其几十年精力写成的诗剧《浮士德》。他把主人公浮士德写成为一个在人间不断追求最丰富的知识、最美好的事物、最崇高的理想的人物。浮士德经过书斋、爱情、宫廷、美的梦幻等阶段的历程，每阶段都以悲剧结束，最后在改造自然的事业中得到智慧的结论，但却在这瞬间死去。作者对与浮士德结盟的魔鬼也赋予深刻的含义，魔鬼处处阻碍浮士德向上，但都以失败告终，因为魔鬼的行动总是刺激着浮士德不断努力追求。浮士德与魔鬼这两个截然不同而又结成伙伴的形象体现出美与丑、善与恶、积极与消极的辩证关系。《浮士德》展现了文艺复兴以后 300 年间资产阶级精神生活的历史。

司汤达

19 世纪法国批判现实主义作家。1783 年出生于法国格勒诺布勒城的一个资产阶级家庭。他本名叫亨利·贝尔，早年丧母。少年时在外祖父家阅读了大量名作，1796 年入中学。17 岁时他投笔从戎，跟随拿破仑南征北战，博得拿破仑的赞赏。1814 年波旁王朝复辟，他遭通缉，流亡米兰。他从 1817 年开始发表作品，后用司汤达这个笔名发表作品。1821 年他又被迫离开米兰回巴黎。1829 年，他发表了著名短篇小说《瓦尼娜·瓦尼尼》。1828 年 10 月，司汤达从《司法公报》和《罗马漫步》上的两个案件受到启发，开始写作《红与黑》，于 1830 年完成。1832 ~ 1842 年间，司汤达经济拮据，疾病缠身，但他创作不断，直到 1842 年 3 月 23 日逝世。司汤达被称为"现代小说之父"，给人类留下了巨大的精神遗产，其作品至今仍具极大的魅力。

格林兄弟

指雅各布·格林（1785 ~ 1863 年）和威廉·格林（1786 ~ 1859 年）兄弟，德国语言学家、童话收集家。他们出生在哈瑙一个官员家庭，都毕业于马尔堡大学，二人经历相似、兴趣相近，合作研究语言学，搜集和整理民间童话和传说，故在文学史上被称为"格林兄弟"。他们在文学上的主要贡献是二人合作搜集编写的民间童话故事集《儿童与家庭童话集》，该书奠定了民间童话中引人入胜的"格林体"叙述方式，对 19 世纪以来的世界儿童文学产生了深远的影响。其中的《青蛙王子》《忠实的约翰》《莴苣姑娘》《灰姑娘》《白雪公主》《小红帽》《玫瑰公主》等，以其丰富的想象、美丽的憧憬、善良的心灵和高尚的情操启迪和熏陶着孩子们的心扉。之后，他们又出版了两卷集《德国传说》和《德国神话》。格林童话如今已被译成各国文字多次出版，成为世界儿童文学的珍宝。

雪莱

英国浪漫主义诗人。出生在英格兰一个乡村贵族的家庭，从小受到严格教育，1804 年进入伊顿公学，1810 年进入牛津大学就读，第二年因发表《无神论的必要性》被开除。此后参加了爱尔兰的民族解放运动等，1822 年不幸因海难去世。他在中学时期便开始创作，早期作品主要有《麦布女王》《致华兹华斯》《赞智力美》等，1818 年定居意大利后，发表了长篇诗歌《阿多尼》《暴政的假面游行》，抒情诗《印度小夜曲》《给英格兰人民的歌》《西风颂》《致云雀》，诗剧《解放了的普罗米修斯》《希腊》等。这些作品以资产阶级民主主义和空想社会主义为武器，反对专制暴政，反对宗教迷信，鼓吹自由民主、平等博爱。他是时代先进潮流的代表，通过诗作向被压迫人民传递了革命的火种。

普希金

俄罗斯诗人。1799 年生于莫斯科一个没落贵族家庭。小时候由一个懂民间文学的奶妈照管，12 岁时入贵族子弟学校学习，受启蒙主义思想影响，和十二月党人接触，开启了他的民主主义思想。毕业后，他到外交部任职，参加十二月党人的绿灯社，写下了《自由颂》等许多政治抒情诗。1826 年，普希金因与十二月党人的关系而被沙皇监控。1830 年 9 月，他在波尔金诺住了三个月，这期间成了他创作上的收获期，完成了他的代表作《叶甫盖尼·奥涅金》，还写了 30 多首抒情诗。1831 年，普希金和冈察洛娃结婚。1837 年，他因妻子而与军官丹特斯决斗，受重伤，2 月 10 日不治而亡。普希金是俄罗斯近代文学的奠基者和俄罗斯文学语言的创建者，被誉为"俄罗斯文学之父"。

普希金像

巴尔扎克

法国批判现实主义作家，欧洲批判现实主义文学的奠基人之一。他于 1799 年生于一个富有家庭，17 岁时入大学读法律。毕业后，他拒绝了律师职业，立志写作。他崇拜拿破仑，但在政治上同情贵族阶级，后加入保王党。他曾从事出版印刷业，但最终使他负债累累，迫使他重新回到创作上来，并以惊人的毅力和速度从事创作。长期的辛劳严重损害了他的身体，50 岁时他重病缠身，不久逝世。他一生创作 96 部长、中、短篇小说和随笔，总名为《人间喜剧》。其中代表作有《欧也妮·葛朗台》《高老头》等。他的作品传遍了全世界，产生了巨大的影响，被誉为"超群的小说家""现实主义大师"，在世界文学史上树立起不朽的丰碑。

果戈里

果戈里（1809～1852 年）生于乌克兰的一个地主家庭，受父亲影响，自幼喜爱文学和戏剧。中学时深受资产阶级启蒙思想的影响。1831 年结识了普希金，在创作上得到启发，开始出版一些短篇、中篇小说集。1836 年，讽刺喜剧《钦差大臣》首次在彼得堡公演，获得惊人成功，但遭到俄国官僚社会的攻击和诽谤，果戈里被迫出国。五年后回国，于 1842 年发表了长篇小说《死魂灵》，深刻揭露和批判了专制农奴制社会，继《钦差大臣》之后再次震撼了俄罗斯。但由于长期脱离俄国现实，果戈里后来的思想发生了剧烈的变化，1847 年发表了为专制制度辩护的《与友人书信选集》，引起了俄国先进知识分子的反对和批判。

狄更斯

英国 19 世纪现实主义小说家。他出生于一个海军小职员家庭，11 岁就承担起繁重的家务劳动，做过学徒、记者等。他只上过几年学，全靠刻苦自学和艰辛劳动成为知名作家。狄更斯一生共创作了 14 部长篇小说，许多中短篇小说和杂文、游记等。其中最著名的作品是描写劳资矛盾的长篇小说《艰难时世》和描写 1789 年法国革命的《双城记》。其他重要作品还有《奥列佛·特维斯特》（又译《雾都孤儿》）、《董贝父子》、《大卫·科波菲尔》、《荒凉山庄》和《远大前程》等。他生活在英国由半封建社会向工业资本主义社会的过渡时期，其作品广泛而深刻地描写这时期社会生活的各个方面，宣扬以"仁爱"为核心的人道主义。艺术上以妙趣横生的幽默、细致入微的心理分析，以及现实主义描写与浪漫主义气氛的有机结合而著称。

屠格涅夫

伊凡·谢尔盖耶维奇·屠格涅夫（1818 ~ 1883 年）出生在俄国奥勒尔省城的一个贵族家庭，是 19 世纪中叶俄国优秀现实主义作家。凭借其独特的敏锐观察力和杰出的现实主义艺术才能，屠格涅夫的作品成为记载 19 世纪 40 年代至 80 年代俄国社会生活的艺术性编年史。童年的屠格涅夫随父母在姆钦斯克县的斯巴斯科耶一卢托维诺沃庄园里度过。屠格涅夫家于 1827 年迁到莫斯科，他于 1833 年进莫斯科大学，1834 年转入彼得堡大学，1836 年毕业。大学期间他参加过进步的学生小组活动，思想倾向于民主，对文学也感兴趣，曾写过诗。1838 年去柏林大学留学，先后旅行过荷兰、法国、奥地利、瑞士、意大利等地。他的《贵族之家》《前夜》《阿霞》《初恋》《春潮》等小说所写的充满诗意的爱情，正是作者亲身的经历和心声。

屠格涅夫从 1847 年起经常在《现代人》和《祖国纪事》杂志上发表作品。他的第一部现实主义作品是《猎人笔记》，其中包括 25 篇特写，创作于 1847 ~ 1852 年。各个短篇虽然题材多样，贯穿首尾的主题思想则是一致的，即反对农奴制度。

屠格涅夫的主要成就在于长篇小说。他从 19 世纪 50 年代至 70 年代先后写成 6 部长篇小说:《罗亭》《贵族之家》《前夜》《父与子》《烟》和《处女地》，标志着他创作道路的新阶段。《父与子》创作于 1860 ~ 1861 年,并于 1862 年在《俄罗斯导报》上发表，代表了屠格涅夫作品的最高成就。

惠特曼

美国浪漫主义时期的诗人。他出身农家,曾做过教师、编辑。1838 年惠特曼主编《长岛人》,传播民主思想,与此同时开始诗歌创作。1855 年出版《草叶集》,收诗 383 首。以"草叶"命名诗集体现了诗人的民主思想，因为它赋予最普通的、遭人践踏的小东西以崇高的地位与尊严。草叶也是包括诗人在内的具有强大生命力的美国"新人"形象，象征着独特的美国精神和性格。其中著名的诗歌有《船长啊，我的船长！》《自己之歌》等。这部诗集的自由体,豪迈奔放而又不失音乐美感,在英语诗歌中独树一帜,从根本上动摇了传统格律诗几世纪以来的垄断地位，开了英语诗自由体在 20 世纪迅猛发展的先河，并对中国五四运动以后的新诗创作产生了很大影响。

福楼拜

法国现实主义小说家。他出生在里昂的医生家庭，幼年在医院里度过。1840 年赴巴黎学习法律，后因病辍学。1846 年开始在卢昂附近的克罗瓦赛别墅定居，过着简单的生活，直至去世。福楼拜的主要作品有《包法利夫人》《情感教育》《圣安东的诱惑》和《简单的心》等。基本主题是对资产阶级的揭露，他主张艺术应该真实地反映现实生活，同时作家要努力隐去个人的喜好，持"客观而无动于衷"的态度。在对人物的塑造和描写上，他十分注重遣词造句，形成了精雕细刻的艺术风格。他的主张和独特的艺术风格，影响和启迪了后来的作家，被推为现代小说的先行者。他最著名的代表作《包法利夫人》，描写外省一个富裕农民的女儿爱玛，因不满于婚后平庸的生活而酿成的悲剧，成为当时一部"新的艺术法典"。

陀思妥耶夫斯基

俄国作家。出生于小贵族家庭，童年在莫斯科和乡间度过。1846 年发表第一部长篇小说《穷人》，受到高度评价。1848 年发表中篇小说《白夜》。1849 年因参加反农奴制活动而被流放到西伯利亚，在此期间发表有长篇小说《被侮辱和被损害的》《罪与罚》《白痴》《群魔》《卡拉马佐夫兄弟》和中篇《地下室手记》等名著，为俄国文学留下一笔宝贵的遗产。他的创作很有特色，擅长通过人物病态心理的分析和人物意识的表述来塑造人物；他善于运用象征、梦幻、梦境、意识流等艺术手法，使作品具有紧张压抑、情节发展急促、悬念迭起、震撼人心的力量。其作品的开创性意义和他人难以企及的成就已为举世公认，现代派作家更将他奉为宗师。

易卜生

挪威戏剧家、诗人。出生在一个小商人家庭，16 岁时就开始在一家药材店当学徒，工作之余，阅读了大量莎士比亚、拜伦等人的作品。1850 年到首都，结识了文艺界一些思想进步的朋友，并开始诗歌和戏剧创作。这一时期他在艺术上处于探索期，主要作品有《爱的喜剧》、历史剧《卡提利那》、诗剧《布兰德》等。1864 ~ 1885 年，长期居住在罗马、慕尼黑等地，创作的代表作有《社会支柱》《玩偶之家》《群鬼》《人民公敌》《青年同盟》等一系列社会问题剧，分别从社会政治问题和婚姻家庭问题入手，触及妇女解放等当时一些重要的社会问题。晚期作品有《野鸭》《罗

易卜生像

斯默庄》《海上夫人》《建筑师》等，都着重于对人物心理发展的分析，具有神秘的象征主义风格。易卜生的创作把 19 世纪末的欧洲戏剧从形式主义拉回到现实主义的道路上来。

列夫·托尔斯泰

列夫·托尔斯泰（1828 ~ 1910 年），是俄国现实主义文学最伟大的代表。他于 1844 年求学于喀山大学，1852 年从军高加索，同年发表处女作《童年》（与后来发表的《少年》《青年》合称自传体三部曲），开始文学活动。1856 年发表《塞瓦斯托波尔故事》，开创了俄国文学描写战争的现实主义传统。

托尔斯泰的主要创作活动是在从 1861 年农奴制改革到 1905 年俄国第一次资产阶级革命期间，这正是俄国社会的大变动时期。1863 ~ 1869 年，他完成了史诗性的长篇小说《战争与和平》，1873 ~ 1877 年完成了第二部著名长篇小说《安娜·卡列尼娜》。1889 ~ 1899 年完成了集中体现他晚年的思想和艺术特征的长篇小说《复活》。

被公认为世界文学史上最光彩夺目的杰作之一的《战争与和平》，是一部描写拿破仑入侵时期俄罗斯波澜壮阔的人民战争的史诗。全书以包尔康斯基、别祖霍夫、罗斯托夫、库拉金四个豪族作主线，在战争与和平的交替中，展现了当时社会中政治、经济、家庭生活的无数画面，描绘了 559 个人物，上至皇帝、大臣、将帅、贵族，下至商人、士兵、农民，反映了各阶级、各阶层的思想情绪，提出了许多社会、哲学和道德问题。小说成功地把大规模的战争场面和多方面的和平生活有机结合在一起，描绘了 19 世纪最初 20 年纵横俄国城乡的广阔画面。在小说中人民被描写成决定俄国命运的伟大力量。

马克·吐温

马克·吐温（1835 ~ 1910 年），19 世纪后半期美国现实主义文学的杰出代表，卓越的幽默讽刺作家。原名萨缪尔·朗荷恩·克莱门斯，12 岁时便开始独立谋生，当过报童、排字工人。

1863 年，他开始用马克·吐温（即水手术语，意为水深足以使船安全）的笔名发表文章。1874 年发表第一部长篇小说《镀金时代》。1876 年发表《汤姆·索亚历险记》，描写顽皮的儿童汤姆·索亚因不能忍受周围枯燥乏味的生活，而同另一儿童哈克出外冒险的故事。作者运用富于诗意的描写和浪漫主义的手法，描绘了妙趣横生的儿童生活。1884 年发表了著名的作品《哈克贝里·费恩历险记》，通过白人小孩哈克跟逃亡黑奴吉姆结

马克·吐温像

伴在密西西比河流浪的故事，批判封建家庭结仇械斗的野蛮，讽刺宗教的虚伪愚昧，谴责蓄奴制的罪恶，宣传不分种族地位人人都享有自由权利的进步主张。作品文字清新有力，审视角度自然独特，是美国文学史上具有划时代意义的现实主义力作。马克·吐温被誉为"美国文学中的林肯"。

哈代

哈代（1840～1928年）是英国诗人、小说家，早期和中期的创作以小说为主，继承和发扬了维多利亚时代的文学传统；晚年以其出色的诗歌开拓了英国20世纪的文学。哈代一生共发表了近20部长篇小说，其中最著名的当推《德伯家的苔丝》《无名的裘德》《还乡》和《卡斯特桥市长》。他的作品反映了资本主义侵入英国农村城镇后所引起的社会经济、政治、道德、风俗等方面的深刻变化以及人民（尤其是妇女）的悲惨命运，揭露了资产阶级道德、法律和宗教的虚伪性。他的作品承上启下，既继承了英国批判现实主义的优秀传统，又为20世纪的英国文学开拓了道路。

莫泊桑

基·德·莫泊桑（1850～1893年）是19世纪下半期法国杰出的批判现实主义作家。他一生写了350多篇中短篇小说、6部长篇小说和3部游记。莫泊桑在短篇小说创作方面的成就尤为突出，被称为"世界短篇小说巨匠"。

莫泊桑出生于诺曼底一个破落的贵族家庭，他的童年是在乡间度过的。母亲出身于名门且富有文学修养，舅父是诗人与小说家，因此，莫泊桑从小就受到文学的熏陶。13岁时，他进伊佛修道院附属学校学习，因写诗讽刺教规被开除教籍。后到里昂中学学习，在著名诗人路易·布耶的指导下，开始了多种文体的习作。1870年莫泊桑去巴黎学习法律。

不久，普法战争爆发，莫泊桑应征入伍。这场战争时间虽短，却给他留下了极为深刻的印象，其后来写的不少小说都是以普法战争为题材的。战争结束后莫泊桑定居巴黎，从1872年起，先后在海军部和教育部任小职员。这段经历使他对小职员的生活状况及精神境界有了深刻的认识，成为他日后小说创作的重要主题。同时，他积极利用业余时间进行文学创作。自1873年开始，莫泊桑受教于福楼拜的门下，并因此结识了左拉、都德、龚古尔、屠格涅夫等著名作家。在福楼拜的严格要求和精心培养下，莫泊桑成长为一名优秀的作家。

莫泊桑的中短篇小说描绘了各色各样的生活场景，刻画了各个社会阶层各种职业的人物形象，从不同的角度和侧面反映了1870～1890年法国社会生活的状况。

《羊脂球》是莫泊桑发表的第一篇小说，也是其短篇小说中的珍品。它写的是被敌军占领的里昂城里十名居民同乘一辆马车出逃的故事。居民中有贵族地主、资本家、暴发户以及他们各自的妻子，还有两位天主教的修女、一名自称"革命党"的假爱国者，一名外号为"羊脂球"的妓女。一辆马车就是一个社会的缩影。

莫泊桑一生中创作了 6 部长篇小说：《一生》《漂亮朋友》《温泉》《皮埃尔和若望》《像死一般强》《我们的心》。

莫泊桑 20 多岁时就被疾病所折磨，在同疾病的顽强搏斗中，他依然坚持写作。1893 年不幸病逝，年仅 43 岁。

契诃夫

契诃夫（1860 ～ 1904 年）是俄国作家、戏剧家。1860 年 1 月生于塔甘罗格市一个小商人家庭。1879 年进莫斯科大学医学系，次年开始用笔名给幽默杂志写短篇小说。

19 世纪 80 年代中叶前，他写下大量诙谐幽默的小说，其中不乏优秀的作品，如写大官僚飞扬跋扈和小人物的卑微可怜的《一个官员的死》，写见风使舵的小市民奴性心理的《变色龙》。19 世纪 80 年代后半期，契诃夫的创作进入成熟阶段，写下了一系列杰出的短篇小说。《万卡》《苦恼》《渴睡》对于下层人民的穷苦悲哀寄予深切同情。1889 年写出《套中人》，以讽刺手法描写了沙皇专制制度的忠实卫道士的典型形象。1890 年他到库页岛考察苦役犯和当地居民的生活状况，进一步加深了对俄国专制制度的认识。此后不久，他写出了震撼人心的中篇小说《第六病室》。契诃夫的中、短篇小说共 470 多篇，其中大多数是短篇。作品题材多样，文笔精练。作为戏剧家，契诃夫写了 5 部多幕剧，有《万尼亚舅舅》《三姊妹》等，其中最著名的剧本是创作于 1903 ～ 1904 年的《樱桃园》。

契诃夫像

伦勃朗

伦勃朗（1606 ～ 1669 年）是 17 世纪荷兰伟大的现实主义画家，早年受过良好教育，20 岁左右成为独立画家。他一生经历坎坷，但却以惊人的才智和勤奋，给人类留下了丰富的艺术遗产。其被保存下来的油画有 500 多幅，版画有 250 幅，素描有 1500 幅，这些作品闪耀着不朽的艺术光辉。

伦勃朗的作品大胆地描绘当时上层社会的残暴，对于穷苦人民则寄予深切的同情。他善于用聚光的效果、对比强烈的色彩来突出作品主题、刻画形象。西洋绘画中的明暗色调和色彩的变化是画家表现事物的主要艺术手段，在伦勃朗的画中经常运用暗的背景，与受光对象形成强烈的对比，给观众的印象既强烈醒目，又和谐统一。他的名画有《夜巡》《戴头盔的胸像》等。

德拉克洛瓦

欧仁·德拉克洛瓦（1798～1863年）出生于一个外交官家庭。17岁时，进入画家格朗的画室学习，后来进入美术学院。1822年，受到籍利柯《美杜萨之筏》的影响，画了著名的《但丁之舟》，描绘但丁与维吉尔乘小舟游地狱，受到罪恶之河中种种幽魂的困扰，其凄厉与阴森之情令人惨不忍睹。1824年，他又以巨作《希阿岛的屠杀》而令人瞩目，从而成为法国浪漫主义画家的杰出代表。所谓的浪漫派绘画一般喜爱选取激动人心的事件作题材，表现一种充沛的激情。

自由引导人民

这是德拉克洛瓦最著名的代表作，也是他最具浪漫主义色彩的作品，是法国七月革命的直接反映。画中的自由女神成了法国绘画中最迷人的形象，它与巴黎凯旋门、埃菲尔铁塔一样，成为法兰西文化的象征，画家也因此画而成为浪漫主义艺术的领袖人物。

德拉克洛瓦一生勤于作画，临终前还握着调色板。他喜欢用鲜明的色彩来描绘丰富多变的大自然，用笔触和色块表现出丰富的光的变化。所以他不仅是素描大师，而且是色彩大师，并将19世纪上半叶法国绘画的光荣推到了顶点。他的著名作品有《希阿岛屠杀》《自由引导人民》（又称为《1830年7月28日》）等。

米勒和《拾穗者》

米勒·让·弗朗索瓦（1814～1875年）是法国现实主义的杰出画家。他主张按照客观存在的真实来塑造艺术形象。米勒生于法国农村，从小在田间劳动，一生创作了大量的描绘土地和农民的绘画。他的素描具有雕塑般的精炼单纯的形式。米勒所描绘的农民是精神凝集的、沉思的、含着忧愁的。由于在绘画中表现了农民痛苦的、沉重的生活，他成了当时社会制度的揭露者。

《拾穗者》是米勒的代表作。它所描绘的是一个极普通的农村田间场面：在秋天的收割季节，三个上了年岁的农妇正在麦茬地里捡拾撒落下来的麦穗。在远处一望无际的田野上，收割者正把丰收的谷物盛装上车，麦堆堆得高高的，麦垛旁停着两匹马拉的大车和忙碌的雇农，远远立着一个骑马人，他是这块土地的主人。画面中的这些农民已沦落到为了捡拾遗留下来的一点麦穗而不得不付出艰苦的劳动。画面冷静，金色的光线使人物显得端庄，平凡中隐含着严肃的社会内容，揭示了农民的命运和处境，是贫穷的农民阶层对社会所提出的尖锐批评。米勒将令人心碎的贫穷转变成英雄般的史诗，以婉转真切的写实精神描绘农民崇高的劳动，还有他们与土地之间的亲情，寓强烈的呼声于无声之中，被称为"反对贫困的起诉书"。虽然这幅作品在他同代人之中引起不少批评，但今天却被公认为19世纪的名作之一。

塞尚

保罗·塞尚（1839～1906年）是后期印象画派的代表人物，他反对传统绘画观念中把素描和色彩割裂开来的做法，追求通过色彩表现物体的透视。他的画面，色彩和谐美丽。面对写生对象，他总是极其审慎地观察、思考和组织画面的色调，反复推敲，反复修改。在这些精心组织的静物画中，塞尚并不过多地重视空间、体积和透视度的科学性，而是更加注重画面形和色的平面布局，力求达到一种类似图案一样的平面的和谐与均衡。

塞尚提倡按照画家的思想和精神重新认识外界事物，并且在自己的作品中依照这种认识重新构建外界事物。正由于这种认识方法上的彻底变革，塞尚在西方美术界一直被誉为"现代绘画之父"。

莫奈与《日出》

克劳德·莫奈（1840～1926年）是印象画派的开拓者，他的画对19世纪末期的法国画坛影响极为深广。

莫奈巧妙地运用了作为印象主义技法的基本原理的色彩分解论，形成了印象画派。他认为对自然的一切描绘都必须"在现场"完成。画家要是希望抓住一个具有特点的侧面，就必须疾挥画笔把颜色直接涂到画布上，多考虑整幅画的总体效果，较少顾及枝节细部。即以一个主题为基础，然后在画布上不断发展这一主题的各种变奏。以莫奈为代表的印象派的油画，呈现的是一种完全独特的面貌，阴影是用蓝、粉、绿各种色点拼凑起来的，没有一点单色和黑色，放眼看去一片色彩闪烁。所以印象派的画是外表草率、缺乏修饰的画法，但这种"点彩法"却是极难的画技，不易改动，更要求对艺术的精益求精。1874年，莫奈等画家举行了第一次画展，其中有莫奈的《日出·印象》，这幅画画的是透过晨雾看到的港湾景色。

列宾

列宾（1844～1930年）是俄国现实主义的杰出画家，1844年7月24日生于乌克兰的丘古耶夫，1863年秋末，列宾到彼得堡求学，于第二年1月通过考试，成为皇家美术学院的学生。

1871年，列宾参加了学院的毕业生命题创作竞赛，获得金质大奖章。与此同时，他开始构思《伏尔加河上的纤夫》。为了描绘沙皇统治下俄国劳动人民的痛苦生活，他对纤夫的生活作了长期的观察，画了许多速写，在经过反复推敲和长时期的酝酿之后，列宾笔下的纤夫们，既是苦难的生活在底层的人们，也是有毅力的生活的强者。在构图上，列宾利用了沙滩的地形和河湾的转折，使11个纤夫犹如一组雕刻群像，被塑造在一座黄色的、高起的底座上。画面上对伏尔加河的景色做了很好的布局，使这幅尺寸不很大的画面具有宏大深远的感觉。它不仅揭示了现实的矛盾，同时肯定了社会的积极力量，使俄国风俗画增添了新的语言。作为民主主义艺术家，列宾的作品深刻反映人民的生活，表现人民的力量。其代表作还有《意外归来》《萨布罗什人给土耳其苏丹写信》等。

梵高

荷兰画家梵高·文森特（1853～1890年）是当今世界上最受重视的艺术家之一。他是个热爱自然并能从简单的事物看到纯粹之美的画家，他说他宁可画从窗户向外看到的树影而不愿画想象中的幻象。梵高是一位十分聪明、敏锐，而且有毅力的人，曾广泛地研读文学、哲学以及历史方面的书籍，并且对于19世纪的艺术与社会现象颇有独特的见解。对现代人而言，梵高之所以极具魅力，主要是因为他似乎能正确地描绘出现代人的特征。

梵高像

梵高了解所有的绘画新观念，但他随即在色彩丰富的日本木刻画的影响下，开始摸索出自己创作的方向。梵高对色彩有着敏锐的感觉，但他不只是想以色彩来表现出事物的表面而已，还恣意地运用色彩，将自己的意念更为有力地表达出来。为了达到这个目的，梵高几乎组合了所有的色彩和图案，同时他想赋予其画以某种活力，因此以宝石般鲜艳的色调，在明亮的星星与太阳四周，勾绘出放射状的光线和舔舐着火焰般的树木枝干。他以方向各异的线条分割了画面并表现出物体的远近距离，然后以闪烁不定的光线补满整个画布。在他生命即将结束之前的某些时刻，梵高似乎已无法控制他的气力了，画中的形体常被切割得支离破碎，而画中人物的关节则扭曲而肿胀。在梵高最伟大的作品中，可以看到他在以自己的知觉重新创造自然世界的过程中，结合了线条与色彩，成功地表现出事物外在的形体与内在的活力。

梵高的画作能将其心境表露无遗。同时，他还在其画作中鲜明地表达了他对艺术、文学、音乐以及政治的观点。他那超越了视觉表现的艺术成就，为文化和艺术史上的各种风貌又做了一次新的整合并引导了所有愿意开拓视野的观赏者。

音乐的发展

在各种艺术门类中，音乐运用人声和乐器声音作为材料，它的表现手段如旋律、和声、配器、复调等，都是一种有组织的乐音，都是由声音构成的。音乐是凭借声波振动而存在，在时间中展现，通过人类的听觉器官而引起各种情绪反应和情感体验的艺术门类。因此，音乐是一种时间的艺术、表现的艺术和听觉的艺术。音乐艺术以它特有的方式去反映人们的社会生活并抒发其思想感情。我们可以通过音乐家创作的音乐作品，体会到不同历史时期不同社会阶级人们的不同的思想感情。

随着人类历史的发展进程,音乐也经历了长期的发展过程。欧洲音乐经历了"巴洛克时期""古典主义时期""浪漫主义时期"三个风格演变的历史阶段。17世纪初至18世纪中的欧洲音乐是巴洛克音乐。这时期,音乐仍然被利用为教会和帝王服务。威严神圣的宗教精神与显赫富丽的宫廷气概,是巴洛克音乐风格的主流。18世纪下半叶至19世纪20年代是欧洲的古典主义音乐时期。古典主义音乐主要是靠结构的力量来获得艺术魅力的。19世纪20年代至19世纪末是欧洲的浪漫主义音乐时期。主观感受取代了客观现实,感情取代了理性,夸张激越的手法取代了严谨沉静的形式,鲜明的个性取代了共性,这些是浪漫主义音乐的主要特征。20世纪初出现的象征主义音乐,则标志着欧洲近代音乐的终结和欧洲现代音乐的最初发展。音乐的思想蕴藏于深刻的感情内容之中,通过作曲家对生活的感情态度而体现出来。

巴赫

德国古典作曲家。生于一个著名音乐世家,早年精通管风琴演奏。他先是任教堂管风琴师,后到魏玛,任宫廷管风琴师,直至宫廷乐长。38岁起在莱比锡圣托马斯教堂任乐长,直至逝世。巴赫笃信宗教,又深受启蒙思想影响,这使他的作品具有丰富的世俗情感和大胆的革新精神。他刻苦钻研,创作异常勤奋,流传下来的有500多首作品,主要有《马太受难曲》《约翰受难曲》《b小调弥撒曲》和200余部康塔塔,以及古钢琴曲《法国组曲》《英国组曲》等等。巴赫在德国民族音乐的基础上,集16世纪以来各国音乐之大成,把巴洛克音乐发展到顶峰。其作品对近代音乐具有深远的影响,因此被称为"西方音乐之父"和"不可超越的大师"。

莫扎特

奥地利作曲家。1756年出生于萨尔兹堡一个音乐世家,父亲是小提琴手。他3岁开始学弹钢琴,4岁就能演奏,5岁学作曲,6岁在欧洲巡回演出,12岁开始指挥乐队演奏自己的作品,轰动了欧洲,被人们誉为"音乐神童"。后由于他不能忍受上流社会对他人格的蔑视和侮辱,25岁辞职,成为奥地利第一位不依附于贵族的自由作曲家。1786年,他创作了歌剧《费加罗的婚礼》,取得极大的成功,达到事业的顶峰。他最后几年的生活极为困难,1791年12月在写作《安魂曲》时逝世。莫扎特给人们留下了近50部交响曲、22部歌剧、50部各种形式的协奏曲,主要代表作品有歌剧《费加罗的婚礼》《魔笛》,交响乐《朱庇特交响曲》和协奏曲《D大调小提琴协奏曲第四号》等。他为人类文化作出了重大贡献,在世界文化史上树立起不朽的丰碑。

贝多芬

德国作曲家,维也纳古典乐派代表人物之一。他出生于莱茵河畔波恩城的一个音乐世家,自幼从父学音乐。1792年起在维也纳定居,进行音乐创作和教学。26岁听力发生障碍,晚年全聋,但仍然坚持创作。他一生十分坎坷,没有结婚成家,毕生追求"自由、平等、博爱"的理想。在欧洲音乐史上，他集古典派之大成，开浪漫派之先河。其作品展现出惊人的活力、罕见的高贵情操以及完美的技巧，他创作的9部交响乐、2首弥撒曲，还有不胜枚举的序曲、协奏曲、奏鸣曲和弦乐四重奏曲，都深深影响了后来作曲家的风格。例如：交响乐《英雄》《命运》《田园》，第九交响乐的最后乐章《欢乐颂》；序曲《爱格蒙特》；第五号钢琴协奏曲《皇帝》；《悲怆奏鸣曲》《月光奏鸣曲》；等等。他为人类留下了一笔宝贵财富，对世界音乐的发展也产生了巨大的影响，因而被世人尊称为"乐圣"。

贝多芬像

肖邦

肖邦（1810～1849年）是伟大的波兰音乐家。他对音乐心驰神往，对钢琴尤其喜爱，很快就以创作多产而获得"天才神童"的赞誉，那时他才16岁。他19岁时进入华沙音乐院，此时已创作了《夜曲》《波兰舞曲》《圆舞曲》及两首钢琴协奏曲。

肖邦生活在波兰亡国之际。流亡国外的肖邦创作了很多具有爱国主义思想的钢琴作品，以此抒发自己的思乡情、亡国恨。肖邦的作品具有浓厚的波兰民谣色彩，又异常纤细华美，隐藏着热情与忧郁的情绪，这些因素使肖邦的音乐显得非常独特。

威尔第

意大利歌剧作曲家。生于意大利北部的一个小村庄，早年在乡村当管风琴手，显露了卓越的音乐才华。他曾投考米兰音乐学院，未被录取。1842年，他创作的歌剧《纳布科》引起巨大轰动，使他一跃成为一流作曲家，被人们尊称为"意大利革命的音乐大师"。19世纪50年代是他创作的高峰时期，其创作也进入成熟阶段，写了《弄臣》《茶花女》《假面舞会》等七部歌剧，奠定了歌剧大师的地位。1871年《阿依达》一剧的问世，标志着他的创作新风格的形成。直到73岁时，他还写了一部更高境界的作品《奥赛罗》。威尔第一生共写了26部歌剧，被誉为"歌剧之王"。他的创作光耀了意大利民族现实主义歌剧，使意大利歌剧在19世纪欧洲音乐史上留下了绚丽的一笔，他本人也成为最受欢迎的歌剧作曲家之一。

约翰·施特劳斯

奥地利小提琴家、指挥家、圆舞曲及维也纳轻音乐作曲家。做过银行职员，后自学小提琴与作曲。1844年自建乐团，演奏自己创作的圆舞曲，并任指挥。1849年带领乐团在欧美各国旅行演出。后在俄国圣彼得堡任音乐会指挥。1862～1863年任奥地利宫廷舞会乐队指挥。1872年在美国任纽约和波士顿音乐会指挥。1870年起创作了一批轻歌剧,对欧洲轻歌剧的发展有深远影响。1899年逝世。他有500余首作品,其中圆舞曲400余首,世称"维也纳圆舞曲"。最著名的有《蓝色多瑙河》《维也纳森林的故事》《春之声》《美酒、爱情和歌曲》等,《蓝色多瑙河》被誉为奥地利第二国歌。他的作品节奏自由,音乐语言真挚而自然,其维也纳圆舞曲风靡全欧,使他获得了"圆舞曲之王"的称誉。

柴可夫斯基

彼得·伊里奇·柴可夫斯基(1840～1893年)是19世纪伟大的俄罗斯作曲家、音乐教育家,被誉为伟大的俄罗斯音乐大师。他于1840年5月7日出生于乌拉尔的伏特金斯克城,父亲是一个冶金工厂的厂长兼工程师,母亲爱好音乐,很会唱歌,也会弹琴,因此,家庭中充满了音乐气氛。他自幼便已显示出非凡的音乐才能。

柴可夫斯基的创作体裁广泛,在交响曲、歌剧、舞剧、协奏曲、室内乐等方面都留下了大量名作。著名的歌剧作品有《叶甫盖尼·奥涅金》《黑桃皇后》等,著名的舞剧有《天鹅湖》《睡美人》《胡桃夹子》,都是世界舞剧艺术中影响巨大的作品。他的许多作品的主题,深刻体现了主人公对光明、幸福的渴望和同黑暗现实的激烈矛盾,反映了当时俄国社会

> ### 《天鹅湖》
>
> 《天鹅湖》是一部四幕(有的版本是三幕)芭蕾舞剧,由柴可夫斯基作曲,别吉列夫和格利采尔编剧,珀蒂帕和伊万诺夫编导,首演于1895年1月15日圣彼得堡玛利亚剧院。后来,《天鹅湖》成为芭蕾的经典剧目。剧情描写了王子齐格弗里德与被魔法变成天鹅的公主奥杰塔的爱情故事。王子勇敢地与魔王搏斗,忠贞的爱情最终战胜了魔法,奥杰塔重新获得自由(有的版本写王子与奥杰塔双双投湖殉情)。

的黑暗与腐败。他善于把高度的专业创作技巧同俄罗斯民族音乐传统有机地结合起来,为俄国和世界音乐文化作出了宝贵的贡献。

柴可夫斯基总结了全欧洲音乐发展的时代特点,并且建立了自己宏大的交响音乐体系。它不同于贝多芬的体系,而是以俄罗斯风格概括了贝多芬之后的交响音乐的许多发展,这使他成为交响音乐方面登峰造极的人物之一。他的音乐是俄罗斯文化在艺术领域内的最高成就之一。他的音乐力求用最直接的抒发个人感情的方式,来表达最具普遍意义的东西。他以大家都能理解的音乐语言表现生活中的诗意和人类感情中风流迷人的成分,因而能触动人们的心灵。

近代建筑艺术

建筑是实用性的物质产品或实用艺术,它不可能像绘画那样再现生活,不可能提供具体事物的真实形象和生活现象的真实图画,因此它不是真正意义上的造型艺术,只能算作一种广义的造型艺术。建筑运用种种表现手段和装饰手段,构成一种意境,给人以联想,从而构成建筑的艺术形象。黑格尔认为,建筑是最原始的一种艺术,建筑所表达的艺术语言是"象征型"的。它的感情含义,它的爱憎,它的一切观念形态,都是十分朦胧的。然而在建筑艺术语言的朦胧中,却又清晰地透露出

人的观念形态及其演变。这就是说，建筑艺术能以一种比较抽象的形式反映出一个时代的社会生活。

凡尔赛宫

凡尔赛宫为世界闻名的法国王宫，位于巴黎的西南，在法国封建君主制度的鼎盛时期——路易十四和路易十五统治期间，经过 1661 ~ 1756 年将近 100 年断断续续的努力才建成。凡尔赛宫包括宫殿部分和大花园，正面的总宽度达到了 402 米。宫殿部分有大理石院和镜厅等著名建筑。大理石院是整个宫殿建筑群的中心，为法王路易十四和皇后的生活起居用房。内部装饰得十分华丽，宽大的厅堂和大楼梯都用彩色大理石贴面，墙面上还嵌着浮雕，画着壁画。室内放着胸像、立像等雕刻作品。在凡尔赛宫朝西面向大花园的那一面的正中为镜厅，它长 73 米，宽 9.7 米，高 13.1 米，西墙面上开了 17 个大圆拱券窗子，相对的东墙面上是 17 面大镜子。一排镜子从视觉上把客厅扩大了一倍，加上各种装饰、灯光，造成的意境是极其豪华奇特的，贵族们终日饮宴游乐其中。大理石院和镜厅的室内装饰非常豪华富丽，体现了巴洛克建筑的特色。

凡尔赛宫的另一特色就是建筑群西边的一大片花园，它是世界著名的大花园之一，与中国园林的风格不同，完全是人工雕琢的。凡尔赛宫是法国封建统治鼎盛时期的一座纪念碑，集中体现了当时法国经济、技术的进步和劳动人民的智慧。

彼得宫

彼得宫位于俄国圣彼得堡西南 29 千米处。彼得大帝在涅瓦河口建筑了俄国新都彼得堡后，于 1717 年决定建造一座与凡尔赛宫相媲美的行宫。他聘请德、法两国的建筑师担任园林总设计。1723 年行宫初具规模，此后 200 年间，经过不断的扩建、改建，彼得宫终于成为俄国建筑、工艺、园林、艺术的集萃之地。可惜这座艺术宝库在第二次世界大战中被德国法西斯夷为平地，后来的人们经过几十年的努力仍未使其完全恢复。彼得宫的建筑群以大宫为中心，其前后依天然地势分上、下两园。大宫东西长 300 米，色调黄白相间，为典型的巴洛克式建筑。彼得宫有"喷泉之都"的美名，位于大宫前斜坡上的大瀑布闻名于世。

宗教建筑

古代和中世纪的建筑艺术，主要体现在宗教建筑上，所以宗教建筑在建筑史上占有很重要的地位，它的许多常用的艺术手法一直影响着千百年来的建筑。一切宗教建筑，不仅为宗教活动提供了物质空间，而且也提供了精神空间。因此，人们可以从宗教建筑的风格中看出当时历史条件下宗教的状况，进一步看出处于不同历史阶段的社会风貌。如古希腊的神庙，以亲切近人的体量、和谐的比例关系、富有人间生活情趣的柱廊形式，反映古希腊的宗教观念。古罗马继承了这种宗教格局。随着奴隶社会的消亡，这个体系被否定了，这时的宗教建筑也开始发生变化。12～16世纪的宗教建筑盛行高直式建筑形态。它以柱、窗、屋顶等建筑部件的向上拉伸为特征。圆拱的顶受到一个向上升腾的力而构成尖拱的形式；坡度平缓的屋顶在屋脊或尖顶处受到一个向上升腾的力而构成尖顶或尖塔。这种建筑形式给人一种联想，高耸入云的塔尖好像会引导人们的灵魂上天似的。高直式建筑又称为哥特式建筑。这个名称来自哥特族，即西罗马帝国末期大迁徙的日耳曼族的重要一支。传统的建筑形式已满足不了新社会的需求，新建筑，即近现代建筑，正是在这种境况中诞生的。19世纪以后，人类开始利用先进技术和材料建造一些具有突破性的工商业建筑和民用建筑，以追求最大限度的经济效益。

雕塑巨匠罗丹

罗丹（1840～1917年）是人类有史以来最有影响力的雕塑巨匠，被世界人民所熟悉。他一生中塑造了许多技艺精湛的传世之作。其中那尊极具艺术感染力的作品《思想者》，既是罗丹的代表作，也是罗丹一生的写照。

罗丹学习艺术并不是一帆风顺的。他在法国动物雕塑家巴里的工作室工作，又给一位学院派的雕刻名家做了六年的助手。迷上了雕塑后的罗丹决心雕塑一件大作品，他把自己关在工作室中，一连干了18个月。1876年，雕塑史上的一件精品《青铜时代》诞生了。这是一座身体匀称而完美的青年男子立像。他挺胸昂首，面对青天，舒展双臂，好似挣脱了一切束缚，正从沉睡中醒来，象征着"人类的觉醒"。整座雕塑不但人体结构均匀完美，而且在解剖学上也是十分准确的。作品展出后，立即引起了轰动。雕像因人体造型非常精确和真实，使观众为之震惊，甚至有人指责这是从真人的尸体上翻制出来的模型。罗丹特地翻制了一个真人模型，让观众将两者进行比较，人们从此不再怀疑，对这个作品给予了充分的肯定和称赞。

从此，罗丹开始名扬巴黎，成为世界的知名人物。他后来又相继创作了《地狱之门》《加莱义民》和《思想者》等著名雕塑。他的艺术既继承了古代的优秀传统，又大胆地走出了一条创新道路，从而赋予法国19世纪后半叶的雕塑以新的生命。

引起美术史最大争议的是他晚年所作的《巴尔扎克》，这是罗丹应法国作

罗丹作品——《思想者》

家协会的邀请，为法国 19 世纪文坛巨擘巴尔扎克所作的雕像。整个作品经过 7 年的努力才得以完成。然而它首次在沙龙展出后，一些人把雕像称为"丑八怪""大麻袋""癞蛤蟆"等，各种攻击、嘲笑充斥了各大报刊。巴黎作协也否认这是他们预订的作品，巴黎市政府甚至不允许雕像在市内任何地方摆放。面对来自各方面的攻击，罗丹虽然深感痛心，但并没有因此而退缩。他郑重地向人们宣称："我的雕像将立于不败之地。"在罗丹逝世 22 年之后，雕像《巴尔扎克》终于得到了人们的承认，并且一举奠定了罗丹在欧洲雕塑史上的不朽地位。

· 第五章 ·

现代史

苏联的革命和建设

俄国十月革命

1917 年 4 月，在国外侨居 10 年之久的列宁回到了俄国，提出了 "社会主义革命万岁" 的响亮口号，并发表了著名的《四月提纲》，它标志着俄国社会主义革命的开始。6 月 16 日，列宁在彼得格勒召开第一次全俄苏维埃代表大会。7 月 1 日，首都的游行表明列宁的策略在首都开始获得信任，布尔什维克获得了工人士兵的拥护。

10 月，列宁在党中央委员会会议上详细分析了国内外形势，提出了党立即领导工人、农民和士兵举行武装起义夺取政权的建议，并得到了托洛茨基、斯大林、捷尔任斯基等多数委员的赞成。

1917 年 11 月 6 日夜，托洛茨基等人控制的革命军事委员会发动了起义。到 7 日凌晨，彼得格勒被革命者掌握了，布尔什维克党人接管了俄罗斯的政权。"阿芙乐尔"号巡洋舰当天参加了炮击冬宫的战斗。当晚 10 时，列宁参加了苏维埃第二次代表大会，提出了著名的《和平法令》与《土地法令》，还成立了无产阶级政权——苏维埃政府，即人民委员会，列宁被选为主席。清晨 6 点，全俄工人士兵苏维埃第二次代表大会在 "社会主义万岁" 的欢呼声和雄壮的《国际歌》声中胜利闭幕。俄历 10 月 25 日成了人类历史上一个被永久纪念的日子。通过这次革命，建立了世界上第一个社会主义国家，开辟了人类历史的新纪元。

列宁

弗拉基米尔·伊里奇·列宁，马克思、恩格斯无产阶级学说和事业的继承者，全世界无产阶级的伟大导师和领袖，世界上第一个社会主义国家的缔造者。列宁一生致力于无产阶级革命事业，并取得了巨大成就。他是无产阶级政党的缔造者，俄国社会主义革命的领导者，世界无产阶级革命斗争的导师。1917 年 11 月 7 日（俄历 10 月 25 日），他领导彼得格勒武装起义，推翻了资产阶级临时政府；他提议成立了共产国际；他积极领导了苏联的社会主义建设，把科学社会主义理论发展到一个新的阶段，即列宁主义阶段；他还同形形色色的修正主义、机会主义进行了坚决的斗争。1924 年，列宁逝世。列宁把自己的一生都奉献给了无产阶级革命事业，为全人类解放事业作出了杰出的贡献。

《四月提纲》

1917 年 4 月 17 日（俄历 4 月 4 日）列宁在布尔什维克代表会议上所作的《论无产阶级在这次革命中的任务》的报告。因发表在四月，故称《四月提纲》。提纲指出：当前俄国的特点是从革命的第一阶段过渡到第二阶段，即从资产阶级民主革命过渡到无产阶级社会主义革命；政权应该转到无产阶级和贫苦农民手中；不要议会制共和国；资产阶级临时政府所继续的战争仍是帝国主义性质的战争，要摆脱这场战争，就必须进行社会主义革命，推翻资产阶级的统治。还提出了"不给临时政府以任何支持"和"全部政权归苏维埃"的口号。在经济上，提出没收地主土地，实行土地、银行国有化，由工兵代表苏维埃政府对社会生产和分配实行监督。《四月提纲》为布尔什维克党明确规定了从资产阶级民主革命过渡到社会主义革命的路线，指明了革命发展的前途。

七月流血事件

1917 年 7 月俄国资产阶级临时政府镇压彼得格勒工人和士兵游行示威的事件。1917 年 7 月中旬，临时政府在前线发动进攻遭到惨败的消息传到彼得格勒，人们群情激愤。16 日，群众自发地展开反对临时政府的示威游行。由于当时俄国革命时机尚未成熟，布尔什维克党决定把武装示威变成一次有组织的和平示威。翌日，参加示威游行的人达 50 多万，他们要求苏维埃中央执行委员会夺取政权，但遭到孟什维克和社会革命党人把持的苏维埃的拒绝。军事当局派军队枪杀示威群众，死 56 人，伤 650 人。随即着手解除工人的武装，并捣毁了《真理报》编辑部和印刷厂以及布尔什维克党中央办公处所。19 日，临时政府下令逮捕列宁，政权完全转入资产阶级临时政府手中。从此，两个政权并存局面结束，革命和平发展时期告终，武装起义的任务提上日程。

苏维埃国内战争

1918 ～ 1920 年苏维埃俄国与外国武装干涉者及国内反革命武装所进行的战争。1918 年初，英、法、美、日等协约国军队入侵苏维埃俄国，占据了大片领土。国内反动势力在帝国主义势力的支持下纷纷叛乱。德国占领者霸占了乌克兰、白俄罗斯和波罗的海沿岸。苏维埃共和国四面受敌，3/4 的领土为反革命所控制。苏维埃政权实行战时共产主义政策，创立红军，提出了"一切为了前线，一切为了共和国"的口号，同敌人展开了英勇的斗争。到 1918 年底，在东线，红军把敌人打回了乌拉尔地区；在南线，红军赢得了察里

1918 年彼尔姆附近的一支红军特遣队

津保卫战的胜利。从 1919 年初到 1920 年底，协约国又先后组织三次大规模武装干涉，均被红军打败。至 1920 年底，反苏武装的基本力量已被歼灭。苏维埃国内战争的胜利，保卫了十月革命的成果，巩固了世界上第一个无产阶级专政的国家。

《布列斯特条约》

即《布列斯特 - 立托夫斯克和约》，1918 年 3 月苏维埃俄国和德国在布列斯特 - 立托夫斯克签订的和约。和约共 14 条，另有一些附件。主要内容是：双方终止战争状态；俄国放弃对波兰、立陶宛以及部分白俄罗斯和拉脱维亚地区的管辖，交由德奥政府；苏俄军队撤离拉脱维亚和爱沙尼亚，由德军进驻；俄军撤离芬兰、乌克兰，承认它们为独立国（实为德国附属国）；俄国军队全面复员。同年 8 月 27 日在柏林签订的补充条款中，规定苏俄赔偿德国 60 亿马克。和约对苏俄来说是一个掠夺性的条约，它使苏维埃国家失去了 100 多万平方千米的土地。但它使苏俄摆脱了帝国主义战争，争得了喘息的时机，巩固了政权，恢复和整顿了经济，并创建了红军。1918 年德国十一月革命推翻了威廉二世的政权，苏维埃政府随即于 11 月 13 日宣布废除此条约。

战时共产主义政策

1918 年夏至 1921 年春，苏维埃俄国针对战时物资极度匮乏的情况采取的一种临时经济政策，亦称军事共产主义政策。主要包括如下几个方面：实行余粮征集制，国家组织工人征粮队，征收农民的全部余粮，甚至部分口粮；工业企业实行普遍国有化；禁止私人贸易，实行贸易垄断制；规定居民的生活必需品全部由国家和合作社经销；实行口粮和生活必需品的配给制以及实物工资；实行高度集中的总管理局体制；实行"不劳动者不得食"的普及一切阶级的劳动义务制。战时共产主义政策使苏维埃俄国能够集中全国的财力、物力用于前线，为国内战争的胜利起到了重要的作用。但由于其实施超过了一定的限度，对经济的发展起了一定的消极影响，在后期引起农民的不满。内战结束，进入恢复国民经济时期后，它被新经济政策所代替。

星期六义务劳动

苏俄国内战争时期开展的群众性义务劳动运动。1919 年春，白匪高尔察克从东线发动进攻，布尔什维克党发出"一切为了东线"的号召。4 月，莫斯科 - 喀山铁路一个机车库的工人发起星期六义务劳动。工人们下班后，不取任何报酬地为急需开往前线的货运列车修理了三台机车。5 月 7 日，在莫斯科 - 喀山铁路分局召开的共产党员和同情分子大会上，决定把工作时间延长 1 小时，把这些时间集中起来，在星期六这天进行 6 小时无报酬的集体劳动，并提议在全分局内实行共产主义星期六义务劳动，直到完全战胜高尔察克。5 月 10 日晚上，共产党员和同情分子用革命精神进行了第一次星期六义务劳动。这一行动很快得到全国工人的热烈响应，党和国家领导人也积极参加这一运动。列宁称颂这一具有共产主义萌芽性质的新事物为"伟大的创举"。

苏波战争

苏波战争是苏俄与波兰为了争夺白俄罗斯、西乌克兰和立陶宛而进行的战争。

十月革命后，波兰获得独立，由资产阶级组成了政府。1920 年，波兰白军在协约国的怂恿下，拒绝了苏俄政府关于谈判解决两国领土争端的建议，悍然对苏俄发动了进攻。波兰总统毕苏斯基趁苏俄内战之机，派兵相继占领了白俄罗斯、立陶宛等地，并再次拒绝苏俄政府的谈判请求，又占领了乌克兰。

由于波军战线过长，补给困难，苏俄红军一反击，波军立即全线崩溃。红军收复乌克兰首府基辅，越过苏波边界向波兰首都华沙推进。波兰和协约国赶紧请求和谈，但遭到苏俄拒绝。红军将领图哈切夫斯基不顾红军连续作战疲惫不堪、弹药缺乏、给养不足和大量减员的情况，执意围攻华沙，结果遭到波军的反攻，遭到毁灭性打击，全线溃退，后在后方预备队的支援下才稳住阵脚。1920 年 10 月，双方签订了《里加条约》，苏波战争结束。

苏波战争标志着外国干涉军对苏俄革命的干涉完全失败。

布尔什维克党第十次代表大会

1921 年 3 月 8 ~ 16 日在莫斯科举行的布尔什维克党代表会议。列宁就大会议程上的主要问题——关于俄共（布）中央委员会的政治工作、关于以实物税代替余粮收集制、关于党的统一和无政府工团主义倾向——做了报告，并起草了大会的最重要的决议草案。大会根据列宁的报告通过了关于以实物税代替余粮收集制这一从"战时共产主义政策"转向新经济政策的具有历史意义的决议。大会通过了列宁起草的《关于党的统一的决议》和《关于我们党内的工团主义和无政府主义倾向的决议》。此外，大会还通过了关于扩大党内民主、改善党员素质的决议，以及《关于工会的作用和任务的决议》、监察委员会条例和有关民族问题的决议。大会选出了新的中央委员会。它拟订了从资本主义向社会主义过渡的道路和建设社会主义的方法，强调了党在国家政治、经济、文化生活中的作用，并确定了领导群众的形式和方法，具有世界历史意义。

新经济政策

苏俄在 1921 年春以后实行的通过小生产和社会主义的中间环节向社会主义过渡的基本经济政策。针对"战时共产主义政策"已不适应和平经济建设形势的需要，1921 年，俄共（布）第十次代表大会通过了《关于以实物税代替余粮收集制》的决议，并肯定了 1920 年的《租让法令》，标志着苏俄由"战时共产主义政策"向新经济政策的转变。主要内容是：用粮食税代替余粮收集制；大力发展商业，允许自由贸易，重建商品货币关系；允许私人资本在国家监督下开办中小企业；由全面没收私人资本改为将部分企业实行租让制、租赁制；改革工业管理体制；废除了高度集中的总管理局体制，实行了"统一领导，分级管理"的新体制。苏俄新经济政策的实施，巩固了即将破裂的工农联盟，使工农业得到迅速的恢复和发展，为向社会主义过渡准备了条件。

苏联

由具有平等权利的加盟共和国联合组成的联盟国家，成立于 1922 年 12 月。1917 年 11 月 15 日，苏维埃政府公布了《俄国各族人民权利宣言》，宣布承认民族自决权，并主张各民族在平等、自主的基础上建立真诚的、巩固的联盟。到 1922 年，建立一个多民族统一的苏维埃国家的条件成熟，各苏维埃共和国的共产党都提出了关于国家的联合问题。12 月 30 日，苏维埃社会主义共和国联盟（由阿塞拜疆、亚美尼亚和格鲁吉亚联合组成）第一次代表大会通过了苏联成立宣言和成立条约，宣布根据自愿和平等的原则成立统一的联盟国家。苏共二大宪法规定，联盟有统一的国家政权、军队、法律和国民经济体系，有统一的国籍；各加盟共和国又有自己的国家政权机关、宪法，有自由退出联盟的权利。到 1956 年止，苏联共有 15 个加盟共和国。

俄罗斯伏龙芝军事学院

俄罗斯伏龙芝军事学院是苏联培养各兵种协成军队团以上军官的高等军事学校，也是协同战术和集团军战役问题的理论研究中心。

学院创办于 1918 年，刚开始称工农红军总参学院，位于莫斯科。1924 年，伏龙芝元帅任院长，后以伏龙芝的名字命名。1992 年苏联解体后，学院改名为俄罗斯伏龙芝军事学院。

它的入学条件极为苛刻，学员必须毕业于诸兵种合成军队高级指挥学校，担任过 2 年以上营级指挥官职务，具有分队指挥的实践经验，年龄在 38 岁以下，军衔为大尉或少校。招生办法是先由部队领导推荐，然后逐个审查，最后择优录取。考试科目有俄语、数学、物理、文学、战术、技术装备等。学员毕业后均实行统一分配，一般晋衔一级，晋职 1 ~ 2 级。

该院在苏联甚至在世界享有盛誉，为苏联军队培养了大批军事人才，如苏联元帅崔可夫、格列奇科、朱可夫、沃罗诺夫、比留佐夫等。

苏联社会主义工业化

苏联在工业领域进行的社会主义改造运动。1925 年 12 月联共（布）第"十四大"通过了实现社会主义工业化的总路线，从 1926 年起开始为实现社会主义工业化而奋斗。其指导思想是：优先发展重工业，实行统一计划，集中管理，实行高积累、高速度，迅速消灭非社会主义经济成分。1927年12月，联共（布）第"十五大"通过"关于制定国民经济五年计划的指示"的决议，指出计划应注意消除国民经济中的不平衡现象，正确处理工业与农业、重工业与轻工业、积累与消费等比例关系，但强调高速发展重工业。并起草了两个"一五"计划的方案，即最高方案和最低方案。经过两个五年计划的建设，苏联基本上完成了国民经济的技术改造，形成了一个门类比较齐全的工业体系，消灭了工业中的非社会主义成分，其工业总产值跃居为世界第二位和欧洲第一位。

苏联实施第一个五年计划

正当资本主义世界陷入空前的经济大危机而难以自拔之际，新生的苏维埃社会主义共和国联盟在以斯大林为核心的联共领导下，从1928～1933年，轰轰烈烈地实施了第一个五年计划，由农业国转变为工业国。

苏联拟订国民经济建设第一个五年计划的工作，是从1925年开始的，到1929年完成。在苏联国家计划委员会和最高国民经济委员会主持下，1925～1927年制定了最初几个五年计划草案以发展苏联国民经济，这也是拟定正式计划草案的准备阶段。1927年12月，在第十五次联共代表大会上通过决议，发布"关于拟定国民经济五年计划的指示"，根据这一指示精神，制定了五年计划的草案。最后，草案提交1929年4月联共第十六次代表会议讨论，并提交5月的全苏第五次苏维埃代表大会批准。在制定五年计划过程中充满了不同意见和方案的比较、选择、争论。苏联国家计划委员会编制了两个方案，即初步方案和最佳方案。最后，联共和苏维埃代表大会采纳了最佳方案。

苏联第一个五年计划从1928年10月起实施。苏联人民饱含热情地投入了轰轰烈烈的建设事业。从1929年初开始，工人掀起了以提高劳动生产率和降低成本为主要内容的社会主义劳动竞赛运动，普遍开展突击队、突击手活动。这年10月27日，"红色索尔莫沃"工厂的工人向全国工人呼吁："五年计划四年完成！"这一口号得到了全国工人的积极响应。

到1932年底，第一个五年计划以四年零三个月的时间提前完成。这时，全国工业的比重已从1927～1928年度的48%提高到1932年的70.7%，而工业中的生产资料生产。

手握镰刀斧头的苏联男女雕像

又从 1927 ～ 1928 年度的 44.5% 提高到 1932 年的 53%。在计划期间，新建成 1500 个大企业，出现了一大批旧俄时代没有的新工业，如拖拉机、汽车、飞机制造业，化工、机床制造业等等。失业现象基本消失，劳动人民的物质文化水平有了很大的提高。

尽管苏联在第一个五年计划实施中产生了一些消极结果，但这是次要的，所取得的成就则是主要的、伟大的，因此第一个五年计划意义重大，影响深远。

苏联农业全盘集体化运动

1929 年 9 月至 1932 年在苏联开展的对农业进行社会主义改造的运动。1927 年底，联共（布）十五大提出了农业集体化的决议。1929 年 9 月 18 日，在批判了所谓"右倾反对派"之后，在全国范围内掀起了农业全盘集体化运动。11 月 3 日，联共（布）中央领导人要求农民不整村、整乡、整区地加入农庄。1930 年 1 月 5 日，联共（布）通过了《关于集体化速度和国家帮助集体农庄建设的办法》的决议，规定对富农采取消灭政策，提出要在五年计划期间完成绝大多数农户集体化的任务。在农业全盘集体化运动期间，加入集体农庄的农户从 1928 年占农户总数的 1.7% 上升到 1932 年的 61.5%，至 1937 年上升到 93%。苏联农业集体化把个体小农经济改造成了社会主义的公有经济，消灭了富农，但也一度造成农业生产的下降和苏维埃政权同农民关系的紧张。

1936 年苏联宪法

苏联基本建成社会主义后于 1936 年颁布的第一部国家根本大法，亦称斯大林宪法。1936 年 12 月 5 日，在苏维埃第八次代表大会上，根据 20 年代中期以来苏联发生变化的事实，制定并通过了新宪法。新宪法规定：苏联为工农国家，全部政权属于城乡劳动者，由苏维埃实现之；经济基础是社会主义所有制——全民所有制和集体所有制，实行"各尽所能，按劳分配"的原则；国家最高权力机关是苏联最高苏维埃，它行使立法权，选举最高苏维埃主席团和人民委员会；实行普遍、直接、平等、无记名投票和等额选举制；公民一律平等，均享有劳动权、休息权、受教育权，有言论、出版、集会、结社等自由，人身不受侵犯；公民必须遵守公共生活准则，爱护公共财物，保卫社会主义祖国。新宪法标志着苏联基本建成了社会主义，进入了新的发展时期。

斯大林经济体制

20 世纪 30 年代在苏联形成的高度集中的计划经济管理体制。其具有以下几个主要特征：高度集中的部门管理；国家通过下达繁多的指令性计划指标来控制和管理企业；管理经济上重行政手段，轻经济杠杆；在财政上实行统收统支。企业所需生产基金由国家拨给，所得利润基本上悉数上缴，亏损由国家补偿；在产品生产与分配上实行国家统一的调拨与分配制。斯大林经济体制形成于 30 年代，有其客观的历史条件，在当时对苏联的社会建设起过积极作用。但是，它把计划经济同商品经济对立起来，把计划调节同市场调节对立起来，使企业没有必要的经营自主权，严重阻碍了生产力的发展。这种高度集权的政治和集中经济相结合的体制，构成斯大林体制的主要特征。1953年，随着斯大林的逝世，这种体制也随之被废除。

苏芬战争

1939年11月~1940年3月的苏芬战争是苏联侵略芬兰的战争，又称"冬季战争"。

1939年，苏联以维护西北边境安全为由，要求芬兰割让大片领土，结果遭到芬兰的拒绝。11月28日，苏联单方面废除两国互不侵犯条约，并于次日宣布断交。

11月30日，苏军以20个师（50万人）、2000辆坦克和1000多架飞机向芬兰发起全线进攻。当时芬军包括民兵和预备役在内，大约为40万人，坦克约60辆，火炮100门，飞机100架。芬军决心利用芬兰高寒和湖泊众多、森林密布的有利地形条件，充分发挥芬兰人擅长滑雪、射击并熟悉地形的特点来抗击苏军。芬兰军队组成一支支狙击队，埋伏在雪中，到处射杀苏军，给苏军带来了极大的伤亡和恐慌。

1940年1月，苏军以密集炮火和重型坦克发动地面进攻，空军则对芬兰城市和交通线进行狂轰猛炸，芬兰弹尽粮绝，被迫投降。

此战，苏联虽然取得了战争的胜利，但由于苏军狂妄自大，准备仓促，战术呆板落后，协同很差，竟伤亡约20万人，而芬军仅损失6.8万人。

"一战"后的政治经济形势

德国十一月革命

"一战"以后,德国爆发的以无产阶级为主体的资产阶级民主革命。1918 年 11 月,基尔港水兵举行起义,揭开了十一月革命的序幕。11 月 9 日,在斯巴达克团等组织号召下,柏林发动武装起义,推翻了霍亨索伦王朝的统治。首相巴登亲王将政权交予社会民主党右派首领艾伯特,艾伯特组成资产阶级的临时政府,该政府进行部分资产阶级民主改革,但保留旧的国家机器和容克资产阶级的政治经济特权,阴谋解除无产阶级的武装,打击苏维埃。12 月 30 日,斯巴达克联盟建立德国共产党,宣布革命的任务是建立无产阶级专政。1919 年 1 月,柏林工人举行的武装起义遭到镇压。1 月 5 日德共领导人卡尔·李卜克内西和罗莎·卢森堡被捕遇害。5 月初,苏维埃政权被颠覆,革命结束。德国十一月革命虽然失败了,但它推翻了君主制,部分完成了资产阶级民主革命的任务,对欧洲各国的革命斗争起到了推动作用。

李卜克内西

卡尔·李卜克内西,国际工人运动活动家,第二国际左派领袖,德国共产党创始人之一。李卜克内西是德国工人运动领袖威廉·李卜克内西的儿子。受其父影响,李卜克内西在德国积极组织工人运动,揭露德国政府的反动政策,反对德国军国主义。他主张德国工人应该向俄国工人学习,以"无产阶级特有的斗争方式"开展斗争。在李卜克内西的组织和指导下,德国工人组织了数次罢工、游行,他也因此几次被捕。作为德国共产党的创始人之一,李卜克内西曾参与德国十一月革命,推翻威廉二世的德意志帝国;曾参与策划柏林工人大罢工,进行斯巴达克武装起义。起义失败后,李卜克内西被反动政府杀害。为了纪念这位德国共产党创始人,在德意志民主共和国时期,每年 1 月的第二个星期日都会举行大规模的群众集会。

巴伐利亚苏维埃共和国

也称慕尼黑苏维埃共和国,指德国十一月革命中在巴伐利亚邦成立的苏维埃共和国。1919 年 4 月 7 日,在工人阶级的推动下,独立社会民主党宣布成立苏维埃政府。4 月 13 日,反革命分子在首府慕尼黑发动叛乱。工人和士兵在共产党的领导下,平息了叛乱，夺取了政权，组成以共产党人莱威奈为首的有独立社会民主党人参加的苏维埃共和国。苏维埃共和国执政期间采取了一系列革命措施：解除资产阶级武装，建立赤卫队和红军；实行银行和工厂国有化，没收存粮分配给工人；制定工人监督企业的制度，成立肃反委员会。4月19日，资产阶级纠集6万军队向慕尼黑进攻。红军初战胜利，但因独立社会民主党人动摇，将共产党人排挤出政府，防务受到削弱。5月5日，以红军的失败而告终。巴伐利亚苏维埃共和国至此结束了短暂的生命。

魏玛共和国

德国十一月革命中建立的资产阶级议会制共和国。1918年爆发的德国十一月革命推翻了君主制，资产阶级篡夺了政权。1919年2月6日在德国魏玛城召开国民会议，宣布成立德意志共和国即魏玛共和国，艾伯特当选为总统，并讨论制定了宪法。宪法规定国家为议会制共和国政体，明确了德国公民的基本权利与义务以及私有财产不可侵犯原则。魏玛共和国在政治上加强垄断资本的政治统治，削弱工人民主权利；在经济上大力扶植垄断资本，借助外国资本的流入发展经济，使德国工业生产在1929年跃居资本主义世界第二位。1925年，德国加入国际联盟并任常任理事国，重新取得欧洲大国的地位。1929年，受到世界经济危机的严重打击，国内矛盾激化，革命形势高涨，政局动荡。垄断资本遂支持希特勒于1933年上台，建立法西斯政权，魏玛共和国宣告解体。

魏玛宪法

即魏玛共和国宪法，因于1919年在德国魏玛城召开的国民议会上通过，故名。1919年7月底，宪法获得通过，8月中旬公布生效。这部宪法宣布德国是共和国，同时宣布私有财产不可侵犯，并规定了资产阶级的民主自由权利。根据三权分立的原则，宪法规定在德国实行议会民主制，并给予总统以广泛的权力。宪法中也包括一些有利于劳动者的内容，如规定国家为了公共福利可以实行社会化政策；职工在名义上可以和雇主在工资、劳动条件等方面有"共同决定权"；成立工人委员会，保护工人和雇员的社会经济利益。这样，魏玛宪法在维护资产阶级和容克地主利益的基础上，也确认了人民经过革命争得的一部分民主权利。宪法全文共181条，是德意志共和国的基本组织法。魏玛宪法实施后，德国进入魏玛共和国时期。1933年初希特勒上台后，魏玛宪法被废除。

共产国际

即第三国际，全世界共产党和共产主义组织的国际联合组织。1919年3月，在莫斯科召开了共产国际第一次代表大会，宣告共产国际正式成立，并成立了领导机构——执行委员会和执行局。1919～1923年，为其活动的初期，共召开4次代表大会。"二大"阐明反对机会主义的必要性和艰巨性；"三大"和"四大"先后发出"到群众中去"的号召和建立具有广泛统一战线基础的"工人政府"的口号。共产国际在这一时期对各国共产党的建立和成长起到了促进作用，但也犯有对革命形势的估计脱离实际的错误。中期为20世纪20年代中期到30年代初期，先后召开了"五大"和"六大"。这一时期内，"左"倾思想严重，妨碍了统一战线工作的开展，给反法西斯斗争带来了不利影响。1935年召开的"七大"，是其最后一次会议，制定了反法西斯的策略方针。随着形势的变化，共产国际已不能适应形势需要，遂于1943年6月宣告解散。

巴黎和会

第一次世界大战结束后，战胜的协约国集团于1919年1～6月在巴黎召开的国际和会。参加国共有27个。最高委员会决定一切重大问题，最高委员会由美、英、法、意四国政府首脑组成。参加和会的代表共有70人，分别来自全世界各大洲的32个国家。战败国和苏维埃俄国被排斥在大会之外。

巴黎和会上的各国代表

总统、首相、政治家、外交家、地理学家、银行家、将军等各种人物聚集一堂，而协助这些代表工作的秘书、历史学家、地理学家、金融家以及各种专家等，有数百名之多。然而，在整个和会期间操纵一切的，不过是美、英、法、日、意5国而已，决定命运的人物也只有3个，即美国总统威尔逊、英国首相劳合·乔治、法国总理克列孟梭。和会是帝国主义战胜国的分赃会议，各国带着各自不同的企图在和会上进行了激烈的争夺。法国力图大大削弱甚至肢解德国，以确保自己在欧洲大陆的霸主地位。英国一方面主张限制德国经济实力，另一方面又反对过分削弱德国，想用德国牵制法国。美国则企图利用十四点纲领来左右会议，以达到攫取世界霸权的目的。日本、意大利也提出了自己的争霸计划。经过长期的激烈争吵，战胜国列强最终于1919年6月28日在巴黎凡尔赛宫签订了对德和约，即凡尔赛和约。在和会上，帝国主义国家还秘密讨论了武装干涉苏俄问题，巴黎和会实际上也是指挥武装反苏的司令部。

凡尔赛体系

巴黎和会经过长达5个月的争吵和协商，条约签订的结果大致如下：1919年6月28日在凡尔赛著名的镜厅签订对德和约；9月10日在巴黎市郊签订了对奥和约；11月27日在巴黎近郊的纳伊签订对保和约；对匈牙利和土耳其的和约定于1920年6月和8月签订。一系列和约构成了战后帝国主义的凡尔赛体系，并由此确立了资本主义在欧、亚、非三大洲的新秩序。

条约内容极其复杂，其主要的有：最大限度解除德国武装，没收其大部分船舰和所有潜艇，剥夺它的所有殖民地，停止德国的所有军事工业，1921 年 5 月 1 日前德国首先偿付 200 亿金马克赔款。而保加利亚则应在 27 年内偿付 22.5 亿金法郎的赔款。让英国控制西亚，并与法、澳等国瓜分德国在非洲、大洋洲的殖民地。日本则"继承"德国在中国的权利。法国重新取得阿尔萨斯和洛林等地的主权。意大利完成了国家的统一，从奥地利得到许多领土。日本除中国山东以外，还得到了太平洋赤道以北的所有德属岛屿。美国是唯一没有从和会上得到领土的国家，但在战争期间它在南美和加勒比海的扩张已使它获得不少殖民地。至于其他中欧、东欧、巴尔干、西亚等地的领土更改变迁，也很频繁和迅速。

总之，凡尔赛体系使新的地图、新的法律和新的观念被确立，世界又以一个新的面孔开始了前进。

国际联盟

第一次世界大战后建立的国际组织，简称国联。1920 年 1 月成立，总部设在日内瓦。成立时会员国有 44 个，后增到 60 多个。美国本是其主要倡议者，但因争夺领导权失败而未参加。设有会员国全体代表大会、行政院、秘书处，附设国际法庭、国际劳工局等常设机构。行政院由英、法、意、日 4 个常任理事国和经大会选出的 4 个非常任理事国的代表组成。大会和行政院的决议，除程序问题和盟约另有规定者外，须经全体一致通过。由于战后人民反战情绪高涨，国联盟约规定要裁减军备、制裁侵略，但这些规定根本不能实现。国联盟约还规定了"委任统治"制度，把战败国的殖民地和领地以"委任统治"的形式由战胜国瓜分。国联自成立之日起即为英、法所操纵，实质是帝国主义国家推行侵略政策、重新瓜分殖民地的工具。1946 年 4 月宣告解散。

华盛顿会议召开

1921 年 5 月，英国和日本的同盟条约将要期满。为了钳制英国和日本，美国便邀英、日、中、法、意诸国参加军备限制及太平洋与远东问题会议。荷兰、比利时和葡萄牙等拥有太平洋及远东属地的国家主动要求参加会议。1921 年 11 月 12 日～1922 年 2 月 6 日，华盛顿会议顺利召开。

美国代表团团长、国务卿休斯当选为大会主席，英国枢密大臣贝尔福、日本海军大臣加藤友三郎、法国总理白里安、中国北洋政府代表施肇基等，分别代表各自的政府参加会议。会议的正式议程是两项，即限制军备和太

参加华盛顿会议的各国代表在《限制海军军备条约》上签字。

平洋及远东问题。英日同盟问题虽未列入议程，却是会议讨论的一个主要问题。

1921 年 12 月 13 日，英、美、日 3 国经反复密商，并征得法国应允，签署了美、英、法、日《关于太平洋区域岛屿属地和领地的条约》。至此，英日同盟终止，英国不得不加紧改善同美国的关系。海军军备问题争论尤其激烈，这是争夺海上霸权的要害。英国乃海上霸主，受到美国极力钳制；日本则受到英美联合压制，最后达成美、英、日海军主力舰为 5 ：5 ：3 的比例。会上签署了一个《九国公约》，这是美、英、法、日、意瓜分其在远东及太平洋的战略利益的契文，中国是被瓜分的重点。公约肯定了"门户开放"原则，中国又陷于被列强共同支配的局面。

华盛顿会议确立了以实力为基础的各列强在远东太平洋的利益体系，形成了第一次世界大战后的凡尔赛－华盛顿体系，暂时的国际均势得以形成。

凡尔赛—华盛顿体系

第一次世界大战后建立的帝国主义重新瓜分世界的体系。1919 ～ 1920 年，巴黎和会签订了《凡尔赛和约》《圣日耳曼和约》《纳依和约》《色佛尔条约》等，构成了凡尔赛体系，暂时调整了帝国主义在西方的关系。1921 ～ 1922 年在华盛顿会议上又签订了《四国公约》《五国海军条约》《九国公约》等，构成了华盛顿体系，确立了战后帝国主义在远东和太平洋地区的统治秩序，从而一起构成了战后帝国主义重新瓜分世界的"凡尔赛—华盛顿体系"。它调整了帝国主义国家之间的关系，暂时缓解了它们的矛盾，并巩固了它们的既得利益。20 世纪 30 年代，随着资本主义政治经济危机的加深，德、日先后建立了法西斯专政，形成了欧、亚两个战争策源地，该体系开始局部瓦解。1939 年 9 月，德国突袭波兰，英、法对德宣战，第二次世界大战全面爆发，该体系彻底崩溃。

《洛桑和约》的签订

第一次世界大战后，协约国强迫土耳其苏丹签订了《色佛尔条约》。根据这一条约，土耳其领土只剩下原有国土的 1/5，其余皆被瓜分；土耳其所有战略要地和战略资源都被协约国操纵；土耳其军队被限制，规定不得超过 5 万人；等等。《色佛尔条约》是协约国宰割土耳其的奴役性条约，它把土耳其推到亡国的边缘。

1922 年 11 月 20 日，英、法、意、希腊及日本等国代表，同土耳其代表一起，在瑞士洛桑正式举行和会，商讨重新签订对土和约。英国外交大臣寇松、法国总理普恩加莱、意大利首相墨索里尼和希腊首相维尼塞洛斯同土耳其全权代表伊斯美特巴夏共同参加了会议。美国派驻意大利大使蔡尔德以观察员身份列席会议，苏俄、保加利亚、罗马尼亚和南斯拉夫等国应邀到会，但只参加有关黑海海峡问题的讨论。黑海海峡问题是洛桑谈判中的一个焦点，它事关土耳其的主权和领土的完整，又与海峡沿岸各国的利益与安全休戚相关。最后基本同意了寇松方案。

在洛桑会议上，土耳其代表提出收回主要石油产地摩苏尔，还提出取消外债，废除领事裁判权。协约国坚持土耳其要偿还奥斯曼帝国的全部外债，保留 10 年领事裁判权作为"过渡"，被土耳其严正拒绝。1923 年 2 月 4 日，谈判破裂中断。4 月 9 日，和谈在洛桑继续进行，直到 1923 年 7 月 24 日，才终于签订了《洛桑和约》和《黑海海峡公约》，《色佛尔条约》被正式废除。

《洛桑和约》为土耳其赢得了主权和独立，并给凡尔赛体系打开了缺口，极大地鼓舞了东方被压迫民族和人民的反帝斗争。

《日内瓦议定书》

国际联盟自 1920 年 1 月成立以来，就一直在讨论国际和平和裁军问题。华盛顿会议后，在各列强加紧军备竞赛的同时，国联召开了一系列裁军会议，但各国代表都在为自己的权利做努力。

1924 年 9 月，国联第五届大会拟定了《和平解决国际争端议定书》（简称《日内瓦议定书》）。

其内容如下：宣布除反抗侵略的战争以外，一切战争均属非法；保证维护《凡尔赛和约》规定的领土格局，国际联盟解决和平争端时，属于政治方面的争端采用仲裁制度，在特殊情况下可采取强制制裁，凡不接受国联行政院的和平解决争端建议，侵犯别国主权，不把争端提交给国联大会或行政院讨论的国家，经国联行政院决定，将视其为侵略国；对于进行侵略而又不服从仲裁的国家，依据国联盟约第十六条，将对该国从经济、财政和军事上加以制裁。在议定书上签字的国家约定参加 1925 年 6 月 15 日召集的国联裁军会议。

《日内瓦议定书》于 1924 年 10 月经出席第五届国联大会的 47 个国家一致通过。其后有十几个国家在议定书上签字，但英国因国内政局变动，保守党鲍德温政府重新执政，英国首相张伯伦于 1925 年 3 月在国联行政院发表长篇声明，表示英国政府拒绝认可《日内瓦议定书》。而其他西方主要国家也都把《日内瓦议定书》束之高阁。1931 年，日本侵略中国东北，意大利侵略埃塞俄比亚，德国侵占奥地利，《日内瓦议定书》成了一纸空文。

道威斯计划

第一次世界大战后，战胜国处置德国赔款问题的计划。因严峻的经济形势及英、美的压力，法国同意重新审查德国赔款问题。赔款委员会决定成立两个由美、英、法、意、比代表组成的专家委员会，由美国银行家道威斯主持的委员会于 1924 年 4 月向赔款委员会提出关于德国赔款问题的方案，并于同年 8 月通过，史称道威斯计划。主要内容是：协助德国稳定金融，复兴经济，在此基础上索取赔偿；对德国赔款总数和支付年限未加确定，只规定该计划生效的第一年德国应支付 10 亿金马克赔款，以后逐年增加；赔款的主要来源是各种税收；德国的国家预算、货币、对外支付及缴纳赔款等均须受外国代表监督。道威斯计划打击了法国的欧洲霸权，加强了美国在欧洲事务上的作用，为美国资本流入德国扫清了道路，为德国经济恢复和重整军备提供了条件。

《洛迦诺公约》签订

自《凡尔赛和约》缔结后，战胜国与德国的关系一直相当紧张。1923 年的"鲁尔事件"使德国痛感自身的安全没有保障。早在 1922 年底，德国总理古诺就曾建议德法缔约，保证在 30 年内互不侵犯，并邀英、意、比参加。1923 年 5 月和 9 月，德国在要求法比撤出鲁尔的同时，又再次提出这一建议。

1925 年 1 ~ 2 月，德国分别向英国、法国发出了备忘录，提出一项关于缔结安全保证公约的方案，受到欧洲各国的欢迎。经过几个月的磋商和酝酿，1925 年 10 月 5 日，洛迦诺会议开幕。

1925 年 10 月 5 ~ 16 日，英国外交大臣张伯伦、法国外长白里安、德国总理路德和外长斯特莱斯曼、比利时外交大臣王德威尔德、意大利驻国联代表夏洛雅等 7 国代表在瑞士旅游胜地洛迦诺举行了一次重要的国际会议。这次会议的中心议题是安全保证问题。会上签订了一系列文件，总称《洛迦诺公约》。《公约》于 10 月 16 日草签，12 月 1 日在伦敦举行了正式签字仪式。

《洛迦诺公约》包括 1 个议定书和 6 个附件。议定书宣布，此次会议的目的，是寻求避免战争及和平解决争端的办法。6 个附件可分为：（1）关于德国同西邻关系的 3 个条约:《德、法、比、英、意相互保证条约》《德法仲裁条约》《德比仲裁条约》;（2）关于德国同东邻关系的 2 个条约:《德波仲裁条约》《德捷仲裁条约》;（3）与会各国就《国联盟约》第十六条的解释，致德国代表的联合照会。

在会上，由于有关各国在德国同其西部邻国的关系问题上立场接近，很顺利地草签了《德、法、比、英、意相互保证公约》，即《莱茵保证安全公约》。公约规定：德法和德比边界维持现状；德法和德比互不侵犯，和平解决争端；德国和法比任何一方对另一方发动侵略，越过边界或在非军事区集结军队时，英意应立即援助被侵犯的一方。它是《洛迦诺公约》诸文件中最重要的一个。

《洛迦诺公约》草签后，欧洲一片兴奋。白里安说："和平终于到来了。"斯特莱斯曼称:公约将成为国家之间和人民之间关系史上的"里程碑"。张伯伦则誉之为"战争和和平年代的分水岭"及"欧洲历史的转折点"。他们 3 人还由此获得了诺贝尔和平奖。

《公约》对于缓和德法矛盾，稳定欧洲局势有一定作用，也为德国重新跻身于政治大国铺平了道路。

英国 1926 年大罢工

1926 年英国工人举行的反对保守党政府和资本家加强剥削的总罢工。1925 年，因国内阶级矛盾尖锐，矿工们于 7 月 31 日发动的"红色星期五"斗争取得胜利，保守党暂时让步,但和矿主们暗中进行镇压工人的准备。1926 年 4 月,在政府的支持下,煤矿主发动进攻,并于 5 月 1 日同盟歇业。运输、印刷、冶金、化学、建筑、电力、机器制造等部门的工人采取联合行动,自 5 月 3 日午夜起,分批投入总罢工,总人数达 600 万。大部分企业停产,交通运输瘫痪,全国经济生活一片混乱。斗争中英国共产党发挥了积极作用。政府大批逮捕罢工积极分子,把持罢工领导权的工会总理事会害怕被镇压,与官方代表秘密谈判达成妥协,于 5 月 12 日宣布停止罢工。煤矿工人至 11 月被迫复工。此次罢工是英国历史上最大的一次罢工,显示了工人阶级的伟大力量。

英联邦

英国及一些曾为英国殖民地的独立国家组成的国家集团。近代英国通过殖民侵略活动,建立起号称"日不落"的大英帝国。殖民地人民长期进行争取独立的斗争,至 1910 年,加拿大、澳大利亚、新西兰和南非先后取得自治领的地位,可拥有自己的议会和责任政府,但外交及其他关系到整个帝国的事务仍由英国掌管。第一次世界大战后自治领改变了完全听命于英国的局面,开展独立外交活动。为继续保持与自治领的特殊关系,英国于 1931 年通过《威斯敏斯特法》,宣布英联邦成员国是通过对英王的效忠联合起来的,自治领议会拥有制定法律的全权。至此,自治领获得完全独立自主权,英联邦正式形成。第二次世界大战后,英国殖民体系瓦解,前殖民地相继独立,部分国家加入英联邦。到 1980 年 7 月,英联邦共有独立成员国44 个。

《威斯敏斯特法》

英国议会于 1931 年 12 月 11 日在威斯敏斯特通过的关于赋予自治领独立解决内外政策权力的法案,又名《威斯敏斯特条例》。该法案明确宣布:各自治领享有完全的独立立法权;除非经自治领政府或议会的请求和同意,英国议会不得为自治领立法;英国国王不再拥有否决或根据英大臣建议取消自治领立法机关所通过的法案的权力;本法案生效后,在英国议会通过的法案中"殖民"一词将不包括自治领和任何一个自治领版图内的省或邦。法案规定其范围是指加拿大、澳大利亚、新西兰、爱尔兰、南非和纽芬兰。此法案的真正目的在于维护宗主国在自治领的利益,巩固宗主国和自治领的统治集团地位,防止英帝国主义的殖民体系和英联邦的解体。该法案的通过,反映了大英帝国权势逐渐衰微,同时也说明殖民地和自治领民主解放运动的日益高涨。

《非战公约》

全称为《关于废弃战争作为国家政策工具的普遍公约》,亦称《白里安－凯洛格公约》或《巴黎公约》,在法国外长白里安和美国国务卿凯洛格倡议下,1928 年 8 月27 日,法、美、英、德、意、比、波、捷、日、印度等 15 国在巴黎签订。1929 年 7

月24日公约正式生效，苏联、中国等国先后加入，至1934年5月签字国共达64个。公约共有三条：缔约国废弃将战争作为推行国家政策的工具；用和平方法解决一切国际争端和冲突，不论其起因和性质如何；缔约国对该公约应以各国宪法规定之手续批准。《非战公约》是帝国主义在维护和平口号下进行争夺的产物，但包含和平解决国际争端这个国际关系和国际法准则，具有一定的反战号召力。由于帝国主义各国

张伯伦（左二）、白里安（右一）等人在国联会议上交谈。

持有保留条件，公约本身又未规定对违犯者的制裁办法，因此它根本不能防止战争。

杨格计划

1929年第一次世界大战战胜国重新规定德国赔款问题的计划，因由美国银行家杨格主持制定，故名。1929年初，德国提出因财政困难，要求修改道威斯计划，得到美国支持。经协约国商定，1929年2月由杨格为主席的专家委员会在巴黎开始工作，制定新的赔款计划。新计划于1929年6月通过，1930年1月经海牙会议批准生效。计划规定：把德国应付的赔款总额缩减为1139亿马克，分59年付清；取消对德国财政经济的国际监督，由新成立的美国操纵的国际清算银行处理赔款的一切事宜。还规定莱茵河西岸占领军于1930年6月底前撤出。1929年10月爆发资本主义经济危机，德国财政面临崩溃的危险。1931年6月，美国总统胡佛宣布，赔款和国际债务延期支付一年。德国此后不再支付赔款，杨格计划夭折。杨格计划为进一步加速德国军国主义的复活提供了条件。

资本主义的相对稳定时期

第一次世界大战后，资本主义国家间的关系暂时缓和，欧洲革命运动陷入低潮，各国资产阶级竭力稳固统治、恢复经济。1924～1929年，资本主义处于相对稳定时期。在此期间，世界资本主义生产发展较快，出现了一时的繁荣。

19世纪20年代，主要资本主义国家的工业生产增长速度较快。前五年，急剧的通货膨胀中所投入的流通货币，再次变得稳定。许多国家重新使用金本位制，显示了他们对于恢复1924年以前的繁荣岁月已经有了信心。到1925年，欧洲食品和原材料的生产量首次超过了1913年，制造业也在复苏之中。

美国、日本的工业生产，没有受到"一战"的破坏，不断向前发展。20年代的美国，汽车工业、电气工业、钢铁工业和建筑业的生产都出现高涨的局面。

此时日本的工业基地已初具规模，它的制造业也开始影响其他亚洲国家。其新工业力量在20年代开始左右国内政治经济及对外关系，特别是它同亚洲大陆的关系。

到 1929 年止，受大战破坏严重的法、德、英的工业生产也先后超过了战前水平。凭借全球范围内贸易的恢复和美国的巨额投资，欧洲在 1929 年达到了较高的贸易水平。

1929～1933 年的世界经济大危机

1929 年 10 月 24 日，星期四。这一天，纽约华尔街证券交易所刚一开盘，便刮起一股不可遏制的股票抛售狂风。1300 万股股票被一股脑儿地抛出，价格急剧下跌，连股票行情自动收录器都记录不迭。下午，当摩根公司和其他大银行拿出 2.4 亿美元联合基金大量购买股票，以维持证券市场，并保护他们的贷款和股资时，还是有数千经纪人和数十万小股投机者破产。此时，证券市场陷入了一片惊恐之中，一场世界性的经济大危机降临了。

10 月 29 日上午 10 点钟，随着纽约证券交易所开盘锣响，大批股票涌入市场盲目地抛售。开盘后半小时内，交易量达到了 300 万股以上。这一天，抛售达 1600 万股之多，50 种主要股票的平均价格下跌了 40 个百分点。由此，股票市场的狂跌一发不可收拾。到 11 月中旬，纽约交易所的全部有价证券贬值 50 个百分点，折合损失 260 亿美元。于是，股票市场全线崩溃，信用宣告破产。

在这金融大崩溃的日子里，无数投资者和股票持有者发现自己在霎时间变得一无所有。破产、跳楼、自杀的消息在报纸上比比皆是。这次金融大崩溃是 20 世纪 20 年代资本主义经济中积聚起来的各种危机因素的综合反应。

从这次股票恐慌开始，美国最先陷入了经济危机。一时间，金融危机、工业危机和农业危机接连爆发，继而引起深刻的政治危机。危机很快从美国蔓延到加拿大、日本和西欧各国，形成了全面的、深刻的、漫长的世界性经济危机。危机震撼了整个资本主义体系，使资本主义世界遭受了总计达 2500 亿美元的损失。

这次经济大危机，以 1929 年 10 月股市大崩溃为开端，一直延续到 1933 年。从绝对数字看，到 1932 年，这场经济危机才达到顶点。从 1933 年开始，资本主义世界经济开始进入"特种萧条"阶段。

这场经济大危机激化了资本主义世界的劳资矛盾、社会矛盾、宗主国与殖民地半殖民地之间的矛盾及帝国主义之间的矛盾，各种矛盾都暴露无遗并不断尖锐深化。这次危机还打破了战后建立起来的赔款制度和债务关系。各主要资本主义国家在对付危机时，尽管采取的措施不同，但都加强了国家对经济生活的干预。它标志着统治资本主义世界几百年的自由放任主义开始破产。在 30 年代大危机的推动下，在凯恩斯经济学的影响下，各主要资本主义国家先后走上了国家垄断资本主义的道路。

大危机的最严重后果之一是，导致德国、日本和意大利 3 个法西斯国家的军事化，并先后走上了侵略扩张道路，从而在欧洲和亚洲形成了两个战争策源地。从这个意义上讲，它是促成第二次世界大战爆发的因素之一。

世界裁军大会

1932年2月～1934年6月国际联盟在日内瓦召开的裁减军备会议。第一次世界大战后，各帝国主义国家为限制对手的军备，掩盖自己扩军备战的事实，纷纷提出裁军口号。国际联盟盟约亦规定会员国应将军备减少到最低限度。根据国联决定成立的国际裁军会议筹备委员会自1926年5月在日内瓦举行会议。会上帝国主义斗争激烈，经过六次会议才于1930年通过裁军方案最后报告书。1932年2月2日，裁军会议在日内瓦正式开幕，共有包括非国联成员国美、苏在内的60余国参加。会上各大国都提出自己的方案，力图加强自己，削弱对方的军事实力。至1933年6月，会议才接受英国提出的《麦克唐纳计划》，把它作为未来裁军协定的基础。会议进行期间，德、日已走上法西斯化道路。1933年10月，德国退出裁军会议。1934年6月，裁军会议未取得任何实质性成果便不得不宣告结束。

西班牙资产阶级民主革命

西班牙人民推翻君主制度的革命。1929年世界经济危机袭击了西班牙，使西班牙大批工厂倒闭，工人失业增加，农民纷纷破产，罢工事件、土地风潮不断发生，革命时机逐渐成熟。1930年8月17日，共产党和社会党人成立了革命委员会，号召人民起来推翻君主制度，建立共和国，各地工人运动迅速发展，革命运动席卷整个西班牙。1931年4月12日，西班牙举行地方选举，资产阶级共和派取得胜利。4月14日，国王逃往国外，革命委员会宣布西班牙成立共和国。共和国是资产阶级民主派和地主阶级自由派的联合政权。共和国政府实行了一系列资产阶级性质的改革，但没有解决土地问题、民族自治问题和工人就业问题，工农运动继续高涨。不久，代表大地主、金融寡头利益的反动势力在议会选举中获得大多数选票，建立了亲法西斯的政府。

西班牙内战

西班牙人民反对法西斯叛乱、抗击德意武装干涉的战争。1936年7月，佛朗哥等西班牙反动势力在西属摩洛哥等地发动叛乱，企图推翻共和国，建立法西斯专政，遭到共和国政府的坚决镇压。7月底，德意法西斯公开进行武装干涉，向叛军提供大量武器装备，同时出动20万德、意军直接参加作战，西班牙内战演变为民族革命战争。1936年11月～1937年3月，法西斯军队向西班牙首都马德里发动三次进攻，广大军民英勇抗战，取得保卫战的胜利。1937年中，法西斯军队把进攻重点转向北方，攻陷北方后又

1936年，佛朗哥宣誓成为西班牙国家最高元首。

转而进攻东部，1938 年春突破阿拉贡防线，一直打到地中海。1939 年 2 月，东部加泰罗尼亚等地区落入敌手，英、法承认佛朗哥政权，至此，共和国力量受到严重削弱。3 月 28 日，马德里陷落。3 月 30 日，法西斯军队占领共和国全境，西班牙民族革命战争失败。

佛朗哥

西班牙国家元首，法西斯军人独裁者。1892 年 12 月 4 日生于军官家庭。1907 年入军事学院学习，33 岁晋升为准将，成为最年轻的将官，并担任萨拉戈萨军事学院校长。1931 年第二共和国成立时，被取消军人资格。两年后，保守势力卷土重来，他被重用。1936 年他加入反对共和政府的叛乱团体，发动内战，得到德、意法西斯的支持，镇压人民反对法西斯的斗争。经过近 3 年内战，他的军队推翻了共和政府，建立了长达 14 年的独裁政权，实施法西斯统治。"二战"时，他率领西班牙尽量不卷入战争。1947 年宣布西班牙为君主国，他为终身摄政王。战后，他对反共产主义立场的坚持，赢得了美国的经济援助。1975 年 11 月 20 日卒于马德里，西班牙的独裁统治至此结束。此后，西班牙开始实行民主政体。

马德里保卫战

1936 年 2 月，西班牙举行国会选举。出人意料的是，由共产党、社会党和其他进步力量组成的人民阵线在这次选举中大获全胜。接着，人民阵线成立了以左翼共和党人为首的共和国政府。

西班牙是个工业比较落后的国家，受 1929 年开始的资本主义世界经济危机的影响，国内的工农业生产陷入混乱状态。1931 年 4 月，资产阶级民主共和国成立。但是，西班牙的政局并没有因此而改观，由资产阶级共和党和社会党组成的联合政府只是实行了一些极为有限的改革，根本性的问题还是没能得到解决。在这种情况下，人民阵线得以胜出。

新政府一组成，立即实施了一系列有利于人民的民主措施：释放政治犯，因政治原因而失业的工人的工作得以恢复；实行养老金和工人休假制度，宣布西班牙各族人民拥有自决权；实行部分土地改革，禁止强制农民迁离他们租佃的土地等。这些措施一出台，很快就得到了人民群众的拥护。

正当西班牙人民表示支持新政府的同时，与德、意法西斯早有勾结的西班牙法西斯却开始秘密行动起来。西班牙法西斯早已经对西班牙共产党恨之入骨，看到仇敌登上了统治地位，法西斯党徒们心里当然不是滋味。

7 月的一天，西班牙驻摩洛哥军司令佛朗哥纠集了一小撮法西斯军官，指挥着摩洛哥军团从南向北进攻，发动了反共和的叛乱。与此相呼应，另一叛军将领莫拉率领队伍由北向南，与佛朗哥叛军夹击西班牙首都马德里，企图一举扼杀共和国。

这两股叛军人数众多，装备精良，而刚刚成立的共和国虽然进行了部分改革，

第五纵队

西班牙爆发内战后，德、意法西斯派遣军队帮助佛朗哥叛军攻打马德里。叛军共有 4 个纵队，先后对马德里发动了 4 次进攻。叛军头目德利亚诺·谢罗不仅指挥手下大肆屠杀，还暗中派人进入马德里鼓动那些颠覆分子从内部破坏共和国政府，声称那些颠覆分子是他的"第五纵队"。共和国政府在内外交困的形势下被叛军颠覆，其中那些潜伏在内部的颠覆分子起了很大的作用，所以后来人们就把内奸、间谍等称为第五纵队。

但仍处在千疮百孔之中。在叛军的步步紧逼之下，西班牙南部大片土地失陷，叛军兵临马德里城下。

国难当头之际，共产党号召全体西班牙人民团结起来，与叛军斗争到底。成千上万痛恨封建君主制度和法西斯主义的人参加到这场保卫马德里的战争中。虽然他们没有先进的武器，只有旧式步枪、猎枪、手枪、刀、手榴弹等，但共和军因为有了他们的参与而充满着生机。

不久，佛朗哥向马德里发动了第一次进攻。"决不让法西斯在马德里前进一步！"西班牙军民高喊着斗志昂扬的战斗口号，守卫在马德里的各大要塞。在共和国军民的奋勇反击下，佛朗哥叛军的第一次进攻被打败了。

1937 年 1 月，佛朗哥对马德里发动了第二次进攻，又遭到了西班牙军民的有力回击，一次又一次的冲锋被打退，马德里依旧安然屹立。2 月 6 日，不甘心失败的佛朗哥对马德里又发动了第三次进攻，但依然没有多大进展。

正当佛朗哥濒临失败之际，意大利、德国法西斯对西班牙进行了公开的武装干涉，他们派出大量运输机帮助运送叛军，还运输坦克、飞机等武器支援叛军，甚至还派出正规军直接进攻马德里。

3 月 8 日，佛朗哥和德、意干涉军的 4 个纵队对马德里发动了第四次进攻。但是，由于西班牙军民的顽强抵抗，德、意法西斯和佛朗哥的阴谋还是没能得逞。

马德里保卫战得到了世界各国进步力量的支援。来自苏联、中国、法国、意大利等 54 个国家的志愿者组成了国际纵队，与西班牙军民一起投入到反法西斯的战斗中。

1939 年 2 月 27 日，表面上保持沉默的英、法等国突然宣布承认佛朗哥政权，并与西班牙共和国断绝外交关系，这无疑是支持法西斯的表现，于是，德、意法西斯对西班牙内战的干涉更加猖獗了。

3 月 5 日，人民阵线中的右翼投降分子在德、意法西斯的配合和马德里市内间谍分子的策划下发动政变，共和国军队开始瓦解。3 月 28 日，由于内奸的出卖，马德里失陷，共和国政府被颠覆。此后，西班牙建立起了以佛朗哥为首的法西斯政权。

柯立芝繁荣

指 20 世纪 20 年代美国经济的迅速发展和高涨，因其主要发生在柯立芝总统任内，故名。英、法、德经历第一次世界大战后，经济处于停滞或恢复状态，便于美国经济势力向外扩张。美国国内通过技术革新、固定资本更新和企业生产及管理的合理化，生产和资本的集中过程空前加速，经济发展迅速。国民生产总值和工业生产总值均创新纪录，汽车制造业、电机电器制造业和住宅建筑业发展尤其迅速。到1929年，美国在资本主义世界工业生产中的比重已达48.5%，超过了当时英、法、德三国所占比重总和。但这种繁荣主要集中在部分工业部门和城市中，其他一些工业部门和农业的不景气，使美国的经济发展很不平衡。并且由于股票投机成风，使繁荣本身带有一定虚假性。生产和资本的进一步集中则加深了资本主义社会的固有矛盾，孕育着新的危机。

罗斯福新政

1929年10月24日，美国纽约证券交易所的股票指数开盘后便一路狂跌，尽管股民们发疯似的抛售各种股票，但还是有无数的股民顷刻间倾家荡产。这一天，有1300多万股票易手，创美国历史上的最高纪录。突然发生的这一切又有谁会想到呢？在这之前的几个月里，美国通用汽车公司、钢铁公司的股票都有过大幅度的上升。就在前一个月，美国财政部长还信誓旦旦地向公众保证"这一繁荣的景象还将继续下去"。但是，一夜之间，股票从顶峰跌入深渊，而且一跌再跌。10月24日是星期四，所以这一天被称为"黑色星期四"。

纽约股票市场的崩溃宣告了一场席卷资本主义世界的经济危机的到来。"一战"后，美国聚集了大量财富，但它并没能逃离经济危机的泥沼，以前蒸蒸日上的繁荣景象逐步被存货如山、工人失业、商店关门的凄凉景象所代替，千百万美国人多年的辛苦积蓄付诸东流：8万多家企业破产，5000多家银行倒闭，失业人数由150万猛升到1700多万，大量的牛奶倒入大海，许多粮食、棉花被当众焚毁。

富兰克林·罗斯福就在这种情况下当选为美国第32届总统，取代了焦头烂额的胡佛。富兰克林·罗斯福是西奥多·罗斯福的侄子，40岁时患脊髓灰质炎造成下肢瘫痪，成了一个残疾人。但是，罗斯福并没有被残酷的命运吓倒，正如他在总统就职演说中说的那样："我们唯一恐惧的只是恐惧本身，一种丧失理智的、毫无道理的恐惧心理……"

面对这场严重的经济危机，罗斯福决心领导美国人冲出低谷。他针对当时的实际情况，顺应广大人民群众的意志，大刀阔斧地实施了一系列旨在克服危机的政策措施。

由于经济危机是由金融危机触发的，所以罗斯福决定从整顿金融入手。1932年3月6日，罗斯福发布总统令，要求国会于3月9日举行特别会议审

罗斯福像

罗斯福为保障美国公民的社会福利，引入了养老保险、失业保险和事故保险，图为两名美国妇女在展示她们的社会保险卡。

议《紧急银行法》，3月9日，国会通过《紧急银行法》，决定立即关闭所有的银行。罗斯福的这一行动犹如"黑沉沉的天空中出现的一道闪电"，对收拾残局、稳定人心起到了巨大作用。美国历史上的罗斯福新政轰轰烈烈地开始了。

在整顿银行的同时，罗斯福还采取了加强美国对外经济地位的行动。

1933年3月10日，罗斯福宣布停止黄金的对外出口，禁止私人储存黄金和黄金证券，禁止使用美钞兑换黄金，废除以黄金偿付公私债务。这些措施，对稳定局势、疏导经济生活的血液循环产生了重要的作用。

在农业方面，政府与农场主签订减耕合同，限制农作物种植面积和农产品产量，维持农产品价格，避免农场主破产。

在工业方面，政府颁布《全国工业复兴法》，要求资本家们遵守"公平竞争"的规则，规定工人最高工时和最低工资，订出各企业生产的规模、价格、销售范围，以便限制垄断，减少和缓和了紧张的阶级矛盾。

新政的另一项重要内容是救济工作。1933年5月，国会通过《联邦紧急救济法》，成立联邦紧急救济署，合理划分联邦政府和各州之间的救济款使用比例，制定优惠政策鼓励地方政府用来直接救济贫民和失业者，给失业者提供从事公共事业的机会。到"二战"前夕，美国政府支出的种种工程费用及数目较小的直接救济费用达180亿美元，修建的飞机场、运动场、学校、医院等更是不计其数，是迄今为止美国政府承担执行的最宏大、最成功的救济计划。

正是在罗斯福的带领下，美国人民才度过了20世纪30年代那段最为严重的经济危机，为美国投入"二战"及战后的快速崛起奠定了坚实的基础，因此罗斯福也成为继亚伯拉罕·林肯以来最受美国和世界公众欢迎的总统。1936年，罗斯福以压倒多数的票数再度当选为美国总统，1940年、1944年又两次击败竞争对手，成为美国历史上唯一一位连任四届的总统。

罗斯福

美国第32任总统，民主党人。1882年生于一个显贵的家庭里。他早年曾从事律师工作，1910年后转向政界发展。1921年他患上了脊髓灰质炎症，但依靠自己的坚忍、乐观、智慧和才干，当选为总统。1932年就任总统后，面对经济危机，他告诉人们：我们唯一害怕的就是害怕本身。他在被称为"百日新政"的短时间内，推行改革，使美国的经济逐渐恢复。1941 年 12 月日本偷袭珍珠港后，他领导美国正式加入反法西斯战争，为反法西斯战争的胜利作出了巨大的贡献。他对世界的影响是巨大的，在《大西洋宪章》《联合国宣言》《雅尔塔协定》等影响世界的重大决定里，都可以发现他所起到的重要作用。1944 年他第四次当选为美国总统，在任内的第二年病逝。罗斯福是美国历史上唯一任职四届的总统，也是美国历史上杰出的总统之一。

《国家工业复兴法》

即《全国工业复兴法》，世界经济大危机期间，美国罗斯福政府制定和实施的以国家垄断资本主义方式调整工业生产之规模、结构和劳动条件的立法措施。该法于 1933 年 6 月 16 日通过并生效。内容包括三方面：一是由国家调节各企业主之间的关系，要求企业主共同制定"公平竞争法规"，用以规定各工业企业的生产规模、产品价格、销售范围、工资及工时数。二是由国家出面调整劳资关系。雇员有权派代表谈判和签订集体合同，雇主须遵守最高工时、最低工资和其他雇佣条件。三是国家兴建公共工程以增加就业机会，提高社会购买力。此外，还成立了"国家复兴管理局"，用以"监督"和"调节"生产。《国家工业复兴法》对摆脱危机、恢复经济、缓和阶级矛盾有一定作用，但有人斥责它具有"社会主义"倾向，1935 年美国最高法院裁决其违宪。

共产国际"七大"

1935 年 7 ~ 8 月共产国际在莫斯科举行的代表大会，也是共产国际最后一次代表大会。20 世纪 30 年代上半期，法西斯势力成为世界人民的主要威胁，迫切需要共产党同各政党联合起来，建立工人阶级统一战线，共同反对法西斯。为适应这一变化，共产国际召开了第七次代表大会。会上，季米特洛夫做了《法西斯的进攻与共产国际在争取工人阶级统一、反对法西斯的斗争中的任务》的报告，并通过了《关于建立反法西斯统一战线的决议》，揭露了法西斯的本质，要求各国共产党同社会民主党采取联合行动，建立反法西斯人民阵线，殖民地、半殖民地国家的无产阶级要建立反对帝国主义侵略的民族统一战线。会议决定，共产国际执委会"一般不直接干涉各国党内组织的事务"。大会纠正了"左"倾宗派主义错误，对反法西斯斗争的开展起到了积极作用。

季米特洛夫

格奥尔基·米哈依洛维奇·季米特洛夫，国际共产主义活动家，保加利亚共和国部长会议主席，保加利亚共产党总书记。季米特洛夫于 1882 年出生于一个贫苦工匠家庭。1902 年加入保加利亚社会民主党，开始其政治生涯。在其政治生涯中，季米特洛夫为国际共产主义运动和世界反法西斯斗争积极贡献自己的力量。他在莱比锡法庭揭露希特勒法西斯制造"国会纵火案"的阴谋，树立了共产党人同法西斯英勇斗争的榜样；曾任共产国际领导人，为共产国际第七次代表大会的召开贡献了力量；

曾倡议和组织"国际纵队",支持西班牙人民的反法西斯斗争。保加利亚人民政权建立后,季米特洛夫任保共总书记、部长会议主席,致力于民主改革、社会主义革命和社会主义建设。1949 年 7 月 2 日,季米特洛夫在莫斯科逝世。著有《国会纵火案》和《莱比锡审判》等。

绥靖政策

绥靖政策也称姑息政策,是一种对侵略不加抵制、姑息纵容、退让屈服,以牺牲别国为代价,同侵略者勾结和妥协的政策。"一战"后,各国人民革命的兴起和社会主义苏联的出现,引起了西方帝国主义国家的恐惧和仇视。他们在争夺世界霸权的斗争中,既想削弱和击败竞争对手,又想联合起来反对社会主义、镇压人民革命,这一矛盾心理处处都能得到体现。

1929 ~ 1933 年的世界经济大危机使各帝国主义实力此消彼长,英、法雄霸欧洲的局面一去不复返。随着德国法西斯的崛起,英、法两国已经丧失了协调欧洲格局的外交主动权。1934 年 10 月,法国强硬外交的代表人物——法国外交部长巴尔都在马赛遇刺身亡,标志着法国绥靖政策的开始。而在英国,张伯伦则是这一政策的代表人物。

张伯伦于 1937 年 5 月 28 日出任英国首相,当时正是法西斯国家疯狂扩张的时候,国际环境恶劣。张伯伦自知英国已无力改变国际形势,便决定发展其前任麦克唐纳和鲍尔温一贯推行的绥靖政策。

20 世纪 30 年代以前,英、法、美的绥靖政策主要表现为扶植战败的德国并支持日本充当防范苏联的屏障和镇压人民革命的打手。从凡尔赛—华盛顿体系和道威斯计划、杨格计划、《洛迦诺公约》中都能找到绥靖政策的影子。1937 年的经济危机再一次给英国造成了经济困境和社会动荡,与此同时,苏联正逐渐强大起来,时刻威胁着英、法等大国的利益。英、法一直希望能找到一种遏制苏联的势力。

面对德国希特勒的强硬,张伯伦企图以退让来稳定形势,以便重整军备来确保英国在欧洲乃至整个世界的霸权地位。以丘吉尔为代表的少数人反对张伯伦这种一面寻求妥协,一面重整军备的双重政策,但遭到了张伯伦的排斥。

在张伯伦的积极"努力"下,英国制定了"欧洲总解决的绥靖政策总计划",并派大臣哈利法克斯伯爵于 1937 年 11 月 17 日访德,向希特勒详细介绍了英国的政策,以使希特勒进攻苏联有恃无恐,妄图早日把祸水引向苏联,坐收渔翁之利。张伯伦政府还承认了意大利对埃塞俄比亚的侵占,并与法、美一起对西班牙内战实行"不干涉政策"。1937 年,英、法、美对日本发动全面侵华战争视而不见,在此后的太平洋国际会议上,更阴谋出卖中国,同日本妥协。

1938 年 3 月,德军开进奥地利,张伯伦政府给予了默许。当希特勒挑起捷克境内的苏台德危机时,英国虽象征性地对德施加了压力,但依然没有放弃既定的绥靖政策。而慕尼黑会议和《慕尼黑协定》则是绥靖政策最典型的体现。1938 年 9 月 29

日，英、法、德、意四国首脑在慕尼黑举行会议，四国正式签订了《关于捷克斯洛伐克割让苏台德领土给德国的协定》，即《慕尼黑协定》。会上，英、德还签订了《英德互不侵犯宣言》。捷克政府在德国的军事威胁和英、法、意的压力下，被迫接受了这个协定。英、法及幕后支持的美国，妄图以牺牲捷克斯洛伐克为代价，来求得"一代人的和平"，并将"祸水东引"。但事与愿违，绥靖政策不但没有给欧洲带来张伯伦所谓的"和平新时代"，反而加速了战争的到来。当希特勒以"闪电战"占领捷克斯洛伐克时，张伯伦开始有些坐不住了，他一边威胁德国，一边与德国进行秘密谈判，毫无意义的谈判更加坚定了希特勒发动战争的决心。

"二战"爆发后，西线出现了"奇怪战争"，英、法的"不战不和"战略使希特勒在侵略欧洲小国时忘乎所以，野心越来越大，以至于最后直取法国，进逼英国。

历史证明，绥靖政策不但无法满足法西斯国家的侵略野心，反而加速了第二次世界大战的爆发。

张伯伦

尼维尔·张伯伦，"二战"初期的英国首相，对法西斯德国实行"绥靖政策"的代表人物。1869年，张伯伦出生于贵族之家。1937年出任英国首相，积极奉行对德国的"绥靖政策"，主张对德妥协、退让、姑息，希望以此换取英国的安全。为推行绥靖政策，他一方面打击以丘吉尔为代表的强硬派，一方面同希特勒秘密会晤，并最终签订《慕尼黑协定》，企图以牺牲捷克、波兰等小国的利益来换取英国的安全。但德国军队的步步紧逼促使张伯伦在1939年被迫对德宣战。由于绥靖政策所造成的恶果，张伯伦在1940年被迫辞职，后抑郁而终。张伯伦的绥靖政策，不仅使英国丧失了"二战"初期的战争主动权，助长了法西斯的嚣张气焰，遭到了欧洲许多国家的反对，而且最终还使英国卷入了战争的深渊。

美国中立法

美国在第二次世界大战前及初期通过的几个避免卷入国际冲突和战争的法案。20世纪30年代的经济大危机使美国主要关注国内经济问题，在法西斯侵略者面前主张退守美洲以自保。1935年8月31日，美国国会通过第一个中立法，禁止向一切交战国输出武器。该法适用于意大利侵略埃塞俄比亚的战争，但美国仍向意大利输出了原料和战略物资。1936年2月，国会对该法进行了修改，增加禁止贷款给交战国和武器禁运不适用于拉丁美洲等内容。1937年4月，国会通过第三个中立法，使武器禁运适用于发生内战的国家。这三个中立法实际上纵容了法西斯的侵略扩张。第二次世界大战爆发后，国会通过了新中立法，取消武器禁运条款，改为"现款自运"。它的通过表明美国外交政策的调整，即在不直接参战的前提下尽可能援助反法西斯国家。1941年，中立法被租借法案彻底取代。

"一战"后的民族民主运动

匈牙利苏维埃共和国

匈牙利是历史上第一个无产阶级专政的国家。1918 年 11 月以库恩·贝拉为首的共产主义者成立匈牙利共产党，并展开卓有成效的宣传组织工作。1919 年 3 月 20日，由于协约国对匈牙利的逼迫，社会民主党只得与共产党领导人进行谈判，决定两党合并，改称匈牙利社会党。3 月 21 日匈牙利苏维埃共和国宣告成立，并采取了一系列革命措施，实行国有化和对外贸易的垄断，没收地主土地建立大农场，提高职工工资，实行 8 小时工作制，建立红军。但没有满足无地、少地农民对土地的要求，因而未能建立起巩固的工农联盟。4 月起协约国对匈牙利苏维埃共和国开始进行武装干涉和经济封锁。右派社会民主党人背叛革命，迫使革命政府委员会于 1919 年 8 月1 日辞职。匈牙利苏维埃共和国只存在了 133 天，但它鼓舞了争取自由解放的各国劳动人民，也丰富了国际共产主义运动的经验。

日本米骚动

1918 年 7 月至 9 月，在日本因米价暴涨而爆发的全国范围的暴动。"一战"末期的日本，农业生产的落后与迅速发展的工业之间矛盾突出，粮食供应紧张。然而，地主、资本家、米商为牟取暴利，大搞囤积居奇，市场粮食奇缺，米价暴涨。1918 年夏，米价比"一战"前上涨 4 倍，人民生活急剧恶化，民众极为不满。此次暴动以 1918年 7 月 23 日富山县下新川郡鱼津町渔民妇女首先展开反对米商外运粮食的斗争为开始，接着斗争迅速波及大城市，以 9 月 17 日明治煤矿起义被镇压而告终。米骚动共持续 57 天，波及了全国除青森、岩手、秋田和冲绳之外的一道三府四十三个县，有70 万以上的群众直接参加了斗争。米骚动是群众自发的运动，迫使寺内内阁下台，沉重打击了反动统治阶级，促进了工农群众革命觉悟的提高，对以后革命斗争高涨起到了重要作用。

朝鲜"三·一"运动

1919 年发生在朝鲜的反抗日本殖民统治、争取民族独立的民众起义。1910 年日本吞并朝鲜后，朝鲜民族矛盾日益激化，工农运动不断兴起。1919 年 1 月，风传日本当局毒死朝鲜废王高宗李熙的消息,成为此次运动的导火线。3月1日,汉城青年学生、市民和前来参加高宗葬礼的外地群众,在塔洞公园举行大会,并宣读《独立宣言》,随后举行30万人参加的声势浩大的示威游行,运动很快波及全国各地和海外。从1919年3月至年底,在全国共有217个郡爆发了示威和起义,参加者达200多万。然终因敌我力量相差悬殊,运动以失败告终。"三·一"起义尽管失败了,但它沉重地打击了日本帝国主义的殖民统治,显示了朝鲜人民争取民族解放的革命精神。从此,朝鲜工人阶级开始登上民族解放斗争的政治舞台,朝鲜革命面貌为之一新。

祖国光复会

朝鲜抗日民族统一战线组织。1935年5月5日成立于中国东北,金日成当选为会长,制定了抗日救国十大纲领。纲领阐明了朝鲜革命是反帝反封建的民主革命,并提出:组织革命军队;推翻日本殖民统治,争取国家独立,建立人民政权;没收日寇及其走狗的财产;争取言论、出版、集会、结社自由,释放政治犯;废除不平等制度;废除奴化教育;实行8小时工作制;等等。祖国光复会的组织网分布到中国东北各地和朝鲜国内广大地区。会员达20多万人,包括工人、农民、小资产阶级、企业家、宗教界人士以及朝鲜各阶层反日爱国力量。创办了《三·一月刊》《火田民》等机关刊物,并开展宣传工作。祖国光复会为组织动员广大群众、推动抗日武装斗争起了巨大作用,为在朝鲜建立马列主义政党,奠定了思想上和组织上的基础。

金日成

原名金成柱,朝鲜劳动党中央委员会总书记、朝鲜民主主义人民共和国主席。1912年,金日成生于普通农民家庭,1925年移居到中国东北吉林省。1926年建立朝鲜第一个真正的共产主义革命组织"打倒帝国主义同盟"。第二年8月,成立了朝鲜共产主义青年同盟。1936年5月,创建了朝鲜第一个反日民族统一战线组织"祖国光复会"。在几十年的革命斗争中,金日成领导朝鲜人民完成了反帝反封建的民主主义革命,于1948年创建了朝鲜民主主义人民共和国,出任内阁首相和国家元首。1950~1953年在中国人民志愿军的援助下,取得朝鲜战争的胜利。此后,他对生产关系进行社会主义改造,努力把朝鲜建成社会主义工业国。金日成曾多次访问中国,并于1961年同中国签订了《中朝友好合作条约》,与中国共产党和中国人民有着深厚的友谊。金日成于1994年7月8日因病逝世,享年82岁。

普天堡大捷

朝鲜抗日武装斗争中的一次著名战役,亦称普天堡奇袭。1936年末,日本关东军和朝鲜政府军加强了对东北抗日武装和朝鲜人民军的围剿。为了打击日本侵略者的嚣张气焰,唤起朝鲜人民的政治觉悟,金日成决定率朝鲜人民军向国内进击。1937年6月4日,金日成率领一支由150多名人民军战士组成的精悍部队,乘夜突破了中朝边境的日军封锁线，奇袭两江道北部鸭绿江畔的普天堡，全歼日本守军，焚毁了警察所等市政机关，缴获了大量枪支弹药和军需物资。并召开大会号召人民团结起来光复祖国。此外，还散发和张贴了《祖国光复会十大纲领》《告朝鲜人民书》等大批传单。次日胜利返回根据地。此役沉重打击了日本侵略者，显示了朝鲜人民的英勇斗争精神，鼓舞了朝鲜人民光复祖国的胜利信心。

阿富汗独立战争

阿富汗反对英国殖民统治取得民族独立的战争。1919 年 2 月 19 日，阿富汗国王遇刺身死，其子阿马努拉即位，建立青年阿富汗派政权，并于 2 月 28 日在加冕典礼上宣布阿富汗独立。英国不予承认，于 5 月 3 日向阿富汗的边防军发动进攻，引发了第三次侵略阿富汗的战争。5 月 7 日，阿马努拉发表《独立宣言》，向英宣战，阿富汗抗英独立战争开始。阿富汗军队分北、中、南三路对英军进行反击，边界人民也开展游击战争，给英军以沉重打击。英军投入 34 万军队作战，迫使阿军后退。当时邻近阿富汗的印度、土耳其、伊朗、伊拉克也掀起了反英浪潮，英国担心侵阿战争太久于己不利，于 6 月 3 日接受了阿马努拉的停战协定。8 月 8 日，英、阿签订初步和约，英国承认阿富汗是"自由的主权国家"。1921 年 10 月 22 日，双方最后签约，英国承认阿富汗完全独立。

罗拉特法案

1919 年 3 月 18 日英国殖民当局为镇压印度民族运动所制定的法令，由英国高等法院法官罗拉特为首的委员会制定，故名。第一次世界大战结束后，印度的民族解放运动高涨起来，英国政府采用高压手段代替怀柔政策，1919 年公布此法案。法案规定：战争年代制定的《国防条例》继续有效，殖民当局可以随时宣布戒严令，禁止集会和游行示威，禁止任何团体活动；建立无辩护律师和无陪审人员的法庭，殖民当局对任何有反政府嫌疑的人不经审讯就可以逮捕和监禁，不用陪审即可判案。该法案颁布后，激起印度人民的极大愤怒，从而掀起了反英斗争的新高潮。

阿姆利则惨案

英国殖民当局血腥屠杀印度阿姆利则人民的惨案。第一次世界大战后，印度人民掀起反对英国殖民统治的斗争高潮，英国殖民者决定采取恐怖手段。1919 年 3 月初，旁遮普邦阿姆利则市人民开展反英斗争，抗议罗拉特法案。4 月 10 日，英殖民当局在阿姆利则城逮捕两位著名民族运动活动家。当日，该市群众举行游行示威，与军警发生冲突。愤怒的群众捣毁英国银行，占领火车站、电报局、电话局，切断了该城与外地的联系。英殖民当局派军队开进阿姆利则，实行戒严，禁止一切集会。13 日，大批锡克教徒在贾连瓦拉·巴格广场举行集会活动。英国殖民当局军队包围广场，封锁出口，向群众开枪扫射，当场打死 370 余人，打伤 1200 余人。惨案发生后，英国殖民当局封锁消息达 4 个月之久。阿姆利则惨案激起印度各地更大规模的反英浪潮。

非暴力不合作运动

　　印度资产阶级民族运动领袖甘地领导的反对英国殖民统治的运动。1919 年 3 月罗拉特法案颁布后，激起印度人民的抗英怒潮，各地举行集会、示威和罢工。国大党为了掌握反英斗争的领导权，迫使英国让步，采纳了甘地拟定的"非暴力不合作运动"方案。其主要内容有：拒绝英国授予的爵位、封号和名誉职位，学生退出英办学校；立法机关、法院及政府中服务的人员离职；家家户户恢复手工纺织，提倡国货，抵制英货；在运动最后阶段拒绝纳税。不合作运动立即得到各阶层人民的广泛响应，使英国政府收入锐减，并增强了印度人民的民族自尊心。1922 年 2 月，联合省曹里曹拉村发生农民袭击警察所事件，甘地认为超出了非暴力的范围，决定在全国停止不合作运动。在英殖民当局血腥镇压和国大党妥协投降方针下，非暴力不合作运动宣告失败。

甘地

　　莫汉达斯·卡尔姆昌德·甘地，印度民族独立运动领导人，国大党领袖，在印度被尊称为"圣雄"。 他是一位苦行僧式的人物，上身赤裸，皮肤黧黑，总是随身携带着一架木制纺纱机，一有空就纺纱。他有非凡的智慧、超人的胆识和坚强的意志。他曾留学英国，回国后领导印度国大党。他创造了一种独特的争取印度民族独立解放的方式，即"非暴力不合作运动"。这对印度民族独立起到了重要

甘地在"非暴力不合作运动"中纺线的情形
1915 年，甘地回国，受到印度民族资产阶级的热烈欢迎，被称为"圣雄甘地"。他的非暴力主张，也深得资产阶级和国大党稳健派的支持。甘地后来成为国大党的领袖。

作用，经过长期斗争，印度人民终于获得了独立。在成立制宪会议上，甘地被称为"向导和哲学家""印度自由的灯塔"。英国驻印度总督蒙巴顿则称他为"印度自由的建筑师"。1948 年，他在印度的教派纠纷中被刺杀，但"圣雄"甘地永远活在了印度人民的心里。

土耳其凯末尔革命

　　凯末尔领导的土耳其资产阶级民族民主革命。第一次世界大战后，土耳其作为战败国被迫签订《摩得洛斯停战协定》和《色佛尔条约》，丧失了许多重要的领土，苏丹政府成为傀儡政权。在民族危急关头，土耳其人民奋起举行反帝武装斗争。1919 年 7 月和 9 月，先后在埃尔祖鲁姆和锡瓦斯召开护权协会第一、第二次代表大会，

选举了以凯末尔为主席的代表委员会。1920年4月，在安卡拉召开国民大会，建立了国民政府，凯末尔任临时总统兼国防军总司令。1922年11月，统治600年之久的奥斯曼专制王朝被推翻。1923年7月，协约国被迫与土耳其签订《洛桑和约》，正式承认土耳其独立。同年10月29日，土耳其共和国宣告成立，凯末尔当选为总统。凯末尔革命是第一次世界大战后殖民地半殖民地国家由民族资产阶级领导的一次取得胜利的民族民主革命。

《国民公约》

凯末尔派在土耳其民族独立运动中提出的政治宣言。第一次世界大战结束后，土耳其民族独立运动迅速高涨。1920年1月，土耳其苏丹被迫同意召开奥斯曼帝国议会。1月28日，议会通过了凯末尔起草的《国民公约》，其要点是：宣布土耳其的本国领土是不可分割的整体；土耳其应享受完全的独立和自由；废除任何危害土耳其独立和发展的政治、司法、财政等方面的限制；海峡地区的开放不应使土耳其的领海受到侵犯；明确表示土耳其所进行的维护民族独立和主权的斗争是维护自身生存和继续存在的基本条件。《国民公约》以独立宣言的形式，确认了民族独立的原则，重申了要求民族独立、反对帝国主义瓜分土耳其的主张，是土耳其民族资产阶级领导人民进行反帝斗争的纲领。

《色佛尔条约》

第一次世界大战后协约国和土耳其苏丹政府签订的条约。1920年8月10日在巴黎附近的色佛尔签订，故称。条约规定：土耳其承认汉志和亚美尼独立；伊拉克、巴勒斯坦成为英国的委任统治地；土耳其在欧洲的领土除了伊斯坦布尔及其郊区以外，全部割让给希腊；在亚洲的领土，沿叙利亚边境的一个广阔的地带割让给法国；摩苏尔石油产地割让给英国；黑海海峡宣告开放，不论何国的军舰与商船都能通过；领事裁判权继续有效；土耳其军队不得超过5万人；协约国有权对土耳其的财政进行监督。条约不仅使土耳其帝国的领土削减了4/5，而且完成了对土耳其本土的瓜分，把土耳其推到了亡国的境地，激起了土耳其人民的反帝怒潮。土耳其人民在凯末尔的领导下，打败了希腊，取得了民族解放的胜利，终于在1923年废除了该条约。

凯末尔改革

在20世纪20年代，凯末尔总统领导下的土耳其进行的一系列资产阶级民主改革。在政治方面，废除哈里发制度，创立资产阶级民法、刑法、律师法，实行政教分离。在经济方面，通过了《经济公约》，支持和发展民族经济；实行保护关税政策，创办国家银行，资助私人企业；发展农村个体经济，同时建立国家农场；政府把荒地分给无地或少地的农民，向农民提供贷款，出资兴修水利，建立信用合作社；废除"实物什一税"，改为货币税。在文化教育方面，扩大世俗学校，创办各种专业技术学校；1928

年，大国民议会通过了关于改革字母的法律，废除阿拉伯字母，改用拉丁字母；创立语言协会，剔除阿拉伯、波斯等外来语，提倡土耳其语言民族化。在社会生活方面，禁止一夫多妻制，女子除去面纱，提倡男女同校，给妇女以选举权。凯末尔改革对提高土耳其国民的民族意识，巩固民族独立，发展民族经济，起到了重大作用。

穆斯塔法·凯末尔像

埃及独立运动

第一次世界大战后埃及人民反对英国殖民统治、争取民族独立的斗争。1918年11月13日，埃及民族资产阶级的代表柴鲁尔等要求英国殖民当局撤回保护权，给埃及以完全独立，遭到拒绝。柴鲁尔等人便组织"代表团"要去英国谈判，又遭到拒绝。1919年3月8日，殖民当局逮捕了柴鲁尔等4人并将其流放，引起埃及人民的反英浪潮。斗争从3月9日开罗高校学生罢课起，发展到全国工人罢工、商人罢市、群众示威游行，直至武装起义。英国殖民当局被迫释放柴鲁尔等人，同时派重兵镇压起义。4月中旬起义失败。1921年12月，英国殖民当局又逮捕了柴鲁尔，激起人民进一步反抗，城市罢工和农民武装斗争重新高涨。1922年2月28日，英国政府被迫发表声明，宣布放弃对埃及的保护，承认埃及独立，但仍保留了对埃及的一些特权。

埃塞俄比亚抗意民族战争

埃塞俄比亚人民为维护民族独立、抗击意大利法西斯侵略者而进行的战争。埃塞俄比亚具有重要的战略地位，意大利为掠夺新的殖民地，建立地中海霸权，策划了对埃塞俄比亚的侵略，挑起边境冲突。1935年10月，意大利侵入埃塞俄比亚，国联宣布意大利为侵略者，对其进行经济和财政制裁，但未对意大利急需的石油实行禁运。战争爆发后，埃皇海尔·塞拉西一世即颁布总动员令，抵御入侵者，并亲临前线指挥。埃军利用山地条件，顽强抗击意军。但因力量悬殊，埃军总体上处于劣势。4月初，北线意军击溃埃军，5月5日意军进入埃及首都，5月9日南北两线意军会合。同日，墨索里尼宣布吞并埃塞俄比亚。埃塞俄比亚人民仍坚持斗争，广泛开展游击战争打击意军，迫使意军只能固守在一些大城市及其周围地区。1941年年底，在塞拉西一世的率领下，埃塞俄比亚人民把入侵者全部赶出本国领土。

墨西哥卡德纳斯改革

墨西哥总统拉萨罗·卡德纳斯执政期间实施的资产阶级改革。1934年7月卡德纳斯当选为总统后，组织了一个左翼资产阶级政府并进行改革。主要内容为：政府没收本国和外国人拥有的大地产，分配给农民；农贷银行帮助农民，并鼓励和扶持农民组织合作农场；把外国垄断资本控制的铁路和石油公司全部收归国有；鼓励工会的发展，修订全国劳工法，把分散的劳工组织合并成墨西哥劳工联合会；在全国推行"社会主义教育"制度，扩大和普及教育，迅速增加学校数量，并将"加比诺·巴雷达大学"改为工人大学。1938 年 3 月，又把执政的国民革命党改组为墨西哥革命党，容许工会和农民等其他群众组织参加。改革大大推进了 1910 年墨西哥资产阶级革命所提出的反帝反封建的任务，为墨西哥比较稳定的资产阶级民主制度的形成和发展奠定了基础。

罗马尼亚"八·二三"起义

罗马尼亚人民推翻安东尼斯库法西斯独裁统治的武装起义。1940 年，安东尼斯库在罗马尼亚建立了法西斯统治，对外投靠希特勒，对内实行法西斯恐怖统治，并追随德国参加对苏战争。1943 年 6 月，罗马尼亚共产党建立了反法西斯的"爱国阵线"，8 月，制定了推翻安东尼斯库政权的武装起义计划。1944 年 4 月，苏军抵达罗马尼亚，起义时机逐渐成熟。经过周密计划和准备，8 月 23 日，罗共领导人民在首都布加勒斯特举行大规模武装起义，最后推翻了安东尼斯库的统治。武装起义很快扩展到全国，到 8 月 30 日，爱国军民依靠自己的力量，解放了 2/3 的领土。9 月 12 日，在莫斯科签订了《苏美英对罗马尼亚停战协定》。10 月，罗马尼亚军民同苏联红军协同作战，把希特勒赶出了罗马尼亚。此次起义的胜利为罗马尼亚人民共和国的建立创造了条件。

法西斯的兴起

德意志第三帝国

法西斯德国的非正式名称。1933 年 1 月 30 日，希特勒建立了法西斯独裁统治，攫取政权，废除魏玛共和国，宣布要在神圣罗马帝国和德意志第二帝国之后，建立一个包括所有日耳曼人的大德意志帝国。1939 年 3 月，法西斯德国军队开进捷克斯洛伐克；1939 年 9 月 1 日，德军进军波兰。为了争夺殖民地，确立自己的世界霸权，奴役世界各国人民，希特勒发动了第二次世界大战。1945 年，德国战败，第三帝国覆灭。

纳粹党

德国法西斯政党，全称为民族社会主义德国工人党。其前身为慕尼黑的一个小政治团体"德意志工人党"。1919 年，希特勒加入后，逐渐控制该党。1920 年 2 月，希特勒发表党纲《二十五点纲领》，鼓吹种族主义、对外扩张和民族复仇主义，4 月更名为纳粹党，制定"卍"字党徽和红底白圆心黑"卍"字的党旗，以《人民观察家报》为党报。1921 年确定"领袖原则"，希特勒在党内取得绝对领导权。1923 年该党被勒令解散。1924 年，希特勒不断扩充力量，企图通过"合法"途径取得政权。1929 年经济危机爆发后，纳粹党取得军队的支持，1932 年成为国会中第一大党。1933 年 1 月，希特勒被任命为总理，夺取了政权。该党对内实行一党独裁的法西斯专制统治，对外积极扩军备战，组织轴心国集团，挑起第二次世界大战。1945 年德国投降后，纳粹党被盟国管制委员会宣布为非法组织。

1933 年 11 月，德国纳粹党徒招摇过市，拉拢选民，法西斯势力山雨欲来。

啤酒馆暴动

1923 年 11 月 8 日晚上，在德国慕尼黑一个叫格勃劳凯勒的啤酒馆里举行了一场集会，巴伐利亚行政长官卡尔在此发表施政纲领演说。

"德国人民是伟大的，作为巴伐利亚邦的领导人，我将以我最大的努力来为我的人民谋福利……"由于激动，卡尔面红耳赤，他两只手挥舞着，朝坐在粗木桌旁的人们情绪高昂地讲着话。

正在这时，一群身穿褐色制服的纳粹冲锋队员冲了进来。

"听好了，全国革命已经开始了。你们别妄想逃出这里，600 多名武装人员正守在外面，想逃离这里只是做无谓的牺牲罢了。你们只需保持安静，否则的话……"

从纳粹冲锋队中走出来一个中等个头的年轻人，一副凶神恶煞的样子，他举起手中的枪朝天花板开了一枪，然后仰着头看了看，说道："否则的话，我将动用机关枪，到时你们身上会出现无数个洞，而不会是一个。"

这个人就是臭名昭著的希特勒。

希特勒崇尚权力，从一个流浪汉一跃成为纳粹党的党魁就足以说明他对政治的渴求。1923 年，法国和比利时以德国不按时缴纳赔款为借口，出兵占领了德国的鲁尔工业区，德国国内顿时陷入混乱之中。而这时，对德国政权觊觎多时的希特勒走上了历史舞台，夺取巴伐利亚邦政权是他行动的第一步。

"告诉你们，巴伐利亚邦政府和全国政府已经被推翻，临时政府已经成立了，国防军和警察营房都已经被革命军占领，你们现在唯一能做的就是服从新政府的统治。"

随后，希特勒命人把卡尔和另外两名巴伐利亚邦官员关进隔壁的一间房子。卡尔虽然已被吓得面无血色，但还是强制自己镇静下来。

希特勒正视着卡尔，想使卡尔彻底对自己屈服："你应该和我合作，除此之外你别无选择。"

卡尔显然是被激怒了，两眼放着凶光，回视着希特勒："你别做梦了，我怎么会和你这种无耻之徒合作呢？你休想从我手中得到任何好处！"

"是吗？你们三个都得乖乖地合作，否则谁也走不出这间房子。我这把枪里还剩 4 颗子弹，留给你们三个人和我自己。"但是，不管希特勒如何威逼利诱，卡尔三人就是不与他合作。

气急败坏的希特勒冲出房间，对外面的人说道："现在我宣布，临时政府正式成立，你们的三位领导委托我负责政策性指导工作，我们将在明天向柏林进军，建立一个全国性的临时政府。"人们被希特勒的谎言蒙骗了，有些人甚至欢呼起来。

正在这时，在德国军队中颇有名望的鲁登道夫将军来到了啤酒馆，他也是受希特勒蒙骗的显赫人物之一。鲁登道夫对卡尔等人耐心地劝解着，最后终于勉强使卡尔三人同意与希特勒合作。正当希特勒兴奋地打算挥兵进攻柏林的时候，有人报告德国的宪兵在到处搜捕他，希特勒这才知道上了卡尔的当。但是，希特勒并没有就此放弃，他决定第二天上街游行，他相信会得到更多德国人的支持。

第二天，希特勒与鲁登道夫率领纳粹冲锋队员从啤酒馆出发向慕尼黑行进，打算得到群众的支持后再夺取全市。到慕尼黑市中心时，冲锋队与100余名警察发生了冲突。在冲突中，冲锋队队长戈林受了伤，60多名冲锋队员被击倒。希特勒一看计划失败，慌忙跳上一辆汽车逃离了现场。

没过几天，希特勒和其他的一些纳粹头目相继被捕入狱。尽管希特勒在法庭上为自己做了激烈的辩护，但还是被判了5年徒刑。

啤酒馆暴动虽然失败了，但为希特勒争得了政治资本，使他在德国国内很快成了头面人物。

希特勒

法西斯德国元首，第二次世界大战头号战犯。1889年3月21日生于奥地利，"一战"时，是一名德军下士。1919年加入德国工人党，后改为纳粹党。1921年掌握领导权，任党魁。1923年发动暴动，失败后入狱，次年获释。1925年重建纳粹党。1933年，他施展政治阴谋，在垄断集团支持下当上总理。第二年8月攫取最高领导权，自称元首。掌权后，他解散国会，取消反对党，迫害和屠杀共产党人和犹太人，实行法西斯专政，扩张军备。1937年与意、日结成军事同盟。他利用英、法等国的绥靖政策，先后吞并奥地利和捷克斯洛伐克。1939年9月1日突袭波兰，全面发动第二次世界大战。1941年进攻苏联失利。1945年4月30日盟军包围柏林时自杀。著有《我的奋斗》。他宣扬极端反动的种族主义和沙文主义思想，发动了第二次世界大战，给世界人民造成深重的灾难。

狂热的希特勒像头顶上的鹰一样觊觎整个世界。

希特勒上台

1929～1933年的世界经济危机，使德国工业生产下降42%，贸易减少60%，大批工商企业和银行倒闭，失业人数高达100万。经济危机使阶级矛盾激化，群众运动高涨。德国垄断资产阶级最终抛弃了议会制度，取而代之以法西斯独裁统治，以便对内镇压人民革命，对外用大炮坦克去夺取殖民地。于是希特勒和他所控制的纳粹党，便在垄断资产阶级的支持下日益壮大起来。

1932年，是德国政府的换届选举年。纳粹党认为夺取政权的时机已经成熟，便出动参加竞选。他们在全国大小城镇张贴了100万张印有"德国猛醒""希特勒就是

希特勒《我的奋斗》

1923年，在阿道夫·希特勒入狱期间，由自己口述，鲁道夫·赫斯笔录，完成了《我的奋斗》一书。这本书极力宣扬其种族主义理论和建立大帝国的梦想。该书于1925年7月18日在慕尼黑的艾尔出版社出版。

《我的奋斗》渗透着极端帝国主义、极端民族主义、极端沙文主义、极端反共产主义和极端复仇主义的观点。在这本长达700多页的冗长的书中，希特勒随心所欲地对他能够想到的一切问题发表议论。这些问题不仅包括外交、政治、军事，甚至还包括文教、艺术、历史，以及婚姻制度、卖淫制度、性病等，反映了希特勒的纳粹党所追求的目标，以及为达此目的而准备采用的手段。他在书中绘出了未来纳粹帝国的蓝图。

独立、工作和面包"等字样的彩色招贴画，散发了800万本小册子和1200万份纳粹党报特刊。希特勒到处进行竞选活动，甚至乘飞机一天跑十几个地方进行"飞行演说"。一些处于绝望中的小资产阶级、公务员、大学生，以及一部分农民和失业工人被他蛊惑。在1932年7月的国会选举中，纳粹党竟获得了130个席位，成为国会中的第一大党。

1933年1月30日，总统兴登堡正式授权希特勒组阁，希特勒出任德国总理。作为总统，这位85岁的前陆军元帅在法律上有权否决纳粹立法，但希特勒却以共产主义颠覆的威胁为借口，以法令形式通过了其纳粹党纲。1934年8月，兴登堡去世，希特勒开始独裁统治。一个最反动、最富有侵略性的法西斯政权在德国建立，它标志着欧洲已形成一个最危险的战争策源地。

反犹太主义

纳粹党徒疯狂排挤犹太人。4月7日颁布文官法，规定政府中所有的非雅利安人官员以及公证员、教师和其他半官方的公务人员，都应予以辞退。接着冲锋队和党卫队对犹太人进行疯狂的迫害和屠杀。反犹太主义一直是希特勒思想的重要基石。他掌权后，便采取严厉的措施把犹太人从整个社会中彻底清除出去。犹太人商店、律师、医生都受到了官方的抵制，犹太人的儿童被禁止进入公立学校读书，在学校里，纳粹种族思想已经被纳入其课程之中。

1935年，希特勒正式实行纽伦堡法令，剥夺了犹太人的公民权，并禁止犹太人与高贵的雅利安人（德意志种族的纳粹名词）通婚。

国会纵火案

希特勒被任命为德国总理后，为了建立法西斯独裁统治，于2月发表了一个文告，宣称德国经济高涨的先决条件是制止共产主义对德国的渗透。兴登堡宣布解散国会后，3月5日重新进行国会选举。这时德国共产党的势力也有很大增长，法西斯分子于是阴谋策划了骇人听闻的国会纵火案，并嫁祸于共产党以打击进步势力，为建立法西斯独裁政府铺平道路。

1933年2月27日晚，法西斯二号头目戈林指使一群纳粹冲锋队员点火焚烧了国会大厦。希特勒政府马上发表公告，反诬国会纵火是共产党干的，是共产党发动武装暴动的信号。接着以此为借口，在全国范围内肆无忌惮地迫害革命者。2月28日，根据希特勒政府的建议，兴登堡总统颁布紧急法令，停止对言论自由、出版自由和其他自由权利的宪法保障。纳粹冲锋队立即出动，到处逮捕共产党员和进步人士，有1.8万名共产党员被捕，其中包括德国共产党主席台尔曼和保加利亚共产党领袖、国际工人运动著名活动家季米特洛夫。德国共产党被取缔，被迫转入地下活动。9月22日，法西斯政府在莱比锡开庭审判纵火案。在法庭上，季米特洛夫面对长达235页并附有105个"证人材料"的起诉书毫不畏惧。他大义凛然，为共产主义革命荣誉和信仰声辩，把包括亲自出马的法西斯头目戈林、戈培尔在内的法西斯分子反诘得无辞以对。季米特洛夫在莱比锡法庭上的英勇行为，鼓舞了人民反法西斯的斗志。在世界进步人士的抗议下，1934年2月27日，季米特洛夫被宣布无罪释放。他当天离开德国飞往苏联。

国会纵火案是希特勒及其党徒妄图消灭德国共产党以及其他进步势力而策划的一个大阴谋，是为在德国建立法西斯独裁体制而耍弄的卑劣伎俩。

德国撕毁《凡尔赛和约》

希特勒上台后，决定挣脱《凡尔赛和约》对德国的束缚，以便对内摆脱经济危机，巩固其法西斯独裁统治，对外进行侵略扩张。1933年10月14日，希特勒政府借口德国在军备上没有平等权，宣布退出日内瓦裁军会议，五天后又宣布退出国际联盟。

1934年秘密下令，在10月1日前把《凡尔赛和约》规定的陆军限额10万人增加到30万人，海军人数增加一倍，并秘密建造2艘2.6万吨的战斗巡洋舰。到1934年底，德国正规军人数已达29万人，还不包括三四十万人的党卫军和100万人的冲锋队。

1935年1月，通过公民投票，德国从法国手中收回了鲁尔区。3月，希特勒政府公然宣布不受《凡尔赛和约》关于禁止德国拥有空军这一规定的束缚。5月21日，德国通过新的《国防法》，改组武装部队。6月18日把舰队扩大到相当于英国舰队吨位的35%，并建造相当于英国吨位45%的潜艇，同法国海军力量相当。

希特勒政府还利用埃塞俄比亚危机，以受到法、苏结盟威胁为借口，于1936年3月7日声明，废止《洛迦诺公约》，同时决定停止实施《凡尔赛和约》中不许驻军的条款，下令德军开进《凡尔赛和约》规定的莱茵非军事区。从而《凡尔赛和约》被彻底地撕毁了。

法西斯党

墨索里尼领导的在意大利实行法西斯主义的反动独裁政党。在拉丁文中法西斯为"束棒"的译音。第一次世界大战后，意大利时局动荡，经济困难，工人运动高涨。1919年，墨索里尼在米兰建立"战斗的法西斯"，标榜实行"社会正义"和"革命"，反对共产主义。1921年11月正式改称法西斯党，主要从事恐怖暴力活动，破坏工人运动和民主运动，得到垄断资本家的支持。因党员以黑衫为制服，又称黑衫党。1922年10月，墨索里尼组织武装党徒进军罗马，取得政权。在国内大肆逮捕共产党人和民主人士，逐步取消议会民主制度，解散其他所有政党，建立法西斯独裁统治的"总体国家"。对外鼓吹重新瓜分殖民地，推行战争政策，挑起第二次世界大战。后来，法西斯党也用来泛指20世纪三四十年代一些国家出现的实行法西斯主义的反动政党。

法西斯主义

第一次世界大战后出现的鼓吹种族主义、专制独裁和侵略扩张的政治理论、运动和政权形式。"法西斯"一词源于拉丁文，象征强权和暴力。法西斯主义否定资产阶级的自由平等民主思想，鼓吹对领袖的绝对服从和国家主义，宣称"高贵"民族有统治"劣等"民族乃至全世界的权力，既反对资产阶级民主也反对共产主义，主张建立少数独裁者的恐怖统治，镇压劳

希特勒走上纳粹德国的最高统治宝座。

动人民和进步势力，实行扩张政策和战争政策，是资本主义政治、经济及意识形态全面危机的产物。墨索里尼和希特勒先后于1922年、1933年在意大利和德国建立了法西斯专政。日本亦于20世纪30年代法西斯化。西班牙、匈牙利、保加利亚、阿根廷等国也推行过法西斯主义。法西斯主义给世界人民带来了痛苦和灾难，导致第二次世界大战的爆发，最终被世界人民彻底摧毁。

向罗马进军

1922年10月28日，意大利古都罗马被寒风侵袭着，狂风的呼啸声不绝于耳。就在这时，一支庞大的游行队伍走上街头。走在队伍前面的一伙人身穿黑衫，簇拥着一束高举的木棒，木棒中间插着一把巨型的斧头。后面的游行者大多神情迷茫，跟随着黑衫人边前进边振臂高呼："我们要土地！""我们要工厂！""我们要帝国！"顿时，罗马城一片沸腾，观看的部分群众还没有弄清是怎么回事便也加入游行队伍中，结果，队伍越来越庞大。当队伍来到罗马市中心时，已经发展到五六万人，甚至望不见首尾。

这就是著名的"向罗马进军"中的一幕。

第一次世界大战爆发前，意大利参加了同盟国，但大战爆发后又转舵加入了协约国。作为战胜国，意大利虽然从巴黎和会上得到了奥匈和土耳其帝国的部分土地，

但战争使其元气大伤,本来就有"贫穷的帝国主义国家"之称的意大利更加雪上加霜:经济濒临崩溃,百业凋零,民不聊生,而且劳动力在战争中损失了将近70万。意大利统治阶级为了弥补这些损失,加重了对人民的剥削。于是,意大利国内的工农革命运动迅速高涨起来:工人罢工夺取工厂,农民则夺取地主的土地。

在这种历史夹缝之中,墨索里尼凭着自己敏锐的政治嗅觉发现了夺取政权的希望。

1919年3月,墨索里尼在米兰纠集了150名退伍军人、民族主义分子和政治暴徒,建立了一个叫"法西斯战斗团"的组织。

墨索里尼把拯救意大利作为战斗口号,正好迎合了国内仇视共产主义的情绪,使得法西斯党迅速壮大起来。1921年11月,墨索里尼把"法西斯战斗团"改组为"国家法西斯党",并自封为法西斯党的领袖。

墨索里尼把自己伪装成全民利益的代表,玩弄辞藻,用甜言蜜语诱惑意大利人民。他向军队许诺增加军费,向工人许诺让他们成为工厂的主人,向农民许诺平均分配土地,等等。在墨索里尼的煽动下,法西斯党很快发展到了15万人。

1922年8月,意大利发生了全国性的政治罢工,当政府军与工人进行交涉的时候,墨索里尼指挥法西斯党徒乘乱夺取了米兰、波伦亚和北意大利许多大城市。墨索里尼还把法西斯党徒编成了4个军团,准备最后夺取政权。

10月24日,法西斯党在那不勒斯召开大会,墨索里尼在会上发表了演说。会议快结束时,墨索里尼高喊着:"向罗马进军,我们一定会取得胜利的。"结果一呼百应。

27日,墨索里尼坐镇米兰,指挥法西斯党徒由米兰徒步进军首都罗马。一路上,法西斯党徒占领了许多城镇的邮电局、火车站等重要设施。紧接着,墨索里尼就策动了开头的那一幕。

面对声势浩大的法西斯党徒的示威游行,意大利总理法吉塔要求国王签发戒严令。国王维克多·艾曼努尔见法西斯党势不可当,不但没有签令,反而解散意大利政府,任命墨索里尼组阁。就这样,墨索里尼终于实现了自己多年的梦想,登上了决定意大利命运的首相宝座。

上台成功的墨索里尼立刻撕掉了伪善的嘴脸,对意大利人民实行更为残酷的统治,甚至取消了人民的基本权利。此外,法西斯特别法庭和秘密警察局还对反法西斯人士及共产党进行逮捕和迫害。

从此时起,意大利开始坠入历史的深渊,处于法西斯独裁的黑暗统治之中。

墨索里尼在一次群众集会上发表讲话,鼓吹战争。

墨索里尼

意大利内阁总理，法西斯党领袖，独裁者，第二次世界大战主要战犯。1883年7月29日他生于一个铁匠家庭，自幼受布朗基主义和国家主义思想影响。1900年加入社会党，后成为该党领导人之一。"一战"爆发后，因鼓动意大利参战被社会党开除。1919年他在米兰成立"战斗的法西斯"组织，后改称"意大利国家法西斯党"，自称领袖。1922年指挥该党"黑衫军"打向罗马，夺得政权。1925年终止议会制度，实行法西斯统治。1936年与希特勒签订协定，成立柏林－罗马轴心。1940年对英、法宣战，正式参加第二次世界大战。1943年7月因军事失利和国内人民反抗，他被逮捕并软禁，9月被德军伞兵救出后，在意大利北部成立"意大利社会共和国"，成为德国的傀儡。1945年4月27日潜逃德国时被游击队捕获，次日被处决。在他统治的21年中，对内实行法西斯恐怖统治，对外发动侵略战争，给意大利人民和世界人民带来了深重灾难。

"无能"的意大利军队

意大利军队在两次世界大战中的表现是非常糟糕的。"一战"时，意大利本来是同盟国一方的成员，但是一开始它并没有参战。等到同盟国败相已露时，它却加入了协约国一方，想从中捡点便宜。谁知道意军在面对已经精疲力竭的德军时，仍然不堪一击，连吃了好几个败仗，最后还是靠英法联军来收拾残局。"二战"期间，意大利军队主要负责非洲的战局，可是在武器配备充足、人数也比敌人多的情况下，仍然败仗不断，给德国添了不少麻烦。即使是在入侵落后的埃塞俄比亚的时候，意军虽然武器精良，但还是打不过埃塞俄比亚，反而闹出了不少笑话。其实，这和意大利人民厌恶战争有关，他们不愿意为独裁统治者卖命，所以才留下了"无能"这个骂名。

《反共产国际协定》

德、意、日缔结的表面反对共产国际而实际针对苏联的政治同盟协定。德、日走上法西斯道路后，为了与英、法、美等国抗衡，对外进行侵略扩张，急欲在国际上寻求盟友。1936年11月25日，德、日首先在柏林签订《反共产国际协定》，规定两国对共产国际的活动相互通报，并紧密合作，采取必要的防卫措施。协定的秘密附件还规定，当缔约一方同苏联作战时，另一方不得采取有利于苏联的措施，双方不同苏联缔结与该协定精神相违背的任何协定。随着德、意关系的接近，1937年11月6日，意大利亦加入该协定，德、意、日三国结成了法西斯侵略同盟。后匈牙利、伪满洲国、西班牙等相继加入。协定主要是针对苏联的，同时也是在"反共"旗号下针对英、法、美等西方民主国家的。协定的签订标志着轴心国侵略同盟初步形成。

田中奏折

又称大陆政策、田中政策，1927年日本首相田中义一向天皇递呈的企图吞并中国的东北和内蒙古，并进而灭亡中国、称霸世界的侵略计划。日本首相田中义一在

1927 年 6 月 27 日 ~ 7 月 7 日召开的东方会议上发表《对华政策纲要的演说》，会议商讨并制定了妄图先行吞并中国东北和蒙古的计划。会后，田中把东方会议的内容以极秘密的奏折形式报告给天皇，即《田中奏折》。奏折提出了侵略中国的具体计划。后来，日本帝国主义即按照此政策不断扩大对中国的侵略，并于 1937 年发动了全面侵华战争。田中奏折充分暴露了日本帝国主义的侵略野心。

军部

日本起独特政治影响作用的军人上层集团，主要指参谋本部和军令部。此外，陆军省、海军省、侍从武官长、元帅府等军事首脑机关也属于军部势力。1872 年日本成立陆军省和海军省，天皇作为大元帅统率陆、海军。这种统率大权即军令权的行使则由参谋总长和军令部长辅佐，元帅府和军事参议院是其顾问机关。作为军政机关的陆军省和海军省的首脑陆海军大臣为内阁成员，拥有不经内阁直接向天皇上奏的权力。陆、海军大臣只由现役大将或中将担任。大本营的幕僚全由陆、海军将校组成。国务大臣不得参与大本营一切作战计划和作战领导事宜，法律上确定了军部上层在战时的独裁权力。进入 20 世纪 30 年代以后，军部是日本对外进行侵略战争和法西斯化的核心力量，确立了军部控制下的法西斯体制。1945 年日本投降后，军部被废除。

"五·一五"事件

1932 年 5 月 15 日日本法西斯军人妄图建立军事独裁政权的武装政变。20 世纪 20 年代末起，在海军青年军官中出现了以"改造国家""建立军事独裁政权"为目的的法西斯组织。1932 年 2 月和 3 月发生"血盟团事件"后，直接支持血盟团的海军青年军官继续策划军事政变。同年 5 月 15 日晨，几个海军少壮派军官率领陆军士官学校学生，袭击首相官邸、

"五·一五"事件后，斋藤实内阁成立。

警视厅、内大臣官邸、政友会本部、日本银行等，首相犬养毅被枪杀。同日夜，橘孝三郎率领的"爱乡塾"成员企图袭击东京周围变电站，在混乱中颁布戒严令，建立军事独裁政权，但均未达到目的。后政变参加者纷纷自首。事件后，军部借口"时局非常"，拒绝由政党继续组阁，成立以海军大将斋藤实为首的"举国一致"内阁。"五·一五"事件标志着"政党内阁时期"结束，是日本走向法西斯主义的第一阶段。

"二·二六"兵变

当希特勒在德国建立起法西斯专政，并形成世界大战的欧洲策源地的时候，亚洲日本的法西斯势力也开始蠢蠢欲动。

法西斯军国主义与传统武士道相结合，形成日本军人畸形而毒戾的作风，图为 1932 年在上海的几名日军军官。

在第一次世界大战中，日本和美国一样大发战争财，战后成为债权国，就经济形势这一点来说，要比德国好得多。但日本走上资本主义道路比较晚，原有的经济基础比较薄弱，在政府的大力推动下，日本才得以走向帝国主义阶段。同时，由于日本是个岛国，国土范围比较小，所以经济的发展有着先天性的缺陷：国内市场狭小，资源极度贫乏，必须依赖海外的原材料市场和商品市场才能维持生存。因此，经济危机的爆发和世界各国提高关税，对日本来说是个沉重的打击。为了转嫁经济危机，日本资本家大量裁减工人，降低工人工资，使日本国内的阶级矛盾日趋尖锐，经济危机逐渐演变成了政治危机。

1929 年底和 1930 年 4 月，东京的电车和公共汽车工人举行大罢工，与之相呼应，大阪、横滨的电车、公共汽车工人与资本家也发生了劳资纠纷。据统计，1931 年日本国内的罢工次数比 1928 年增加了 1.5 倍。在这种情况下，日本统治阶级惶恐不安，亟须建立强权政治。

日本军部是日本统治集团内部庞大的军事官僚机构，它独立于政府、议会之外，包括政府中的陆军省、海军省、陆军最高指挥参谋本部、海军最高指挥军令部等部门。日本法西斯要求在日本天皇的名义下建立法西斯独裁政权，实行对外侵略扩张。1931 年，在日本军部的策划下，日本霸占中国东北，随后便进一步向中国内陆渗透。

和德、意法西斯一样，日本法西斯也公开反共，并在"防止赤化"的口号下，摧残一切进步力量。此外，还制造了一连串暗杀事件，对那些政见不合的统治集团中的个别首脑进行暗杀。于是，日本一步步走上了对内独裁、对外扩张的道路。

1936 年 2 月 26 日凌晨，日本东京一片沸腾，一队士兵组成的队伍浩浩荡荡地向日本政府首脑的官邸行进。这些士兵一边走，一边挥动着手里的大字标语，高喊口号。这就是历史上的"二·二六"兵变。

这次兵变约有 1400 名士兵参加，由皇道派军官安藤辉三、村中孝次和栗原安秀等率领。在皇道派军官的鼓动下，士兵们冲入政府首脑官邸，杀死内阁大臣斋藤实、大藏大臣高桥是清和教育总监渡边锭太郎，占领陆军省、参谋本部、国会和总理大臣官邸、警视厅及附近地区，要求任命荒木贞夫为关东军司令官，并罢免统制派军官。

为了平息皇道派军官的叛乱，日本陆军当局颁布《戒严令》。2 月 29 日，日本陆军部下达镇压命令，大部分叛军头目被逮捕，参加叛乱的士兵被迫回到各自的营房。

"二·二六"兵变虽然因为军阀集团的内讧而未能得逞，却使得原内阁辞职，使老牌法西斯分子广田弘毅上台组阁。广田弘毅上台后，首先恢复了军部大臣的现役武官制，规定内阁中陆、海军大臣必须由现役中将级以上的军人担任，以加强军部左右日本政局的能力。广田弘毅还以镇压叛乱、稳定时局为名，对内禁止工人罢工，限制人民的各种自由，并加紧对舆论及宣传机关的控制和收集情报的活动。此外，广田弘毅还制订了《基本国策纲要》，公开表明，不仅要继续扩大侵华战争，而且还要对亚洲、太平洋地区其他国家进行侵略扩张。与这一国策相适应，日本加紧了扩军备战，陆军提出了6年内增建41个师团、142个航空中队的计划，海军提出了5年内增建各种军舰66艘的计划。

　　这样，以广田弘毅上台组阁为标志，以天皇和军部为核心的法西斯专政在日本建立起来了，世界大战的亚洲策源地就此形成。

东条英机

　　日本内阁首相，第二次世界大战的甲级战犯。东条英机出生于一个军阀家庭，其父是日本陆军的创建者之一。16岁时东条英机入东京陆军幼年学校就读，以打架出名。1904年，他升入陆军学校，33岁毕业后，担任过陆军大学教官等职。在他的政治阴谋下，日本加速走上军国主义道路。1935年他出任关东军宪兵司令官，1937年7月7日策划制造了"卢沟桥事变"，全面发动侵华战争。51岁时当上日本陆军少将，57岁时当上了日本内阁陆军大臣。1941年任日本内阁首相，使权力日益集中，组成以他为总裁的法西斯军国主义组织"大政翼赞会"。他一上任便声明"完成支那事变，确立大东亚共荣圈"的国策。1941年12月对美、英宣战。1942年中途岛之战日军遭惨败，1944年他被迫辞职。战后，经远东国际军事法庭审判，他被定为甲级战犯，自杀未遂，于1948年被处以绞刑。他是"二战"的主要战犯之一，给人类和平世界带来极大灾难。

法西斯轴心国侵略集团建立

　　意大利与德国虽然都是法西斯国家，但关系一直并不融洽，导致这种情况的根本原因是两国都试图把他们的邻国奥地利占为己有。希特勒在掌权之前就公开告诉世人，他的目标是建立一个包括所有日耳曼人在内的大德意志国家，这首先包括以日耳曼人为主要居民的奥地利。纳粹政权一建立，这个计划就开始实施。德国妄图吞并奥地利，公然违反《凡尔赛条约》和《圣日耳曼和约》，严重威胁到第一次世界大战后的欧洲国际秩序，遭到英、法的强烈反对。在围绕奥地利问题的国际斗争中，意大利站在英、法一边。

　　墨索里尼的法西斯政权在意大利建立后，他梦想恢复意大利在罗马帝国时代的"伟大"和"光荣"，建立一个囊括整个地中海地区的新帝国。在这项扩张计划中，吞并奥地利必不可少。奥地利位于意大利东北部，一旦夺取奥地利，意大利就可以

长驱直入巴尔干和中欧。相反，奥地利一旦被别的大国占有，就会堵死意大利向巴尔干扩张的通道。因此，意大利支持英、法，反对德国与奥地利合并。

1934 年 7 月 25 日，德国策划奥地利纳粹党徒发动政变，枪杀奥地利总理陶尔菲斯，企图乘机吞并奥地利。墨索里尼闻讯后，立即向意奥边界地区派出 4 个师的兵力，向德国显示实力，迫使德国暂时放弃夺取奥地利的计划。

1936 年 9 月，希特勒派汉斯·弗朗克访问意大利。在罗马，弗朗克拜会了墨索里尼，表明德国希望与意大利合作的意图。而墨索里尼在与心腹们商量后作出决定，放弃对奥地利的要求，以此作为与德国结盟的代价。

政治投机主义使墨索里尼和希特勒走到一块儿，结成罗马—柏林轴心。

1936 年 10 月 21 日，齐亚诺一行访问柏林，与德国外长牛顿特进行了几次会谈，并阐明意大利不再反对德国对奥地利的要求。这一表态使希特勒大喜过望，在他的指示下，德国外交部迅速与齐亚诺就划定各自在中欧和巴尔干地区的势力范围达成协议。

10 月 24 日，希特勒在位于德奥边境的阿尔卑斯山麓的伯希特斯加登的别墅，会见墨索里尼的这位特使，并扬言只要意大利与德国联手，英、法根本不在话下。在齐亚诺结束德国之行时，德国和意大利正式签订一个秘密协定，内容为：德国承认意大利兼并埃塞俄比亚；意德两国共同支持西班牙的佛朗哥政权，并加强对西班牙的军事援助；两国在重大国际问题上采取一致立场；在多瑙河流域和巴尔干划定两国势力范围。

墨索里尼对齐亚诺的德国之行非常满意，他大言不惭地宣称，这次齐亚诺对德国的访问，标志"新的时代已经开始"，"这条从罗马到柏林的垂直线不是壁垒，而是轴心"，欧洲国家应当围绕这个"轴心"进行合作。从此，人们就把德意法西斯集团称为柏林—罗马轴心。就在齐亚诺访问德国一个月后，日本与德国在柏林签订《反共产国际协定》，这标志着日本也加入了德意法西斯集团。

第二次世界大战

德国吞并奥地利

奥地利位于欧洲中部，与德国的南部接壤。把奥地利并入德国，这是希特勒建立大德意志帝国的第一个步骤。

1934年7月25日，奥地利发生了"七月暴动"，奥地利总理陶尔斐斯在这次政变中被杀。德国在1936年7月11日与奥地利缔结了所谓的"友好条约"。条约中德国承认奥地利的主权，并保证不干涉奥地利的国内事务。1938年初，德国探明西方大国对德、奥合并采取"不干涉"的立场。

1938年2月12日，希特勒向奥地利总理舒士尼格提出最后通牒：释放奥地利法西斯罪犯；由奥地利法西斯头目担任内政、国防、财政部长；德、奥交换军官，建立两国军队的"密切关系"；奥地利的经济体系和外交关系由德国控制。舒士尼格被迫接受德国的要求。

2月16日，奥地利政府改组，法西斯分子入阁任要职。舒士尼格在人民的支持下，于3月9日宣布就奥地利独立的问题举行公民投票。希特勒则向奥地利再次提出最后通牒，要求舒士尼格停止举行公民投票，并自行辞职，如拒绝，将有20万德军开入奥境。舒士尼格在最后通牒期限之前辞职，由纳粹党人赛斯—英夸特接任总理。接着，20万德国正规军于3月11日晚在飞机大炮的掩护下侵入奥地利，开进维也纳。

3月13日希特勒亲临奥地利，签署了德、奥合并法令，奥地利并入"德意志第三帝国"版图，称为"东方省"。4月10日，在法西斯政权的操纵下，德、奥两地举行"公民投票"，通过奥地利并入德国。

"慕尼黑阴谋"

捷克斯洛伐克位于欧洲中心，是一个工业发达、资源丰富的国家。德国吞并奥地利得逞后，便把侵略的矛头指向捷克斯洛伐克。

1938年9月29日~30日，张伯伦、达拉第、希特勒和墨索里尼代表英、法、德、意四国，在德国的慕尼黑举行会议。会议在没有捷克斯洛伐克代表参加的情况下，把由德国起草的宰割捷克斯洛伐克的决议确定下来，产生了《慕尼黑协定》。协定规定：捷克斯洛伐克必须在10天以内把苏台德和同奥地利接壤的南部地区割让给德国，

第五章 现代史

上述地区的防御工事、工矿企业、铁路及一切建筑一并移交，不得损坏；英、法等国对捷克斯洛伐克的新疆界给予国际保证。这样，希特勒不费一兵一卒，便从捷克斯洛伐克夺走了 1/3（1100 平方千米）以上的领土和一半的工业实力。捷克斯洛伐克被肢解了。

但《慕尼黑协定》并没有阻止法西斯的侵略扩张，反而纵容了法西斯的扩张野心。1939 年 3 月，德国出兵占领了捷克斯洛伐克的其余部分，又过了 5 个多月，悍然侵略波兰并挑起对英、法的战争。

苏台德事件

1938 年法西斯德国侵占捷克斯洛伐克西北边疆苏台德地区的事件。1933 年 10 月，在纳粹党指示下，成立以汉莱因为首的苏台德日耳曼人党，实际为希特勒在苏台德的"第五纵队"。1938 年 4 月，汉莱因在希特勒的指使下提出苏台德地区完全"自治"的要求，遭到捷克斯洛伐克政府拒绝。5 月希特勒向德捷边界集结军队，以发动战争相要挟。5 月 20 日，捷克斯洛伐克政府实行局部动员，准备抗击德国入侵，德、捷边境形势骤然紧张，出现了"五月危机"。英、法权衡当时形势的利弊，向德国提出警告，苏联则表示坚决支持捷克斯洛伐克，希特勒不得不暂时退却。5 月 26 日，希特勒命令汉莱因同捷克斯洛伐克政府谈判，"五月危机"暂时缓和，但同时希特勒却签发了关于"绿色方案"的新指令。1938 年 9 月，英、法出卖捷克斯洛伐克，签订了《慕尼黑协定》。10 月初，德国出兵夺取了苏台德区。

苏德《互不侵犯条约》

1939 年苏、德在莫斯科缔结的《互不侵犯条约》。希特勒想要入侵波兰，为避免两线作战，便向苏联示好，苏联亦因与英、法谈判破裂退而求自保，条约就是在这种情况下签订的。条约正文主要有以下几点：双方保证彼此间不进行任何武力行动、任何侵略行为或任何攻击；通过和平方法解决两国间的纠纷；如果缔约一方成为第三国敌对行为的对象时，缔约另一方将不给予第三国任何支持；缔约任何一方将不加入直接或间接旨在反对另一方的任何国家集团；条约有效期为 10 年。"二战"后，双方又公布了该条约附加的秘密协定书，主要内容为划分两国在东欧的势力范围。苏德《互不侵犯条约》的签订，为苏联赢得了一个短暂的和平时期以进行反侵略战争准备，然而它也使德国避免了两线作战的危险，为发动世界大战创造了有利条件。同时，条约也暴露了苏联大国主义的倾向。

1939 年 8 月，苏德在莫斯科签订《互不侵犯条约》，图为斯大林（右二）与德国外长冯·里宾特洛甫（右三）在条约签订仪式上。

轴心国

第二次世界大战前夕至大战中结成的侵略性政治军事集团的德、意、日法西斯国家。为重新瓜分世界，德、意、日三国逐渐调整相互之间的矛盾，1936年10月25日，德、意在柏林签订协定，德国承认意大利吞并埃塞俄比亚，两国达成解决国际问题的共同方针。随后，墨索里尼发表演说，宣称罗马和柏林是轴心，欧洲国家应该围绕这个轴心进行合作。11月25日，德、日在柏林签订《反共产国际协定》。12月，日本和意大利订立协定，彼此承认对中国东北和埃塞俄比亚的占领。1937年11月6日，意大利加入《反共产国际协定》，标志着轴心国侵略同盟初步形成。1939年5月22日，德、意结成军事同盟。1940年9月27日，三国签订《同盟条约》，正式结成军事集团。后罗马尼亚、匈牙利、保加利亚等国相继加入。第二次世界大战结束后该集团彻底瓦解。

德国突袭波兰

1939年，德国占领捷克斯洛伐克后，为掠夺波兰的丰富资源，4月3日，希特勒秘密颁布了准备战争的指令，并附有进攻波兰的"白色方案"。指令中命令德军于9月1日以前完成作战的一切准备，并以"闪电战"方式突然袭击，速战速决，给对方一个措手不及。

1939年9月1日凌晨4时45分，德军分三路向波兰发起闪电式的进攻。在这一战争中，德军投入战斗的陆军共65个师（160万人）、1万多门大炮、2800辆坦克、2000多架飞机。德、波军力的对比是：德军的步兵为波军的1.8倍，炮兵为5倍，坦克为6.5倍，飞机为7倍。波兰政府要求盟国英、法立即履行对波的保证，在西线出兵，以减轻德国对波兰的压力。英、法在9月1日晚向德国提出抗议，警告德国如不从波兰撤军，英、法将出兵。2日上午，意大利建议：双方军队留在目前原地停火，举行英、法、波、德、意5国会议，解决德波争端。法国对此表示赞成，但英国再也不能容忍希特勒破坏慕尼黑会议形成的欧洲格局，提出要以德军撤军作为开始谈判的条件。3日上午9时，英国送给德国一份通牒，提出到上午11时，德国如不撤退，"英德两国即处于战争状态"。11时20分，德国拒绝接受英国的最后通牒，随后法国向德国表示，9月3日下午5时起，法国政府将充分地履行对波兰的义务。英国的自治领地澳大利亚、新西兰、南非联邦和加拿大也相继对德宣战。这样，欧洲的几个大国全都卷入战争，第二次世界大战终于爆发。

虽然英、法对德宣战，但却迟迟不采取进攻行动。波军节节败退，国家陷入一片混乱。10月5日，希特勒向波兰发起突袭，迅速突破波军防线。6日，波兰政府从华沙迁往卢布林。德军长驱直入迅速向波兰腹地推进，于14日完成对华沙的包围。16日，南、北两路德军在弗沃达瓦地域会师，对波军主力形成合围。17日，苏军进占波兰东部。此后，波兰政府流亡到罗马尼亚，各地爱国者继续与法西斯侵略军展开英勇斗争。被围困的华沙军民在极其困难的条件下顽强战斗。

28 日，华沙终于失陷。德波战争是第二次世界大战欧洲战场大规模军事行动的起点。战争期间，波军亡 6.6 万人，伤 13.3 万人，被德军俘 69.4 万人，被苏军俘 21.7 万人，10 万人逃至邻国；德军亡 1 万余人，伤 3 万余人，失踪 3400 余人。战争中，德军首次成功地使用闪击战法，显示了坦克兵在航空兵协同下实施大纵深快速突击的威力。

德、意《钢铁盟约》

从 1938 年 1 月起，德、日开始进行关于缔结军事政治同盟的谈判。同年 7 月，日本原则上表示同意，同时又认为需要明确双方承担义务的范围和条件。于是希特勒又向墨索里尼提出了订立德、意、日三国军事同盟的建议，墨索里尼也表示完全同意。

1939 年 2 月，伊藤率领的日本特使团访问罗马和柏林，向德、意两国政府转告日本政府关于应将苏联作为条约的主要针对对象的意见，并强调英、法、美不是条约所要针对的国家。德、意认为当前的主要敌人是英法，为了避免两面受敌，应暂时缓和同苏联的关系。结果，最终未能取得一致意见。

由于日本坚持不肯无条件加入三国军事同盟，于是德、意决定撇开日本先缔结军事同盟。1939 年 4 月，德国空军司令戈林访问意大利。5 月，德外长里宾特洛甫到罗马和意大利的齐亚诺外长会谈。

1939 年 5 月 22 日，双方签订了《德国和意大利同盟条约》，即所谓《钢铁盟约》。条约的本文共 7 条，其主要内容是：如果缔约一方的安全或其他重大利益受到外来威胁时，缔约另一方将给予受威胁一方充分的政治上和外交上的支持，以消除该威胁；在缔约一方同一个或几个国家发生战争时，另一方应立即以盟国的身份以其全部的军事力量在陆地、海上和空中予以援助和支持；两缔约国一经共同参加战争，对缔结停战协定或和约，则采取一致的行动。两国还决定在军事和经济范围内加强合作，并为此建立常设委员会。

东方战线

第二次世界大战初期苏联在欧洲东部建立的防御德国侵略的防线。20 世纪 30 年代后期，为防御德国，苏联力图改善西部边界的防御地位。1939 年 9 月 17 日，苏联出兵波兰，占领波兰东部并将其并入苏联。1939 年 10 月～1940 年 3 月的苏芬战争使苏联获得了芬兰部分领土和汉科半岛的租借权。1940 年 6 月，苏联提出对立陶宛、拉脱维亚和爱沙尼亚进行政府改组并让苏军自由通行等要求，得到同意。7 月，三国成立苏维埃政权并加入苏联。同年 6 月，苏军占领了比萨拉比亚和北布科维纳。东方战线的建立使苏联西部边界向西推进 300 千米～400 千米，共增加领土 46 万多平方千米，人口 2200 多万，在一定程度上增加了防御空间，改善了战略地位，在苏德战争中起到一定的作用。东方战线的建立是苏联的大国沙文主义的表现，有损于其作为第一个社会主义国家的声誉。

马奇诺防线

1929～1936年法国为防备德国进攻在其东部与德国、比利时、卢森堡和瑞士的边境上构筑的防御阵地体系，因由陆军部长安德烈·马奇诺提议并主持构筑，故名。防线北起隆维，南至贝尔福以南，全长约400千米，共有5600个永久性工事，22个大型工事群由地下坑道连接，设有暗堡、宿舍和能容纳3个月存粮及弹药储备的仓库、独立电站等。工事混凝土顶盖厚达3米。该防线共耗费2000亿法郎，是法国军事当局保守主义的消极防御理论的产物。第二次世界大战爆发后，有50个师驻守。1940年德国向西欧发动进攻时，以少量兵力牵制防线守军，主力绕过防线，从北面法比边境阿登山区攻入法国，使其丧失了防御的作用。

同盟国

第二次世界大战中结成国际反法西斯统一战线共同对轴心国作战的国家。20世纪30年代，中国、埃塞俄比亚等国人民奋起开展反法西斯斗争，但英、法等国却推行绥靖政策。德国进攻西欧后，英、美受到严重威胁，英国与欧洲沦陷国家及英、美之间遂建立起同盟合作关系，反法西斯统一战线初步形成。苏、德战争爆发后，英、美宣布支持苏联。1941年8月，英、美发表《大西洋宪章》，苏联和其他十余个国家表示支持。太平洋战争爆发后，美、英国等国正式参战，反法西斯阵营进一步扩大。1942年1月1日，美、苏、英、中、加等26个反法西斯国家在华盛顿签署了《联合国家宣言》，国际反法西斯联盟正式形成。此后，一些国家陆续加入，其总数达47个。同盟国在反法西斯战争中互相配合与支援，最终打败轴心国，为联合国的建立奠定了基础。

丘吉尔上台组阁

20世纪30年代，当主张向德国妥协的绥靖主义思潮在英国流行之时，丘吉尔就反对张伯伦政府推行绥靖政策，主张对希特勒采取强硬路线。可是当权者把丘吉尔的主张当作耳边风。

1940年5月，纳粹德国以优势兵力侵入荷兰和比利时，6月又占领丹麦和挪威。这些地方的沦陷，使德国有了从海上进攻英国的前哨阵地，从而给英国带来了严重的威胁。英国舆论界对张伯伦政府的无能表示了极大的愤慨，许多人转而支持丘吉尔，主张对希特勒采取强硬政策。丘吉尔此时已被公认为"唯一能够出任首相的人"。

1940年5月7日～8日，英国下院对英国军队在挪威的失败进行激烈的辩论，张伯伦被迫辞

丘吉尔在战争最惨烈的时候，曾以自己特有的不屈精神鼓舞了英国人和所有反战人们的士气。

去了首相职务。5月10日，丘吉尔出任首相，组织由保守党、自由党和工党参加的联合政府。

5月13日，年逾65岁的丘吉尔满怀信心地在下院向全体英国人民保证："我没有别的，我只有热血、辛劳、眼泪和汗水贡献给大家。你们问：我们的政策是什么？我说：我们的政策就是用上帝所能给予我们的全部能力和全部力量在海上、陆地上和空中进行战争，同一个在邪恶悲惨的人类罪恶史上从来还没有见过的穷凶极恶的暴政进行战争。这就是我们的战争。你们问：我们的目的是什么？我可以用一个词来答复：胜利——不惜一切代价去争取胜利，无论多么恐怖也要去争取胜利，无论道路多么遥远和艰难，也要去争取胜利。"丘吉尔的这次演讲，鼓舞了同胞，使英国人民在患难中看到了希望。事实也正是这样：丘吉尔联合政府成立后，英国政府才完全抛弃绥靖政策，走上了毫不妥协的反法西斯道路。

丘吉尔上台仅一个月时间，法国败阵，纳粹已经进逼英吉利海峡。英国，此时已经处在生死存亡关头。面对希特勒的威胁利诱，丘吉尔号召英国人民："我们决不投降！"在"不列颠空战"的日日夜夜，丘吉尔亲临前线，奋不顾身地指挥这场决定英国命运的战争。在抗击法西斯的斗争中，丘吉尔与罗斯福、斯大林一起促成建立世界反法西斯统一战线，为摧毁法西斯势力作出了积极贡献。

丘吉尔

温斯顿·丘吉尔，英国首相。第二次世界大战爆发后，丘吉尔出任英国海军大臣，1940年，出任英国战时内阁首相兼第一财政大臣、国防大臣，迅速把国民经济转入战时轨道。在其就任首相期间，促成美国通过《租借法案》；制定"先欧后亚"的战略方针；签署《大西洋宪章》，对日宣战；参与起草和签署《联合国宣言》；签署《开罗宣言》，开辟欧洲第二战场；签署《德黑兰宣言》，参与雅尔塔会晤。1945年辞职后，曾发表"铁幕演说"，主张英、美联盟，对抗苏联，拉开了战后"冷战"序幕；提出"三环外交"政策，反对美国的对朝战争。丘吉尔坚定地领导英国及英联邦国家人民进行反法西斯战争，为世界反法西斯战争的胜利作出了重要贡献。1951年10月丘吉尔再次当选首相，1955年退休。著有《第二次世界大战回忆录》等书。1953年获诺贝尔文学奖。

敦刻尔克大撤退

第二次世界大战初期，德军向荷兰、比利时、卢森堡和法国发起进攻。英、法军队在德军围攻下向英国本土实施战略撤退。1940年5月20日，德军进抵英吉利海峡，切断法国北部和比利时境内的英、法、比、荷盟军与索姆河以南法军主力的联系。英、法军虽实施多次反突击，但因兵力不足和行动时间先后不一等原因，未能奏效。大约40万英、法联军陆续退缩到敦刻尔克地区。24日，希特勒突然命令先头部队停止追击，使联军得到一个喘息机会。

26 日晚，英国政府下令执行代号为"发电机"的撤退计划。英、法、比、荷 4 国共派出各种舰船 861 艘，其中包括渔船、客轮、游艇和救生艇等小型船只。撤退开始后，德军加强了进攻，在对敦刻尔克和英吉利海峡进行轰炸的同时，还派出潜艇和鱼雷艇攻击英、法联军的运输船队。英、法联军顽强抗击，在英空军掩护下，经 9 昼夜奋战，将 33.8 万人（其中法军 12.3 万人）撤至英国本土。6 月 4 日，德军占领敦刻尔克，4 万余名法军被俘。这次撤退虽然丢掉了几乎全部的武器装备，但是成功地保存了英、法军的实力，为日后对德军进行反攻创造了条件。

意大利对法国宣战

德国进攻波兰后，意大利曾宣布自己是"非交战国"。这是因为意大利还没有做好战争准备，害怕参战会损害意大利的利益，因而反对过早卷入欧洲战争。

短短几个月里，希特勒德国占领了欧洲一半的领土，控制了大半个欧洲。当英、法军队在敦刻尔克撤退之时，墨索里尼认为争夺势力范围的时机终于来到了。于是 1940 年 5 月 30 日，他写信告诉希特勒：意大利将于 6 月 5 日参战。然而希特勒认为自己已稳操胜券，不愿让意大利由于参战而分享胜利果实，因而他要墨索里尼推迟参战日期。

6 月 10 日，当德国在法兰西的胜利已成定局之时，墨索里尼在威尼斯宫的阳台上匆忙宣布：为了解决意大利的疆界问题，意大利决定对法宣战，并在 11 日发动进攻。意大利集中 32 个师的兵力，在阿尔卑斯山发动进攻。法军虽然力量单薄，但没有后退一步，他们出动 6 个师对其进行拼死抵抗，使意军陷入进退两难的境地。尽管如此，法国还是腹背受敌，终于加速了法兰西的溃败。

法国灭亡

德国吞并波兰后，就开始为消灭法国制订计划。1940 年 3 月德军入侵北欧，北欧各国投降，德国便完成了对法国的包围。1940 年 2 月 24 日，希特勒批准进攻法国的曼斯坦因计划，其战略构想是：充分利用集群坦克的攻击力，对具有战略决定性的突破口阿登森林地区实施主要突击，以攻其不备、出其不意地攻入法国北部。

德军占领敦刻尔克后，于 6 月 5 日分两路进犯巴黎。意大利也对法宣战，并越过阿尔卑斯山进入法境，使法军两面受敌。而法国统治集团中的投降派开始掌握军政大权，加快了法国败降的步伐。6 月 16 日，法国雷诺总理辞职，由贝当组阁。17 日，贝当便命令法军放下武器，

1940 年 6 月 14 日，巴黎失陷。图为德军在击鼓声中列队走过凯旋门。

向德求和。20 日，贝当政府正式向德国宣布停战投降。

6 月 22 日下午 7 时，在康边森林公共客车车厢里，法国代表发表了简短的声明，然后便签署了《康边停战协定》。协定规定：贝当政府在法国境内以及所有的殖民地、保护地、委任统治的领地、海域停止对德的军事行动；法国武装力量解除武装进行复员；武器装备和军用物资移交给德国统帅部；法国 150 万战俘在德国一直留到签订和约为止；德国占领将近 66% 的法国领土，法国政府必须负担德占领军的给养费；在非占领区，贝当政府有权拥有一支维持内部秩序的军队。协定还规定，如果法国政府不履行它所承担的义务，德国则有权废除协定。6 月 23 日法国向意大利投降。意大利要求沿边界建立一条 50 千米长的非军事区并占领被皮埃蒙特攻占的那些地区。

7 月 1 日，贝当政府迁往维希。7 月 10 日，贝当又建立了卖国傀儡政府。至此，拥有 300 万大军、号称欧洲第一陆军强国的法兰西第三共和国灭亡了。

维希政府

第二次世界大战期间，法国投降派组织的卖国傀儡政府。因其首都设在法国南部的维希，故名。1940 年，法国政局动荡。6 月 14 日，德军占领巴黎，法国政府将首都迁往波尔多。总理保尔·雷诺于 6 月 16 日辞职，总统命令原副总统亨利·菲利普·贝当组织卖国政府。6 月 22 日和 24 日，法国先后同德国和意大利签订了停战协定。6 月 29 日，贝当政府由波尔多迁往维希，成为苟安法国南部一方的傀儡政权。法国北部则由德军占领。7 月议会授权贝当起草新宪法，将法兰西第三共和国改称"法兰西国"，奉行卖国政策，对内镇压人民反侵略战争，对外追随法西斯德国。1942 年 11 月英、美在法属北非登陆后，德军占领了整个法国。1944 年盟军在诺曼底登陆开辟了第二战场后，法国被解放，维希政府瓦解。1945 年，贝当以通敌罪被判处死刑，后改为无期徒刑。

"自由法国"运动

第二次世界大战中法国人民反法西斯的民族抵抗运动。第二次世界大战中法国战败后，立即遭到德国的残酷剥削和压迫。具有光荣革命传统的法国人民没有屈服，展开了一场反法西斯的民族抵抗运动。1940 年 6 月 18 日，戴高乐在伦敦发表《告法国人民书》，表示"不论发生什么事情，法兰西抵抗的火焰决不应该熄灭，也不会熄灭"。接着他在伦敦创建了"自由法国运动"，第一个高举起争取民族独立的旗帜，号召向德国和维希政府进行公开的反抗，得到法国人民的积极响应。他招募志愿军 3 万多人，建成"自由法国"的第一支军队，到 1942 年 6 月发展到 7 万余人。1942 年 9 月成立了"法兰西民族委员会"，作为"自由法国"的行政机构。1942 年 7 月"自由法国"改为"战斗法国"。在"自由法国"运动的影响下，法国的抵抗运动蓬勃兴起，为解放法国奠定了基础。

戴高乐

法兰西第五共和国总统，政治家、军事家。1890年，戴高乐生于里尔，1912年军校毕业。参加过"一战"。"二战"爆发后先在军界任职，后任国防部副部长而进入政界。在英国时，领导"自由法国"运动，建立法国部队，与盟国一起作战，为反法西斯战争胜利做出贡献。1944年任临时政府主席。1958年在法国陷入政治危机时，出任第四共和国总理，后两次当选总统。在总统任期内，他提出新宪法草案，扩大了总统权限，使法国变为半总统制国家。他在任职期间完成法国的非殖民化，对外奉行独立自主的外交政策，重视与第三世界的关系。1969年辞职，撰写回忆录。1970年病逝。著有《战争回忆录》《希望回忆录》等。终其一生，他领导法国走向解放和胜利，拯救了法国的荣誉，战后又维护着法国的尊严，从而受到法国人民的爱戴。

伦敦空战

1940年6月法国败降后，7月16日希特勒就发布入侵英国的"海狮计划"。但要实施"海狮计划"把庞大的登陆部队运过英吉利海峡，首先得取得空中的绝对优势。为此，希特勒决定先用空军对英作"闪电战"式打击，然后再进行"海狮计划"。德国空军在数量上占有绝对优势。在空战前夕，德国已拥有1500多架轰炸机和1300多架战斗机。然而英国的空防力量也有它的优势：第一，它在沿岸建立了一系列雷达系统，对敌人了如指掌；第二，英国的空军已采用无线电通信技术；第三，战争在英国领空进行，就作战领域来说英国占有优势。

7月10日～8月7日，德国空军集中轰炸英国的机场、雷达站和海军基地。7月10日，德国对英国的空中打击正式开始。那天轰炸机群在接到撤销进攻的命令之前已经出发，而护航机群因为这道命令而没有起飞，因而前去袭击英国的轰炸机群失去了支援，德国损失了45架轰炸机。8月15日，德国出动了1790架次的飞机，其中轰炸机520架次，战斗机1270架次。德国空军倾巢而出，是想吸引英国空军全部出动以便在空战中一举歼灭。而英国采取机动灵活的战略战术，结果，德国损失了75架飞机，而英国仅损失34架。

9月14日，希特勒和他的部下在柏林举行会议，会议再次决定，为了实施"海

纳粹德国的空军
从1940年8月13日到9月6日，德国空军大规模地轰炸英军机场、雷达站、工厂等。从8月24日起，德军每天出动1000多架次飞机，战事进入了决定性的阶段。

第五章 现代史

狮计划"，德国空军将在 9 月 15 日对英国空军进行一次摧毁性打击。

由于德军总参谋部的密码被英国情报局破译，丘吉尔在得到戈林将大规模空袭英国的情报后，便于 9 月 15 日一早亲临伦敦郊区空军指挥部指挥这场战斗。戈林计划用 1000 架次轰炸机和 700 架次战斗机袭击伦敦，但第一批德国飞机刚飞临伦敦上空就遭到皇家空军的迎头痛击。空战一直持续到下午 5 点，德国空军被英军击退。由于消灭皇家空军计划无法如期实现，希特勒决定对伦敦等地进行恐怖空袭。这些空袭虽然使英国遭受很大损失，但希特勒的"海狮计划"终成泡影，英国赢得了最终战胜法西斯的时间。从 1940 年 7 月 10 日到 10 月底，德国共损失飞机 1773 架，而英国仅损失 915 架。

英国军民经过英勇战斗，终于粉碎了希特勒妄图一举歼灭英国的"海狮计划"，保卫了英国的独立和生存。

美国《租借法案》

1941 年美国国会通过的向反法西斯国家提供援助的重要法案。德国入侵西欧后，罗斯福政府为了美国自身的安全和防御，以及扩大势力范围、确立战后美国的领导地位的需要，决定加强对处境困难、财政拮据的英国进行援助。1940 年 12 月 17 日，罗斯福总统发表讲话，提出美国可以借出军火。1941 年 3 月 11 日，《租借法案》正式生效，法案授权总统可以以出售、交换、转让和租借的形式向被认为其防御对美国安全具有重大意义的国家提供武器、军用物资、粮食等任何军需品。该法案的通过标志着中立法的结束，是美国由孤立主义走向参战的决定性重要步骤。据此，美国共向英、苏、法、中等几十个反法西斯国家提供 500 多亿美元的物资，其中英帝国约占 60%，苏联约占 20%，对反法西斯战争的胜利起到了一定的积极作用。"二战"后此法案停止执行。

《苏日中立条约》

1941 年苏联与日本签订的条约。日本在确立南进战略后，力图调整日苏关系，以促使苏联中止对中国的援助，解除其南进的后顾之忧，加强日本在日、美谈判中的地位。苏联亦迫切需要缓和与日本的关系，稳住日本，以便集中力量对付来自纳粹德国的威胁，避免两线作战。两国遂于 1941 年 4 月 13 日在莫斯科签订了该条约。条约规定：双方维持和平友好关系，相互尊重领土完整，互不侵犯；如果缔约一方受到其他国家的攻击，另一方严守中立，条约有效期为五年。然而，日本并未放弃侵苏企图，1945 年 8 月 8 日条约尚未期满，苏联即对日宣战。

克里特岛战役

1941 年 5 月，第二次世界大战中，德军为夺取希腊的克里特岛而进行的空降作战。

克里特岛位于地中海东部，是控制东地中海的战略要地。1941 年 4 月，德国侵占巴尔干半岛后，为了控制爱琴海和东地中海交通线，保障罗马尼亚油田不受英国空军袭击，决定夺取克里特岛。

1941 年 5 月 20 日凌晨，满载空降兵的德国空军运输机飞往克里特岛，克里特岛战役正式打响。德军总共在克里特岛投入了 500 架轰炸机、230 架战斗机、50 架侦察机、500 架运输机和第 7 伞降师、第 22 机降师、滑翔突击团等空降部队，共计 2.2 万人。

经过激战，德军最终占领了克里特岛，将驻守该岛的英国军队全部赶走，俘虏了近万名希腊士兵。但由于作战计划不完善和守军的顽强抵抗，德军空降部队也付出了惨重的代价，伤亡 6500 多人。

克里特岛战役是第二次世界大战中唯一一次以空降部队为主力的进攻战，对以后登陆作战乃至作战理论的发展产生了重要的影响。

《大西洋宪章》

1941 年美国总统罗斯福与英国首相丘吉尔签署的联合宣言，全称为《美国总统和英国首相的联合宣言》。英、美两国首脑于 1941 年 8 月在大西洋北部纽芬兰阿金夏海湾举行大西洋会议，13 日签署《大西洋宪章》。该文件共 8 条：不承认法西斯通过侵略造成的领土变更；宣布两国不追求领土或其他方面的扩张；恢复被暴力剥夺的各国人民的主权；尊重各国人民选择其政府形式的权利；各国在贸易和原料方面享受平等待遇，促成一切国家在经济方面最全面的合作；摧毁纳粹暴政后重建和平；公海航行自由；各国必须削减军备，解除侵略国家的武装。《大西洋宪章》对于反法西斯统一战线的形成和反法西斯战争起到了积极的作用，成为以后《联合国宪章》的基础。同时，"机会均等""海上自由"等内容有利于美国战后与英国争夺势力范围。同年 9 月，苏联等国表示同意宪章的基本原则。

日本偷袭珍珠港

日本要确立在亚洲和太平洋的霸权，就必须实施南进战略。它的第一个目标就是坐落在瓦胡岛南部的美国太平洋舰队最大的海军基地夏威夷群岛的珍珠港。

在偷袭珍珠港之前，日本做了周密的准备。1941 年 3 月 20 日，军部司令情报部派出川猛夫以驻檀香山总领事馆外务书记的身份，积极搜集太平洋舰队的各种情报。袭击珍珠港的南洋部队根据情报，制定了具体的作战计划。

1941 年 12 月 7 日早晨，潜行到珍珠港附近的日本舰队对港内的美舰发动袭击，第一批 183 架飞机于 7 时 53 分起飞突袭，几分钟内，美国大部分舰艇被炸沉炸毁；第二批日机 167 架于 8 时 55 分再次袭击，使整个美军基地完全处于

日本海军偷袭珍珠港的场面

一片浓烟烈火之中。由于美国的疏忽而未做准备，珍珠港内的太平洋舰队损失惨重。共有8艘战列舰被炸沉或重创，3艘轻巡洋舰和3艘驱逐舰被炸沉，损失飞机231架，死伤官兵3784人，致使美国太平洋舰队丧失战斗力达半年之久。

12月8日，美国对日宣战。此后，英、荷等20多个国家对日宣战。于是第二次世界大战在欧洲和大西洋、北非和地中海、亚洲和太平洋三大战场全面展开。

"曼哈顿计划"

1941年底，美国决定全力进行原子能的研究，指定总统科学顾问布许博士为新近成立的科学研究及发展总署署长，以协调各项工作。

同年，罗斯福与丘吉尔达成协议，成立美国、英国和加拿大共同研究原子能委员会，将英国、加拿大所有的研究原子能的科学家都集中到美国的新墨西哥州，成立了专门的曼哈顿工程区。

1942年8月，罗斯福总统主持制定了研制原子弹的"曼哈顿计划"，制造超级炸弹的工程便正式开始了。

为实施这个庞大计划，美国在田纳西州橡树岭、华盛顿州汉福德、新墨西哥州洛斯阿拉莫斯等地建立了庞大的研究和开发设施，就连芝加哥大学和加利福尼亚大学伯克利分校的研究实验室也全部投入这项工作。主持这项计划的是军方代表格罗夫斯陆军少将和物理学家奥本海默教授。

美国政府调集了15万名的工作人员和科技人员为该计划服务。该项计划耗用了美国1/3的电力，投资达22亿美元。

1942年底，参加"曼哈顿计划"的科学家们在芝加哥第一次试制成功自持链式核反应堆，尔后参与该计划的科学家和工程师便研制出一颗实验用的原子弹，并于1945年7月16日在新墨西哥州靠近阿拉莫戈沙漠区试爆成功。它产生的爆炸威力，相当于1万～2万吨TNT炸药。主持"曼哈顿计划"的奥本海默因此被誉为"原子弹之父"。

太平洋战争

反法西斯盟国与日本法西斯在太平洋地区进行的战争。1941年12月7日，日本偷袭珍珠港，接着，美、英、中、澳等国相继对日宣战，太平洋战争爆发。1941年12月7日～1942年6月4日中途岛战役前为日本战略进攻阶段，这期间也是日本侵略扩张的顶峰时期。1942年6月4日的中途岛战役至1943年2月7日日军在该岛惨败、撤出该岛为战略转折阶段，从此日本丧失了战场上的主动权，转入防御。1944年6月，盟军进攻马里亚纳群岛，突破日军的"绝对国防圈"，开始全面战略进攻。同时，中国的抗日战争和朝鲜、越南、缅甸等国人民开展的抗日武装斗争也都给予日本侵略者以沉重打击。1945年8月6日和9日，美国在广岛和长崎投下两颗原子弹。8月8日，苏联对日宣战。中国各解放区军民也开始展开了大反攻。1945年9月2日，日本签署投降书，太平洋战争结束。

麦克阿瑟

美国军事家，美国陆军五星上将。1880 年麦克阿瑟出生于军人世家，毕业于美国陆军军官学校（西点军校），在菲律宾和日本等地服役。麦克阿瑟为人们所熟知，主要是基于他在"二战"期间所创造的战绩。"二战"中，麦克阿瑟任西南太平洋战区总司令，指挥部队进行了 56 次两栖登陆；在太平洋战场重创日本海军，夺回太平洋战场的主动权。"二战"后，麦克阿瑟代表盟军成功占领日本，对其进行民主改造。1950 年以"联合国军"总司令的名义指挥侵略朝鲜的战争，最终失败。麦克阿瑟战争生涯的最大业绩，在于他对日本的成功改造。占领日本期间，他有力地削弱了天皇权威，用专制手段使日本由封建军国主义政体转变为资产阶级现代民主政体，使日本摆脱了封建专制统治，为日本战后的崛起奠定了基础。1964 年，麦克阿瑟逝世。

中途岛海战

太平洋战争期间，美、日海军在中途岛附近海域进行的海战。1942 年，日本企图夺取中途岛，美军"无畏"式俯冲轰炸机准备攻击日舰，日海军航空母舰则全力躲避美机轰炸以作为前进基地，将海上防线推进到中太平洋，迫使美军退守夏威夷及美国西海岸。

6 月 4 日，日军出动 200 余艘舰艇向中途岛发起进攻。由于美国破译了日本海军的无线电报密码，事先令航空母舰编队群进至中途岛东北海域展开隐蔽待机，从而掌握了主动权。当日凌晨 4 时 30 分，日军的第一波飞

山本五十六

日本海军上将、元帅，日本军国主义代表人物，"二战"的罪魁之一。1884 年，山本出生于封建武士家庭，自幼深受武士道精神熏陶，早年接受军事训练。作为"二战"期间日本军国主义的代表人物，山本曾从事驻外工作和出国考察，主张加强海军航空兵建设，强调发展航空母舰和舰载飞机。在战略思想上，山本主张突然袭击、先发制人，强调"以航空母舰为基地的进攻战"。以此思想为指导，山本组织策划了两次偷袭行动。第一次是 1941 年 12 月 8 日偷袭珍珠港，制造了举世震惊的"珍珠港事件"，使日本在早期的太平洋战场上取得了主动权，也为山本在国内赢得了极大的"声誉"。第二次突袭中途岛，山本却在中途岛海战中大败，使日本海军遭受重创。1943 年，山本的座机被美空军击落，山本摔死。

机 108 架从航空母舰起飞，攻击中途岛。此时，美航空母舰编队群立即向日军航空母舰编队群接近。美舰队在距日舰队 150 海里处，于 7 时 02 分开始接连派出第一、第二波飞机 200 多架，乘日军第一波攻击中途岛飞机返舰、第二波飞机卸下炸弹改挂鱼雷的混乱时机，对日航空母舰实施连续攻击。日军虽有部分战斗机临空迎战，但为时已晚。结果，日军损失航空母舰 4 艘、重巡洋舰 1 艘、飞机 285 架，人员 3500 名。

中途岛海战改变了太平洋地区日、美航空母舰的实力对比。日军损失大量飞行员，仅剩重型航空母舰 1 艘和轻型航空母舰 4 艘，从此在太平洋战场丧失了战略主动权。

塞班岛战役

塞班岛战役是第二次世界大战期间，美军在太平洋上的塞班岛进行的一次登陆战。塞班岛是马里亚纳群岛的主要岛屿，战略地位十分重要。1943 年 6 月 11 日，美

第五章 现代史

军 4.6 万人在 470 多艘舰艇和 2000 架飞机的掩护下，对塞班岛发起了进攻。美军先用空军和海军的强大火力摧毁岛上大部地面工事。15 日，美军在塞班岛西岸查兰干诺地区登陆，占领登陆场。日军多次发起小规模反击，但均被击退。17 日夜，日军再次发起反攻，曾一度攻入美军阵地，但由于缺乏后续梯队而被击退。

巩固了登陆场后，美援军源源不断地赶来。6 月 19 ~ 20 日，美国海军在马里亚纳海战中重创日军，夺取了制空权和制海权，守岛日军陷于孤立。26 日，美军攻占塞班岛中部的制高点塔波乔山，随即向北发展。7 月 9 日，美军占领全岛。此战日军损失航母 3 艘，伤亡 4 万人，被俘 3000 人，守将南云忠一和斋藤义次自杀。

美军夺取塞班岛，突破了日本的内防御圈，为夺取马里亚纳群岛的其他岛屿创造了有利条件，也为美军远程轰炸机轰炸日本本土提供了基地。

世界反法西斯联盟宣告成立

1942 年 1 月 1 日，世界反法西斯国家的代表在华盛顿召开会议。出席这次会议的美国、英国、苏联、中国、澳大利亚、比利时、加拿大、哥斯达黎加、古巴、捷克斯洛伐克、多米尼加、萨尔瓦多、希腊、危地马拉、海地、洪都拉斯、印度、卢森堡、荷兰、新西兰、尼加拉瓜、挪威、巴拿马、波兰、南非联邦和南斯拉夫等 26 个国家，在华盛顿当即签署了《联合国家宣言》。宣言规定：每一政府保证运用其军事与经济之全部资源，以对抗与之处于战争状态的"三国同盟"成员国及其附从国家，每一政府保证与本宣言签字国政府合作，并不与敌国缔结单独之停战协定或和约。这是人类历史上空前的大联合。尽管参加《联合国家宣言》的二十六国，社会制度和参加战争的根本目的不同，种族、肤色、信仰各异，但战胜法西斯是所有签字国的共同目标和心愿。在《联合国家宣言》的基础上，以苏联、美国、英国和中国为核心的国际反法西斯联盟正式宣告成立。

宣言签署之后，在国际上引起巨大反响。至 1942 年底，又有 20 多个国家宣布加入国际反法西斯联盟。《联合国家宣言》动员了世界各国人民，团结了反法西斯力量，

法西斯国家的暴行

德、意、日法西斯把战争强加给许多国家，同时还犯下了骇人听闻的罪行。他们灭绝人性，烧杀抢掠，无恶不作。

在中国，日本侵略者推行"三光"政策，屠杀大批无辜居民。仅南京一地，就有 30 多万无辜居民惨死在日寇的屠刀之下。

在欧洲，德国法西斯实行种族灭绝政策，570 多万犹太人遭到杀害；此外还杀害了数以百万计的受侵略国家的人民。

德国法西斯还建立了许多集中营，用以关押和集中屠杀反法西斯战士、战俘和犹太人。有些集中营里还设有释放毒气的"浴室"，囚犯们被脱光衣服推进"浴室"，喷头里喷出的不是水而是毒气，"沐浴者"立刻被毒死。"浴室"旁边就是大型的焚尸炉。1940 年建立在波兰的奥斯威辛集中营里，德国法西斯于此杀害了三四百万人，每天都有大约 1 万人在"浴室"中被害。而死于此集中营的人数至少占犹太人死亡总数的 2/3。

孤立和打击了德、日、意法西斯势力。它为世界各国人民最终取得第二次世界大战的胜利，起到了巨大的推动作用。

巴巴罗萨计划

巴巴罗萨计划指的是纳粹德国闪击苏联的军事作战计划。"巴巴罗萨"是红胡子的意思，这是普鲁士国王腓特烈二世的绰号。

巴巴罗萨计划的战略意图是集中大量兵力，从多个方向实施迅猛突击，向苏联发动闪电战，消灭西部苏军主力，然后再向苏联腹地挺进，攻占莫斯科、列宁格勒（现名圣彼得堡）、基辅、顿巴斯，前进到阿尔汉格尔斯克、伏尔加河、阿斯特拉罕一线。德军计划用空军摧毁苏联乌拉尔工业区，最终迅速击败苏联，于1941年入冬前结束战争。

执行巴巴罗萨计划的德军分为3支，分别是：北方集团军群，总司令莱布元帅，进攻列宁格勒；中央集团军群，总司令勃克元帅，进攻莫斯科；南方集团军群，总司令龙德施泰特元帅，进攻基辅。总兵力为305万，火炮47000门，飞机4900架，坦克3500辆。

由于苏联领导人对形势判断错误，缺乏应对敌人突然袭击的准备，在战争初期苏联损失极其惨重。德军歼灭苏军主力380余万人，深入苏联国境800～1200千米，北部围困了列宁格勒，中部兵临莫斯科，南部占领了基辅。

列宁格勒战役

第二次世界大战期间,苏军于1941年7月10日至1944年8月9日在列宁格勒(今圣彼得堡）进行的抵御德军的城市保卫战。

列宁格勒是苏联西北部的战略要地，是德国要夺取的首要目标之一。德军北方集团军群在芬兰军队的配合下向列宁格勒发起进攻，苏军西北方向部队奉命坚守，苏联军民在城市内外建立了完整的防御体系。德军从北、东、南三面包围了列宁格勒（西面是芬兰湾），完全切断了列宁格勒与外界的联系，并且每天派轰炸机轰炸和炮击，企图迫使守军投降。但列宁格勒军民顽强不屈，誓死不降，从海军中抽调大量人员登陆作战，以民兵作为预备队，拼死抵抗。后德军一部分被抽调前往参加莫斯科会战，列宁格勒军民压力大减。苏军趁机发起反攻，在拉多加湖开辟了一条冰上运输线，得到了源源不断的战略补给。

1944年，苏军结集兵力对包围列宁格勒的德军实施反攻，击溃了德军，将列宁格勒从德军的长期围困中解救了出来。

列宁格勒被围困时间长达900天，牵制了德军大量的精锐部队，有力地支援了苏军在其他战场的胜利。

基辅战役

1941年7月7日～9月26日，德军在苏联基辅附近对苏军西南方面军实施的大规模围歼战。

在边境交战失利后，基尔波诺斯上将率领苏军西南方面军撤到乌克兰的科罗斯坚、普罗斯库罗夫一线组织防御，保卫基辅。7月7日，德军中央集团军群所属的第2集团军和第2装甲集群挥师南下，向苏联西南方面军后方挺进。苏军企图阻止德军第2装甲集群和第2集团军向苏军西南方面军后方推进，但没有成功。9月15日，德军第1、第2装甲集群在西南方面军后方会师，将苏军西南方面军合围。17日，斯大林命令西南方面军突围，但为时已晚。19日基辅失陷，26日苏联西南方面军被歼，基尔波诺斯上将阵亡。

基辅战役是战争史上规模最大的一次围歼战，苏军损失70万人，被俘66万人，德军损失10万人。苏军由于指挥失当，招致惨败，致使西南门户大开。但苏军的顽强抵抗对打破德军的"闪电战"计划起了重要作用，牵制了德军主力，为苏军组织莫斯科保卫战赢得了时间。

莫斯科保卫战

第二次世界大战中德军与苏军在莫斯科近郊进行的会战。苏德战争爆发后，德军集中其苏德战场上总兵力的50%于中路，进攻莫斯科，企图一举占领该城，消灭苏军主力，结束对苏战争。会战始于1941年9月30日。在10月攻势中，德军进行了3次大包围，莫斯科军民在斯大林的指挥下采取攻势防御，浴血奋战，10月底德军攻势减弱。11月15日，德军发起第二次大规模进攻，一度占领距莫斯科24千米的伊斯特腊，但因苏军的顽强阻击，德军的企图未能实现。12月6日起，德军解除了对莫斯科的包围。1942年1月8日～4月20日，苏军在莫斯科方面全线反攻。苏军在敌强我弱的形势下保卫了首都，收复部分失地。此役是德国法西斯在第二次世界大战中所遭到的第一次军事大失败，标志着德国"闪击战"和"德军不可战胜"神话的破灭，极大地鼓舞了苏联和世界人民取得反法西斯斗争胜利的信心。

斯大林格勒保卫战

1942年德军在制订夏季战略攻势时，为了夺取盛产石油的高加索，确定斯大林格勒（现名伏尔加格勒）为德军的进攻目标。希特勒为了进攻斯大林格勒，竟集结了欧洲战场上的150万兵力。为抗击德军进攻，苏军也集结了100多万人马，并在城市外围构筑了一道弧形防御地带和三个筑垒地域，在市内也修筑了一道道防御工事。

1942年6月，德军发起对塞瓦斯托波尔的围攻。6月28日，德军在北起库尔斯克、南至塔甘罗格的近700千米的战线上发动了进攻，直逼斯大林格勒。从9月13日开始，两军之争夺进入到白热化程度。苏军在市区顽强抗击德军的突击，对每个街区、每栋楼房、每层楼都展开了激烈的争夺战。

11月，苏军又向斯大林格勒调集了50万兵力，开始反攻。12月，包围了德第六集团军。1943年1月31日凌晨，德第六军总司令卢斯成了苏军俘虏。至2月2日，斯大林格勒战役胜利结束。苏联军民经过200个昼夜的艰苦奋战，取得了辉煌的胜利。

斯大林格勒巷战场面

德军在会战中总共损失约 150 万人，占其在苏德战场总兵力的 1/4。

斯大林格勒战役是第二次世界大战中苏德战场上的一次决定性战役。从此苏联卫国战争发生了根本性的转折，开始由战略防御转入战略进攻。

朱可夫

格奥尔基·康斯坦丁诺维奇·朱可夫是著名军事家、战略家，苏联元帅。1896 年，朱可夫出生于一个贫苦家庭。在其几十年的军事生涯中，朱可夫从一名普通士兵逐渐晋升为元帅，并且成为"二战"中最杰出的将领之一。朱可夫曾担任苏联最高统帅部大本营成员和代表、最高副统帅、方面军总司令，参与制定了许多重要的战略计划，指挥了莫斯科保卫战、斯大林格勒战役、科尔松—谢普琴科战役、白俄罗斯战役、攻克柏林战役等，并代表苏军接受德军投降。朱可夫具有远大的战略眼光和高超的指挥才能，他不仅运筹帷幄，而且亲临前线指挥战斗。由于功勋卓著，朱可夫四次荣获"苏联英雄"称号，六次获得列宁勋章。朱可夫的军事思想，已成为苏联军事思想和世界军事思想中的宝贵财富。

库尔斯克战役

第二次世界大战中苏军为打破德军大规模进攻并粉碎德军战略集团而在库尔斯克突出部地域进行的战役。1943 年 7 月 5 日，德军集中两个集团军群从南北两个方向向苏军发起进攻。苏军统帅部派出朱可夫和华西列夫斯基为大本营代表，指挥两个方面军抵抗德军。7 月 12 日，双方在库尔斯克附近的普罗霍夫卡地域进行了第二次世界大战中最大的一次坦克会战，双方共有 1200 辆坦克参战。此后，苏军集中了 6 个方面军的强大兵力，对德军实施进攻。8 月下旬，战役结束。在这次战役中，虽然苏军的损失也很大，但挫败了德军改变战局的企图。德军共 30 个师被击溃，损失官兵 50 万人、坦克 1500 辆、火炮 3000 门、飞机 3700 余架。通过这次战役，苏军完全掌握了战略主动权，德军从此彻底丧失了战略进攻能力，不得不转入全线防御。

阿拉曼战役

第二次世界大战期间，英军在埃及阿拉曼地区对德、意军发动的进攻战役。1942 年 6 月以前，英军在北非战场节节败退。7、8 月间，德、意军进攻受挫后转入防御，与英军在埃及北部的阿拉曼地区形成对峙。

8 月中旬，蒙哥马利接任英军第 8 集团军司令。他到职后，立即着手补充兵员和装备，加强部队训练，准备把德、意军队从北非驱逐出去。10 月 23 日，英军集中 23 万部队对隆美尔的德国非洲军和意军发起突然进攻。由于炮兵未能有效地压制对方，英军进展缓慢。11 月 2 日，英军凭借优势兵力和制空权再度发起进攻，终于在德、意军结合部打开突破口，坦克部队乘胜突入纵深，对德军形成围歼之势。4 日，德军急速西撤，免遭全歼。此次战役中德、意军伤亡 1.3 万人，其中 1 万名是德国士兵。德军还损失了 1000 多门大炮和 450 辆坦克。

阿拉曼战役是"二战"中东北非战场上的一个重要战役。它标志着北非战场形势发生了重大转折，英军取得了战略主动权，开始由防御转向进攻。

北非登陆战役

第二次世界大战期间，美、英联军在法国维希政府控制的法属阿尔及利亚和摩洛哥实施的登陆作战。

英、美为夺取北非要地，控制当地战争资源，决定进行代号"火炬"的登陆战役。1942 年 11 月 7 日夜，艾森豪威尔指挥美英盟军（13 个师、450 艘舰船和 1700 架飞机）在阿尔及尔、奥兰和卡萨布兰卡等地登陆。

由于维希政府法军部分军官接应盟军突击登陆，因而未能组织有力抗击，除个别登陆地点战斗较激烈外，大部分登陆地点的法军很快停止抵抗。盟军迅速巩固登陆场并立即东进，插向由隆美尔指挥的德军背后。德军虽紧急部署实施反击，但没有奏效。此役是战争史上第一次使用登陆舰艇进行"由舰到岸"的大规模渡海登陆战役。

蒙哥马利

英国军事家、陆军元帅。1887 年，蒙哥马利出生于一个牧师家庭。作为一名军人，蒙哥马利在"二战"期间取得了辉煌的战绩，因此被世人所熟知。1942 年，蒙哥马利在北非战场成功地指挥了阿拉曼战役，击溃了有"沙漠之狐"称号的隆美尔的军队，彻底扭转了北非战场局势，赢得"沙漠之鼠"的称谓，从而一举成名。阿拉曼战役后，蒙哥马利又指挥和参加了突尼斯战役，以及西西里和意大利本土登陆战役。1944 年 6 月，蒙哥马利成功地指挥了诺曼底登陆，为他的戎马生涯中又添了光辉一页。蒙哥马利在 50 年的军事生涯中，赢得了无数荣誉和尊敬。他在 1958 年退休后，于 1960 年和 1961 年两次应邀访问中国，对改善中国的国际地位、缓和中国与西方国家的关系起了积极的作用。

隆美尔

法西斯德国陆军元帅，有"沙漠之狐"之称。隆美尔出生于德国平民家庭，参加过"一战"。在第二次世界大战中，隆美尔曾担任第七装甲师师长，率部横扫西欧，迫使比利时投降，占领法国；曾担任"德国非洲军团"总指挥，德国非洲装甲集团军总司令，数次重创英军，并赢得"沙漠之狐"的称号；曾任驻意大利北部集团军司令，驻法国B集团军司令等职。1944年，隆美尔被迫服毒自杀。隆美尔征战一生，主张进行闪电攻击，认为最好的防守就是进攻。在这一战术思想的指导下，他指挥战斗灵活机动、避实就虚，取得了重大的胜利，逐渐升为最年轻的元帅。但由于所进行的战争的非正义性，隆美尔注定要失败。尽管如此，他的军事造诣和战术还是受到了世人的重视。

西西里岛战役

美、英盟军攻占意大利西西里岛的战役。美、英军队在北非作战取得重大胜利后，罗斯福和丘吉尔于是决定派盟军进攻西西里岛，以保卫地中海的交通线，减轻德军对苏联的压力，迫使意大利退出战争。1943年7月10日凌晨，16万美、英军队在1000架飞机的掩护下，分乘3200艘各种舰只，向西西里岛东南部发起进攻。守卫西西里岛的德、意军队共27万人，其中23万意军编制不足，士气低落。9日下午，由于狂风大作，海浪汹涌，疲惫不堪的意海防部队毫无戒备，美、英军队出奇制胜，顺利登陆。至8月17日，盟军占领西西里全岛。在这次战役中，盟军和德、意军队的损失分别是3.1万人和16.5万人。该战役是盟军第一次在轴心国的本土上作战，对促使意大利投降起到重要作用。9月3日，意大利政府宣布无条件投降，并于10月13日退出法西斯同盟，对德宣战。

墨索里尼下台

墨索里尼在意大利上台执政后，其独裁统治和侵略政策使意大利陷入苦难的深渊，经济恶化，粮食奇缺，物价飞涨，民不聊生。与此同时，"二战"局势于1942年又发生根本变化，盟军在各个战场上开始大反攻，轴心国军队节节败退。形势危急，意大利法西斯政权陷入混乱。

1943年7月24日，意大利法西斯党最高委员会举行特别会议，墨索里尼的女婿、外交部长齐亚诺和法西斯党创始人之一格兰第发难，指责墨索里尼造成了意大利这种不可收拾的局面，要求他立即下台。大会最后进行表决，以19票赞成，8票反对，1票弃权通过墨索里尼下台的决议。

7月25日，墨索里尼被国王召进宫去，当面宣布解除他的一切职务，并受到拘留。不久，他被转移到亚平宁山脉最高峰大萨索山峰拘留。7月28日，新总理巴多里奥宣布解散法西斯党，结束了长达21年的法西斯专政。9月3日，意大利政府与盟军秘密签约，向盟军投降，退出战争。

墨索里尼的倒台使希特勒十分恐慌，他害怕法西斯军心就此崩溃。9月13日，希特勒派党卫队亡命之徒将墨索里尼从大萨索山救出。9月15日，墨索里尼宣布成立新的"意大利社会共和国"。在纳粹军队的庇护下，他在德国占领的意大利北部当了一年多法西斯领袖。此时他仅仅是希特勒手中的一个傀儡。1945年初，意大利反法西斯起义席卷整个意大利北部，德意军队溃散。4月25日，墨索里尼被游击队抓获，4月28日被处决，尸体运至米兰街头示众。

巴顿

美国军事家，美国陆军五星上将，有"铁胆将军"之称。1885年，巴顿出生于一个军人世家，毕业于美国陆军军官学校（西点军校）。巴顿将军在"二战"中创造了辉煌战绩，因而被载入史册。在巴顿的战争生涯中，他强调快速进攻，重视坦克的使用，加之作战英勇顽强，因此取得了辉煌的胜利。1942年，巴顿将军指挥参加北非登陆战役，占领摩洛哥；1943年，指挥美军第七集团军发动西西里岛登陆战役，并收复该岛；1944年，在法来斯战役中重创德军；1945年，指挥军队突破"齐格菲防线"，深入德国腹地。巴顿将军的第3集团军在欧洲大陆转战281天，歼灭德军144.4万，为"二战"的胜利做出了贡献，他也成为少数使德军望而生畏的西方将领之一。1945年，巴顿将军因车祸而逝世。

《开罗宣言》

1943年，第二次世界大战在东、西各个战场均发生转折性变化。斯大林格勒保卫战胜利结束，意大利投降，德、意、日轴心解体，盟军取得战略进攻的主动权。而此时中国国民党军队在对日作战中战绩不佳。

为此，1943年11月22～26日，中国国民党政府主席蒋介石和美国总统罗斯福、英国首相丘吉尔在开罗举行代号为"六分仪"的首脑会议。这是第二次世界大战期间同盟国十几次最高级会议中唯一一次有中国参加的会议。

对缅甸作战的问题是开罗会议的一个重要议题，罗斯福提出折中方案，将在缅甸作战计划延期至1944年11月，由三方共同承担。英、中两国对此表示同意。开罗会议的另一个议题是讨论与中国和亚洲有关的重大政治问题，包括战后处置日本问题。蒋介石、罗斯福、丘吉尔在开罗的会谈结束后，起草了一份会议宣言，于1943年12月1日在开罗正式发表。《开罗宣言》宣布，中、美、英三大盟国将坚持进行为获得日本无条件投降所必要的重大的长期作战。

《开罗宣言》宣布，将"使日本所窃取于中国之领土，例如澎湖列岛、台湾、东北等归还中华民国"。这一条具有重大意义。它谴责日本自甲午战争和九一八事变以来对中国的侵略；承认了东北和台湾、澎湖列岛都是中国固有领土；它肯定了中国应收复包括上述领土在内的全部失地并恢复国家领土主权完整的正当权利。《开罗宣言》还宣布，要让日本的殖民地朝鲜独立。但它没有同意让英国的殖民地马来西亚和缅甸、美国的殖民地菲律宾、荷兰的殖民地印度尼西亚独立。

开罗会议是有利于中国与亚洲殖民地人民的，也符合世界反法西斯战争的根本利益，是具有积极意义的重要会议。

德黑兰会议

第二次世界大战中美、苏、英三国首脑罗斯福、斯大林和丘吉尔在伊朗首都德黑兰举行的会议。1943年反法西斯形势发生根本转折，盟国已经取得战略进攻的主动权。美、英、苏三国首脑遂于1943年11月28日～12月1日在德黑兰举行会晤，商讨加速战争进程和战后世界的安排问题。会议主要包括以下内容：决定于1944年5月在法国南部开辟第二战场；就成立一个战后维护世界和平与安全的国际组织问题交换了意见；初步讨论了战后如何处置德国的问题；就波兰问题达成初步一致；苏联对日作战问题。会议签署了《苏、美、英三国德黑兰协定》和《苏、美、英三国德黑兰宣言》。该会议是反法西斯三大盟国首脑在第二次世界大战中的首次直接会晤，对加强盟国间的团结与合作，协调军事战略行动，加速反法西斯战争的胜利进程起了重大作用。

诺曼底登陆

苏德战争爆发后，斯大林便向丘吉尔提出在欧洲开辟第二战场的要求，丘吉尔担心斯大林会代替希特勒而未置可否。美国参战后，苏、英、美三国政府多次协商攻击法西斯的战略问题，但各方就时间和地点发生分歧，各国间不同的利益以及苏联和英、美两种不同的社会制度问题也交织在一起，错综复杂，争论不休。但是法西斯的扩张，又使他们不得不相互妥协。几经周折，各方求同存异，在1943年11月的德黑兰会议上，三方最终达成开辟第二战场的协议。

1943年12月6日，美国的艾森豪威尔将军被选定为盟军总统帅，近300万盟军陆、海、空将士在英伦三岛集结，准备横跨英吉利海峡，登上欧洲大陆，和东线苏联红军配合，夹击德军。这个大规模的作战计划代号为"霸王"行动。

1944年1月21日，艾森豪威尔及其参谋部结合各种条件，决定在法国西北部的诺曼底登陆。计划从卡昂到奥尔尼河之间占领一个立足点，并攻占不列塔尼的各港口。英第2军团在卡昂地区进行突破，吸引敌人预备队，美第一军团趁势登陆，从西面侧翼实施突破，一直向南前进到卢瓦尔河上。盟军正面以卡昂为轴旋转，使右翼向东前进到塞纳河上。

1944年3月30日开始，盟军对

盟军总司令艾森豪威尔及其指挥的规模宏大的盟军诺曼底登陆场面。

德阵地实施不间断的战略性轰炸，对铁路、公路、桥梁、车场、海防工事、雷达站、飞机场等设施进行大规模的摧毁，不仅造成德军指挥体系的瘫痪和交通运输补给线路的中断，而且最大限度地孤立了盟军登陆区和塞纳河与卢瓦尔河之间整个盟军前进作战区的德军。

英美联军对登陆的突然性特别重视，他们制订了一个伟大的骗敌计划。在英国东南部建造了假总司令部、假铁路、假电厂、假油站、假船只等大规模的系统假象，暗示敌人联军会在英吉利海峡最窄处的加来港登陆，而且时间会更晚些。

1944 年 6 月 6 日，天气条件不好，艾森豪威尔果敢决定实施登陆计划，早已做好充分准备的盟军开始发动渡海攻击。海军扫除德军水雷阻碍线，并用重炮轰击敌人阵地。两个空降集团分别在圣梅尔艾格里斯和卡昂东北部地区降落，担负保卫登陆部队的任务。在舰队重炮和空军猛烈火力的配合以及空降师的策应下，登陆联军在 5 个登陆区开始登陆。

这些突然攻击使因天气恶劣而防备松懈的德军惊恐不已。盟军对交通线路的战略轰炸，使德军处于"铁路沙漠"之中；对制空权的绝对控制，使德军防御工事遭到摧毁，盟军的登陆极为顺利。凭借大西洋长城的防御，德军仍顽强抵抗，夜幕低垂时，盟军终于突破防线。

6 日下午，希特勒仍然认为盟军的攻击只是佯攻，目的是掩护在加来方向主力的攻击，于是德军只是用步兵封锁住美军的渗透，用一个装甲军在卡昂地区与英军周旋，而精锐部队第 15 军团仍部署在安特卫普与奥尔尼河之间。

6 月 12 日，盟军登陆区连成一片，开始向诺曼底中部推进。但在德军的顽强抵抗下，盟军进展缓慢，直到 7 月 25 日，才推进到卡昂、科蒙、圣洛以南地带。艾森豪威尔决定发动全面进攻，部队开始向法国中部进攻。8 月 15 日，美第 7 军团侵入法国南部，对德军造成钳形阵势。此时苏联反攻，又牵制住德军的大股部队，没有预备队的德军遭到联军的痛击，损失惨重。8 月 19 日，巴黎被盟军攻占，诺曼底登陆以盟军的胜利而结束。

诺曼底登陆是战争史上最大的登陆战役，它突破了希特勒所吹嘘的"大西洋铁壁"，使战争进入反法西战争的最后决战阶段，加快了欧洲解放和第二次世界大战结束的进程。

法国光复

法国光复指的是"二战"时，盟军在诺曼底登陆后，收复巴黎、光复法国的战斗。

1940 年 6 月，纳粹德国占领法国后，戴高乐和法国共产党先后发表宣言，号召人民起来抗击德国侵略者。法国人民在法国共产党的领导下开展了广泛的游击战争。

1944 年 6 月，盟军在法国诺曼底登陆，德军节节败退。法国共产党领导的内地军游击战争日益发展成为全民武装起义。8 月 10 日，法国铁路工人举行总罢工，使巴黎与外地的交通陷于瘫痪。19 日，巴黎解放委员会领导巴黎人民举行武装起义。

数万名内地军和 1.2 万名警队官兵也参加起义。8 月 24 日，起义者浴血奋战，几乎全歼了巴黎城内的 2 万德军。24 日晚，盟军开进巴黎，与起义军共同消灭德军残余据点。1944 年 8 月 25 日，戴高乐的法军第二装甲师进入巴黎。法国勒克莱尔将军奉盟军总司令艾森豪威尔之命，在巴黎接受德军投降，巴黎宣告解放。1944 年 8 月 30 日，戴高乐宣布法国临时政府在巴黎成立，法国光复。

阿纳姆空降战役

阿纳姆空降战役又称"市场—花园"战役，是第二次世界大战中盟军于 1944 年 9 月在荷兰艾恩德霍芬至阿纳姆地域实施的进攻战役。

盟军在诺曼底登陆后，决定在荷兰方向展开一轮新的攻势，代号为"市场—花园"，计划采用空降"蛙跳"战术，占领该地区，然后进攻德国的鲁尔区。

1944 年 9 月 17 日战役开始，盟军出动了 5500 多架运输机、2596 架滑翔机、8000 多架战斗机和轰炸机，在阿纳姆空降了 3.5 万人、火炮 568 门、车辆 1927 辆、物资 5230 吨。

起初，战事进展比较顺利。但英第一空降师遭到了德军装甲兵和步兵的猛烈反击，被迫转入防御。它的后续梯队波兰伞兵第一旅也遭到了德军大量杀伤。由于援军未能及时赶到，英军第一空降师在伤亡 2000 多人后被迫撤退，大约有 6000人被俘。

阿纳姆空降战役是第二次世界大战中规模最大的空降战役，虽然没有达到目的，但为盟军以后进攻莱茵河地区创造了条件。

莱特湾海战

莱特湾海战是太平洋战争期间，于 1944 年 10 月美、日海军在菲律宾莱特湾附近海域进行的规模空前的大海战。

1944 年 10 月 20 日，美军在麦克阿瑟的指挥下于菲律宾中部莱特岛登陆。日本海军在小泽治三郎率领下向菲律宾附近海域集结，准备进行反击。美军兵力有：航空母舰 25 艘（载 1350 架飞机）、战列舰 12 艘、巡洋舰 20 艘、驱逐舰 130 艘、护卫舰 11 艘。日军兵力有航空母舰 4 艘、战列舰 9 艘、巡洋舰 21 艘、驱逐舰 35 艘、潜艇 17 艘、飞机 716 架。

10 月 23 日，美军 2 艘潜艇击沉了日军"爱宕号"和"摩耶号"重巡洋舰，战斗正式打响。25 日，战斗进入高潮。双方在莱特湾展开了海上大混战。交战中，日军首次使用"神风号"特攻机攻击美军军舰，击沉 1 艘护航航空母舰，重创 4 艘。但最终结果是日本海军损失航空母舰 4 艘、其他战舰 27 艘，损失飞机 500 架，遭到毁灭性打击。

莱特湾之战后，日本海军遭到毁灭性打击，不能再对美国海军构成威胁，美军从此掌握了制海权和制空权。莱特湾大海战是世界海战史上最大的一次海战。

阿登战役

1944 年 12 月至 1945 年 1 月，盟军和德军在阿登地区（比利时东南）进行的一场战役。

诺曼底登陆后，希特勒决定在西线向盟军发动战略性反攻，企图从盟军防御薄弱的阿登地区突破。12 月 16 日，德军兵分 3 路向阿登地区发起猛烈进攻，美军阵脚大乱，损失惨重，纷纷退却。盟军为阻止德军越过马斯河，在加强了阿登地区的防御力量的同时，开始对德军进行大规模空袭，终于阻止了德军的前进。

1945 年 1 月 1 日，德军进行反扑，出动 1000 多架飞机对盟军的机场进行狂轰滥炸。1 月 3 日，盟军转入进攻，并于 1 月 8 日击退了德军。与此同时，苏军在东线对德军发起强大进攻，迫使德军从西线抽调大批精锐调往东线。盟军乘机迅速推进，彻底击败了德军的反扑。

阿登战役是西线最大的阵地反击战，德军损失了大量精锐部队，西线的防御力量被大大削弱，再也无力抵挡盟军的进攻了。

艾森豪威尔

美国陆军五星上将，美国第 34、35 任总统。艾森豪威尔出生于一个贫寒家庭，于 1915 年毕业于西点军校。在第二次世界大战期间，他担任美国驻欧洲战区总司令、北非战场盟军总司令、北非和地中海盟军总司令、欧洲盟军远征军最高统帅，并成功指挥了英美联军的北非登陆行动、诺曼底登陆行动等重大战役，为打败法西斯做出了贡献。艾森豪威尔也凭借在"二战"中的赫赫战功，由一名普通的参谋官逐渐成为将军。1952 年，艾森豪威尔出任美国第 34 任总统，后来连任成功。在担任总统期间，他签订《朝鲜停战协定》，提出"艾森豪威尔主义"，继续推行"冷战"政策。他还会晤了赫鲁晓夫，开了美、苏首脑会晤的先例。1969 年，艾森豪威尔在华盛顿病逝。

雅尔塔会议举行

1945 年 2 月 4 日 ~ 11 日，苏、美、英三国首脑斯大林、罗斯福、丘吉尔在他们的外长、参谋长和顾问的陪同下，在苏联克里米亚半岛的雅尔塔举行了 8 天会议，史称克里米亚会议或雅尔塔会议。会议就战争末期盟国作战计划和战后世界事务作出了有关决定。

会议首先讨论了对德作战东西两线的军事形势，接着讨论了战后处置德国的原则。会议最后签署了《英、美、苏三国克里米亚会议公报》《克里米亚会议的议定书》和《苏、美、英三国关于日本的协定》，即通常所说的《雅尔塔协定》。

关于德国问题，会议商定：必须彻底击败、消灭法西斯主义和军国主义，惩办战犯，拆除一切军事设施，战后实行民主化。会议决定，德国投降后由盟国军队分区占领。关于赔偿问题，会议同意苏联提出的赔偿额定为 200 亿美元，其中 50% 归苏联的建议，并以之作为讨论的基础，并决定在莫斯科成立一个专门委员会来讨论。

关于波兰问题，会议进行了激烈的争论，一个是政府问题，另一个是边界问题。美英不承认在抗德战争中产生的由苏联支持的波兰共产党组成的临时政府，而要把在伦敦的"流亡政府"强加给波兰人民。最后协议对波临时政府进行改组，流亡政府的若干成员参加进去。至于边界，商定东界基本按照寇松线，在若干地区做调整；关于西疆的最后定界，苏联提出应以奥得河及西尼斯河为界，美英不同意，因此西部和西北部的边界没有商定。

战后主宰世界格局的三巨头（左起）——丘吉尔、罗斯福、斯大林——在雅尔塔会议上留下了这张难得的照片。

关于苏联对日作战及其条件问题，会议签署了秘密协定。协定规定欧洲战争结束后2到3个月内苏联将参加同盟国方面对日作战，其条件为：（1）外蒙古的现状须予维持；（2）日本1904年背信弃义所获取的俄国以前权益须予恢复，即库页岛南部及邻近一切岛屿归还苏联；大连商港须国际化，苏联在该港的优越权益须予保证，苏联租用旅顺为海军基地须予恢复；对通往大连的中东铁路和南满铁路应设立一苏中合办的公司以共同经营；苏联的优越权益须予保证而中国须保持在东北三省的全部主权；（3）千岛群岛须交与苏联。

协定还规定：有关外蒙古及上述港口铁路的协定尚须征得蒋介石的同意；苏联的这些要求须在击败日本后予以实现。除了上述三个重大问题外，会议还就联合国安理会的表决程序以及乌克兰、白俄罗斯列为"创始会员国"的问题达成协议。会议还讨论了南斯拉夫、伊朗和巴尔干等问题。

雅尔塔会议是同盟国协议如何最后击败德日法西斯的一次重要会议，但会议在没有中国代表参加的情况下作出有损中国主权和利益的决定，无疑是大国强权政治的表现。

硫磺岛战役

硫磺岛战役是第二次世界大战中太平洋战争期间，美军和日军于1945年争夺硫磺岛的战争。

硫磺岛地处战略要津，位于东京与塞班岛之间。美军以塞班岛为基地空袭东京，但因硫磺岛上日军的报警，空袭效果很不理想。为总攻日本，美军势必要夺占硫磺岛。而为了东京安全，日军也要死守硫磺岛。

1945年2月16日，美军出动舰艇200多艘次，飞机400多架次，对硫磺岛进行炮击和轰炸。19日，美军开始登陆，经过激烈战斗，美军占领了滩头阵地。20日，登陆美军兵分三路，右路进攻东北高地，中路进攻第一号机场，左路进攻折钵山。

其中以折钵山的战斗最为激烈，双方展开了殊死搏斗，阵地几经易手。23日，美军包围折钵山，全歼守敌。随后，双方对小岛的每一块阵地、每一个洞穴都展开了激烈的争夺。美军步兵在坦克的支援下，将岛上的日军防御阵地一个个摧毁。3月26日，美军宣布占领硫磺岛。

美军攻占硫磺岛，获得了进攻日本本土的前沿阵地。硫磺岛战役的重大伤亡也促使美国下决心对日本使用原子弹。

冲绳战役

太平洋战争期间，美军于1945年4～6月在冲绳岛进行的登陆战役。

4月1日，美军6万人及大批坦克、火炮在冲绳岛中部登陆，建立包括两个机场在内的登陆场。4日，美军占领冲绳岛中部地区，将冲绳岛拦腰截断，同时开始向北部和南部发起进攻。4月21日，美军占领冲绳北部。由于南部日军固守顽抗，导致美军进展缓慢。战争期间，日军组成"神风队"对美军进行自杀性攻击，虽然取得了一定战果，但对全局影响不大。美军向南部大量增兵，24日突破牧港防线。5月4日，日军发动总反击但被击退，被迫收缩阵地。22日，美军突破日军南部防线。23日，日军司令牛岛满自杀，战役结束。

冲绳战役是太平洋战争中规模最大、时间最长、最惨烈同时也是最后一次战役。在战斗中，美军占据绝对优势，采用分进合击的灵活战术，而日军装备低劣，战术死板，最终被各个击破。美军占领冲绳岛后，打开了通往日本本土的门户，建立了进攻日本本土的战略基地。

柏林战役

第二次世界大战末期苏军攻占法西斯德国首都柏林的战役。1945年春，反法西斯盟国军队从东西两线攻入德国本土。希特勒企图死守柏林，调集了100万防卫兵力，建成城市以东的3道防线和环城的3层防御圈，市区划为9个防御区，分兵固守。实施柏林战役的苏军共约250万人，占有显著优势。4月16日，苏军在炮火掩护下发起进攻，很快突破外围防线和防御圈，完成对柏林市区的包围并与西线美军在易北河会师。26日，合围苏军采用多路向心突击的战术，开始强攻。在坦克和重炮的支援下，战役进展顺利，各防御点接连被攻克。27日苏军突入到市区中心，29日将德军分割成孤立的三部分，30日占领德国最高权力机构的象征国会大厦。同日，希特勒在总理府自杀身死。5月2日，防守柏林的德军停止抵抗，战役宣告结束。

波茨坦会议

随着1945年5月8日德国的无条件投降，处置战后德国和欧洲的问题提上了议事日程。为此，1945年7月17日至8月2日，苏、美、英三国政府首脑和外长在柏林西南的波茨坦举行会议。出席这次会议的有苏联的斯大林、莫洛托夫，美国的杜鲁门、贝尔纳斯，英国的丘吉尔、艾登（后期是艾德礼和贝文），以及三国的参谋长和顾问。

会议对许多问题发生了激烈争论，但对若干基本问题仍达成了协议。8 月 1 日，三国政府首脑在柏林签署了《柏林会议公报》和《柏林会议议定书》。议定书载明的三国首脑的主要协议是：举行苏、美、英、中、法五国外长会议进行缔结和约的准备工作，讨论盟国管制德国的原则，德国赔偿和领土边界的划定，惩办战犯以及奥地利和波兰等问题。议定书重申"德国军国主义和纳粹主义将予根除"；奥得河和尼斯河以东的领土，以及东普鲁士的一部分和但泽归波兰，东普鲁士北部和哥尼斯堡"让予"苏联；等等。会议期间的 1945 年 7 月 26 日，中、美、英三国发表了敦促日本投降的《波茨坦公告》。公告重申"开罗宣言之条件必须实施"。8 月 8 日，苏联对日宣战，同时宣布在波茨坦公告上签字。

波茨坦会议维持了苏、美、英三大同盟国之间的关系，对大战结束时出现的一系列迫切问题基本上达成了协议，为建立战后世界的新秩序奠定了基础。

美军轰炸日本本土

第二次世界大战后期，为了最后摧毁日本的战争能力和瓦解日军的斗志，同时减少盟军的伤亡，美国在完全掌握了制空权之后，开始动用轰炸机对日本本土进行战略轰炸。

1944 年 6 月 15 日，美军 68 架 B-29 式"超级空中堡垒"重型轰炸机飞临日本九州上空，轰炸了日本八幡钢铁厂，拉开了美军对日战略轰炸的序幕。

从 1945 年 3 月开始，美军轰炸机由高空水平轰炸改为夜间低空和白天中空轰炸，对日本城市投下了大量的燃烧弹，将日本城市变成了一片火海。其他重要城市，如横滨、九州等地的日军机场和其他重要目标也遭到了轰炸。与此同时，美军轰炸机还对日本港口投掷鱼雷，进行封锁。

在美军对日本本土进行的数以万次计的轰炸中，日本 850 万城市居民逃往农村，工厂工人的缺勤率达到 49%。炼油工业生产下降 83%，飞机引擎生产下降了 75%，飞机骨架生产下降了 60%，电子装备生产下降了 70%。600 多家军工厂不是被炸毁就是遭到严重破坏，日本的战争能力几乎完全被摧毁。

美军轰炸日本本土，加快了日本军国主义的崩溃和最后投降。

第一颗原子弹

1939 年 8 月的一天，一封由著名科学家爱因斯坦签名的信放在了美国总统罗斯福的办公室桌上：

总统阁下：

我读到了费米和西拉德近来的研究工作手稿。这使我预计到，元素铀在最近的

第五章

现代史

将来，将成为一种新的、重要的能源……

为此，我建议……和有关人士及企业界实验室建立接触，来促使实验工作加速进行……

据我所知，目前德国已停止出售它侵占的捷克铀矿的矿石。如果注意到德国外交部次长的儿子在柏林威廉皇帝研究所工作，该所目前正在进行和美国相同的对铀的研究，就不难理解德国何以会有此举了。

罗斯福坐在轮椅上，默默地读完了这封信，开始了激烈的思想斗争：爱因斯坦是个正直的科学家，由于纳粹的迫害，他和一批科学家逃离德国迁居美国。1939年夏，有消息称德国正在进行一项秘密工程，即试图利用原子科学的成果，制造一种毁灭性很强的新式武器，万一德国法西斯抢先制造出原子弹，人类的命运将不堪设想。但是，这种谁也没有见过的原子弹是否真的能制造出来呢？如果美国要赶在德国之前制造出这种武器，那经费从哪里来呢？如果不慎爆炸怎么办？

罗斯福想了许久，还是理不出头绪来。

"您是否还记得，拿破仑就是因为没有采用富尔顿利用蒸汽船的建议而未能横渡英吉利海峡。而一旦德国的研制成功，美国将会是第一批受害者。"罗斯福的科学顾问萨克斯及时提醒了他。

为了慎重起见，罗斯福与美国一些官员进行了反复的研究。

10月19日，罗斯福终于对爱因斯坦的信做了肯定的回答。按照罗斯福的指令，一个以"S—11"为代号的特别委员会成立了，这个委员会将负责核试验的研究。

1941年12月6日，美国成立了一个庞大的工程机构——曼哈顿工程管理处，它的使命就是负责设计制造原子弹。与此同时，纳粹德国也在加紧研制原子弹。为了不让德国制造出原子弹，英、美两国想尽了一切办法来炸毁挪威的重水工厂，以切断德国的重水来源。第一次突击失败以后，英国突击队又在1943年2月17日进行了第二次突击，这就是著名的"重水之战"。这次爆破的胜利，使纳粹德国丧失了建立原子反应堆必不可少的重水，制造原子弹的计划不得不向后推迟。

1942年8月，美国陆军工程兵团建筑部副主任格罗夫斯将军主持了"S—11"委员会高级管理人员会议，制定了一个名为"曼哈顿"的新计划。"曼哈顿计划"规定，研究工作所有指挥权都集中在曼哈顿工程管理处，设在新墨西哥州荒原上的原子实验室由著名科学家罗伯特·奥本海姆主持，

原子弹

这是代号"小男孩"的原子弹，1945年8月6日被投放到广岛。它的威力相当于2万吨TNT炸药，造成78150名人员丧生，方圆10平方公里的城市毁于一旦。

奥本海姆则每天都与坐镇华盛顿"曼哈顿"总部的格罗夫斯将军汇报情况。这项工作具有高度保密性，就连副总统杜鲁门也是在 1945 年 4 月罗斯福去世后接任总统时才知道这一机密的。

为了能抢在德国人之前造出第一颗原子弹，美国还向欧洲战场派出了名叫"阿尔索斯"的行动小组，专门搜捕德国科学家并收集德国制造原子弹的情报。

1945 年 7 月 16 日凌晨，美国新墨西哥州阿拉英戈多沙漠里正在进行着试验原子弹的准备工作。5 点 30 分，随着一声巨响，一团巨大的火球从地面升腾而起，蹿上8000 米的高空。火球升起的一刹那，沙漠上尘土飞扬，大地被震得颤动起来。美国政府斥资 25 亿美元，动用 40 万科技人员和工人，经过 3 年时间研制出来的世界上第一颗原子弹终于爆炸成功了。

第一批原子弹共有 3 颗，被试爆的一颗命名为"瘦子"，另外两颗被命名为"胖子"和"小男孩"。

第一颗原子弹爆炸成功的时候，杜鲁门正在德国波茨坦参加会议。为了对付日本和抑制苏联，杜鲁门在 8 月 2 日的回国途中决定对日本投掷原子弹。

8 月 6 日和 8 日，美军先后在日本的广岛和长崎投下了两颗原子弹，加速了日本投降的进程。

日本法西斯投降

1945 年 8 月，美国在日本投掷了两颗原子弹，使日本帝国主义受到沉重打击，日本统治集团中的大多数人面对国内外严峻的形势，决定接受《波茨坦公告》。

在 8 月 9 日上午的最高军事会议、下午的内阁会议和午夜的御前会议上，陆相阿南惟几、总参谋长梅津美治郎、军令部长丰田副武提出投降必须坚持四个条件：保证维持国体；战犯由日本自己审判；自动解除武装；盟军不占领日本本土。外相东乡茂德等主张只提一个条件，即维持国体。最后，天皇表示采纳东乡意见。接着，日本政府通过瑞士、瑞典政府，向中、美、英、苏发出照会，表示接受《波茨坦公告》，但附了一条"谅解"，说"上述公告不包含变更天皇的国家统治大权的要求"。美国表示在美军占领下，天皇制将予以保留。8 月 15 日，裕仁以广播"停战诏书"的形式，宣布投降。

美国垄断了受降和占领大权。8 月 13 日，杜鲁门正式任命麦克阿瑟为盟军最高统帅。同一天，美国把准备发给日本政府的"总命令第一号"通知各盟国，其中规定：中国（包括台湾）和北纬 16 度以北的印度支那地区由蒋介石受降；中国东北、北纬38 度以北的朝鲜和库页岛，由苏联远东武装部队总司令受降；东南亚、北纬 16 度以南的印度支那和从缅甸至所罗门群岛，由东南亚盟军最高统帅和澳大利亚司令官受降；日本、菲律宾以及北纬 38 度以南的朝鲜，由美国太平洋地区陆军总司令受降；太平洋的其他地区则由美国太平洋舰队司令受降。

1945 年 9 月 2 日上午，在东京湾的美舰"密苏里号"上，举行了日本正式投降的签字仪式。日本外相重光葵和总参谋长梅津美治郎，盟国方面的麦克阿瑟和美、中、英、苏、法、荷、澳、加、新的代表，分别在投降书上签字。9月22日，在中国战区，何应钦代表国民政府接受了冈村宁次递交的日军投降书。

日本法西斯的投降，标志着第二次世界大战的结束。

奥斯维辛集中营

奥斯维辛是波兰南部的一个小村庄。1939年德国占领波兰以后，在奥斯维辛建立起了一座杀人工厂。从此，原本宁静的小村庄充满了恐怖：四周布满了铁丝网，里面设有专供杀人的毒气室、焚尸场和化验室。

在奥斯维辛集中营里，每天都有成千上万的犹太人被惨无人道的德国法西斯屠杀。在这里看守集中营的多是些极端残暴的法西斯党卫军分子，他们的残暴从他们的装扮中也能看出几分：领章和军帽上镶有象征他们所执行使命的标志——墨底上一个骷髅头和两根交叉的骨头。

1940年6月以后，奥斯维辛每天都会有成百上千的战俘和无辜平民被运进来。这些人一进入奥斯维辛集中营，马上会被送进消毒站。等他们从消毒站里出来时，头上的头发没有了，带来的所有物品都被没收了，而且每个人都穿上了同款式的囚衣。为了区分这些"犯人"罪行的性质，纳粹法西斯们在每个人的左臂上编上号码，再把带有同样号码的三角布缝在其左袖和裤子上。这些三角布的颜色即代表"犯人"罪行的不同，如戴有红色三角布的是政治犯，黑色的是拒绝劳动的人，黄色的是犹太人等。

这些"犯人"对纳粹法西斯来说并不是没有任何用处的，那些比较强壮的"犯人"一般会被分配到工地上去做苦工，而那些失去劳动能力的"犯人"则往往会被送到毒气室里成批地杀掉。

纳粹法西斯对被毒气毒死的"犯人"也不放过，他们检查完"犯人"的尸体以后，把他们嘴里的金牙敲下来熔成金块，头发用来编制地毯，脂肪做成肥皂，连尸体烧剩下的骨渣也会运到工厂磨成粉末，当肥料。

其实，活下来的"犯人"也是生不如死，他们被迫从事非常繁重的劳动，如果稍有犯规行为或是没有完成任务就会受到各种残酷的刑罚。法西斯党卫军会用皮鞭和钢索把"犯人"抽得皮开肉绽。而且，在被抽打的过程中，"犯人"还要不停地报数，如果因为疼痛忘记报或是报错了，那这个"犯人"则要重新被抽打。

对于逃跑的"犯人"，党卫队对他们的惩罚则更为残酷，往往是死刑，而这种死刑又必须是在活着的"犯人"面前进行的，以用于警告活着的人打消逃跑的念头。

在奥斯维辛集中营里，还有一所医院。单从外表看，这所医院和普通的医院没有什么两样：医院外面长满了鲜花绿草，让人有一种温馨的感觉，而且，出入的人络绎不绝，和平常的医院也没有什么大的区别。但是，这所医院并不是真正给"犯人"们看病的，这里的医生是一群杀人不眨眼的刽子手，如果他们认为某个"病人"无法医治或是这个"病人"不规矩，就会给"病人"注射一种毒液，使"病人"在几秒钟或是几分钟之内死亡。此外，这所医院还是党卫军进行细菌武器研究的地方，而这些细菌武器的研究都是用抓来的"犯人"做实验。党卫军会把抓来的"犯人"先带到毒气室里毒死甚至直接用活人做实验，一旦一种细菌武器研制成功，"犯人"也自然成了他们最先毒害的对象。这所医院曾经从事过双子生物学的"科学研究"，

集中营里绞刑架上的尸体

党卫军到所占领的地区去寻找双胞胎，如果双胞胎之一死于某种异常病症，那么另一个则马上被送进实验室。一般情况下，是没有"犯人"能够活着走出实验室的。

从 1940 年第一批"犯人"被运进奥斯维辛到 1945 年苏联红军解放这里为止，共有 400 多万人惨遭杀害。这里曾创下了一天杀害 6000 人的纪录。

纽伦堡审判

第二次世界大战结束后对德国主要战犯的审判，因在纽伦堡开庭，故称。根据 1943 年 11 月 2 日公布的由苏、美、英三国首脑签订的《关于希特勒分子对于其所犯暴行的责任的宣言》，1945 年 8 月 8 日，苏、美、英、法四国签署了关于惩处欧洲轴心国主要战犯的《伦敦协定》和《欧洲国际军事法庭宪章》。1945 年 10 月 18 日，国际军事法庭第一审判在柏林举行。11 月 20 日以后，审判移至德国的纽伦堡城进行。1946 年 10 月 1 日审判结束，其中共开庭 216 次。最后判处戈林、博尔曼、里宾特洛甫等 12 人绞刑，其他人被判处有期徒刑。同时，法庭还宣布党卫队、特别勤务队、国家秘密警察（即盖世太保）和纳粹党元首兵团为犯罪组织。但美、英出于冷战的需要，包庇了一些纳粹战犯。纽伦堡审判为以后对破坏和平罪的审判奠定了基础，标志着国际法的重大发展。

东京审判

第二次世界大战结束后对日本主要战犯的国际审判，因在日本东京开庭，故称。1946 年 1 月 19 日，同盟国授权驻日盟军最高统帅部发布特别公告，宣布在东京成立远东国际军事法庭，审判及惩罚被控告以个人身份或团体成员身份犯有破坏和平罪、破坏战争法规罪和违反人道罪的日本战犯。中、苏、美、英、法、加、澳、新、荷、印、菲 11 国委派法官组成了法庭，澳大利亚法官韦布任庭长，美国律师基南任检察长，中国也派出了法官参加审判。1946 年 5 月 3 日，法庭开始审判，两年半以后，即 1948 年 11 月 12 日宣布判决。东条英机、广田弘毅等 7 人被判处绞刑，于当年 12 月 23 日在东京巢鸭监狱执行；其余被判处刑期不等的徒刑。但美国出于推行"冷战"的需要，包庇了包括日本天皇在内的许多战犯，而且许多战犯被美国提前释放。

第五章 现代史

现代文化与科技

弗洛伊德与《梦的解析》

　　弗洛伊德是精神分析学的创始人。他于 1856 年出生在奥地利的摩拉维亚，父亲是一个犹太籍羊毛商。弗洛伊德 3 岁时，他们举家迁往首都维也纳，在那里他接受了小学和中学教育。他学习刻苦，毕业时不仅德文、希伯来文名列前茅，拉丁文、希腊文、法文、英文和意大利文也成绩突出。1873 年，弗洛伊德进入维也纳大学医学院，从 1876 年起，在著名的生理学家艾内斯特·布吕克的指导下从事研究工作，并于 1881 年获得医学博士学位。毕业后，他到维也纳的一家医院工作，成为一名精神病医生，不久后开始从事精神分析研究。1885 年，他前往法国巴黎，师从著名神经学家沙柯特。沙柯特的催眠疗法和有关"歇斯底里"症状的论述，对弗洛伊德产生了很大影响。1886 年，弗洛伊德和贝尔纳斯结婚，两人的婚姻十分美满，生育了 6 个孩子，最小的女儿安娜·弗洛伊德后来也成了一位著名的精神分析学家。

　　1890 年，弗洛伊德与好友布罗伊尔合伙开了一家私人诊所，他们曾用宣泄疗法和催眠疗法给一名 21 岁的女孩治疗癔症。1893 年，他们共同发表论文《癔症的研究》，认为癔症是由于把曾经有的情绪经验排除到意识之外而引起的，通过催眠回忆和情绪发泄就能使病人痊愈。不久后，弗洛伊德发现催眠的疗效不能持久，于是创立了"自由联想法"和"自我分析法"，发展了精神分析技术。1895 年，他与布罗伊尔合作发表了《歇斯底里研究》，这被看成是弗洛伊德精神分析学的处女作。

　　1900 年，弗洛伊德发表他最著名的著作《梦的解析》。在对自己及病人的梦进行

俄狄浦斯情结

　　俄狄浦斯情结是弗洛伊德学说里一个重要的名词，指代恋母情结。相传底比斯国王梦见儿子将来会杀死自己并娶自己的妻子，于是将刚出生的儿子扔掉。经过一番曲折，王子被别人收养，取名俄狄浦斯。俄狄浦斯长大后并不知道自己的身世，在前往底比斯旅行的途中，他与人发生争吵失手打死了一个老人，这个老人就是他的父亲。俄狄浦斯帮助底比斯人除掉了妖怪斯芬克司，从而被推举为国王，并娶了前任国王的王后，也就是自己的亲生母亲为妻。真相大白后，俄狄浦斯羞愧不已，为了惩罚自己，他刺瞎双眼，放弃王位，踏上了流浪的旅程。这个故事的本意是反映造化弄人，但从中也反映了原始社会时期乱婚制度的残余，从人类学的角度去看，俄狄浦斯现象在人类历史中确实存在过，所以这个故事有着重大的学术价值。

观察和分析的基础上，弗洛伊德得出 3 个结论：梦是愿望的满足，尤其是儿童时期愿望的满足；人类普遍存在仇父恋母的情结；人类在儿时便具有性爱意识和动机。这些发现开创了心理和精神病理研究的新领域，奠定了精神分析学的基础。但在当时，弗洛伊德的这本书并没有引起人们的重视，8 年时间才卖了 600 册。1905 年，弗洛伊德写了《性学三论》一书，探讨儿童性心理的发展与精神变态机制的联系，这才真正开始为世人所重视。但由于他的学说与人们的传统观念存在很大冲突，因而受到学术界和社会舆论的广泛批评，他本人也成为当时德国科学界最不受欢迎的人。

弗洛伊德有关潜意识运作的理论影响了超现实主义绘画，图为马格里特的画作《心理治疗》。

但弗洛伊德不改初衷，仍然我行我素，1908 年，他组织成立了维也纳精神分析学会，两年后发展为国际精神分析学会。他还培养了荣格、阿德勒等一批精神分析学家，使精神分析运动成为世界性的潮流。1914 年，他在一篇论文中指出，人们普遍存在自恋的心理现象。1923 年，他出版《自我与本我》，对人格结构理论进行了系统阐述，把人格结构分为本我、自我和超我三部分。1927 年，他写了《幻想的未来》一书，用精神分析法对宗教进行了评述。1930 年，他因为出色的文学才能获得了歌德奖。1931 年，他的故乡为庆祝他的 75 岁寿辰，以他的名字命名了他出生的那条街道。1936 年，他被接纳为英国皇家学会的通讯会员。

1938 年，纳粹德国占领维也纳后，弗洛伊德移居英国。1939 年 9 月 23 日，他因口腔癌复发在伦敦去世，享年 83 岁。弗洛伊德虽然最初只是一位精神病学家和心理学家，但因为他创立了精神分析学，其影响力远远超出专业学术领域，成为 20 世纪具有世界性知名度的人物之一。

杜威

美国实用主义哲学家、教育家和心理学家，机能主义心理学的代表。他于 1859 年生于佛蒙特州一个商人家庭，1875 年进佛蒙特大学读书。后到霍普金斯大学学习，于 1884 年获博士学位，从此开始了他的大学教授生涯，并逐渐成为世界著名的教育家。他先在密歇根和明尼苏达大学任教。1894 年又到芝加哥大学任教 10 年，这 10 年中在心理学研究方面取得重大成果。1904 年他到哥伦比亚大学教书。从 1919 年起，他开始了一系列国外讲学旅行。1919 ~ 1921 年曾到中国讲学。1929 年他以荣誉教授的身份退休，1952 年逝世。杜威的主要著作有《哲学的改造》《经验与自然》《确定性的追求》《逻辑：探究的理论》和《能知和所知》等。杜威是实用主义的集大成者，使实用主义成为美国特有的文化现象，并产生了世界性的影响。

普朗克

德国物理学家，量子论的奠基人。普朗克于 1858 年 4 月 23 日出生于德国的基尔，父亲是基尔大学著名的法律教授。普朗克先后在慕尼黑大学和柏林大学学习，曾经在基尔霍夫等人的指导下学习和研究热力学，并于 1879 年获得博士学位。1880年，普朗克成为慕尼黑大学物理学讲师，1885 年被基尔大学聘为理论物理学特约教授。1889 年普朗克重返母校，成为柏林大学的教授，并一直在此工作到 1926 年退休。1894 年，普朗克当选为普鲁士科学院院士；1926 年，他被英国皇家学会吸收为会员；他还兼任柏林威廉皇家研究所所长。1900 年，他在黑体辐射研究中引入了能量量子。他的这一发现对物理学的发展作出了突出贡献，由此获得 1918 年诺贝尔物理学奖。他还出版了《热辐射讲义》（1906）等著作。普朗克最主要的成就是提出了著名的普朗克辐射公式，创立了量子概念。

居里夫人和镭

玛丽·居里，1867 年生于波兰的首都华沙。她在中学时代就非常优秀，不仅掌握法、英、俄、德 4 门外语，毕业时还获得金质奖章。1891 年，玛丽进入巴黎大学学习物理，1893 年获得物理学硕士学位，第二年又获得数学硕士学位。1894 年，玛丽在巴黎大学索邦学院与皮埃尔相遇，为科学献身的共同理想使二人走到一起，他们于 1895 年结婚，从此开始新的生活。夫妻二人互助协作，相濡以沫，迎来了他们科学发现的春天。

当时，法国物理学家贝克勒尔发现铀盐矿物能放射出一种奇妙的射线，这种射线尽管看不到，却能穿透普通光线所不能穿透的黑纸片，而使照相底片感光。但铀盐为什么会放出这种射线？经过多次的测试和检查，玛丽敏感地意识到沥青铀矿中可能含有一种新的不为人知的放射性很强的元素！这时，皮埃尔也加入了玛丽的研究，终于，在 1897 年 7 月，居里夫妇确认了新元素的存在。

正在夫妇俩为给该元素定名而踌躇之际，玛丽的祖国波兰被敌国占领而灭亡。这一消息对玛丽·居里震动极大，她为了纪念祖国而将该元素命名为"钋"。从此，元素周期表的大家族又添新丁。

之后，玛丽又着手测试各种元素，企图找出与铀一样具有辐射效应的元素，她大胆判断一定还有一种物质能够放射光

大学讲台上的居里夫人
居里夫人作为巴黎大学索邦学院第一位女教授，于 1906 年 11 月 5 日登上讲台。

线。她把这种新的物质定名为"镭",因为在拉丁文中,它的原意就是"放射"。

可是,要提炼镭元素,必须得有足够的沥青铀矿,这对居里夫妇来说太难了,因为这种矿不但稀少,价格还很昂贵。居里夫妇要提炼"镭"的消息传到奥地利,奥地利政府决定支持他们,无偿为他们提供了一吨已提取过铀的沥青矿残渣。

由于只是理论上推测但无法证明存在新元素镭,所以巴黎大学的董事会拒绝为他们提供所需要的实验室、实验设备和助理员,他们只能在校内一个无人使用的四面透风漏雨的破旧大棚子里进行实验。

居里夫人最初做的完全是粗笨的化工厂的活儿,她把成袋的沥青矿渣倒在一口煮饭用的大铁锅里,用棍子不停地搅拌,再不断地溶解分离。经过 1000 多个日夜的辛苦工作,小山一样的矿渣最后只剩下小器皿中的一点液体。她兴奋地盯着这支玻璃器皿:"再过一会儿将结晶成一小块晶体,那一定就是新元素镭!"她志忑地在心里默念着。

可是结果却让她大失所望,因为器皿中剩下的只是一团污迹!

失望之极的居里夫人一下子感觉到了疲倦。回到家,她悻悻地躺在床上:为什么不是一小块白色或无色晶体呢?她翻来覆去地睡不着,一直想着那团污迹。突然,她"腾"地一下坐起身来:难道污迹就不能是镭吗?

她穿起衣服赶紧跑向实验室,门还没开,居里夫人就从门缝里看到了耀眼的光芒,那光芒正是镭发出的。

镭元素发现后不久,人们就发现镭射线能穿透最致密的物质,杀死有病的细胞,是治疗癌症的有效武器。这一奇迹引起了世界各国特别是企业家的兴趣。但是居里夫妇并没有申请专利权以牟利,而是无偿公布了他们的技术,尽管他们为了提取镭,曾经负债累累。1921 年,居里夫人前往纽约,接受美国妇女协会赠予她的一克镭。在举行仪式的前一天晚上,居里夫人坚决要求修改赠送证书中的言辞,要求使这一克镭永远属于科学,而不至于在她死后成为女儿们的私产。最后,美国政府连夜找来律师,按照居里夫人的意见进行了修改。

镭的发现和应用,使居里夫人成了闻名世界的大科学家。她成了法国科学院的第一位女院士,巴黎大学的第一位女教授。在其一生中有 7 个国家 24 次授予她奖金和奖章,她也担任了 25 个国家的 100 多个荣誉职位。但居里夫人始终保持着谦虚、高尚的品格。爱因斯坦在谈到她时说:"在所有的世界著名人物中,玛丽·居里是唯一没有被盛名宠坏的人。"晚年的居里夫人一直孜孜不倦地进行科学研究,但长期暴露于放射性元素之中使她患上了恶性白血病。1934 年 7 月 4 日,她从实验室回到家后的当天晚上便与世长辞,享年 67 岁。

内燃机的发明与改进

18 世纪工业革命以后,人类在交通运输的动力和手段上取得了重大突破。在陆路,人们依靠蒸汽机来为火车提供动力;在水路,人们发明了用蒸汽机驱动的汽船。但是,到 19 世纪下半期，这些交通运输方式已经远远不能满足人们生产和生活的需要。于是人们开始探索新的动力机和交通运输手段。

18 世纪末，欧洲人已经能够从煤炭中提取煤气，并在汽缸中使之燃烧以推动交通工具的行驶。1828 年，德国工程师奥托研制出第一台新式的煤气内燃机，这种内燃机可以广泛应用于工业生产和交通工具中。1854 年，美国工程师西里曼成功地从石油中提取了汽油、煤油和柴油等可以用于内燃机的燃料。1858 年，美国人在宾夕法尼亚打出了世界上第一口油井。从此汽油内燃机成为人们争相研制的重点。

19 世纪 80 年代，内燃机已被运用于工业和交通运输领域。内燃机的广泛运用，促进了石油的开采和提炼，石油和电力、煤炭构成了三大能源，石油工业成为重要的工业部门。

卡尔·本茨与内燃机汽车

卡尔·本茨（1884 ~ 1929 年）是现代汽车工业的先驱者之一，他的发明标志着现代汽车的诞生，他也因此被尊称为"汽车之父"。

1844 年，本茨以遗腹子的身份出生于德国，父亲原是一位火车司机，但在他出生前的 1843 年因发生事故去世了。从中学时期，本茨就对自然科学产生了浓厚的兴趣。1860 年，他进入卡尔·斯鲁厄综合科技学校学习。在这所学校，他较为系统地学习了机械构造、机械原理、发动机制造、机械制造、经济核算等课程，为他日后的发展打下了良好基础。他于 1872 年组建了"本茨铁器铸造公司和机械工场"，专门生产建筑机械。由于当时建筑业不景气，本茨的工场经营困难，面临倒闭危险，他决定制造发动机获取高额利润以摆脱困境。于是，他领来了生产奥托四冲程煤气发动机的营业执照，经过一年多的设计与试制，在 1879 年 12 月制造出第一台单缸煤气发动机，转速为 200 转 / 分，功率约为 0.7 千瓦。不过，这台发动机并没有使本茨摆脱经济困境。

卡尔·本茨决定将奥托四冲程发动机进行改装，1886 年 1 月 29 日，在经历无数次试验之后，本茨发明的世界第一辆三轮汽车获得了"汽车制造专利权"。这种汽车在汽车史上第一次采用了一台单缸发动机。他在进气口前装了一个滑动阀以及采用高压点火线圈的火花塞，利用表面化油器产生混合气，而把调速器置于进气管上。本茨的单缸发动机排量为 0.954 升，转速为 250 转 / 分，输出功率为 0.49 千瓦。同年 6 月，这辆汽车开始在曼海姆市的街道上奔驰。本茨这辆车的车速为 5 千米 / 小时，车子靠皮带把动力传到驱动轮，把皮带套在不同大小的滑轮间滑动，可改变车速。车上最早使用伞形差速齿轮，用来补偿因转弯引起的两个驱动轮距离的差异。汽车车架用钢管制造，车轮采用钢丝辐条，外形美观大方。

1893 年，本茨研制成功了性能先进的"维克托得亚"牌汽车。它采用本茨专利的 3 升发动机，方向盘安装在汽车中部。尽管该车性能先进，但由于价格高达 3875 马克，因而很少有人购买得起，成为公司的滞销品。这样，这种在技术上为本茨带来了极高荣誉的汽车，经济上却没有给他带来多大的好处。后来，本茨听从了商人的建议，1894 年开发生产了便宜的"自行车"（定价 2000 马克）。这种"自行车"销路很好，在一年时间内就销出了 125 辆。由于是世界上第一种批量生产的机动车，因而给本茨带来了较高的利润。后来，本茨又对前期生产的"维克托得亚"牌汽车进行了改进，将车厢座位设计成面对面的 18 个，它因此成为世界上第一辆公共汽车。

福特创建汽车公司

亨利·福特（1863 ~ 1947 年）是美国早期垄断资本家之一。1903 年，他在底特律创建福特汽车公司，经十余年的努力，福特汽车公司成为 20 世纪初期世界最大的汽车公司。福特本人与福特汽车于是享誉全球，福特家族也成为美国最大的垄断资本家族之一。

福特对汽车有着浓厚的兴趣。他在 13 岁时，就对一辆不用马驾驶的"马车"着了迷。17 岁进机械厂当学徒，28 岁时到爱迪生照明公司的底特律发电厂当了夜班机修工，这对他来说是个学习的好机会。在他设想已久的制造汽油引擎计划中，电可是用得着的玩意儿。在以后的两年里，亨利·福特全神贯注地搞他的汽油引擎，竟时常忘记去厂里领工资。1893 年圣诞节前夕，福特设计的第一部汽油机获得了成功。接着，福特又着手制造双缸汽油机。1896 年 7 月 4 日，他的第一辆汽车制成了。这是一部与众不同的汽车，它一改过去以蒸汽作为动力的设计，而是用比较廉价的汽油作为动力。这为福特后来创建汽车公司并成为汽车大王打下了基础。

福特并不是汽车的发明者，然而，他是第一个着眼于大众市场的汽车制造商。1903 年，福特经过努力创建了汽车公司，开始制造一种坚固耐用、结构简单、重量轻、易装配的汽车。这种汽车价格低廉，一般人都能买得起，从而实现了交通工具史上的伟大革命。于是，汽车很快成为陆上的主要交通工具。

福特汽车公司成立的当年就生产了 195 辆汽车。1908 ~ 1909 年，产量高达 10660 辆，1921 年年产量更达到 100 万辆。福特成了美国家喻户晓的汽车大王。他首创的这种生产组织形式，被称为"福特制"。他建立、发展起来的汽车工业推动了各国各地区经济贸易、文化学术的交流，使人类文明发生了巨大变化。

福特像

卢瑟福

英国物理学家。1871 年 8 月 30 日出生于新西兰纳尔逊附近的泉林村。他从小就对物理实验有浓厚的兴趣。1894 年以优异的成绩从坎特布雷学院毕业，获得理学学士学位。留校工作一年后，进入英国剑桥大学卡文迪什实验室学习。他先是研究无线电，并用自己的发射器和检波器实现了 3.2 千米的收发距离。1896 年开始将研究方向转到放射性上。1897 年，发现并命名了 α 射线、β 射线和 γ 射线。从 1898 年他开始担任加拿大麦吉尔大学物理学教授。他和来自英国的青年化学家 F·索迪合作，于 1902 年发现了放射性元素的半衰期。1905 年，他利用放射性元素的含量及其半衰期，计算出太阳的寿命约为 50 亿年。从 1907 年开始担任英国曼彻斯特大学物理学教授。他于 1910 年设想出原子的核式结构模型。由于卢瑟福在物理学上的突出贡献，他获得了 1908 年诺贝尔物理学奖。1937 年 10 月 19 日，他患肠梗阻并发症逝世，葬于威斯敏斯特大教堂牛顿的墓旁。

爱因斯坦与相对论

一提起爱因斯坦，人们不自觉地就会想起他的那幅照片：花白的头发，像触了电似的根根向上竖着。相信凡是看过这幅照片的人大都会说：爱因斯坦一定是一个不修边幅的人。因为在人们的印象中，大科学家们多是这样。

现实中的爱因斯坦的确如此。据说爱因斯坦移民美国后不久，一天，他在纽约的街上遇到了一个朋友。那位朋友看到他穿着一件破旧的大衣，不由得提醒道："你似乎有必要添置一件新大衣了，瞧你身上这件多旧啊。"

爱因斯坦笑笑，做出无所谓的表情："这有什么关系？反正在纽约谁也不认识我。"

几年以后，爱因斯坦已经誉满天下了，一天，他在街上又遇到了那位朋友，那位朋友见他还穿着几年前那件破旧的大衣，不禁又建议他去买件新大衣："现在你可是位名人了，应该去买件新衣服了吧？"

爱因斯坦又笑笑："这又何必呢？反正这儿的每一个人都已经认识我了。"

这就是爱因斯坦——20 世纪最伟大的科学家，却是一个如此不注重自己仪表的人。

除了不修边幅，爱因斯坦还是一个风趣幽默的人，这也和人们印象中的科学家的古板大相径庭。有一次，一帮青年人问爱因斯坦什么叫相对论，爱因斯坦回答说："当你和一位漂亮姑娘坐在一起待上两个小时，你以为只过了 1 分钟；可是当你在一个烧热的火炉上坐上 1 分钟时，你却以为是两小时。这就是相对论。"

在爱因斯坦创建了相对论之后，科学界褒贬不一。1930 年，德国出版了一本批判相对论的书：《100 位教授出面证明爱因斯坦错了》。爱因斯坦知道后，禁不住哈哈大笑："100 位，没必要这么多人吧？只要能证明我真的错了，哪怕只有一个人出面就足够了。"

爱因斯坦不但取得的伟大成就值得我们佩服，而且他的不同于常人的成长经历也值得我们深思。这个曾经被视为孤僻、迟钝、表达不清的傻孩子竟然成了千年风云人物。

学术讨论
1933 年爱因斯坦提出能量聚集的新理论，并邀请科学界的精英与记者一起参加他的学术论坛。

1879 年 3 月 14 日，阿尔伯特·爱因斯坦在德国南部乌尔姆城的一个犹太人家中呱呱坠地。这是一个温馨、和睦的家庭，父亲精通数学，以经营电器为业，母亲温雅贤淑，倾心于艺术。小爱因斯坦的出世为全家带来喜悦和幸福，但很快又给这个幸福之家笼罩了一层忧郁。因为他与同龄的孩子比较起来，智力发育好像有些迟缓。

别家的孩子 1 岁多时就会说话了，缠着母亲问这问那，而小爱因斯坦只会偎依在母亲怀里呆呆地望着周围的一切，一点学说话的迹象都没有。邻居见此情形，不无担心地对他母亲说："这孩子怎么不说话呀？"母亲内心一阵酸楚，却又自我安慰："他在思考，将来我们的小爱因斯坦一定会成为教授。"一旁的邻居也不好多说什么，倒生出一丝恻隐之情。

爱因斯坦的父母确实是非常优秀的父母，深知旁人对他抱有偏见，自己不能再伤害他。他们发现儿子虽然不苟言笑，却对万事万物表现出强烈的兴趣，于是就买回许多新奇、结构复杂的玩具给他玩，小爱因斯坦更多的时间都用来"研究"这些玩具。

时光匆匆流过，爱因斯坦进入了小学，除了数学之外，其他功课平平甚至不及格，这种状况一直持续到中学。中学时他的兴趣科目多了一门物理，但他不喜欢体育，更讨厌军训。由于严重偏科，爱因斯坦中学毕业都没拿到文凭，以至于为了上大学，他又补习一年才进入联邦工业大学师范系，攻读数学和物理。最后，他为自己选定了终生努力的方向：理论物理。4 年之后，爱因斯坦大学毕业，尽管专业成绩异常突出，却因为性格缺陷谋不到一份差使。待业期间，爱因斯坦曾做家教、代课，有时帮人清理账目。最困难的时候，他甚至以拉小提琴卖艺为生，此中甘苦，可想而知。

终于在 1902 年，经朋友的大力推介，爱因斯坦在瑞士专利局找到一份技术员的工作，其职责是审核一份份专利申请。这使他大开眼界，同时开始夜以继日地钻研物理学，终于在 1905 年有所成就。那年，爱因斯坦在德国《物理学年鉴》上发表《论运动物体的电动力学》，从而创立了狭义相对论，开始解释牛顿经典力学所不能解释的现象。

尽管当时极少有人能理解爱因斯坦的理论，但他坚信自己理论的正确性，并且将其进一步发展成为广义相对论。1916 年，他发表了《广义相对论的基础》一文。

这一旷世之作标志着他的研究水平已达 20 世纪理论物理的顶峰。爱因斯坦曾就相对论解释说：“狭义相对论适用于引力之外的物理现象，广义相对论则提供了引力定律以及它与自然界其他力之间的关系。”

几乎是同时，爱因斯坦又作出了涉及光学和天文学的三大预言，这些预言日后被一一应验。鉴于他的相对论和预言，人们赋予他极高的荣誉，如“20 世纪的牛顿”“人类历史上有头等光辉的巨星”等。但爱因斯坦淡泊名利，尽量回避吹捧他的公众集会。

1955 年 4 月 18 日，爱因斯坦在美国的普林斯顿悄然而逝，并留下一份颇为特殊的遗嘱：不发布告，不举行葬礼，不建坟墓，不立纪念碑。作为 20 世纪最伟大的科学家如此谦逊，闻者无不肃然起敬。

魏格纳

德国气象学家、地球物理学家，1880 年 11 月 1 日出生于柏林。魏格纳少年时便喜欢探险，进入大学后，主修气象学。1905 年，他以优异成绩获得气象学博士学位，毕业后致力于高空气象学的研究。1906 年，他和弟弟两人驾驶高空气球连续飞行了 52 小时，打破了当时的世界纪录。他还参加过格陵兰岛的探险队，那里冰山的缓慢移动启发了他的想象，他开始有了大陆漂移的大胆设想。魏格纳因倡导大陆漂移学说而举世闻名，他在《大陆和海洋的形成》这部著作中努力建立地球物理学、地理学、气象学和地质学之间的联系，来证明大陆漂移学说。遗憾的是，当时的地质学界对这一伟大发现意见不一，魏格纳为此多次去格陵兰岛实地考察，最终于 1930 年 11 月在格陵兰岛考察冰原时遇难。他去世 30 年多年后，板块构造学说风靡地质学界，他的伟大设想终于得到了证实。

弗莱明

英国细菌学家，青霉素的发现者，1881 年出生于苏格兰洛克菲尔德一个穷苦的农民家庭。他从伦敦圣玛利亚医院医科学校毕业后，一直从事免疫学研究。“一战”爆发后，他作为一名军医，深切体会到人们迫切需要一种对细菌有害而对人体无害

弗莱明像

的药物。1922 年，他从某种植物和动物的分泌液中发现了一种能杀灭细菌的物质，称之为溶菌酶。1928 年又发现在培养葡萄球菌的器皿中，被青霉菌污染的周围没有葡萄球菌菌落，这证明青霉菌能分泌一种杀灭葡萄球菌或防止葡萄球菌生长的物质。他把这种物质称为青霉素。后来英国病理学家佛罗理和德国生物化学家钱恩肯定了它的治疗价值，三人共同获得 1945 年诺贝尔生物或医学奖。弗

莱明曾担任伦敦大学细菌学教授和瑞特－弗莱明研究所所长，著有《青霉素——它的实际应用》等。他于 1955 年逝世，享年 74 岁，被后人尊称为"青霉素之父"。

罗素

英国哲学家、数学家、逻辑学家。1872 年 5 月 18 日生于英国蒙茅斯郡，4 岁前父母双亡，由祖母和家庭教师抚养和教育。11 岁开始学习欧氏几何，18 岁入剑桥大学三一学院学习数学和哲学。1895 年获得学位。从 1901 年开始，他经过 10 年的奋战，写成 3 卷本《数学原理》，提出著名的"罗素悖论"，引起所谓"第三次数学危机"。1911 年当选为亚里士多德学会会长。1918 年因反战而遭监禁。1920 ~ 1921 年任北京大学客座教授，其学术观点对当时的中国产生了较大影响。1950 年获诺贝尔文学奖。1964 年设立罗素和平基金会。1970 年 2 月 2 日逝世于英国威尔士。他的代表作品有《西方哲学史》《幸福之路》和《哲学问题》等。罗素是一个人道主义者，他充满正义和良知，而又富含温情、睿智。他的学术活动涉及范围广泛，是 20 世纪最有影响力的哲学家之一。

荣格

瑞士精神病学家，分析心理学的创始人，苏黎世学派的领导者。他 1875 年生于瑞士凯斯威尔乡村，从小性格孤僻。1900 年获巴塞尔大学医学博士学位，1902 年又获苏黎士大学医学博士学位。1906 年开始与弗洛伊德通信，1907 年在维也纳和弗洛伊德会晤，得到器重。1911 年他们共同创立国际精神分析协会，荣格任第一任主席。1914 年与弗洛伊德在理论上产生分歧，独自创立了分析心理学。20 年代由于研究集体潜意识的需要，他远赴非洲考察原始人的心理历程。后来又先后任苏黎士大学和巴塞尔大学教授，直到 1961 年逝世。荣格的主要著作有《力比多的转化与象征》《潜意识心理学》《集体潜意识原型》和《心理学和东方》等。他对心理学、宗教、历史、艺术及文学都有重要贡献，其理论影响直至今日。

凯恩斯

英国经济学家。1883 年生于英国萨伊法。起初在英国财政部印度事务部工作，后任剑桥大学皇家学院的经济学讲师，26 岁时其著作《指数编制方法》获"亚当·斯密奖"。后任《经济学杂志》主编，"一战"前任皇家经济学会秘书，战后任财政部巴黎和会代表。曾在 1929 ~ 1933 年主持英国财政经济顾问委员会工作。1942 年被封为勋爵，1944 年担任国际货币基金组织和国际复兴开发银行的董事。1946 年死于心脏病。凯恩斯最著名的著作是 1936 年发表的《就业利息和货币通论》，它标志着"凯恩斯革命"的开始。凯恩斯的宏观经济理论体系，成为资本主义国家制定经济政策的依据。美国从罗斯福新政开始，几乎历届总统都是凯恩斯主义者。凯恩斯对经济学发展作出了极大的贡献，一度被誉为资本主义的"救星""战后繁荣之父"等。

罗伯特·戈达德

美国最早的火箭发动机发明家，被公认为"现代火箭技术之父"。出生于美国马萨诸塞州。24 岁大学毕业，后进入克拉克大学攻读博士学位。29 岁取得博士学位，留校任教。从 1909 年开始进行火箭动力学方面的理论研究。1919 年发表了经典性论文《到达极高空的方法》，开创了人类飞向其他行星的时代。从 1920 年开始研究液体火箭，1926 年成功地进行了世界上第一次液体火箭的试飞。1929 年又发射了一枚载有仪器的火箭。1935 年他发射的一枚液体火箭第一次超过了声速。他一生共获得过 214 项专利。戈达德起初是不为人们所理解的，人们称他为"月亮人"。在他死后，却获得了极高的荣誉，被追授了航天勋章，美国国家宇航总局以他的名字命名了一个主要基地。

哈勃

美国天文学家，研究现代宇宙理论最著名的人物之一，河外天文学的奠基人。哈勃于 1889 年 11 月 20 日出生于美国密苏里州，曾就读于芝加哥大学，获数学和天文学的校内学位，从那时开始产生了对天文学的浓厚兴趣。在度过短暂的律师生涯后，他来到芝加哥大学设于威斯康星州的叶凯士天文台工作。在获得天文学哲学博士学位并且从军参战以后，他便开始在威尔逊天文台（现属海尔天文台）专心研究银河外星系。在 20 世纪 20 年代，他做出了一系列新发现，其中最重要的贡献是发现了银河系外星系的存在，并对它们进行了分类，发现红移现象，从而论证了他的宇宙不断膨胀的理论。由于他对天文学的贡献，使他获得许多荣誉称号和奖章。他的著作有《星云光谱的红移》和《哈勃星系图集》等。哈勃于 1953 年 9 月 27 日在帕罗马山逝世。

查尔斯·林白

美国飞行家，第一位独自驾机飞越大西洋的人，也是第一位驾机从纽约飞到巴黎的人。查尔斯·林白 1902 年 2 月 4 日生于美国密歇根州的底特律，少年时就读过 11 所学校，成绩很差。1918 年高中毕业后，经营父亲的农场两年。后进入威斯康星大学的土木工程系学习，但由于对所学专业极度缺乏兴趣，在大二时辍学，进入内布拉斯加州林肯郡的一所飞行学校学习飞行表演。1923 年，他买下第一架飞机，即"詹尼"教练机后进行个人表演将近一年。1925 年，他以全年级第一名的成绩毕业，被任命为陆军空勤预备队的第二中尉，但不到一年时间，林白辞职，积极准备尝试人类历史上首度由纽约到法国中途不着陆的飞行，也就是奖金 25000 美元的奥泰格奖。他在圣路易商人的资助下，设计制造出著名的"圣路易精神"号飞机，并于 1927 年 5 月 20 日上午 7 时 52 分从长岛的罗斯福机场起飞，到 5 月 21 日下午 18 时 22 分到达巴黎布尔歇机场，用时 33.5 小时，创造了历史上不着陆飞越大西洋的奇迹。其后 14 年，林白成为世界知名度最高、最受人喜爱的飞行员。在"二战"期间，林白与福特合作制造 B-24 轰炸机，并在太平洋战场担任过 50 次战斗任务。战后他担任泛美航空公司顾问，1954 年被授予空军后备队准将军衔。林白写有《我们》（1927 年）一书，详述他早年的生活；又著有《圣路易斯精神号》（1953 年），叙述更为详尽，并获普利策奖。林白于 1974 年卒于夏威夷基帕胡卢的茂伊。

萧伯纳

英国戏剧家。出生在爱尔兰都柏林一个公务员家庭。1876 年移居伦敦，培养了他对音乐的爱好，并从事新闻工作。后来接受共产主义思想，但始终是个改良主义者。20 世纪 30 年代访问过苏联、中国和美国等。1885 年开始创作戏剧，共有剧本51 部，主要有《鳏夫的房产》《华伦夫人的职业》《康蒂妲》《恺撒和克里奥帕特拉》《英国佬的另一个岛》《巴巴拉少校》《皮格马利翁》《伤心之家》《圣女贞德》和《苹果车》等。萧伯纳的社会问题剧创作受易卜生影响很深，但他对社会问题的揭发和批判，对知识分子和孤独的反抗者的推崇，常常以接近闹剧的形式表现出来。其作品中夸张幽默的语言蕴含着深刻的真理，他也因此成为现代英国资产阶级社会最辛辣的讽刺者。

泰戈尔

印度诗人、小说家、艺术家和社会活动家。他生于加尔各答市一个贵族家庭，家庭文化环境良好，这使他所受到的教育系统而正规，丰富而深切。8 岁时他写了第一首诗，以后便经常写。1878 年赴英学习，两年后回国，专门从事文学创作。1901年他创办学校，改造农村教育。1913 年获得诺贝尔文学奖。1919 年他放弃英政府封他的爵士称号，抗议阿姆利则惨案。去世前写下《文明的危机》，控诉英国的殖民统治。1941 年他在加尔各答去世。泰戈尔一生创作了 50 多部诗集，12 部中、长篇小说，100 多篇短篇小说，20 多个剧本，以及大量哲学、政治方面的论著。《吉檀迦利》是他的诗歌代表作，长篇小说《戈拉》被认为是"现代印度的《摩诃婆罗多》"。他的作品影响广泛，对印度文学作出了巨大贡献。

泰戈尔像

罗曼·罗兰

法国作家、音乐评论家，出生于 1866 年 1 月 29 日。他的父亲是公证人，母亲爱好音乐。他从小受母亲影响，酷爱音乐。16 岁全家迁往巴黎。1886 年，他考入巴

罗曼·罗兰（左）与泰戈尔

黎高等师范学校，期间接受影响了他一生的托尔斯泰艺术观和人道主义，立下"不创作，毋宁死"的誓言。高师毕业后去罗马念研究生，1895 年获博士学位。此后教书，并从事文艺创作。20 世纪初他为让世人"呼吸英雄的气息"，写了几部名人传记。1912 年他的《约翰·克利斯朵夫》问世，使他获得 1915 年诺贝尔文学奖，为世界瞩目。"一战"爆发，他发表反战言论。两次世界大战之间，他创作了多部小说，还发表过诗歌和文学评论等。"二战"期间，他坚持写作，反对侵略。1944 年 11 月在故乡逝世。罗兰是一个有广泛国际影响的作家，一个为争取人类自由、民主与光明而不屈斗争的战士。他的主要作品有《7 月 14 日》《米开朗基罗传》《贝多芬传》《托尔斯泰传》和《约翰·克利斯朵夫》等。

比较文学

兴起于 19 世纪末 20 世纪初的一门新兴学科，是文学研究的一个分支。它以世界文学的眼光，运用比较的方法，对各种文学关系进行跨文化的研究，寻求人类文学的共同规律和民族特色，主要的研究领域有文类学、主题学、形象学、媒介学和比较诗学等。影响研究和平行研究是它的两个基本方法，前者侧重研究各民族文学中存在的事实联系，后者则对没有事实联系的文学现象进行研究。有法国学派、美国学派和苏联学派三大学派。中国早在"五四"时期就引入了比较文学的相关理论，但真正获得发展是在 20 世纪 80 年代初。比较文学是一门有着极大发展前景的新兴学科，比如近年来，随着全球化进程的发展，它又把异质文化的沟通与对话等新课题纳入自己的研究领域。

表现主义

20 世纪初至 30 年代盛行于欧美一些国家的文艺流派。这个词最早是一组油画的题目，1914 年后才逐渐被普遍使用。表现主义在第一次世界大战前后的德国和奥地利流行最广，在绘画、音乐、文学等领域都产生了一批有影响的人物。表现主义是一种反传统的现代主义流派，具有较强的社会批判性。就文学方面而言，诗歌的主题常是厌恶大城市的喧嚣和堕落，形式自由；在小说领域，奥地利的卡夫卡和爱尔兰的乔伊斯最具代表性，他们的作品以离奇怪诞的情节表现现实生活的危机；瑞典的斯特林堡是表现主义戏剧的先驱，他的《到大马士革去》等作品奠定了表现主义戏剧的基本格局，主要特点是内容荒诞离奇，结构混乱，人物类型化，往往用冗长的独白表现思想感情。表现主义作为一种运动，存在的时间不长，但它的反叛精神对现代文学产生了深远的影响。

社会主义现实主义

文学艺术创作手法之一。这个术语及其定义是在 1932 ~ 1934 年的苏联文艺界关于创作方法问题的讨论中，由作家和理论家提出，经斯大林同意后确立下来的。1934 年的全苏作家第一次代表大会的章程中对其定义做了表述，以其为苏联文学与文学批评的基本方法，"要求艺术家从现实的革命发展中真实地、历史地、具体地去描写现实；同时，艺术描写的真实性和历史具体性必须与用社会主义精神从思想上改造和教育劳动人民的任务结合起来"。高尔基等人认为它是在科学社会主义基础上对现实主义艺术进行改造的结果。20 世纪 50 ~ 70 年代，苏联文艺界围绕社会主义现实主义的问题进行了广泛而持久的讨论，马尔科夫提出把它看作"真实地描写生活的历史的开放的体系"，得到了普遍认同。社会主义现实主义首先在苏联确立，后来成为国际化的思潮，布莱希特、伏契克等人都是社会主义现实主义的代表人物。

高尔基

苏联作家，社会主义现实主义文学的奠基人。他出身贫苦，幼年丧父，11 岁即为生计在社会上奔波，但仍在艰难的环境中刻苦自学文化知识，并积极投身社会实践，探求改造现实的途径。1892 年发表处女作《马卡尔·楚德拉》，登上文坛。1906 年，高尔基写成长篇小说《母亲》，标志着其创作达到了新的高峰。《母亲》塑造了世界文学史上第一批自觉为社会主义而斗争的无产阶级革命者的英雄形象，是社会主义现实主义文学的奠基作。俄国十月革命后，高尔基因健康状况不佳于 1921 年到国外疗养。1931 年回国之后，开始《克里姆·萨姆金的一生》的写作，但没有最后完成。1936 年，高尔基因病与世长辞。高尔基开创了无产阶级文学的新纪元，被列宁称为"无产阶级艺术的最杰出的代表"。他的主要著作还有自传体三部曲《童年》《在人间》《我的大学》，以及众多文艺理论、文学评论和诗作。

意识流

"意识流"本是一个心理学术语，美国心理学家詹姆斯曾把意识比喻为流动的"河流"或"流水"。20 世纪 20 年代，欧美一些作家把这种理论直接运用到文学创作中，认为文学应该表现人的意识流动，尤其是潜意识的活动，人的意识流动遵循的是心理时间，这就形成了意识流文学。它不是一个统一的文学流派，也没有公认的统一定义，在实际的运用上也很不同，主要是采用不受时间和空间限制的自由联想和内心独白的表现手法，法国作家普鲁斯特的《追忆似水年华》、爱尔兰作家乔伊斯的《尤利西斯》、美国作家福克纳的《喧哗与骚动》、英国女作家伍尔芙的《到灯塔去》等作品，都是意识流小说的代表作。作为一种创作方法，意识流对很多现代文学流派都产生了影响。

普鲁斯特

法国意识流小说家。他生于巴黎，父亲是医生，母亲是犹太人，家境富有。他从小体弱多病，9岁时得了哮喘病，这种病深刻地改变了他的一生。他从小酷爱文学，后到巴黎大学学习文学，旁听了柏格森的课，并接受了柏格森的"心理时间"的思想。1895年，获得文学学士学位。青年时代的他出入上流社会沙龙，成为上流社会的宠儿。而此时，他的哮喘病越来越严重，开始威胁到了他的生命。从1897年开始，他改变了生活习惯，白天休息，夜晚工作，最终发展到须用极厚的毯子把自己的生活空间包裹起来，他一生的最后十多年时间，便是这样度过的。但就是在如此困难的情况下，他写出了传世之作《追忆似水年华》。1922年逝世。普鲁斯特被誉为意识流小说的先驱，对西方现代文学产生了重大影响。

茨威格

奥地利作家。生于维也纳一个企业主家庭，是犹太贵族家庭后裔，中学毕业后在维也纳和柏林攻读哲学和文学。后到西欧、北非、印度等地游历，1901年出版第一部诗集《银弦》，受到法国象征主义和里尔克等人的影响。他的文学创作的主要成就在传记和中短篇小说方面。传记主要有为巴尔扎克、狄更斯和陀思妥耶夫斯基作传的《三大师》，中短篇小说集有《恐惧》《象棋的故事》等，大多描写孤独的人的奇特遭遇，常用弗洛伊德的心理分析法深入探索人的灵魂。尤其是在《一个女人一生中的二十四小时》和《一个陌生女人的来信》等名篇中，塑造了不少令人难忘的女性形象。另外，他的小说还尝试不同的叙述方法和体裁，如书信体、自述体等，并有所创新。第二次世界大战期间，由于他的犹太人出身，而被驱逐出萨尔斯堡，开始流亡生活，但他无法适应在新环境下的生活，于是在1942年和妻子在巴西自杀。

乔伊斯

爱尔兰现代小说家。他出生于爱尔兰都柏林一个天主教徒家庭，父亲是个穷公务员，生活困窘。父母希望把他培养成神父，但他在中学毕业前对宗教信仰产生怀疑。16岁时他进入都柏林学院学习哲学与语言。大学期间，他热爱文学，尤其是易卜生的著作。后决定献身文学，并"自愿流亡"，长期旅居国外。1904年他的处女作短篇小说集《都柏林人》出版。1916年出版了《青年艺术家的肖像》。1920年接受庞德建议定居巴黎。"二战"爆发后，他迁居苏黎世，于1941年1月13日病逝于此。他一生创作的4部主要作品，都以爱尔兰为背景，而且都如迷宫一样，难于索解。他最有影响的作品是他用8年时间写成的《尤利西斯》，这部书奠定了他在世界文学史上伟大作家的地位，对后来的小说家产生了很大影响。

纪伯伦

阿拉伯小说家和散文家。他出生于一个美丽的山村，从小家庭生活贫困。在一场意外的官司之后，他的家更是变得一贫如洗。他的母亲带着他到美国波士顿最穷的华人区居住，15岁时回国学习。当他再次回到美国后，他的亲人在一年中相继去世，留下一大笔债务。为此他不得不整天卖画撰文。1906 年前后，纪伯伦相继发表了两个短篇小说集《草原新娘》和《叛逆的灵魂》。几年后，纪伯伦发表了中篇小说《折断的翅膀》，作品对母爱进行了热情的讴歌，在社会上和文坛上引起了强烈的反响。从 20 世纪 20 年代起，他的创作重心从小说转向散文诗，其中最为出名的是《先知》和《沙与沫》，《先知》还被称为"小《圣经》"。纪伯伦是 20 世纪阿拉伯文学的一座高峰，是阿拉伯现代文学的奠基者。

阿·托尔斯泰

苏联作家。出身于贵族家庭，1901 年前后受象征主义影响开始文学创作，发表诗集《抒情诗》。第一次世界大战爆发后，曾以战地记者身份到过英国和法国。1918 ~ 1922 年，他过着流亡生活，1923 年回到祖国，创作也开始发生转变。他的代表作有三部曲《苦难的历程》，长篇科幻小说《艾里达》，长篇历史小说《彼得大帝》、《伊凡雷帝》和中篇小说《粮食》等。三部曲包括《两姊妹》《一九一八年》和《阴暗的早晨》，以十月革命前夕、革命时期和国内战争时期的历史事件为背景，描写达莎、卡嘉两姐妹的曲折经历，表明知识分子只有与人民结合，献身祖国才能获得幸福。阿·托尔斯泰擅长描绘大规模的群众场面，安排复杂的情节结构，也是一位语言大师。

卡夫卡

奥地利小说家。出生于布拉格的一个犹太商人家庭，父亲"专横有如暴君"。1901 年进入布拉格大学学习文学，后学习法律，1904 年开始写作，1923 年迁居柏林。他的主要成就是小说创作。代表作有长篇小说《美国》《审判》《城堡》，短篇小说《变形记》《乡村的故事》《地洞》等。卡夫卡生活在奥匈帝国行将崩溃的时代，又深受尼采、柏格森哲学影响，对政治事件也一直抱旁观态度，故其作品大都用变形荒诞的形象和象征直觉的手法，表现被充满敌意的社会环境所包围的孤立、绝望的个人，成为席卷欧洲的"现代人的困惑"的集中体现。如《审判》写银行职员约瑟夫·K 莫名其妙被"捕"，又莫名其妙被杀害的荒诞事件，揭露资本主义社会司法制度的腐败及其反人民的本质。短篇小说《变形记》通过小职员萨姆沙突然变成一只使家人都厌恶的大甲虫的荒诞情节，表现现代社会把人变成奴隶乃至"非人"的"异化"现象。他笔下的主人公几乎都是小资产阶级及其知识分子，是他们之中受欺压的弱者。他们对社会不平，但又无力反抗。他们孤独、恐惧的变态心理是当时社会现实的产物。他的作品画面支离破碎，主题晦涩不明。他被称为现代派文学的鼻祖。

劳伦斯

英国诗人、小说家、散文家，1885 年 9 月 11 日出生于一个矿工家庭。因父母感情不和，母亲便把全部的爱都给了他，这种畸形的爱造成了他人格发展的失衡。1901 年他中学毕业后，当了三年教师。21 岁入诺丁汉大学学习，并开始创作。毕业

劳伦斯像

后继续教书。1910 年母亲的去世使他受到很大打击，后创作了《儿子和情人》。1912 年，他与一教授夫人私奔到欧陆，开始了创作的重要时期。1914 年他们回国结婚。"一战"爆发，虽深受战争苦难，但他仍然坚持创作。战后他们离开英国，在外漂泊 11 年。1926 年他们定居意大利，过起安稳的日子。1930 年 3 月 2 日病逝。劳伦斯主要写长篇小说，共有 10 部，最著名的有《儿子和情人》《虹》《恋爱中的女人》和《查太莱夫人的情人》。劳伦斯的小说语言优美，气势恢宏，有广泛的影响。

艾略特

英国诗人、剧作家、批评家，后期象征主义诗歌最杰出的代表。出生于美国密苏里州圣路易斯的一个清教徒家庭。1906 ~ 1910 年在哈佛大学攻读哲学时，受到新人文主义者巴比特的影响。后去法国，在巴黎大学听柏格森讲哲学，接触到波德莱尔、马拉美等象征派的诗歌。1914 年起定居英国。1922 年创办文学评论季刊《标准》，并任主编，直至 1939 年。1948 年因"对当代诗歌作出的卓越贡献和所起的先锋作用"获诺贝尔文学奖。艾略特的诗歌受法国象征派、文艺复兴后英国剧作家和玄学派诗歌的影响，形象、具体、准确，感情和思想融合，反映了西方社会中存在的怀疑和幻灭情绪。重要的诗歌作品有《普鲁弗洛克情歌》《一位夫人的写照》《荒原》《四个四重奏》等。最著名的诗剧是《大教堂谋杀案》，另外，其批评著作收编为《古今论文集》。

· 第六章 ·

当代史

"二战"后的政治、经济变化

联合国建立

1945 年 4 月 25 日，美国旧金山市中心的大歌剧院里一片沸腾，来自世界各国的人们兴奋地谈论着即将开幕的大会。是什么重要的大会让世界各国的人们聚集到了一起呢？原来，今天在这里举行的大会将要讨论联合国的成立，并制定《联合国宪章》。

下午 4 点左右，美、中、英、苏 4 个发起国和其他国家的代表先后走入歌剧院。紧接着，1800 多名各国记者也进入会场，他们将成为这一历史性时刻的见证人。

联合国是在第二次世界大战期间开始筹备创立的，它是世界人民渴望和平的产物。第二次世界大战的战火燃烧到世界 60 多个国家和地区，有近 20 亿人被卷入战争，其中有 5000 万人死亡，全部交战国直接战费总额计 11540 亿美元。蒙受战争苦难的世界各国人民都迫切渴望实现持久的和平。早在 1941 年英、美两国发表的《大西洋宪章》里，两国首脑就提出了要在战争结束后建立一个"广泛而永久的普遍安全制度"，道出了饱受战争之苦的人们的心声。

1943 年 10 月，中、美、英、苏代表在莫斯科举行会议，并签订了《四国关于普遍安全的宣言》，这是呼吁建立国际安全机构的开端。

1943 年 11 月的开罗会议中，中、美、英三国代表商讨了战胜日本及战后的共同策略。不久，美、英、苏又在德黑兰举行会议，在这次会议期间，罗斯福与斯大林提出了战后成立联合国的建议，但这次会议并没有提出建立联合国的各个细节，这些细节是在一年后提出来的。1944 年 8 月至 10 月，苏、美、英三国代表和中、美、英三国代表分别举行会议，讨论并拟定了《关于建立普遍性国际组织建议》，在这个《建议》中，规定了联合国的宗旨、原则和各机构的组成。

尽管世界各国在维护世界和平方面的宗旨一致，但也存在着很大的分歧，尤其是美国和苏联。作为两种社会制度的代表，美国和苏联永远都是针锋相对。美国的目标是想建立一个战后世界各国的协调机构，而苏联却以防止德、日法西斯侵略力量的再起为目标。此外，苏联代表提出的苏、美、中、英、法五大国享有否决权的问题也遭到了美、英的反对。

在 1945 年 2 月召开的雅尔塔会议上，罗斯福和丘吉尔终于与斯大林达成了协议，接受了苏联关于联合国的组织方案，同意五大国拥有否决权，并把乌克兰和白俄罗斯列为联合国会员国。于是，几个大国才在举行制定联合国宪章的问题上取得了一致意见，并决定"制宪会议"在旧金山召开。

参加"制宪会议"的中国代表是宋子文，当中国代表团成员步入旧金山歌剧院时，早已经在剧场外等候的华侨们激动地跑上前去向代表们献花，并高呼着"中国，中国！"几个月后，当日本法西斯在投降书上签字的时候，世界各地的中国人的喜悦更是无以言表。

在大会的开幕式上，美国代表发表了简短的讲话，接着是新继任的美国总统杜鲁门的讲话。杜鲁门在讲话中强调了联合国对世界和平与人类发展的意义，并一再强调"和平"与"合作"是此次大会的两大主题。开幕式洋溢在一种和谐友好的气氛中。

"制宪会议"持续了整整两个月，这时的会员国已增至 51 个。各国代表都先后在大会上发了言，研讨了会议的组织工作，并确定了英、俄、法、汉和西班牙语为大会正式工作语言。6 月 26 日，大会一致通过了《联合国宪章》，51 个国家的代表在《宪章》上签了字。宋子文和胡适因病缺席，所以中国只有 8 名代表签了字，其中包括中国共产党的代表董必武。为了纪念《宪章》的签订，6 月 26 日这天又被称为"宪章日"。

1945 年 10 月 24 日，联合国正式宣布成立，并把总部设在美国东海岸纽约市的曼哈顿区。

法兰西第四共和国

根据 1946 年通过的新宪法而建立的资产阶级共和国，是法国历史上的第四个资产阶级共和国。1940 年，法国政府向纳粹德国投降，法兰西第三共和国告终。法国光复后，1946 年 10 月 13 日，法国第一届制宪会议修改的新宪法获得通过。宪法宣布法兰西第四共和国成立。第四共和国为议会制共和国，实行多党制。议会由国民议会和参议院两院组成，国民议会为国家权力中心。总统由两院联合选出，任期七年，不掌握实权。总理由总统提名，国民议会任命，政府严格对议会多数派负责。第四共和国时期，法国经济得到恢复，外交上追随美国，连年进行殖民战争；内政上政党林立，党争激烈，民族、阶级矛盾激化，内阁更迭频繁，先后共达 20 届。1958 年 9 月，法国通过新宪法，第四共和国为第五共和国代替。

战后两个德国的形成

第二次世界大战后德国分裂为两个德国的事件。1945 年德国投降后，美、英、法、苏四国分区占领德国及其首都柏林。苏占区逐步向社会主义方向发展，西占区则着重于重建资本主义。1947 年 1 月，美、英合并两国占领区。1948 年 2 ～ 6 月，美、

德国分裂，柏林被一分为二，驻守在柏林墙两侧的士兵只能隔墙相对。

英、法、荷、比、卢六国召开伦敦会议，提出西方三个占领区合并并协调经济政策。6月21日西占区单方面实行货币改革。苏联采取措施对美国进行反击，于1947年6月在苏占区成立德国经济委员会。1948年6月22日，苏联在苏占区发行新币，从6月24日起"封锁柏林"。同年11～12月，东、西柏林分别成立市政机构首先分裂。1949年5月12日，西方占领当局批准西占区德国议会委员会通过的基本法《波恩宪法》。9月20日，联邦德国正式成立。同年10月7日，在苏占区成立德意志民主共和国。

欧洲经济共同体成立

第二次世界大战结束后，昔日欧洲的强国英、法、德、意都被削弱或被打败。为了摆脱美国的控制，抗衡苏联的威胁，维护自身利益，西欧国家选择了走欧洲联合的道路。

战后欧洲的联合最先是从经济领域开始的。1950年5月，法国外长罗贝尔·舒曼提出了崭新的一体化思想。

1952年7月，法国、联邦德国、意大利、比利时、荷兰和卢森堡6国成立了"欧洲煤钢联营"（又称欧洲煤钢共同体），从此迈出了西欧联合的第一步。

1953年，荷兰外长约翰·威廉·拜恩提出了把煤钢联营扩大到其他经济部门的经济联盟计划。1955年5月20日，以拜恩的计划为基础拟了一份荷、比、卢三国备忘录，递交煤钢联营6国外长会议讨论。备忘录的主要内容是6国实施电力、原子能、运输等部门的一体化，并成立全面关税同盟。同年6月2日，6国外长在意大利墨西拿召开会议。会议确定了建立欧洲经济共同体的基本设想和目标。会议决定成立由各国政府代表团和专家组成的筹备委员会，并任命比利时外长斯巴克主持筹备委员会的工作。

1955年7月，成立了由斯巴克领导的专家委员会，负责草拟欧洲经济共同体和欧洲原子能共同体计划。1956年4月，制订出了一份斯巴克报告，提交6国政府代表讨论。1957年2月，最终通过了斯巴克报告，制定了建立欧洲经济共同体的条约草案。1957年3月25日，法国、联邦德国、意大利、荷兰、比利时、卢森堡6国政府首脑和外长汇集意大利首都罗马，签署了《欧洲经济共同体条约》和《欧洲原子能条约》（后通称《罗马条约》）。《罗马条约》共有六大部分，并附有11份议定书和3个专约及若干清单。条约的内容极为广泛，其中心是建立关税同盟和农业共同市场，逐步协调经济政策和社会政策，实现商品、人员、劳务和资本的四大自由流通。《罗马条约》是无期限的，而且没有规定退出条约的程序，却有欢迎其他欧洲国家参加共同体的条文。

　　根据《罗马条约》，欧洲经济共同体设立的主要机构有：（1）部长理事会，是共同体的决策机构，拥有共同体的实际立法权。理事会由各成员国派一名部长级代表组成，主席由成员国按国名字母顺序轮流担任，每届任期半年。（2）执行委员会，是共同体的常设执行机构。执委会成员由各国政府提名，经一致同意后任命，任期 4 年，可连任。成员只对共同体负责。执委会设主席 1 人，副主席 3 人，分工负责共同体各项事务。（3）议会，是共同体的监督和咨询机构，无立法权。（4）法院，是共同体的司法仲裁机构。此外，共同体还设有经济和社会委员会、经济政策委员会、预算委员会、审计院、欧洲投资银行等一系列附属机构和专门机构。

　　1957 年 7 月 9 日～ 12 月 4 日，6 国议会先后批准了《罗马条约》。条约于 1958 年 1 月 1 日生效，欧洲经济共同体正式成立，总部设在比利时首都布鲁塞尔。1965 年 4 月 8 日，6 个成员国签订了《布鲁塞尔条约》，决定将欧洲煤钢共同体、欧洲原子能共同体和欧洲经济共同体的机构合并，统称为欧洲共同体。条约于 1967 年 1 月 1 日生效。

　　欧共体是西欧国家为适应生产国际化与资本国际化趋势建立的国际垄断联盟，同时又是西欧国家在政治上联合的国家集团。

列宁格勒案件

　　1949 年秋，苏联内务部长贝利亚和保安部长阿巴库莫夫掌握下的保安部门突然逮捕了苏共中央政治局委员、部长会议第一副主席、国家计划委员会主席沃兹涅辛斯基，苏共中央负责国家保安工作的苏共中央书记库兹涅佐夫，俄罗斯联邦部长会议主席罗吉昂诺夫，列宁格勒州委、列宁格勒市委书记波普科夫，列宁格勒市委副书记格布斯金等一大批党政军高级干部。接着，又在干部队伍中进行清洗。这批干部大多是日丹诺夫任列宁格勒州委、列宁格勒市委书记时提拔起来的，并且长期在日丹诺夫领导下的列宁格勒地区任职，故这一事件被称为"列宁格勒案件"。

　　贝利亚及阿巴库莫夫对被捕的干部进行残酷的刑讯逼供。1950 年 1 月，苏联最高苏维埃主席团颁布《关于对祖国叛徒、间谍和怠工破坏者施用死刑》的命令。同年9月20日，这一案件的主要人员被苏联最高法院军事法庭判处死刑，并于9月30日和10月1日先后枪决。

"列宁格勒案件"是以贝利亚为首的内务部在马林科夫的协助下制造出来的。斯大林逝世后，马林科夫接替了斯大林生前的职务，担任了苏联党和国家的最高领导职务。

苏共第二十次代表大会

1956年2月14～25日，苏共第二十次代表大会在莫斯科举行。赫鲁晓夫代表中央委员会作了总结报告。报告分析了国内外形势，总结了苏联经济上取得的成就，提出了今后的任务。在阐述对外政策方面，提出"战争并不是注定不可避免"的著名论断，宣布和平共处原则是苏联对外政策的总路线，并认为各国向社会主义过渡的形式将会越来越多样化，某些资本主义国家可能通过议会的道路向社会主义过渡。大会通过了关于总结报告的决议、部分修改党章的决议、关于"六五"计划的指示和草拟新党纲的决议。24日夜，赫鲁晓夫召集大会代表听取了他题为《关于个人崇拜及其后果》的"秘密报告"。这是苏共在斯大林逝世后召开的第一次代表大会，对苏联和国际共产主义运动具有重大历史意义。

赫鲁晓夫工业大改组

1957年，苏联对工业和建筑业进行了改组，废弃部门管理体制，实行经济行政区管理体制。这一改组是苏联在50年代对经济体制实行改革的一个重大行动。

在苏共中央全会上，赫鲁晓夫提出一个供全民讨论的《关于进一步改进工业和建筑业的管理组织》的报告提纲，全会根据赫鲁晓夫的报告通过了一个同名的决议，决定从1957年起在全国范围内进行一次"彻底的改组"。在1957年5月，苏联最高苏维埃也作出决定，赞同对经济管理体制进行改组。这次改组的核心是要"把工业和建筑业的业务管理的重心转到地方上"，改变过去那种通过各专业部门和主管部门进行管理的组织形式，使州（边疆区）和共和国的国民经济委员会成为管理工业和建筑业的"基本环节"，"使领导接近生产，使领导更具体和更有效，并吸收广大劳动群众来管理经济建设"。

苏联在这次改组中主要采取了以下措施：第一，撤销中央和加盟共和国绝大多数的部，把其管理权移交给经济行政区国民经济委员会。这次改组，撤销了25个全联盟部、联盟兼共和国部，只保留了航空、造船、无线电、化工、重型机器制造和运

赫鲁晓夫（左）与波兰总统弗拉迪拉夫·哥穆尔卡在一起。

输建筑 6 个工业与建筑部。加盟共和国撤销了 170 多个部。与此同时，把全国划分为 105 个经济行政区，每区建一个国民经济委员会。在这一管理体制中，经济行政区国民经济委员会是国家管理工业、建筑业的基本组织形式。它负责领导该经济区所属的一切工业和建筑业，具有进行经济和财政活动的一切权力，有权在国家计划范围内解决过去由部解

决的各种重大问题。第二，改组中央经济计划管理机构。在这次改组中，撤销了负责短期计划的国家经济委员会，将国家国民经济长期规划委员会改组为国家计划委员会，以负责全国的长短期计划的综合平衡工作。

赫鲁晓夫从 1957 年起对工业和建筑业实行的改组，对于发挥地方的积极性，促进同一地区不同部门企业之间的协作和该地区生产的合理布局，起到一定的积极作用。但由于这是一次"没有经过周密思考、没有仔细权衡、没有经过实际试验"的改组，它并没有解决原来部门管理体制存在的主要问题。

改组后，如官僚主义、本位主义、科技和管理人员脱离生产部门、效率不高等不良现象依然存在，行政命令的管理方式依然没有改变。由于从部门管理体制改为经济行政区管理体制，即由"条条"管理体制变为"块块"管理体制，又产生了新的管理问题。首先，它削弱了中央的统一领导。这次改组把领导经济的集中与分散原则、部门与地区相统一的原则绝对地对立起来，取消了中央经济计划机关和各部对企业直接进行领导的职能作用，妨碍了部门性专业化和经济区之间的生产联系的发展。中央的计划机关和行政领导部门变成有职无权或无职无权，不能从全局出发对国民经济实行有效的指导。其次，打乱了生产的专业化协作，阻碍统一技术政策的执行。在改组后的管理体制中，计划不协调，工作不一致，壁垒森严，相互隔绝，由于企业和科研机构分散到各个经济行政区国民经济委员会，技术政策的统一也遭到破坏，产品类型、牌号繁杂达到了惊人的地步，根本谈不上任何设备的标准化和零部件的规格化。特别是通过数目众多的经济行政区实现对工业的领导，这本身就把集中的管理机构变为数目庞大的地区管理机构，再加上后来采取的补救措施，又不断增设新的垂直和平行的领导机构，使管理机构更加臃肿不堪。

新经济体制

苏联从 1965 年开始的经济改革中逐步确立的经济管理制度。1965 年 9 月通过了《关于改进工业管理、完善计划工作和加强工业生产的经济刺激的决议》；10 月，部长会议制定了《国营生产企业条例》。这些决议和条例确定了新经济体制的基本原则和主要内容。基本原则是：在不改变集中管理体制的前提下，扩大企业的自主权；

领导生产的重心转向经济方法；贯彻国家、企业和个人三者利益相结合的方针，使工人从物质利益上关心企业的生产成果。主要内容是：恢复部门领导的管理体制；完善计划工作；提高经济杠杆在管理经济中的作用；建立企业经济刺激基金，加强对企业的经济刺激和从物质利益上刺激职工对企业的关心。新经济体制促进了经济的发展，但没有从根本上克服原有体制的弊病，具有很大的局限性和保守性。

勃列日涅夫

苏共中央委员会书记处总书记、最高苏维埃主席团主席。生于冶金工人家庭，17 岁入共青团，1931 年入党。1939年任第聂伯罗波德罗夫斯克州党委书记，后任第一书记。卫国战争期间，在前线从事政治工作。1952 年，当选为中央书记。1960 ～ 1964 年担任苏联最高苏维埃主席团主席，1964 年 10 月当选为苏共中央第一书记，两年后任总书记。后获大将军衔和元帅军衔。1977 年起，兼任苏联最高苏维埃主席团主席。1982 年 11 月逝世。在他任领导人期间，苏联社会各方面虽有

新经济体制是勃列日涅夫执政后的第一项经济改革成果。图前排居中者为 1964 年 10 月上台的勃列日涅夫。

明显的进展，但晚年由于限制人们的探索，导致经济发展下降。他对外推行霸权主义，入侵多个国家，受到了国际舆论的谴责。著有《遵循列宁主义方针》《发达社会主义的经济管理问题》等。

社会市场经济

联邦德国 20 世纪 50 ～ 60 年代实行的经济理论和政策。提出者为其经济部长路德维希·艾哈德。为了适应战后国家垄断资本主义广泛发展的需要，联邦德国成立后，采取既区别于所谓"中央计划管理经济"，又不同于"自由放任"经济的政策。政府坚持自由竞争的市场经济，制定法律和措施保护生产和市场销售的自由竞争。国家不采取企业国有化的方式，而是通过货币、信贷、税收等经济杠杆，利用减税、免税、奖励投资、支持出口、适当限制垄断发展等办法，对国民经济实行一定程度的、有节制的干预。其实质是在维护生产资料私有制的基础上，实现市场经济为主、国家调节为辅的资产阶级改良。该政策刺激了联邦德国的经济发展，使其 50 年代的国民生产总值年增长率高达 8％，1955 年工业产值超过英、法，成为资本主义世界第二大工业国。

新东方政策

联邦德国勃兰特政府推行的改善与苏联、东欧关系的外交政策。1969 年维利·勃兰特出任总理，放弃使联邦德国与苏联、东欧长期对立、加深对美国依赖的哈尔

斯坦主义，而推行新东方政策。具体内容为：改善与苏联的关系，1970年与苏联在莫斯科签订条约，双方保证战后欧洲边界不可侵犯，承认民主德国与波兰以奥得—尼斯河为边界线；改善两个德国的关系，1972年两个德国签署《关于两国关系基础的条约》，实现了国家间的关系正常化，1973年两国同时加入联合国；改善与东欧其他国家的关系，分别与波兰、捷克斯洛伐克、匈牙利、保加利亚等国家建立外交关系。新东方政策反映了联邦德国在国际形势缓和和经济发展的基础上，摆脱美国的控制、谋求独立的外交、提高国际地位的倾向，对欧洲国际关系产生了巨大影响。

法兰西第五共和国

根据1958年新宪法建立的资产阶级共和国。20世纪50年代中期，法兰西第四共和国陷入严重的政治经济危机。1958年6月1日，戴高乐出任政府总理。9月4日，戴高乐政府公布了宪法草案，28日经公民投票通过，10月5日正式宣告法兰西第五共和国成立。总统权力扩大，议会权力缩小，为半总统、半议会制共和国。总统为国家元首和三军统帅，掌握军事、政治和立法的大权，拥有任命总理和各级官员、主持内阁会议、签署法令、解散议会、决定公民投票、在紧急状态下行使独裁的权力。议会无权监督和罢免总统。这些变化适应了巩固垄断资产阶级统治和加强国家对经济生活的干预的需要。第五共和国时期，法国政治上保持了民族独立和自主的内外政策，反对超级大国和霸权主义，大力发展现代科技与民族经济，并延续至今。

法兰西共同体

法国与其已独立和尚未独立的殖民地组成的国家集合体。在第二次世界大战后，法国企图重建已趋瓦解的殖民统治，由法国和海外省、海外领地、归并地、归并国组成法兰西联邦。但殖民地人民争取民族独立的斗争此起彼伏。1958年，法兰西第五共和国宪法规定，成立法兰西共同体代替法兰西联邦，法国总统任共同体总统，各成员国在内政、经济方面有自主权，外交防务等方面仍受法国控制，所有海外领地可以自行决定加入共同体或独立。1959年2月，共同体正式成立，除几内亚独立外所有海外领地均加入。1960年修改后的宪法规定，成员国独立后仍可留在共同体内，其他独立国家也可加入共同体。同年，共同体的非洲成员国先后独立。1961年其组织机构参议院解散，共同体日趋瓦解。至1980年，尚有7个成员国同法国经济联系较密切。

法国五月风暴

1968年在法国发生的以学生、工人为主体的反对戴高乐政府和垄断资本的群众性运动。1968年5月初，巴黎学生为反对大学当局开除学生运动领导人及警察的野蛮镇压，举行抗议活动，占领校舍，筑起街垒，与警察发生冲突。斗争规模迅速扩大，并得到其他地区学生的响应。13日，学生和工人联合举行总罢工、总罢课，巴黎等地900万人示威游行，打出"结束10年个人独裁"要求戴高乐辞职的标语。此后，社会各界广泛投入运动，提出改善经济地位、扩大民主权利的要求。参加运动的人数达千万人，使法国陷入经济瘫痪和社会政治危机之中。18日，戴高乐召开内阁紧急会议，宣称"改革可以，乱来不行"。5月底，资方同意提高工人工资的7%等，政府也许诺实行改革。工人、市民逐渐退出运动，斗争趋向低潮，最后平息。

印度独立

印度在"二战"中，作为协助英国的条件是要求独立。但是对独立的方法，甘地等国民会议派的领导主张统一，另一教派联盟主张巴基斯坦的分离。因此当初计划统一印度独立的英国改变方针，把问题的解决交到了印度人手中。结果，1947年8月，印度分裂，独立成为印度联邦和巴基斯坦两个国家。尼赫鲁当选印度联邦总理，真纳当选巴基斯坦总督。但是，在独立建国时，巴基斯坦分离成为夹印度的跨东西两个地区的国家。东部东巴基斯坦被经济富有的西巴基斯坦支配，两者关系恶化。1971年，经过内战，东巴基斯坦受印度的援助，作为孟加拉国独立。

日本经济的高速发展

1945年8月，美国占领日本后，从控制日本和根除日本军国主义法西斯势力出发，推行了一系列的民主化改革，主要有三个方面的内容：

（1）修改宪法。1946年2月，盟军总部着手修改宪法。同年10月，新宪法经日本国会通过，并于1947年5月3日生效。新宪法规定"主权属于国民"，废除天皇的绝对统治权，而只将其作为日本国的象征；日本为议会制国家，内阁对国会负责，行政权由内阁执掌；保障人民享有基本公民自由；永远不以战争为国策，不得保持陆、海、空军和其他武装力量。日本实现了政治体制的民主化，从而保证了战后日本政局的稳定和经济的迅速发展。

（2）解散财阀，禁止垄断。日本的财阀把持总公司，分派家族成员掌管各公司，派至亲和心腹控制各公司重要部门。他们控制了国家经济命脉，使它成为日本法西斯的经济基础。为此，美国占领当局首先解散财阀，指定三井总公司和三菱总公司等83家公司为持股公司，指定三井、三菱等十大财阀的56人为财阀家族以及与这些财阀有关的625家公司为"限制公司"，规定上述被指定者的所有股票必须交给"持股公司管理委员会"公开出售，并勒令财阀家族及财阀公司负责人一律辞去职务，并解散持股公司。1947年4月，公布了《禁止私人垄断法》和《经济力量过度集中排除法》，成立"公正交易会"，以此防止被解散的财阀复活。这次对日本垄断资本的改组，促进了战后日本企业管理体制的改革和企业经营的现代化，为战后日本经济的高速发展创造了条件。

（3）进行农业改革。废除了寄生地主制，促进了日本农业的恢复与发展。

1945年至1955年是日本经济恢复时期，到50年代中期，日本主要经济指标已达到战前水平。1955 年至 1973 年是日本经济高速发展时期。到 1968 年，日本的国民生产总值跃居资本主义世界第二位，仅次于美国。20 世纪 50 年代中期至 70 年代初，日本经济的高速发展是与国内外一系列的有利条件分不开的。国际有利条件主要有以下几点：首先，战后科技革命浪潮的兴起为日本战后经济高速发展提供了可能性。日本抓住这一有利时机，引进先进技术，迅速缩小了与国外技术的差距。其次，战后世界市场的原料、燃料价格长期稳定、低廉，而工业品价格

20 世纪 70 年代初日本商业一派繁荣景象

"二战"后，美国占领了日本，推行了一系列政治、经济民主化改革。日本明治维新后建立起来的具有浓厚专制色彩的近代天皇制度被废除，取而代之的是资产阶级君主立宪制。从此日本实现了政治体制的民主化，政局稳定，成为战后经济恢复、发展最快的国家之一。

偏高。这种情况对缺乏资源、而工业产品竞争力较强的出口贸易型的日本非常有利。最后，有美国的大力扶植。从国内有利条件来看，战后的民主改革为日本经济的发展开辟了道路；而自民党长期执政，国内政局稳定，也是非常重要的条件。

除了上述有利的国内外客观条件外，推动日本经济高速发展的具体原因还有：第一，把发展国民经济作为压倒一切的中心任务来执行。第二，以资本高积累为基础，进行大规模的固定资本投资，增强各工业部门的生产能力，推动了整个国民经济的发展。第三，大力引进国外先进技术，实行以引进、模仿加改良为起点的技术革命战略。第四，日本吸收和参考欧美先进国家的企业经营管理制度，结合日本传统的"集团意识"和中国的儒家思想，创造日本式管理体制。第五，充分发挥政府干预经济的作用，对经济生活实行方向性的指导。第六，把发展教育作为经济发展战略的重要组成部分，大力培养人才，充分发挥开发智力的先锋作用。第七，扩大进出口贸易，以产品出口带动资源进口，把"出口第一"作为经济纲领，将"贸易立国"当作基本国策。

松下与索尼

松下电器公司的创建者是松下幸之助，1894 年出生于日本和歌。父母双亡的他九岁就不得不离开学校去当学徒。1918 年他创立了松下电器公司的前身——松下电器器具制作所。由于采取了高效科学的管理模式，公司得到迅猛的发展，市场得到迅速的拓展。在 60 年的经营生涯中，松下幸之助把毕生的精力投注于事业中，企业发展蒸蒸日上。松下公司公元 1935 年转变成股份公司，很快发展为日本最大的家用电器产业和世界最大的家用电器产业。在国内外，它拥有 60 家子公司，25.4 万工人和管理人才。

第六章 当代史

索尼公司成立于 1946 年，从生产收音机等小型电器起家，1950 年开始生产录音机及磁带等。微型袖珍收音机是它首创的产品，继而，生产录像机、摄像机以及各种声像设备。这个公司麾下拥有 30 多家工厂和 70 多家分公司，有 13 万雇员。

松下与索尼在相互竞争的过程中不断完善经营理念和管理方式，找到了一条最适合自己的创业道路，它们生产的家用电器、声像设备都是日本乃至世界首屈一指的。

旧金山和约

1951 年 9 月 8 日在美国操纵下部分国家与日本签订的片面和约。1951 年 9 月 4 ~ 8 日，在旧金山召开包括日本在内的 52 个国家参加的对日媾和会议。美国未邀请中国、朝鲜参加。印度、缅甸、南斯拉夫虽被邀请，但未派代表出席。参加会议的苏、波、捷拒绝在和约上签字。和约共 7 章 27 条，主要内容有：日本放弃对台湾、澎湖列岛、南库页岛、千岛群岛的一切权利、权利根据与要求；日本承认朝鲜独立；日本同意将琉球群岛和小笠原群岛等交美国"托管"；各盟国承认日本是一个主权国家；盟国占领军应尽早撤出日本，但外国武装部队可依照同日本缔结的双边或多边协定，在日本领土上驻扎或驻留。1952 年 4 月 28 日和约生效。和约宣告了美国对日本全面军事占领时期结束，日本取得主权国家地位，确立起以军事同盟为基础的日、美特殊关系。

朝鲜的分裂

第二次世界大战后在美国的干涉下朝鲜分裂成两部分的事件。日本投降后，美、苏两国分别占领朝鲜南北部。1945 年 12 月，美、英、苏三国外长会议达成协议，决定创造条件重新使朝鲜统一。但美国于 1946 年 2 月在南部成立"民主议院"。1947 年后，美国加快了分裂朝鲜的步伐。1948 年 5 月 10 日，在美国的操纵下，南朝鲜举行非法的"国民议会"选举，7 月 12 日公布《大韩民国宪法》，8 月 15 日成立"大韩民国政府"。为了回击美国，在以金日成为首的朝鲜劳动党的领导下，于 1948 年 8 月 25 日举行选举，9 月 8 日公布宪法，组成以金日成为首的政府。9 月 9 日，朝鲜民主主义人民共和国成立。1948 年底，苏军全部撤离北朝鲜。但美国军队仍然驻扎在南朝鲜，使两个朝鲜的分裂局面长期存在。

抗美援朝

1950 年 10 月 19 日，中国人民志愿军分批渡过鸭绿江，揭开了抗美援朝战争的序幕。朝鲜战争开始时，朝鲜人民军势如破竹，一直把南韩军队逼到朝鲜半岛最南端的大邱、釜山一线，整个朝鲜即将获得解放。但是，由于美国纠集了 15 个国家（即所谓的联合国军）的军队，突然在仁川登陆，使朝鲜人民军前后受敌，遭受很大损失，撤至北部山区及鸭绿江沿线。美军此时长驱直进，气势正盛。面对武器装备占有绝对优势的敌军，志愿军与朝鲜人民军并肩作战，敢打敢拼，先后进行了 5 次战

朝鲜三八线

　　三八线是位于朝鲜半岛上北纬38°附近的一条军事分界线。第二次世界大战末期，盟国协议以朝鲜国土上北纬38°线作为苏、美两国对日军事行动和受降范围的暂时分界线，北部为苏军受降区，南部为美军受降区。日本投降后就成为南朝鲜和朝鲜民主主义人民共和国的临时分界线，称作"三八线"。

　　三八线以北为朝鲜民主主义人民共和国，以南为大韩民国。三八线总长度248千米，宽度大约4千米。双方一度都有重兵把守，并互相播放广播。近几年局势缓和，基本没有冲突，双方的广播对峙也已经停止。

役，将敌军打回到"三八线"附近。1951年7月，美国被迫坐到谈判桌前。在随后的两年时间里，由于美国无和谈诚意，形成了边谈边打的局面，战斗一直在"三八线"附近展开。到1953年7月美国终于被迫在停战协定上签了字，历时3年的朝鲜战争宣告结束。抗美援朝战争的胜利，粉碎了美帝国主义妄图吞并朝鲜的野心。

中国人民志愿军雄赳赳，气昂昂，跨过鸭绿江。

日内瓦会议

　　1954年2月28日，苏、美、英、法4国外长在柏林会议上达成协议，决定于同年4月在瑞士的日内瓦举行会议，主要讨论朝鲜问题和印度支那问题。

　　4月26日，除苏、美、英、法、中五大国的代表外，还有有关国家的代表参加。中国代表团由总理周恩来率领，日内瓦会议是中国首次以五大国之一的地位和身份参加讨论国际问题的一次重要会议。

　　日内瓦会议的第一项议事日程是讨论朝鲜问题。参加这次讨论的有朝鲜半岛两国、澳大利亚、加拿大、比利时、希腊、哥伦比亚、荷兰、新西兰、菲律宾、土耳其等国的代表。

　　1953年7月27日，随着朝鲜停战协定的签订，朝鲜战争结束了，但朝鲜问题仍悬而未决。根据停战协议的规定，停战3个月内应召开双方高一级的政治会谈，但美国政府丝毫没有解决朝鲜问题的诚意，根本不想召开政治会谈，采取一拖再拖的手法，并于12月12日宣布中断板门店会谈。即使把和平解决朝鲜问题提到了日内瓦会议上，美国还是百般阻挠。

　　会议一开始，朝鲜民主主义人民共和国代表提出了"恢复朝鲜统一和组织全朝鲜自由选举"的方案。韩国代表却提出"在选举前1个月，中国军队应全部撤出朝鲜，联合国军队作为监督方，则在选举和完成统一后撤退"的无理建议，美国代表马上对韩国代表的建议表示了支持。很明显，美、韩是想把整个朝鲜划归旗下，用假和平吞并朝鲜民主主义人民共和国。

周恩来代表中国同朝鲜、苏联代表团协商后指出："联合国是朝鲜战争中的交战方，不能由交战方来监督朝鲜的选举，而应该对选举进行国际监督，成立中立国监督委员会，对全朝鲜选举进行监督。"

澳大利亚、加拿大和苏联代表对周恩来的这一建议表示了赞同。但是，美国还是不甘心，纠合了属于"联合国军"一方的16个代表团于6月15日在会上宣读了"十六国宣言"，决意要破坏和谈。周恩来不肯放过一线和平解决朝鲜问题的希望，他又提出："日内瓦与会国家将继续努力，以期在建立统一、独立和民主的朝鲜国家的基础上达成和平解决朝鲜问题的协议……如果这样一个建议都不能被有关国家通过，那这种反和平的精神将为国际会议留下一个极不良的影响。"但是，美国还是以各种理由阻止了这一最低限度、最具有和解性的建议，致使朝鲜问题在日内瓦会议上的讨论没有取得任何结果。

日内瓦会议对朝鲜问题和印度支那问题的讨论是交叉进行的。从5月8日起，各国代表就开始讨论印度支那问题，参加者除五大国外，还有越南民主共和国、柬埔寨、南越、老挝的代表。

印度支那问题主要讨论包括：停战后一段时期内为越南交战双方武装力量划分集结区，停战的监督和保证，印度支那三国的政治前途等。越、中、苏三国代表主张印支全境停火，政治解决印度支那问题，但法、美等国则坚持军事停火只限于越南，拒绝承认印度支那三国的民族权利。美国的目的很明显，企图延长或扩大印度支那战争。在这种情况下，中国代表团同苏联和越南代表团紧密合作，尽力争取与会国的多数，包括法国，集中反对美国的破坏，推动了会议的发展。

在解决老挝和柬埔寨问题上，中国代表及时折中了有关国家的意见，使与会国就两国的停战问题达成了一些协议。在解决如何划分越南交战双方的集结区问题上，中国代表团也发挥了重要作用。周恩来总理专门与越南胡志明主席和法国新总理孟戴斯·弗朗斯交换意见，进一步协调了越、中、苏的看法，打破了在划分谈判中的僵局，扫除了会议达成协议的最后也是最大的一个障碍。

7月21日，会议通过《日内瓦会议最后宣言》，签订了关于在印度支那三国交战双方停战的协定，结束了法国在这个地区多年的殖民战争和统治，确定了印度支那三国的民族权利。

日内瓦会议表明，国际争端是可以用和平协商的方法求得解决的，不同制度的国家是可以和平共处的。持续了八年之久的印度支那战争通过协定停止下来是日内瓦会议的重大成就，这次会议对维护世界和平起到了巨大作用。

伊朗的石油国有化运动

第二次世界大战后伊朗人民开展的石油国有化运动。战后，石油国有化成为伊朗人民的一致要求。1947年，伊朗政府向英国提出了修改1933年石油协定的要求，但只签订了一个对1933年石油协定的"补充协定"，仅给伊朗增加了一些租让权的税金，伊朗人民更加愤慨，石油国有化运动以更大的规模在全国展开。1951年3月15日，伊朗议会通过了石油国有化方案。4月29日，宣布石油国有化。美、英勾结起来，对伊朗施加种种压力，支持伊朗军队发动政变，并于1954年9月18日迫使伊朗政府与国际财团签订协定，使美、英石油垄断资本重新控制了伊朗石油资源。伊朗人民继续进行斗争，1973年7月13日，伊朗废除了与国际财团签订的协定。1981年9月8日，伊朗石油部宣布废除巴列维王朝与西方多国公司签订的一切合同，从而控制了本国的全部石油资源。

麦卡锡主义

1950～1954年美国反共反民主的政治迫害逆流。战后初期，美国对外实行"冷战"政策，对内推行反共政策，为麦卡锡主义的产生和泛滥提供了条件。1950年2月，麦卡锡发表演说，无中生有地宣称有205名共产党人渗入到国务院，麦卡锡主义开始泛滥。此后，麦卡锡利用参议员的特权，操纵参议院常设调查小组委员会，捏造事实，制造谣言，大肆指控和调查所谓的"共产主义的渗透"，进行非法审讯和法西斯式的政治迫害。麦卡锡主义者对上至政府要员、下至平民百姓进行诬陷诽谤，造成人人自危的白色恐怖局面。其摧残共产党和进步力量，破坏资产阶级民主制度，引起人民群众的强烈反对，且严重干扰资产阶级国家机器的正常运转，也损害了垄断资产阶级的根本利益。1954年12月，参议院通过谴责麦卡锡的决议案，麦卡锡主义从此衰落。

美国黑人民权运动

20世纪50年代中期至60年代中期美国黑人反对种族歧视和种族压迫，争取政治经济和社会平等权利的大规模斗争运动。1955年，亚拉巴马州蒙哥马利市黑人反对公共汽车上的种族隔离制度取得胜利，这是黑人民权运动开始的标志。运动以非暴力主义为指导方针，采取抵制、静坐、游行、和平进军等方式。1963年运动达到高潮。4月，亚拉巴马州伯明翰市爆发黑人抗议示威斗争，迫使当局接受黑人要求。8月，在华盛顿举行了该市有史以来规模最大的示威游行，25万黑人和白人同情者举行争取就业和自由的"自由进军"。美国国会被迫于1964年通过《公民权利法案》，1965年通过《选举权利法》，正式以立法形式结束美国黑人受到的在选举权方面的限制和各种公共设施方面的种族歧视及种族隔离制度。1964年以后，黑人运动走上武装抗暴斗争的道路。

马丁·路德·金

美国黑人运动领袖。金一生致力于反对美国种族歧视、争取黑人自由平等的斗争，并因此被枪杀，死时年仅 39 岁。在其短暂的一生中，曾组织"蒙哥马利市政改进协会"，揭开持续 10 余年的民权运动的序幕，并成为民权运动的领袖；曾主持盛大集会，发表著名的《我有一个梦想》的演讲。由于金对反种族歧视、争取黑人自由平等的斗争所作的巨大贡献，他获得了 1964 年诺贝尔和

1963 年 8 月 28 日，马丁·路德·金在华盛顿特区林肯纪念堂的台阶上发表《我有一个梦想》的演说。

平奖。金被害后，约翰逊总统下令将金受害的那天定为全国悼念日；里根总统把金的诞辰作为全国纪念日；联合国秘书长德奎利亚尔则将其诞辰日作为联合国纪念日。马丁·路德·金的一生是短暂的，但他所为之奋斗的事业却是永恒的，他也因此赢得了世界人民的尊重。

尼克松的新经济政策

尼克松政府为克服美国经济滞胀危机在 1971 年 8 月 ~ 1974 年 4 月实行的刺激经济发展的措施。尼克松上台后，试图减少政府对经济的干预，限制经济增长速度，但未能缓解通货膨胀，反而加剧了失业。1971 年 8 月 15 日，尼克松宣布实行"新经济政策"，目的在于对外维持美元的霸主地位，对内控制通货膨胀，刺激经济回升。它分四个阶段进行：第一阶段（1971 年 8 月 ~ 1971 年 11 月）冻结工资和物价，禁止外国用美元兑换黄金并增收 10% 的进口附加税；第二阶段（1971 年 11 月 ~ 1972 年 12 月）对工资和物价实行管制，把年通货膨胀率控制在 2% ~ 3%，工资增长率不得超过 5.5%，同意将美元贬值 7.89%，并取消 10% 的进口附加税；第三、四阶段都以限制工资和物价增长率为目标。1973 年又将美元与黄金的比价贬值 10%。"新经济政策"的实施是美元在战后国际金融中的霸主地位逐渐消亡的标志。

水门事件

1972 年美国尼克松共和党政府在总统竞选中的非法活动引起的政治案件，因发生在民主党全国总部所在的水门大厦，故名。1972 年 6 月 18 日，有 5 人潜入水门大厦进行窃听活动而被捕。后调查表明，尼克松政府为确保共和党竞选获胜采取了一系列非法行动，闯入水门只是其中之一。1973 年 3 月，调查取得新突破，事件涉及白宫。尼克松最初竭力掩饰，后来不得不声明他对卷入此案的白宫工作人员的行动负有责任。涉嫌此案的白宫官员相继辞职。1973 年 7 月，众议院开始搜集有关尼克松本人插手"水门事件"的证据，并根据确凿的证据决定依据宪法程序弹劾尼克松。

尼克松被迫于 1974 年 8 月 8 日辞去总统职务。福特继任总统后，宣布无条件赦免尼克松的"一切罪行"。"水门事件"是党派争夺的产物，也是美国人民运用宪法权力制约总统非法行为的成功范例。

里根"复兴经济计划"

美国总统里根任内制定和实施的经济改革措施。里根上台后，美国经济面临严重的滞胀局面和 1981 ～ 1982 年战后最严重的经济危机。1981 年 2 月 18 日，里根在其国情咨文中提出了"复兴经济计划"，提出应从调节需求转向调节供应，即从扩大消费转为减税、鼓励投资来刺激生产，削减联邦政府开支，降低通货膨胀。计划主要集中在税制改革和社会福利改革两方面。1981 ～ 1984 年分 3 次把个人所得税共减低 23%，公司所得税最低由 17% 降至 15%。但减税使财政赤字剧增，政府又不得不于 1985 年 5 月进行新的税制改革，大规模减税与大规模增税并举。1986 年 10 月通过的新税法把税率降到 60 年以来最低水平，并且简化了税栏。计划降低了通货膨胀率和失业率，减轻了联邦政府负担，促进了美国经济增长，使其增长速度高达 6.9%，居资本主义国家之首。

1973 年世界经济危机

第二次世界大战后非常严重的一次经济危机。1973 年 11 月，经济危机首先从英国开始，美、日、法等国相继卷入。危机于 1975 年下半年渡过最低点，经济转而回升。此次危机的主要表现是：工业生产普遍持续大幅度下降，整个资本主义世界的工业生产下降 8.1%；大批企业破产，股票行情大跌，美、日、西德等 10 国两年内资本超过百万美元的公司破产 12 万家以上，股票价格下跌总额达 5000 亿美元；失业人数剧增，创战后最高纪录，所有资本主义国家总失业人数 1975 年月平均为 1448 万，美国在 1975 年 5 月的失业率为 9.2%；物价上涨，国际贸易和国际收支逆差严重。危机过后，各国经济没有出现全面高涨，而是进入滞胀时期，经济发展速度减慢相对停滞，但通货膨胀和物价上涨严重，失业率居高不下。

南非种族隔离制度

南非白人种族主义政权推行的对黑人和其他有色人种的种族歧视和压迫制度。南非联邦成立以来，一直推行种族歧视和种族压迫政策。1948 年种族主义政党国民党执政后，以"种族隔离"为纲领，制定一系列法令，将种族压迫法律化和制度化，建立了完整的种族隔离制度。按 1951 年的《种族隔离法》，把南非居民分为白种人、有色人、非洲人等等级，分别隔离，非洲

20 世纪 80 年代，南非爆发了声势浩大的反种族主义示威运动。

人被赶到贫瘠的"保留地"内，而占人口总数不到17%的白人却占有87%以上的肥沃土地；1952年的《通行证法》，规定非白种人必须携带60余种证件，否则即遭监禁或罚款；1959年的《班图自治法》，把非洲人按语言文化的区别分为8个部落自治单位，企图将所有黑人逐步赶到这些地区。种族主义统治遭到南非人民的强烈反抗和国际社会的广泛谴责。

中国恢复在联合国的合法权利

1971年11月11日至12月18日，中华人民共和国代表团出席在纽约举行的第二十六届联合国大会。1945年，联合国成立。中国作为发起国之一，当时共产党派出董必武参加大会，并在《联合国宪章》上签了字。中华人民共和国成立后，宣布中央人民政府为中国唯一合法政府，并致电联合国要求恢复在联合国的合法权利。但美国从中阻挠，使台湾国民党当局得以继续占有中国在联合国的席位。从1961年第十六届联合国大会开始，联合国内外开展了恢复中国在联合国合法权利的一系列斗争。1971年第二十六届联大又展开了"恢复中华人民共和国在联合国组织的合法权利"和"中国在联合国的代表权问题"两项议案的争论。10月25日，联合国大会以76票赞成、35票反对、17票弃权压倒多数，通过阿尔巴尼亚、阿尔及利亚等23国的联合提案，恢复中华人民共和国在联合国的一切合法权利，并立即把台湾蒋介石集团的代表从联合国及其所属一切机构中驱逐出去。11月11日，中华人民共和国代表团到达纽约，并成为联合国安理会5个常任理事国之一。

中美正式建交

中国与美国1979年1月1日正式建交，按照双方协议，美国宣布同台湾断交。美国国务院正式通知台湾当局，美台《共同防御条约》将于1980年1月1日终止。1979年内，美国暂停与台湾签订新的销售武器的协议。当日，华国锋总理就中美建交举行记者招待会，美国总统卡特也发表了电视讲话。1月28日～2月5日，邓小平副总理和夫人应美国总统卡特的邀请，赴美国进行正式访问。这次访问是中华人民共和国成立后，中国领导人第一次对美国的访问。3月1日，中美两国在对方首都正式建立大使馆。同月，中国首任驻美大使柴泽民和美国首任驻华大使伍德科克分别到任。从此，中美两国关系进入到一个新时期。

第十一届亚运会
1990年9月22日至10月7日，第十一届亚运会在北京举行。在这次亚运会上，中国运动员共获得183枚金牌，名列第一。韩国队获54枚，日本队获38枚，分别居第二、三名。10月7日晚，党和国家领导人江泽民、杨尚昆、李鹏、万里、乔石、李瑞环以及亚洲一些国家、地区的首脑和体育官员出席了第十一届亚运会闭幕式。闭幕式上气势宏伟的大型文艺演出《今夜星光灿烂》，异彩纷呈，抒发了中国人民同亚洲各国家和地区人民的深厚感情。

德国统一

战后，东西方特别是美苏之间长期而全面的对抗，致使德国统一的问题迟迟得不到解决。1949 年，联邦德国和民主德国先后建国，1955 年两德分别加入北约和华约，1973 年又同时加入联合国，1975 年一起参加"欧安会"首脑会议最后文件的签字，民主德国与联邦德国并存进一步得到确认。直到 1989 年秋东欧形势出现急剧变化之前，两德和美、苏、英、法四大国都没有认真考虑过德国统一的现实性和可能性。

民主德国的经济是东欧国家中最好的，但它的人均国民生产总值仅及联邦德国的一半。民主德国百姓被联邦德国的高生活水平所吸引，不少人逃往联邦德国。民主德国政府筑柏林墙阻止居民外流，但收效不大。1989 年 10 月 7 日，民主德国庆祝建国 40 周年。柏林、莱比锡等城市爆发示威游行，要求扩大民主，实行改革，放宽出国旅行。警察用高压水龙冲散游行队伍，拘捕数百人。全国形势动荡不安。执政 18 年之久的昂纳克被迫于 10 月 18 日辞职，各级党政领导也大量易人。12 月 8 日到 9 日和 16 日到 17 日，统一社会党举行非常代表大会，决定将党的名称改为"德国统一社会党—民主社会主义党"，宣称民主德国应建立一个实现民主、建立法制、社会平等的民主社会主义社会。

1989 年 11 月 9 日，民主德国开放柏林墙，允许居民自由过境。两天中，有 75 万民主德国人涌进联邦德国。这股洪流把象征分裂的柏林墙"推倒"，使统一问题成为全德人民共同关心的焦点。联邦德国总理科尔抓住时机，于 11 月 28 日提出德国统一的十点计划。民主德国政府反对科尔的计划，但是不久，就改变了态度，于 1990 年 2 月 1 日建议两德通过缔结睦邻条约、建立邦联、主权移交邦联、民主选举等四个阶段实现统一。

统一之夜
柏林议会大厦前悬挂的是联邦德国的国旗。

在迅猛的统一浪潮推动下，美、苏、英、法四大国不断调整对德政策。1990 年 2 月 13 日，两德同四大国在渥太华共同制定了先由两德解决与统一有关的"内部"问题，再由两德同四大国一起解决与统一有关的"外部"问题，即所谓"2+4"方案。

1990 年 3 月 18 日，民主德国举行人民议院选举，结果基督教民主联盟、德国社会联盟和民主觉醒三党组成的德国联盟选胜。4 月 12 日，新政府组成，有 24 名成员，民主社会主义党被排除在外。5 月 18 日，两德财政部长签署了关于建立货币、经济和社会联盟的国家条约。7 月 12 日起，东西柏林的边界卡全部撤销，柏林墙被拆除。

两德于 7 月 6 日开始关于政治统一问题的谈判。1990 年 8 月 31 日，两德签署了实现政治统一的第二个国家条约，规定东西柏林合并，民主德国加入联邦德国。

德国统一涉及欧洲各国的利益和安全，而德国作为"二战"中的战败国，一直受美、苏、英、法四大战胜国的某种监控。因此，科尔政府利用"2+4"外长会议，积极开展外交活动。科尔政府"保证忠于北约和欧共体"，明确表示承认波兰西部边界，并在第三次"2+4"巴黎外长会议上就德波边界问题达成全面协议。苏联坚决反对统一后的德国归属北约。科尔为争取苏联交出德国统一的"最后一把钥匙"，决心从德苏之间的双边交易突破。7月15日，他表示永远承认战后边界；答应把德国统一后的武装力量裁减到37万；允诺向苏联提供120亿马克的无偿援助和近100亿马克的低息贷款等，从而换取了戈尔巴乔夫的点头。1990年9月12日，在莫斯科举行了第四次"2+4"会议，各国外长签署了《最后解决德国问题的条约》。

莫斯科条约照顾到各方的利益。它宣布，统一的德国对内对外拥有完全的主权并可自由结盟。条约确定德国现有领土和边界的最终性，规定苏军在1994年底前撤离原民主德国的地区。德国声明奉行和平政策，放弃制造、拥有和控制核武器、生物武器以及化学武器，并保证在四年内裁军45%。10月1日，四大国外长在纽约发表联合宣言，宣布从10月3日起中止四大国对德国和柏林的权利和责任。至此，德国统一的一切问题都已圆满解决。

1990年10月3日，民主德国正式并入联邦德国。柏林国会大厦升起了联邦德国国旗。分裂了40多年的德国重新实现了统一。

柏林与柏林墙

柏林是德国的首都，位于德国东部的勃兰登堡斯普里河畔。它原是13世纪初由商人建立起的两个聚居地，15世纪合并成一个城市。柏林建城年代为1237年。在1701年，它被普鲁士王国定为国都。到19世纪中期，普鲁士统一了丹麦、法国与奥地利，建立了德意志帝国，把首都也定在这里。第二次世界大战后，柏林城依照波茨坦决议，受苏、美、英、法等国分辖。1949年，德国分为联邦德国和民主德国，由英、美、法分管的西柏林属于联邦德国管辖。

柏林墙是一条长40千米、高约4米的水泥墙，是1961年由民主德国建造的。后来，由柏林墙延伸165千米，作为民主德国与联邦德国的边界。两个德国统一后，柏林墙失去了作用，被拆毁，仅留一小段作为纪念。柏林墙存在了28年。

欧洲联盟

简称欧盟，在欧洲共同体基础上发展而成的组织。1991年12月11日，欧共体马斯特里赫特首脑会议通过了以建立欧洲经济货币联盟和欧洲政治联盟为目标的《欧洲联盟条约》。1993年11月1日条约生效，欧洲联盟成立，标志着欧共体从经济实体向经济政治实体过渡。欧盟总部设在布鲁塞尔。其宗旨是"通过建立无内部边界的空间，加强经济、社会的协调发展并最终建成实行统一货币的经济货币联盟，促进成员国经济和社会的均衡发展"，"通过实行共同外交和安全政策，在国际舞台上弘扬联盟的个性"。部长理事会是欧盟的决策机构，拥有绝大部分立法权；欧洲理事会由欧盟各国国家元首或政府首脑以及欧盟委员会主席组成；欧盟委员会为常设执行机构；欧洲议会为执行监督、咨询权的机构；欧洲法院为仲裁机构。

北约东扩

苏联解体后，西方国家看到扩大北约有利可图，同时，为迎合中东欧国家"回归欧洲"的愿望，开始制订和实施北约东扩的计划。北约东扩的进程大致经历了三个阶段。

第一阶段，建立北大西洋合作委员会。1991年11月苏联解体前夕，北约在罗马召开首脑会议，决定组建有北约和前华约成员国参加的北大西洋合作委员会。由于其宗旨是致力于在北约和苏联及中东欧国家之间建立一种"真正的伙伴关系"，所以北约的这一提议立即得到苏联和中东欧国家的响应。1991年12月该委员会正式成立时，共有北约成员国、苏联和中东欧国家等25个国家参加。

第二阶段，推行北约和平伙伴计划。西方迈出第一步后不久，感到北大西洋合作委员会难以担当演变和融合中东欧及前苏联国家的重任，于是决定敞开北约的大门，接纳这些国家进入。1993年上半年，美国和北约公开表示，应尽快吸收中东欧国家加入北约。但是，考虑到这些国家问题众多、情况复杂，立即接纳会给北约自身带来许多麻烦，同时也会遭到俄罗斯的反对，便想出了一个过渡的办法：先吸收中东欧和原苏联各加盟共和国加入和平伙伴计划，作为它们加入北约之前的热身，待条件成熟后再吸收它们加入北约。这样既稳住了俄罗斯国内的民族情绪，又能让急于加入北约的国家有更多的时间调整自己的内政与经济，尽快地向北约国家的政治、经济模式转化。

第三阶段，北约稳步向东扩展。"和平伙伴计划"提出后，中东欧国家的踊跃加入大大刺激了西方扩大北约的欲望。同时，俄罗斯民族主义和左翼力量的增强，更促使西方产生了防范、遏制念头。于是,西方决定加快北约东扩的步伐。1995年9月，北约常设理事会批准了《关于北约东扩的研究报告》。报告就北约东扩的方式、申请加入国的条件、东扩后北约组织的地位以及与俄罗斯之间的关系等问题进行了阐述。

1996年上半年，西方国家考虑到俄罗斯正在进行总统大选，决定在俄政局未稳的情况下，为避免激怒俄罗斯国内的民族情绪，把北约东扩一事稍稍放松了一些。叶利钦再次当选总统后，北约便宣布加快东扩的步伐。1996年年底，北约理事会决定于1997年7月在北约马德里会议上确定第一批扩员名单。此后立即与第一批扩员国进行了谈判。1997年7月8日，北约东扩的第三阶段达到高潮，波、匈、捷三国被正式确定为北约东扩的第一批国家。1999年3月12日，波、匈、捷三国正式加入北约。

北约东扩已经迈出了实质性的一步，从世界范围来看，它已经加速了大国战略关系的调整步伐，大国之间相互制衡、互联互动的关系格局更加明显。从欧洲范围看，北约的东扩侵犯了俄罗斯在欧洲的利益，严重威胁到了俄罗斯的政治、军事和经济安全。因此，俄罗斯加快独联体一体化特别是军事一体化的进程。北约一定要东扩，俄罗斯一定会抵制，这两种趋势在一定时期内都难以避免，它们之间的这种较量将影响欧洲新均势的形成，也会给世界格局的变化带来许多不确定的因素。

从北约东扩的进程来看，美国在其中起了决定性的推动作用。实质上，美国正是想通过北约东扩扩大其在西欧的影响，继续在欧洲发挥领导作用。

世界贸易组织

通过"乌拉圭回合"谈判在关贸总协定的基础上而产生的规范世界范围贸易、投资和经济合作的国际经济贸易组织。关贸总协定是在美国策动下由23个国家于1947年10月30日在日内瓦签订的，于1948年正式生效，用以调整缔约国对外贸易政策和国际贸易关系方面的相互权利和义务，也指执行这个协定的国际组织。该协定自成立以来，共进行了八轮多边贸易谈判，第八轮"乌拉圭回合"达成了建立世界贸易组织的协定。至1994年12月，其成员有125个国家和地区，总部设在日内瓦。1995年1月1日世贸组织取代关贸总协定，成为独立于联合国的永久性国际组织。世贸组织的宗旨和基本原则与关贸总协定基本相同，旨在通过市场开放、非歧视性和公平贸易等原则，来达到推动实现世界贸易自由化的目标，但其职责范围更大。

美国"9·11"恐怖袭击事件

2001年9月美国东部时间11日上午8时45分（北京时间11日晚8时45分），一架被劫持的由波士顿飞往洛杉矶的波音767型飞机撞击了位于纽约曼哈顿区的世界贸易中心安装有电视天线的一号大厦。飞机把大楼撞了个大洞，在大约距地面20层的地方冒出滚滚浓烟。约10分钟之后，另一架被劫持的飞机拦腰撞入世界贸易中心的二号大厦，成千上万的美国人当时在电视直播中亲眼目睹了这第二次撞击。上午10时30分许，遭到撞击的世界贸易中心双子大厦相继坍塌。此后不久，距白宫不远的地方发生大火，位于华盛顿的美国国防部所在地五角大楼也发生了飞机撞击事件，导致建筑物浓烟滚滚，部分倒塌，美国国会山也发生爆炸并起火，整个美国处于极度的恐慌之中。

美国国防部发布了最高级别的国家安全警报。国会、白宫及政府各部均迅速将所有人员撤离。全国所有航班停飞，机场关闭，所有飞往美国的国际航班转停加拿大。美国总统布什

悲伤的美国人在为"9·11"事件中的死难者做祷告。

在事发之后立即向全国发表了简短声明。他说，这起飞机撞击事件可能是恐怖分子所为，这是一个"全国悲剧"，并发誓捉拿和严惩肇事者。与此同时，美国展开了史无前例的大救援行动。

9月12日，美国总统布什与世界许多国家领导人进行广泛接触，努力寻求建立一个反对各种形式的恐怖主义的国际联盟。当天下午，布什视察了被袭击的五角大楼。

9月13日上午11时起，美国重新开放领空，允许商业和私人飞机恢复飞行。同日，布什重申恐怖分子针对美国的袭击是"战争行为"。

9月14日，美国参众两院先后通过决议，授权布什动用武力对恐怖袭击事件进行报复。同日，参议院通过了紧急拨款法案，批准拨款400亿美元用于反恐怖行动。同日，布什正式宣布全国处于紧急状态。

欧元在欧元区12国正式流通

欧元在1999年1月1日已经问世，但是在到2002年1月1日以前的过渡期内，欧元仅是金融和外汇市场上的账面货币，是一种史无前例的看不见的"无形货币"。在现金流通方面，欧元区国家在此3年中仍然在使用各自的货币。

2002年1月1日，欧元现金开始正式流通，从这天（欧洲人称作"E—day"，即欧元日）起，3亿多的欧洲公民开始使用同一种货币——欧元（英文是EURO）。经过两个月的欧元与原成员国货币的双币流通期后，从3月1日起，欧元纸币和硬币已经成为欧盟15个成员国中12国的法定货币，这12个国家是比利时、德国、希腊、西班牙、法国、爱尔兰、意大利、卢森堡、荷兰、奥地利、葡萄牙、芬兰，即欧元区国家；另外3个欧盟成员国（丹麦、英国、瑞典）出于本国各自不同的情况而暂不采用欧元。从此，12国的货币（比利时法郎、德国马克、西班牙比塞塔、法国法郎、爱尔兰镑、意大利里拉、卢森堡法郎、荷兰盾、奥地利先令、葡萄牙埃斯库多、芬兰马克、希腊德拉克马）全部结束其历史使命，彻底退出流通，欧元终于"一统天下"。

欧元的启动对发展中国家有利有弊，它的建立可以减少国际贸易中数以百亿计的外汇交易费用。

美苏争霸

丘吉尔的"铁幕"演说

1946年3月，美国密苏里州富尔顿城里的威斯敏斯特学院热闹非凡。学院门口车水马龙，院内的草坪上密密麻麻地排列着座椅，3000多名观众陆陆续续地进场，并不断地兴奋高昂地讨论着。原来，英国前首相丘吉尔将在这里进行一次演讲。

在众目睽睽之下，美国总统杜鲁门走上了讲台，他首先对丘吉尔来美访问致欢迎辞。紧接着，丘吉尔在一片掌声中迈着稳健的步子走上了讲台，他满面微笑，向听众们挥动着手里白色的礼帽，发表了题为《和平砥柱》的演讲。

在演讲中，丘吉尔首先对美国进行了吹捧，称其"正高踞在世界权力的顶峰"，随即话锋一转，提醒听众新的战争和暴政正日益威胁着世界，而根源就是苏联和国际共产主义运动。为了表示他本人对世界和平的担忧，丘吉尔沉默了许久，然后带着激动的声音说道："从波罗的海边的海斯德丁到亚得里亚海边的的里雅斯特，已经拉下了一张巨大的铁幕。这张铁幕后面坐落着中欧、东欧古老国家的城市——华沙、柏林、布达佩斯、布拉格、维也纳、贝尔格莱德、布加勒斯特等。这些著名的都市和居民都处于苏联势力范围之内了。这些都市不是以这样就是以那样的形式屈服于苏联的势力范围，而且越来越强烈地受到来自莫斯科的高压控制。"

"在这张铁幕外面，共产党的'第五纵队'遍布各国，刚被盟国的胜利照亮的大地，又被罩上了阴影，到处构成对基督教文明的日益严重的挑衅和威胁。没有人知道，苏联和它的共产主义国际组织打算在最近的将来干些什么……"

"如果我们不趁现在还来得及的时候正视这些事实，而任苏联继续扩大它的势力范围，那么我们的危险会越来越大，所以，现在是我们该做出决定的时候了……"

丘吉尔呼吁英美联合起来，建立"特殊关系"，推动西方民主国家"团结一致"。并建议在军事上"继续保持密切的联系，以便共同研究潜在的危险"，用实力反对苏联。

坐在台下的杜鲁门带头鼓起了掌，他与丘吉尔的想法是非常一致的。自从他接任总统后，马上就表示要对苏联采取强硬政策。尤其是日本投降后，他公开宣称"已厌倦了笼络苏联人"，开始推行一种以苏联为主要对手，以欧洲为重点，以谋求世界霸权为目标的战略。而苏联也不甘示弱，在波兰、罗马尼亚、匈牙利、保加利亚等国建立了人民民主政权，同美国进行直接对峙。1946年2月9日，斯大林发表演说时指出"战争是现代垄断资本主义发展的必然结果"。杜鲁门正为找不到反击苏联的理由而苦恼，于是，马上把这篇演说污蔑为"第三次世界大战的宣言"，并表示赞成美国驻苏联大使馆代办乔治·凯南提出的必须对苏联采取"遏制"政策的建议。

1946年3月，丘吉尔在杜鲁门陪同下，在富尔顿的威斯敏斯特学院发表了著名的"铁幕"演说。

当时国际国内舆论对苏联普遍持有好感，如果一意孤行对苏联采取"遏制"政策，肯定会招来不必要的麻烦。于是，杜鲁门开始寻找志同道合的反共斗士，他首先把目标锁定在英国前首相丘吉尔身上。

丘吉尔发表如此言辞激烈的演说也并非是一时心血来潮，而是当时国际形势与英国的利益、自身的反共情结使然。"二战"后，昔日的日不落帝国风光不再，沦为二流强国，美、苏转而成为世界一流强国。美国始终是维护资本主义国家利益的，就算它在全世界发号施令，英国也还能接受，而作为社会主义国家代表的苏联却也位居其上，很是让英国不服气。于是，丘吉尔在杜鲁门的邀请下欣然来到美国访问，并发表了旨在反苏反共的这一演讲。

丘吉尔的"铁幕"演说是第二次世界大战之后西方政界一位最有身份的人对苏联进行的最公开、最大胆的指责，也是美国统治当局借别人之口发出的对以苏联为首的社会主义阵营开始"冷战"的最初信号。1947年3月12日，美国提出了要求遏制苏联和共产主义的杜鲁门主义，冷战正式开始。

"铁幕"一词不是丘吉尔的首创，但自从丘吉尔这次演说后，"铁幕"便成为战后国际关系中有关东西方对抗的专有名词。

杜鲁门主义

"二战"后英国衰落，经济陷入严重困难，便求助于美国杜鲁门政府代替它来承担对希腊和土耳其的经济负担。

1947年3月12日，杜鲁门总统在国会两院联席会议上宣读了一篇咨文，宣称：希腊受到共产党领导的"几千名武装人员恐怖主义活动的威胁"，希腊的邻国土耳其也需要美国的支持，希腊一旦"陷落"，不仅将给欧洲一些国家带来影响，并且对全世界都具有"灾难性"。这篇咨文后来被称为"杜鲁门主义"。杜鲁门请求国会在1948年6月30日以前，向希腊和土耳其提供4亿美元的援助，并选派美国军事人员前去执行任务，利用一切经济和军事手段来控制希腊和土耳其。杜鲁门主义的目的是"美国决心干涉世界任何其他地方的共产主义以及可能被怀疑为共产主义性质的内部革命"。杜鲁门是代表整个资本主义向社会主义宣战，要在他能办到的一切地方遏制和铲除共产主义。

杜鲁门主义的执行，使希腊沦为美国在南欧的一个据点。同时使土耳其完全受美国的控制，成为美国在黑海口威胁苏联的重要军事基地。杜鲁门主义的影响非常深远，它是战后美国冷战政策的指导思想和理论支柱。只要哪里有进步运动，美国就宣布这个地区或这个国家遭到了"共产主义威胁"，立即给那里的反动政府支持打气，提供经济和军事援助，直至派兵干预。

冷战

第二次世界大战后，以美、英为首的帝国主义国家与社会主义国家之间除武力外的各方面的敌对活动和实力对峙局面。1947年3月杜鲁门主义的出笼为冷战开始的标志，20世纪50年代中期以前为冷战高潮阶段。美国为了遏制苏联，抛出马歇尔计划，组织北约集团。对此，苏联成立欧洲共产党九国情报局、经互会和华约集团与之对抗。除在欧洲形成美、苏为首的两大军事集团对峙外，冷战亦在亚洲、非洲、拉丁美洲展开。美国利用冷战，加强对广大中间地带的控制。20世纪50年代中期至60年代是由全面冷战走向部分缓和的阶段。1959年9月美、苏举行戴维营会谈，1961年6月又举行维也纳会议，由全面对峙逐步转向对话，但冷战仍然存在。20世纪70年代以来进入全面缓和时期。冷战形成了第二次世界大战后初期两极对峙的世界格局，严重威胁着世界和平与安全。

核威慑

核威慑指的是以核力量为基础，以使用核武器相威胁，使敌人害怕遭到核报复，从而不敢发动核战争或常规战争，以此保障国家安全的方略。核威慑实质上是一种"攻心术"和心理战，它能给敌人造成巨大的心理压力，以达到"不战则屈人之兵"的目的。

冷战时期，西方最具有代表性的军事战略思想是"核威慑"战略理论。核武器诞生后，显示了巨大的破坏力，核武器成为国家防务的重要支柱。此后各国竞相发展核武器和核威慑战略理论。冷战期间，美国的核战略（或北约的核战略）经历了5个阶段，即"遏制"战略、"大规模报复"战略、"灵活反应"战略、"现实威慑"战略和"新灵活反应"战略。西方国家通过实施核威慑战略，与苏联进行了长期的核军备竞赛，极大地削减了苏联的经济实力，最终拖垮了苏联。

核威慑虽然不能保证永远不发生核战争，但它却是遏制核战争的最好方法。在今天"相互确保摧毁"的核均势下，核威慑战略还是非常有效的。

核竞赛

核竞赛指的是有核国家竞相发展核武器以扩充核武库，尤其特指冷战时期的美国和苏联。

"二战"时期，美国研制出了原子弹，轰炸了日本的长崎、广岛，显示了惊人的威力。"二战"后，世界各大国开始竞相研制核武器。1949年，苏联研制成功了原子弹，打破了美国的核垄断。1952 年和 1953 年，美苏相继试爆了氢弹。为争夺核优势，美苏核试验次数不断增加，核武器的数量不断增多，核军备竞赛如火如荼。

1962 年，"古巴导弹危机"后，苏联认识到与美国的差距，加快了核武器的研制，核竞赛进入白热化。到了 20 世纪 70 年代末，美苏都拥有了超过实际需要、足以毁灭对方数次甚至毁灭人类数次的核武器。

由于美苏两国认识到即使用核武器对付核袭击成功，自己也无法承受对方的核报复，核战争没有胜利者，因此在 1972 年 5 月，美苏签订《美苏关于限制进攻性战略武器的某些措施的临时协定》（后来又签订多项条约），以缓解核竞赛。

1991 年，苏联解体，核竞赛结束。

欧洲复兴计划

每年的哈佛大学毕业典礼上，都会有一位政界要人或是工商巨子来到学校对即将离开学校的学子们发表演讲。1947 年 6 月 5 日，又是哈佛每年一度的毕业典礼的日子，今年请来的知名人士会是谁呢？

随着学生们的一片喧哗声，美国国务卿乔治·马歇尔走上了讲台。他频频挥手，向台下的同学们致意，然后用他那富有感染力的声音开始了演讲。在这次演讲中，马歇尔描绘了欧洲面临的困难局面，提出了美国对欧洲进行援助的计划，即"欧洲复兴计划"。马歇尔说："在以后的几年中，欧洲的需要大大超过了它的支持能力，而美国应尽最大努力帮助恢复世界正常的经济繁荣……我们的目的就是恢复世界上行之有效的经济制度，从而使自由制度赖以生存的政治和社会条件能够出现……"

马歇尔用 15 分钟就把这一计划叙述得淋漓尽致。他非常投入，台下的学生们也听得入了神。其实，马歇尔计划并不是他心血来潮的结果，而是当时美国对外政策的一个重要组成部分，也是自杜鲁门主义出笼以来的第一次大规模运用。

第二次世界大战期间，美国已经开始扮演世界领袖的角色，企图充当未来世界的霸主。由于美国在战争中本土没有受到攻击，工业基础未遭到破坏，生产力继续提高，而且在战争中美国大发战争财，使其战后成为西方最强大的国家。美国一方面为英、法、德等资本主义殖民国家的没落而暗自高兴，一方面又怕动荡不安的西欧落入到当时以苏联为首的社会主义阵营的势力范围当中。于是，美国政府认为在经济、政治、军事上全面控制西欧的时机到来了，而必须找一个时机恰如其分地抛出所谓的"欧洲复兴计划"，以作为美国全面控制西欧、抗衡苏联、充当霸主的战略的一个部分。哈佛大学是世界知名学府，在这个学府发表演讲就是美国政府认为最恰当的时机。

"欧洲复兴计划"虽然是马歇尔正式提出来的，但在马歇尔提出之前，美国政府早已经把这一计划的雏形进行了多次宣传。

1947 年 2 月 22 日，马歇尔刚刚上任，便在普林斯顿大学发表了对外政策演说，强调鉴于西欧各国经济处于困难，美国应给予各国强有力的援助。3 月 6 日，美国总

美国国务卿马歇尔

统杜鲁门在得克萨斯州贝纳大学发表演说时，声称美国将决定世界经济关系的格局，进一步明确表现出了美国称霸世界的野心。5月8日，受杜鲁门的委托，美国副国务卿艾奇逊在克利夫兰一个集会上发表了对外政策演说，强调欧洲重建要作为一个整体来考虑，要通过贷款或赠予方式解决，以此来保持欧洲的繁荣。艾奇逊的演说其实是马歇尔这次"欧洲复兴计划"的序幕。

马歇尔在哈佛大学的演讲刚一发表，立即在世界范围内引起关注。英、法两国率先响应，6月17日至18日，英、法就"欧洲复兴计划"问题在巴黎举行会谈，19日两国发表公报，对这一计划表示欢迎，并按照美国政府的意思，邀请苏联外长莫洛托夫前来参加讨论。6月27日，苏联派遣了庞大的代表团参加了在巴黎召开的讨论"欧洲复兴计划"的会议。英、法建议欧洲各国就各自的经济资源提出报告，然后拟出欧洲国家统一的经济复兴大纲，这一要求遭到了苏联代表的拒绝。7月2日，莫洛托夫发表声明表示欢迎基于民主的国际合作，但谴责西方各国的做法将导致某些国家对另一些国家内部事务的干涉，并宣布退出会谈。7月12日，英、法等西欧16国在巴黎继续举行会议，决定成立"欧洲经济合作委员会"。实际上，"欧洲复兴计划"应该叫作"西欧复兴计划"。

"欧洲复兴计划"在西欧得到热烈欢迎后，美国加紧将该计划的各项准备工作予以落实。首先，成立了直属总统的对外援助委员会，并制定了具体的方针、政策。作为复兴欧洲的有机组成部分，美国于6月20日给予希腊3亿美元援助，8月14日停止对意大利在美财产的冻结，等等。

1948年4月3日，杜鲁门正式签署了国会通过的《对外援助法》。该法案规定各个参加"欧洲复兴计划"的受援国必须与美国就援助条件签订双边条约，并相对削减同社会主义国家的贸易额。为此，美国还特别成立了经济合作署，开始正式实施"欧洲复兴计划"。

1951年12月31日，"欧洲复兴计划"执行完毕。在这一计划中，美国共向西欧各国援助了131.5亿美元，欧洲16个受援国都不同程度地获得了援助。

"欧洲复兴计划"稳定了资本主义社会的秩序，推动了欧洲经济的一体化。然而，让美国始料不及的是，这一计划不但没有遏制住苏联，反而进一步加剧了冷战。

柏林危机

1948年2月，美、英、法、荷、比利时、卢森堡6国在伦敦召开外长级会议。在这次会议上，美国代表提议在德国西方占领区建立德意志国家。由于美国在德国问题上的主导地位，他的这一主张得到了其他 5 国的赞同。这次会议完全是在美国的操控之下进行的，持续了近 4 个月。6 月 7 日，伦敦会议才告一段落，参会的国家在会后发表公告，决定在德国西区拟定"基本法"，召开"制宪会议"，把美、英、法等国的占领区合并成统一的德意志国家，在建立的"西德"进行币制改革，"西德"的工业生产由 6 国组成的国际管理机构进行管理，等等。伦敦会议为什么没有苏联参加呢？原来，美国召开这次伦敦会议的主要目的就是想排斥苏联在德国问题上的发言权，试图单独解决德国问题，在德国西部建立一个国家，以此作为反苏的前沿阵地。

在"二战"前夕的雅尔塔会议和波茨坦会议上，众参会国达成了在战争结束后由苏、美、英、法 4 国分管德国的协议。德国投降后，苏、美、英、法将德国领土分区占领：苏联占据东区，英国占据西北区，美国占据西南区，法国占据西区，而首都柏林由 4 个国家共同管理。1945 年以后，4 国曾举行过数次外长会议，但 4 国在各自的占领区内实行军事管制，只按照本国政府的政策行事，对本国政府负责，所以各国之间出现的分歧越来越多，很难就同一个问题取得一致的意见，这就使得盟国管制委员会形同虚设。

1946 年底，美、英签订了双方对德国占领区合并的协定。第二年初，苏、美、英、法 4 国外长在莫斯科讨论德国问题，苏联代表在会上提出的建立德国临时中央政府的主张遭到了其他 3 国的反对。同一年，美国开始推行杜鲁门主义和马歇尔计划，加紧了对西欧的控制。尤其是在 1948 年的伦敦会议之后，美国蓄意分裂德国的意图越来越明显。

1948 年 3 月 20 日，对美国行为极度不满的苏联宣布退出盟国管制委员会。6 月 19 日，苏联针对美国宣布将于 20 日在德国西区进行币制改革的消息发表了政府声明，指出柏林是苏占区的一部分，并警告西方国家，如果其对苏占区货币流通进行破坏，苏联将采取措施加强管理，进一步控制西方国家进入柏林的通道。柏林危机由此开始。

美国把苏联的警告当作了耳旁风。6 月 21 日，在美国的坚持下，美、英、法 3 国在德境西占区实行了单独的币制改革，发行了新的德国马克。苏联对美、英等国的上述活动一再提出抗议和反对，但美国依然我行我素。

22 日，苏、美、英、法 4 国代表在柏林召开会议，讨论柏林货币问题。针对德国西区的情况，苏联代表在会上宣布：苏联决定在柏林发行新货币，并拒绝了美国提出的西方 3 国

在柏林墙西柏林一侧的标示牌上写着："注意！你正在离开西柏林。"

管理柏林货币的要求。由于柏林是由4国分管的，美、苏关于柏林货币的问题一时争执不下，双方都声称有权在柏林推行新的货币政策。最后，柏林当局采取了折中方案，允许美国在西柏林执行其货币政策，在东柏林则执行苏联的货币政策。

柏林是苏联红军最先占领的，在攻克柏林的战役中，无论是从兵力还是财力上，苏联的损失都是最大的。而用这么大代价换来的成果却白白地被美国占去了一半，苏联不能不为之恼火。24日，苏联封锁了柏林，中断了西柏林与西方占领区之间的水陆交通。美、英则对苏占区实行交通和贸易限制，并向西柏林空运物资。此时，柏林苏占区和德境西区关系非常紧张，市政管理陷入混乱之中，战争一触即发。

尽管柏林局势非常紧张，但美、苏双方都不愿最先使用武力。1949年1月31日，斯大林表示，如果美、英、法3国同意把建立单独的西德国家推迟到研究整个德国问题的外长会议召开时，苏联将会取消对柏林的交通管制。经过谈判，双方于5月12日解除了对德国各占领区和柏林之间的交通限制。双方还决定于5月23日在巴黎召开4国外长会议，继续就德国问题进行讨论。

5月23日，德意志联邦共和国在西占区宣布成立，10月7日，德意志民主共和国也在苏占区宣布成立。至此，德国被分裂成两个国家。

《北大西洋公约》签署

从1948年7月开始，美国和加拿大同签订《布鲁塞尔条约》的5国举行会谈。9月9日，与会国通过了"华盛顿文件"。文件对即将成立的北大西洋公约组织的性质、范围、缔约国承担的义务及其与欧洲其他组织的关系等，作了详尽的规定。文件还对公约加入国作了初步规定。12月，美、加和《布鲁塞尔条约》组织各国再次集会华盛顿，讨论了条约文本。

1949年4月4日，美、加、英、法、比、荷、卢、丹、挪、冰、葡、意12国外长，在华盛顿的国务院会议大厅举行北约签字仪式。1949年8月24日，各缔约国均按照本国宪法程序完成了批准手续。至此，"北约"正式成立。《北大西洋公约》包括1个简短序言和14项条款，其中以规定协助受攻击缔约国的义务的第5条最为重要，公约签字后，又由美、英、法包办筹建了北约组织机构。

北大西洋公约组织的建立，使美国有了一个向西欧扩张和遏制苏联的工具。它标志着美国的全球战略计划基本完成。

艾森豪威尔主义

来自1957年1月5日艾森豪威尔总统向国会提出的关于中东问题的特别咨文，也称杜勒斯－艾森豪威尔主义。其主要内容是：要求国会授权总统向中东国家提供经济和军事援助，并批准在必要的时候动用美国军队反对所谓"共产主义的侵略"，以保护那些请求援助国家的领土完整和政治独立，并使用美国武装部队镇压中东的民族民主运动。这一声明被称为"艾森豪威尔主义"。在一定意义上，艾森豪威尔主义是杜鲁门主义在中东地区的具体运用。美国企图利用这个计划，镇压中东的民族解放运动，进一步排挤英、法势力，抵制苏联，达到独霸中东的目的。其后，艾森豪威尔主义也被用于中东以外的地区。

猪湾事件

1959年，菲德尔·卡斯特罗领导古巴人民推翻了亲美的巴蒂斯塔独裁政权，摆脱了美国长达60年的控制。随后，卡斯特罗宣布成立古巴临时革命政府，并出任古巴总理兼军队总司令。为了摆脱国内严重的经济困难，卡斯特罗很希望得到美国的经济援助。1959年4月，卡斯特罗曾以私人身份访问了美国，但当他提出要求后，遭到了美方的拒绝。5月，在美洲国家组织的经济委员会议上，卡斯特罗的这一要求再次遭到了美国的拒绝。在得不到外援的情况下，卡斯特罗便在古巴大刀阔斧地实行社会主义改革：没收外国资本，实行经济独立，对外坚持独立自主，并发展和社会主义国家的友好关系。一向骄横的美国不甘心自己在拉丁美洲的利益受到威胁，想方设法要推翻卡斯特罗政权。

1960年，美国政府宣布停止进口古巴食糖。古巴是产糖大国，要靠食糖的出口来换取进口物资和外汇，而美国则占了古巴食糖出口的60%。美国以为以此就能逼卡斯特罗乖乖就范，但卡斯特罗也并非等闲之辈，他向社会主义大国苏联伸出了求助之手。

苏联大批的食糖订单使美国的计划破产了。其实，苏联也早就想扩大自己在西半球的影响，只是一直没有找到机会，古巴的求助正好给苏联制造了一个向古巴渗透的借口。美国政府看到卡斯特罗同苏联关系密切，怒火中烧。10月，美国宣布对古巴实行全面禁运，古巴则宣布将美国在古巴的财产收归国有，两国关系严重恶化。

1960年底，美国总统艾森豪威尔接受美国中央情报局的提议，招募流亡在海外的古巴人，把这些流亡者送到危地马拉的一个偏僻山谷，对他们进行训练并提供装备，组成"古巴旅"，随时准备对古巴发动突然袭击。

1961年1月，新总统肯尼迪刚一上台，就加紧了对古巴的颠覆行动。4月17日，美国中央情报局实施了一项代号为"猫鼬行动"的旨在推翻卡斯特罗的计划。黎明时分，由1400名古巴流亡分子组成的"古巴旅"在美国飞机和军舰的掩护下，于古巴南端的猪湾登陆，并继续向北推进，试图在古巴制造内乱，推翻卡斯特罗政府。

然而，"古巴旅"对猪湾的突然袭击并没有使古巴出现混乱局面。相反，在卡斯特罗的指挥下，古巴军队和民兵与入侵的敌人展开了殊死搏斗。卡斯特罗把猪湾附近一座制糖厂改成了临时指挥部，他高声对他的战友们喊道："击沉所有的船只！胜利是属于我们的！"卡斯特罗非常镇定，古巴军民也异常英勇。而美国雇佣军方面则相形见绌：停泊在猪湾的船只被古巴轰炸机炸沉，4架美国B—26轰炸机被击落，前去进行空袭的 6 架 B－26 轰炸机由于天气原因没有成功。

为了挽救陷在猪湾的"古巴旅"，美国政府命令驻扎在加勒比海地区的美国空军掩护从尼加拉瓜起飞的 B－26 轰炸机对古巴进行轰炸，但这并没有改变"古巴旅"失败的命运。4 月 19 日，即"古巴旅"登上猪湾 72 小时之后，便遭到了全军覆没的惨败。

猪湾事件的第二天，苏联领导人赫鲁晓夫就写信给美国总统肯尼迪，呼吁美国停止对古巴的侵略，并向美国政府发出警告，如果美国继续侵略行为，苏联将向古巴提供反击侵略所需要的一切帮助。猪湾事件发生后，古巴政府也向美国提出了强烈的抗议。然而，美国政府却一再声明美国并没有参与策划和发动猪湾事件，并声称这一事件只不过是"古巴爱国者的杰作"。

不过，美国中央情报局局长艾伦·杜勒斯随后的辞职却向世人昭示了这一事件的真相。

越南战争

越南人民反抗美国侵略者的民族解放战争。1954 年《日内瓦协议》签订后，美国在越南南方取代法国并扶植吴庭艳傀儡政权。又于 1961 年 5 月在越南南方发动"特种战争"，被越南人民在南方民族解放阵线的领导下粉碎。1964 年 8 月，美国又制造了"北部湾事件"，把侵略战争扩展到越南北方。1965 年 3 月，美国直接出兵越南南方，把战争升级为以美军为主的"局部战争"、最后破产。1969 年，美国为了摆脱侵越的困境，转而实行"用越南人打越南人"的计划，又被粉碎。1973 年 1 月 27 日，美国被迫在巴黎签订了《关于在越南结束战争，恢复和平的协定》，美军及其仆从军被迫从南方撤走。但美国支持的伪政权破坏巴黎协定，继续蚕食南方解放区。越南军民实行自卫反击，于 1975 年发动春季总攻势，4 月 30 日解放西贡，彻底摧毁伪政权，5 月 1 日解放了整个南方。

尼克松主义

美国总统尼克松在其任内提出的调整美国对外政策战略重点的外交方针。1969 年 7 月 25 日，尼克松出访途中在关岛对记者发表谈话，提出美国在亚洲的新政策——"关岛主义"。1970 年 2 月 8 日，尼克松在向国会提交的国情咨文中，把"关岛主义"正式发展为美国新的全球战略即"尼克松主义"。其内容为：与盟国建立"平等的伙伴关系"，实际上是要西欧、日本分担防务义务，要美国扶植起来的傀儡或附庸更多地承担军事行动的任务，以使美国腾出手来，收缩战线，加强重点，在自身力量不足的情况下仍然保持霸主的"实力"，以"实力"为后盾进行"谈判"，达到限制苏联实力增长、使苏联"自我约束"的目的；改善对华关系，加强自身战略地位。这是美国的全球战略从进攻转为防守的标志，是美国力图继续称霸世界但又力量不足的表现。

"阿波罗"登月计划

1967年5月，肯尼迪总统下令制定了美国的"阿波罗"登月计划。此计划以国家宇航局为主体，先后组织了40多万人，2万多个公司和研究机关，120多所大学，总共花费了250多亿美元。在计划执行的1961～1969年中，美国先后发射了"徘徊者"系列探测器9个、"勘测者"系列探测器7个和月球轨道环行器5个，以研究人类究竟能否在月球安全着陆以及在何时何处着陆。1965～1966年，美国还实验了载人宇宙飞行的水星计划和双子星计划，以了解人类在太空环境中能否长期生活、在失重条件下能否工作、在宇宙空间能否自由活动等。登月准备工作结束，美国决定正式实施"阿波罗11号"登月行动。

"阿波罗11号"长约25米，重约45吨，由上部的指挥舱、中部的驾驶舱、底部的登月舱三部分组成。发射"阿波罗11号"的是当时世界上最大的火箭"土星5号"，它长约85米，重约2700吨，有200万个工作零件，1个用于火箭自动导航的仪器系统和11个高功率的发动机。

1969年7月16日，在美国佛罗里达州卡纳维拉尔肯尼迪航天发射中心，队长空军上校尼尔·阿姆斯特朗和埃德温·奥尔德林、迈克尔·柯林斯都已经准备就绪，登舱待命。当地时间上午9时半，"土星5号"点火起飞。经过50万千米的飞行，7月20日中午，"阿波罗11号"飞临月球上空，月球舱"鹰"带着阿姆斯特朗和奥尔德林脱离柯林斯驾驶的指挥舱"哥伦比亚"，下午4时17分43秒，"鹰"安全地降落在月球的宁静海地区。阿姆斯特朗打开登月舱舱门，代表人类踏上了在月球上的第一步。随后，奥尔德林也像阿姆斯特朗一样走了下来。他俩在月球上一共待了21小时18分，其中2小时21分是在舱外活动的。他们在月球上插上了一块金属牌，上写："公元1969年7月，来自行星地球的人在此首次登上月球。我们是代表全人类和平地来到这里的。"在金属牌的附近他们竖起了美国星条旗。他们还在月球上收集了一些岩石带上登月舱。22日，他们驾起登月舱离开月球，与围绕月球飞行的柯林斯的指挥舱对接。24日，指挥舱带着三位宇航员重返大气层，安全降落在太平洋上，被停泊在太平洋上的航空母舰"大黄蜂"号打捞上海面，完成了人类的首次登月计划。

星球大战计划

美国总统里根于1983年提出关于建立反弹道导弹防御系统的战略防御倡议。1983年3月23日，美国总统里根宣布，为了确保美国及其盟国在可能发生的美、苏核大战中立于不败之地，美国已制订了《总统战略防御倡议》，其主要内容是建立以定向能（激光、粒子束、微波等）武器为主，包括攻击卫星、反弹道导弹的多层综合防御系统，用以在可能发生的核大战中拦截并击毁对方发射过来的弹道导弹，保护美国及其盟国的生命和财产的安全。因此项计划扩展到宇宙空间并涉及太空武器，

第六章 当代史

故称"星球大战"计划。美国政府于 1985 年 1 月 4 日正式公布此计划。1993 年 5 月美国政府宣布结束"星球大战计划",并将发展文基反导弹防御系统转为发展陆基反导弹防御系统,改战略防御计划局为弹道导弹防御局。"星球大战"计划的出笼,是美、苏核军备竞赛加剧的结果。

TMD 和 NMD

"TMD"和"NMD"是战区导弹防御系统(Theater Missile Defence)和国家导弹防御系统(National Missile Defence)的缩写。

随着冷战的结束和苏联的解体,1993 年美国总统克林顿宣布终止"星球大战计划",取而代之的是"TMD"和"NMD"。 TMD 保护的是美国在全球的军事基地和设施(包括海军舰队)以及美国盟友的安全,所以在全球部署。TMD 包括三大部分:一是保护小区域的"低层点防御系统";二是"高层面防御系统";三是"助推/上升段拦截系统"。目前美国只在远东战区部署 TMD。NMD 保护的是美国本土的军事设施和民用设施,所以在美国本土部署(大部分在阿拉斯加)。NMD 包含六大部分:地基拦截导弹、地基雷达、天基传感器、改进型早期预警雷达,以及作战管理、指挥、控制系统和通信系统。

从实质上说,TMD 和 NMD 是"星球大战"计划的缩小版。美国发展 TMD 和 NMD 将打破全球战略平衡,阻碍核裁军的进程,引发新一轮的军备竞赛,所以遭到了世界上大多数国家的反对。

苏联第一次原子弹爆炸成功

"二战"后期和战后初期,美国加紧扩大核武器生产,苏联等社会主义国家面临着现实的核威胁。

在这种形势下,战后头几年,苏联军事技术发展的重点就是制造和试验导弹核武器,并对一些最有效型号的导弹核武器组织生产。为此,苏联采取了许多重大措施,培养掌握新技术的高级专家,增加科研经费的拨款,建立了很多新的研究所,如物理研究所、放射物质研究所等,推动了科学技术的发展。由于科学技术发展的影响,苏联的工业结构发生了深刻变化,动力、机械制造、化学工业、黑色金属和有色金属生产、建筑建材生产等主要工业部门迅速发展起来。这种变化对苏联国防工业发展和核武器研制起了重大推动作用,并为之提供了坚实的物质、技术基础。

早在 1943 年初,苏联的科学实验机构在科学院士库尔恰托夫的领导下就开始了原子能问题的研究工作。由于学者、发明家、工程师、技术人员等共同努力,1946 年底苏联第一个铀—石墨反应堆开始运转。随后,又建立了强大的实验反应堆和工业反应堆,以便大量生产可分裂物质。著名的苏联学者阿利汉诺夫、亚历山德罗夫、布洛欣采夫等对解决原子问题作出了重大贡献。

1947 年苏联政府声明,原子弹的秘密已不复存在。1949 年 8 月 23 日,苏联成功进行了第一次原子弹试爆，这一爆炸震动全球。9 月 25 日，苏联塔斯社宣布苏联原子武器研究工作已取得成功，并且已经掌握原子武器的生产技术。美国的原子垄断被打破了。

经济互助委员会

简称经互会，1949 年苏、罗、捷、保、匈、波六国在莫斯科成立的国际经济组织。此后，阿尔巴尼亚、民主德国、蒙古、古巴、越南陆续加入。经互会的基本任务是：促成会员国之间经济合作；交流经济经验；相互给予技术援助；在原料、粮食、机器装备等方面相互协助。主要组织机构有经互会会议、执行委员会、常设委员会、秘书处等，还有若干专业性的经济组织。总部设在莫斯科。经互会的成立标志着欧洲经济上的分裂。其经济合作经历了进行商品交换和科技资料交换、推行生产的"国际分工"、实行"经济一体化"三个发展阶段。经互会对打破西方经济封锁、促进各成员国经济发展起到一定的积极作用，但受到苏联的控制，且苏联与其他成员国之间关系不够平等。且 1991 年随着东欧剧变、华约解散、苏联解体，经互会正式解散。

华沙条约

北约组织使苏联感到自身面临着严重的威胁。1949 年 1 月 29 日，苏联外交部针对美国国务院的声明进行严厉谴责，把北约称作"美国和英国统治集团推行侵略政策的主要工具"。此后，苏联在各种场合都猛烈地抨击北约组织，并向联合国大会上诉。1954 年 10 月 23 日，西方国家签订了《巴黎协定》，允许联邦德国建立正规军，并加入北大西洋公约组织，公开重新武装德国。11 月 13 日，苏联政府立即向以美国为首的西方国家发布照会，要求他们不要批准《巴黎协定》，并建议召开全欧洲会议，讨论防止德国军国主义复活的问题，但遭到西方国家拒绝。11 月 29 日至 12 月 2 日，苏联召集阿尔巴尼亚、保加利亚、匈牙利、波兰、民主德国、捷克斯洛伐克和罗马尼亚等东欧七国政府代表在莫斯科汇聚，警告西方国家，一旦《巴黎协定》被批准，苏联与东欧国家将采取共同措施，组建联合武装。但西方国家对苏联的警告置若罔闻。1955 年 5 月 5 日，《巴黎协定》正式生效。5 月 14 日，苏联与东欧七国在波兰华沙签订了《友好互助合作条约》，称为《华沙条约》，简称"华约"。

华沙条约组织具有军事同盟的性质。条约规定：当缔约国之一遇到武装威胁时，其他缔约国应采取一切必要的方式给予援助；设立统一的武装部队司令部和政治协商委员会；缔约国不参加与华约相反的任何联盟或同盟，不缔结与华约相反的任何协定。华约还欢迎一切赞同该条约的国家参加。华约组织的主要机构有政治协商委员会和联合武装部队司令部。前者由缔约国各派一名政府成员或一名特派代表参加，负责审议一切重要的政治、军事问题。从 1960 年以后，政治协商委员会一般由各缔约国执政党的第一书记或总书记以及政府首脑、外交部长、国防部长和华约联合武装部队总司令参加。联合武装部队司令部负责统率根据缔约国各方协议拨归其指挥的各国武装部队。上述两机构总部均设在莫斯科。

华约的建立使东、西方最终形成了两个对立的军事集团，使两大阵营带有强烈的军事对抗色彩，从而使冷战的气氛更加凝重。

华约组织后来成为苏联控制东欧的工具。1968年8月，苏联以华沙条约组织名义，出兵侵占了捷克斯洛伐克。同年9月阿尔巴尼亚退出该组织。1990年10月，民主德国并入联邦德国，民主德国不复存在。1991年4月1日，华约组织宣布解散其军事机构，7月1日，华约6个成员国领导人在布拉格签署议定书，宣布华约结束。至此，华沙条约组织正式解散，两大阵营的对峙宣告结束。北约组织使苏联感到自身面临着严重的威胁。

苏联发射世界第一颗人造地球卫星

1957年10月4日，苏联成功发射世界上第一颗人造地球卫星，由此开始了利用人造天体有规律地研究和开拓宇宙空间的时代。

人造地球卫星是送入宇宙空间的航天器，旨在完成一定的任务并绕地球至少一周。苏联利用洲际弹道导弹将第一颗人造地球卫星"礼炮一号"发射上天，用以测量地球上空大气层的密度和温度。这颗人造卫星的仪器舱重83.5千克，轨道远地点为940千米，近地点为230千米，每96分钟绕地球一周。它于1958年初坠入地球大气层而陨落。

苏联发射第一颗人造地球卫星揭开了人类探索外层空间的新篇章，它说明苏联在开发利用太空的技术方面领先于全世界。其历史意义在于给人类开辟了一条梦寐以求的开发利用太空为自己服务的光明道路。然而从此美苏开始展开太空军事争夺，人造地球卫星被广泛运用到军事领域。

此外，苏联发射第一颗人造地球卫星也有力地推动了世界民用航天事业的发展。目前，全世界的各种应用卫星和科学探测卫星普遍进入实用阶段，并朝着高性能、多用途、长寿命、低成本的方向发展。

戴维营会谈

1959年9月25～27日，美苏两国首脑艾森豪威尔与赫鲁晓夫在美国总统别墅戴维营举行的会谈。50年代中期，东西方的10年冷战开始出现缓和。1959年9月，赫鲁晓夫应艾森豪威尔邀请访问美国。25～27日在戴维营举行会谈，双方就德国的统一、柏林的地位、裁军、禁止核武器、美苏关系等问题交换了意见。会谈中，赫鲁晓夫做出让步，最后双方发表了联合公报。苏联同意取消1958年提出的关于在一定期限内解决柏林问题并与民主德国签订和约的最后通牒；美国同意就柏林地位和德国统一问题召开四大国最高级会议；苏联还正式邀请美国总统于1960年春访苏。这是"二战"后美、苏首脑的第一次会晤，没有取得实质性成果，但使紧张的柏林局势得以缓和，美、苏关系有所改善。会后，赫鲁晓夫大肆宣扬美、苏合作主宰世界的"戴维营精神"。

古巴导弹危机

1961年1月5日，美国宣布同古巴断绝外交关系，并对其实行经济制裁，美古关系恶化。1962年7月，古巴领导人应赫鲁晓夫的要求，双方达成秘密协议：苏联在古巴秘密布置针对美国的进攻型导弹发射系统。于是苏联货船频繁地往来于苏古之间，导弹发射基地建设得非常迅速。

1962年10月22日，肯尼迪宣布实行海上封锁，并且要求苏联立即从古巴撤出核导弹。正当古巴准备反击美国新的入侵时，莫斯科方面却又单独与美国媾和。

然而美国中央情报局早已发现苏联船只频繁出入古巴，这一情报引起美国政府的高度重视，U—2飞机马上被派往古巴进行侦察。间谍照片上清晰地显示出古巴人正在修建导弹发射基地，用于发射苏联萨姆地对空防空导弹，而且还发现苏联在古巴欲布置苏式中程轰炸机。

肯尼迪立即于10月16日召开紧急内阁会议，商讨对策，并组成国家安全委员会执行委员会，负责处理古巴导弹危机事件。执行委员会整整讨论了3天，会议决定：由肯尼迪总统发表演说，向美国和全世界宣布苏联在古巴部署进攻性导弹的事实和美国的对策。

10月22日，美国各大新闻电视网都一齐中断了广播。肯尼迪向美国人公布：苏联正在古巴针对美国秘密部署核导弹。他宣布美国处于战争状态，派军舰封锁近海，切断大西洋通往古巴的一切航线。美国人的封锁开始后，苏联驶往古巴的货船受到美国舰队的拦截而返航。虽然双方没有发生什么冲突，但是在加勒比海岸的局势很严峻。10月底，苏联只好从古巴撤走了导弹和战略轰炸机。

加加林太空飞行成功

加加林出生在莫斯科以西100千米的一个小镇农场里，先后进入技工学校、工业学院和苏联空军学院学习。1957年，他以优异的成绩毕业，进入空军服役。由于加加林知识丰富、技术突出、身体素质优秀，所以不久便被选拔为宇航员加以培养。

1961年4月12日清晨，加加林整装待命，坦然地登上宇宙飞船。9时7分，在一阵巨大的轰鸣声中，火箭的底部喷出橘黄色的火焰，火箭竖直升起，转眼间便消失在天空中。地面的指挥控制中心气氛十分紧张，电子计算机的屏幕上不断显示着火箭的运动轨迹，各种指示灯不断闪烁，打印机发出"哗哗"的响声，打印出各种数据，每个人都屏息关注着火箭的运行情况。9时22分，加加林报告：飞行正常，

首次进入太空

苏联宇宙飞船"东方1号"升空，标志着一个旅行的新纪元从此开始。苏联宇航员加加林是世界上第一个乘坐宇宙飞船进入太空的人，加加林在宇宙舱里绕地球飞行了108分钟，然后在7000米的高空从宇宙飞船上弹出降落。

自我感觉良好。10时15分，报告一切正常，失重状态下没有异常现象。10时25分，加加林报告他已在离地面188千米的高空，以每小时17400千米的速度环绕地球飞行了一周，宇宙飞船的制动火箭已经发射。飞船在返回地球时，由于表面与大气摩擦时产生高温，船体表面已烧成白色，温度高达几千摄氏度。万一船体保护层经受不住高温，后果不堪设想。时间在一分一秒中流逝。10时55分，加加林安全返回地面，一向平静的指挥中心顿时爆发出阵阵欢呼："我们成功啦！成功啦！"苏联人为祖国所取得的这项巨大的科学成就而自豪。一夜间，加加林这个名字便传遍了世界的各个角落，它标志着从今天开始，人类不再被禁锢在地球上。

平安归来的加加林成了苏联人民心目中的英雄。15日，莫斯科举行了盛大的欢庆仪式，加加林在红场列宁墓前受到苏共领导人赫鲁晓夫的亲切接见，并接受了高举红旗的工人游行队伍的祝贺，20门礼炮齐鸣，纪念这一具有重大历史意义的事件。赫鲁晓夫高度评价了这次太空飞行的巨大成就，加加林当之无愧地获得了"苏联英雄"的称号和列宁勋章。

这在世界其他地区也同样引起轰动。英国的《每日镜报》称赞此事是"我们生平中最伟大的奇迹，是本世纪最伟大的经历"。美国新闻界对此事也详细报道，但更多的是对美国政府在航天事业上抓得不力的批评。

联合国通过《外层空间条约》

《外层空间条约》全称为《关于各国探索和利用包括月球和其他天体在内的外层空间活动原则的条约》（以下简称《条约》）。该条约于1966年12月19日在联合国大会上被通过。次年，有关国家分别在英国的伦敦、苏联的莫斯科和美国的华盛顿签字，并决定《条约》于1967年10月10日正式生效。

《外层空间条约》的部分原则规定是对联合国1963年《各国探索和利用外层空间活动法律原则宣言》的补充和发展。《条约》经苏联和美国议定，有62个国家在《条约》上签了字。其主要内容为：世界各国均有权依照国际法自由进入外层空间；对外层空间的探索和利用应以促进全人类共同利益为目标；各国不得将外层空间据为己有，并保证对其利用完全出于和平的目的；禁止将载有核武器的物体放置在环地球的轨道上，或安置在天体或外层空间；不得在外层空间建立军事基地、军事设施或进行军事演习、武器试验；等等。《条约》还就外层空间活动的国际责任和发射物体所造成的损害担负赔偿责任问题及发射国对发射物体的管辖权、控制权及所有权和追索权，作出了一系列原则性规定。

在 20 世纪 60 年代末和 70 年代初，联合国大会又通过了一系列有关外层空间探索利用的补充条约，建立了完整的对外层空间探索、利用的国际法律体系，从而保证人类在对外层空间的探索利用过程中不至于危及人类自身，维护世界人民的共同利益。

苏联入侵阿富汗

阿富汗位于亚洲中南部，虽然经济落后，土地贫瘠，但它是连接亚欧大陆和印度洋的枢纽。20 世纪 70 年代，苏联加紧了与美国争夺世界霸权的步伐，积极推行全球战略。阿富汗在苏联的全球战略中具有特殊的地位，从 1973 年起，苏联便对阿富汗从政治、经济、文化和军事等方面进行渗透，在阿富汗内部培植亲苏势力。阿富汗政局动荡，军事政变不断发生，苏联趁机以支援为名向阿境内派军。1979 年 9 月，试图摆脱苏联控制的阿明发动政变，夺取了政权。苏联担心失去对阿富汗的控制，决定采取军事行动。

1979 年 12 月中旬，苏军把军队集结在预定区域。26 日，280 架大型运输机在喀布尔国际机场和巴格兰空军基地降落，5000 余名苏军和大量军事装备运抵。27 日，空降部队兵分三路向阿首脑机关、电台和国防部进发，入侵阿富汗的战争拉开序幕。苏军的闪击行动，使阿明猝不及防，他本人被杀，苏军控制了首都喀布尔。随后集结在边境的苏军 6 个师，以阿富汗发生政变、受新上台的卡尔迈德之邀的名义，分东西两路进攻阿富汗。8.5 万苏军在亲苏派的支持下，进展顺利。次年 1 月 2 日，两路大军在坎大哈会合，不久苏军占领了阿富汗的主要城市和交通要道。

苏军的入侵激起了阿富汗人民的愤怒，他们奋起反抗，大大小小的起义组织如雨后春笋。他们利用对地形的熟悉，以游击战、运动战为主，不断奇袭苏军和政府伪军。妄想速战速决并一举征服阿富汗的苏军陷入了阿富汗人民游击战争的泥潭之中。

1980 年 2 月，苏军将战略转移到扫荡、清剿反政府的游击队上来，但是阿富汗的地形复杂，苏联现代化机械部队受到严重限制，扫荡并没有收到成效。于是，苏军全面封锁游击队的根据地，切断其对外联系，随后集中优势兵力，分进合击，空降突袭，利用飞机、大炮、坦克对游击队根据地进行猛烈轰炸，清剿根据地的游击队。

出乎苏军意料的是，扫荡和清剿并没有给游击队造成重创，相反，游击队伍迅速壮大到 10 万余人。他们充分采用机动灵活的战术，破坏苏军交通线，频繁向大城市发起攻击，给苏军和政府军造成很大干扰。1985 年，各战场上的游击队进入相互策应、协同作战的新阶段。6 年战争中，苏军共伤亡 3.5 万余人、耗资 400 亿美元，苏联不但看不到胜利的希望，反而背上了沉重的战争包袱，还遭到国际社会的纷纷谴责。

阿富汗人民的勇敢抵抗，使苏联在政治、经济、外交、军事上都承受着巨大的压力。1985 年，刚上任的苏共总书记戈尔巴乔夫改变侵阿政策，将清剿起义军的任务移交阿政府军，苏军只控制重要城市和交通要道。

为把苏军赶出国土,推翻现政权,游击队采用奇袭、破坏交通线、迂回包抄等战术,攻击苏军已被孤立的据点。游击队虽给苏军和政府军造成了很大威胁,但没能改变苏军控制城市和交通线的局面。

在旷日持久的战争僵持和国际舆论的压力下,1988年4月14日,苏联被迫接受了日内瓦会议上达成的协议,从5月15日开始至1989年2月15日,从阿富汗撤出全部军队,苏联侵阿战争结束。

苏联入侵阿富汗,改变了苏联的全球战略,对国际战略格局产生了深远影响,也表明苏联的扩张进入了新的阶段。这场战争不仅使苏联付出了巨大的人力、财力,而且其国际声誉也大大降低,为苏联的解体埋下了重重的伏笔。

"超越遏制"战略

1989年1月,布什当选为美国总统。此时正值国际形势发生巨大变化的时期。东欧社会主义国家施行的改革措施遇到严重的挑战,特别是在戈尔巴乔夫外交"新思维"的影响下,东欧各国的形势在极短的时间里发生了出人意料的变化。在美苏关系上,苏联力求通过同美国的广泛合作来全面改善自己的国际形象,公开宣布不再与美国为敌,并在许多国际问题的处理上不断作出妥协和让步。所有这些变化,都促使布什政府把对外战略进行一次重大调整。

布什对苏政策的主导思想是采取谨慎的方针,他看到戈尔巴乔夫的内外政策虽然确实发生了很大的变化,但还要研究这些变化的性质和意图是否对美国真的有利。通过审议,布什认为应当承认"苏联正在发生的深刻变化",但"对苏联的看法要以苏联制度自身的性质为基础",戈尔巴乔夫的改革还没有使苏联的制度"发生意义重大的变化"。保守势力预言,戈尔巴乔夫的改革会失败,其继承者"可能重新采取对抗的政策",而且认为"不管戈尔巴乔夫将来是成功或失败,或者只是保持生存下来,我们面前都将存在着同苏联的竞争和斗争"。

1989年5月13日,布什在得克萨斯农业和机械大学发表了他的第一次对苏政策讲话,提出美国根据苏联发生的一系列变化,要实施"超越遏制"战略,从而取代战后美国推行了40多年的"遏制"战略。其基本观点可概括为以下三个方面:第一,明确肯定了戈尔巴乔夫的改革和公开性方针符合美国和西方的利益,"西方的政策必须鼓励苏联朝着开放社会演变";第二,在维持足够的军事实力和加强美、欧、日三边联盟的基础上,同苏联继续对话与合作;第三,在以往遏制取得成功的基础上,通过经济、文化、书刊和思想自由交流等途径,"努力谋求把苏联融合到国际社会中来"。

布什的"超越遏制",并不是放弃遏制,而是遏制的发展,它比单纯遏制苏联扩张的目标还高。布什的对苏政策也没有完全放弃里根坚持的实力地位原则,但他更多地采取经济和政治手段,同苏联既竞争又合作,进一步推动缓和与对话。但最终目的是在战胜苏联的前提下,由资本主义取代社会主义,实现资本主义的一统天下,最终实现美国的世界霸权。

"二战"后的革命与战争

越南八月革命

　　1945 年越南人民在印度支那共产党领导下进行的民族民主革命。日军侵占印度支那后，越南人民在印度支那共产党领导下组织武装力量，开展抗日武装斗争，在解放区建立人民政权，力量日益壮大。1945 年 8 月，日本无条件投降。印度支那共产党召开全国代表会议，决定举行总起义，夺取全国政权并发布了总起义的命令。起义相继在各地爆发。8 月 19 日河内解放，顺化、西贡也相继解放。27 日，组成了越南民主共和国临时政府。30 日，日本扶植的傀儡皇帝保大被迫宣布退位。不到半个月，各地起义均获成功，全国从中央到地方都建立了革命政权。9 月 2 日，胡志明主席在河内巴亭广场的群众大会上宣读了越南《独立宣言》，宣告越南民主共和国成立。八月革命的胜利，推翻了越南近千年的君主制度，结束了帝国主义 80 多年的殖民统治。

越南抗法战争

　　1946 ～ 1954 年越南人民反对法国殖民者的民族解放战争。1945 年 9 月 23 日，法国企图恢复其殖民统治，在越南南部发动了殖民战争。1946 年 12 月 19 日，法国殖民军进攻河内，越南人民在越南劳动党和胡志明的领导下，开展了全面的抗法救国战争。战争初期，法军处于优势，但越南军民经过一年战斗，收复了部分城镇，消灭了大批法军，挫败了法国殖民者"速战速决"的战略。此后，战争进入相持阶段。越南军民坚持以游击战为主、以运动战为辅的方针，逐步扩大解放区。1948 ～ 1949 年，取得了一系列反扫荡战役胜利。从 1950 年起，越南军民不断发动反攻，消灭了法国殖民军大批有生力量。1954 年 5 月 7 日，越南在奠边府取得了决定性的胜利，改变了整个印度支那战场的形势。1954 年 7 月 21 日，法国被迫签订《日内瓦协议》。越南抗法战争取得历史性胜利。

胡志明

　　越南劳动党主席，越南民主共和国第一任主席。1890 年出生，幼名阮必成，后名阮爱国，40 年代初改名胡志明。早年做过教师、海员和杂役。胡志明一生致力于争取越南的民族解放和独立。曾于 1927 年在广州成立越南青年革命同志会；1930 年成立印度支那共产党；1941 年发起成立越南独立同盟，与法国殖民者和日本帝国主义展开了坚决斗争。1945 年革命胜利后，发表《独立宣言》，成立越南民主共和国，并任临时政府主席，后任主席、总理。在胡志明的领导下，越南人民取得了长达 9 年的抗法战争的胜利，60 年代取得了抗美救国战争的胜利。1969 年，胡志明在河内逝世。胡志明一生都在斗争生涯中度过，为越南人民的独立与解放贡献了毕生精力，赢得了越南人民的爱戴。胡志明还多次到中国，奠定了中越关系的基础，受到中国人民的尊敬。

奠边府战役

越南在抗法战争中的一次具有决定性意义的战役。1951 ~ 1953 年，进入抗法战争反攻阶段的越南军民取得了一系列的胜利。法国殖民者为挽回败局，在美国参与下制定"纳瓦尔计划"，妄图在一年半内消灭越南的抗战力量。1953 年 11 月，大量法军侵占越南西北战略重地奠边府，构筑坚固工事，把它变成进攻解放区的战略据点。12 月，越南军民发动攻势，解放莱州并包围了奠边府。1954 年初，以胡志明为首的越南劳动党中央，决定发动奠边府战役。3 月 13 日，越南人民军对奠边府发起进攻，经过 55 天激烈战斗，于 5 月 7 日解放奠边府，全歼法军 1.6 万余人，活捉法国奠边府守军司令德卡斯特莱少将。这一胜利彻底粉碎了法国的"纳瓦尔计划"，扭转了整个印度支那战局，迫使法国政府于 7 月 21 日签订了《日内瓦协议》，对恢复印度支那的和平起了决定性作用。

印度尼西亚八月革命

1945 年爆发的印度尼西亚资产阶级民族民主革命。1945 年 8 月 15 日日本投降后，印度尼西亚人民强烈要求摆脱荷兰独立。在革命形势的推动下，8 月 17 日，苏加诺和哈达在雅加达发表《独立宣言》，宣布印度尼西亚独立，成立印度尼西亚共和国。全国立即掀起反帝高潮，八月革命爆发。人民群众夺取日军武器，占领车站、电台、发电厂、船坞等要害部门，建立政权机构。18 日，各政党、社会团体领袖召开"印度尼西亚独立筹备委员会"会议，通过印尼共和国宪法，选举苏加诺为总统，哈达为副总统，印度尼西亚共和国正式成立。11 月组成以右翼社会党人沙里尔为总理、共产党人沙里佛丁等参加的国会制内阁。八月革命结束了荷兰在印度尼西亚的 350 多年的殖民统治和日本法西斯 3 年多的军事占领。荷兰殖民军被迫于 1949 年底撤出印度尼西亚。

印尼"九三〇"事件

印度尼西亚反动势力发动的大规模镇压共产党人和进步人士的事件。为消灭印尼共产党和工农运动，1965 年 9 月底，以苏哈托、纳苏蒂安为首的右派军人集团组织"将领委员会"，密谋于 10 月 5 日前发动政变颠覆苏加诺政权。9 月 30 日，以苏加诺总统警卫队第三营营长翁东中校为首的一批军官，为反对这一政变阴谋发动了"九三〇运动"，逮捕和处决了一些右翼高级将领。10 月 1 日，以苏哈托为首的军人集团发动政变，镇压"九三〇运动"参加者，剥夺苏加诺实权，并大肆逮捕和杀害共产党人和进步人士，破坏共产党的组织。1966 年 3 月 11 日，苏加诺被迫宣布由苏哈托代行总统职权。从 1966 年起，苏哈托政权掀起反华、排华浪潮，并于 1967 年 10 月 30 日中断与中国的外交关系。1968 年 3 月 27 日，临时人民协商会议正式任命苏哈托为总统。

苏加诺

印度尼西亚民族运动的领导者，印度尼西亚共和国第一任总统。苏加诺于 1901 年出生于一个贵族家庭，1927 年出任印尼民族联盟主席，提出"立即独立"的口号，后被捕。苏加诺一生致力于争取印尼的民族独立，并为此进行了不懈的斗争。1945 年，苏加诺发表《独立宣言》，宣告印尼独立，并当选为第一任总统。1955 年 4 月他主持召开了万隆会议，为亚非国家的团结和联合斗争发挥了重要作用。1965 年后，其总统权力逐渐被剥夺，1967 年开始退居二线，将权力交给苏哈托。后被迫辞去总统职务，1970 年病逝。作为印尼历史上的首位总统，苏加诺不仅为印尼的民族独立作出了重要的贡献，而且为加强亚非人民的团结贡献了积极的力量。

伊拉克革命

1958 年 7 月伊拉克"自由军官组织"发动的推翻费萨尔王朝统治的资产阶级民主革命。第二次世界大战后，伊拉克费萨尔王朝依然实行反动统治，对内残酷镇压人民群众的反帝反封建斗争，取缔一切政党和组织，迫害爱国进步人士；对外参加《巴格达条约》，反对阿拉伯民族解放运动，为帝国主义扩张效劳，激起了伊拉克人民的激烈反对。1952 年 9 月，中下级爱国军官开始秘密组建"自由军官组织"。1956 年底～1957 年初，各地"自由军官组织"联合起来，成立自由军官最高委员会，卡赛姆任主席。1958 年 7 月 14 日晨，"自由军官组织"在人民的支持下发动武装起义，推翻王朝统治，处死国王，宣告伊拉克共和国成立，组成以卡赛姆为总理的共和国政府。伊拉克革命打击了帝国主义在中东地区的扩张战略，鼓舞了中东人民的民族民主运动。

马科斯专制统治

1965 年 12 月，马科斯入主马拉卡南宫，建立统治菲律宾的马科斯-伊梅尔达王朝。马科斯竞选连任后，菲律宾的政治经济状况开始恶化。1969 年，马科斯为竞选耗去 1.68 亿美元，直接造成了菲律宾的通货膨胀，从而也使菲律宾的社会秩序和政治稳定面临威胁。工人举行罢工，抗议由通货膨胀而引起的物价上涨和工人失业；农民涌入马

反对马科斯专制的群众游行队伍

尼拉示威，抗议地主的压迫和剥削；学生举行示威游行，抗议亲美政策，并要求进行社会政治制度改革。而菲律宾共产党的武装斗争和南部的独立运动，更使马科斯政权受到威胁。

1972 年 9 月 21 日，马科斯宣布实行军事管制，查封一切传播媒介，并对其政敌和反对派领袖实行大逮捕。在被逮捕和拘留的人中，最著名的是自由党领导人参议员贝尼尼奥·阿基诺。为了参加议会选举，马科斯宣布成立了以他为首的党——新社会运动党。由于各政党已被取缔多年，不可能立即组成新党与之竞争。结果不言而喻，新社会运动党获胜，马科斯在新成立的临时国民议会上宣誓就任总理，同时还根据宪法的过渡条款，继续兼任总统。

鉴于菲律宾经济的飞速发展以及政治对手贝尼尼奥·阿基诺于 1980 年 5 月去了美国，马科斯于 1981 年 1 月宣布取消军管，以消除人民对他专制统治的不满情绪。然而，军管的废除为群众性的民主运动创造了条件。就在菲律宾国内群众运动走向高涨之时，在美国养病的贝尼尼奥·阿基诺决定回国。1983 年 8 月 21 日，贝尼尼奥·阿基诺在马尼拉国际机场中弹身亡。这一谋杀事件使人民蓄之已久的积怨和不满一下子迸发出来，成百万愤怒的人民参加了"革命英雄"阿基诺的葬礼。随之便是各反对党及民主主义组织公开发动和领导群众集会、示威和游行，"反独裁、反暴政""马科斯辞职"的呼声高涨，马科斯政权已岌岌可危。

为了打击反对派，马科斯宣布于 1986 年 1 月 17 日提前举行总统选举，企图趁反对派无充分准备之机战胜对方。这时，两名反对派领袖阿基诺夫人科拉松·阿基诺和"统一民主组织"领导人劳雷尔实现了政治上的合作，科拉松·阿基诺竞选总统，劳雷尔竞选副总统。1986 年 2 月 7 日举行的总统大选，吸引了世界各国政界和关心菲律宾民主化进程的人们的视线。经过全国选举委员会缓慢的查票，到 1986 年 2 月 25 日才公布了投票结果：马科斯获 10807197 票，科拉松·阿基诺获 9291761 票。这样，马科斯又一次"当选"为菲律宾总统，并于 2 月 25 日中午在马拉卡南宫宣誓就职。

然而，"选举结果"尚未公布，人们就感觉到这次选举的不真实性。于是，马尼拉发生了兵变，国防部长恩里莱和副总参谋长拉莫斯于 1986 年 2 月 22 日率兵反叛。经过 4 天的战斗，2 月 25 日，就在马科斯宣誓就职的那一天，80% 的武装部队控制在反叛力量的手里，"新总统"马科斯停止抵抗。当天，马尼拉又举行了第二个总统宣誓就职仪式，在菲律宾出现了两个"总统"，一个是由国民议会承认的马科斯，一个是由国民议会中反对派成员承认的科拉松·阿基诺。但这种局面只维持了几个小时，当晚，马科斯就动身离开了马拉卡南宫，至此，马科斯专制政权宣告垮台。2月26日，在马科斯逃离菲律宾19个小时后，科拉松·阿基诺宣布了新的内阁主要任命名单，菲律宾进入了"阿基诺时代"。

印巴战争

　　印巴战争是印度和巴基斯坦之间发生的战争，共3次。战争的起因是克什米尔归属问题和东巴基斯坦问题。

　　前两次印巴战争双方都没有取得决定性战果。1971年，东巴基斯坦发生动乱，印军于11月21日从东、北、西三面分十路向东巴基斯坦发起了进攻，第三次印巴战争爆发。东巴守军在数量和武器上处于劣势，但是他们的顽强抵抗挫败了印军速战速决的意图。印军在东巴首府达卡周围空投了大批伞兵，切断了东巴守军之间的联系，包围了达卡。与此同时，印度的海军和空军从海上和空中封锁了东巴，切断了东巴与西巴之间的联系，使东巴处于孤立无援的境地。12月16日，印军向达卡发起总攻，东巴指挥官尼亚兹中将向印军投降。不久，东巴成立孟加拉国。

　　在西线，巴军主动向印军进攻，印军发起反击。双方海、陆、空三军激烈对峙，战线呈犬牙交错状。后因东巴沦陷，巴军宣布停火。

　　在这次战争中，印度采取了正确的西守东攻的战略，集中优势兵力，利用对手东西分离的弱点，肢解了巴基斯坦，削弱了对手。

古巴革命

　　由菲德尔·卡斯特罗领导的古巴人民推翻巴蒂斯塔独裁政府，建立人民革命政权的武装革命。为反对巴蒂斯塔独裁统治，1953年7月26日，卡斯特罗率领100多名青年发动起义失败后被捕，1955年获释后流亡墨西哥，建立"七二六运动"组织，提出建立民主制的纲领。1956年12月2日，卡斯特罗等回国，建立游击根据地，点燃了古巴全国革命斗争的火焰。1958年3月17日，古巴42个群众团体发表联合宣言，反对独裁政府血腥统治。7月，起义军同国内各派反独裁力量在委内瑞拉签订《加拉加斯协议》，组成反巴蒂斯塔的革命阵线。8月，切·格瓦拉率军挺进拉斯维利亚省，打开通向哈瓦那的道路。1959年1月1日，起义军进入哈瓦那，建立革命临时政府，卡斯特罗任武装部队总司令。同年2月任政府总理。古巴革命取得胜利，并向社会主义过渡。

古巴领导人卡斯特罗

埃及七月革命

1952 年埃及"自由军官组织"发动的推翻法鲁克封建王朝，建立资产阶级共和国的革命。第二次世界大战后，埃及人民反对英国殖民者和封建王朝反动统治、争取民族独立的斗争不断高涨。由青年军官秘密组织的"自由军官组织"在纳赛尔的领导下，积极准备推翻王室。1952 年 7 月 23 日，"自由军官组织"发动起义，并控制了首都。26 日，法鲁克国王被迫宣布退位，逃往意大利。起义者成立"革命指导委员会"，没收王室的土地，取消社会等级和贵族封号，清洗腐败的国家机构，颁布土地改革法，废除了 1923 年宪法。1953 年正式宣布废除君主政体，成立埃及共和国。纳吉布任总统兼总理，纳赛尔任副总理。1954 年 10 月 19 日，签订了《关于苏伊士运河基地协定》(又称《开罗协定》)，规定英军于 1956 年 6 月 12 日最后撤离埃及领土。1956 年 6 月 23 日制定新宪法，纳赛尔当选总统。

纳赛尔之死

埃及原为英国的殖民地。1952 年 7 月 23 日，以纳赛尔为首的"自由军官组织"推翻了依附英国的法鲁克王朝，并于第二年废除了君主制，建立了埃及共和国。此后，纳赛尔高举阿拉伯民族主义的旗帜，努力摆脱英国的控制，如废除 1936 年屈辱的《英埃条约》，迫使英国于 1954 年 10 月 19 日签订《开罗协定》，等等。

1955 年 2 月，以色列在英、美等国的支持下向埃及控制的加沙地带发动进攻，使刚刚建立共和国的埃及损失惨重。同时，美国撕毁了先前与埃及达成的帮助埃及修建阿斯旺水坝的合同。迫不得已，纳赛尔向苏联请求援助。苏联也早想插足中东，以排挤英、美，但一直苦于没有机会。当纳赛尔一提出请求，执政的赫鲁晓夫立即表示接受请求，并决定向埃及提供武器。与此同时，埃及与西方的关系恶化，纳赛尔拒绝了西方国家附带任何条件的军事援助。

在苏伊士运河问题上，埃及也表示出了强硬态度。纳赛尔于 1956 年 7 月 26 日在亚历山大港向 25 万埃及群众发表演说："苏伊士运河是用埃及人民的鲜血、生命和灵魂建成的，而却被英、法所控制。我在此宣布，国际苏伊士运河公司将收归国有，运河的收入将用来建造阿斯旺水坝，运河的航运将由埃及管理。"埃及人民群起响应，纷纷要求把英、法势力从埃及清除。

英、法当局听到埃及政府的这一决定后极为恐慌，迅速拟定了军事占领苏伊士运河的计划。1956 年 8 月 2 日，英、法、美三国外长发表联合宣言，借口运河是国际航道，不承认埃及有对运河实行国有化的权力，两国还冻结了埃及在英、法的存款和运河公司的费用。但是，纳赛尔政府顶住英、法、美的压力和封锁，于 9 月 9 日实现了运河的国有化。

英、法、美对纳赛尔和埃及共和国恨之入骨，于是，他们开始支持以色列对埃及发动战争，甚至直接出动军队进行干涉。

1956 年 10 月 29 日晚，以色列军队兵分 4 路向埃及的西奈半岛全线进攻。在纳赛尔的号召下，埃及守军进行了反击。两日后，英、法成立了联合作战司令部，并出动飞机轰炸埃及的各大城市和机场，但空袭并没有取得多大效果，于是，英、法决定派兵入侵埃及。不过，不久以后的失败再一次使英法两国失望了：在塞得港登陆的英法士兵不是做了俘虏就是被就地打死，英、法不得不于11月6日被迫停火。通过这

在国内受到广泛支持的埃及总统纳赛尔

次战争，埃及人民维护了主权，纳赛尔也因此成了风云人物。

为了遏制苏联和纳赛尔的影响，美国抛出了"艾森豪威尔主义"，拉拢亲美的阿拉伯君主国，抗衡纳赛尔主义的扩散和苏联势力的渗透。但是，西方各国的如意算盘又一次打错了。1958年7月14日，伊拉克亲西方的费萨尔王朝被推翻了，伊拉克退出了巴格达条约组织。紧接着，中东其他国家的亲西方政权也岌岌可危，纳赛尔分子异常活跃。为了摆脱困境，美国决定诉诸武力，支持以色列发动旨在打击整个阿拉伯世界的"六五战争"。

"六五战争"后，纳赛尔为收复失地，要求苏联给予军事援助。苏联也表示将帮助纳赛尔，但这种帮助却是有条件的。1967年6月底，苏联最高苏维埃主席波德戈尔内及苏军总参谋长扎哈罗夫到达开罗与纳赛尔进行谈判，要求埃及把亚历山大港借给苏联作为海军基地，并悬挂苏联国旗。纳赛尔断然拒绝了这一要求，但为了争取苏联的援助，同意为苏联的地中海舰队提供停泊场所，并允许苏联的军事专家深入到埃及的营级单位担任顾问。

为了督促苏联履行诺言，1968～1970年，纳赛尔曾4次访问莫斯科，但苏联领导人却以不愿"冒风险"为由，不售给埃及进攻性武器。甚至代表中东国家与美国进行谈判，进入"不战不和"的状态。

纳赛尔从苏联回国后，忧愤交加，意识到自己想依靠苏联收复失地的意愿彻底破灭。1970年9月28日，纳赛尔含恨去世。

阿尔及利亚民族解放战争

1954～1962年阿尔及利亚人民反对法国殖民统治、争取民族独立的战争。第二次世界大战结束后，阿尔及利亚掀起反对法国殖民统治的斗争高潮。1954年11月1日，阿尔及利亚爱国者在民族解放阵线领导下，在奥雷斯山区首先发动起义，建立民族解放军，开始了抗法民族解放战争。起义很快发展到全国各地，形成了全民解放运动。1956年民族解放阵线在苏马姆举行代表大会，通过政治纲领，宣布革命目标是废除殖民制度，建立共和国。1958年阿尔及利亚共和国临时政府成立。1959年1月，民族解放阵线由战略防御转入战略进攻，最后迫使法国政府同阿尔及利亚临时政府进

第六章 当代史

行谈判。1962 年 3 月 18 日，双方签订《埃维昂协议》，法国承认阿尔及利亚的独立和主权，法军三年内分批撤出。7 月，阿尔及利亚正式宣告独立，结束了法国 130 多年的殖民统治。

"茅茅"运动

肯尼亚爱国武装组织"茅茅"进行的反对英国殖民者、争取民族解放的斗争。20 世纪 40 年代末，一些爱国的吉库尤族青年开始组织秘密队伍，称为"茅茅"。其反对英国殖民主义，主张把欧洲人驱逐出肯尼亚，把白人抢去的土地夺回来，废除种族歧视，争取民族独立，并得到各族人民的支持。1952 年起，"茅茅"领导农民展开了大规模的武装斗争，以森林地带为基地，开展游击战，袭击殖民军的兵营和警察所，捣毁种植园，破坏铁路，大力打击英国殖民者。并在丛林中建立军事和行政组织，成立政府和议会等。1952 年 10 月，英国宣布肯尼亚进入紧急状态，调动军队对"茅茅"战士进行围剿和镇压，"茅茅"大批战士牺牲或被捕，剩余力量退入山林继续斗争。"茅茅"运动虽然失败了，但它给英国殖民者以沉重打击，推动了整个东非的民族解放运动。

英阿马岛之战

在南美洲的最南端，有一块小岛星罗棋布的群岛——马尔维纳斯群岛，简称马岛。英国人把马岛称为福克兰群岛，认为英国人约翰·斯特朗在 1690 年就曾到过此岛。但是，英国人的说法并没有得到世人的认可，马岛曾被法国、西班牙等国占有。1816 年，独立后的阿根廷把马岛变成了自己的第 24 个省。几年后，马岛上的阿根廷人与到该岛捕猎的美国人发生冲突。在美国人和阿根廷人进行争执的时候，英国人乘机占领马岛。此后，马岛一直为英国所占。

"二战"后，阿根廷多次就马岛问题向联合国提起申诉。1965 年和 1973 年，联合国大会两次通过敦促英、阿通过和平谈判解决马岛问题的决议，但英阿谈判却丝毫没有进展，不过矛盾也没有激化。

随着科学技术的发展，昔日荒凉的马岛被发现埋藏有丰富的石油、天然气和其他矿藏。再加上航运技术的突飞猛进，马岛的地理位置也越来越重要起来。出于对资源的需要，英阿谈判终止。在美国的调停下，不久谈判又得以恢复。1980 年，英国虽然同意将马岛主权移交阿根廷，却要求长期租借马岛。英国的这一无理要求被阿根廷断然拒绝，此后，英阿两国的矛盾越来越深。1981 年，军人出身的加尔铁里被选为阿根廷总统。加尔铁里刚一上台，便开始制定用武力收复马岛的计划。

"马岛是阿根廷的一座宝库，英国人却强行将它占领。100 多年过去了，我们实在忍无可忍，我们必须要夺回马岛的主权，把英国人赶出去。"加尔铁里在讲话中表达了他收复马岛的决心。随后，加尔铁里命令军方制定了代号为"罗萨里奥"的行动计划。

1982 年 4 月 2 日凌晨，4000 名阿根廷海军陆战队队员在航空母舰"五月花号"统领下，乘坐数艘军舰浩浩荡荡地奔赴马岛，经过精心策划的阿军登陆马岛后立刻攻占了机场和港口。英国对马岛已经占领了 100 多年，没有料到阿根廷军队会进行突袭，所以只在岛上留驻了 80 名守军，其余英军被调到南乔治亚岛同阿根廷军

英阿战争中的阿根廷士兵

队交战。世界各国的目光马上被聚集到马岛上，在被英国占领 149 年后突然又升起了阿根廷的国旗，难道这不意味着一场战争的到来吗？

初战告捷的阿根廷人举国欢庆，士气高涨，加尔铁里也因此成了民族英雄。此时的英国国内，一种蒙羞的感觉正在迅速蔓延，官员们为丧失"领土"而相互指责，英国首相撒切尔夫人更是如坐针毡。

为了稳住国内阵脚，撒切尔夫人于 4 月 3 日召开紧急会议，并发表了言辞激烈的讲话："英国的领土主权多年以来第一次受到了侵犯，福克兰群岛是英国发现的，岛上居民的生活方式是英式的，而阿根廷人却占领了它，这是对大英帝国的侮辱，我们必须把它夺回来。"随后，英国议会决定派出一支由英国海军少将约翰·伍德沃德为统帅的特混舰队开赴马岛。看到英军势在必得的架势，美国国务卿黑格又想通过外交方式来调解英阿矛盾，但这一次没有成功。有"铁娘子"之称的撒切尔夫人不会像"二战"时期的张伯伦一样听由别人摆布。

4 月 25 日，英军击毁了阿根廷数艘潜艇、巡洋舰，马岛在英战斗机的疯狂轰炸下一片狼藉。30 日，英军完成了对马岛周围 200 海里范围的海上和空中的封锁部署，阿军也进入了最高戒备状态。5 月 2 日下午，英国的"征服者号"核潜艇在马岛 200海里禁区外 36 海里处击毁了阿海军旗舰"贝尔格诺将军号"巡洋舰。第二天，在马岛北侧，英军用"海鸥"式导弹击沉了阿军的"索布拉尔号"巡逻艇。面对接连的胜利，英军开始沾沾自喜起来，但一场噩梦正悄悄地向他们袭来。

面对英军咄咄逼人的攻势，加尔铁里把目光投向了从法国购得的 5 枚"飞鱼"导弹上。5 月 4 日，英国花费两亿多美元最新建造的"谢菲尔德号"军舰被阿根廷"超级军旗"战斗轰炸机携带的两枚"飞鱼"导弹击中了。不久，英国当作"第三艘航空母舰"用的大型运输商船——"大西洋运送者号"也被"飞鱼"导弹击中。这对骄傲自大的英军是一个沉重的打击。

但是，阿根廷在总体实力上毕竟不能与英国相抗衡，当最后一枚"飞鱼"导弹发射出去后，阿根廷已用尽了所有足以抵抗英国的力量。6 月 8 日，3000 名英军乘坐"伊丽莎白二世女王"号客轮登上马岛，使岛上的英军人数增加到了 8000 人。英军仗着

第六章 当代史

人多势众，牢牢地掌握着马岛的海空控制权，并封锁了马岛。

6月13日，英军调集火力，飞机、导弹、大炮等一齐向马岛进行最后轰炸，阿军阵地瞬间被夷为平地。次日晚7时，马岛阿军司令梅内迪斯将军向英军投降，为期74天的马岛之战终于结束了。

美军空袭利比亚

美军空袭利比亚是指1986年美国空军对利比亚的空袭行动。

1986年4月2日，美国的一架客机爆炸，4月5日，西柏林的一家夜总会又发生了爆炸事件。美国情报部门证实这是利比亚恐怖组织所为，借机对利比亚实施了一次震惊世界的空中打击。

4月14日，美军的歼击轰炸机、加油机和电子干扰机从伦敦附近机场起飞，直奔利比亚。15日凌晨，美军战斗机飞抵利比亚，分别袭击了的黎波里和班加西。整个轰炸过程只用了12分钟，共投弹106吨，重创了利比亚5个军事目标，炸毁利比亚14架飞机，炸死炸伤700多人。位于阿齐齐耶兵营的卡扎菲住所与指挥部也被轰炸，卡扎菲的两个儿子被炸伤，养女被炸死，他本人逃过一劫。而美军仅损失一架飞机，死2人。

这次空袭行动，规模之大，路途之远，武器装备之先进，战果之重大，堪称空前，它开创了高技术条件下空中长途奔袭作战的先河。美军空袭利比亚被西方称为"现代空袭奠基之战"。

海湾战争

1990年8月2日凌晨，伊拉克突然出动了10多万兵力，以迅雷不及掩耳之势进攻邻国科威特。科威特是一个小国，只有2万人的部队根本禁不住伊拉克军队潮水般的进攻。次日，伊拉克军队攻入科威特王宫，随后占领科威特全境，并宣布科威特政府被推翻，科威特将成为伊拉克的第19个省。

伊拉克的这种侵略行为很快激起了国际社会的强烈谴责。联合国安理会先后12次通过决议要求伊拉克恢复科威特的主权与独立，尽快从科威特撤军，并对伊拉克实行经济封锁和武器禁运。其他国际组织也相继与伊拉克方面接触，试图说服伊拉克领导人结束这场侵略战争。但是，处于内外交困中的伊拉克总统萨达姆·侯赛因却对此置若罔闻。萨达姆心里有自己的如意算盘，他知道国际社会正把眼光盯在处于解体边缘的苏联身上，中东地区根本不会引起太大注意。伊拉克的近邻科威特是海湾地区一个盛产石油的阿拉伯国家，在奥斯曼土耳其帝国时期，这里是伊拉克巴士拉省的一部分。虽然伊拉克于1961年承认了科威特的独立，但从未正式承认过两国间的边界，这为以后的战争埋下了祸根。

伊拉克入侵科威特使美国等西方国家在海湾的利益受到了威胁。为了保证在海湾地区的石油利益和战略地位，为了防止伊拉克操纵石油输出国组织进而控制西方国家的经济命脉，也为了维持中东地区的稳定和势力均衡，美国与部分西方国家制定了代号为"沙漠盾牌"的军事行动计划，随后便以联合国的名义开始了在海湾地区的大规模军事集结。

多国部队进入伊拉克沙漠区。

11月29日，联合国安理会通过了授权使用武力将伊拉克军队赶出科威特的678号决议，规定1991年1月15日为伊拉克从科威特撤军的最后期限。萨达姆根本无视国际社会的和平努力与联合国的最后通牒，依然加紧扩军备战。在积极进行军事部署的同时，他还打出了"人质盾牌"作为对"沙漠盾牌"的反应：禁止所有敌视伊拉克国家的外国公民离开伊拉克和科威特，一旦战争爆发，这批滞留在伊拉克和科威特的外国人将成为第一批牺牲品。同时，以美国为首的8个国家派往海湾地区的军队已经达到了70万人左右，组成了以美军将领斯瓦茨科夫为总司令的多国部队，做好了随时发起军事行动的准备。海湾地区剑拔弩张，一场恶战已不可避免。

1991年1月17日，以美国为首的驻海湾多国部队向伊拉克发动了大规模的空袭，开始执行"沙漠风暴"军事计划，720多架飞机从不同的方向向伊拉克的60多个目标发起攻击。由于此前采取了迷惑伊拉克的措施，多国部队的军事行动并没有被伊拉克方面察觉。当巴格达市民还处在甜美的睡梦中时，一枚枚炸弹临近了他们。代表美国最先进技术的F-117隐形轰炸机把一颗激光制导炸弹投到了位于巴格达闹市区的电话电报公司大楼的正中，在剧烈的爆炸声中，大楼周围火光冲天，而负责守卫大楼的伊拉克士兵还没明白到底发生了什么事情。顷刻间，密集的炸弹铺天盖地

导弹

导弹是依靠自身动力装置推进、依靠制导系统控制其飞行轨迹的火箭或无人驾驶飞机式的武器，它的炸药弹头或核弹头可以摧毁目标。

导弹是"二战"时期由纳粹德国发明的。1944年2月15日，德国V-1导弹进行第一次发射试验。V-1导弹外表与普通飞机相似，弹长7.9米，重2180千克，最大射程可达到280千米。1944年，德国军队向英国发射了数千枚V-1导弹，给英国带来了巨大的损失。不久，在V-1的基础上，德国又研制出了更先进的V-2导弹。V-2导弹长14米，能把1吨重的弹头运送到260千米以外。它同样也给英国带来了巨大损失。同时，德国还研制出了地空导弹、反坦克导弹、反舰导弹等。

"二战"结束后，美国得到了100枚V-2导弹和包括冯·布劳恩在内的一批德国导弹专家，苏联也得到了大量的V-2导弹和一大批研制者。从此，美国和苏联都在德国导弹技术的基础上各自开展了导弹研制工作，其他发达国家也陆续参加到了研制与开发导弹的行列中。

现在，导弹已成为具有战略地位的主要兵器。

地落下，爆炸声不绝于耳。总统府大楼、国防部大楼、空军指挥部大楼及近郊的萨达姆国际机场等军事目标先后被击中。很快，整个巴格达处于一片火光之中。在连续不断地进行狂轰滥炸的同时，驻守在波斯湾海域的多国部队的军舰，向伊拉克及科威特也发射了近百枚载有重磅弹头的"战斧"式巡航导弹。

伊拉克虽然对多国部队强大的空袭进行了还击，但却收效甚微。80%的"飞毛腿"导弹都被美国的"爱国者"导弹拦截，伊拉克的反击能力被大大削弱了。

经过一个多月的空中打击，伊拉克的指挥系统、导弹基地、军工厂等均遭到了严重的毁坏和损伤。2月，多国部队统帅部决定执行代号为"沙漠军刀"的作战计划，转入地面进攻阶段。在多国部队强大的攻势下，伊拉克最精锐的共和国卫队伤亡惨重。

2月26日，萨达姆被迫下令驻在科威特的伊拉克军队撤离科威特。27日，萨达姆宣布无条件接受安理会关于伊拉克的决议。至此，历时42天的海湾战争结束了。

科索沃战争

科索沃是南斯拉夫联盟塞尔维亚共和国的一个自治省，其居民90%以上是阿尔巴尼亚人，其余是塞尔维亚和黑山人。历史上，阿族和塞族长期不和。20世纪80年代末，阿族人要求建立"科索沃共和国"，从塞尔维亚共和国脱离出来。一直视科索沃为家园和宗教圣地的塞族人不愿放弃，两族矛盾激化，阿族极端分子组建了"科索沃解放军"，暴力冲突愈演愈烈。1998年2月，南联盟总统米洛舍维奇派军队对阿武装进行镇压，科索沃局势急剧恶化。

科索沃危机伊始，以美国为首的北约就积极卷入，使其国际化，以便利用科索沃的民族矛盾来扩大北约的影响，实现在科索沃驻军，进而控制巴尔干地区，完成东扩目标，并从该地区排挤俄罗斯的传统势力。1999年1月，在美国的操纵下，冲突双方进行谈判，但谈判最终破裂。3月24日，北约以保护人权为名，对南联盟开始了代号为"盟军"的大规模空袭行动。

3月24日19时，以美国为首，拥有19个成员国的北约盟军，在其最高司令兼美军驻欧洲部队总司令韦斯利·克拉克上将的指挥下，一批接一批的北约战斗机、轰炸机向南联盟军营、防空设施、电厂、通信设施实施猛烈轰炸，科索沃战争由此开始。

27日前，北约空军先后进行4轮空袭，旨在摧毁南联盟的防空体系、指挥和控制中心、军工厂以及在科索沃的塞族部队。但南联盟军民并没有屈服，纷纷拿起武器，对北约的入侵进行顽强的抵抗。美国最先进的、拥有不可战胜神话的F—117隐形轰炸机在贝尔格莱德以西60千米的上空被击中，坠落在布贾诺夫齐村附近。在海湾战争中显赫一时的"战斧"巡航导弹的命中率也仅为20%，多次被南军防空武器截击。

3月28日，美军对南联盟开始了新一阶段的空袭，对南部的南联盟地面军队和军用物资进行疯狂轰炸，试图摧毁南军的军事装备，迫使南联盟屈服。南联盟军队

制空权理论

制空权指的是交战一方在一定时间内对一定空间的控制权。在战争中，如果掌握了制空权，就可以限制敌人空军的战斗活动，保障己方空军的行动自由，进而使陆、海军的作战行动得到有效的空中掩护，最终取得战争的胜利。

随着飞艇、飞机的出现和用于战争，制空权的理论也随之产生。1921 年，意大利军事理论家杜黑在他的《制空权》一书中系统地提出了制空权的理论：阻止敌人空军在空中飞行，而保持自己能在空中飞行。杜黑的制空权理论，对许多国家的空军建设产生了一定的影响。

第二次世界大战期间，交战双方为了争夺制空权而展开了激烈的战斗。在重大战役中，交战双方都动用数百架甚至上千架飞机争夺制空权。如 1943 年库尔斯克会战时，苏联共出动飞机约 32000 架次。1944 年诺曼底登陆时，美英联军共使用作战飞机 1 万多架，轰炸了德军 99 个机场。1999 年的科索沃战争期间，北约军队完全掌握了制空权，仅凭空军就取得了战争的胜利。现在，制空权对战争的进程和结局仍能够产生重大甚至决定性的影响。

充分利用山多、地形复杂的有利条件和当时多雨多雾的有利天气，分散队形，隐藏弹药等军需物品，不失时机创造局部优势，采用藏、打、运动、迂回相结合的战术，不断使北约的飞机、导弹部队受到突袭。

南联盟军民的反抗，给北约军造成严重损失。4 月 13 日，美国总统克林顿宣布对南联盟扩大空袭范围、增加空袭强度，实施 24 小时不间断轰炸。轰炸开始变得惨无人道、丧心病狂，作为民用设施的桥梁、铁路、公路、工厂、电视台、通信系统、电力系统、供水系统、医院、商店，甚至居民楼都遭到狂轰滥炸。灭绝人性的轰炸，使南联盟 1800 多名平民丧生，6000 多人受伤，近百万人沦为难民，20 多家医院被毁，300 多所学校遭到破坏，交通干线、民用机场、广播电视基本瘫痪。

北约的野蛮行径遭到国际社会的强烈反对。5 月 7 日，中国驻南联盟大使馆遭到北约战略轰炸机的袭击，3 名记者死亡，20 多名外交人员受伤，馆舍严重毁坏，引起中国人民及世界人民的极大愤怒，北约在国际社会中越来越孤立。

6 月 5 日，在中、俄及联合国秘书长安南的斡旋下，北约和南联盟在马其顿举行谈判。9 日，双方签署了南军撤退协议书，北约结束了对南联盟的轰炸。

科索沃战争是 20 世纪末世界格局转型进程中的一个重要的阶段性标志，这场战争使南斯拉夫人民遭受巨大灾难，联合国宪章和国际法准则遭到践踏，世界和平与发展受到严重威胁。通过这场战争，美国独霸全球的战略野心暴露无遗，美国及其西方盟国利用北约组织在推进欧洲地区的整合、实现其主导世界新格局的战略目标方面又迈进了一步。

阿富汗战争

2001 年 9 月 11 日，美国纽约世贸中心双子大厦在 20 分钟内接连遭到两架飞机撞击，相继轰然倒塌，数千人于瞬间死亡。随后，白宫附近起火，又有飞机撞击五角大楼，国会山发生爆炸……这就是震惊世界的"9·11"事件。在随后的调查中，美国认为"9·11"事件的元凶是阿富汗塔利班政权支持下的基地组织首领、沙特富商本·拉登，于是，美国把复仇目标锁定在阿富汗的塔利班政权上。9 月 20 日晚，美国总统布什在美国国会发表演讲，对塔利班政权提出了几点要求：释放所有在阿富汗入狱的外国人；永久关闭阿富汗境内的恐怖分子训练营；交出每一个恐怖分子，尤其是本·拉登；让美国享有完全进入恐怖分子训练营的通路。

阿富汗塔利班领导人奥马尔拒绝了美国的要求，并声称，阿富汗在任何情况下都不可能把本·拉登交给美国。

阿富汗地处中亚和南亚间的枢纽地带，战略地位重要。长期以来，阿富汗一直是前苏联和其继承国俄罗斯的势力范围，虽然美国觊觎已久，但却欲占不能，而"9·11"事件正为美国势力进入这一地区提供了十分有利的口实。

塔利班最初只有800多人，由于塔利班高举铲除军阀、重建家园的旗帜，纪律严明，作战勇敢，提出了反对腐败、恢复商业的主张，因此深得阿富汗平民的支持和拥戴，很快发展到了近3万人。1995年，塔利班控制了阿富汗政权。

"9·11"事件后,美国使用外交手段孤立塔利班政权。9月18日,在美国的鼓动下,联合国安理会呼吁塔利班立即无条件交出本·拉登。随后，一些国家断绝了与阿富汗塔利班政权的关系，并从阿富汗撤出了外交人员。此外，美国还向中东、非洲、亚洲、欧洲等一些国家进行游说，使这些国家为其提供领空或是飞机降落的机场。

紧接着，美国开始了军事进攻阿富汗的步伐。美军大量地向印度洋地区结集，特种兵还提前进入阿富汗，在山区搜捕本·拉登。到战争开始之前，大约有1万名美军在乌兹别克斯坦和阿富汗边境地区结集完毕。

10月7日，在浓浓夜色的掩护下，美英联军对阿富汗塔利班多处目标发动了首轮空袭,拉开了"持久自由行动"的序幕，打响了美国所谓的全球反恐战争的第一枪。

联军空袭的主要目标是阿富汗境内的机场、空防设施以及恐怖分子的基地。

阿富汗喀布尔机场附近地区首先遭到了美军的轰炸，阿富汗南部城市坎大哈和东部城市贾拉拉巴德也遭到导弹袭击。在美国先进武器的攻击下，使用笨拙武器的塔利班武装进行了还击。9日上午，阿富汗南部城市坎大哈遭到了美军军用飞机和导弹的空袭。此后，美军开始对塔利班政权和拉登的基地组织进行24小时不间断的打击。

从10日起，美军对阿富汗全境进行空袭。14日，美军除用飞机轰炸喀布尔外，还用导弹袭击了阿北部重镇马扎里沙里夫、东部城市贾拉拉巴德等。15日，美军共出动了50多架舰载攻击机、10架B-1和B-52轰炸机，对阿富汗境内的13个目标进行了空袭。与此同时，美军还加强了与阿富汗北方联盟的合作和协调行动。

在美军的协助下，阿富汗北方联盟不断扩大控制地区的范围，使塔利班控制的范围越缩越小。26日，北方联盟军队进入昆都士。至此，塔利班在阿富汗北部的所有据点都已失守，但塔利班残余势力仍在顽抗。

12月7日，曾为塔利班总部的坎大哈塔利班守军投降，塔利班最高领导人奥马尔不知去向。22日，阿富汗临时政府成立。

塔利班政权垮台后，美军开始在阿富汗境内展开对塔利班和基地组织残余力量的清剿工作。在山区，美军甚至对每一个山洞进行搜查。不过，时至今日，对阿富汗境内的塔利班和基地组织的清剿仍是一项任重道远的工作。

伊拉克战争

海湾战争后，联合国第687号决议规定，派遣武器核查小组进驻巴格达。美国企图利用核查小组牵制伊拉克，但核查小组一再受挫，美对伊的政策开始转变。"9·11"恐怖事件爆发后，美国对世界恐怖主义保持高度警惕，并把伊拉克看作是继阿富汗塔利班和基地组织后全球反恐怖战争的打击对象。在联合国核查小组再次对伊进行调查而未发现其拥有核武器和化学武器的情况下，美军以清除伊大规模杀伤性武器为名，发动了旨在推翻萨达姆政权的战争。

2003年2月20日，美国在海湾地区集结海、陆、空军队近20万，英军也有4万余人调向这里。美英联军将部队部署在伊拉克周边的沙特、巴林、阿曼、埃及、土耳其等国，并控制住各战略通道。

一直与美国对抗的萨达姆也做好了战争准备，除部署在边疆地区的部队外，他还以巴格达为中心构建了严密的防御体系，准备多层阻击和抵抗敌人。

3月20日，美军制定的代号为"斩首行动"的计划开始实施，美军F—117隐形轰炸机和导弹对巴格达进行轰炸，拉开了伊拉克战争的序幕。在这次空袭中，美军使用"电子炸弹"攻击伊拉克，这种新式武器产生的高能电磁波可使伊军及萨达姆卫队拥有的各类电话、无线电通信和电子计算机等电子设备立刻失灵，并用精确的制导导弹准确地打击伊指挥和控制中心。

为避开美英联军的优势空军和导弹袭击，萨达姆分散兵力，将实力最强的9万共和国卫队、4个特别旅、2个特种部队部署在巴格达周围。还在巴格达周围修筑野战工事，开挖战壕、沟堑，在飞机跑道上放置水泥等障碍物，阻击美英空降部队着陆。

美英联军对伊拉克首都巴格达和其高层领导人的住所等要害部门进行了连续三轮的狂轰滥炸。20日晚21时05分，美英地面部队在战斗机、直升机的掩护下，凭借配备的尖端夜视作战设备，兵分几路对巴格达进行合围，欲以迅雷不及掩耳之势深入巴格达，俘房或击毙萨达姆。顽强的伊军凭借坚固的防御工事，给美、英造成了一定的损失，虽然发射的导弹部分被美国的"爱国者"导弹截击，仍有效地阻滞了敌人的攻势。

次日，联军以惊人的速度突进，准备以闪电式进攻在短时间内赢得战争，但萨达姆的精心布防和顽强的共和国卫队粉碎了美英的"斩首行动"。

4月4日，战争形势发生急剧变化，美英联军经过一番调整，大批的后续援兵到位，又开始重新发动大规模进攻，对巴格达西南的萨达姆机场实施争夺。5日，巴格达周围的守兵与敌人进行了激烈的短兵相接。6日，联军在巴格达上空进行24小时不间

隐形飞机

　　隐形飞机是通过运用多种隐形技术降低飞机的信号特征，使敌方雷达难以发现、识别、跟踪和攻击，以实现反雷达、反红外线、反电子、反声波探测目的，从而达到隐身效果的作战飞机。隐形飞机之所以能够隐形，主要是综合采用了隐身外形技术、隐身材料技术等。

　　第一代隐形飞机诞生于美国，以 F—117A"夜鹰"隐形战斗轰炸机为代表。1983 年，F—117A 服役后，在 1989 年美军入侵巴拿马和 1991 年海湾战争中大显身手，屡立战功，引起了世界各国军队的广泛关注。第二代隐形飞机进一步改进了隐形设施，其"隐身"本领大大增强，飞行性能也大大提高。目前在美国军队中服役的第二代隐形飞机有 B—2、YF—23A、A—12 等机型。这些飞机在科索沃战争和伊拉克战争中也发挥了重要作用。现在，各国科学家们正致力于第三代的隐形飞机——无人驾驶隐形飞机的研究。

　　隐形飞机属于高科技武器，研制周期长，生产工艺复杂，造价极其昂贵。F—117A 造价4500 万美元，B—2 隐形战略轰炸机造价达 70 多亿美元。

断空中巡逻，对市内目标继续轰炸，加强对巴格达外围的控制，力图合围。8 日，联军连连突破伊军防线，开始从北南两方向巴格达市区推进。次日，美军进入市中心。11 日，美军宣布萨达姆政权垮台，大规模的伊军抵抗行动结束。14 日，萨达姆的故乡提克里特市也被联军所控制。

　　美英联军控制的伊拉克，局势一直动荡不安，虽然美军使用了精确制导武器，但也造成大量平民伤亡，伊拉克"石油换食品"的计划也因战争而中断，伊拉克平民受到饥饿的严重威胁。

　　伊拉克战争彻底摧毁了萨达姆的专制统治，也给伊拉克人民带来了深重灾难和重大生命与财产损失。战争结束后，伊拉克局势一直动荡不安，国内混乱不堪，不利于伊拉克的社会经济发展。此外，伊拉克战争是人类历史上第一次被媒体全程直播的战争，让全世界人民了解了现代化战争。

第三世界的兴起

阿拉伯国家联盟

简称阿拉伯联盟或阿盟，阿拉伯国家的地区性组织。1944 年 9 月，阿拉伯各国外长在埃及建议下，在埃及亚历山大港举行会议，拟订了《亚历山大议定书》，决定成立该组织。1945 年 3 月 22 日，埃及、叙利亚、约旦、伊拉克、沙特阿拉伯、黎巴嫩和也门等 7 国代表在开罗举行会议，签订了《阿拉伯国家联盟公约》，宣布阿拉伯国家联盟正式成立。阿盟的宗旨是加强成员国之间的紧密合作与联系，协调彼此间的政治活动，捍卫阿拉伯国家的主权和独立，谋求阿拉伯国家的一致利益和共同繁荣。阿盟总部原设在开罗，1979 年 3 月迁往突尼斯，1990 年 10 月又迁回开罗。联盟下设政治、经济、文化、法律等 16 个委员会及其他一些组织，秘书处负责联盟行政和财政管理并执行理事会决议。1993 年 8 月，阿盟在北京设立了代表处。

美洲国家组织

美洲的区域性组织。1889 年 10 月 ~ 1890 年 4 月，美国同拉美 17 国在华盛顿举行第一次美洲国际会议，4 月 14 日建立了美洲共和国国际联盟。后来，将 4 月 14 日定为"泛美日"。1910 年改名为"美洲共和国联盟"。1948 年在波哥大举行的第九次会议上，通过了《美洲国家组织宪章》，改称为美洲国家组织。其宗旨是：加强本大陆的和平与安全；保障成员国之间和平解决争端；在成员国遭到侵略时，组织声援行动；谋求解决成员国间的政治、经济、法律问题，促进各国经济、社会、文化的合作；控制常规武器；加速美洲国家一体化进程。它的最高总部设在华盛顿。长期以来，美国控制着美洲国家组织，干涉各国内政，引起众多拉丁美洲国家的不满，要求改革美洲国家组织。

石油输出国组织

简称欧佩克，亚、非、拉主要石油生产国为反对国际石油垄断资本掠夺和剥削，维护石油资源和民族经济利益而建立的国际组织。1960 年 9 月，伊拉克、沙特阿拉伯、伊朗、科威特和委内瑞拉五国在伊拉克首都巴格达举行会议，宣布成立石油输出国组织。卡塔尔、印度尼西亚等国相继加入，至 20 世纪 80 年代中期，有成员国 14 个。

该组织宗旨是协调统一成员国的石油政策，采取集体行动，维护各国石油权益。总部设在维也纳。该组织成立后，同西方石油公司不断进行斗争，多次提高石油标价和石油税率，通过参股和国有化等措施全部或大部分掌握了本国石油资源。1973年10月中东战争爆发后，阿拉伯成员国以石油为武器，采取减产、禁运、提价和国有化等措施，沉重打击了以色列侵略者及国际石油垄断资本，并联合其他成员国夺回了油价的主权。

非洲统一组织

非洲独立国家组成的区域性组织。1963年5月22～26日，31个非洲独立国家元首、政府首脑或他们的代表在埃塞俄比亚首都亚的斯亚贝巴举行会议，25日通过了《非洲统一组织宪章》，决定成立非洲统一组织，总部设在亚的斯亚贝巴。会议还决定将每年的5月25日定为"非洲解放日"。非洲统一组织的宗旨是：促进非洲国家的统一与团结；协调和加强非洲国家在各个方面的合作；努力改善非洲各国人民的生活；保卫和巩固非洲各国的独立及主权、领土完整；从非洲根除一切形式的殖民主义；促进国际合作。国家和政府首脑会议是该组织的最高权力机构，每年举行一次。此外有部长理事会和秘书处等。2001年3月2日，在利比亚举行的第五届非洲统一组织特别首脑会议闭幕式上，宣布成立非洲联盟。

万隆会议

1955年4月18日，在印度尼西亚的万隆市礼堂前，一阵礼炮声过后，操着各种语言的代表们步入礼堂，举手投足之间尽是喜悦。原来，这里将举行一场国际盛会，这是历史上第一次由亚非国家自行发起召开而没有帝国主义国家参加与操纵的国际会议，这次会议由于在万隆召开，因此被称为万隆会议。

"二战"后，亚非的许多国家都摆脱了帝国主义国家的殖民统治，赢得了政治上的独立。但是，由于长期受奴役，这些国家在经济上与帝国主义存在着千丝万缕的联系。为了彻底摆脱帝国主义的控制，将命运真正掌握到自己手中，许多亚非国家认识到，只有制定一个针对帝国主义和殖民主义的共同纲领，才能保卫民族解放运动的胜利成果。

1954年4月，印度尼西亚总理沙斯特罗·阿米佐约在南亚5国(印度尼西亚、缅甸、印度、斯里兰卡、巴基斯坦)总理会议上提出了"举行一次更广泛的亚非国家会议的可能性"的建议，与会代表对此表示支持。此后，印度尼西亚、印度、缅甸、中国等国都为召开亚非国家代表会议做着努力。1954年6月，中国总理周恩来访问缅甸和印度时，在中印、中缅的联合声明中提出了互相尊重领土主权、互不侵犯、互不干涉内政、平等互利、和平共处的五项原则，并认为这五项原则同样适用于国际关系准则。12月底，南亚5国总理在印度尼西亚茂物举行会议，决定联合发起亚非会议，邀请一些新独立的亚非国家和地区参加，并把反对殖民主义、争取和保障民族独立、促进世界和平、推动亚非国家的团结与合作、维护民族自主权等作为会议宗旨。

但是，帝国主义反对势力不会轻易放弃亚非这块肥肉，他们对亚非的独立进行了阻挠。看到独立趋势不可阻挡，他们便又对亚非国家的团结进行破坏。

周恩来总理抵达万隆时受到各界人士的热烈欢迎。

1955 年 4 月 15 日，美国总统艾森豪威尔向亚非国家宣布，在他的建议下，美国国会将通过新的"援助"计划，妄图以经济援助为诱饵对某些参与国施加影响。但万隆会议还是如期举行了。

参加这次会议的除 5 个发起国和中国外，还有阿富汗、柬埔寨、老挝、约旦、苏丹、泰国、土耳其、伊朗等共计 29 个国家和地区的代表参加。美国虽然没有被邀，但却派遣了一个庞大的记者团参会。

印尼总统苏加诺致开幕词说："这是人类有史以来第一次有色人种的洲际会议。为了反对殖民主义和种族主义，亚非国家应该联合起来。我们并不是要建立反对其他集团的集团，而是为亚非各国乃至全人类找出一条通向和平的道路。亚非国家在世界政治舞台上发出呼声的时刻已经到来了⋯⋯"

苏加诺激昂的情绪把与会代表的热情都带动了起来，会议在友好的气氛中进行着。但是，美国利用各国代表间存在的分歧挑拨离间，制造纠纷，鼓动一些国家代表"反对共产主义"，把矛头直指中国。

面对越来越紧张的会议气氛，中国总理周恩来于 4 月 19 日做了回应各国的精彩发言：

"中国参加这个会议是来求同而不是立异的⋯⋯在亚非国家中存在着不同的思想意识和社会制度，但这并不妨碍我们的求同和团结⋯⋯"

周恩来坚定而真诚地阐明了中国政府的立场和政策，"求同存异"的方针也为与会各国普遍接受，笼罩在会议上空的乌云终于被驱散了。

4 月 24 日，万隆会议举行了最后一次全体会议，通过了《亚非会议最后公报》，就亚非国家共同关心的问题达成了协议。公报还提出和平共处和友好合作的十项原则。

在万隆会议之后，亚非各国争取和维护民族独立的斗争更加深入，越来越多的国家开始奉行和平中立的外交政策。

不结盟运动的兴起

在 1960 年第 15 届联大期间，铁托、纳赛尔、尼赫鲁、恩克鲁玛和苏加诺协商召开不结盟会议。这 5 个国家的领导人成为"不结盟运动"的创始人。

1961 年 2 月至 6 月，铁托访问了非洲 19 个国家，提出了关于举行不结盟国家首脑会议的建议。1961 年 6 月在埃及召开了由 20 个国家的代表参加的不结盟国家首脑

南斯拉夫领导人铁托　　印度总理尼赫鲁　　印尼总统苏加诺

筹备会议。会上提出参加不结盟运动的五项标准。

1961年9月1日~6日，首届不结盟国家和政府首脑会议在南斯拉夫首都贝尔格莱德举行。25个国家作为正式成员参加会议，3个国家作为观察员列席。会议通过了《不结盟国家的国家和政府首脑宣言》。它宣布支持为争取和维护民族独立而斗争的各国人民，要求各大国签订全面彻底的裁军条约，以缓和国际紧张形势；要求消除殖民主义遗留下来的经济不平衡状态，废除国际贸易中的不等价交换，稳定原料和初级产品价格，并建立联合国基本发展基金。宣言还要求恢复中华人民共和国在联合国的合法权利。

首届不结盟国家和政府首脑会议的举行，标志着独立于美苏之外的第三种国际政治力量的形成。不结盟运动的兴起与国际斗争格局的演变同步进行，它推动了国际政治力量由美苏两极向多极化方向发展，受到越来越多的第三世界国家的承认和支持。

铁托

约瑟夫·布罗兹·铁托，南斯拉夫联邦人民共和国联邦政府主席、最高统帅。铁托于1892年出生于克罗地亚一个贫农家庭，20岁加入克罗地亚社会民主党。"一战"中因反战受处分，后被俄军俘获。回国后参加南斯拉夫共产党，致力于南斯拉夫的独立解放运动，并为此进行了不懈斗争。在几十年的斗争生涯中，铁托不仅使南斯拉夫共产党走上了健康发展的道路，而且领导南斯拉夫人民取得了反法西斯战争的伟大胜利。1945年，南斯拉夫联邦人民共和国成立，铁托任联邦政府主席、最高统帅。同时，作为一位有国际声望的政治活动家，在铁托的参与和发起下，第一次不结盟国家首脑会议于1961年胜利召开，从而为世界和平与进步作出了重要贡献。1980年，铁托逝世。

尼赫鲁

印度民族主义运动领导人，国大党领袖，印度第一任总理。尼赫鲁在其一生的政治生涯中一直致力于争取印度的民族独立。在几十年的斗争中，尼赫鲁曾投身甘地领导的反对英国殖民统治的非暴力不合作运动，也曾先后九次被捕，在狱中度过十余载。1947年印度独立后，他一直担任总理职务到逝世。尼赫鲁在任期内，曾希望建立"国家财富平均分配"的所谓的"社会主义"类型，但最终没能实现。1949年底，尼赫鲁代表印度率先承认新中国。1954年，尼赫鲁访问中国，并和周恩来总理一起提出处理国际关系的和平共处五项原则，奠定了中印关系的基础。尼赫鲁还是不结盟运动和万隆会议的倡导者之一，为第三世界国家的联合斗争贡献了自己的力量。

"七十七国集团"成立

1964 年 3 月至 6 月，第一届联合国贸易和发展会议在日内瓦召开。会上，77 个发展中国家和地区联合起来，发表了《七十七国联合宣言》，从而形成了"七十七国集团"。

在 1963 年第十八届联合国大会上讨论召开贸易和发展会议的问题时，有 75 个亚非拉发展中国家提出联合宣言而形成了"七十五国集团"，可说是它的前身。"七十七国集团"后来不断壮大，发展到 100 多个国家。"七十七国集团"以部长会议的形式，在每次联合国举行贸易和发展会议之前，先协调集团内部各成员的立场，并一同研究对策。

"七十七国集团"已通过了一系列经济合作的文件，逐步确立了"南南合作"的行动纲领：按照"集体自力更生"的原则，在发展中国家之间进行密切有效的经济合作，加强政治经济独立和集体经济力量，以实现建立国际经济新秩序的目标。1974 年 4 月 1 日，"七十七国集团"推动第六届特别联大通过了由他们起草的《建立新的国际经济秩序宣言》和《行动纲领》。这标志着发展中国家争取平等和公正的国际经济关系的斗争进入了一个新阶段。1975 年 3 月，"七十七国集团"又提出了《关于工业发展和合作的利马宣言和行动计划》。1979 年 2 月，在坦桑尼亚通过了《争取集体自力更生和关于谈判的纲要》，号召发展中国家继续反对一切形式的外国统治和剥削，发展本国经济。1980 年，又通过了《新德里宣言和行动计划》。1983 年 4 月，中国代表团应邀参加了"七十七国集团"第五届部长级会议，在会上通过了《七十七国集团布宜诺斯艾利斯纲领》和《关于发展中国家经济合作的部长级声明》等文件，再次提出改革旧的国际经济秩序的许多重要建议。

"七十七国集团"自成立以来，为促进南南合作、维护发展中国家的经济权益、推动南北对话、缓和和改善南北关系、建立国际经济新秩序作出了重要贡献。

> **发展中国家面临的经济困难**
>
> 亚、非、拉美许多国家独立以后，在经济上并没有完全摆脱发达资本主义国家的控制。由于长期的殖民统治，这些国家的经济发展水平一般比较低。为了实现工业化，他们不得不输出农产品、原料等，以换取国外的先进工业设备。但是发达资本主义国家操纵国际市场，压低农产品、原料等的价格，抬高工业品价格，通过种种办法，剥削广大发展中国家。
>
> 据统计，1951～1973 年间，发展中国家在同发达国家的不平等贸易中，损失了 1300 多亿美元，为此他们不得不每年承担几百亿美元的利息负担。发达资本主义国家还通过资本输出进行剥削，使发展中国家背上沉重的债务负担，造成发展中国家经济发展缓慢。

南南合作

发展中国家相互间的经济合作及共同努力建立国际经济新秩序的合作，因发展中国家多位于南半球，故名。南南合作最初兴起于 20 世纪 60 年代，当时建立起一

第六章　当代史

些国际组织和地区性经济合作组织及原料生产国组织，如石油输出国组织、"七十七国集团"、东南亚国家联盟等。70 年代进入迅速发展时期，成为全球性运动。绝大多数发展中国家参加双边和多边合作并取得显著进展，相继成立大批合作组织，采取共同兴办工业企业，促进贸易发展，协调财政金融等政策。80 年代以来继续发展，并于 1982 年 2 月在印度首都新德里召开了 44 个发展中国家参加的"南南合作"会议。新的经济合作组织陆续出现，原有的经济合作组织不断完善，合作范围也不断扩大。南南合作促进了发展中国家的经济发展，提高了同发达国家的谈判地位，对建立国际经济新秩序起了积极作用。

当代世界的文化与科技

诺贝尔文学奖

根据瑞典化学家阿尔弗雷德·诺贝尔的遗嘱设立的诺贝尔奖中的一个奖项。诺贝尔在遗嘱中说奖金的一部分应该"奖给在文学界创作出具有理想倾向的最佳作品的人"。诺贝尔文学奖由瑞典文学院颁奖，奖金约 100 万美元。享有诺贝尔文学奖获奖候选人推荐权的人员为：瑞典科学院和其他在体制与目的方面与它相似的科学院、研究所和学会的成员，大学和学院的文学和语言学教授，以前得过诺贝尔文学奖的人，在本国文学创作界有代表性的作家协会的主席。首届诺贝尔文学奖于 1901 年颁发，获奖者是法国诗人苏利·普吕多姆，因为他的诗作《孤独与深思》是"高尚的理想、完美的艺术和罕有的心灵与智慧的实证"。此后，除 1914 年、1918 年、1940 ~ 1943 年因战争没有颁奖外，每年颁发一次。

福克纳

美国意识流小说家，生于密西西比州。他小学成绩极为优秀，接连跳级。后因不喜欢学校教育而辍学，并开始尝试写作。24 岁时，他的第一部诗集《春天的幻景》出版。"一战"爆发后，第一次他因体检不合格不能从军，等他参加了空军，还未上战场，战争就结束了。1925 年，他去欧洲游历，在奥尔良和作家安德森交往，并创作了《士兵的报酬》。1929 年他从欧洲归来后闭门创作。这一年他发表了《沙多里斯》，标志着他成为独具一格的作家。同时他发表《喧哗与骚动》，奠定了他经典作家的地位，并因此荣获诺贝尔文学奖。此外还完成《我弥留之际》。1962 年逝世于故乡。福克纳丰富了意识流小说创作，对 20 世纪文学产生了深远影响。

迷惘的一代

第一次世界大战后出现在美国的一个文学流派。它不是一个有组织、有共同纲领的团体。这个名词源出侨居巴黎的美国女作家格特鲁德·斯泰因，她为海明威的长篇小说《太阳照常升起》题词说，"你们都是迷惘的一代"。"迷惘的一代"作家的共同点是厌恶帝国主义战争，却又找不到出路。第一次世界大战爆发时，他们大多是 20 岁左右的年轻人。他们怀着民主的理想，奔赴欧洲战场，却目睹了人类空前的大屠杀，在战争中经历了种种苦难，了解到普通士兵间的反战情绪。这在他们的心灵中留下了无法医治的创伤，战后对前途感到迷惘。约翰·多斯·帕索斯的《三个士兵》、爱·肯明斯的《巨大的房间》、威廉·福克纳的《士兵的报酬》和《萨托里斯》等便是这一流派的代表作品。

川端康成

日本作家，生于日本大阪一个医生家庭。从2岁到16岁期间，他的父亲、母亲、祖父母和姐姐相继死去。16岁的他成了孤儿，寄人篱下。1915年他考上东京一高英文专业，1920年考入东京帝国大学英文系。两年后，他写了名篇《伊豆的舞女》。1924年大学毕业后，与好友创办了《文艺时代》，意在改变日本旧文学，此即日本文学史上"新感觉"派的诞生。此后他在文学道路上不断探索，营建出极具美感的文学世界。1935年写出他最为杰出的代表作《雪国》，分章发表在杂志上。后他不断修改，直到1947年完全定稿。此后他又发表了《千羽鹤》《古都》《睡美人》等小说。其作品表现了对生命与美的感叹，1968年获诺贝尔文学奖。4年后自杀。川端康成所取得的文学成就是巨大的，对后世影响深远。

荒诞派戏剧

第二次世界大战以后西方戏剧界最有影响的流派之一。它兴起于法国，20世纪50年代在巴黎上演了尤内斯库、贝克特、阿达莫夫、热内等剧作家的戏剧。这些剧作家在超现实主义文学特别是阿尔特戏剧理论的影响下，打破了传统戏剧的写作手法，创作了一批从内容到形式别开生面的剧作。这些作品中的形象是光怪陆离、荒诞不经的。60年代初，英国著名戏剧理论家马丁·埃斯林在《荒诞派戏剧》一书中，给贝克特、尤内斯库等为首的戏剧流派定名为荒诞派。这一流派的代表作有：贝克特的《等待戈多》，尤内斯库的《秃头歌女》《椅子》等。荒诞派戏剧是战后西方社会的一面哈哈镜，曲折反映了面对现实人们内心的荒诞和虚无。这一流派被认为是战后西方社会思想意识通过舞台艺术展现的最有代表性的反映。

魔幻现实主义

20世纪拉丁美洲小说创作中的一个流派。这一术语最早是1924年德国艺术批评家弗兰兹·罗在一本评论后期表现派绘画的专著中提出的，之后，委内瑞拉作家乌斯拉尔·彼得里在《委内瑞拉文学与人》一书中将其应用到文学评论上。作为一个文学流派，它发源于20世纪30年代，早期主要表现为对美洲印第安人或黑人神话传说的发掘，代表作是危地马拉作家阿斯图里亚斯的短篇小说集《危地马拉的传说》；中期从40年代末到60年代中，主要包括阿斯图里亚斯的《玉米人》、秘鲁作家J.M.阿格达斯的《深沉的河流》和哥伦比亚作家加西亚·马尔克斯的《百年孤独》等，这些作品的显著特点是通过神话原型的显现以展示拉丁美洲的文化混杂和社会矛盾；此后，魔幻现实主义盛极而衰，但它的某些创作方法一直延续到70年代甚至更晚。

黑色幽默

20世纪60年代美国一个重要的文学流派。1965年3月，弗里德曼编了一本短篇小说集，题名为《黑色幽默》，"黑色幽默"一词即由此而来。它是60年代美国小说最有代表性的流派之一。代表作家有约瑟夫·海勒、约翰·巴斯等。小说家运用夸张扭曲的手法描写人物周围世界的荒谬和社会对个人的压迫，令人感到沉重和苦闷。作家还塑造了一些"反英雄"人物，借他们的言行影射社会现实，表达作者对社会问题的观点。"黑色幽默"作为一种美学形式，属于喜剧范畴，但又是一种带有悲剧色彩的变态的喜剧。虽具有一定的社会意义和认识价值，但又强调社会现实是难以改变的，带有悲观绝望的情绪。

毕加索

毕加索是20世纪世界画坛上最知名的画家，他在70余年的艺术生涯中，留下了无数的珍品。全世界售价最高的10件艺术品中，有一半是他的作品。他被尊称为20世纪的艺术大师，但也有人批评他的作品晦涩难懂。

1881年10月，毕加索出生在西班牙马拉加一个图画教师家里。毕加索少年时代最有名的作品是《科学与博爱》，曾参加马德里国家艺术展览，显示了他极高的创作天赋。年少的毕加索在西班牙巴塞罗那和马德里的美术学院学画。1901年他到达巴黎，并在那里举行了第一次画展，当时他刚满21岁。

毕加索的好奇心和创造性才能使他开创了多种绘画的新形式。在20世纪绘画中有影响的立体主义，就是毕加索与朋友勃拉克共同创造的。比如其雕塑作品"公牛头"，就代表了他的艺术风格。他用一个旧自行车座作为牛的面部，再装上一个旧自行车把作为牛的犄角，效果看上去比真牛还要生动。在他的绘画生涯中总是不断地变换艺术手法，常常在带给人们惊奇不解后，又展现出耳目一新的感觉。

1902～1904年初，毕加索的绘画主要使用蓝色。这是他创作的"蓝色时期"，反映了他当时严肃深思和忧郁伤感的心情，代表作有《两个姐妹》和《独眼女人》等。1904年他来到巴黎定居，开始从感伤的蓝色世界中苏醒过来，进入了他创作的"玫瑰红时期"，以表现江湖流浪艺人的生活为主，代表作有《养猴子的杂技演员之家》和《牵马的男孩》等。但毕加索不停地否定自我，寻找新的表现方式。

1906～1907年，受黑人雕刻的影响，他的绘画进入了"黑人艺术时期"，代表作有《亚威农的少女》。它也标志着立体主义绘画的诞生。和传统的绘画形式不同，立体主义绘画不做如实描绘，而是采取形体的简化。

1914年以后，他又向传统方面变化，被称作"新古典主义时期"，代表作有《泉边三浴女》和《母与子》等。由此，毕加索赢得了"画坛变色龙"的雅号。

"喜剧大师"卓别林

查理·卓别林（1889～1977年）出生于英国伦敦兰倍斯区的一个贫困演员家庭。为了谋生，年仅10岁就参加了一个滑稽剧团四处流浪演出。1907年，卓别林17岁时，由于伦敦丑剧班班主的推荐，参加了喜剧《足球赛》的演出，并且获得成功，成为这个剧团一名正式喜剧演员。

1912年，他被好莱坞喜剧片的创始人赛纳特看中，到好莱坞拍电影。不久，卓别林又以无意中创造出来的流浪汉形象一炮打响，成为好莱坞炙手可热的大明星。

卓别林除了是一位演技超群的演员外，还具有多方面的才能。1919年他开始投资建立制片厂，成为好莱坞第一个真正独立制片的艺术家，并且创立了电影史上空前的先例，即集制片人、编剧、导演、演员、作曲于一身。卓别林在好莱坞的20年时间里，为美国喜剧片作出了卓越的贡献，给好莱坞喜剧片带来了空前的辉煌。他拍出了《淘金记》《城市之光》《摩登时代》《大独裁者》等许多脍炙人口的优秀影片。

世界人民对他的进步言辞及他所拍影片产生的社会积极影响以极高的荣誉：世界和平理事会授予他国际和平奖；1972年，第44届奥斯卡颁奖大会授予他特别荣誉奖。

卓别林的经典银幕形象

美国第一部有声电影问世

1927年10月，一部由好莱坞华纳兄弟影片公司拍摄的电影《爵士歌手》成为世界上第一部有声电影。该片一时轰动全球。但这部影片并不能算是一部完全的有声电影，它只是在歌曲和部分台词中配进了声音。第二年上映的《纽约之灯》才是真正有声的电影。

在此之前，电影已发展了30多年，却一直处于"默默无闻"的无声时代。无声电影只能靠演员的动作、姿势和字幕来传达内容，大大减弱了环境的真实气氛。随着科学技术的不断发展和人们审美要求的提高，无声电影必然要向有声电影方向发展。有声电影早在10年前就曾试制过，但那时技术上没有解决录音还音的问题，而且因为耗资巨大，很少有人肯投资制作。直到后来解决了录音还音等技术问题，华纳兄弟影片公司才摄制了这部《爵士歌手》。之后，好莱坞各电影制片厂纷纷仿效。从此，有声电影风行世界。

希区柯克

美国电影大师。1899年生于英国伦敦，于1920年进入电影界。1926年导演了他的第一部电影《寄宿人》，在英国电影界确立了地位。接下来的《暗杀者之家》和

《三十九夜》使他享有了国际声誉。1938 年，他以《巴尔干超特急》杀进好莱坞。他的第一部好莱坞作品《蝴蝶梦》便勇夺奥斯卡最佳作品奖。他是公认的悬念大师，他自己曾经说过："我终生都对悬念作品有着浓厚的兴趣，这是一种特殊的虔诚和痴迷。"从他的 10 部令人难忘的电影——《蝴蝶梦》《后窗》《群鸟》《美人计》《夺魂索》《眩晕》《精神病人》《深闺疑云》《电话谋杀案》和《西北偏北》中，人们确实感到他的悬念直到故事结尾才能让人松一口气。他于 1980 年 4 月 29 日逝世，留下了 53 部电影作品。

奥斯卡金像奖

奥斯卡金像奖是当今世界上影响最大、历史最长的电影奖，被公认为是电影界的诺贝尔奖。它象征着电影王国中的最高艺术成就和荣誉。

1927 年 6 月 4 日，美国 36 位包括制片人、导演和演员在内的优秀电影人会集一处，创立了"美国电影与艺术科学院"。学院为了促进电影艺术水平的不断提高，加强电影界与文化、教育、科学技术等方面的经验交流，鼓励、奖赏优秀的从业人员，决定每年年初都对上一年的影片进行评选，并且对获胜者颁发金像奖。学院几经研究，决定把这项任务交给青年雕塑家乔治·斯坦利。经过许多日子的酝酿和精心制作，一尊高 34 厘米、近 4 千克重的金光闪闪的镀金青铜人像——一位体格健壮、勇武过人的男性斗士手握长剑，站在一盘电影胶片之上的塑像——问世了，从此它就作为一项电影大奖由学院颁发至今。

奥斯卡金像奖全称是"电影与艺术科学院年度奖"，简称"学院奖"。奥斯卡金像雕成以后，学院决定在每年的 7 月 31 日颁发金像奖。所设立的奖项有最佳影片奖，最佳男女主角、配角奖，最佳导演奖等共计 28 项。首届奥斯卡金像奖于 1929 年 5 月 16 日在好莱坞的罗斯福饭店颁发。由于当时该奖还没有什么知名度，因此颁奖大会的会场十分狭小，参加大会的人也不多，只有 250 余人。随着金像奖的声誉日趋显赫，颁奖仪式也开始变得越来越隆重了。颁奖地点被迁至洛杉矶音乐中心庞大的桃乐丝陈德勒大厅。从 1952 年开始，电视台开始对颁奖仪式进行现场直播。

超现实主义

第一次世界大战后在法国形成的一场对传统文化思想的反叛运动，它的内容包括文学、绘画和音乐等多个艺术领域。作为文学流派，代表作家有布勒东、艾吕雅和阿拉贡等人。1924 年，布勒东发表《超现实主义宣言》，否定了现实主义与传统小说，指出超现实主义要追求对现实的"纯精神自动反映"，强调潜意识和梦幻，认为只有在这种状态下的思维活动才不受外界干扰。倡导"无理性认识"和"自动书写"，即以极快的速度将头脑中涌现的一切都杂乱无章地记下来，词句之间可以没有任何联系。布勒东的小说《娜佳》和阿拉贡的散文集《巴黎的乡下人》是这一流派的重要作品。

黑泽明

日本电影导演。生于日本一个武士家庭，从小对绘画感兴趣，立志当一个画家。1936年进入电影界，在做了7年的副导演后，于1943年拍摄了第一部电影《姿三四郎》。1950年的影片《罗生门》奠定了黑泽明在世界影坛的地位。1990年，80高龄的黑泽明在奥斯卡颁奖典礼上获得终身成就奖。黑泽明一生所导演的电影超过了30部，其中较著名的包括《罗生门》《七武士》《蜘网宫堡》和《乱》等。他的电影执着于人道主义，对人类命运的强烈关注，对人性本质的挖掘是许多黑泽明影片的中心主题。他

黑泽明像

的作品对其他导演，如乔治·卢卡斯和史蒂文·斯皮尔伯格等都产生了巨大的影响，他们尊称黑泽明为电影大师。

费雯丽

英国电影演员。1913年11月5日出生于印度的大谷岭，原名是薇薇安·玛丽·哈利。6岁时回到英国，1932年进入英国皇家戏剧学院学习。1935年她首次出演《村庄地主》，同年出演了三部影片：《情况好转》《仰面大笑》和《君子协定》。1938年费雯丽来到美国，遇见了正在为影片《乱世佳人》寻找女主角的塞尔兹尼克兄弟，她独特的魅力为她赢得了这个角色。她赋予郝思嘉鲜明的个性形象，影片上映后引起了轰动。《乱世佳人》获得了当年奥斯卡最佳影片奖，费雯丽也获得了奥斯卡最佳女演员奖。1940年，费雯丽出演了两部影片：《魂断蓝桥》和《21天》。1944年在拍摄影片《恺撒和克里奥帕特拉》时，费雯丽患上了肺结核病，情绪时而狂躁时而压抑。1951年，影片《欲望号街车》为费雯丽赢得了第二个奥斯卡金像奖。1967年7月7日，费雯丽因突发肺结核去世，但她在银幕上的形象永远留在了人们的心中。

玛丽莲·梦露

美国电影演员，1926年6月1日出生于美国洛杉矶，童年时由于父母离异，生活比较困苦。从影前做过女工和摄影模特，1947年以《危险的年代》一片首登银幕。此后梦露主演的大多是喜剧片，在剧中扮演性感而头脑简单的金发美女，如《绅士们喜欢金发女郎》（1953年）《怎样嫁个百万富翁》（1954年）《七年之痒》（1955年）、《有人爱热闹》（1959年）等影片。梦露在20世纪50年代成为好莱坞最卖座的性感女星，被誉为美国的"性感女神"。同时她也尝试过题材严肃的电影，如《公共汽车站》（1956年）、《王子和舞女》（1957年）、《热情似火》（1959年）等。 1962年8月5日，梦露在自己的寓所自杀，死因和她传奇的一生一样，至今仍是人们谈论的热点话题。

普雷斯利

美国摇滚乐之王，又称"猫王"。他于1935年1月8日出生在密西西比州一个贫穷工人家庭，曾在教堂唱诗班演唱，10岁时首次登台表演。后随父母迁到孟菲斯，开始同一些职业乐手接触，1954年开始音乐生涯。他的音乐体现了一种乡村音乐与布鲁斯的结合，受到欢迎。20世纪50年代，他先后与Sun公司和RCA公司签约，录制了大量唱片，这些作品成为50年代主流摇滚乐的精华。50年代后期，他有了极高的身价。1957年出版了专辑《埃尔维斯的圣诞集锦》。此后他服了两年兵役。60年代，他开始了电影生涯。到70年代中期，他仍沉迷在50年代的陈规之中，而且生活放荡不羁。1977年8月16日去世。普雷斯利在摇滚史上的地位是无可替代的，他使摇滚乐在世界范围内流行普及。他是20世纪美国流行音乐最重要的人物，对当时的音乐和社会文化产生了巨大影响。

迪士尼

迪士尼于1901年12月5日生于芝加哥一个具有德国和爱尔兰血统的家庭，少年时当过送报员，曾作为红十字会人员去法国参加第一次世界大战。20世纪20年代，他开始拍摄动画片。第一部成套动画片《爱丽丝漫游记》并不怎么出色。后来迪士尼创造了"米老鼠"这一形象并风靡世界，至今不衰。

"米老鼠"出世只是这位动画大师成功的起点。除了米老鼠系列动画片外，迪士尼还创作了《唐老鸭和普利托狗》、《白雪公主》《木偶奇遇记》《三只小猪》《幻想曲》等名片。这些动画片使迪士尼荣获了30项奥斯卡大奖。他不仅在美国独领风骚，其风格也在1935～1955年成为动画片的主流，而且深刻影响了整个世界动画界。

迪斯尼像

"米老鼠"的成功，也预示了迪士尼在商业上的成功。"米老鼠"一出世，精明的商人便大量制作其副产品，收入甚丰。迪士尼动画片上映所得也令人瞠目，仅《白雪公主》在国内就获得了800万美元的收入。1955年，迪士尼在洛杉矶东南的阿纳海姆建成了一座游乐园，并以自己的名字命名，这就是闻名于世的迪士尼游乐园。这个游乐园重现了迪士尼创作的动画世界。

费米

美籍意大利裔物理学家。1902年9月29日出生于意大利罗马。1922年获比萨大学博士学位。先后在德国、荷兰的研究所工作。1926年出任罗马大学理论物理学教授。1929年当选意大利皇家科学院院士。1934年用中子轰击原子核产生人工放射现象，从此开始了中子物理学研究。1936年出版著名的《热力学讲义》。他对理论物理学和实验物理学方面均有重大贡献，首创了 β 衰变的定量理论，还设计建造了世界第一座自持续链式裂变核反应堆，发展了量子理论。由于他在中子轰击方面的突出贡献，1938 年荣获诺贝尔物理学奖。1939 年开始执教于美国哥伦比亚大学。1945 年之后转向介子物理学和天体物理学研究。他曾获得德国普朗克奖章等多项奖励，被耶鲁大学等多所学校授予荣誉博士称号。1953 年被推选为美国物理学会主席。1954 年因胃癌死于芝加哥。

冯·诺伊曼开创计算机时代

电子计算机的诞生是 20 世纪最伟大的发明创造之一。它快捷的工作效率，引起社会经济结构、就业结构的深刻变化，并替代了人类部分脑力劳动。

冯·诺伊曼（1903 ~ 1957 年），匈牙利裔美籍数学家，被誉为"计算机之父"。他自小有着过人的天资，有惊人的记忆力、理解力、心算能力和语言表达能力。10 岁时，他已成为布达佩斯人人皆知的"神童"了。

冯·诺伊曼早期以算子理论、量子理论、集论和博弈论等研究闻名。1925 年，他获得了瑞士苏黎世联邦工业大学化学工程师的资格。1926 年，他又获布达佩斯大学的博士学位。

1944 年，他开始参与电子计算机的研究，提出了研制 EDVAC 型机的设计报告，确定计算机采用二进制和存储程序。这份长达 101 页的 EDVAC 设计报告成了计算机发展史上划时代的文献，奠定了电子计算机结构的基础。他在普林斯顿高等研究院进行了"完全自动通用数字电子计算机"研制工作，5 年后获得成功。1951 年，世界第一台通用机的原形的运算速度达到了每秒百万次以上。在冯·诺伊曼的带动下，各种计算机如雨后春笋般出现，一个真正的计算机时代来临了。

在短短的几十年里，计算机工业愈来愈兴旺，计算机的技术更新换代十分迅速。20 世纪 70 年代微型计算机出现后，计算机的运用更为广泛。如今，电子计算机已经被应用于各行各业，渗透到了每个人的生活中。

第三次科技革命

20 世纪 40 年代末，以原子能、电子计算机和空间技术为标志的新科技革命，是人类在科学技术上的第三次革命。

1941 年，德国科学家制造出世界上第一台全部采用电磁继电器的通用程序控制的计算机。1946 年 2 月，为了进行弹道的研究和计算，美国宾夕法尼亚大学研制出世界上第一台真正实用型的电子计算机"埃尼阿克"。它的研制成功，是计算机技术上的一个里程碑，从此电子计算机进入人类生活的各个领域，与自动技术相结合，使脑力劳动与体力劳动的界线逐步消失，把人类从繁重的劳动中解放出来。计算机的问世，对科技和社会的进步产生了不可估量的影响。

这场科技革命影响和推动了其他领域的进步，从而呈现出全方位、多层次、大纵深发展的浪潮。新技术革命在自然科学上取得长足进步，又进一步向广度上发展，把自然科学上的一些认识成果和方法论与社会科学相结合，从而产生了一系列的交叉学科、边缘学科和综合学科，如系统论、信息论、控制论、耗散结构论、协同学、超循环理论、突发论等。这些学科提出一系列的新思想、新方法、新观点。它们的发展，已经超出学科本身的范围，加上新科技革命的成果被广泛用于人类的社会生活，产生了生活方式上的变革，因而强烈地冲击人们固有的思想观念、伦理道德规范，对人类的未来带来不可估量的影响。从 20 世纪下半叶起，科学技术呈加速发展的趋势。

超导体技术的突飞猛进

超导体对流经的电流没有任何阻碍。超导体在 1911 年就被发现了，但是多年以来，科学家们认为超导只有在导体温度极接近绝对零度（－273.15℃）时才会发生。超导现象发生时的温度即为临界温度。在大部分 I 型超导体中，首先被确定的是金属或准金属（介于金属与非金属之间的一类物质），并且它们只有在极低的温度下才能发生超导现象。某些合金和金属化合物被列入 II 型超导体，具有更高的临界温度——特别是施加超高压时。直到 1985 年，科学家发现了在普通大气压下具有最高临界温度为 23.2K（－249.95℃）的超导体——铌的一种合金。

1986 年，"高温"超导研究取得了突破性的进展。1986 年，IBM 苏黎世欧洲研究中心的两位科学家阿列克斯·穆勒和贝德诺尔茨在镧—钡—铜—氧化物陶瓷材料上发现了高温超导电性——尽管陶瓷材料常用作绝缘材料。这种金属氧化物陶瓷材料的超导临界温度约 35K（－238.15℃）。尽管 35K 还是一个超低的温度，但是这个发现暗示找到具有更高超导临界温度的材料是可能的，这就进一步激发了科学家研究的兴趣。就在穆勒－贝德诺尔茨超导新发现发布几个月后，一些实验室用锶代替原来的钡，将超导临界温度提高到 39K（－234.15℃）。1987 年 3 月，物理学家朱经武和在美国休斯敦大学以及亚拉巴马大学的吴茂昆等研究人员用钇取代原来的金属镧，构成的钡—钇—铜金属氧化物陶瓷材料的超导临界温度升高到 98K（－175.15℃）。他们将其命名为"ibco"，并且根据材料中的三种原子钇、钡、铜组成比例将这类的超导材料称作 1-2-3 化合物。在 1987 年上半年，至少有 800 篇关于高温超导研究的论文发表在科学期刊上，并且在下半年，这方面的论文以每周 30 篇的速度迅速递增。1988 年，许多实验室称，由铊、钡、钙、铜和氧组成的化合物超导临界温度达到了 125K（－148℃）;还有报道称，铊化合物超导临界温度已高达 140K（－133.15℃）。铊基化合物在英国被称为"烟草"，铊类化合物很难被分析，因为其具有超强的毒性。

在许多科学家继续研究陶瓷材料时，另一些科学家则转向了全新的超导研究方向，并在"巴基球"（1985 年富勒发现）上发现了超导性。巴基球是碳原子的三种同素异构体之一（另外两种形式是石墨和金刚石），巴基球分子（C60）是由 60 个碳原子以球状相互键合而成，外观形状像一个微小的足球。1991 年，AT&T（美国电报电话公司）贝尔实验室研究人员将钾原子掺杂在 C60 中构成 K3C60，发现其是一种超导体，临界温度为 18K（−255.15℃）。其他的研究人员后来改变了 K3C60 的组成，用铷或铯取代钾原子，其超导临界温度提高到 33K（−240.15℃）；当用铊取代钾时，超导临界温度升高到 42K（−231.15℃）。

1993 年，超导临界温度问题又取得了突破性的进展，在瑞士苏黎世联邦技术研究所，由汉斯·R.奥特领导的研究小组研制出一种由汞、钡、钙、铜和氧 5 种元素组成的陶瓷化合物材料，其超导临界温度达到了 133K（−140.15℃）。同年不久，休斯敦大学的朱经武和法国格勒诺布尔极低温度国家研究中心的曼努尔·努伊兹－雷盖罗研制的汞基陶瓷材料在 15 万～23 万倍于海平面大气压的超高压条件下，其超导临界温度达到了 153K（−120.15℃）。有些研究小组声称已经发现了室温 300K（26.15℃）下的超导体，但是没有任何证据证明其真实性。

物理学家们都在积极地寻求有价值的研究成果。低温超导体材料必须浸在液氦中，这既不方便又很昂贵。与之相反，液氮不但丰富、价廉而且使用方便。液氮的沸点为 77K（−196.15℃），适合高温超导体材料的冷藏。

由超导体材料制成的导线用于制造超导磁体。超导磁体在磁分离及医学成像方面有重要作用，而且还可以用于磁悬浮列车。磁体使列车悬浮，消除了列车与车轨之间的摩擦。2003 年 12 月，日本一列磁悬浮列车在山梨磁悬浮测试线上行驶速度高达 581 千米/小时。由超导导线制成的发电机体积只有传统发电机的一半大小，但是其发电效率超过传统发电机的 99%。闭合超导线圈可以储存电流而没有一点损耗，可用来制造零损耗充电电池。

哈勃太空望远镜

哈勃太空望远镜以美国天文学家埃德温·哈勃的名字命名，以纪念哈勃在 50 多年的天文学研究中的重要地位。哈勃太空望远镜由美国国会于 1977 年提出建造，1985 年建造完成，并于 1990 年 4 月 25 日由"发现"号航天飞机运载升空。该项目耗资 30 亿美元。哈勃太空望远镜沿着一个距地面 607 千米近乎圆形的轨道在地球上空飞行。在望远镜工作期间，可以通过航天飞机上的航天员进行维修或更换部件，必要时也可以用航天飞机将望远镜载回地面大修，然后再送回轨道。

哈勃太空望远镜为铝制圆柱形，长 13 米，直径为 4.3 米，由两块长 12 米的太阳能板为望远镜提供电能。两支高增益的天线将信号发送给位于美国戈达德太空飞行中心的地面控制中心。望远镜的光学部分是整个仪器的心脏，它采用卡塞格伦式反射系统，由两个双曲面反射镜组成，一个是口径 2.4 米的主镜，另一个是装在主镜前约 4.5 米处的副镜，口径 0.3 米。投射到主镜上的光线首先反射到副镜上，然后再由副镜射向主镜的中心孔，穿过中心孔到达主镜的焦面上形成高质量的图像，供各种科学仪器进行精密处理，得出来的数据通过中继卫星系统发回地面。这些经"智能折叠"的光通路尽管只有 6.4 米，但所观测到的效果和具有 57.6 米长光通路的望远镜观测到的效果是相等的。另外，望远镜上安装了5台不同种类的检测器。

由于在制造过程中人为原因造成的主镜光学系统的球差，哈勃望远镜所拍摄的第一张照片效果很差，所以不得不在1993年12月2日进行了规模浩大的修复工作。"奋进"号航天飞机上的宇航员用空间望远镜轴向光学修正辅助设备取代了哈勃望远镜上的高速光度计。另外还用新的广视域行星摄影机–2拍摄替代了原来的行星摄影机，成功的修复使哈勃太空望远镜性能达到甚至超过了原先设计的目标，观测结果显示，它的分辨率比地面的大型望远镜高出50倍。

1994年7月，苏梅克–列维9号彗星碎片与木星相撞，这被哈勃太空望远镜拍摄下来并发回了十分壮观的照片。望远镜上装配的光谱仪收集了有关木星大气组成的新数据。到1995年底，哈勃太空望远镜已经可以拍摄（10天可曝光）到宇宙空间中距离地球十分遥远的天体，比如距离120亿光年的昏暗星系。因为地球年龄只有大约45亿年，这意味着所拍摄到的这些遥远的天体在出现地球的45亿年前就形成了。

1997年，"发现"号航天飞机宇航员为哈勃太空望远镜修复了一些"心脏"部位的绝热系统，并安装了一些新设备。1999年12月为哈勃望远镜更换了陀螺仪和新的计算机——安装了6个陀螺仪和一台比原来处理速度快20倍的计算机，还安装了第三代仪器——高级普查摄像仪，提高哈勃望远镜在紫外 – 光学 – 近红外的灵敏度和成像的性能。1998年，哈勃天文望远镜在金牛座星系中直接拍摄到了一颗太阳系外行星沿一颗恒星轨道运行；2000年，它所携带的仪器在另外一个与木星大小相仿的太阳系外行星的大气层里检测到了钠元素。

克隆羊多莉

克隆羊多莉诞生于1996年7月5日，1997年首次向公众披露。它是当年最引人注目的国际新闻之一，曾被美国《科学》杂志评为1997年世界10大科技进步的第一项。科学家认为，多莉的诞生标志着生物技术新时代的来临。

"克隆"是英文clone一词的音译，原意为通过体细胞进行无性生殖，从而使后代个体的基因型与母体完全相同。这一技术名称先是出现在科幻小说中，如《侏罗纪公园》就叙述了一些思想单纯的科学家被不法商人所利用，克隆出7000万年前的恐龙的故事。不过这种科学幻想真的变成了现实。

克隆羊多莉的项目是由伊恩·维尔莫特和基思·坎贝尔领导下的罗斯林研究所完成的。维尔莫特等人先利用化学制剂促使一只成年母羊排卵，之后将该卵子小心取出，放入一个极细的与羊体同温的试管，再用特制的注射器刺破卵膜，吸出其中的染色体物质。这时原来的卵原细胞仅剩一个空壳。接下来他们又从另外一只6岁母羊的乳腺中取出一个细胞，并抽去细胞核，然后将其与先前的空壳卵细胞融合，生成新的卵细胞。最后，工作人员对这一新细胞进行间断的电击。奇妙的事情终于发生了，这一细胞竟以乳腺细胞的遗传物质作为基础，开始分裂、繁殖、形成胚胎。维尔莫特和坎贝尔在对胚胎培育一段时间后，将其移植到第三只成年母羊的子宫内。

第六章 当代史

这是维尔莫特与他创造的世界上第一只克隆羊多莉的合影照片。多莉出生在 1996 年，在被认为是一项科学突破的同时也引发了一场关于克隆在伦理方面的热烈争论。

5 个月之后，这头绵羊生下了一只由体细胞合成胚胎发育成的小羊羔。

小家伙生下来时白白胖胖，一身卷毛，煞是可人。它在出生后 7 个月体重就超过 40 千克，而且活泼好动，维尔莫特以乡村歌手多莉·帕帕的名字为之命名。

多莉的诞生，一时间成了世界观注的焦点，关于克隆技术的争论也随之而来。从生物学的角度来讲，绵羊和人同属于哺乳动物。克隆羊成功了，那么克隆人也就不远了。但我们是不是要克隆人呢？答案出现分歧。

多数人认为不要。这些人的论据是克隆人的出现违背了自然常理，会形成对旧有社会道德、伦理关系的冲击，甚至使之崩溃。他们举例说，父亲的体细胞核可以与女儿的去核卵组合形成新的卵细胞并在女儿的子宫着床发育，最终生出翻版的"父亲"，这显然有悖人伦。而反对者则强调，即便是没有克隆技术，乱伦事件也没有杜绝。该技术出现以后，这类事情完全可以由道德和法律去约束。

伦理问题还没有解决，生育模式的问题又出来了。克隆技术完全可以打破传统的生育模式（即精子和卵子相配形成受精卵），它只需要体细胞和卵细胞浆。照此推理，单身女子或女同性恋者也可实现名正言顺的生育。有人认为这会带来一系列社会问题，而有人则说这是人权的进步。孰是孰非，至今也没有分晓。

除了以上谈到的两个问题，还有一个更棘手的难题，即人权罪恶、历史罪恶问题。身体安全不受侵犯是最基本的人权。而一些人在克隆人还没有出现就开始计划把他们作为人体器官的供应者应用于医疗领域。克隆人也是人类的一员，这样做显然是对人权最严重的亵渎和践踏。至于历史罪恶，则指别有用心的人恶意克隆历史上的罪人，如希特勒、东条英机等，以使他们再度为恶人间。但这种想法变成现实的概率很小，因为一个人的思想、能力、所作所为是要受到历史条件制约的，单纯生物个体的复制不会达到复制历史的目的。

也有人十分憧憬克隆人的出现。比如不能结婚生育的人要求克隆自己，一对不能再生的夫妇要求克隆他们夭折的孩子，还有家人要求克隆被突发性事故或灾难夺去生命的亲人。这些要求看起来都是合理的，某些科学家也表示，坚决要克隆人。

就在人们就该不该克隆人这一话题争论不休时，多莉的过早夭折更加火上浇油地使争论变得更加激烈，并且还由一个话题转向了另一个话题。

据罗斯林研究所透露，多莉先是不停地咳嗽，大约持续一周后被确诊为进行性肺病。所谓"进行性"疾病是指患者病情不断发展恶化，生命危在旦夕。2003 年 2

月 14 日，研究所因为不忍心看着多莉郁郁而终，就对它实施了"安乐死"。多莉的过早夭折再次引发了关于克隆动物是否会"早衰"的争论。因为"进行性"疾病多发生在高龄动物身上，如今却发生在多莉身上，人们不得不怀疑克隆技术自身的完善程度。人们普遍认为，目前克隆技术水平已经对克隆动物的健康造成了危害，所以就更不能克隆人了。但是，科学界对此还没有最后的结论。

不管争论的结果如何，多莉是人类首次利用成年动物体细胞克隆成功的第一个生命，这是毋庸置疑的。抛开该不该克隆人这个话题，多莉诞生的积极意义是不可否认的，它不但揭开了分子生物学领域崭新的一页，也为将来从培育细胞的角度治愈帕金森症等疑难病症提供了可行的思路。

神奇的火星车

2004 年 1 月 3 日，美国宇航局就"勇气"号火星探测器即将登陆火星举行了一次新闻发布会。

"对于'勇气'号能平稳降落在火星上的古谢夫环形山上，我们没有表示过怀疑，成功几率高达 99%，原因之一就是'勇气'号有安全气囊的保护。而且，宇航局将在'勇气'号登陆 10 分钟内得到它登陆的消息，'勇气'号登陆的第一个信息将在当地时间 4 号凌晨获得……"美国宇航局官员介绍道。

"在穿过火星大气层的 6 分钟过程中，由于摩擦将产生高温，过程如同炼狱一样。"美国国家宇航局太空科学研究负责人威勒介绍道。

负责本次火星探索计划的专家马克·阿德勒补充道："据刚才发来的消息称，'勇气'号火星探测器状况良好，并做好了登陆准备。"

国内外的数名记者又询问了很多关于"勇气"号登上火星的消息，在场的每一个人都为将目睹这激动人心的一刻而感到激动。

其实，火星车登上火星并不是首次。40 多年来，各国共筹划了 30 多次火星探测，其中 20 多次以失败告终。苏联 1971 年的"火星 3"号首次登陆火星，但只从火星表面发回了 20 秒钟的数据后就没有了消息。之后发射的"火星 4"号未能进入火星轨道，"火星 5"号和"火星 6"号也出现了各种故障而归于失败。

1997 年，美国"火星探路者"探测器携带的第一代火星车"旅居者"（又叫索杰那）首次在火星大地上行驶。7 年后，"勇气"号和"机遇"号再次登上火星。这一代火星车的性能远远高于第一代。与第一代相比，"勇气"号和"机遇"号的设计寿命是"旅居者"设计寿命的 3 倍。

与"旅居者"相比，"勇气"号和"机遇"号在个头和能力等许多方面都高出一筹。例如，"勇气"号和"机遇"号存储器的容量是"旅

火星车

居者"的 1000 多倍；"勇气"号和"机遇"号均长 1.6 米、宽 2.3 米、高 1.5 米，重 174 千克，而"旅居者"只有 65 厘米长，重仅 10 千克；"勇气"号和"机遇"号装有 9 台相机，分辨率高，而"旅居者"只携带了 3 台相机，分辨率也较低，等等。

"勇气"号和"机遇"号火星探测器分别于 2003 年 6 月和 7 月发射升空，并计划于 2004 年 1 月 3 日和 24 日登陆火星。

2004 年 1 月 3 日 20 时 35 分，"勇气"号终于在火星表面成功着陆，并于 20 时 52 分向地球发回了第一个信息。监测登陆过程的数百名工作人员在收到这一信息后一片欢腾，人们期待着"勇气"号能在火星上发现水和生命存在的迹象。

"现在已经按预计的时间打开了降落伞，实际上比我们预测的时间稍晚一些。"

"雷达已经开始捕捉地面的图像了，我们的减速火箭会在 20 多秒钟以后打开。"

"雷达已经捕捉到地面的情况了。"

帕萨迪纳的宇航局喷气推进实验室里一片沸腾。

从实验室里的大屏幕上可以看到，"勇气"号先是在耐高温表层的保护下，以大约 1.9 万千米的时速冲入 130 千米厚的火星大气层，由于空气阻力的作用，在距火星表面 8 千米左右时，时速降至 1600 千米，此时直径 10 多米的降落伞自动打开。当"勇气"号连同降落伞一起接近火星地面时，它的外层气囊弹出。在距地面约 12 米时，降落伞自动断开，"勇气"号被气囊包裹得严严实实。登陆时，被气囊包裹的"勇气"号像皮球一样在火星表面进行长达数分钟的弹跳、翻滚，直到最后落稳。此时，气囊内的气体自动放出，原来鼓鼓囊囊的火星车这时候像是被一层帆布包着。

"勇气"号着陆的古谢夫环形山区域地势平缓，有利于火星车的弹跳。着陆后的"勇气"号进行了一星期的设备自检，在地面人员的操纵下，它在火星表面考察数日，并把用相机所拍摄的图像发回地球。

"勇气"号和"机遇"号共耗资 2 亿美元，是自"哥伦比亚"号航天飞机失事后美国宇航局最大的一项太空计划。

"旅居者"在火星上共移动了约 105 米，而"勇气"号和"机遇"号分别在火星表面行驶了 4000 米和 5000 米。

比尔·盖茨

一位哈佛大学的高才生参加比尔·盖茨的面试。比尔·盖茨问："你是哈佛大学毕业的吗？"他回答说："是的，未来的老板。"比尔·盖茨又问："你很聪明吗？"他说："我是以第一名的成绩毕业的，智商应该不错。""你既然这么聪明的话，那亚马孙河有多长？"那位高才生愣在那里答不上来。比尔·盖茨微微一笑说："显然你不够聪明。"他建议这位哈佛大学的高才生多读一些书再来面试。

可见，在比尔·盖茨心目中，读书是至关重要的一件事，否则就谈不上聪明，更谈不上会取得什么大的成就。盖茨本人就是一个酷爱读书的人，很小的时候，他喜欢读《世界图书百科全书》，经常一看就是几个小时，后来又喜欢上了名人传记和文学作品。广泛的阅读为他积累了丰富的知识营养，再加上良好的家庭教育，因此他从小就表现出了与同龄人不同的超常智慧。他幼时的同学曾经回忆说，盖茨绝不是那种在同学中无足轻重的角色，而他的超常聪明也是大家公认的。

比尔·盖茨

盖茨的超常聪明，不仅是从书本上来，还得益于他执着于自己的爱好，只要是自己喜欢的东西就一定要学精学透，这一点在他学习编程上就可以看得出来。

11 岁时，盖茨的父母送他去了西雅图的湖滨中学，这是西雅图管理最严格的一所学校，以严格的课程要求而著称，专门招收超常男生。在那里，盖茨进入了计算机软件世界。

盖茨和他的好朋友保罗·艾伦疯狂地迷上了计算机，他们热衷于解决难题，获得了越来越多的计算机知识。13 岁时，盖茨就已经会自编软件程序了，只不过在当时是为了游戏。1972 年，盖茨和保罗搞到了英特尔的 8008 微处理器芯片，摆弄出了一台机器，成立了交通数据公司。1973 年，盖茨从湖滨中学毕业，进入了哈佛大学。在哈佛上学的两年时间里，盖茨的大部分时间都用在了编程序和打扑克上面，他还在那里结识了同样爱好计算机的史蒂夫·鲍尔默，后者以后成了微软公司的总裁。1974 年，世界上第一台微型计算机阿尔塔诞生，这给盖茨和艾伦的交通数据公司提供了编写 BACIC 的机会，经过两个多月的艰苦奋战，他们编写的 BACIC 语言在阿尔塔计算机上运行成功！ 1975 年，盖茨对自己未来的发展前途已经明了于心，他最终说服了父母，从哈佛大学退学，和艾伦在新墨西哥州的阿尔伯克基建立了微软（Microsoft）公司。当时，盖茨 20 岁，艾伦 22 岁。微软是微型计算机（Microcomputer）和软件（Soft）的缩写，它明确地指明了公司的发展方向就是为专门为微型计算机编写软件。如今，微软是世界软件业的霸主。微软公司的第一次重大发展机遇出现在 1980 年，当时盖茨与 IBM 公司签订协议，为 IBM 公司新生产的个人电脑编写操作系统软件，即后来举世闻名的 MS-DOS。

天道酬勤，比尔·盖茨超于常人的付出，也得到了超于常人的回报。1982 年，盖茨 27 岁，他在软件开发方面取得的成功已经为世人瞩目，这一年，美国著名的《金钱》杂志用他的照片做了封面。1986 年 3 月，微软公司股票上市发行，一年后，微软股价急剧飙升至每股 90.75 美元。当年，美国《福布斯》杂志将盖茨列入美国 400 名富翁中的第 29 位，当时，年仅 31 岁的盖茨拥有的股票价值超过 10 亿美元。1990 年，微软推出了视窗 3.0。1992 年，盖茨成为美国最富有的人，拥有 60 亿美元的股票价值。2000 年，盖茨任命鲍尔默为微软首席执行官，而自己则为首席软件设计师。